DIÊN BIÊN PHU

Du même auteur
en poche

La bataille d'Alger, Paris, Perrin, **tempus** n° 7, 2002.
De Lattre, Paris, Perrin, **tempus** n° 607, 2015.
Salan : quarante années de commandement, Paris, Perrin, **tempus** n° 804, 2020.

collection tempus

Pierre PELLISSIER

DIÊN BIÊN PHU

20 novembre 1953-7 mai 1954

PERRIN

Secrétaire générale de la collection :
Marguerite de Marcillac

© Perrin, 2004
Perrin, un département d'Édi8, 2014
et Perrin, un département de Place des Éditeurs, 2024
pour la présente édition

92, avenue de France
75013 Paris
Tél. : 01 44 16 08 00
Fax : 01 44 16 09 01

ISBN : 978-2-262-10718-5
Dépôt légal : mars 2024

Mise en pages : Nord Compo

tempus est une collection des éditions Perrin.

AVERTISSEMENT

En mai 1954, l'héroïsme des défenseurs du camp retranché de Diên Biên Phu, le sacrifice de ceux qui les rejoignent jusqu'au dernier instant, réveillent la Métropole si longtemps indifférente à cette guerre lointaine. Alors que l'échec paraît inévitable, la France vibre. Elle s'attache à ces hommes succombant sous le feu, la mitraille, dans la boue de leurs tranchées. Sans doute honteux de leurs années de désintérêt, sans doute bouleversés par des soldats ne se battant que pour l'honneur, les Français se découvrent un élan de passion et de compassion à l'égard de ces combattants de l'impossible.

Pourtant, l'histoire de Diên Biên Phu ne peut se limiter aux cinquante-cinq dernières journées d'un siège qui avait tourné au piège. C'est une aventure infiniment plus complexe que la naissance, la vie puis l'agonie d'un camp retranché. Avant même qu'en novembre 1953 les parachutistes partent à la reconquête d'une vallée oubliée du Haut-Tonkin, tout était en place pour que se joue là un drame lourd de conséquences pour l'avenir de l'Empire colonial français. S'y mêlent une situation politique instable, des décisions gouvernementales hésitantes sinon contradictoires ; des rivalités au plus haut niveau des pouvoirs civil et militaire ; des relations diplomatiques turbulentes entre la France et les trois Etats de la presqu'île indochinoise qu'elle défend contre la guérilla communiste, les « Etats associés » du Vietnam, du Laos et du Cambodge à la volonté incertaine ; turbulences aussi entre la France et ses alliés naturels que sont les Etats-Unis et la Grande-Bretagne, les premiers souvent envahissants et présomptueux, la seconde étrangement timorée.

Avec la chute du camp retranché, la France a perdu une bataille, ce qui n'est pas forcément perdre la guerre. Sauf quand une Nation n'a plus de volonté ni d'ambition, que son armée est moralement brisée ; sauf quand les Alliés deviennent frileux ; quand des négociations internationales s'engagent alors que les défenseurs de Diên Biên Phu savent qu'ils ne pourront plus résister que quelques heures, au mieux quelques jours ; quand l'adversaire, sérieusement étrillé et incapable de repartir de l'avant, se retrouve en situation de claironner sa victoire.

La tragédie de Diên Biên Phu, c'est aussi cela. C'est surtout cela.

De ces combats, des récits existent depuis longtemps, très nombreux. Certains des défenseurs du camp retranché en ont écrit les plus belles pages, les plus glorieuses. Ils étaient les plus capables et les plus dignes de raconter la geste de leurs camarades. Parmi eux, mais ils ne sont pas les seuls, Jean Pouget, Erwan Bergot, Marcel Bigeard, Bernard Cabiro, André Mengelle, ou Pierre Langlais si l'on veut bien négliger ses partis pris. Ils ont été plus que des témoins parce qu'ils ont aussi été des acteurs. Dans leur sillage, d'autres auteurs, tous militaires de formation et donc hommes d'expérience, ont enquêté sur l'une ou l'autre des unités présentes. Parmi ceux-là, Henri de Brancion pour l'artillerie, Henri Le

Mire pour le 8e Choc, René Bail pour le 7e régiment de tirailleurs algériens, Raymond Muelle pour la retraite de Lai Chau, Pierre Sergent pour les légionnaires, Patrick-Charles Renaud pour l'aviation ou Roger Bruge qui s'est intéressé au moral des combattants. Le sujet devait nécessairement attirer les chercheurs. Paraissent, dès les années soixante, deux livres aux ambitions plus larges, que signent deux témoins de la tragédie, Bernard Fall et Jules Roy. Ils offrent, l'un comme l'autre, des vues neuves mais parfois imparfaites parce qu'il manquait aux auteurs le nécessaire recul et l'accès aux archives si longtemps fermées aux chercheurs, et, pour le second, quelque détachement...

Ainsi, chacune des grandes unités, légionnaires ou parachutistes, ont leurs pages de gloire alignées dans les rayonnages des bibliothèques. Ces publications n'ont qu'un inconvénient, outre les inévitables redites : elles ne se recoupent pas nécessairement. Il y a même de sérieux décalages, pour une même offensive menée par le même groupement parachutiste, selon qu'il est décrit sous un angle ou sous un autre. Ainsi, ont souvent travaillé ensemble le 1er bataillon étranger parachutiste, le 8e Choc et le 5e bataillon de parachutistes vietnamiens, réunis au sein du groupement aéroporté n° 2, ou GAP 2[*] ; il semblerait pourtant, selon l'ouvrage auquel on se réfère, que légionnaires et parachutistes n'aient pas vécu la même affaire de la même façon ; quant aux Vietnamiens, ils sont le plus souvent oubliés.

L'épopée des combattants d'élite du camp retranché existe indiscutablement, l'histoire des autres unités combattantes également, qui peut paraître bien modeste par comparaison. Pourtant, ce ne sont encore que des

---

[*] Un lexique des abréviations les plus usuelles est donné en annexe.

vues fractionnées de cette tragédie. Qui a pensé à
l'équipe du vaguemestre, aux gendarmes de la prévôté,
aux hommes des transmissions, aux aviateurs tombés là
par hasard et qui deviendront aussi des combattants ?
Tous les obscurs, les sans-grade qui réparaient les véhicules, soignaient les appareils de radioscopie, rafisto-
laient les postes des transmissions, traquaient les rats et
les moustiques… Ils n'ont certes pas tenu les plus grands
rôles mais leur apport a pourtant été essentiel.

Quant aux souvenirs des hommes, ils sont naturellement défaillants. Et rien n'est plus normal pour qui a
vécu ces mois d'enfer ; avec des journées, parfois des
semaines presque sans sommeil, le ventre vide, la tête
ailleurs. Ils en étaient à ne plus savoir quel jour d'avril
ou de mai ils vivaient ; ce qui d'ailleurs laissait profondément indifférents ces hommes luttant pour leur survie. Alors il y a tout naturellement des dates qui ne
coïncident plus, des unités qui se confondent, des
compagnies désignées par le nom de leur capitaine tué
ou évacué, des pitons dont la cote devient approximative et parfois même des hommes entrevus ici un jour où
ils étaient ailleurs.

Des centaines de témoignages disponibles, des confidences que livrent encore les survivants, il apparaît
évident que les chefs, civils ou militaires – qui ont également beaucoup écrit sur la tragédie –, ont accumulé
l'incompréhension, la vanité, les hésitations, les erreurs,
la mollesse, les fourberies, les inconséquences. Tous, ou
presque tous, ont commis certaines des fautes qui, accumulées, allaient déboucher sur un gâchis, infiniment
plus grave qu'une défaite.

Il était donc possible de tenter, un demi-siècle après
l'événement, une synthèse où trouveront leurs places,
aussi étroitement entremêlés qu'ils l'ont été à l'époque,
un récit de la vie quotidienne, de la souffrance des

douze mille combattants sacrifiés à Diên Biên Phu, puis une vue plus générale sur le comportement des généraux, un rappel de l'action gouvernementale et de l'environnement politique, un aperçu des relations diplomatiques qui allaient conduire à la Conférence de Genève et à la fin de la guerre française d'Indochine.

La disparition de nombreux documents et de presque tous les originaux des journaux de marche lors de la chute du camp retranché ; les mémoires très naturellement défaillantes des survivants si l'on veut bien accepter que les semaines de détention de ces hommes ont été infiniment plus meurtrières que le temps des combats ; l'interprétation des événements par des acteurs en quête de justification ou, comme Giap, d'autosatisfaction n'ont pas été sans conséquences… De là découlent presque toutes les erreurs reprochées aux auteurs ayant abordé le sujet. Elles sont pourtant bien compréhensibles. L'auteur le sait parfaitement, au terme d'un long voyage dans un univers dont le souvenir s'est altéré avec le temps. Il a donc tenté d'éviter ces pièges-là, sans pouvoir être sûr d'avoir complètement réussi…

P.P.

PROLOGUE

1953. Le plus terrible conflit de l'histoire est terminé depuis huit ans. Le monde bouleversé de fond en comble entreprend de se reconstruire. Pourtant, d'anciennes tensions persistent, de nouvelles menaces de crise grandissent. L'Est et l'Ouest s'observent et se jaugent. Berlin est devenu un abcès au cœur de l'Europe et il arrivera, au mois de juin cette année 1953, que les Berlinois se révoltent contre l'absolutisme. La mort de Staline, le 5 mars, ne change pas grand-chose aux rapports de forces, même si le gigantesque Empire soviétique paraît fragilisé. A la vérité, ses successeurs – puisqu'ils sont deux à se partager l'héritage, Malenkov et Khrouchtchev, l'un à la tête du gouvernement, l'autre du parti – souhaitent une pause dans les réformes internes comme dans les tensions externes. Un tel répit devrait leur permettre, à l'extérieur, de rentrer les griffes sans perdre la face, et, à l'intérieur, de faire oublier les excès d'une fin de règne déconcertante marquée par un retour à l'idéologie la plus forcenée, aux purges sanglantes, compliquées par une mégalomanie trépidante. Le désintérêt du bloc occidental pour les timides approches de Moscou n'empêchera pas les nouveaux dirigeants de récidiver à l'occasion. Londres et Paris y seront plus sensibles que Washington. La guerre froide survit donc avec, en complément inquiétant, un autre conflit plus ardent, en Corée cette fois, où, depuis juin 1950, les frères ennemis jouent les Atrides. Pékin s'en mêle, ce qui ajoute aux risques. Depuis la défaite du général Tchang Kai-chek parti en exil à Formose, la Chine a basculé dans le camp communiste. Elle entend y prendre sa place aux côtés de son aîné soviétique et non pas sous sa férule.

Du côté des Alliés, la Grande-Bretagne a laissé ses anciennes colonies prendre leurs distances et se trouve satisfaite de ce Commonwealth qui donne à l'empire défunt des allures de réunion de famille. Mais Londres reste attentive : il ne faudrait pas que la gangrène rongeant le Sud-Est asiatique atteigne ses anciens Dominions. Aux Etats-Unis, 1953 est une de ces périodes de transition comme il peut en surgir tous les quatre ans, à l'occasion de l'élection présidentielle. Le général Eisenhower vient de succéder à Truman et les républicains aux démocrates ; sans qu'il soit certain que Eisenhower et sa majorité républicaine avancent dans la plus parfaite harmonie. Le président est connu pour sa sympathie envers les nations de l'Europe occidentale. Les républicains sont portés vers un certain nationalisme pour ne pas dire vers l'isolationnisme. Ils sont prêts à en découdre avec le communisme, que cela plaise ou non à leurs alliés européens dont les Etats-Unis attendent toujours beaucoup, sous le prétexte qu'ils les ont aidés à survivre puis à revivre.

De réelles menaces donc ici et là pour la paix du monde. Avec, en Asie, une poussée du bloc communiste décidément insatiable. Avec également de l'incompréhension entre alliés occidentaux, qu'aggrave le problème de la CED. Elle sera pesante, cette Communauté européenne de défense voulue par les Etats-Unis, que la Grande-Bretagne observe avec une certaine méfiance, à laquelle la France paraît parfois favorable, parfois hostile, au gré des majorités politiques. Pour l'instant, Paris cherche surtout à gagner du temps, les opposants menant le jeu sous le prétexte que la CED permettrait à l'armée allemande de refaire surface, ce qui ne peut que réveiller de mauvais souvenirs à l'ouest du Rhin. Toujours en quête d'un bloc compact et solide face au monde communiste, Washington ne comprend pas les réserves françaises et aimerait bien imposer sa volonté. L'inconvénient tient à la diversité des forces françaises opposées à la CED : elles vont des gaullistes aux communistes ! Les Français ne sont certes pas indifférents à cette querelle mais ils ont bien d'autres préoccupations en cette année 1953 : l'instabilité politique tourne à l'habitude et à la faiblesse ; le climat social ne cesse de s'alourdir et les grèves prennent de l'ampleur ; le chômage est en nette progression avec 54 350 sans-emploi recensés au 1er janvier... Puis il y a la guerre d'Indochine...

Etrange conflit que cette guerre d'Indochine, née d'une suite de vues erronées, de malentendus exacerbés, d'accords manqués, de promesses reniées. Rarement les circonstances conduisant à un conflit ont été aussi nombreuses, aussi compliquées, parfois même contradictoires. Il est inutile de remonter jusqu'aux premiers temps de la présence française en Cochinchine pour entrevoir les racines de l'imbroglio qui tournera au drame. Il suffit de revenir aux semaines noires de 1940. L'armée française cède en quelques jours devant la poussée de la Wehrmacht. La IIIe République assommée abandonne la légitimité à l'Etat français du maréchal Pétain, alors qu'un général de brigade à titre temporaire, un certain Charles de Gaulle, emporte à Londres l'esprit de résistance et l'avenir de la France. A l'autre bout du monde, la perle de l'Empire colonial est coupée de la mère patrie : l'Indochine s'apprête à vivre en orpheline les cinq prochaines années. A sa tête, l'amiral Decoux reste fidèle au pouvoir de Vichy. Il n'avait guère d'autre choix, d'ailleurs, ayant bientôt à supporter, lui aussi, des envahisseurs encombrants : les Japonais. Tokyo est désormais allié au Reich et poursuivra le combat contre les Alliés quatre mois de plus que Hitler en Europe. Déjà les cartes étaient singulièrement brouillées...

C'est le 9 mars 1945 que les Japonais, entrevoyant pourtant la défaite, attaquent les maigres forces françaises d'Indochine, massacrent ou emprisonnent civils et militaires. Le coup de force fait un heureux : l'empereur Bao Dai, dont le premier soin est de rompre le traité de protectorat le liant à la France pour intégrer la « Grande Asie orientale » que prône le Japon. C'est à la conférence de Potsdam, entre le 17 juillet et le 8 août 1945, que les alliés de la France portent un second coup à son influence en Indochine. Américains, Britanniques et Soviétiques oublient d'associer la France à la grande tâche du moment : le redécoupage du monde ! Ils décident donc, sans elle, que l'Indochine sera provisoirement coupée en deux et « libérée » par une double intervention extérieure : au nord du 16ᵉ parallèle, le pays sera dégagé de l'emprise japonaise par les Chinois de Tchang Kai-chek ; au sud, ce sera la tâche des Britanniques. Enfin, les 19 et 20 août, avec la complicité des Japonais, les indépendantistes vietnamiens s'emparent des bâtiments publics de Saigon et d'Hanoi. Leur chef incontesté, Hô Chi Minh, s'autoproclame le 29 août président du gouvernement du Vietnam avec comme conseiller Bao Dai, l'empereur défroqué. Le 13 septembre, en application des accords de Potsdam, débarquent à Saigon le général Gracey et sa 20ᵉ division Gurkha. Les Français d'Indochine reprennent espoir ; d'autant que Gracey, compréhensif, accepte immédiatement de réarmer un millier d'anciens soldats du 11ᵉ RIC. Le premier soin de ceux-ci est de récupérer, dès le 22 septembre, les bâtiments publics de la ville. Le lendemain, les Vietnamiens répliquent. C'est un déchaînement de violence sur le port, dans les rues, à la cité Héraud où sont assassinés quelque cent cinquante Français, aussi bien des hommes, des femmes que des enfants.

Dès lors vont se succéder les malentendus, les ratages, les pièges, les chausse-trapes.

Il y a les Japonais dont personne ne parvient à se débarrasser et qui montent les Vietnamiens contre les Français. Il y a les Chinois venus pour réduire les Japonais mais qui sont bien plus occupés à piller le Tonkin, à voler tout ce qu'ils pourront emporter le moment venu. Il y a les civils français, vivant dans la terreur du lendemain, trouvant les Chinois bien menaçants, les Vietnamiens inquiétants et complètement insaisissables. Il y a les autorités françaises, sachant que la Cochinchine sera vite contrôlée sinon pacifiée, mais qu'inquiète l'évolution du Tonkin. Il y a les Vietnamiens, persuadés d'avoir arraché leur indépendance, soutenus en sous-main par les services secrets américains ravis d'ajouter aux soucis des colonialistes, au point d'oublier que Hô Chi Minh, avec son exquise urbanité, n'est qu'un produit de l'Internationale communiste. Mais comme Hô Chi Minh – qui deviendra bientôt l'oncle Hô – est le seul interlocuteur valable et assurément l'un des indépendantistes les moins extrémistes, ce sera la carte maîtresse de la politique française. Une carte très vite gâchée...

A ce stade, la confusion aurait pu être considérée comme suffisante. Ce serait compter sans une manœuvre du général de Gaulle qui a beaucoup étonné les intéressés. Pour réaffirmer la présence française en Indochine et rétablir l'ordre désormais précaire, il s'est choisi deux représentants : le général Leclerc et l'amiral Thierry d'Argenlieu... Au premier, il a accordé les pouvoirs militaires ; au second, il a confié les pouvoirs civils. L'amiral, un ancien carme sorti de son couvent pour cause de guerre mondiale, a autorité sur le général, le politique primant sur le militaire. Or les deux hommes n'ont pas les mêmes vues sur l'avenir de l'Indochine, bien que leurs analyses de base paraissent se rejoindre : les peuples coloniaux ont encore besoin d'être accompagnés s'ils veulent atteindre la maturité politique nécessaire à l'indépendance. Au-delà de ce truisme, les deux hommes divergent profondément. L'amiral Thierry d'Argenlieu ne songe en réalité qu'à une restauration pure et simple du protectorat ; le général Leclerc considère que le retour aux temps passés est impossible. Et comme de Gaulle démissionnera du gouvernement provisoire dès le mois de janvier 1946, il n'aura pas à arbitrer l'inévitable conflit entre ses deux hommes de confiance....

Le retour des Français au Tonkin n'est effectivement pas une promenade d'agrément. Le 6 mars 1946, accompagné du groupement de marche de la 2e DB, dit groupement Massu, et de la 9e DIC du général Valluy, le général Leclerc accoste à Haiphong sous les tirs des Chinois qui avaient pourtant signé l'accord sur le retour des Français. Ceux-ci ont trente-sept morts et une centaine de blessés. A la mi-avril, d'autres négociations entre Thierry d'Argenlieu et le gouvernement vietnamien de Hô Chi Minh tournent à l'embrouille. A la base de ces entretiens, il y a le document préparé par Jean Sainteny, à la veille du débarquement d'Haiphong, avec l'accord de Leclerc, l'approbation de Paris et l'acceptation d'Hô Chi Minh. Ce texte prévoit un gouvernement vietnamien dans le cadre d'une fédération indochinoise et de l'Union française, ainsi que la réunion des trois Ky – le Tonkin, l'Annam et la Cochinchine –, subordonnée à un référendum. Il n'est pas, à ce moment, fait référence à l'indépendance de l'Indochine. Or, en avril à Dalat, quand il s'agit d'approfondir les accords de mars, l'affaire dérape : les Vietnamiens veulent la réunification sans référendum, refusent toute institution « encadrant » le Vietnam, donc bridant l'indépendance qu'ils réclament entière et complète. Comme d'Argenlieu entend toujours distinguer le Tonkin de la Cochinchine, l'échec est complet !

Il reste encore, à cette époque, une issue possible : la conférence de Fontainebleau... Le 31 mai 1946, Hô Chi Minh s'envole pour Paris, accompagné du général Salan. A peine survolent-ils les Indes que d'Argenlieu met en place à Saigon un gouvernement de la République cochinchinoise. Les plus résolus des disciples de Hô Chi Minh n'ont pas besoin de sa présence ni de ses ordres pour réagir : une flambée d'attentats est l'immédiate réponse à d'Argenlieu. Leclerc tente de reprendre la main, parcourt le Tonkin, pousse jusqu'à une bourgade inconnue, où veillent quelques troupes françaises : Diên Biên Phu. Lassé de sa mésentente avec d'Argenlieu, le général obtient de rentrer en France en juillet, à l'époque où s'annonce le naufrage de la conférence de Fontainebleau, Hô Chi Minh s'en tenant à ses positions exprimées à Dalat. En septembre, la partie diplomatique s'achève sur un échec évident, camouflé derrière un rendez-vous fixé au mois de janvier 1947 et un texte provisoire bâclé à la hâte qui portera la curieuse appellation de « modus vivendi ». Mais il n'y aura jamais de rencontre, en janvier 1947...

Au soir du 19 décembre 1946, Hanoi connaît la première flambée de la guerre révolutionnaire. La centrale électrique détruite, les rues barrées, les trains sabotés, les terroristes émergent de partout, surgissant des souterrains qu'ils creusaient sous la ville depuis des mois.

Les boutiques sont pillées, les demeures incendiées. Les forces françaises, surprises, doivent reprendre la ville quartier après quartier, maison après maison. A l'heure des premiers bilans, la colonie européenne découvre que quatre cents des siens ont disparu. Le lendemain, 20 décembre, Hô Chi Minh publie un texte sans ambiguïté :

« Luttez par tous les moyens dont vous disposez. Luttez avec vos armes, vos pioches, vos pelles, vos bâtons. Sauvez l'indépendance et l'intégrité territoriale de la patrie. Vive le Vietnam indépendant et indivisible. Vive la démocratie. »

La guerre d'Indochine est commencée.

Les commandants en chef vont se succéder, comme se succèdent les petits succès et les grands revers. Cao Bang, en septembre 1950, est le plus grand désastre des premières années de guerre. Partis à huit mille pour une folle retraite, les tabors et les légionnaires du corps expéditionnaire ne sont qu'un millier à rejoindre les postes français, seuls ou par petits groupes, blessés, épuisés, démoralisés. Les succès, réels certes, restent cependant modestes. Il y a, en 1951, les batailles audacieusement gagnées par le général de Lattre de Tassigny à Vinh Yen puis à Mao Khê. Pour cette année 1953, il n'y a guère de marquant que le succès de Hoa Binh, en mars, après une offensive en zone viêt où six bataillons et un groupement blindé détruisent des lignes de communication et de ravitaillement de Giap ; puis l'opération sur Langson, le 17 juillet. Trois bataillons parachutistes participent à l'opération, l'un saute sur Langson et tient la ville, le deuxième détruit les stocks de vivres et de munitions du Viêt-minh, le troisième largué à Loc Binh prépare et soutient le repli. Les fournitures viêts pour trois bons mois sont anéanties ; par la suite, l'état-major apprendra que beaucoup de dépôts, éparpillés autour de Langson, ont échappé aux parachutistes.

Cette attitude défensive, entrecoupée de raids parfois glorieux mais sans conséquences décisives, est la rançon d'une guerre qui ne répond à aucun des schémas classiques. C'est une guerre dite révolutionnaire parce que l'enjeu est autant idéologique que territorial ; parce que dans chacune des unités viêt-minh, le commissaire politique a un rôle aussi déterminant que celui des commandants ou des généraux... Dans une telle guerre, à laquelle elle n'est pas préparée et contre laquelle elle devra tout inventer, une armée traditionnelle comme le corps expéditionnaire français d'Extrême-Orient – le CEFEO – est trop souvent réduite à la défensive et rapidement engluée par ses contraintes quotidiennes. Elle doit défendre les bâtiments publics, les points sensibles, les usines et les récoltes, les hôpitaux et les écoles, les routes et les trains, les villes et les villages contre des maquisards insaisissables, surgissant, tuant, détruisant et disparaissant. Même Jean de Lattre de Tassigny, arrivé nimbé de son prestige, avec son désir de tout bousculer, en viendra à construire aux limites du Delta du Tonkin une série de fortifications où les troupes n'aiment guère être affectées. Une armée révolutionnaire, au contraire, est naturellement sûre d'elle, sachant tout des pièges de la jungle, refusant le combat si apparaît le moindre risque, imposant sa volonté par la force à des populations soumises. Elle bénéficie depuis le début des années cinquante de l'aide chinoise sous forme d'armement et notamment d'artillerie, de moyens de transmission, par l'assistance de techniciens et instructeurs, en tolérant aussi chez elle les camps d'entraînement du Viêt-minh, à l'abri au Yunnan.

A cela s'ajoute l'indifférence des Vietnamiens, de tous les Vietnamiens ; l'indifférence de l'empereur Bao Dai, remonté sur son trône mais qui trouve sa résidence des

Alpes-Maritimes plus agréable que ses palais d'Indochine ; l'indifférence des politiques préoccupés de récupérer à leur profit une pincée de pouvoir et de prébendes ; celle du petit peuple qui supporte aussi mal les incursions du Viêt-minh que la répression des Français ; celle de la bourgeoisie indigène, trop attachée à son confort et qui n'entend pas exposer ses enfants. A ceux-là, de Lattre, un jour de juillet 1951, a pourtant lancé un appel presque désespéré. C'était au lycée Chasseloup-Laubat de Saigon, lors de la remise des prix :

« Soyez des hommes. C'est-à-dire, si vous êtes communistes rejoignez le Viêt-minh, il y a là-bas des hommes qui se battent bien pour une mauvaise cause. Mais si vous êtes patriotes, combattez pour votre patrie, car cette guerre c'est la vôtre... »

De Lattre n'est guère entendu, il décide pourtant de « jaunir » autant que possible l'armée française par l'incorporation de combattants vietnamiens. Puis apparaissent les bataillons vietnamiens autonomes, où le meilleur côtoiera le pire, les TDKQ pour « Tieu Doan Khinh Quan », ou bataillons légers vietnamiens. C'est aussi de Lattre qui va aux Etats-Unis pour expliquer aux Américains que la guerre d'Indochine n'a rien d'une guerre coloniale, que la France n'a plus rien à accorder, à transférer au Vietnam, au Laos ou au Cambodge puisque, à quelques exceptions près, toutes les compétences, tous les pouvoirs ont été transmis à ces trois Etats désormais indépendants. La France, dira-t-il, « abandonnant tous les droits, les pouvoirs, les privilèges a tenu à garder les devoirs, les charges et les risques ».

Rongé par la maladie, désespéré par la mort de son fils tué par le Viêt-minh à Ninh Binh, Jean de Lattre de Tassigny revient mourir à Paris, le 11 janvier 1952. Le général Raoul Salan est désigné pour assurer non point sa succession mais un intérim qu'il partage avec un membre du gouvernement, Jean Letourneau. Seul Jean de Lattre – le Roi Jean pour ses fidèles – aura, jusqu'à présent, réuni sur son nom les pouvoirs civils et militaires. Salan, à qui Paris mesure les moyens, les crédits et les renforts, fait ce qu'il peut, toujours sur la défensive faute de pouvoir passer à l'offensive. Il suit la politique des camps retranchés, dite aussi des « hérissons » – que Giap appellera des « porcs-épics » –, implantant des bases aéroterrestres en zone viêt-minh. Il choisit cette stratégie autant pour contrôler les régions que pour fixer, à leur tour, les troupes adverses pour qui ces abcès de fixation chantent comme des appeaux.

En France, l'opinion est lasse de ce conflit qu'elle ne comprend pas, pour lequel n'apparaît aucune issue ; lasse des milliards engloutis, même si déjà, l'année précédente, il était possible d'affirmer que les Etats-Unis couvraient 40 % des dépenses de guerre. S'ajoute à une lassitude évidente une certaine indifférence découlant de la composition des troupes engagées là-bas ; des mercenaires, dit-on, rien que des mercenaires ! Il est vrai qu'aucun gouvernement n'a eu l'idée ou l'audace d'envoyer guerroyer à des milliers de kilomètres de la Métropole les jeunes gens du contingent. Ce n'est donc pas la guerre de la Nation, d'ailleurs bien fatiguée des conflits et des sacrifices. Alors passent pour des mercenaires les officiers et sous-officiers de carrière, les jeunes gens de l'Ardèche, du Var ou d'ailleurs, engagés volontaires dans l'armée de leur pays. Sont aussi parties combattre en Indochine des troupes africaines et maghrébines, encore qu'il soit délicat et même indélicat de considérer les régiments de tirailleurs algériens et marocains ou les tabors comme des mercenaires : ce sont des soldats de métier de tous temps pour l'armée française. Ils se sont couverts de gloire en 1914-1918, puis en Italie et lors de la campagne de France en 1944-1945. Passent aussi pour des mercenaires les légionnaires qui se veulent pourtant français par le sang versé. A ceux-là, il est également reproché d'être des rescapés, au mieux de la Wehrmacht au pire de la Waffen SS... Certes, il y a bien des Allemands à la Légion, venus de l'Ouest aussi bien que de l'Est, comme il y a des Espagnols, des Italiens, des Français devenus pour la circonstance belges, suisses, canadiens ou monégasques, et beaucoup de garçons évadés de l'Europe de l'Est tombée sous le joug communiste. Mais les légionnaires allemands, qui ont parfois vingt ans en 1953, auraient été de très jeunes SS... Certes, il y a dans leurs rangs des vétérans d'autres fronts, qui ont connu Stalingrad ou la Normandie, mais s'engage-t-on vraiment à la Légion avec l'idée de combattre pour ou contre une idéologie ? Les peines de cœur, les mésaventures personnelles, les infortunes de la vie, les incartades et autres délits mineurs sont assurément plus déterminants.

Plus sérieux paraissent les adversaires – un ensemble extrêmement disparate – à l'engagement de la Nation au profit de trois jeunes Etats qui ne semblent pas mécontents de laisser la France faire la guerre pour eux et à leur place : le Vietnam, le Cambodge et le Laos...

Contre la guerre agissent, discrètement, des hommes considérant que la France s'affaiblit dangereusement dans cette aventure indochinoise, au point de compromettre sa place au sein de la vieille Europe et au risque de ne pouvoir, un jour, tenir ses engagements envers ses alliés si l'Empire soviétique venait à rugir. Contre la guerre agissent, sournoisement, des hommes et des femmes inféodés à Moscou, en guerre contre la « sale guerre », celle que leur pays mène contre leurs amis, les révolutionnaires marxistes. Ces opposants-là manifestent, pétitionnent, s'agitent. Le spectacle devient hideux à l'occasion. A Valence par exemple, des manifestants prennent d'assaut un train de soldats rapatriés sanitaires, injurient des infirmes, frappent des blessés plâtrés ou sous perfusion. Les retours seront ensuite presque clandestins, comme les départs d'ailleurs. Les sabotages se multiplient dans les usines d'armement : bouchons-allumeurs de grenades trafiqués, ressorts-récupérateurs d'armes automatiques sectionnés, postes radio déconnectés. Une loi contre le sabotage est même votée en mars 1950, sans grand effet. Les plus résolus des opposants – une poignée il est vrai –, sous le prétexte de reportages ou d'amicales visites, iront jusqu'à rejoindre les maquis viêt-minh. Pour témoigner, diront-ils. Le reportage du secrétaire général des Jeunesses communistes, Léo Figuères, que *L'Humanité* publie en juillet 1950, peut être présenté comme un échantillon significatif de l'esprit de telles visites :

« ... J'étais à présent sur la terre vietnamienne. La terre de ce Tonkin asservi durant soixante-dix ans à l'étranger, la terre arrosée du sang de tant de patriotes vietnamiens et aussi de celui de soldats français envoyés à la mort pour des intérêts opposés à ceux de leur peuple. »

La France, pour Figuères, c'est l'étranger... Ses articles et un livre intitulé *Je reviens du Vietnam libre* lui vaudront des poursuites judiciaires puis une plongée dans la clandestinité.

Pour croire à la légitimité de la guerre, il ne se trouve plus qu'une poignée de politiques, les uns nostalgiques de l'empire des années trente, les autres persuadés que la chute de l'Indochine française entraînera à très court terme la perte de l'Afrique et du Maghreb, où déjà la tension monte en Tunisie comme au Maroc. Mais ceux-là n'osent plus trop se manifester, au risque de passer pour les suppôts de la finance internationale ou d'intérêts industriels, voire pour des trafiquants s'enrichissant avec les variations du cours de la piastre, un trafic auquel il va bientôt être mis fin.

C'est ainsi que naît et grandit une idée toute simple dans la théorie, mais infiniment plus compliquée dans la pratique : puisque la guerre paraît impossible à gagner, autant ne pas la perdre, ce qui sous-entend un cessez-le-feu le plus rapide possible...

Parmi les hommes politiques penchant vers cette issue figure le président du Conseil en exercice René Mayer. Investi le 8 janvier 1953, il voudrait soulager la France du fardeau indochinois. Dans le même temps, il lui faut trouver un nouveau commandant en chef, le général Salan étant largement arrivé en fin de séjour ; un nouveau patron militaire pour le Vietnam, qui sera chargé de rechercher les conditions d'une sortie honorable...

1

Le général Navarre
commandant en chef en Indochine
La chute du gouvernement Mayer

Devenu président du Conseil le 8 janvier 1953, après un passage dans le gouvernement d'Antoine Pinay, René Mayer s'attend à des semaines, certainement des mois, difficiles. Les dossiers qu'il doit résoudre – si l'Assemblée nationale lui prête vie – ont déjà usé d'autres gouvernements incapables d'en venir à bout. Le vieux militant radical n'est pas un novice dans les affaires politiques. Il approche des cinquante-huit ans et, après une carrière de haut fonctionnaire issu du Conseil d'Etat, il a détenu au long de sa vie politique des portefeuilles ministériels variés : dès 1944, les Travaux publics et les Transports ; ont suivi les Finances et les Affaires économiques, la Défense nationale, la Justice. Pressenti à deux reprises pour la présidence du Conseil – en 1949 puis en 1951 –, il a été recalé par l'Assemblée nationale et n'a pu former son gouvernement. Depuis 1946, il est aussi l'inamovible député de Constantine. Connaissant son Parlement sur le bout des doigts, René Mayer a d'autres raisons de s'inquiéter, plus sournoises que l'importance des dossiers en attente : il n'a, pour le soutenir, qu'une majorité parlementaire courte, fragile et, qui plus est, divisée sur les questions essentielles. Il sait que son gouvernement, s'il veut réussir, devra en finir avec le déficit budgétaire ; ce qui imposera des économies nécessairement désagréables ou des impôts supplémentaires qui le seront encore plus. Il aura à réveiller l'économie et réduire le déficit du commerce extérieur. Il devra régler les problèmes chaque jour plus aigus des rapports avec le Maroc et la Tunisie. L'attend aussi le problème de la CED qui apparaît en réalité sans solution. Enfin, l'un des dossiers les plus brûlants pour son gouvernement sera celui de l'Indochine[1].

Cette guerre lointaine, sans fin, presque sans espoir, coûte cher à la France et devient un frein à son développement économique. Sans aller vers une internationalisation du conflit, René Mayer voudrait que ses alliés comprennent que le combat mené si loin de la Métropole n'est pas seulement celui de la France. L'enjeu est d'une autre dimension, puisqu'il s'agit de bloquer la poussée communiste dans le Sud-Est asiatique. Le tout nouveau président du Conseil aborde le problème sans détour. A l'Assemblée nationale, pour sa déclaration d'investiture, il insiste sur l'aide que la France devrait recevoir de ses alliés atlantiques pour poursuivre sa mission en Indochine :

« Le Conseil de l'Atlantique a voté, lors de sa dernière session, une motion sur l'intérêt essentiel de la lutte en Indochine pour la défense du monde libre, dont l'importance n'échappe à personne. Je déclare nettement que cette position doit entraîner des conséquences prochaines quant à l'allégement du fardeau que, depuis bientôt huit ans, la France supporte en Indochine, où se battent, si loin de nous, mais si près de notre cœur, nos valeureux soldats. Côte à côte avec la jeune armée vietnamienne, ils donnent au monde, chaque jour, l'éclatant témoignage de l'unité profonde de l'Union française. »

C'est au gouvernement Mayer qu'il appartient de faire voter, à partir du 22 janvier, le budget du ministère des Etats associés – dont le titulaire était et reste Jean Letourneau –, budget qui n'avait pu être normalement examiné en décembre 1952 pour cause de crise ministérielle. Sont donc adoptés les crédits des dépenses militaires, fixés à sept milliards et demi ; avec quelques remarques des élus sur l'insuffisance de la contribution du Vietnam à la guerre. C'est l'occasion pour Jean Letourneau d'indiquer que le développement plus rapide de la force militaire vietnamienne est à l'étude, en liaison avec les Etats-Unis. Quant à Raymond Dronne, un ancien de la 2e DB et du groupement Massu en Indochine devenu député gaulliste de la Sarthe, il dénonce les abus liés au trafic des piastres et invite le gouvernement à prendre les mesures nécessaires... Cela sera effectivement fait quelques semaines plus tard, non sans remous.

L'appel aux Alliés, pour le financement de l'effort militaire, conduit René Mayer à Washington dès le mois de mars. Il effectue le voyage en compagnie de trois de ses ministres : Georges Bidault pour les Affaires étrangères, Jean Letourneau pour les Etats associés et Maurice Bourgès-Maunoury pour les Finances. Leurs interlocuteurs seront le président Eisenhower, le vice-président Richard Nixon, le secrétaire d'Etat Foster Dulles, le secrétaire au Trésor George Humphrey, le secrétaire à la Défense Charles Wilson ainsi que le général Bradley. A ces conversations au sommet seront également associés Donald Heath, qui est l'ambassadeur des Etats-Unis auprès des Etats associés, ainsi que les ambassadeurs du Vietnam et du Cambodge.

Tous tombent d'accord sur les objectifs essentiels qui sont de résister à l'agression communiste et d'assurer l'indépendance du Vietnam. Que le président Eisenhower souligne que la lutte menée par la France en

Extrême-Orient n'est pas de nature colonialiste représente une évolution remarquée. L'opinion américaine s'étonne en effet que la France puisse demander l'aide des Etats-Unis tout en poursuivant en Indochine une politique qu'elle connaît mal, donc qu'elle réprouve. L'interdépendance des opérations de Corée et d'Indochine est formellement reconnue. A noter cependant que le tiers du long communiqué final est consacré à la CED et que René Mayer a dû s'engager sur un chemin malaisé ; un geste de bonne volonté, en quelque sorte, qu'il ne sera pas facile de concrétiser devant le Parlement :

« Les deux gouvernements sont convenus de la nécessité d'établir aussi rapidement que possible la Communauté européenne de défense. Celle-ci favorisera la coopération sincère de la France et de l'Allemagne : la Communauté atlantique en recueillera le bénéfice ; l'unité et la sécurité de l'Europe en seront renforcées... »

Il faut encore chiffrer le volume de l'aide militaire et économique qu'apporteront les Etats-Unis... Letourneau reste pour cela quarante-huit heures de plus. Il reprend le dossier avec Nash, secrétaire adjoint à la Défense, et John Allison, secrétaire d'Etat adjoint pour l'Extrême-Orient. Ils ont à résoudre les problèmes liés à l'équipement, à l'armement et au financement des nouveaux bataillons vietnamiens.

Dans quelques semaines, au début mai, les Etats-Unis décideront d'accélérer les livraisons de matériel, notamment d'avions de transport. La décision ne paraît pas enchanter les Américains. Une commission d'enquête de la Chambre des représentants demandera à la France d'accorder un plus grand degré d'indépendance aux Etats associés ; elle réclamera que l'aide américaine ne soit plus remise à la France mais au Vietnam...

Saigon, printemps 1953

La situation en Indochine préoccupe René Mayer ; il n'entrevoit pas plus d'issue que ses prédécesseurs. Avant son voyage aux Etats-Unis, pour s'informer et réfléchir, il a envoyé quelques missionnaires prendre la température dans les Etats associés. Aux premiers jours du mois de février 1953, le général Salan reçoit ainsi la visite du général d'armée aérienne Lechères, président du comité des chefs d'état-major. A la demande de René Mayer, ils se penchent sur la situation du Laos. Puis le maréchal Juin s'annonce pour le 15 février. Ce n'est qu'une escale sur la route de Tokyo ; il s'arrêtera de nouveau à son retour.

A l'époque, le maréchal Juin est un homme de soixante-cinq ans. Les années ne paraissent pas avoir de prise sur lui. Il reste direct, attaché à son franc-parler, parfois bourru d'apparence comme s'il cherchait à dissimuler une réelle sensibilité. Rien ne lui ressemble moins que l'envie de jouer un personnage, ou de se policer. Il sait parfaitement l'importance de ses fonctions, étant à ce moment inspecteur général des forces armées et commandant interallié des forces terrestres du secteur Centre-Europe. Il est persuadé que sa dignité de maréchal de France, qu'il doit à sa remarquable campagne d'Italie, ne fait qu'ajouter à ses responsabilités. Conseiller du gouvernement en matière de défense, il a le droit – et même le devoir – d'alerter le président du Conseil si les intérêts nationaux lui paraissent compromis par quelque décision. Et si on ne l'entend pas, Juin est persuadé que son devoir peut être d'en appeler à l'opinion.

De ses conversations avec Juin, Salan garde un souvenir mitigé. Ce qui l'étonne le plus, c'est que le maréchal, lorsqu'il rencontre des officiers sur le terrain, vivant au quotidien la guerre d'Indochine, ne leur parle que de la Corée, de la Communauté européenne de défense ou de l'avenir du Maroc mais jamais de leurs combats : « Un maréchal de France vient les voir qui ne leur apporte ni les paroles d'encouragement ni les compliments qu'ils méritent. » Salan en fait la réflexion à Juin ; celui-ci répond que l'Europe l'inquiète, que cette guerre prive l'armée française de sa substance essentielle qui serait certainement plus utile en Europe : « Nous nous sommes enkystés, et je ne vous le reproche pas. Mais cette guerre doit se faire avec des groupes mobiles. »

Salan tente alors d'expliquer au maréchal que l'Indochine ne ressemble en rien au Maroc de l'avant-guerre où Juin s'est illustré, d'autant qu'il faut prendre en compte l'aide chinoise... Qu'importe à Juin : « Na San a payé, mais c'est la faute de Giap. Attention aux "hérissons", pensons à Stalingrad. »

Salan insiste : il faut assurément de ces bases aéroterrestres si l'on veut manœuvrer ; à la condition, il est vrai, de ne pas s'y laisser enfermer et s'y faire détruire :

« Na San a été un moment de cette guerre, il ne s'agit pas de renouveler des Na San. Ces bases sont des pions de ma manœuvre... Des pions cela se bouge et se manie ! »

Des pions que l'on déplace, une image qui aurait dû frapper d'autres chefs. Il est vrai que, le moment venu, Na San sera évacué.

Salan, dans ses *Mémoires*, résumera ses impressions sur cette visite de Juin :

« C'est un grand stratège, habitué à diriger des ensembles, avec des arrières où les communications existent, où l'on ne craint pas la cruelle embuscade, où le danger peut venir du ciel mais être contré par une aviation puissante. Le maréchal demeure le gagnant du Garigliano.

« Ici c'est une guerre tout autre… Le terrain est impossible avec sa jungle et sa forêt épaisse. Si la rizière est moins pénible, malgré la boue, l'eau, les moustiques, dans la montagne que d'embûches ! Les communications ont toutes été détruites, sinon complètement tout de même en partie et les pistes sont dures. L'Européen supporte là bien des misères qu'il faut alléger, d'où la nécessité de prévoir un ravitaillement d'appoint qui ne peut venir que du ciel. Ceci implique de nombreuses bases protégées où peuvent se poser nos avions… Je tente d'expliquer tout cela au maréchal. Je me rends alors compte qu'il est très loin de nos préoccupations et que l'Europe seule requiert maintenant ses soucis… Mais il me donne tout de même sa bénédiction. »

La participation aux combats de la jeune armée vietnamienne n'a rien de déterminant. Les éléments vietnamiens incorporés dans le corps expéditionnaire, depuis que le général de Lattre de Tassigny a décidé de « jaunir » ces unités, tiennent leur place. Il n'en est pas forcément de même pour leurs compatriotes à la disposition du chef de l'état-major de l'armée vietnamienne, le général Nguyen Van Hinh. Tout au plus peut-on affirmer que cette armée nationale serait forte, en ce début 1953, de cent soixante-sept mille hommes, dont cinquante mille supplétifs. Elle est supposée former chaque année mille cinq cents officiers, dont cinq cents d'active et mille réservistes. Pour assister cette armée nationale, six cents officiers français ont été « vietnamisés ».

De ce développement nécessaire de l'armée vietnamienne, il est également question lorsque, sur les conseils du maréchal Juin, le général Mark Clark, commandant en chef des Forces des Nations unies en Corée, séjourne à Saigon, du 19 au 23 mars 1953. Après divers entretiens et visites, Clark promet de faire des recommandations à son gouvernement pour l'accélération de l'envoi de matériel militaire en Indochine, celle-ci venant dans l'ordre des priorités immédiatement après la Corée : « Il s'agit, dit-il, tant en Indochine qu'en Corée d'un seul et même combat. »

Pour le général Salan, toujours chargé de l'intérim, la guerre continue. Et ce qu'il demande à Paris n'a aucune raison de varier : des renforts et surtout, ce qui lui paraît essentiel, davantage de moyens aériens ainsi que des hélicoptères pour l'évacuation des blessés et la récupération des personnels isolés. Il insiste le 24 avril dans un télégramme qu'il adresse au ministre des Etats associés. La réponse – qui est datée du 28 avril – le surprend : elle n'est pas signée de Letourneau mais par le président du Conseil lui-même. Ce télégramme de René Mayer est aussi la définition très précise des objectifs que paraît s'être fixé, à ce moment, le gouvernement :

« … Le pays thaï étant largement débordé, les motifs politiques qui nous ont fait maintenir des forces substantielles à Lai Chau et à Na San sont maintenant infiniment moindres que ceux qui nous imposent une défense vigoureuse du Laos. Pour cette défense, vous devez choisir les lieux où vous livrerez bataille en considération exclusive de l'intérêt militaire, même si cela entraîne des inconvénients politiques. Aux yeux du gouvernement il serait plus redoutable actuellement de subir la destruction d'une partie importante de nos forces que d'abandonner telle ou telle partie du territoire. Au stade actuel de la campagne, et plus que jamais, nous devons être sans cesse guidés par le souci de reconstituer une masse de manœuvre qui nous permette de porter des coups puissants sur quelques points vitaux pour le Viêt-minh et, en tout cas, de compléter l'assainissement de la Cochinchine, de tenir solidement le Centre-Annam et le delta tonkinois… »

Si les mots ont encore un sens, Mayer conseille donc à Salan de veiller sur la Cochinchine et l'Annam, d'abandonner si cela lui semble nécessaire le Nord-Tonkin, en tout cas de ne pas mettre en péril les forces du corps expéditionnaire. Or il se trouve que Salan, pour contrer l'offensive du Viêt-minh sur le Laos qu'il croit imminente, a décidé de s'appuyer sur les bases de Na San et de la Plaine des Jarres puis de renforcer Luang Prabang... C'est une bataille qu'il prévoit à brève échéance. Elle n'aura pourtant pas lieu : vers le 6 mai, Giap replie ses troupes et reflue vers le Tonkin, en enlevant sur son passage, comme un lot de consolation, le poste de Muong Khoua où trois cents combattants de l'Union française, commandés par le capitaine Teulier, tiennent quarante jours contre les Viêts. Il reste à comprendre pourquoi Giap a renoncé à aller plus loin ! Des hypothèses sont avancées, qui méritent d'être citées parce qu'elles témoignent de la complexité de la guerre d'Indochine. La Chine a-t-elle imposé la modération, parce qu'elle redoute une internationalisation au moment où elle cherche la détente notamment en Corée ? Giap a-t-il redouté les troupes françaises qui s'étaient rapidement regroupées ? Giap a-t-il achevé sa « récolte » d'opium dont le produit sert au Viêt-minh à financer la guerre ? En réalité, les documents récupérés et les interrogatoires des prisonniers apprendront à Salan que les colonnes de Giap, à plus de deux cents kilomètres de leurs bases, ont eu de sérieux problèmes : les éléments lourds n'ont pas pu suivre, le ravitaillement a notablement manqué et la disette a affecté les bo-doï[2].

René Mayer, entendant que les choses soient claires, ne se contente pas de son télégramme du 28 avril. Il envoie aussi un émissaire vers Salan. Il choisit, une fois encore, le général Lechères, en passe de devenir une vieille connaissance de Salan. Lechères séjourne au Vietnam du

30 avril au 18 mai 1953, une période charnière. Les jours du gouvernement Mayer sont comptés ; Salan est arrivé en fin de séjour ; Navarre a déjà été approché pour le remplacer. D'où l'intérêt tout particulier de ce rapport Lechères – dont il n'existe que sept exemplaires – remis au président de la République le 27 mai :

« Le Viêt-minh fait la guerre totalement. Avec son organisation politico-militaire étroitement soudée, implantée au sein même des populations avec plus ou moins de camouflage ou de puissance, il est surtout présent sur la totalité du territoire indochinois, même dans les zones que nous contrôlons apparemment. Les organismes régionaux préparent et aident le cas échéant l'action de l'armée régulière qui s'étend, puis se retire devant nos réactions, revient, gagne lentement dans l'ensemble, continuant à accroître sa puissance par ses bases du Haut-Tonkin qui communiquent directement avec la Chine.

« Le Vietnam et, plus généralement, les Etats associés, s'ils fournissent des forces militaires déjà importantes dans la lutte contre le Viêt-minh, ne sont cependant pas dans la guerre. Les gouvernements, les Administrations civiles et les populations en éludent fréquemment les charges et les responsabilités.

« Bien rarement nos forces militaires, qu'elles soient françaises ou Etats associés, tirent leur protection et leur aisance de manœuvre, reçoivent l'aide, d'une population acquise et décidée à se défendre contre le Viêt-minh. Trop souvent l'action militaire viêt-minh se trouve au contraire facilitée sinon par la complicité tout au moins par le silence résultant de la crainte qu'il inspire aux populations, par la facilité aussi du camouflage en Vietnamien.

« Ainsi, pour nos forces, le risque de guérillas et d'attaques par surprise existe partout, à des degrés divers. D'où un dispositif militaire défensif extrêmement lourd et mangeur d'effectifs. Toute l'armée vit en postes et en camps retranchés. Il en résulte un complexe défensif qui contribue à rendre nos unités peu aptes, pour la plupart, à mener la guerre mouvante, rapide et légère que fait souvent le Viêt-minh. Elles ne sont bonnes que dans la défensive, dans l'offensive à courte portée en groupements importants, avec la marge de supériorité, trouvée toujours insuffisante, que leur donnent l'artillerie et l'aviation.

« Seul le Vietnamien peut faire un jour la guerre comme le Viêt-minh. »

La réflexion du général Lechères le conduit ensuite à s'interroger sur le rôle et le sens de ces camps retranchés, puisque la grande mode semble être la multiplication de telles structures dites « hérissons », que Salan souhaitait plus ou moins nomades, d'ailleurs. Et là, Lechères ne paraît guère enthousiaste :

« Sous la pression de l'ennemi, le Commandant en Chef inaugure la tactique du "camp retranché" avec Na San. Centré sur un terrain d'aviation, son importante garnison vivra uniquement par voie aérienne, dans l'impossibilité dans laquelle nous sommes sur de pareilles distances et dans ce pays d'aussi difficile parcours de maintenir les communications terrestres nécessaires à notre manœuvre, à la vie et à l'approvisionnement de nos troupes au combat. Cette tactique défensive, en même temps qu'elle permet le sauvetage et le recueil de nos postes, maintient en notre possession des points importants, assure notre présence. Mais si ces camps sont capables d'un certain rayonnement et d'un certain pouvoir de fixation de l'ennemi, ils sont par contre facilement évitables par un Viêt-minh léger et mobile, qui les masque, les tourne pour continuer sa progression.

« La dernière attaque au Laos, où, pour les mêmes raisons, la même tactique s'imposait, l'a bien démontré.

« La constitution de camps retranchés en pays thaï et au Laos entraîne un prélèvement considérable sur la masse de manœuvre dont nous avions besoin et que nous avions utilisée jusque-là dans les zones côtières essentielles.

« Pour conserver une certaine possibilité de manœuvre de nos forces, pour faire face aux attaques viêt-minh, il faut un accroissement important et rapide de nos capacités de transport aérien, mais même cet accroissement étant réalisé, la tenue des "camps retranchés" du pays thaï et du Laos consommera en tous temps des forces importantes et entraînera de ce fait une diminution notable de notre masse de manœuvre. »

Tout en reconnaissant l'impact que peuvent avoir ces fameux « hérissons » et leur importance si l'on décide de défendre le Laos, le général Lechères dessine les limites de leur utilité : ils sont onéreux en forces terrestres comme en heures de vol ; ils ne protègent pas sûrement ; ils manquent de souplesse car, si on sait les créer, leur suppression pose des problèmes difficiles...

En conclusion, Lechères avance quelques idées-forces : rien ne sera possible si le Vietnam ne s'engage pas réellement dans la guerre, et à la condition que la Chine ne soit pas de plus en plus présente ; il n'existe de solution que politique mais encore faut-il tenir militairement pour y parvenir ; il faudra prendre une décision capitale quant à la défense – ou non – du Laos. Que le gouvernement réfléchisse, qu'il entende le nouveau commandant en chef rapidement, si possible avant le 15 juin...

Mais Lechères et Salan, s'ils parlent de la stratégie des prochains mois, dérivent vers le grand problème du moment : la réorganisation, pour l'Indochine, des pouvoirs tant militaires que civils.

Le Cambodge, allié indocile

La menace pesant sur le Laos et que Salan redoutait a certes tourné court. Elle reste cependant une bonne raison pour demander une augmentation de l'aide déjà promise par les Etats-Unis, dans le cadre de l'Alliance atlantique, puisque l'extension des hostilités au Laos a accru la charge de la France dans la lutte contre l'agression. Washington pose cependant quelques conditions à cette assistance supplémentaire :

« Sous réserve de l'adoption par le gouvernement français d'un programme satisfaisant, qui, dans tous ses aspects, sera de nature à assurer le succès militaire en Indochine, les Etats-Unis sont prêts à fournir une part de l'effort français supplémentaire en Indochine, qui sera admis d'un commun accord et qui comprendra en particulier des forces additionnelles des Etats associés ayant subi un entraînement. Cette part sera d'un montant limité en dollars et sera subordonnée à un accord précis à intervenir, avant de pouvoir être considéré comme un contrat définitif. »

Dans le même temps, le roi du Cambodge Norodom Sihanouk, qui ne sera jamais un partenaire facile, revendique davantage d'indépendance pour son pays et le commandement en chef des forces royales pour lui-même. Cette armée ne comprend guère que seize mille soldats et cinq mille gardes provinciaux, mais la démarche étonne. Elle surprend d'autant plus que, ses revendications proclamées, Sihanouk qui était à Paris lorsque son Premier ministre a fait connaître ses royales volontés, file au Canada, aux Etats-Unis puis au Japon. Son attitude a tout d'un geste de mauvaise humeur, pour ne pas dire de chantage. Il trouve l'écho souhaité puisque, le 20 avril, le *New York Times* précise la pensée du souverain :

« Si les Français ne donnent pas aux Cambodgiens une plus grande indépendance d'ici quelques mois, il y a un danger réel qu'ils fassent cause commune avec le Viêt-minh... Ce qu'on reproche surtout à la France, c'est qu'elle garde sous son contrôle la plus grande partie des troupes cambodgiennes et limite la souveraineté judiciaire et économique. »

Le message, puisque message il y a, est fort mal reçu par le gouvernement français et Norodom Sihanouk est tout simplement soupçonné de préparer son passage du côté du Viêt-minh.

Pour sortir du piège où ses humeurs l'ont enfermé, le roi du Cambodge devra laisser son Premier ministre publier, le 29 avril, une manière de mise au point qui n'efface en rien l'arrière-goût de chantage :

« 1. Le Cambodge est décidé à combattre le communisme.

« 2. Il resterait dans l'Union française, si la France lui accordait l'indépendance complète, comme la Grande-Bretagne l'a accordée à l'Inde, au Pakistan.

« 3. Si la France ne lui remettait pas les attributs et les prérogatives de l'indépendance que toute la Nation a officiellement chargé son souverain de réclamer, le peuple cambodgien risquerait de se révolter contre les autorités françaises, en cas de difficultés, au moment où la pression du Viêt-minh se ferait sentir comme au Laos... »

Le gouvernement français n'accepte pas mieux cette seconde démarche que la précédente. L'opinion publique, nécessairement moins bien informée, est en droit de se demander pourquoi la France vole au secours d'un pareil partenaire. Vincent Auriol et René Mayer songent même, un instant, à retirer du Cambodge fonctionnaires, diplomates et militaires.

Exactement au même moment, le gouvernement se préoccupe de nouvelles structures pour améliorer les rapports avec les Etats associés. Précédemment, il existait un haut-commissaire de France secondé par cinq commissaires de la République, un pour le Cambodge, un pour le Laos et trois au Vietnam. C'était la reprise de l'ancienne structure coloniale compliquée par un défaut supplémentaire, Jean Letourneau étant à la fois haut-commissaire et ministre des Etats associés... Il est entendu, en avril donc, que le système va évoluer : il y aura demain trois commissaires relevant du ministère des Etats associés, un pour chacun des trois Etats associés[3]. Relevant du ministre des Etats associés, ils seront « les dépositaires des pouvoirs de la République, pour l'application des accords intervenus avec chacun de ces Etats ». Pour l'efficacité, s'est ajouté un « commissaire général de France en Indochine ». Letourneau fera l'intérim en attendant que le président du Conseil découvre le volontaire dont les pouvoirs seront énormes et susceptibles de porter ombrage au commandant en chef. La répétition, en quelque sorte, de la dualité Leclerc-Thierry d'Argenlieu qui n'a pas été un modèle de réussite. Les futurs pouvoirs du commissaire général sont ainsi définis :

« ... Dans le cadre des accords intervenus avec les gouvernements des Etats associés, il est responsable devant le gouvernement de la République de la défense et de la sécurité de l'Indochine et dispose notamment, à cette fin, de l'aide apportée aux Etats associés pour la défense des frontières de l'Union française et la sécurité en Indochine.

« A ce double titre, il est dépositaire des pouvoirs de la République et la représente auprès de ces Etats... »

Paris, mai 1953

Militairement parlant, certaines données de l'affaire indochinoise sont extrêmement simples quand il s'agit de poser les problèmes ; elles deviennent insolubles lorsqu'il s'agit de passer à l'acte.

C'est vrai d'abord pour le haut commandement. Nombreux sont les généraux et officiers supérieurs, arrivés en Indochine dans le sillage du général de Lattre de Tassigny, qui ont atteint ou dépassé les limites de leur durée de séjour. Cela vaut aussi bien pour Salan au sommet que pour Linarès au Tonkin ; ils auraient déjà dû être rapatriés depuis six mois... D'ailleurs, Mayer n'a aucune envie de prolonger le mandat de Salan qu'il trouve trop attaché à l'Indochine. Mais par qui les rempacer, d'autant que les volontaires de haut grade ne se précipitent pas ? Sans doute est-ce la raison pour laquelle René Mayer pense à une réorganisation plus globale. Pour ce qui est de l'autorité civile, le problème est théoriquement réglé, le ministre chargé des Etats associés subsistera, sans être obligé de se multiplier, et il traitera avec le futur commissaire général. Il ne reste qu'à mettre des noms sur les fonctions...

En quête des heureux élus, Vincent Auriol et René Mayer font un premier inventaire le 28 avril, à l'Elysée. Le président du Conseil évoque des possibilités, notamment pour le successeur de Salan :

« En ce qui concerne Valluy, je me suis refusé à le nommer. Personne n'en veut. Mon candidat est Navarre et j'ai un candidat pour le commissariat général. C'est Grandval. »

Il n'est pas certain que le président de la République soit totalement séduit par cette sélection. Il consulte donc. Le 5 mai, il reçoit le général Catroux qui lui suggère Linarès à la place de Salan : « il est plus intelligent ».

Auriol lui retourne que Linarès ne veut pas du poste, que par ailleurs Valluy paraît rejeté et qu'il ne reste donc comme choix que Navarre ou Morlière. Celui-ci est en poste en Algérie où il essaie d'oublier ses précédents déboires indochinois. Morlière commandait à Hanoi lors des troubles de décembre 1946. Il avait été considéré comme bien trop favorable à Hô Chi Minh et à ses amis. Il avait donc été relevé... Catroux recommande Navarre, estimant qu'il voit très clair et qu'il connaît son affaire.

« Je crois qu'il est le candidat du gouvernement, répond Auriol. Mais il ne connaît pas l'Indochine et certains lui reprochent de ne pas avoir assez d'autorité.

— Il n'est pas allé en Indochine, mais il était au Maroc avec moi.

— Il faudra maintenant un commissaire général et on pense à Grandval. Il a très bien réussi en Sarre.

— Il faut envoyer là-bas un homme qui soit honnête, car c'est important dans ces milieux pourris. Et il ferait très bien l'affaire[4]. »

Le 7 mai, René Mayer confirme ses choix au président de la République : ce seront le général Henri Navarre et Gilbert Grandval. Auriol approuve pour Grandval mais hésite encore pour Navarre qu'il ne connaît pas. Le général Grossin ne vient-il pas de lui dire que Navarre est intelligent mais qu'il manque sans doute d'autorité ? Et voici que Grandval, n'ayant aucune envie de se fourvoyer dans ce guêpier, fait savoir qu'il ne peut accepter la mission. Il l'écrit dans une lettre au président de la République :

« L'évolution de la situation militaire et ses graves répercussions au-delà des frontières de l'Indochine exigent que soient clairement déterminées les intentions du gouvernement en ce qui concerne l'effort militaire, les objectifs politiques et les pouvoirs réels du commissaire général. »

Cette missive met Auriol hors de lui :

« Je n'accepte pas que des hauts fonctionnaires se dérobent. Il y a des choses exactes dans les critiques qu'il fait, je comprends qu'il veuille connaître d'abord l'orientation de la politique gouvernementale, mais il n'a pas le droit d'imposer ses volontés. »

Le 8 mai, Navarre est nommé. A lui de comprendre et de réussir ce que veut exactement René Mayer : qu'il recherche les conditions d'une sortie honorable…

Un souci chassant l'autre, son commandant en chef enfin désigné, René Mayer décide de régler l'affaire des piastres qui traîne depuis trop longtemps et menace de tourner au scandale depuis la publication d'un petit livre fort bien documenté, *Le trafic des piastres*, que signe Jacques Despuech, un ancien du corps expéditionnaire français.

René Mayer prépare donc en secret, pour les jours à venir, une dévaluation de la piastre qui ne va améliorer ni ses positions personnelles ni les relations entre Paris et les trois Etats associés. Depuis que la piastre avait décroché du franc, le 25 décembre 1945, l'écart entre la valeur légale de la piastre et sa valeur marchande était devenu trop grand pour ne pas entraîner des possibilités de fraude. Or, sur le trafic en question, s'enrichissent des commerçants, des sociétés, des banques, des particuliers représentant aussi bien les grosses fortunes que les gagne-petit. L'affaire intéresse, en réalité, tous ceux qui peuvent sans trop enfreindre la légalité jouer sur la disparité du cours de la piastre par rapport à celui du franc. Le 11 mai, René Mayer annonce que le taux de change de la piastre indochinoise est ramené de dix-sept à dix francs. Toutes les opérations commerciales et financières de l'Indochine devront se faire sur cette base. Les soldes payées en piastres aux fonctionnaires et militaires français en Indochine feront l'objet d'une révision. La réforme engendre en effet des conséquences insolites :

les soldes des militaires sont calculées en francs, mais la partie qui leur est versée en Indochine l'est en piastres. S'ils en touchaient cent soixante-dix, il ne va leur en rester que cent, soit un niveau de vie amputé de 40 %[5] !

A cette mesure de salubrité économique répond une grosse colère des Etats associés : la France ne les a pas prévenus ! La France réplique benoîtement que cela n'était pas nécessaire : les accords du 8 mars 1949 dits « accords de Pau » laissent à la France la faculté de modifier le cours de la piastre... De nouvelles tensions politiques en découlent et Bao Dai en profite pour réclamer le commandement en chef des troupes vietnamiennes et françaises. Décidément, avec le Cambodge et le Vietnam, la France a des alliés parfois incommodes...

Navarre : un homme secret

Mais qui est donc le général Henri Navarre appelé à succéder à Raoul Salan ? Et pourquoi René Mayer l'a-t-il choisi ?

Le général Henri Navarre, âgé de cinquante-cinq ans, a déjà un long passé, parfois nimbé d'une certaine légende : le combattant qu'il fut disparaît derrière l'officier des services secrets qu'il a été. Que l'homme soit froid, distant, cassant, cela est évident ; qu'il ait fait l'essentiel de sa carrière dans les états-majors, c'est certain ; qu'il ait été un officier engagé sur plusieurs fronts, cela s'oublie peut-être parce que ces intermèdes guerriers furent relativement de brève durée...

Il commence pourtant sa carrière au plus chaud de la Grande Guerre. Sa promotion de Saint-Cyr – celle de 1916-1917, curieusement baptisée « Des drapeaux et de l'amitié américaine » – suspend ses études pour rejoindre le front au printemps 1917 ; Navarre est affecté au 2e hussards qu'il ne quittera plus de toute la guerre et qui le conduira souvent en première ligne, en quelques lieux réputés dangereux. La paix retrouvée, il achève ses études à Saint-Cyr puis à Saumur et opte pour les troupes du Levant. Voici donc le jeune officier en Syrie, entre 1920 et 1922, avec le 11e spahis. Un bref détour par l'Algérie et, à partir de 1923, il est avec le 5e spahis algériens en occupation en Allemagne. Les années 1928-1930 sont consacrées à l'Ecole de guerre. Jeune officier breveté, il choisit ensuite le Maroc où l'armée française poursuit ses tâches de pacification. A Marrakech, il est affecté à l'état-major du général Catroux. A ce titre, il participe aux opérations, notamment celle du Djebel Sagho, là où le capitaine de Bournazel trouve la mort dans des conditions qu'un jeune lieutenant engagé dans ce même combat, Jacques Massu, juge choquantes – comme Navarre d'ailleurs. L'affaire leur paraît bien imprudemment engagée, sans respect pour la vie des combattants. Pour Navarre, c'est ensuite le 11e cuirassiers à Paris puis les services de renseignement, où il est chef de la section allemande entre 1936 et 1940. Suivra le passage en Algérie après l'armistice... et son affectation au 2e bureau du général Weygand, avant un retour en métropole et la plongée dans la guerre secrète jusqu'à la Libération.

Il faut donc attendre le mois de janvier 1945 pour découvrir le colonel Navarre pour la première fois à la tête d'une unité combattante : il commande le 3e spahis marocains que lui confie Jean de Lattre de Tassigny, alors patron de la 1re armée. Navarre va prendre Karlsruhe puis Freudenstadt et Sigmaringen, avec sous ses ordres un brillant combattant, le commandant de Castries. Après guerre, c'est encore l'Allemagne, un détour par Constantine et, en dernier lieu, les fonctions de chef d'état-major auprès du général Juin au théâtre d'opérations Centre-Europe.

Après un tel cheminement, pour ses pairs comme pour ses subordonnés, le général Henri Navarre incarne l'image de l'officier d'état-major marqué par un long passage dans les services secrets. Il est, du même coup, soupçonné de ne rien connaître aux problèmes des combattants s'engluant dans les rizières du Tonkin. Lui-même avouera plus tard qu'il ne connaissait que superficiellement le problème indochinois :

« Rien dans ma carrière ne me désignait pour commander en Indochine. Je n'y avais jamais servi et ne connaissais des problèmes qui s'y posaient que ce qu'en savait tout Français à peu près informé. Je me jugeais donc fort peu qualifié. C'est ce que je dis au maréchal Juin. Celui-ci me conseilla de faire à M. René Mayer toutes réserves possibles mais me déclara que je n'avais pas le droit de refuser une charge qu'il fallait bien que quelqu'un assumât. »

En une phrase, Navarre nous livre ainsi les circonstances de sa nomination : une double action d'Alphonse Juin et de René Mayer.

Persuadé que son chef d'état-major allait accéder aux plus hautes responsabilités militaires, le maréchal Juin a certainement voulu l'aider : accepter un tel commandement, qui le placera au plus près des réalités et des hommes, donnera de lui une autre image. Juin, à la vérité, paraît plus résigné qu'enthousiaste, comme s'il redoutait pour Navarre ce séjour en Indochine, puisqu'il est supposé avoir dit à René Mayer : « C'est dommage pour Navarre qui est avant tout un "européen" ; vous ne lui faites pas un beau cadeau… »

René Mayer a joué dans un autre registre. Ils s'étaient connus, Navarre et lui, en Allemagne aussitôt après la guerre, Mayer étant haut-commissaire pour les territoires occupés. Ils s'étaient retrouvés à Constantine dont l'un était le député et l'autre commandait la division. Or, notera Navarre, les hommes politiques ont généralement une assez piètre opinion des officiers généraux, mais ils font quelquefois exception pour l'un d'eux qu'ils ont personnellement connu... Sa méconnaissance de l'Indochine, qui lui sera souvent reprochée, ne paraît pas un handicap à Mayer ; bien au contraire. Il veut un homme nouveau, au regard neuf. Navarre est exactement celui qui lui convient. Quant aux directives, elles sont courtes on le sait : que le général recherche les conditions d'une sortie honorable... Rien de plus, rien de moins, une manière de flou artistique qui a l'avantage – ou l'inconvénient – de laisser les mains libres au commandant en chef. C'est aussi la raison pour laquelle Mayer, contre l'avis de Letourneau, a préféré se séparer du général Salan. Salan l'Indochinois, Salan qui est passionnément attaché à ce pays où il a fait une longue partie de sa carrière, où sont nés ses enfants...

Le général Navarre est donc officiellement nommé le 8 mai 1953 par le président du Conseil René Mayer. Il est prié de partir pour Saigon dans les dix jours, de prendre son commandement, de faire le point de la situation et de revenir le mois suivant avec, dans sa giberne, un plan d'action, le futur « Plan Navarre ».

Le président Auriol reçoit le nouveau commandant en chef avant son départ pour l'Indochine. Le général lui explique comment il voit les choses :

« Je crois qu'il n'y a qu'une solution, c'est de jouer avec ces gens-là [les dirigeants des trois Etats associés] un franc jeu absolu dans le domaine de leur indépendance et de leur autonomie. Je crois qu'en arrivant là-bas, il faut que je me considère plutôt comme un chef interallié que comme un chef français. Je suis tout à fait décidé à jouer ce jeu-là. Ce qui me fait peur, c'est l'espèce de vide politique que je ressentirai une fois M. Letourneau parti. Je serai un peu isolé. »

Avant de s'envoler, Navarre consulte Valluy, alors représentant français au SHAPE, qui avait commandé en Indochine de 1946 à 1948 et qui avait été un des « possibles » en ce printemps 1953. Il a des conseils à donner à Navarre et deux hommes à lui recommander, qu'il avait lui-même approchés pour le cas où il serait choisi… Il lui propose donc de prendre comme chef d'état-major le général Gambiez, un guerrier hors pair, intellectuellement brillant et d'accord pour repartir en Indochine. Comme adjoint, il suggère le général Bodet, un aviateur. Valluy précise que l'équipe en place était trop « terrestre » pour un état-major englobant les trois armes, cet « état-major interarmées et des forces terrestres » que l'on retrouvera souvent sous son sigle ordinaire : l'EMIFT. L'idée est intéressante parce que les rapports entre l'armée de terre et l'armée de l'air sont loin d'être excellents. Il y a même eu de sérieuses divergences de vues entre les généraux Salan et Chassin, Salan attendant toujours davantage d'aide des aviateurs, Chassin répliquant que ses pilotes faisaient plus qu'ils ne pouvaient avec un matériel insuffisant. En outre, l'armée de terre a tendance à lancer ses opérations sans prévenir l'armée de l'air, celle-ci étant sollicitée trop tardivement pour intervenir efficacement et étant incapable de planifier ses actions. Si l'on ajoute que les généraux de l'armée de terre ont tendance à croire que l'aviation est une composante de leurs forces au même titre que l'artillerie, les chars ou l'infanterie, il devient plus facile de comprendre la note que Chassin, en fin de séjour, rédige avant de quitter l'Indochine :

« Pendant les deux années que j'ai passées ici les relations avec l'armée de terre ont été une lutte constante pour essayer de faire respecter notre doctrine de l'emploi de l'aviation et éviter une absorption complète par les commandants terrestres… »

Navarre semble avoir compris ces remarques puisque ses premiers contacts avec le général Lauzin, successeur de Chassin, paraissent d'une parfaite cordialité, dans une totale harmonie de vues...

Le général Navarre ne choisit donc que son aide de camp, le capitaine Jean Pouget, connu dans la Résistance, retrouvé chez les spahis puis à la 5e DB. Après quoi Navarre devra désigner le nouveau commandant en chef du Nord-Vietnam, certainement le poste le plus important de l'Indochine. Le titulaire est en fin de séjour et pas fâché de rentrer, c'est le général de Gonzalès de Linarès. Navarre ne songe même pas à lui demander de prolonger son séjour. Linarès, son camarade de promotion à Saint-Cyr, est sur la brèche depuis deux ans et demi. Mais Navarre – qui écrira pourtant beaucoup – ne dit pas qui lui conseilla de choisir le général Cogny. Il ne fait référence qu'aux sphères gouvernementales... Navarre hésite, parce que les renseignements recueillis chez les militaires ne l'enchantent pas forcément. Une particularité de Cogny l'inquiète plus que tout : son peu d'expérience des combats – ce qui ne manque d'ailleurs pas de saveur, pour qui connaît les passés des deux hommes. Outre une batterie d'artillerie en 1940, et le commandement qui est actuellement le sien à Hanoi, Cogny ne s'est jamais attardé dans les corps de troupe. Navarre redoute donc que son futur adjoint ait trop fréquenté les services techniques et les cabinets ministériels et pas assez les combattants...

Paris, la chute du gouvernement Mayer

Le 17 mai, le général Navarre, accompagné du seul capitaine Pouget, s'envole pour Saigon. Alors que l'avion survole le mont Blanc, se souvient son aide de camp, il l'entend évoquer sa nouvelle affectation dont le sens, manifestement, lui échappe :

« Je croyais être à ma place comme chef d'état-major du Centre-Europe. J'étais bien vu, je crois, des Alliés ; connu et estimé des Allemands. Sans effort j'étais destiné à prendre un jour ou l'autre le poste de commandant du Centre-Europe. Et brusquement, il m'arrive une chose extravagante, inimaginable, je suis choisi pour l'Extrême-Orient. J'aime les brumes du Rhin, le froid de la plaine du Nord, le charme de la Forêt-Noire. On m'expédie commander dans la moiteur de Saigon... C'est d'autant plus stupide que j'ai quatre-vingt-dix-neuf chances sur cent de me casser les reins.

« Alors, mon général, pourquoi acceptez-vous ? » s'entend demander Jean Pouget.

Il n'y aura pas de réponse.

La mi-mai est, à d'autres titres, une période sensible pour le gouvernement Mayer. Il se trouve confronté aux difficultés indochinoises compliquées par les menaces pesant directement sur le Laos. Une telle situation débouche sur deux interrogations ; la première à propos des relations entre les Etats associés et l'Union française ; la seconde en ce qui concerne un éventuel recours à l'ONU. En attendant de trouver une réponse à ces questions, René Mayer doit faire face à une grève de la marine marchande paralysant les principaux ports de France et à celle de la Régie Renault qui approche de sa troisième semaine. Il lui faut aussi obtenir le vote d'une série de mesures financières essentielles non pas pour supprimer le déficit budgétaire mais simplement pour le réduire à cent milliards. Ont été préparées pour cela une série de mesures telles que le relèvement des droits sur l'alcool et la limitation du privilège des bouilleurs de cru, une taxe dite d'encombrement affectant les poids lourds et un aménagement de la taxe de raffinage de l'essence... Tout cela devrait être voté par une majorité qui se délite et des élus gaullistes qui, se sentant maltraités, ont décidé de prendre leurs distances ; avec une curieuse formule de la part de leur président de groupe, André Diethelm : « Nous ne sommes donc pas morts puisque nous pouvons encore détruire. »

Pour aller là où il le souhaite, René Mayer doit engager la confiance de son gouvernement. Ce qu'il fait le 21 mai. A 19 h 20, le verdict tombe : par 328 voix contre 244, la confiance est refusée, et René Mayer porte au président de la République la démission de son gouvernement.

Saigon, mai-juin 1953

Le 19 mai, à son arrivée en Indochine, Navarre est accueilli par le ministre des Etats associés et haut-commissaire de France, Jean Letourneau, qui va lui faire les honneurs du territoire.

Pour l'immédiat, Navarre se consacre aux militaires qu'il pense mieux connaître que les politiques locaux. Ce sont les premiers contacts, les premières audiences et le premier aller et retour vers Hanoi d'où Navarre revient perplexe. Le général Raoul Salan, qu'il vient relever, a été tout sauf chaleureux. De la conversation qu'il a cependant eue avec Navarre, même si elle a manqué de spontanéité, Salan gardera le souvenir d'une phrase du général, citant René Mayer à propos de la fameuse sortie honorable :

« Cette guerre traîne. On reste là-bas trop attaché à des questions territoriales et coloniales. Il faut en finir en trouvant une solution à ce problème qui pompe nos finances, oppose les partis politiques, et crée un mauvais climat à l'Assemblée. Il va falloir couper, à vous de voir et de m'en rendre compte… »

Salan dira que cet exposé l'a glacé.

Il faudra les explications de Linarès pour que Navarre décrypte l'attitude de Salan, un homme indiscutablement épris de l'Indochine. Celui-ci espérait pour successeur un commandant en chef intérimaire, pour ensuite ressurgir à Saigon en réunissant enfin sur son nom les pouvoirs civils et militaires. C'était la meilleure solution, précisera Linarès à Navarre. De toute façon, Linarès ne comprend rien à la venue de Navarre :

« Alors mon petit Henri, dis-moi, qu'est-ce qui t'arrive ? Je te voyais déjà commandant à Fontainebleau. Que viens-tu faire dans ce merdier ?

— J'en suis presque aussi étonné que toi.

— Qu'est-ce que tu vas faire tout seul ? Tu sais que nous partons tous. Non seulement Salan et moi mais nos chefs d'état-major Allard et Dulac, et presque tous nos chefs de bureau. C'est normal et c'était prévu, nous sommes arrivés avec de Lattre, et trente et un ou trente-trois mois de séjour, ça suffit pour user un homme… »

Au fil des heures, Linarès distille ses confidences à Navarre. Il lui a déjà dit qu'il n'aurait jamais dû accepter le poste. Il ajoute que sa nomination paraît saugrenue à beaucoup et qu'il aura du mal à composer son état-major. Navarre lui parle alors de Cogny qui, d'évidence, lui pose toujours un problème. La réponse est nette, encore que rapportée différemment par son aide de camp et par Navarre.

Jean Pouget se souvient d'une courte phrase de Linarès :

« Ne fais pas ça, Henri. Ne prends pas Cogny. C'est un salaud. Demande à Salan ce qu'il en pense. »

La version de Navarre, bien plus tardive, est aussi plus feutrée encore que sans ambiguïté :

« Il pose au grand baroudeur alors qu'il ne s'est presque jamais battu. Il passe son temps à soigner sa publicité auprès des journalistes. Mais surtout, on ne peut pas lui faire confiance. Il m'a tiré dans les jambes auprès de la mission parlementaire qui, me dis-tu, chante ses louanges. Prends-le si tu veux mais tu auras de la chance s'il ne te fait pas d'entourloupe… »

Voyant que Salan évite de se mêler à la conversation, Letourneau intervient à son tour :

« Le général de Linarès a toujours des mots à l'emporte-pièce que lui inspire son tempérament combatif. Voyons, messieurs, Cogny a quelques défauts sérieux, il est vrai, mais c'est un officier général de valeur… »

Navarre, perplexe, insiste donc auprès de Salan, peu pressé de répondre, mais qui retrouvant enfin la parole n'est guère plus chaleureux :

« Cogny a des qualités. Actif, intelligent mais trop politique et d'une ambition démesurée, il a créé des problèmes et j'ai dû intervenir pour donner raison à Linarès. Prenez-le puisque vous n'avez personne d'autre. Mais il vous faudra le tenir serré. »

En réalité, Navarre n'a guère le choix. Alors ce sera Cogny, un colosse aux yeux bleus, bardé de diplômes puisque polytechnicien et docteur en droit, aimant séduire, ce qui le pousse à multiplier les conquêtes féminines et à chercher les faveurs des journalistes les plus en vue. Il est aussi connu, dans les états-majors, pour sa tendance à interpréter ou ne pas exécuter les ordres reçus. Le 22 mai, Cogny apprend à la fois qu'il va être nommé au commandement des forces terrestres du Nord-Vietnam – les FTNV – et qu'il va immédiatement recevoir ses étoiles de général de division ; ce qui vaut à Navarre remerciements et protestations de dévouement ! Nomination et promotion ont été ratifiées d'extrême justesse : depuis la veille, il n'y a plus de gouvernement.

C'est la veille, 21 mai, que Navarre effectue ses premiers pas sur le terrain, sans trop le faire exprès d'ailleurs. Il a voulu survoler le Nord-Tonkin, son avion a été touché par un tir viêt-minh et privé de son moteur gauche. Il a dû se poser sur la base aéroterrestre de Na San, qui va bientôt hanter les jours et les nuits du nouveau commandant en chef. C'est un premier contact avec les hommes du corps expéditionnaire survivant en pleine zone viêt, derrière leurs défenses dont ils ne s'arrachent que pour des patrouilles ou des reconnaissances toujours périlleuses. Créée par le général Gilles, la base est organisée autour d'une piste d'aviation que protègent vingt et un points d'appui, indépendants les uns des autres mais pouvant se soutenir mutuellement. Il est impossible que Gilles et ses officiers, rencontrant Navarre pour la première fois, ne lui aient pas parlé de l'épopée de Na San, le camp retranché – ou le « hérisson » – que Giap rêvait de conquérir. C'est pourtant là que ses divisions d'élite, la 308 et la 312, sont venues se briser le 1er décembre 1952. Les bo-doï malmenés se sont repliés au plus profond de la forêt et Giap a dû faire son autocritique après cet échec cinglant.

Le lendemain, 22 mai, Navarre embarque sur un petit Morane pour rejoindre Cogny à son PC, un Cogny désireux de plaire au nouveau patron et qui lui fait, cartes à l'appui, un exposé survolant tout le Delta et plus loin vers l'ouest, le pays thaï :

« ... Nous terminons la campagne en tenant Lai Chau et Na San. Lai Chau est le fief de Déo Van Long, président de la fédération thaï. Son importance politique est donc certaine, essentielle. De là nous animons des maquis qui gênent considérablement l'action de pourrissement viêt-minh dans la Haute Région. Mais sa valeur militaire est nulle. C'est une très mauvaise position défensive, dominée de toutes parts, et dotée d'une piste d'aviation acrobatique. Lai Chau ne résistera pas à l'assaut du seul régiment 148. Il faudra envisager son évacuation.

« Na San a une valeur politique nulle et une valeur stratégique nulle. Neutralisée par quelques compagnies, cette base deviendrait un gouffre à bataillons si le Viêt décidait de l'attaquer. Il est impossible de l'évacuer totalement par avion et difficile de le faire par la route sur Lai Chau. Il faut trouver et créer une base de remplacement car le pays thaï est une carte politique que nous ne pouvons pas abandonner.

« Nous devons donc conserver dans le Nord-Ouest une base facile à défendre, capable de rayonner sur le pays, d'entretenir nos maquis et de couvrir Lai Chau. Répondant à ces conditions, il existe une et une seule position, la cuvette de Diên Biên Phu[6]. »

Revenu à Saigon, en terre plus civilisée, Navarre doit encore trouver ses proches collaborateurs, ce qui n'a rien d'une sinécure. Qu'ils soient généraux, colonels ou commandants, souvent arrivés dans les bagages de Jean de Lattre comme le lui a dit Linarès, ils sont effectivement presque tous en fin de séjour. Bon nombre ont même largement dépassé la date fatidique depuis des semaines ou des mois. Mais personne, à l'état-major ou au ministère, n'a semble-t-il songé à une relève nécessaire et, si possible, progressive. Outre le général Bodet, outre le général Gambiez, Navarre n'a retenu que le colonel Revol, recommandé par Linarès, qui deviendra son chef de cabinet. Navarre devra improviser en fonction des arrivées.

Il doit enfin s'informer et envisager les relations avec les autorités civiles, qu'elles soient françaises ou indochinoises. Même à l'époque où Jean de Lattre réunissait sur son nom les pouvoirs civils et militaires, la situation a toujours été – et elle le reste – complexe, ambiguë, source de malentendus sinon de contradictions. Il a, pour l'aider dans cette exploration, le ministre des Etats associés. Tout en rondeurs, naturellement aimable, Letourneau est à l'aise dans le petit monde surchauffé de la politique indochinoise, connaissant parfaitement les arcanes d'un univers compliqué.

Navarre découvre qu'il ne devra jamais négliger les souverains, les chefs de gouvernement ou les responsables militaires du Vietnam, du Cambodge et du Laos. Toutes ces représentations locales, en marche erratique vers une indépendance totale, renâclant devant leur intégration à l'Union française, sont attachées aux transferts de compétences, jalouses de leur autorité croissante, et surtout ravies que la France joue le rôle principal dans la défense des territoires qu'entend conquérir le Viêt-minh. Dans ce concert de récriminations, les trois Etats n'entonnent pas exactement la même partition. Le Laos, perturbé par une opposition interne proche du pouvoir – le demi-frère du roi en est l'animateur –, est sans doute l'allié le plus fidèle de la France. Le Cambodge est le plus incertain, prêt à se vendre au diable si cela pouvait ennuyer la France. Quant au Vietnam, il est le plus exigeant : outre l'indépendance, Saigon ne songe qu'à une armée vietnamienne commandée par des Vietnamiens avec l'empereur à la tête de l'ensemble des troupes, qu'elles soient vietnamiennes ou françaises… Il faudra que Navarre s'accommode de tout cela !

Le dernier contact de Navarre avec son prédécesseur est pour le 27 mai au matin. Ils se retrouvent, vers 10 heures, dans le bureau de Jean Letourneau en compagnie des généraux Bodet, Gambiez, Allard et du secrétaire général de l'Indochine, M. Gautier. Salan fait un exposé fort complet sur la situation de l'Indochine. De cet exposé oral, il existe seulement une version écrite datée du 25 mai et remise à Jean Letourneau, note que Salan appellera son « testament militaire ».

« Sur le plan de la situation générale, rappellera-t-il, après avoir traité la campagne de cette saison sèche 1952-1953, j'expose la grosse préoccupation qu'est le Delta tonkinois. Nous avons là soixante et onze bataillons et douze groupes d'artillerie. Vingt bataillons sont mobiles, ce qui est, militairement parlant, une amélioration. Mais il demeure que le Viêt-minh est solidement structuré et que l'administration vietnamienne n'a pu obtenir les résultats que je pouvais attendre d'elle. [...]

« Je parle ensuite de l'adversaire en soulignant ce fait capital qu'est l'accroissement de son efficacité, grâce à une mobilité due au réseau routier aménagé maintenant sur mille cinq cents kilomètres, et à la dotation de plus de sept cents véhicules du type Molotova et même GMC. Une jeep peut aller aujourd'hui en peu de jours de Cao Bang, à l'extrême nord, jusqu'à Ha Tinh, à l'extrême sud, à la limite de notre zone du Centre-Annam.

« Ceci est un fait nouveau dont il nous faut tirer les conséquences. Cette mobilité ne va cesser d'augmenter avec l'apport de plus en plus élevé de véhicules et la manœuvre du Viêt-minh en sera accélérée.

« Un autre point délicat pour nous réside dans le fait que le commandement viêt-minh dispose d'une trentaine de canons de 105 de type américain, qu'il peut déplacer facilement grâce à ses GMC. Ses moyens de feu se sont donc accrus.

« Que va-t-il faire désormais ?

« A la fin du mois de juin, il pourrait mettre en action les divisions 304 et 312 dans le Delta. C'est là un danger contre lequel il faut se prémunir.

« Je pense aussi qu'il peut vouloir s'épargner une campagne d'été, et désirer conserver toutes ses possibilités pour l'hiver prochain. En conséquence, j'envisage pour l'avenir une reprise de l'offensive au Laos vers le Mékong. L'un de ces objectifs principaux pourrait être la région de Thakhek, car il dispose pour cette action des excellentes pénétrantes venant de Vinh Ha Tinh vers le Laos. Partant de Sam Neua, il peut également atteindre le Mékong à Pak Sane et couper le Laos en deux.

« Une offensive de ce style pose pour nous les problèmes de nos bases aéroterrestres. Nous sommes toujours à Na San et à Lai Chau en protection du Nord-Ouest et du Laos. Devons-nous y rester ?

« Cela risque de nous coûter des moyens aériens et nous en avons bien peu ! »

Au terme de l'exposé oral de Salan, le général Navarre croit deviner une évolution dans l'esprit de son prédécesseur : l'optimisme des premiers contacts, la satisfaction découlant de succès récents se sont estompés, laissant place à une inquiétude diffuse pour l'avenir. Ne pouvant juger, et pour cause, que sur la version écrite de cette intervention – le « testament militaire » de Salan –, le futur président du Conseil Joseph Laniel retiendra ce bref résumé qui a toutes les apparences d'une crainte discrètement révélée :

« Nous devons nous préparer à une offensive décisive du Viêt-minh à l'automne, dont l'action principale peut être :

– soit une reprise de la conquête du Laos, avec action secondaire sur le Delta,

– soit un effort portant exclusivement sur le Delta. »

Lorsqu'il parviendra entre les mains de Joseph Laniel, le rapport Salan date déjà de six semaines. Une question pourra donc se poser : est-il toujours de circonstance ? Il est certes le fruit des réflexions du commandant en chef qui était en fonction depuis le départ du général de Lattre de Tassigny. Mais Salan ayant quitté l'Indochine, Navarre, à partir de données identiques, ne ferait pas forcément la même analyse de la situation…

Car depuis le 28 mai, à zéro heure, l'Indochine est officiellement entre les mains du général Henri Navarre, nouveau commandant en chef, ou « généchef » pour reprendre le jargon local. Ce même jour, les généraux Salan, Gonzalès de Linarès et une bonne partie de leurs états-majors embarquent sur *La Marseillaise*, le plus récent et le plus luxueux des paquebots en service sur la ligne d'Extrême-Orient. Il va les conduire à Marseille en trois semaines.

Les jours suivants, le général Navarre peut se consacrer aux audiences, aux contacts, à la réflexion pour aborder l'étude de son plan. Il a compris, depuis quelques jours déjà, que la situation, sans être compromise n'était pas forcément brillante ; que le Viêt-minh ne cessait de se renforcer ; que les armées des Etats associés étaient encore loin d'être opérationnelles sans le concours du corps expéditionnaire ; qu'il y avait, sur la carte d'Indochine, des taches inquiétantes, les zones où les Français ne reprendraient pas pied avant longtemps, en admettant qu'ils puissent y revenir un jour très lointain. Il en est ainsi pour le Nord-Tonkin, où Hô Chi Minh peut prétendre être chez lui, même si des maquis animés par les Français du GCMA créent une insécurité certaine sur les arrières viêts. Les étranges troupes du GCMA dont il sera bientôt question...

Navarre rédige un premier texte résumant ses intentions :

« L'idée directrice doit être la recherche de la bataille, totale ou partielle, avec les éléments du corps de bataille viêt-minh, parce que rien de solide ne sera édifié tant que les unités régulières viêtminh – instrument de guerre et d'expansion du communisme en Indochine – ne seront pas mises hors d'état de nuire.

« Nous n'avons pas actuellement les moyens de livrer *a priori* cette bataille, du moins la bataille contre la masse de manœuvre principale de l'ennemi dont le champ d'action, hors du Delta tonkinois, au Nord-Laos ou au Nord-Annam, est peu ou pas accessible à nos forces terrestres[7]... »

Ses tournées d'inspection se multiplient, conduisant Navarre à Tourane et Hué le 8 juin, à Hanoi le lendemain où l'accueil tapageur que lui réserve Cogny permet de comprendre le surnom dont le nouveau patron du Tonkin s'est vite trouvé affublé : « Coco la sirène » ! Ledit Cogny recevra dans la semaine une directive le priant d'envisager un allègement des garnisons de Na San comme de Lai Chau. Le 26 juin, il adressera à Navarre une lettre que celui-ci ne saurait approuver : il vaut mieux abandonner totalement Na San et conserver tel quel Lai Chau... Les raisons sont à rechercher dans l'exposé que Cogny présentait dès le 22 mai. Il ne varie que sur un point : Cogny entend désormais conserver Lai Chau. Navarre qui, pendant un bon mois, écoute, enregistre, médite, envisage donc, dès le mois de juin, une éventuelle réoccupation de Diên Biên Phu. Il répond aux réticences de Cogny dès le 29 juin 1953, et son propos est sans ambiguïté :

« Ce plan d'opération ne correspond pas au but que je me proposais qui était la réoccupation de Diên Biên Phu par l'évacuation de toutes les unités régulières de Lai Chau et la conservation de Na Sam par trois ou quatre bataillons. »

Un nuage, le premier, se glisse doucement dans une entente qui n'a pas eu le temps d'être sereine.

Un peu plus tôt, dès le 17 juin, son tour d'horizon achevé, le général Navarre avait réuni à Saigon tous ses adjoints : Bondis pour le Sud-Vietnam, Leblanc au Centre-Vietnam et Cogny désormais patron du Tonkin, Langlade en charge du Cambodge, Gardet au Laos, ainsi que l'amiral Auboyneau en charge de la marine et le général Lauzin, le nouveau patron de l'aviation. Il leur a résumé ses premières impressions qui n'étonneront aucun de ses interlocuteurs. Tous savent que le corps expéditionnaire est étouffé par ses missions défensives, qu'il manque de cadres comme de moyens, que l'instruction est défaillante. Tous ont constaté que le secret des opérations est relatif ; que les unités n'acceptent le combat que si leur est garanti un solide appui de l'artillerie et de l'aviation ; que les unités vietnamiennes, ces fameux bataillons légers vietnamiens – les TDKQ –, sont bien loin de pouvoir prendre la relève des forces françaises, même pour des tâches statiques. Bref, le corps expéditionnaire s'est encroûté, sclérosé, résigné aux combats défensifs. Il n'y a plus guère que les parachutistes et la Légion pour accepter les risques et les plaies, le combat ou la mort. Il y a, dans ce constat, une parenté certaine avec les réflexions de Jean de Lattre de Tassigny surgissant en Indochine, bousculant les hommes, bouleversant les habitudes, cassant la routine. Mais de Lattre avait tous les pouvoirs et une aura personnelle... Là où le flamboyant avait réussi avec le faste, l'effervescence, la comédie, l'injustice, l'apparat, l'autre, naturellement discret, va tenter de s'imposer froidement, sans élan, sans panache...

2

Laniel pour des négociations
Le plan Navarre
Les Vietnamiens ambigus

La crise ministérielle, ouverte le 21 mai avec la chute du gouvernement Mayer, s'éternise cinq bonnes semaines, entrecoupées par l'apparition de possibles ou de probables futurs présidents du Conseil. Les deux premiers reçus par Vincent Auriol renoncent ; ce sont le socialiste Guy Mollet, puis André Diethelm dont les troupes parlementaires d'obédience gaulliste ont lâché René Mayer jugé trop favorable à la CED. Premier à se présenter devant les députés, Paul Reynaud n'obtient pas l'investiture demandée, cela pour des raisons diverses et peut-être plus encore à cause de sa forte personnalité. Ce dernier travers vaudra aussi un échec à Pierre Mendès France proposant un programme de choc et souhaitant une solution pacifique au problème indochinois. « Il est devenu impérieux, avait-il dit, d'alléger le fardeau » que ce conflit inflige à la France. Suivent les appels du président de la République à Antoine Pinay qui refuse, puis à Georges Bidault à qui il ne manque qu'une seule voix pour obtenir la confiance de l'Assemblée. Son diagnostic sur les faiblesses de la France est proche de ceux avancés par Paul Reynaud et Pierre Mendès France mais il n'entend pas pour cela abandonner la lutte engagée en

Indochine. André Marie échoue ensuite, sans doute pour avoir recherché trop de compromis et avoir parlé d'impôts supplémentaires. Réapparaît alors Antoine Pinay qui renonce en quarante-huit heures.

Lorsqu'il appelle en consultation Joseph Laniel, le 26 juin 1953, Vincent Auriol étonne. L'idée n'a rien d'enthousiasmant ni d'ailleurs rien de choquant. Laniel est un vieux serviteur des Républiques, glorieux combattant de la guerre 1914-1918 qu'il a achevée avec les galons de capitaine, la croix de chevalier de la Légion d'honneur et quatre citations. Son premier mandat électif date de 1919 ; il est devenu maire de Notre-Dame-de-Courson, dans le Calvados. Il est ensuite élu député en 1932, au siège qu'occupait précédemment son père, réélu en 1936. Paul Reynaud fait de lui un secrétaire d'Etat aux Finances en mars 1940. Entré dans la clandestinité au lendemain de l'armistice, il est un des fondateurs du Conseil national de la Résistance. A la Libération, il reprend sa carrière de parlementaire et entre par trois fois au gouvernement : secrétaire d'Etat aux Finances et aux Affaires économiques en 1948 ; ministre des PTT puis ministre d'Etat en 1951 dans le même gouvernement Pleven ; de nouveau ministre d'Etat dans un éphémère gouvernement Edgar Faure au début 1952. Une carrière sans éclat, certes, mais parfaitement honorable. A se demander pourquoi François Mauriac l'affublera du surnom disgracieux de « tête de bœuf », si ce n'est par une allusion à un physique massif qui sous-entendrait l'entêtement.

C'est donc un parlementaire d'expérience, un homme ayant, au front comme dans la clandestinité, fait preuve de courage et de patriotisme qui accepte d'endosser les responsabilités gouvernementales et compose son ministère.

Il choisit de reconduire Georges Bidault aux Affaires étrangères. René Pleven prend en charge la Défense où il est flanqué d'un secrétaire d'Etat, Pierre de Chevigné. Il y a aussi Marc Jacquet, succédant à Jean Letourneau au ministère des Etats associés. Laniel présente son équipe à l'Assemblée nationale le 28 juin 1953. Il est aussitôt investi.

Sa déclaration de politique générale n'est pas indifférente. Si l'homme n'est pas brillant, il sait être concret :

« La charge que la France assume pour la défense de l'indépendance des Etats associés et pour la cause commune des peuples libres est trop lourde pour elle seule.

« La question sera posée à la Conférence des Bermudes.

« Les peuples des Etats associés n'auront pleinement le sentiment de leur indépendance que lorsqu'une grande armée nationale assurera la défense de leur territoire. Il existe un malaise politique. Notre devoir sera de le dissiper rapidement dans un esprit de compréhension mutuelle.

« Je ne saurais parler de l'Indochine sans saluer, en votre nom à tous, l'abnégation et l'héroïsme des troupes qui combattent là-bas.

« Cette guerre sanglante, qui donc oserait dire à cette tribune qu'il n'appliquerait pas toute son énergie à y mettre fin si la possibilité s'en offrait ? Cette possibilité, mon gouvernement s'emploiera inlassablement à la rechercher, que ce soit au cours des négociations qui suivraient la signature d'un armistice en Corée, ou pour toute autre négociation menée en accord avec les gouvernements des Etats associés. »

Plus tard, éloigné du pouvoir, il reviendra sur l'une des raisons qui le poussèrent, d'entrée, à évoquer une issue négociée au conflit indochinois ; une évidence dont personne n'osait franchement parler et qui était l'indifférence du pays face à cette guerre lointaine :

« Bien que notre effort militaire ne reposât que sur des soldats volontaires, l'opinion française s'accommodait mal de cette longue épreuve. La fatigue était sensible. Cette fatigue allait être exploitée par les tenants d'une politique opposée à celle que conduisait la France depuis sept ans, et dans laquelle la responsabilité de tous les partis avait été successivement engagée. »

C'est aussi un des paradoxes de ce printemps 1953 : Joseph Laniel va à la fois assumer la poursuite de la guerre en Indochine et – il le proclame – rechercher les conditions d'une négociation, cela avec un commandant en chef choisi par son prédécesseur à la veille d'être renversé par l'Assemblée nationale. Laniel reconnaîtra que l'homme étant là, il n'avait aucune raison d'en changer. « J'aurais pu le révoquer, je ne l'ai pas fait, dira-t-il. Il y a donc là une responsabilité qui m'incombe… »

Bien que devant traiter en priorité le dossier le plus sensible de l'héritage, celui de l'Indochine, Joseph Laniel doit naviguer entre bien d'autres écueils. Depuis un mois, l'équipe précédente s'est contentée d'expédier les affaires courantes dans une ambiance glauque. Les caisses sont vides ; une crise sociale fermente qui va déboucher, au cœur de l'été, sur une série de conflits sociaux. Le monde viticole, que touchent la concurrence des vins d'Algérie et donc la mévente, approche de l'effervescence. Le 28 juillet, quelques barricades sont érigées dans l'Aude, l'Hérault, le Gard et les Pyrénées-Orientales. Suit la grève du service public avec, à partir du 5 août, les arrêts de travail des postiers entraînant les cheminots, le gaz et l'électricité, les arsenaux puis les tabacs et, vers le milieu du mois, une contagion vers la métallurgie, Air France, les banques, la RATP… A l'origine du mouvement, un projet que Laniel avait pourtant prudemment remisé au plus profond de ses tiroirs après un premier examen : la réforme du statut de la fonction publique et de l'âge de la retraite ! Il faudra en appeler à l'armée pour les transports et aux détenus de droit commun pour l'enlèvement des ordures… Le calme revient avec une revalorisation des bas salaires publics et privés.

Il y a également eu, le 14 juillet, un événement qui a agité Paris et dont personne, apparemment, ne soupçonne qu'il puisse être le signe précurseur d'autres difficultés : une manifestation de Nord-Africains. A la fin du défilé organisé par le parti communiste et par les syndicats CGT de la Seine, entre la Bastille et la Nation, des incidents agitent la queue du cortège. Les policiers s'accrochent violemment avec deux mille Nord-Africains, puisque l'on ne parle pas encore de Maghrébins. On relève sept morts et de nombreux blessés des deux côtés. Il est reproché à la police son manque de sang-froid et au gouvernement son indifférence pour la situation des FSNA, terme administratif pour désigner les Français de souche nord-africaine. A l'extérieur non plus, rien n'est simple : c'est en août qu'est déposé le sultan du Maroc Si Mohammed – le futur Mohammed V… Paris ne le juge pas assez docile et, poussé par le Glaoui, décide de le remplacer par Moulay ben Arafa.

Lorsque les gouvernements changent, les consignes s'effacent parfois. Laniel ignore manifestement que Mayer a demandé à Navarre de revenir à Paris avec un projet pour l'Indochine dès le mois de juillet. Il rétorque au capitaine Pouget, chargé de prendre rendez-vous, qu'un tel voyage vers Paris lui paraît prématuré. Mieux informé, il donne son accord. Que Navarre veuille bien venir passer trois ou quatre jours dans la capitale…

Paris, la « déclaration du 3 juillet »

Arrivant à Paris le 4 juillet, le général Navarre découvre que Laniel, en guise de cadeau de bienvenue, lui a réservé une série de surprises qui ne sont pas nécessairement de la meilleure veine...

Le commandant en chef devra, comme il le craignait, s'accommoder d'un commissaire général. Ce n'est pas Gilbert Grandval, qui est parvenu à se défiler, ce sera l'ambassadeur Maurice Dejean. Comme ils se connaissent, comme le militaire et le diplomate ont fréquenté dans les mêmes temps les mêmes services de renseignement, Navarre espère que ce ne sera que demi-mal. Par ailleurs, il n'y a plus de ministre des Etats associés, et la disparition de Jean Letourneau déconcerte le général Navarre. L'homme, au-delà de ses défauts et de ses qualités, avait l'avantage de connaître parfaitement toutes les données du problème vietnamien et le nouveau patron militaire comptait sur lui pour l'initier aux subtilités extrême-orientales. Désormais, les dossiers des Etats associés passeront sur le bureau de Laniel, assisté du secrétaire d'Etat chargé des Etats associés Marc Jacquet, ou sur celui du vice-président du Conseil Paul Reynaud, suivant également les affaires vietnamiennes qu'il est réputé bien connaître. A ce moment personne ne paraît entrevoir que Laniel, Jacquet et Reynaud auront chacun un droit de regard et d'intervention sur les dossiers indochinois, mais que leurs vues ne seront pas forcément identiques ni même simultanées. Ainsi la responsabilité sera-t-elle diluée, voire écartelée, entre trois autorités. Le dossier des Etats associés sera encore moins gérable qu'il ne l'a été et, de toute façon, la présence du commissaire général ayant autorité sur Navarre ajoutera encore à la confusion. Si l'on veut bien considérer que le général en chef vient également de se choisir, pour le Tonkin, un adjoint qui ne le satisfait guère, qu'il a dû recruter parmi les nouveaux arrivants l'essentiel de son état-major, il devient évident que l'expérience et la connaissance des événements, des hommes et du terrain, ne seront pas les premières caractéristiques de l'équipe qui, désormais, va veiller au salut de l'Indochine et sur les intérêts de la France...

Navarre a le bon goût de ne pas trop s'étonner de la façon dont il apprend à la fois la nomination du commissaire général et une proclamation solennelle concernant les Etats associés : par un bulletin d'information que diffuse la radio, dans la voiture qui le conduit de l'aéroport d'Orly à son domicile parisien !

C'est en effet la veille, 3 juillet, Navarre volant alors vers la France, que le gouvernement Laniel a publié une déclaration confirmant l'indépendance des Etats associés accordée dès 1949, mais incomplète encore. Ce sera le texte de référence – dorénavant intitulé « déclaration du 3 juillet » –, celui que Navarre devra suivre à la lettre, guidé – en théorie – par Maurice Dejean :

« Le gouvernement de la République française, réuni en Conseil des ministres, s'est livré à l'examen des rapports de la France avec les Etats associés d'Indochine.

« Il estime le moment venu d'adapter les accords passés par eux avec la France à la position qu'ils ont su acquérir avec son entier appui dans la communauté des peuples libres.

« Respectueuse des traditions nationales et des libertés humaines, la France, au cours d'une coopération bientôt séculaire, a conduit le Cambodge, le Laos et le Vietnam au plein épanouissement de leur personnalité, et a maintenu leur unité nationale. Par les accords de 1949 elle a reconnu leur indépendance, et ils ont accepté de s'associer à elle dans l'Union française.

« Le gouvernement de la République désire faire aujourd'hui une déclaration solennelle.

« Durant le délai de quatre années qui s'est écoulé depuis la signature des accords, la fraternité d'armes s'est affirmée davantage entre les armées de l'Union française et les armées nationales des Etats associés, grâce au développement de celles-ci qui prennent chaque jour une place plus importante dans la lutte contre l'ennemi commun.

« Dans le même temps les institutions civiles des trois Nations se sont mises en mesure d'assumer l'ensemble des compétences incombant aux Etats modernes, tandis que l'audience internationale de leurs gouvernements s'est étendue à la majorité des pays qui constituent l'Organisation des Nations unies.

« La France juge que dans ces conditions il y a lieu de parfaire l'indépendance et la souveraineté des Etats associés d'Indochine en assurant, d'accord avec chacun des trois gouvernements intéressés, le transfert des compétences qu'elle avait encore conservées dans l'intérêt même des Etats, en raison des circonstances périlleuses nées de l'état de guerre.

« Le gouvernement français a décidé de convier chacun des trois gouvernements à convenir avec lui du règlement des questions que chacun d'eux estimera devoir poser dans les domaines économique, financier, judiciaire, militaire et politique, dans le respect et la sauvegarde des intérêts légitimes de chacune des parties contractantes.

« Le gouvernement de la République forme le vœu qu'une entente sur ces divers points vienne resserrer l'amitié qui unit la France et les Etats associés dans l'Union française. »

Le document est jugé en France très, si ce n'est trop, libéral. Il est diversement apprécié dans les trois Etats concernés qui ne le perçoivent que comme une adaptation à une situation de fait. Le Laos l'accepte loyalement, sans murmurer ni rechigner. Le Vietnam émet quelques réserves, avec plus de modération que le Cambodge où le texte est critiqué avec une effervescence spectaculaire qui agacera beaucoup la France, pourtant habituée aux gamineries d'un souverain incontrôlable.

Paris, 7 juillet : les intentions de Navarre

Le programme du séjour parisien du général Navarre ne s'annonce pas particulièrement chargé, il est vrai qu'il est censé ne pas s'éterniser en Métropole. Le commandant en chef a quelques visites à rendre ; il doit être entendu par le comité des chefs d'état-major le 7 juillet puis le 24 juillet par le Comité de défense nationale qui entérinera – ou refusera – les choix qui vont lui être présentés mais dont la seule vocation est d'émettre des avis que suit, ou ne suit pas, le gouvernement. Navarre aura également à honorer, entre-temps, une invitation de la presse diplomatique fixée au 16 juillet.

Les chefs d'état-major ayant entendu Navarre, le 7 juillet, un procès-verbal récapitulant les intentions du nouveau commandant en chef est dressé, assorti de considérations qui, avec le recul, ne manquent pas d'intérêt. L'une de celles-ci peut être considérée comme un cadre général, la seconde étant plus circonstancielle mais sûrement pas négligeable.

Ainsi, dans un premier temps, les chefs d'état-major risquent un conseil :

« Il apparaît tout d'abord que la conduite militaire de la guerre est inséparable d'une action politique, l'une et l'autre devant s'appuyer réciproquement, et que d'autre part la France ne peut assumer seule la conduite de la guerre sans une participation entière des Etats associés à l'effort commun, et sans une aide extérieure américaine adaptée et accrue. »

La seconde considération, plus stratégique, ne devrait plus être perdue de vue :

« Par ailleurs, l'aide chinoise paraît bien conditionner la situation militaire en Indochine. Elle peut, au gré de la Chine, être augmentée ou réduite et l'ampleur qu'elle peut prendre, en partie dans le domaine aérien, n'autorise pas à escompter une solution strictement militaire si la Chine ne modifie pas son attitude vis-à-vis du Viêt-minh. »

C'est sur l'intervention du maréchal Juin et du général Lechères que le comité des chefs d'état-major adopte enfin une recommandation tendant à ne pas faire obligation au général Navarre de défendre le Laos. Celui-ci se souviendra que le comité « estimait en effet que les moyens qu'il recommandait de m'allouer étaient insuffisants pour m'en donner la possibilité. Il suggérait par ailleurs qu'une action diplomatique fût tentée pour détourner le Viêt-minh d'attaquer à nouveau le Laos ». Cette action diplomatique, les chefs d'état-major estiment que c'est auprès de la Chine qu'elle doit être menée.

Le Conseil des ministres, réuni le lendemain 8 juillet, a donc déjà des idées précises sur ce que sera le plan Navarre et Vincent Auriol peut y faire référence dans ses notes personnelles datées du 10 juillet, en insistant sur le caractère assez théorique du travail de Navarre qui a toutes les apparences d'un document d'état-major :

« Les idées exposées sont bonnes.

« Mais leur application paraît ambitieuse et pleine de prétéritions compte tenu des moyens qu'il possède et surtout de l'impossibilité dans laquelle nous nous trouvons de satisfaire à ses demandes, notamment en ce qui concerne les forces terrestres.

« Leur satisfaction impliquerait en effet certainement, puisqu'il s'agit d'unités constituées, à prélever sur le dispositif du NATO, l'adoption du service de deux ans et l'envoi des appelés en Indochine. Ceci sans préjudice d'une augmentation considérable de nos dépenses, des charges d'entretien pour les années à venir et de l'usure en hommes et en matériels[1]. »

La presse diplomatique n'a donc pas la primeur des intentions du général Navarre ; mais ses correspondants sont cependant les premiers à en diffuser l'essence. Devant les journalistes, le 16 juillet, Navarre évoque, pour contrer les huit divisions du Viêt-minh, la reconstitution de réserves mobiles capables de réagir efficacement et de prendre l'initiative aussi souvent que possible ; il parle des armées des Etats associés qu'il faut développer pour leur offrir des responsabilités opérationnelles de plus en plus importantes. Il précise que c'est dans un an seulement, grâce à la supériorité en effectifs qu'apporteront ces armées, que « nous tiendrons le bon bout… ».

Navarre ne saurait-il pas que le Viêt-minh a des antennes à Paris, que ses agents savent lire et écouter puis informer Hô Chi Minh ? Celui-ci doit se frotter les mains de satisfaction dans sa retraite de la jungle tonkinoise. Il commence à voir où veut en venir son nouvel adversaire…

Washington, juillet 1953

Arrivé à Paris le 4 juillet, le général Navarre doit attendre le 24 juillet pour plancher devant le Comité de défense nationale. Celui-ci, il convient de le préciser, réunit autour du président de la République le président du Conseil, les ministres des Affaires étrangères, des Finances, de l'Intérieur, de la Défense nationale, de la France d'outre-mer, des Etats associés, les trois secrétaires d'Etat à l'Armée de terre, à la Marine et à l'Aviation, ainsi que le maréchal Juin et les chefs d'état-major des trois armées.

Si le général Navarre doit patienter trois semaines, cela ne tient en aucune façon à des difficultés gouvernementales, mais plus simplement à des engagements internationaux du gouvernement. Georges Bidault est allé participer, du 10 au 14 juillet, avec ses homologues

britannique et américain, à la Conférence de Washington[2].
L'Indochine n'est certes pas le sujet essentiel de la rencontre mais l'événement a naturellement trouvé sa place
lors des débats consacrés à « la paix, la liberté et la
justice » ; c'est-à-dire à l'avenir de l'Europe, au traité
de l'Atlantique Nord, à la Communauté européenne
de défense, à l'OTAN, à la réunification de l'Allemagne,
à la Corée aussi.

Les représentants des trois Etats associés, présents à
Washington, sont d'ailleurs invités à l'une des séances de
travail, celle du 13 juillet, au cours de laquelle Foster
Dulles félicite la France pour la déclaration dite « du
3 juillet ». Il rappelle aux trois délégués de l'Indochine
les limites que comporte nécessairement l'indépendance
et les dangers que représente le nationalisme. Les Américains ont également écouté avec attention ce que le
ministre français pouvait déjà leur confier du futur plan
Navarre, à savoir prendre des initiatives de combat
chaque fois que cela sera possible, par ailleurs accélérer
la constitution des armées nationales des Etats associés
et leur donner des responsabilités de plus en plus éten-
dues dans les opérations. Un projet qui semble satisfaire
Washington... En revanche, le représentant américain
ne paraît pas avoir entendu, ou voulu entendre, Georges
Bidault essayant de lier les perspectives d'armistice se
profilant en Corée avec un armistice en Indochine.
Bidault se voulait pourtant l'écho de l'opinion publique
française souhaitant la fin des hostilités, propos qu'il
illustrait d'une formule imagée : « la paix doit être
contagieuse ». Peut-être cette réserve tient-elle à un élément de taille : en Corée, c'est l'ONU qui mène le jeu ;
en Indochine, la France a toujours refusé l'internationalisation du conflit indochinois... Toujours est-il que le
président Eisenhower obtiendra les crédits de l'aide militaire et économique à l'étranger que la Chambre des

représentants et le Sénat voulaient réduire : quatre cents millions de dollars pour l'Indochine.

Au terme des travaux de Washington, c'est en fin de communiqué qu'apparaissent les paragraphes consacrés à l'Indochine :

« ... Les trois ministres des Affaires étrangères ont, une fois de plus, rendu hommage aux efforts héroïques et aux sacrifices des soldats de l'Union française, que ceux-ci appartiennent à la France, au Vietnam, au Cambodge, au Laos ou à d'autres parties de l'Union.

« Ils ont été d'accord pour reconnaître que le combat qui se poursuit pour la défense de l'indépendance de ces trois pays contre l'agression communiste est essentiel au monde libre, et ils ont procédé à un échange de vues sur les diverses mesures à prendre pour hâter son issue dans des conditions satisfaisantes et accélérer le rétablissement de la paix en Indochine.

« Les ministres des Affaires étrangères du Royaume-Uni et des Etats-Unis ont pris note avec une grande satisfaction de la proposition du gouvernement français d'ouvrir des conversations avec chacun des gouvernements du Cambodge, du Laos et du Vietnam en vue de parfaire l'indépendance et la souveraineté de ceux-ci.

« Ils sont convenus que cette initiative a représenté un pas extrêmement important et de bon augure vers la réalisation d'une association libre de ces quatre Nations.

« La sécurité interne et la stabilité des Etats associés étant sauvegardées au mieux par des régimes constitutionnels librement établis, ils ont noté que l'Union française offre un cadre harmonieux et souple, dans lequel les intérêts mutuels des participants peuvent être garantis et leurs intérêts particuliers conciliés. Ils sont convaincus que l'objectif du gouvernement français est de parfaire avec les Etats associés cette cohésion qui est indispensable au succès de la lutte commune pour la protection de l'indépendance des trois Etats, et qui est en conséquence d'une importance fondamentale pour la sécurité de l'ensemble du Sud-Est asiatique. »

Un bref bilan de l'aide américaine

Le général Navarre, s'il ne le sait déjà, apprendra vite ce que représente l'aide américaine dans l'effort de guerre français ; une aide déjà ancienne pour laquelle le rôle de De Lattre n'a pas été négligeable.

Les premières demandes datent de 1950. Un rapport faisait alors un point inquiétant de la situation :

« … En tout état de cause, la France ne semble pas pouvoir soutenir l'effort matériel nécessaire à l'instruction et au renforcement des forces armées françaises, ainsi que celles des Etats associés sans l'aide des Etats Unis[3]. »

Les besoins avaient alors été classés en « aide immédiate » puis en première et deuxième urgences. Le coût approximatif de ces matériels est de :

– 22 299 081 230 francs pour l'aide immédiate ;
– 45 829 691 500,00 francs pour les deux urgences.

Les offres américaines – la liste Richards, du nom du général chargé de cette mission – en date du 13 mai 1950 diffèrent sensiblement des besoins français. L'offre s'étend quand même de l'étoffe pour habiller les forces locales au prêt de huit avions du type Dakota DC-3 et de quarante chasseurs-bombardiers Hellcat. Il est certain que des erreurs de traduction ont gêné les inventaires, les techniciens relevant par exemple une confusion parmi celles qui compliquent les négociations : hangar et magasin…

La distribution des matériels est à la charge d'une commission de liaison pour l'aide américaine – ou CLAA – composée de Français, Vietnamiens, Laotiens et Cambodgiens ; cela en relation avec la mission militaire américaine. L'organe d'exécution – qui reçoit et distribue –

est le centre de réception du matériel américain ou CRMA. Le 8 février 1950 est annoncée l'arrivée du matériel qui va permettre d'équiper quatre bataillons aéroportés et deux divisions d'infanterie français, huit bataillons d'infanterie vietnamiens, trois cambodgiens et un laotien. Le 12 mai 1950, le ministère de la France d'outre-mer évalue globalement l'aide américaine aux forces terrestres à 68 678 623 790,00 francs[4].

Séjournant en Indochine du 15 juillet au 7 août 1950, la mission Melby, tenant compte de la situation internationale, de la collusion sino-vietnamienne et des forces en présence, considère que le problème indochinois ne peut plus recevoir qu'une solution militaire. L'aide militaire doit donc avoir le pas sur l'aide économique et celle-ci doit recevoir dans les secteurs communs une orientation conforme aux nécessités militaires du moment. Précédemment, l'aide économique revenait à mettre des dollars à la disposition des pays assistés, pour que ceux-ci achètent aux Etats-Unis des matériels divers ; l'aide militaire, elle, était gratuite. Pratiquement, un nouvel organisme, le Military Assistance Advisory Group – ou MAAG –, s'installe à Saigon dès septembre 1950. Il arrive avec apparemment la volonté d'être fort discret puisque son papier à lettres ne comportera jamais d'adresse…

A ce moment, la coopération franco-américaine se résume à une théorie simple : aux Français, la fourniture et l'entretien des effectifs, aux Américains, la fourniture et l'entretien des matériels !

Paris : Navarre présente son plan

Le 24 juillet, à l'Elysée, le général Navarre présente au Comité de défense nationale le plan pour l'Indochine qui portera désormais son nom. Les grandes lignes en étant déjà connues, il lui appartient d'en détailler le contenu. Son aide de camp, le capitaine Pouget, l'accompagne à l'Elysée. C'est lui qui fait le tour de la table et remet en main propre à chacun des participants un « mémorandum », texte de vingt-cinq pages complété par des fiches techniques et des annexes. La rédaction en avait été achevée le 28 juin à Saigon.

Vincent Auriol préside la séance de travail. Il demande à Pouget, qui vient de distribuer les exemplaires du mémorandum, de se retirer puis il signifie aux ministres et secrétaires d'Etat l'interdiction de prendre des notes. Auriol, de toute évidence, redoute d'éventuelles fuites. Il n'a pas tort. Le journaliste Roger Stéphane publiera de larges extraits des propos du général en chef dans l'hebdomadaire *France Observateur* de la semaine suivante. Et l'oncle Hô, certainement enchanté, en saura encore un peu plus...

Ayant horreur de l'improvisation, Navarre développe son projet en suivant une manière de pense-bête écrit au crayon. C'est le texte le plus complet, donc, bien que rédigé en style télégraphique, texte que conservera l'aide de camp du général, Jean Pouget[5], et dont le secrétaire permanent de la Défense nationale, Jean Mons – qui s'est vu lui aussi interdire de prendre des notes –, demandera une version dactylographiée pour la joindre au procès-verbal de la réunion.

Navarre avance chapitre par chapitre, comme sur la pointe des pieds. Pour ce qui est des possibilités de l'ennemi, il évalue ses forces et la stratégie éventuelle de Giap :

« Dispose d'un corps de bataille dont l'effectif est d'environ sept divisions, à base d'infanterie mais très bien armées et dotées mobilité tactique remarquable. Faut ajouter un certain nombre régiments non endivisionnés de même qualité. Effectif corps de bataille peut donc atteindre huit à neuf divisions. Ce corps de bataille n'a jamais été plus fort :

- Troupe aguerrie,
- Armement amélioré par aide chinoise,
- Frais (car non usé par campagne printemps),
- Remis à l'instruction depuis fin mai.

« Peut, à partir août-septembre-octobre, entamer grandes opérations : Delta, Nord-Laos, Centre-Indochine (ou deux ou trois à la fois). »

Un coup d'œil vers ses interlocuteurs qu'il doit juger suffisamment attentifs, et Navarre reprend ses notes. Il en vient aux forces dont lui-même dispose :

« Défaut principal : n'avons pas de corps de bataille à opposer à celui ennemi. A part six GM (de Lattre) que j'ai trouvés entièrement dispersés (pour faire face offensive Laos) et huit bataillons paras (excellents) il n'y a qu'unités de secteur implantées avec quelques réserves locales qui tiennent et protègent innombrables points et zones sensibles que nous devons garder. C'est notre grande faiblesse.

« Je m'emploie à reconstituer réserves à tous les échelons. Aurai 1er septembre vingt-cinq bataillons en réserve générale. Ai imposé à commandants territoires réserves à tous les échelons (zones, secteurs, sous-secteurs). C'est très difficile : transformation profonde nos habitudes et organisation.

« Comporte risques (certains points dépourvus, troupes à réhabituer mouvement jour et nuit).

« Pose problèmes tous ordres (y compris finances, par exemple : le remplacement de plusieurs petits postes par un gros poste capable de rayonner). Cependant indispensable, car autrement n'en sortirons pas. Indispensable :

- Pour reconstituer réserves,
- Pour détruire chez troupe moral d'assiégé qui existe trop,

– Pour créer climat agressivité jour et nuit et rendre à troupes sentiment supériorité sur adversaire sans lequel pas de succès possible. »

Navarre considère que lorsqu'il en arrivera à quarante bataillons mobiles contre soixante ou soixante-cinq, l'ennemi aura encore l'avantage de la mobilité tactique due à sa fluidité, mais que lui-même pourra compenser cette faiblesse par l'allègement maximum et qu'il aura en revanche l'avantage de la puissance grâce à l'artillerie, aux blindés et surtout l'appui des feux de l'aviation. Il ne se fait pourtant aucune illusion, il s'attend à livrer d'octobre à juin des batailles dures, dans des conditions difficiles pouvant comporter des revers importants. Il pense tenir le Delta, se maintenir en Annam, puis il aborde le problème du Laos en insistant sur le fait que pour défendre un objectif politique, il risque de perdre sa liberté d'action et d'être en difficulté ailleurs. Il demande donc au gouvernement l'autorisation de ne pas s'engager à fond pour défendre le Laos. Il veut une décision rapide, pour préparer la campagne d'octobre-juin : même si elle est conduite sans échecs graves, même si elle était un succès, elle ne sera que stratégiquement défensive.

Navarre, à cet instant, dévoile l'essentiel de son projet : pour prendre l'offensive contre le corps de bataille viêt-minh, il doit disposer d'un corps de bataille au moins égal en nombre et plus puissant, « ce corps de bataille doit être constitué dès octobre 1954 afin qu'à cette date ce soit nous qui attaquions et non le Viêt-minh ».

La condition pour tenir serait que les Etats associés – et en particulier le Vietnam – soient réellement mis dans la guerre et que l'on accélère le plan Salan, « mais, ajoute-t-il, si j'attends pour commencer l'offensive que les armées associées puissent y participer pleinement, je ne pourrai rien faire d'important avant juin 1954 ».

Passant à l'étape suivante, le retour à la phase offensive, Navarre l'imagine en deux temps :

« Le premier consisterait à occuper définitivement dès octobre 1954 Thanh-Hoa et Vinh et priver ainsi l'ennemi des derniers réservoirs importants où puiser riz et surtout hommes. Ces actions suffiraient peut-être à l'amener à composition.

« Second temps à exécuter si négociations sans résultat serait mise hors de combat corps de bataille viêt-minh par opération débouchant Delta, destiner à le détruire et à rejeter débris en Haute Région.

« Si ce résultat obtenu, permettrait de rapatrier corps expéditionnaire à partir mi-1956. »

En conclusion, Navarre demande à l'aréopage réuni à l'Elysée des renforts temporaires, les moyens nécessaires au corps de bataille et au développement des armées associées, une mise dans la guerre des Etats associés, une nouvelle définition des buts de guerre français en Indochine pour que les soldats français n'aient pas l'impression de se battre pour un nouveau roi de Prusse du nom de Bao Dai et enfin – il insiste – la définition de l'attitude à prendre en cas d'attaque du Laos.

Il est donc convenu que le « plan Navarre » peut se résumer en deux points essentiels :

« 1. Pendant la campagne 1953-1954, contenir l'adversaire en évitant d'affronter son corps de bataille, c'est-à-dire observer une attitude strictement défensive.

« 2. Se mettre en mesure, pendant la campagne 1954-1955, de reprendre l'offensive et d'infliger à son corps de bataille des revers susceptibles d'amener le Viêt-minh à composition. »

Le problème des renforts est crucial. Déjà le comité des chefs d'état-major avait tiqué : il pourrait bien ne recevoir que neuf bataillons et un groupe aérien de transport, et rien d'autre. Les chefs d'état-major avaient d'ailleurs suggéré à Navarre de voir moins grand. Qu'il allège ses charges et ils ne lui imposeront pas de défendre le Laos si cette région était attaquée !

Au Comité de défense nationale, les mines s'allongent devant les demandes de Navarre. Certes, il lui est promis quelques B-26 – ou Maraudeur – en plus des bataillons et du groupe aérien de transport, mais les ministres s'arrêtent là[6]. Edgar Faure, en charge des Finances, est parfaitement clair : un tel plan coûtera plus de cent milliards, et il entonne un air déjà connu : que Navarre réduise ses demandes, quitte à remanier son plan ! René Pleven, pour sa part, ne veut pas fournir de renforts en hommes tant que le gouvernement vietnamien n'aura pas pris l'engagement ferme de développer son armée. C'est encore Pleven qui suggère que Navarre reçoive une « mission claire » à propos du Laos parce qu'il ne souhaite pas que l'on mette en danger le corps expéditionnaire. Pleven n'obtiendra pas de réponse et, du même coup, Navarre non plus. Le « géné-chef » devra se contenter d'un accord tacite et, comme le dira Marc Jacquet, d'une pleine délégation du gouvernement, ce qui est une doctrine constante.

Vincent Auriol écrira quatre jours plus tard : « Ce qu'il y a d'important et d'intéressant, c'est que Navarre veut liquider et pacifier toute la partie sud de Douan Koi, toute la Cochinchine puis le Delta et plus tard remonter vers le nord. Il y a deux ans que je demande que l'on conquière et que l'on maintienne la Cochinchine, qu'ensuite on fasse une barrière et qu'on remonte. Maintenant on y arrive, mais un peu tard[7]… »

Avec l'été 1953 commence le temps des ambiguïtés.

Le Laos : une grande inconnue

Si en termes de tactique ou de stratégie les lignes de force apparaissent clairement, l'interprétation politique de la ligne à suivre semble bien plus incertaine. En ce qui concerne la défense du Laos, par exemple, les conclusions de cette séance de travail du 24 juillet resteront à jamais ambiguës. Un débat s'est bien engagé après l'exposé du général Navarre, mais avec l'expression de points de vue fort divergents et sans décision claire et nette.

Que demande Henri Navarre ? Une défense du Laos sans obstination :

« L'hypothèse de l'attaque viêt-minh sur le Nord-Laos est la plus ennuyeuse. Le Nord-Laos est avant tout un objectif politique. Si dans l'immédiat son intérêt militaire est minime, la perte de ce territoire aurait des conséquences très graves pour le Siam, le Cambodge et la pacification du Sud-Vietnam. De plus, il est difficile à défendre autrement que par la méthode des "hérissons", système de défense dont on connaît l'inconvénient et qui est très dispendieux en potentiel aérien. Pour défendre un objectif politique, je me verrais contraint de perdre ma liberté d'action et serais en difficulté ailleurs.

« Par conséquent, une décision du gouvernement s'impose sur deux points : premièrement, tenter de détourner le Viêt-minh d'agir contre le Laos par une action diplomatique ; deuxièmement, en cas d'attaque viêt-minh en force, m'autoriser à ne pas m'engager à fond pour défendre ce pays. Cette décision est indispensable pour préparer la bataille d'octobre. »

Du récit que fera Jean Pouget de cette audience, il ressort que le maréchal Juin, conscient des inquiétudes de son ancien chef d'état-major, prit sur lui de lancer le débat sur la défense du Laos en demandant que la responsabilité du commandant en chef en Indochine soit dégagée sur ce point. Il ne s'attendait pas à être suivi ; il ne l'est d'ailleurs pas. Bidault explique pourquoi la France ne peut abandonner le Laos, seul des Etats associés à être satisfait de la déclaration du 3 juillet : « Si à la première menace nous lâchons ce territoire, il vaut mieux renoncer tout de suite à constituer une Union française. » René Pleven est moins carré ; il paraît comprendre que pour défendre le Laos il faudrait donner à Navarre des moyens impossibles à trouver. Après quoi, Edgar Faure confirme qu'il n'a pas un centime disponible. C'est alors que Vincent Auriol conclut la séance :

« Mon général, les membres du Comité de défense nationale vous remercient de votre exposé. Je vous exprime également les félicitations du gouvernement pour votre action et les résultats obtenus. Vous pouvez regagner Saigon dès maintenant. Le gouvernement vous fera connaître sa décision. »

Bien plus tard, trop tard donc, les deux principaux intéressés – le général Navarre puis Joseph Laniel – reviendront sur cette journée des dupes, chacun donnant sa version de la réunion.

« Une discussion très confuse suivit, écrira Navarre, au cours de laquelle fut longuement discutée la question de la défense du Haut-Laos.

« Le maréchal Juin rappela la recommandation des chefs d'état-major. Certains ministres se déclarèrent partisans d'abandonner le Haut-Laos à son sort en cas d'attaque importante. D'autres exprimèrent l'avis qu'il était impossible de ne pas aider un pays dont la fidélité à la France n'avait jamais été en défaut et qui, seul des trois Etats associés, se déclarait prêt, sans réticence, à entrer dans l'Union française. Aucune décision ferme ne fut prise sur aucune des questions soulevées et notamment sur celle de la défense du Laos[8]. »

Joseph Laniel, au contraire, écrira que les choses avaient été clairement énoncées :

« Il était de doctrine, au sein du gouvernement, de laisser au commandant en chef l'initiative la plus large en matière d'opérations. Cette doctrine, qui est de règle même lorsqu'il s'agit d'un front de guerre rapproché, s'imposait particulièrement lorsqu'il s'agissait d'un théâtre d'opérations aussi éloigné que l'Indochine. Le général Navarre, qui aurait dû se féliciter de cette liberté d'action, réclamée d'ordinaire par tout commandant en chef d'une armée en campagne, en fait au contraire grief au gouvernement !

« C'est ainsi qu'il se plaint de n'avoir pas reçu d'instructions formelles au sujet de la défense du Laos. La question fut en effet soulevée à plusieurs reprises dans les semaines qui précédèrent et suivirent l'occupation de Diên Biên Phu, et l'attaque du camp fortifié.

« J'ai néanmoins le regret d'affirmer que la position du gouvernement a toujours été catégorique à ce sujet et que le reproche du général Navarre ne résiste pas à l'examen. Je le renvoie à la lecture du procès-verbal de la séance du Comité de défense nationale du 24 juillet 1953, où il était fait état "de l'effet psychologique créé par les directives données au commandant en chef en ce qui concerne l'abandon partiel de la défense du Laos". Sur ce point comme sur d'autres, le gouvernement avait adopté le plan Navarre.

« Mais pourquoi n'avons-nous pas été plus explicites ? Il n'est pas difficile de le deviner. Pouvions-nous tout d'abord, au moment même où nous étions en discussion avec cette nation amie et fidèle pour établir un nouveau statut de ses liens avec l'Union française, dire et surtout écrire que nous ne défendrions pas le Laos ? En cas d'indiscrétion – et ce n'était pas là, hélas, une hypothèse absurde – ne risquions-nous pas de compromettre tous nos liens avec les Etats associés ? Pouvions-nous surtout prendre cette décision de Paris, sans connaître les forces et les moyens que l'ennemi serait à même de déployer contre les nôtres ? En définitive, il apparaissait au gouvernement que, devant une décision aussi grave, une certaine latitude devait être laissée au général en chef, qui était seul en mesure de la prendre en temps voulu, et en connaissance de cause. Tout devait dépendre des chances que le commandement estimait avoir de repousser victorieusement l'assaut ennemi[9]... »

Parti pour l'Indochine en mai avec les instructions les plus vagues que pouvait lui donner René Mayer, le général Navarre va y retourner à la fin juillet sans trop savoir ce qu'on attend de lui, si ce n'est qu'il s'en tienne à son plan – tacitement approuvé – mais sans les moyens réclamés.

Corée, 27 juillet : l'armistice

C'est à Panmunjon que l'armistice depuis si longtemps évoqué est signé le 27 juillet, à 10 heures du matin... Pour séparer les deux Corée en guerre depuis trois ans, il y aura désormais une ligne de démarcation et de part et d'autre une zone démilitarisée de deux kilomètres. Il a fallu pour atteindre ce but de longues semaines de discussion. Peu importe qu'un armistice ne soit pas un traité de paix, c'est bien la fin théorique des hostilités, encore que les incidents ne manqueront pas dans les années à venir.

Georges Bidault, qui avait parlé d'une dynamique de la paix lors de son passage à Washington, se prend peut-être à rêver de cette contagion. Il est possible que la Chine, si résolument engagée aux côtés des Nord-

Coréens, ait le désir de marquer une pause… Mais ne peut-on craindre, tout aussi sérieusement, l'effet contraire ? La Chine reportant ailleurs son aide militaire au nom de l'idéologie, vers l'Indochine donc. Il est vrai que du matériel militaire va se trouver disponible, à profusion même, et des officiers inemployés qui feraient de bons conseillers ou de bons instructeurs ailleurs. Alors, la France peut redouter que ne parviennent en Indochine, en provenance de la Chine, du matériel et des techniciens… Comme elle peut espérer un surcroît de l'aide américaine qui ne sera plus indispensable en Corée, Washington ne pouvant laisser Pékin s'immiscer dans un autre conflit.

Na San, août 1953 : évacuation réussie

Le général Navarre, resté plus longtemps que prévu en Métropole, n'a pas encore rejoint l'Indochine lorsque Maurice Dejean lâche quelques déclarations qui se veulent de caractère politique, mais peuvent avoir des retombées stratégiques évidentes. Dejean évoque ainsi, le 28 juillet, ce qui doit rendre la guerre sans espoir et sans objet pour l'adversaire, « sans espoir parce que nous sommes les plus forts, sans objet puisque cette indépendance que les communistes prétendent conquérir par les armes, les peuples du Cambodge, du Laos et du Vietnam en jouiront désormais pleinement ». Après quoi, il aborde l'autre point sensible, celui qui concerne d'éventuelles négociations : « Nous ne négligerons aucune des possibilités sérieuses qui pourraient s'offrir, indépendamment du poids de nos armes, pour faciliter ou hâter le rétablissement d'une paix digne des peuples libres. »

Navarre sera assurément plus satisfait d'un autre événement marquant son retour en Indochine. Il est même possible de parler du premier grand succès du nouveau commandant en chef, avec l'évacuation réussie de Na San.

Depuis son retour de Paris, le général Navarre était, de toute évidence, décidé à réoccuper une vallée du Nord-Tonkin du nom de Diên Biên Phu, en réduisant la garnison de Na San puis en évacuant celle de Lai Chau. Il a demandé à Cogny de réfléchir à cet ensemble d'opérations. L'idée d'abandonner Na San n'est pas nouvelle ; déjà Salan s'en est préoccupé. Cogny y réfléchit à son tour et imagine une évacuation pour partie par un pont aérien, pour partie par un repli vers la plaine de Diên Biên Phu qui serait ainsi réoccupée. A partir du 3 août, Navarre est à Hanoi pour passer des intentions aux actes. Il découvre Cogny et ses hésitations, Cogny favorable à l'évacuation tout en paraissant reculer devant les risques ; Cogny estimant que les bataillons de Na San seraient parfaits pour occuper Diên Biên Phu, sans être certain que le moment soit venu ; Cogny paraissant mitonner ses dossiers pour être prêt à assurer la paternité du succès ou à se défiler si l'affaire tourne mal... De telles hésitations ne sont pas nouvelles chez lui, si l'on en croit une lettre datée du 2 juillet et classée par l'aide de camp de Navarre, Jean Pouget :

« Il est absolument exact que, vous ayant signalé les avantages d'un transfert de Na San à Diên Biên Phu, je vous ai montré en contrepartie ce que l'opération d'évacuation avait de scabreux...

« Si j'ai incliné vers la solution d'attente, c'est pour beaucoup parce que je trouvais déplaisant de vous pousser à prendre, personnellement, d'entrée, des risques inévitables.

« Trois semaines plus tard, après avoir longuement pesé les chances, je me suis cependant décidé à vous proposer l'évacuation. Le général Bodet vous dira en effet qu'il m'a trouvé en pleine étude de la question et que j'ai manifesté une joie très vive lorsqu'il m'a fait part de votre désir de la réenvisager.

« Je crois deviner quelque étonnement de votre part en ne voyant pas mentionné ce dernier point dans l'étude que je vous ai adressée. C'est là une omission qui n'a certes pas été délibérée, mais qui correspond à mon désir d'assumer devant vous toutes mes responsabilités, étant assuré d'autre part que je ne vous gênerai pas en le faisant. »

Navarre tranche : que l'on évacue Na San !

Le « généchef » est attendu ailleurs, il doit accompagner Dejean qui va remettre ses lettres de créance aux souverains du Laos et du Cambodge. Mais s'il fallait rechercher une date initiale à la mésentente cordiale qui va s'installer entre les deux généraux, en attendant qu'elle dérape vers une hostilité partagée, c'est sans doute aux préparatifs de l'abandon de Na San qu'il faudrait se référer.

Le camp retranché de Na San est évacué entre le 8 et le 12 août par des avions se posant de deux minutes en deux minutes et réembarquant à la barbe des Viêts toute la garnison, laissant Giap amer devant sa proie envolée. Un succès pour la stratégie du général Navarre, préoccupé d'un regroupement de ses forces pour tenir tête aux possibles assauts du Viêt-minh et récupérant là six bataillons et un groupe d'artillerie dont l'utilité n'était plus évidente. Les derniers à embarquer dans les avions sont les tirailleurs du 3e bataillon thaï. Cette unité, qui sera plus connue sous son appellation abrégée de BT 3, est à l'origine composée d'« autochtones réguliers », exactement comme les BT 1 et BT 2. Leur statut a évolué avec le temps et ils sont devenus de très ordinaires bataillons d'infanterie coloniale, se distinguant donc des autochtones supplétifs dits « partisans ». Le BT 3 compte théoriquement huit cent cinquante hommes, mais il se trouve souvent en sureffectif. Il y a, pour encadrer la troupe, douze ou quinze officiers et une cinquantaine de sous-officiers, tous français. C'est ce BT 3 qui veille donc jusqu'au dernier instant, jusqu'à l'éclaircie qui permet aux derniers Dakota de se poser et d'enlever les défenseurs de la défunte garnison. Voulant oublier que les Viêts, curieusement absents, pouvaient surgir à chaque instant, les deux derniers commandants de compagnie jouent à pile ou face leur tour d'embarquement, sur l'ultime avion : le gagnant partira le dernier ! Le lieutenant Guilleminot a gagné contre le lieutenant Courdesses… Certes, il y a beaucoup de matériel abandonné, après avoir été détruit il est vrai, l'affaire a pourtant des allures de tour de force et la réussite du désengagement est indiscutable.

C'est la fin d'une aventure lancée au cœur de l'hiver 1952, sous le règne de Salan, aventure dont les épisodes se sont succédé au gré des circonstances et des besoins, dont il n'est pas inutile de rappeler la genèse.

A l'origine de ce camp retranché se trouve une piste d'aviation de onze cents mètres accessible par les Dakota bien que jugée acrobatique par les pilotes. Pour la protéger, il n'existe qu'un point d'appui bétonné et un poste de supplétifs. Vers la fin octobre, sous la pression des Viêts entre Na San et Lai Chau, la protection de la piste est renforcée. Na San est ceinturée par une enceinte fortifiée dont les dix points d'appui, tous implantés sur des collines surplombant la piste, sont reliés par un réseau de barbelés. Au cœur du dispositif, le colonel Gilles a installé le noyau vital que représentent le poste de commandement, les dépôts de vivres et de munitions, l'artillerie. Dans un troisième temps, Gilles devenant encore plus ambitieux – ou plus prudent – part à la conquête des points hauts d'où l'ennemi pourrait avoir des vues sur la piste d'aviation. Il fait installer sur les pitons voisins sept points d'appui supplémentaires qui protégeront la piste des tirs de mortier viêts ! La base aéroterrestre, qui absorbera à la fin 1952 quelque douze mille hommes, va se révéler un piège pour Giap, qui a d'ailleurs mal interprété les intentions françaises. Lorsque, dans la nuit du 30 novembre au 1er décembre, il attaque deux points d'appui d'où il pense pouvoir interdire tout trafic aérien, c'est-à-dire isoler la base, Giap croit que la victoire va lui sourire. Certes les deux PA sont pris… mais pour être aussitôt reconquis. L'attaque générale lancée la nuit suivante est un deuxième échec. Le 2 décembre, Giap doit donner l'ordre de la retraite…

Au lendemain de la tentative contre Na San, il apparaît évident que les troupes de Giap n'étaient pas prêtes pour ce genre de combat et bien incapables de s'emparer de ce type d'objectif. Elles auraient eu davantage de chances de réussir si elles avaient disposé de pièces d'artillerie et pas seulement de mortiers. Un camp retranché peut résister tant que la piste d'aviation est au service de la garnison et si les défenses en sont parfaitement conçues et suffisamment solides. Là, Gilles a joué en maître… Salan, lui, avait sans doute été trop prudent, trop défensif comme cela lui sera longtemps reproché, puisqu'il avait renoncé à exploiter le revers de Giap et l'épuisement de ses troupes. Giap, échaudé, ne revient plus sur Na San ; il regarde vers le Laos.

Giap, qui dans ses futurs ouvrages sollicitera souvent les faits, écrira à propos du choix de Navarre et de cette évacuation réussie : « Auparavant Na San était pour lui un second Verdun qui devait empêcher la progression du communisme en direction du sud. Maintenant qu'il est obligé d'en retirer ses forces pour échapper à l'anéantissement, il prétend que Na San ne joue plus aucun rôle militaire. »

Une question s'est longuement posée après cette évacuation réussie : comment le Viêt-minh s'était ainsi laissé berner ? Giap a eu quatre jours pour réagir, sans rien entreprendre. Il est vrai que les Français ont tenté de le piéger. Le pont aérien qui devait enlever les troupes de la garnison a débarqué dès les premières rotations, le 7 août, des éléments nouveaux dont l'arrivée sans être ostensible était faite pour être repérée. Les agents viêt-minh, toujours aux aguets, ont cru au renforcement de la garnison ; ils sont tombés dans le piège tendu. Un incident technique les y a enfoncés. Le poste de radio de l'équipe de renseignement viêt est tombé en panne ; le technicien de service a mis quarante-huit heures à le réparer… Après quoi, le 9 août, il a repris la diffusion des messages dans l'ordre où ils lui avaient été apportés, en commençant par ce renseignement sur l'arrivée de renforts et pour terminer avec ceux, bien plus récents, alertant Giap sur l'évacuation devenue évidente du camp retranché. Non seulement les Français enlevaient leurs unités, mais les familles des supplétifs partaient avec eux ! Les troupes viêts arriveront sur place quelques heures après l'abandon des lieux. Elles ne pourront que récupérer du matériel saboté.

Le seul mais grave inconvénient de cette évacuation réussie est de laisser croire que l'on peut, à moindres risques, inventer, installer, faire vivre puis abandonner une base aéroterrestre.

Washington, 30 septembre : une aide américaine accrue

Après la Conférence de Washington de juillet, le président Eisenhower était intervenu pour obtenir les crédits qu'il voulait pour l'Indochine : quatre cents millions de dollars, dont le Sénat avait supprimé le quart. Aux premiers jours de septembre, l'aide américaine se renforce sensiblement. Outre l'intervention d'Eisenhower, Foster Dulles en a clairement exprimé les raisons dès le début du mois devant l'American Legion :

« Nous, Américains, nous nous sommes trop peu rendu compte de l'ampleur des efforts et des sacrifices de la France pour la défense d'une région qui n'est plus une colonie française, et qui est en voie de bénéficier d'une indépendance complète. Ce programme d'indépendance se conforme à des principes que les Etats-Unis ont encouragés, et justifie une aide accrue de notre part, à condition que cette aide donne l'assurance dans cette région d'un effort vigoureux et décisif.

« La Chine communiste a entraîné, équipé et ravitaillé les forces communistes en Indochine ; elle continue de le faire. Le risque existe que, comme en Corée, la Chine rouge envoie ses propres armées en Indochine. Le régime communiste chinois devrait comprendre qu'une seconde agression de ce genre ne pourrait avoir lieu sans entraîner de graves conséquences qui pourraient ne pas se confiner à l'Indochine. Je déclare cela calmement, dans l'intérêt de la paix et dans l'espoir d'empêcher l'agresseur de commettre une nouvelle erreur de calcul… »

L'accord sur l'accroissement de l'aide américaine pour l'Indochine est signé le 30 septembre 1953 et fait l'objet d'un communiqué franco-américain :

« Les forces armées de la France et celles des Etats associés d'Indochine sont engagées depuis huit ans dans une lutte acharnée, afin d'endiguer la pénétration du communisme international en Asie du Sud-Est.

« Les efforts héroïques des forces de l'Union française et les sacrifices qu'elles ont consentis pour garantir l'indépendance des Etats du Cambodge, du Laos et du Vietnam leur ont valu l'admiration et l'appui du monde libre.

« Le gouvernement des Etats-Unis, en considération de l'effort fourni par l'Union française, a déjà, sous des formes diverses, apporté son aide au gouvernement français et aux Etats associés, afin de contribuer à mettre le plus rapidement possible un terme victorieux à leur longue lutte.

« Le gouvernement français a décidé, par sa déclaration du 3 juillet, de parfaire l'indépendance des trois Etats associés d'Indochine, au moyen de négociations avec leurs gouvernements.

« Un accord vient d'être conclu entre les gouvernements français et américain aux termes duquel le gouvernement des Etats-Unis mettra à la disposition de la France, avant le 31 décembre 1954, une somme supplémentaire de trois cent quatre-vingt-cinq millions de dollars au maximum, destinée à financer les plans que le gouvernement français a conçus en vue d'intensifier les opérations contre le Viêt-minh.

« Cette somme doit être considérée comme s'ajoutant aux fonds déjà affectés par le gouvernement américain à l'aide militaire et économique à la France et aux Etats associés.

« Le gouvernement français est déterminé à faire tous ses efforts pour disloquer et détruire les forces régulières de l'ennemi en Indochine. Dans ce but, il a l'intention de mener à bonne fin ses plans d'accroissement des Forces armées des Etats associés, en coopération avec le Cambodge, le Laos et le Vietnam, tout en adaptant temporairement l'importance de ses propres effectifs aux conditions nécessaires pour assurer le succès de ses plans militaires actuels. L'aide supplémentaire américaine a pour objet de permettre d'atteindre ces buts avec le plus de rapidité et d'efficacité possible.

« L'accroissement de l'effort français en Indochine ne portera pas préjudice de façon fondamentale ou permanente aux plans et programmes du gouvernement français concernant ses forces de l'OTAN[10]. »

Saigon, octobre 1953 : un souffle contestataire

Les négociations découlant de la déclaration du gouvernement français du 3 juillet ont entraîné des discussions avec chacun des Etats associés ; les résultats obtenus sont divers.

Ainsi, le Cambodge réclame et obtient tous les attributs de son indépendance en matière de police et de justice. Mais le dossier militaire est plus complexe : la France reste persuadée que jamais le Cambodge, avec ses huit bataillons, ne pourra contenir les dix mille réguliers du Viêt-minh. Le roi Norodom Sihanouk est persuadé du contraire ; d'ailleurs il affecte de ne pas croire au danger communiste et se dit convaincu que le Viêt-minh se retirerait du Cambodge si les Français rappelaient leurs troupes.

Avec le Laos, que Paris a toutes les raisons de considérer comme le bon élève de la classe, les négociations portent sur le transfert des services et compétences encore détenus par la France ; entre autres l'aéronautique civile, la météorologie, les carburants et lubrifiants, les services de sécurité et la police des frontières. Mais le Laos est précis : il prendra toutes les dispositions nécessaires pour que les transferts n'apportent aucune gêne à la conduite de la guerre. Il y aura, en point d'orgue à ces manifestations réciproques de bonne volonté, la signature d'un traité franco-laotien, le 22 octobre, incluant notamment un accord formel de collaboration au sein de l'Union française :

« Le royaume du Laos réaffirme librement son appartenance à l'Union française, association de peuples indépendants et souverains, libres et égaux en droits et en devoirs, où tous les associés mettent en commun leurs moyens pour garantir la défense de l'Union... »

Face aux doutes qu'inspirent les louvoiements du Vietnam, face aux humeurs de Sihanouk, le Laos apparaît comme le plus confortable des alliés. Et cela va peser lourd sur les événements à venir...

Le Vietnam, lui, veut hâter le mouvement déjà amorcé avec un effort particulier là où les avancées sont le moins marquées : justice, diplomatie et éducation. L'évolution est amorcée dans une ambiance politique incertaine du côté vietnamien. Le Premier ministre Van Tam, peu ou pas soutenu par Bao Dai, paraît en grande difficulté. Or le comportement des responsables politiques sud-vietnamiens va leur coûter la confiance de la Métropole...

Tout découle de la division des forces vietnamiennes qui se placent dans le camp anticommuniste, sans autre ciment entre elles que leur opposition au Premier ministre du moment. Ce sont les représentants de ces multiples tendances politiques que l'empereur Bao Dai convoque en « congrès national » pour la mi-octobre 1953. La valeur représentative du congrès est tout naturellement contestée : les délégués nommés par l'empereur ne peuvent être qu'entre ses mains. Pourtant, cette assemblée supposée sur mesure se laisse aller à une initiative qui va indisposer Paris. Pour définir ses relations avec la France, elle vote à l'unanimité un texte étonnant :

« Considérant que dans les circonstances historiques actuelles, les nations libres et indépendantes ont tendance à s'associer et à coopérer ensemble pour le maintien de l'indépendance et de la liberté réciproques et pour sauvegarder la paix du monde ;

« Considérant qu'une association entre les peuples ne peut être solide et utile que si elle est établie sur la base de l'entière liberté et de la parfaite égalité dans le respect mutuel de leurs intérêts réciproques ;

« Considérant que l'Union française, définie par la Constitution française de 1946, est peu compatible avec le statut d'un pays indépendant ;

« Considérant que l'intérêt primordial d'un peuple réside dans sa liberté de toutes les affaires le concernant ;

« Le congrès national déclare :

1. Que le Vietnam indépendant ne saurait participer à l'Union française.

2. Après le transfert au Vietnam de toutes les compétences encore détenues par les autorités françaises, après la liquidation de l'ancien Institut d'émission qu'était la banque d'Indochine, le Vietnam signera avec la France, sur une base d'égalité, des traités d'alliance selon les besoins des deux pays, selon les circonstances et pour une durée à déterminer.

3. Tous ces traités devront être approuvés par l'Assemblée nationale élue au suffrage universel.

4. Aucun pourparler, aucune proposition ou décision intéressant le Vietnam ne pourront avoir lieu ou être pris en conférences internationales sans l'accord du gouvernement national du Vietnam. »

Alerté, l'empereur tente de limiter les dégâts. En quelques heures, avec l'aide du prince Buu Loc, son cousin haut-commissaire du Vietnam en France mais qui a rejoint Saigon pour le temps du congrès, une correction est apportée à la phrase la moins bien ressentie par Paris, une très brève correction : « Le Vietnam indépendant ne participe pas à l'Union française sous sa forme actuelle… » Rien d'autre n'est modifié !

Les incartades du congrès national du Vietnam engendrent des réactions sans doute mal imaginées à Saigon. Certes, dès le 19 octobre, Bao Dai affirme que l'attachement de son pays à la France n'est pas en cause ; certes, son Premier ministre Van Tam déclare qu'il n'a jamais été dans l'esprit des Vietnamiens, ni du congrès d'ailleurs, de sortir de l'Union française ; de telles explications ne satisfont personne en France. Loin d'apprécier l'incartade, le gouvernement remet une note particulièrement sèche au chef de l'Etat vietnamien : que l'empereur veuille bien rentrer dans son pays pour y préparer une note officielle précisant ses intentions quant à l'appartenance du Vietnam à l'Union française !

La fermeté française surprend les Vietnamiens, comme l'attitude de leur congrès avait choqué l'opinion française, déjà réservée sur l'effort de guerre consenti là-bas. Les parlementaires s'en mêlent aussi : ils veulent un débat sur l'Indochine, débat souvent évoqué depuis des mois, mais jamais organisé. Ce sera pour le 20 octobre.

Paris, 20 octobre 1953

Devant l'Assemblée nationale impatiente d'engager ce débat, Joseph Laniel peut, à propos de l'indépendance vietnamienne, se référer à la déclaration gouvernementale du 3 juillet, et rappeler que la France accepte pleinement l'indépendance totale du Vietnam « placé sur un pied d'égalité avec la France ». Puis, s'appuyant sur le plan Navarre, il peut insister sur le besoin de développer l'armée vietnamienne, « une nécessité en raison de la nature de la lutte menée contre les troupes du Viêt-minh ; qui doit permettre en outre de consacrer progressivement à la défense de l'Europe occidentale les Forces françaises qui se trouvent actuellement en Indochine... ».

En théorie, les usages parlementaires n'autorisent qu'un seul orateur pour répondre à une déclaration du gouvernement. C'est un élu socialiste qui a été choisi, Alain Savary. Il plaide pour une recherche immédiate de la paix :

« Acceptez-vous l'éventualité de négociations ? L'envoi de nouveaux renforts qui marque l'entrée en fonctions de chaque nouveau commandant en chef permet d'en douter. La paix ne s'attend pas, elle se recherche. Vous pouvez certes parler à Moscou, à Pékin, à Londres ou à Washington. Mais ne tournez pas autour du vrai problème : seule une négociation avec Hô Chi Minh peut conduire à un armistice. Rien ne saurait justifier votre refus, puisque vous n'avez pas fait connaître vos conditions de paix et que vous ne connaissez pas les siennes. »

Savary, en fait, reste en désaccord avec Laniel sur deux points précis : parce que le président du Conseil lui a répondu qu'un débat lui paraissait inopportun, parce que la procédure n'a accordé un droit de parole qu'au seul parti socialiste. Avec ses amis de la SFIO, Savary travaille en coulisse pour que les députés puissent interpeller le gouvernement. Ce sera pour les 23, 27 et 28 octobre. Trois journées démontrant que les divergences de vues ne recoupent pas les clivages politiques. Si l'on met de côté le parti communiste soutenant en bloc Hô Chi Minh et son idéologie, apparaissent au sein des autres groupes plus que des nuances sur ce qu'il conviendrait de faire en Indochine. Les orateurs ne se retrouvent guère que pour regretter que la France s'épuise dans un conflit pour lequel nul ne voit d'issue, ou pour s'interroger sur l'attitude des Vietnamiens et la nécessité de les aider.

La conclusion de ces journées parlementaires revient à Joseph Laniel :

« La guerre d'Indochine est impopulaire, c'est vrai. Mais il y a quelque chose qui est encore plus impopulaire en France, c'est de trahir ses amis et de manquer à ses devoirs. »

Un ordre du jour est mis aux voix au terme du débat, vers 6 h 30 du matin, le 28 octobre :

« L'Assemblée nationale,

« Adresse son salut confiant et l'hommage de son admiration aux vaillantes troupes de l'Union française qui défendent dans le Sud-Est asiatique la liberté et la civilisation,

« Invite le gouvernement à définir et à appliquer une politique tendant notamment :

a. A développer les forces armées des Etats associés pour relayer progressivement l'effort militaire français ;

b. A tout mettre en œuvre pour aboutir, par la négociation, à la pacification générale de l'Asie ;

c. Assurer sur le plan international un juste équilibre des efforts et des sacrifices des Nations libres sur les différents points du Globe où doit s'exercer leur solidarité.

« Et insiste auprès du gouvernement pour que la défense et l'indépendance des Etats associés se réalisent dans le cadre de l'Union française,

« Et, repoussant toute addition,

« Passe à l'ordre du jour. »

Il reste, au terme de ces journées parlementaires, les mêmes ambiguïtés que la veille... Et sur le terrain la situation ne paraît guère évoluer favorablement. Les bataillons vietnamiens, désormais engagés dans les combats du Tonkin, se révèlent fragiles, faute d'entraînement, de métier et peut-être de foi. Ils subissent des pertes sévères face aux bo-doï de Hô Chi Minh. Il faut même les retirer du front vers la mi-octobre. De toute évidence, le Viêtminh s'acharnait sur ces proies trop faciles.

A Navarre de jouer. Selon ses possibilités et sans espérer de renforts...

3

Objectif Diên Biên Phu

A l'automne 1953, les données du problème indochinois paraissent simplifiées, si l'on veut bien mettre de côté le sort du Laos qui est, et restera, enrobé d'un flou artistique, ainsi que les intentions de la Chine toujours incertaines. Navarre ne peut espérer des renforts… Navarre, pendant la campagne 1953-1954, se contentera de contenir l'adversaire en évitant d'affronter son corps de bataille… Navarre fera le nécessaire pour reprendre l'offensive pendant la campagne 1954-1955 et réduire le corps de bataille viêt… Or, c'est précisément à l'initiative du général Navarre que les événements vont très vite prendre une autre tournure, au point de paraître lui échapper. Il est vrai que l'état-major du Viêt-minh n'a aucune intention de laisser toutes les initiatives au général français, dont les intentions proclamées sont parvenues jusqu'aux oreilles de Hô Chi Minh et de son entourage.

Dans le courant du mois d'octobre 1953, Giap rencontre Hô Chi Minh quelque part dans le Haut-Tonkin. Depuis Diem Mac, où il se trouvait, le général commandant les troupes du Viêt-minh est parti à cheval vers Luc Gia. Ce sont quelques heures de selle, sous la pluie, écrira-t-il, par une route boueuse longeant le mont

Hong, à travers des bois de bambous, des rizières en ter-
rasses et de petits villages épars. En fin de matinée, il est
à Tin Keo, un hameau du village de Luc Gia au pied de
la montagne. Il trouve l'atmosphère tendue :

« Jamais auparavant, à cette époque de l'année, les
groupes d'officiers d'état-major ne s'étaient mis en route.
Mais nous n'avions pas encore décidé de l'endroit où
allaient se dérouler les grands combats de la saison
sèche. »

Arrivé à Luc Gia, il pousse jusqu'à Tran Trao d'où il
aperçoit bientôt quelques paillotes à flanc de montagne.
Il n'est plus loin d'un logement de Hô Chi Minh, à Khuoi
Tat où paraît être fixé leur rendez-vous. Habitant un
petit village voisin, le vieux révolutionnaire vient souvent là pour ses entretiens. Ho et Giap se retrouvent
dans une pièce aux fenêtres ouvertes, meublée d'une
simple table et de quelques chaises de bambou. Bientôt
les rejoignent le secrétaire général du parti communiste
Truong Chinh, l'un des plus vieux compagnons de Hô
Chi Minh d'un communisme virulent, Pham Van Dong,
puis le chef d'état-major Hoang Van Thai.

Il appartient à Giap de présenter la situation militaire.
Force lui est de reconnaître que son premier objectif lui
a échappé : il voulait prendre le camp de Na San...
Depuis cet échec, il a préparé ses troupes à l'assaut de
positions semblables. Comme il n'y a plus de camp à Na
San, l'idée est lancée – « par quelqu'un », écrira Giap –
de prendre Lai Chau et Hai Ninh, ce qui libérerait la
région frontalière commune à la Chine et au Vietnam.
Giap développe son rapport :

« Le plan opérationnel hiver-printemps visait à anéantir une partie importante des forces ennemies, créant un
nouveau tournant de la guerre. Depuis longtemps, nos
troupes avaient rêvé de revenir à la plaine, libérer leur
village natal. Mais la plaine restait un dur morceau. La
ligne de bunkers construits par de Lattre de Tassigny

était toujours là. Et à présent Navarre y avait massé une force mobile d'une importance sans précédent, toute prête à nous affronter... »

Hô, qui écoute en fumant une cigarette, intervient :

« L'ennemi a concentré ses troupes pour se renforcer. Qu'à cela ne tienne. Nous allons l'obliger à se disperser et c'en est fait de sa force. »

Giap poursuit son exposé : il s'attend à des offensives de Navarre et propose de détruire Lai Chau puis d'attaquer le Laos. Hô Chi Minh reprend la parole :

« Quelle sera la réaction de l'ennemi si nous lançons nos forces au Nord-Ouest ?

— Il pourrait renforcer ses troupes pour défendre le Nord-Ouest ou lancer des attaques dans la région libre pour attirer nos troupes. Il pourrait aussi se retirer de Lai Chau et alors toute la région du Nord-Ouest serait libérée.

— Pourrons-nous attirer l'ennemi vers les autres directions ?

— En dehors du Nord-Ouest et du Haut-Laos, il reste encore la région de Tay Nguyen, le Centre-Laos, le Bas-Laos, tous les points névralgiques qu'il ne peut abandonner. »

Hô Chi Minh, à la fin de la réunion, tranche :

« Nous allons prendre le Nord-Ouest comme principale direction de nos activités, les autres directions opérant en coordination. La principale direction reste pour le moment inchangée, mais pourrait l'être au cours des opérations. La conduite de la guerre doit être flexible[1]. »

Les responsables des prochaines campagnes militaires et leurs camarades qui sont surtout les observateurs et le bras séculier du parti communiste quittent alors Hô Chi Minh pour rejoindre les cantonnements des troupes viêt-minh.

24 octobre : les « révélations de *L'Express* »

A Paris, où règne une certaine indifférence, l'hebdomadaire *L'Express* publie le 24 octobre 1953 le premier article d'une série de trois, consacrés à cette guerre lointaine[2]. Le document est présenté comme exclusif, mais c'est un texte sans signature. Tout au plus est-il indiqué que l'auteur est « une haute personnalité française que ses importantes fonctions ont conduit en Indochine où il se trouve depuis plusieurs années ». Pour faire bonne mesure, il est ajouté que cet illustre anonyme « a pris sur ses nuits et sur ses rares loisirs le temps nécessaire à la rédaction d'un travail complet, considérant qu'il peut – et doit – ainsi éclairer l'opinion française sur la réalité du combat indochinois ».

Il est vraisemblable, compte tenu de l'indifférence ambiante pour la guerre d'Indochine, que cette série d'articles aurait été moins remarquée si la grande curiosité du moment n'avait été d'identifier leur auteur présumé. Et, à ce petit jeu, il n'y a manifestement qu'un gagnant. Chacun s'accorde pour en attribuer la paternité à un seul et même homme : Raoul Salan !

Il est vrai que l'auteur – anonyme donc – a eu accès à des documents exceptionnels. Il a manifestement puisé dans les dossiers du 2e bureau. Il présente les troupes du Viêt-minh avec une rare précision et il connaît parfaitement les buts que poursuit Giap :

« Dans une première phase de la guerre, les forces viêt-minh devaient se contenter de couvrir par des actions de guérilla la formation d'une armée régulière. La seconde phase serait caractérisée par le déclenchement d'offensives locales et d'opérations de harcèlement destinées à "user" l'adversaire. La troisième phase, enfin, serait celle de la "contre-offensive générale" destinée à chasser les Français d'Indochine. »

L'auteur détaille l'organisation viêt, son armement, signale la présence certaine d'une véritable artillerie, à base de canons de montagne de 75, de 105, et de mortiers de 120. Il insiste sur la place que tient l'éducation politique dans la formation d'un bo-doï, sur l'endoctrinement, les autocritiques et le sens du sacrifice inculqué aux hommes. Ce premier article conclut que Giap en est certainement arrivé à la troisième phase de son plan :

« En 1953, l'armée du général Giap est plus cohérente et mieux commandée qu'elle ne l'a jamais été. Elle dispose de cadres excellents, dont beaucoup ont été formés dans les écoles chinoises. Elle est parfaitement instruite, et elle a un moral élevé. La foi politique que les communistes ont su lui donner constitue un ciment solide.

« Le général Giap semble disposer aujourd'hui d'un outil de guerre suffisamment puissant pour pouvoir passer sous peu à la dernière phase de son plan de libération : celle de la contre-offensive générale. »

Les deuxième et troisième parutions apportent d'autres révélations aux Français, bien étrangers aux réalités de ce conflit presque exotique. Il est certes déjà connu que le Viêt-minh a des troupes parfaitement entraînées ; quelques événements en témoignent tel le désastre de Cao Bang. Mais qui sait, en Métropole, que là où Hô Chi Minh a implanté son pouvoir, c'est toute la population qui est asservie à l'effort de guerre :

« Tous les citoyens de 18 à 50 ans doivent s'engager dans le service auxiliaire, à l'exception des blessés de guerre, des invalides, des grands malades, des parents ayant trois enfants sous les drapeaux. Ils doivent se nourrir par leurs propres moyens pendant les sept premiers jours de leur engagement et reçoivent ensuite un salaire journalier fixé à un kilogramme de riz et quinze grammes de sel. Ils bénéficient d'une nuit de repos pour cinq nuits de travail et d'un jour de congé pour sept journées de travail. »

Il s'agit bien d'une authentique mobilisation, qui n'est pourtant pas décidée par l'armée mais par les instances politiques, représentées dans chaque unité d'auxiliaires par des commissaires politiques. Entre le service militaire actif, l'engagement obligatoire dans les services auxiliaires, une imposition pour financer l'effort de guerre qui conduit les plus pauvres à « offrir » leurs terres au Viêt-minh, il est évident que les populations vietnamiennes, sous le pouvoir de l'oncle Hô, n'ont que le maigre choix entre subir ou souffrir...

L'intérêt de cette main-d'œuvre, que nul ne songe à ménager, est également démontré par l'auteur pour qui les coolies sont des auxiliaires efficaces de leurs maîtres :

« Ces travailleurs extrêmements adroits foisonnent sur tous les itinéraires, et réparent en fin de compte plus vite que nous ne pouvons détruire. On peut dire aujourd'hui que le coolie va plus vite que la bombe. Notre aviation peut ralentir les convois ennemis, elle ne peut jamais les empêcher de passer... »

Et ces coolies ne se contentent pas de réparer les dégâts que peut causer l'aviation, ils sont aussi mobilisés pour créer une infrastructure routière entièrement nouvelle dont les services de renseignement français tiennent des cartes presque précises.

Enfin, l'auteur insiste beaucoup sur l'aide chinoise, celle que le général Navarre a brièvement évoquée pour la présenter comme une hypothèse pouvant aussi bien infirmer que confirmer ses prévisions. Notre reporter anonyme écrit à ce propos :

« Jusqu'en 1951, l'aide chinoise est restée relativement réduite et irrégulière, en raison de l'insuffisance des moyens de transport, aussi bien en Chine qu'au Vietnam.

« Mais, dès le début de 1952, le rythme des livraisons s'accélère et le matériel peut être acheminé jusque dans le Lien Khu V[3]. Pendant le deuxième semestre de l'année, l'armée viêt-minh reçoit vingt canons de 105 avec dix mille obus, quinze mille obus de mortier, deux mille pistolets-mitrailleurs, un million de cartouches de 12,7, quatre-vingts mitrailleuses lourdes, plusieurs postes de radio et une importante quantité de produits sanitaires. Le parc automobile s'augmente de cent camions pour atteindre quatre cent cinquante GMC ou "Molotov" [camions russes].

« L'aide s'intensifie encore au début de 1953. Elle alimente la campagne du Nord-Ouest, d'une durée exceptionnelle, et permet la mise sur pied d'un nouveau régiment d'artillerie. Dans les premiers mois de l'année, les Chinois livrent près de cent cinquante mitrailleuses lourdes destinées à équiper des bataillons de DCA et plusieurs milliers de pistolets-mitrailleurs. »

Sans doute est-ce la conclusion de ce chapitre qui peut – ou devrait – être la plus inquiétante pour le général Navarre et pour ses projets ; d'autant que la Chine est désormais dégagée de son soutien à la Corée du Nord, même si l'armistice signé à Panmunjon n'est pas exactement le retour de la paix :

« L'importance de cette aide [chinoise] est en train de bouleverser complètement les données de la guerre au Tonkin et dans le Nord-Annam. La nouvelle puissance de feu des unités viêt-minh, la souplesse de manœuvre que leur assure maintenant l'emploi de la radio, la qualité de leur armement lourd, permettent au général Giap d'engager des campagnes de longue durée qui eussent été inconcevables il y a deux ans... »

Que l'auteur soit ou ne soit pas le général Salan, les préoccupations exprimées recoupent curieusement le « testament militaire » rédigé par ledit général le 25 mai et qui se trouve entre les mains de Laniel depuis la mi-juillet. Des unités viêt-minh de plus en plus opérationnelles... une aide chinoise de plus en plus efficace...

Sur le terrain apparaissent d'ailleurs, pour qui veut les voir, les preuves fréquentes de ce renforcement. Une de ces confirmations vient d'être enregistrée, le 3 octobre très exactement. Neuf avions B-26 participaient à une opération de soutien aux maquis GCMA autour de Lao Kay. L'un des pilotes, le lieutenant Clément, avait à ses côtés un jeune sous-lieutenant d'artillerie. Clément, ayant repéré un convoi viêt, avait demandé au sous-lieutenant de bien regarder ce qu'il croyait voir... De toute évidence les Viêts tractaient cinq canons de 105 ! Au retour, personne n'allait les croire. Si les services de renseignement avaient des idées aussi précises que justes sur la question, il restait encore au sein des unités quelques redoutables *a priori* :

« Les Viêts n'ont pas d'artillerie de ce calibre et ils sont incapables de s'en servir. D'ailleurs la RP 41 n'est pas praticable pour ce matériel[4]. »

Hanoi : un projet autour de Diên Biên Phu

Dès les tout premiers jours de novembre, Cogny organise une réunion pour préparer des fiches sur le projet de Navarre tendant à réoccuper la vallée de Diên Biên Phu.

Participent à ces travaux le colonel Bastiani, qui est à ce moment le chef d'état-major des forces terrestres du Nord-Vietnam, et, avec lui, le lieutenant-colonel Denef, sous-chef opérations, les commandants Levain du 2e bureau, Fournier et Spangenberger pour le 3e bureau, puis le lieutenant-colonel Multrier, sous-chef logistique. Le projet n'enchante aucun d'entre eux. Ils l'écrivent avec plus ou moins de nuance ou de diplomatie. Toutes leurs notes ont un point commun : elles sont datées du 4 novembre 1953 ! L'occupation de Diên Biên Phu n'est encore qu'un projet…

Le colonel Bastiani est le plus précis dans l'expression de ses réserves, pour ne pas dire le plus carré :

« 1. Je ne crois pas que l'occupation de Diên Biên Phu puisse empêcher Lai Chau de tomber, si les Viêts ont vraiment l'intention de liquider la Zone opérationnelle du Nord-Ouest.

« 2. Comme par ailleurs l'EMIFT admet fort bien l'éventualité de l'évacuation de Lai Chau, je ne peux voir dans l'occupation de Diên Biên Phu qu'une mesure préparatoire à la défense du Laos que rien ne menace pour l'instant.

« Il me paraît admis par l'EMIFT que l'occupation de Diên Biên Phu barre la direction de Luang Prabang et prive le Viêt-minh du riz de la région.

« Or, dans ce pays, on ne barre pas une direction. C'est une notion européenne sans valeur ici.

« Le Viêt passe partout. On s'en rend bien compte dans le Delta.

« L'excédent de riz de Diên Biên Phu permet à une division de vivre seulement pendant trois mois. Il n'alimenterait donc que partiellement une campagne au Laos.

« 3. Je suis persuadé que Diên Biên Phu deviendra, qu'on le veuille ou non, un gouffre à bataillons, sans rayonnement possible, dès qu'il sera fixé seulement par un régiment viêt-minh (ex. de Na San).

« Alors qu'une menace certaine contre le Delta se précise chaque jour davantage, on va immobiliser à 300 kilomètres d'Hanoi (à vol d'oiseau) des forces de la valeur de trois groupes mobiles, c'est-à-dire les renforts que nous avons reçus et qui font notre supériorité sur le Viêt-minh et nous permettent actuellement de lui infliger des pertes. Et cela pour assurer à l'avance une meilleure défense du Laos contre une hypothétique menace que rien ne laisse prévoir.

« Les conséquences d'une pareille décision peuvent être très graves et il faut que l'EMIFT le sache. »

Le commandant Spangenberger, l'homme du 3e bureau, affirme sensiblement la même chose. Il se dit certain que l'opération sur Diên Biên Phu ne sauvera pas Lai Chau et qu'il faut donc évacuer cette garnison. Puis il ajoute :

« Même Lai Chau évacué, c'est-à-dire n'étant plus une charge pour nous, Diên Biên Phu absorbera de gros moyens incompatibles avec notre mission dans le Delta. »

Enfin, le lieutenant-colonel Multrier note que si l'occupation de Diên Biên Phu peut gêner le Viêt-minh, il faut savoir qu'il sera impossible de couper la route provinciale 41 – ou RP 41 – en permanence. Il émet enfin une hypothèse chiffrée : « défendre Diên Biên Phu contre la seule division 316 nécessitera neuf bataillons et deux groupes d'artillerie ».

Le lieutenant-colonel Denef, sous-chef opérations, appréhende le problème sous un autre angle. Il raisonne en délais d'exécution, en forces disponibles, en conséquences tactiques. A l'instant de la conclusion, il est aussi réservé. Il propose – si l'opération est décidée – que cinq bataillons soient parachutés les deux premiers jours. Pour le jour J, il suggère le largage de l'état-major et deux bataillons le matin, puis un bataillon et l'approvisionnement le soir. Pour le lendemain, il propose deux autres bataillons et l'approvisionnement. Il ajoute à ce décompte un commentaire suffisamment réservé :

« En résumé les FTNV feront les frais de l'occupation de Diên Biên Phu, au moment où le théâtre principal des opérations – comme le souligne le commandant en chef – est, et reste, le Delta tonkinois.

« Cette action coûtera au départ cinq bataillons para, ultérieurement le prix doit s'élever à neuf bataillons UF (trois groupes mobiles) pour une durée qu'il n'est pas raisonnablement possible de déterminer.

« Les FTNV en feront aussi les frais avec leurs moyens de feu aériens, dont la majorité du potentiel y sera consommée.

« Il faut y ajouter les moyens des autres armes (artillerie en particulier) et des services ainsi que toutes les servitudes, bien connues, attachées aux bases aéroterrestres.

« Le général commandant les FTNV, sans discuter de l'efficacité réelle à attendre de l'opération envisagée sur Diên Biên Phu, ne peut accepter avec faveur le prélèvement sur ses moyens que cette opération nécessiterait.

« Il ne paraît pas raisonnable d'affaiblir les forces du Delta au moment où tous les moyens, péniblement reconstitués, doivent permettre, enfin, non seulement de répondre à une attaque puissante, mais encore de procéder à des contre-préparations. Il apporte un intérêt particulier, parmi ces dernières, aux opérations d'assainissement sur les arrières des secteurs menacés – opérations pour lesquelles on se trouvait jusque-là systématiquement en retard par insuffisance d'effectifs. »

Comme s'il avait deviné une certaine hésitation chez son patron, Denef conclut sa note ainsi :

« Le général commandant les FTNV se doit de signaler :

1. Qu'il met en doute l'argument qui lie une action viêt-minh au Laos à la possession de Diên Biên Phu par l'ennemi ; ce dernier, en vue d'une campagne future au Laos, peut constituer des dépôts de vivres où il l'entendra (région de Sam Neua par exemple) à partir de la

RP 41 dont on ne peut prétendre lui interdire l'usage pendant un délai prolongé.

2. Qu'il estime que, dans l'avenir, peuvent se présenter d'autres occasions d'occuper Diên Biên Phu (comme Lai Chau) par largages d'unités. Ces occasions peuvent même être plus favorables que dans la période actuelle où stationnent un bataillon viêt-minh à Diên Biên Phu et trois à proximité ; car il est quasi certain que l'ennemi ramènera la 316 dans ses cantonnements habituels à l'issue de la présente campagne. »

D'autres réunions préparatoires suivent.

Lors de l'une d'elles, le 11 novembre, le colonel Nicot dit clairement que l'aviation de transport – dont il est le patron pour le Tonkin – aura le plus grand mal à suivre. Ses moyens seront presque totalement absorbés par cette seule mission, sans oublier les inconvénients pratiques tels que la distance et la piste, qui sera difficilement praticable à la saison des pluies. Puis il pose un problème très particulier : qu'adviendra-t-il de cette piste si elle est prise sous le feu de l'artillerie adverse ? Ce même jour, toujours chez Cogny, les aviateurs reviennent à la charge[5]. L'un d'eux, le général Dechaux, commandant de l'air pour le Tonkin, insiste sur les difficultés à prévoir : l'éloignement de Diên Biên Phu qui va être très exigeant pour l'aviation déjà occupée ailleurs, un personnel navigant exténué dont l'état inquiète le service de santé, puis, à l'arrivée, des risques qui lui paraissent évidents : la piste n'a-t-elle pas à craindre les tirs de l'adversaire ?

Saigon : Navarre se plaint à Ely

Alors qu'il a déjà demandé à Cogny et à son état-major de préparer la reprise de Diên Biên Phu, le général Navarre sait que les renforts demandés lui sont refusés et qu'il n'a plus rien à espérer. Il s'en inquiète certainement, puisqu'il écrit le 3 novembre une lettre aigre au chef d'état-major des armées, le général Paul Ely :

« On peut, j'en suis convaincu, dans un délai de deux ans, je ne dis pas gagner totalement la guerre mais améliorer la situation militaire au point que des négociations puissent être rendues possibles dans des conditions très honorables, ou que le Viêt-minh soit réduit à la seule guérilla dans les régions difficiles. Mais ce résultat ne peut être obtenu qu'à condition d'y mettre les moyens nécessaires. C'est la cause que j'ai plaidée quand je suis venu à Paris en juillet. J'ai eu un moment l'impression d'être compris : au cours de conversations, certains ministres ou chefs d'état-major avaient envisagé de faire une véritable impasse sur l'Europe pendant ces deux années. C'était, je crois, la solution. Cette impasse me semble en effet être sans grand danger tant que l'armée allemande n'est pas réellement créée et elle ne peut pas l'être avant deux ans. Mais finalement on en est revenu à l'éternelle solution de compromis et du coupage de la poire en deux. Le résultat me semble être que l'on affaiblit assez sérieusement la défense de l'Europe sans cependant me donner les moyens d'obtenir à un coup sûr un résultat ici. »

Le général Ely, à la réception de cette lettre, montre de l'humeur, d'autant que Navarre a laissé partir son courrier sans le tampon « Secret/Personnel » et qu'il y a eu des indiscrétions :

« J'apprécie toujours la franchise et la sincérité. Elles sont la manifestation de la confiance. Mais le ton de votre message fait supposer que vous estimez que vos difficultés ne sont pas comprises ici et que l'on ne fait pas le maximum d'efforts pour y remédier.

« J'ai d'autant plus le droit et la liberté d'esprit de vous dire que ceci me paraît injuste, que cet effort qui est réel a été réalisé avant ma prise de fonction. Je pense en partie, dans le domaine de l'armée de terre, aux neuf bataillons supplémentaires[6]... »

Il est aussi deux attitudes de Navarre qui peuvent poser problème, toutes les deux à propos du renseignement, atout essentiel dans ce genre de conflit.

En premier lieu, il apparaît que le général en chef doute de la capacité des services de renseignement français à être informés de ce que prépare le Viêt-minh :

« Le Viêt-minh s'entourait d'un secret absolu, que nous ne parvenions à percer que très incomplètement, écrira-t-il. Aux échelons inférieurs, les renseignements de contact étaient très insuffisants, du fait de l'attitude hermétique d'une population hostile ou vivant dans la peur des représailles. Nous ignorions tout aussi des intentions à longues échéances du commandement ennemi et notamment ses tractations avec la Chine au sujet de l'aide que celle-ci lui donnait. Cette aide pouvait donc s'accroître ou changer de nature sans que nous fussions prévenus... »

Navarre ne reconnaît d'efficacité à ses services de renseignement que pour les déplacements des unités régulières et pour l'entrée au Vietnam des approvisionnements en provenance de Chine, parce que les écoutes radio sont efficaces et le secret des codes de cryptage viêts depuis longtemps percé. Navarre doutera souvent des informations recueillies ; peut-être parce que son long passage dans les services secrets l'a rendu sceptique.

En second lieu, le général en chef est persuadé que le Viêt-minh sait tout des intentions et des préparatifs français :

« Nos intentions étaient connues de lui dès qu'elles sortaient – ce qui était inévitable à un certain stade de la préparation – du cercle étroit de l'échelon de commandement responsable d'une opération. Il arrivait même que le Viêt-minh soit renseigné dès qu'une opération était en projet.

« Les moyens d'information de l'ennemi étaient nombreux. Absence fréquente de précautions, chez nous, dans la confection, la transmission et la conservation des documents. Conversations trop souvent sans retenue dans les mess, les bureaux et les endroits publics.

« Une autre très fructueuse source de renseignements du Viêt-minh était la presse. La guerre avait amené en Indochine une quantité de journalistes avant tout préoccupés de la chasse à l'information sensationnelle, vraie ou fausse, et qui, sauf quelques très rares et d'autant plus estimables exceptions, n'avaient aucun sens de leurs responsabilités. Prétendant au titre de correspondants de guerre et surtout aux avantages attachés à cette qualité (camps de presse, transport gratuit en avion, accès auprès des formations militaires, etc.), ils ne cherchaient qu'à en éluder les servitudes. Le Viêt-minh les considérait comme des informateurs, inconscients certes, mais de grande valeur, pour lui. Le commandant en chef était à peu près désarmé à leur égard car, conséquence de la dualité des pouvoirs civil et militaire, ainsi que du fait que nous n'étions pas légalement en guerre, il n'avait pas la possibilité d'exercer sur la presse un contrôle sérieux.

« Le Viêt-minh trouvait enfin d'autres sources d'information dans les "fuites" torrentielles qui se produisaient en France à divers échelons de l'appareil gouvernemental. Il en retirait des renseignements dont certains furent déterminants pour l'orientation générale de la guerre et pour les opérations militaires.

« En résumé, chez l'ennemi une cloison étanche et chez nous une passoire[7] ! »

L'analyse ainsi faite – après coup, il est vrai – n'est pas entièrement fausse ; mais sans doute a-t-il oublié que les indiscrétions ne venaient pas forcément de Saigon, d'Hanoi ou de Paris, et que la qualité des renseignements recueillis valait mieux que ces critiques. Navarre ne se souvient-il pas qu'un certain commandant en chef en avait peut-être trop dit devant la presse diplomatique, à Paris, le 16 juillet 1953... Navarre n'a-t-il pas lu les numéros de *L'Express* et ne s'est-il pas inquiété des sources manifestement bien informées... Il le sait d'autant mieux qu'après la parution des articles de Roger Stéphane, en juillet 1953, il avait regretté que le gouvernement n'ait songé qu'à étouffer l'affaire et à empêcher l'action de la justice contre les coupables.

Les réticences du général en chef ne sont pas seulement anecdotiques. La suite prouvera que Navarre aura toujours des rapports compliqués, certainement trop complexes, avec la presse qu'il n'aime guère et qui, par voie de conséquence, ne l'aime pas...

Paris, 12 novembre : une ouverture de Laniel

C'est devant le Conseil de la République – le Sénat d'autrefois qui n'ose plus ou pas encore dire son nom – que Joseph Laniel évoque une nouvelle fois un éventuel cessez-le-feu. L'idée trotte de plus en plus souvent dans la tête des politiques et paraît encore plus ancrée dans l'opinion publique, tout à fait étrangère à ce conflit :

« J'ai le devoir de répéter de la façon la plus catégorique que le gouvernement français ne considère pas le problème indochinois comme devant nécessairement recevoir une solution d'ordre militaire. Pas plus que les Américains en Corée, nous n'exigerons, le cas échéant, une capitulation inconditionnelle de l'adversaire pour discuter avec lui. Pas plus que les Etats-Unis, la France ne fait la guerre pour la guerre, et si une solution heureuse était en vue, dans le cadre local ou international, la France, comme les Etats-Unis en Corée, serait heureuse d'accueillir une solution diplomatique du conflit. »

Ayant constaté qu'aucune réponse ne lui était parvenue de Hô Chi Minh ni de son allié chinois, depuis son discours du 27 octobre à l'Assemblée nationale, le président du Conseil leur demande de croire que la volonté de paix de la France ne doit pas être considérée comme un signe de faiblesse. Puis, s'adressant à la fois à ces interlocuteurs lointains et toujours silencieux et aux sénateurs attentifs, Laniel ajoute :

« Nous ne voulons pas la guerre, c'est entendu. Mais montrons aussi qu'aussi longtemps qu'on nous y oblige nous savons la faire... »

Le lendemain 13 novembre, il est entendu que le Comité de défense nationale siégera le matin, afin que Marc Jacquet – qui partira pour la première fois en Indochine depuis son entrée au gouvernement – sache ce qu'il doit aller dire à Navarre. Le général en chef a déjà fait savoir qu'il était certain de briser le corps de bataille viêt-minh dans les deux ans s'il recevait des renforts, c'est-à-dire si la France faisait passer au second rang la défense de l'Europe... Ce que retient le Comité de défense nationale relève d'un tout autre esprit, puisqu'il est écrit dans le procès-verbal – qui est daté du 21 novembre – que Navarre doit « ajuster ses plans aux moyens mis à sa disposition ». C'est un choix que certains ministres n'acceptent d'ailleurs pas. Ainsi Edouard Corniglion-Molinier s'accrochera sévèrement avec le chef d'état-major de l'armée de l'air, le général Fay, qui, ce jour-là encore, refusait l'envoi d'avions d'Europe vers l'Indochine :

« Vous êtes un garde-mite et non un aviateur. Vous voulez conserver vos avions comme un magasinier conservait ses paires de souliers pendant la guerre de 70… »

En conclusion, il est décidé que Marc Jacquet ira confirmer au général Navarre la nécessité d'ajuster ses plans à ses moyens. Il devra également lui rappeler les instructions gouvernementales :

« Que l'objectif de notre action en Indochine est d'amener l'adversaire à reconnaître qu'il est dans l'impossibilité de remporter une décision militaire ;

– qu'il importe de favoriser au maximum le développement de l'armée vietnamienne dont la participation active à la pacification des zones actuellement contrôlées constitue la mission principale sans exclure pour autant son intervention aux côtés du corps expéditionnaire ;

– qu'il a été informé le 11 septembre que ses renforts seraient incomplets (déficit de 320 officiers et 1 850 sous-officiers)… »

Le procès-verbal fait aussi référence à la très récente lettre adressée par Navarre au général Ely, dans laquelle il suggérait de faire l'impasse sur les risques en Europe et affirmait sa conviction de briser, en deux ans, le corps de bataille viêt-minh. Le comité conclut à ce propos :

« En s'engageant sur la voie qu'il [Navarre] préconise, on souscrit à l'idée qu'une solution militaire est possible en Indochine. » Ely a fait cependant une courte remarque :

« Il n'empêche qu'en dominant le corps de bataille adverse, le général Navarre apporte une contribution importante à la préparation des négociations. »

René Pleven, à cette même réunion, se déclare persuadé que l'état d'esprit de Navarre ne correspond ni à la pensée du gouvernement ni à l'opinion du pays :

« Je crois qu'il est nécessaire que M. Jacquet lui dise qu'il n'est pas question d'affaiblir notre défense en Europe en faveur de l'Indochine et ce que nous lui demandons de faire, c'est de nous mettre dans les conditions les plus favorables pour une solution politique le jour où elle paraîtrait possible. »

Pleven a d'ailleurs, à ce moment, une idée en tête : une médiation de Nehru qui intéresserait l'Asie du Sud-Est en général et l'Indochine en particulier.

Une fois de plus, la situation du Laos n'a pas été évoquée.

Saigon, 16 novembre

Sont réunis à Saigon, le 16 novembre, le commissaire général Dejean, le secrétaire d'Etat chargé des Relations avec les Etats associés Marc Jacquet, et le général en chef Henri Navarre. Cette première journée paraît sans importance, si ce n'est une grosse colère de Jacquet s'estimant mal logé et que Jean Pouget racontera avec une pointe moqueuse. Jacquet l'intrigue, qui paraît prendre le pari d'une chute rapide du gouvernement auquel il appartient, puisqu'il dit à Navarre :

« Cet imbécile ne peut tenir longtemps la place. Le prochain président du Conseil sera Mendès France. J'ai d'ores et déjà l'assurance de faire partie de son équipe et naturellement, mon général, vous trouverez toujours en moi un soutien actif. »

Le lendemain, les choses prennent un tour plus sérieux. Le secrétaire d'Etat et le commissaire général ont droit à un exposé très complet sur la situation militaire du moment. Au cours de cet énoncé, Navarre pose la question à laquelle il attend une réponse depuis son audition par le Comité de défense de juillet :

« Vous connaissez maintenant la situation dans le Nord-Ouest, conclut Navarre. Pour contrer le plan viêt-minh, je songe à occuper la cuvette de Diên Biên Phu. Cette opération, qui demandera de notre part un effort et comporte évidemment des risques, ne se justifie que pour défendre le Laos. Quel est votre avis ?

— Voyons, mon général, le contraire est impensable, répond Dejean.

— Si nous laissons le Viêt-minh prendre Luang Prabang, occuper la vallée du Mékong et border la frontière de Thaïlande, ce sera l'effondrement de l'opinion publique en France et pour nous la guerre est perdue avec l'Union française », ajoute Jacquet.

Trois jours plus tôt, le roi du Laos a fait escale à Saigon, rentrant de Paris où, premier des trois Etats associés, il vient de signer la convention franco-laotienne. Il est, du même coup, le premier pays indépendant à adhérer à l'Union française. Il restera d'ailleurs le seul… Or il est bien dit dans la convention franco-laotienne que le gouvernement français a « le droit de faire circuler ou stationner librement sur le territoire laotien les forces nécessaires tant à la défense des frontières du Laos qu'à la défense commune de l'Union française ». Navarre avait donc quelques raisons de poser à Dejean et Jacquet, le 16 novembre, une question dont il espérait enfin connaître la réponse.

Marc Jacquet était informé des intentions réelles et complètes du gouvernement Laniel. Impossible d'en douter puisque le Comité de défense nationale avait été avancé de quelques heures pour qu'il puisse prendre le vol régulier d'Air France pour Saigon… Alors pourquoi un autre émissaire, l'amiral Cabanier, qui est le secrétaire général du Comité de défense, est-il, lui aussi, en route pour Saigon ?...

Hanoi, 17 novembre 1953 : les préparatifs

Pourquoi cette attirance de Navarre, comme de Cogny, pour Diên Biên Phu, et que représente cette vallée ?

Son nom est déjà une curiosité. Diên Biên Phu se traduit littéralement par « chef-lieu de l'administration préfectorale frontalière ». Autour de ce lieu-dit sont implantés neuf villages. Les Thaïs noirs, habitant là, parlent plus volontiers de Muong Theng, se souviendra Raoul Salan, et cela signifie « chef-lieu de la citrouille ». C'est une référence à une antique légende faisant naître le premier couple thaï d'une citrouille géante. Les troupes du Viêt-minh lui donnent un autre nom ; pour elles, c'est Muong Thanh, le nom du village au centre de la vallée, là où avait été construite une bâtisse de ciment et de briques, témoin de la toute-puissance de l'administrateur représentant la France. Convergent au cœur de la vallée la route provinciale 41 et une piste, dite « piste Pavie » du nom d'un fonctionnaire qui au siècle précédent avait effectué de nombreux relevés géographiques[8].

La piste conduit vers Lai Chau, à cent vingt kilomètres vers le nord. La route provinciale dessert Tuan Giao, à environ quatre-vingts kilomètres au nord-ouest. Puis il y a une piste d'aviation, tracée vers 1925 et conçue, semble-t-il, comme une piste de secours sur la ligne directe Hanoi-Calcutta, à une époque où les liaisons aériennes étaient encore aventureuses. Durant la Seconde Guerre mondiale, les Japonais l'ont agrandie et elle est accessible aux Dakota. Le passé conviendrait mieux, d'ailleurs. Le 30 novembre 1952, dans une série de combats pour le Laos, les Français avaient placé un

verrou à Muong Khoua alors que le Viêt-minh les bous-
culait et occupait Diên Biên Phu. L'un de ses premiers
soucis avait été de rendre impraticable la piste d'aviation...

La vallée, que les Français ont occupée à de nombreuses reprises, n'est pas exactement ce que l'on peut
appeler une cuvette. Il n'y a pas d'équivalent en Haute
Région, Na San était dix fois plus petit même si, à Diên
Biên Phu, l'environnement est inquiétant. Dans sa plus
grande longueur la vallée s'allonge sur une bonne quinzaine de kilomètres ; elle en compte six dans sa largeur.
Elle est à 415 mètres d'altitude en moyenne, entourée
de massifs pouvant atteindre 1 200 mètres ; ceux-ci
étant sensiblement plus proches à l'ouest qu'à l'est. Deux
images peuvent évoquer plus clairement les dimensions
du site : si la Nam Youn était la Seine, le point d'appui
qui sera implanté le plus au nord – « Gabrielle » – serait
place de la Bastille et son homologue le plus au sud –
« Isabelle » – serait au cœur du quartier d'affaires de la
Défense. Jules Roy préférera écrire que la cuvette de
Diên Biên Phu, c'est Belle-Ile-en-Mer, une image inver-
sée, presque un négatif photographique, étant entendu
que là où les flots battent les falaises commencent la
jungle et les pentes.

Certes, des réserves sur l'intérêt du site apparaîtront
au fil des rapports, comme celui de l'EMCFA :

« L'ensemble du dispositif se trouve au fond d'une
cuvette bordée de pentes boisées. L'existence d'une piste
d'aviation a commandé ce choix. Il a pour conséquence
heureuse de faciliter le ravitaillement en eau. Mais il a
une conséquence fâcheuse : la défense est totalement
privée d'observations terrestres ; elle doit donc s'en
remettre à l'observation aérienne pour la mise en place
des tirs d'artillerie sur les arrières immédiats de l'adversaire et cette observation sera, au cours des combats,
gênée par la DCA viêt-minh... »

Encore convient-il de préciser que pour lire ce texte, il faudra en attendre la publication le 10 avril 1954, après le début des deux premières offensives viêts...

Depuis des semaines, les services de Cogny se penchent donc sur les conditions et les risques d'une nouvelle occupation de la vallée de Diên Biên Phu. Il existe, déjà disponibles, des rapports du 2e bureau qui avait eu tout le temps de s'intéresser à la question. Salan avait eu des velléités de reprendre la vallée, sans jamais pouvoir le faire, faute de moyens. Le lieu est donc resté un point sensible et une hypothèse de travail pour les services de renseignement. Ainsi, une note datée du 2 novembre fait état des évolutions autour de Diên Biên Phu de plusieurs bataillons[9]. Leur présence est considérée comme les signes avant-coureurs d'une campagne ; d'autant que la division 316 – forte d'environ onze mille hommes – vient de recevoir de nouvelles instructions pour la préparation de ses troupes. Elle ne doit plus étudier l'attaque des ouvrages de défense du type Delta, mais pousser l'entraînement au combat de poursuite et d'encerclement.

Examinant plus spécialement les réactions qui pourraient être celles du Viêt-minh à un investissement de la vallée de Diên Biên Phu, le 2e bureau fait un point précis le 10 novembre[10] :

« Un bataillon renforcé séjourne dans la vallée ; d'autres stationnent aux environs ; ce qui donne des renforts prévisibles :

J + 1 la cie 565,

J + 2 le bataillon 888 du régiment 176,

J + 3 les bataillons 970 du régiment 176 et 920 du régiment 148,

J + 4 le bataillon 990 du régiment 176 :

« Une action contre Diên Biên Phu doit bénéficier d'une période de deux jours pendant lesquels le Viêt-minh ne pourra engager que les éléments déjà à pied d'œuvre, éventuellement renforcés d'une compagnie, soit au total la valeur d'un bataillon et demi appuyé d'armes lourdes.

« Passé ce délai et prélevant des renforts sur d'autres fronts, le Viêt-minh peut engager

à partir de J + 2 : un bataillon

J + 3 : trois ou quatre autres bataillons

J + 4 : deux autres bataillons,

soit six à sept autres bataillons au total. »

A propos de ce régiment 148, le 2e bureau ne paraît pas mécontent d'étaler son savoir : une note indique qu'il compte environ trois mille trois cent quarante hommes dont un tiers souffrent du paludisme et que cette unité ne dispose d'aucun médecin.

Jusqu'à présent, Navarre ne dit pas formellement que son choix est guidé par la défense du Laos ; les états-majors ont cependant bien du mal à trouver une autre motivation. Or, et cela devient un sujet d'étonnement, rien ne paraît plus menacer le Laos !

Les rapports rédigés chaque mois à l'état-major combiné des forces armées n'y font clairement référence que dans le document daté du 16 mai 1953, concernant donc la situation au mois d'avril, avant la prise de commandement de Navarre. Il y est dit :

« La menace sur le nord du Laos, pressentie depuis février et dont l'importance s'était précisée dans les derniers jours de mars, s'est brusquement transformée au mois d'avril en une action d'une ampleur telle que toutes les nations ayant des intérêts dans le Sud-Est asiatique se sont senties menacées... »

C'est l'offensive qu'avait redoutée Salan et qui avait tourné court à la surprise des Français s'interrogeant avant de découvrir l'erreur tactique de Giap, avancé trop loin de ses bases arrière. Dans les rapports suivants, le Laos n'apparaît plus comme étant l'objet de menaces. Celui qui est daté du 10 septembre, concernant donc les événements du mois d'août, accorde plus d'intérêt à l'évacuation de Na San, achevée le 12 août. Na San, est-il noté, « immobilisait encore des moyens importants et consommait un potentiel aérien hors de proportion avec les avantages stratégiques et tactiques qu'on pouvait raisonnablement en attendre ». Or, deux mois plus tard, le commandement envisage de renouveler ce genre d'opération.

Hanoi, les derniers préparatifs

Pour l'opération aéroportée sur Diên Biên Phu en préparation à Hanoi, la réunion décisive est celle du 17 novembre. Venu spécialement de Saigon, Navarre y assiste.

Elle ne dure guère qu'une heure, entre 16 h 30 et 17 h 30[11]. Navarre et Cogny s'enferment tous deux seuls. Ce qu'ils se diront ne transpirera pas immédiatement. A trois jours du jour J, il est évident que Navarre n'a plus aucune envie de prendre en compte toutes les réserves qui lui sont présentées, peut-être parce qu'elles viennent de l'état-major de Cogny, peut-être parce qu'il est trop sûr de son affaire. Il est tout aussi évident que Cogny n'a jamais vraiment tenu compte des oppositions de ses collaborateurs les plus directs. Il en connaît les raisons et certainement le bien-fondé. Il n'en tire pourtant aucune conclusion et ne cherche à aucun moment à influer sur le choix de Navarre ; peut-être pour ne pas contredire le patron, peut-être pour s'approprier une part du succès le moment venu, si succès il y a... Après ce tête-à-tête, la réunion s'élargit aux généraux Bodet, Dechaux, Gilles et Masson, qui est l'adjoint de Cogny, et aux colonels Bastiani et Berteil, ce dernier étant le sous-chef opérations du « généchef ». Navarre reprend les deux raisons de l'opération, déjà connues mais qui seront inscrites, cette fois, au procès-verbal dressé par les FTNV. L'une est d'ordre stratégique : la couverture du Laos ; l'autre est d'ordre économique : la mainmise sur le riz, notamment dans la cuvette de Diên Biên Phu. Puis Navarre demande à Dechaux, Gilles et Masson ce qu'ils pensent de l'opération « Castor », puisque ce sera désormais le nom de code pour la reprise de la vallée. Ils sont tous les trois d'accord : ils déconseillent l'opération !

Les trois généraux présentent des objections tactiques ou techniques, Dechaux fait remarquer que la nouvelle base aéroportée va grever lourdement le potentiel de l'aviation de transport et qu'avec la météo – souvent différente sur le Delta et au-dessus de la cuvette de Diên Biên Phu – on aura des difficultés certaines pour assurer correctement le ravitaillement de cette base. Masson est le plus déterminé à dire non à Navarre :

« Mon général, si vous décidiez cette opération malgré les risques, je dois vous avertir solennellement que les pertes à consentir chez les parachutistes varieraient entre un minimum de 50 % et 100 % de l'effectif engagé… »

Navarre, qui vient d'écouter en silence les derniers opposants à l'opération « Castor », décide de maintenir celle-ci :

« Messieurs, j'ai écouté et entendu les arguments de chacun. Je décide donc que l'opération "Castor" aura lieu, si la météo le permet, le 20 novembre, sinon un des jours suivants avant le 24. Gilles commandera l'opération. »

Gilles, qui était tout sauf un chaud partisan de l'aventure, rappelle qu'au-delà de ses objections, désormais ses parachutistes mettront tout en œuvre pour qu'elle réussisse.

Le lendemain, 18 novembre, se tiennent de nouvelles réunions pour peaufiner « Castor ». Au cours de l'une d'elles, le général Dechaux procède au briefing des équipages réunis à Cat Bi et qui vont devoir larguer les parachutistes[12]. A l'un des capitaines venus en renfort, Roger Renther, Dechaux glisse en confidence :

« Cette opération ne sera pas reportée au cas où les conditions météorologiques l'empêcheraient le 20 novembre car le secret ne pourra être gardé. Souhaitons qu'il fasse mauvais temps ce jour-là, car s'implanter aussi loin de nos bases est une erreur. »

Une autre réunion – très rarement évoquée – a pour témoin Jean Pouget, l'aide de camp de Navarre qui est effectivement encore présent à Hanoi. Le 2e bureau de Cogny lui présente les mouvements des divisions de Giap tels que les Français peuvent les suivre, notamment par les écoutes radio. De toute évidence, le corps de bataille de Giap se porte à ce moment vers le nord-ouest. Il n'y aura pas d'offensive viêt-minh sur le Delta.

Navarre est soulagé...

Saigon, le 20 novembre

Rentré à Saigon le 19 novembre et à la veille de repartir pour Pnom-Penh où va être célébrée la fête des Eaux, le général Navarre peut désormais recevoir le vice-amiral Cabanier, secrétaire général adjoint à la Défense nationale. Parti de Paris le 16 novembre, Cabanier a dû faire antichambre à Saigon, tout simplement parce que Navarre était trop occupé à Hanoi pour lui demander de le rejoindre...

Cette visite a étonné à plus d'un titre. A cause de la présence de Marc Jacquet, comme on l'a vu ; parce que Cabanier a aussitôt été supposé porteur d'une communication particulièrement importante. Avec le recul que donne le temps, il est permis de conclure qu'il s'agit bien de deux aspects différents de la même mission. Le rôle de Marc Jacquet, dans l'affaire, a été singulièrement court : confirmer à Navarre qu'il n'aurait pas les renforts demandés et lui recommander d'ajuster ses plans aux moyens mis à sa disposition. Le général en chef méritait, pour l'essentiel, un interlocuteur d'un autre rang qu'un secrétaire d'Etat, et plus au fait aussi des problèmes stratégiques. L'amiral Cabanier est porteur de l'intégralité du message puisqu'il a en poche une copie des délibérations du Comité de défense nationale, qui n'avaient pu être rédigées avant le départ précipité du secrétaire d'Etat.

Aujourd'hui, Navarre apprend de Cabanier la double confirmation du refus opposé à son plan présenté en juillet puis à la lettre adressée à Ely quatre mois plus tard :

« ... considérant qu'un nouvel accroissement des moyens militaires d'Union française, mis à la disposition du théâtre d'opérations d'Indochine, ne pourrait être obtenu qu'au prix d'un affaiblissement excessif de nos forces en Europe et en Afrique du Nord et que les inconvénients qui en résulteraient seraient plus graves pour la situation de la France dans le monde que ne seraient avantageux, pour elle, les résultats à attendre de l'envoi de nouveaux effectifs en Extrême-Orient, décide de s'en tenir, en ce qui concerne les renforts et la relève, aux termes de la note du 11 septembre 1953, adressée par le ministre de la Défense nationale au général commandant en chef qui devra, en conséquence, ajuster ses plans aux moyens mis à sa disposition... »

Que Navarre veuille bien comprendre que l'objectif de l'action en Indochine est d'amener l'adversaire à reconnaître qu'il est dans l'impossibilité de remporter une victoire militaire ; qu'il fasse également en sorte de favoriser au maximum le développement des armées vietnamiennes dont la participation active à la pacification est attendue. Toutefois, Navarre ne peut entrevoir dans les textes que lui apporte Cabanier la moindre allusion au Laos et encore moins à la possibilité, pour lui, d'abandonner cet allié à son sort. Il ne connaît que le tout récent accord de défense passé le 28 octobre entre le Laos et la France, accord stipulant que le territoire laotien sera défendu... Navarre avait aussitôt pris la décision d'installer un camp retranché à Diên Biên Phu, pour barrer la voie d'accès à la vallée du Mékong et à Luang Prabang, capitale du royaume laotien.

L'entrevue entre le général Navarre et l'amiral Cabanier n'a qu'un seul inconvénient. Elle intervient au moment même où les premiers bataillons parachutistes sautent sur Diên Biên Phu !

Entre le gouvernement et le général en chef, l'incompréhension est bien totale.

4

Les parachutistes à Diên Biên Phu
Navarre accepte la bataille

Le 20 novembre, au petit matin, il y a beaucoup d'agitation sur les deux aéroports voisins d'Hanoi.

Le premier avion à prendre l'air décolle de l'aéroport militaire de Bach Mai, vers 5 h 30 du matin. Il file plein ouest. C'est un Dakota dont l'autonomie de vol est de huit heures. A bord est embarqué une manière de petit état-major. Il y a notamment le général Jean Dechaux, patron du groupement aérien tactique du Nord-Vietnam – ou GATAC-Nord – et son adjoint aux transports, le colonel Nicot, puis avec eux un marin provisoirement détaché au GATAC-Nord, le lieutenant de vaisseau Bernard Klotz. Une poignée de colonels a également pris place dans la carlingue ainsi que des spécialistes des transmissions et des services météorologiques. Le plus attentif de tous est certainement le général Gilles, le patron des troupes parachutistes, tout auréolé de la gloire récente qu'il doit à son triple succès : l'implantation, la résistance puis l'évacuation de la base de Na San. Dire que l'éventualité de rééditer cette affaire enchante Gilles serait particulièrement audacieux. C'est pourtant lui qui, dans moins de deux heures, assisté de l'équipe des météorologistes, décidera du sort de « Castor ». Si le brouillard s'est levé… si la pluie n'est pas au rendez-vous... si le temps peut se maintenir...

Vers 7 h 15, le Dakota survole la vallée de Diên Biên Phu. L'opération paraît possible. L'ordre va être transmis. Encore convient-il qu'il soit reçu... Il y a quelques longues minutes de cafouillage sur les ondes. Vers 8 heures, le contact est enfin établi. Le général Gilles ayant donné le feu vert, « Castor » s'ébroue. Les vagues de Dakota vont pouvoir prendre l'air : soixante-cinq appareils vont décoller en trente-deux minutes !

A bord, les parachutistes devront compter sur deux heures de vol avant l'ordre de largage. Trois zones de saut ont été retenues, après avoir été observées et photographiées par de nombreux passages de l'aviation, qui ne pouvaient qu'attirer l'attention des éléments du Viêt-minh présents dans la vallée. Ces zones ont reçu chacune un nom : ce sera « Natacha » pour le 6e bataillon de parachutistes coloniaux du commandant Bigeard, « Simone » pour le 2e bataillon de chasseurs parachutistes du commandant Bréchignac et « Octavie » pour le matériel. Déjà trois prénoms féminins, pour clairement désigner les positions géographiques des DZ, pour « dropping zones » : « Natacha » au nord, « Simone » au sud et « Octavie » à l'ouest du village de Diên Biên Phu...

Comme il n'y a plus que cinquante-deux équipages disponibles pour soixante-dix Dakota C-47 en état de vol, il a été fait appel à toutes les bonnes volontés. Il a même fallu aller rechercher des hommes affectés dans les bureaux. Soixante-cinq avions pourront ainsi participer au largage des bataillons ; ce qui sous-entend qu'il y aura plusieurs rotations ce 20 novembre, et d'autres le lendemain.

A 7 heures, les hommes du bataillon Bigeard et ceux du bataillon Bréchignac embarquent dans les Dakota. Les uns ont été rassemblés sur la base de Bach Mai où les attendent trente-trois appareils aux ordres du commandant Fourcault. Les autres sont à Gia Lam, le second aéroport, où stationnent trente-deux avions aux ordres du commandant Martinet. Les deux chefs de bataillon sont parmi les plus prestigieux des troupes aéroportées, reconnus pour leur sens du combat, pour les mêmes dons manœuvriers et leur habileté à contôler les événements, les mêmes talents d'entraîneurs d'hommes aussi. Après quoi, tout les sépare au nom d'une courtoise rivalité. Les hommes du 6e BPC comme ceux du 2/1er RCP savent en tout cas qu'ils sont commandés. Avec ces deux premiers bataillons parachutistes vont sauter les DLO¹ fournis par le 35e régiment d'artillerie légère parachutiste.

Il ne faut que cinq minutes pour embarquer tous ces hommes qui vont plonger dans l'inconnu. Ils sont lourdement chargés. Le parachute dorsal et son complément qu'est le parachute ventral de secours, le paquetage, l'armement et les premières munitions, tout cela représente une bonne quarantaine de kilos et une arrivée au sol à la vitesse de huit mètres/seconde, soit environ trente kilomètres/heure... une très jolie chute de bicyclette ! Un des pilotes, le lieutenant Marc Bertin, se souviendra d'un jeune parachutiste, presque un adolescent encore, se hissant dans l'avion et l'interrogeant :

« Mon lieutenant, c'est loin où on va ?

— A deux heures de vol. Vous serez largués à Diên Biên Phu, sur la DZ Natacha.

— Mon lieutenant est-ce que ça va tabasser ?

— Certainement. »

Les soixante-cinq avions décollent au rythme d'un envol toutes les trente secondes puis ils prennent leur cap et glissent à leur tour vers la frontière du Laos. C'est la plus extraordinaire armada que l'on ait vue dans le ciel du Tonkin, se souviendra un capitaine du

1ᵉʳ bataillon étranger parachutiste assistant à l'envol, Bernard Cabiro. Comme ses camarades, il aimerait bien connaître l'objectif de cette entreprise hors du commun. Le patron du bataillon, le commandant Guiraud, de retour d'une réunion d'état-major vers midi, leur annonce que les deux bataillons partis le matin ont sauté à Diên Biên Phu et qu'ils sauteront à leur tour le lendemain matin. Guiraud ajoute que va être créée au cœur de la jungle tonkinoise une importante base aéroterrestre pour empêcher les Viêts de s'emparer du Laos. Cabiro entend le capitaine Verguet commenter ce choix, que lui aussi juge étrange : « Empêcher les Viêts de s'emparer du Laos en créant une base aéroterrestre, on croit rêver ! Le commandement ne sait donc pas que les Viêts sont comme les colonnes de fourmis ; quand elles ont décidé d'arriver quelque part, elles contournent l'obstacle mais y parviennent toujours. Voilà deux fois que Giap échoue ; cela m'étonnerait qu'il ne réussisse pas à la troisième fois, ne serait-ce que pour faire mentir le proverbe. »

Diên Biên Phu, le 20 novembre

Les larges corolles de soie blanche s'ouvrent, les hommes glissent dans l'air. Sous leurs pieds ils distinguent la plaine, une discrète bourgade d'où montent quelques fumées, des rizières, des hameaux dispersés et, au-delà des collines, des hauteurs que recouvre la forêt. Il est immédiatement évident que les Viêts sont là, eux aussi. Des tireurs prennent à partie les parachutistes entre ciel et terre. La première victime du 6ᵉ BPC, le médecin-capitaine Raymond, est tuée avant de toucher le sol. Les hommes de Bigeard – ils sont six cent cinquante et un, dont deux cents Vietnamiens – découvrent qu'ils ont été largués précisément là où un bataillon viêt-minh se trouve à l'instruction. Avec eux prennent pied les cinquante-deux premiers sapeurs du 17e génie du commandant Charlet. Tous touchent terre aux alentours de la piste d'aviation, avec l'intention de se regrouper plus au sud, pour s'installer dans la partie ouest du village qui – à ce moment – s'alanguit encore sur les deux rives de la Nam Youn. Aussitôt au sol, les paras de Bigeard sont confrontés aux éléments viêts qui étaient à l'instruction non loin du village. Au programme du jour, tir à la mitrailleuse et au mortier. Cela pouvait difficilement être pire.

Avec Bigeard et ses fidèles lieutenants, Thomas, Trapp ou Le Page, saute un garçon réserviste d'origine, arrivé avec l'été au 6e BPC, venant du 5e BPC désormais rapatrié. Marcel Bigeard et Jacques Allaire ont depuis traversé quelques affaires sérieuses ensemble et le jeune lieutenant espère avoir gagné la confiance du patron. Il peut d'ailleurs l'imaginer puisque celui-ci lui a confié la section des mortiers. Allaire a-t-il repensé à leur première rencontre lorsqu'il descendait vers Diên Biên Phu, accroché aux suspentes de son parachute ? On peut le penser, d'autant que l'entrevue lui est restée à jamais en mémoire. Il fallait bien avouer à Bigeard, qui devait d'ailleurs le savoir, ou finirait par l'apprendre, qu'affecté à son 6e BPC, il avait tout fait pour aller ailleurs...

« Alors vous êtes content de venir au 6 ?

— Je n'ai rien fait pour cela mon commandant. Pour tout vous avouer, je ne le souhaitais pas vraiment.

— Ah ! oui ? et pourquoi lieutenant ?

— Mon commandant il y a à cela deux raisons. La première est que l'on parle beaucoup du 6, dans les journaux de France, les magazines et la presse locale. On dirait que sur les six ou sept bataillons d'Indochine, seul le 6 est opérationnel.

— Oui, je sais, mais je ne peux rien contre. Le 6 est de tous les coups durs. On me donne toujours les missions les plus difficiles. Thu Lé, Langson, etc. Ma boutique est rodée, elle répond au quart de tour.

— Le second point, mon commandant, est que je n'ai rien d'un "Bigeard's boy". Dans votre boutique si bien rodée, je risque de détonner…

— C'est bon, Allaire, arrêtez de déconner. Je sais qui vous êtes, un séjour comme caporal, un autre comme sous-officier, un troisième commencé au 5, ce n'est pas si banal. Même au 6, les troisièmes séjours se comptent sur les doigts d'une main… »

Ayant touché terre, le lieutenant Allaire se découvre d'autres soucis :

« Un coup de boussole, je trouve ma gaine mortier et je commence à déballer le matériel ; arrivent quelques gars de chez moi, suivis de quelques autres qui, pour être en tenue camouflée eux aussi, n'ont pas l'air d'en être. Mes gars tirent dessus ; ne tirez pas, dis-je, c'est le GCMA. Comme on n'y a jamais beaucoup cru à ce truc-là, on tirait quand même. Toutes réflexions faites, c'est bien ainsi puisque ce sont des Viêts. Preuve qu'on avait raison de ne pas y croire[2]… »

Bréchignac et son 2/1er RCP, soit cinq cent soixante-neuf hommes dont quatre cents Vietnamiens, ont sauté plus au sud, trop au sud. Ils se retrouvent sensiblement à deux kilomètres de leur objectif. Ils n'ont pas besoin de tendre l'oreille pour comprendre que leurs camarades du 6e sont sérieusement accrochés. Les Viêts se défendent âprement. Mais, les distances étant ce qu'elles sont, le 2/1er RCP ne pourra intervenir. Les combats sont durs pourtant au cœur de la vallée. Dans les hautes herbes à éléphant, coupant les vues, les parachutistes et les bodoï en sont venus au corps à corps, usant du poignard pour se dégager.

Au cours de l'après-midi suit le 1er BPC de Souquet et ses sept cent vingt-deux parachutistes, dont quatre cent treize Vietnamiens. Avec eux saute le 17e bataillon de génie aéroporté du capitaine du Boucher. Celui-ci n'oublie pas ce que lui a confié Dechaux la veille :

« Tout ou presque repose sur vous. Car il faudra, au plus vite, permettre l'acheminement de renforts et de logistique, face à la menace rapprochée de deux divisions viêt-minh. »

Sont également larguées au cours de cette première journée deux batteries du 35e régiment d'artillerie légère parachutiste – le RALP – avec ses 75 sans recul, la 1re compagnie de mortiers lourds de la Légion étrangère ou CMLLE, équipée de huit tubes de 120 ; les transmissions avec la 342e compagnie des transmissions parachutiste ainsi que l'antenne chirurgicale parachutiste n° 1 – ou ACP n° 1 – du médecin-lieutenant Rougerie[3].

A ce moment, les réguliers du Viêt-minh – les bo-doï – paraissent avoir disparu. De toute évidence, cette discrétion n'est que de circonstance, ils sont bien sur place et ils ont déjà prouvé leur agressivité. L'arrivée des deux premiers bataillons dans la cuvette de Diên Biên Phu a coûté, le matin, onze morts et cinquante-deux blessés au groupe aéroporté, le GAP 1, que commande le colonel Fourcade, essentiellement des hommes du bataillon Bigeard. Les Français ont récupéré les corps de cent quinze Viêts tués dans ces premiers combats. En fin d'après-midi, les parachutistes entendent un ronflement qui leur est familier, ce sont deux hélicoptères H 193 arrivant de Lai Chau. Les appareils leur apportent les matériels radio trop fragiles pour être parachutés. Ils vont emporter les blessés et le corps du médecin-capitaine Raymond.

Les trois ou quatre mille habitants de l'agglomération ne se sont pas enfuis. Ils avaient pris un peu de distance au moment des combats. Ils reviennent déjà.

Autour de Tuan Giao, vers le 20 novembre

Plus discrètement, et loin de la cuvette, ont été parachutées le même jour et le seront encore les jours suivants d'autres unités qui ont très rarement les honneurs des communiqués parce qu'elles ont vocation à travailler secrètement. Une trentaine de commandos des GCMA – pour groupements de commandos mixtes aéroportés – sautent entre le 20 et le 25 novembre ; d'autres sensiblement plus tard – certainement jusqu'au 6 décembre – vers Tuan Giao et le col des Méos pour détourner les Viêts de Diên Biên Phu. Ils doivent ensuite rejoindre le camp…

Les GCMA sont essentiellement composés de Vietnamiens encadrés par des officiers et sous-officiers français travaillant sur les arrières du Viêt-minh. Leur sont confiées des tâches très ponctuelles et très précises : causer des dégâts ou créer le doute et l'insécurité chez l'adversaire. Les commandos doivent recueillir des renseignements ou tendre des embuscades ; dans la bataille, ils doivent guider les unités classiques ou opérer des missions de sabotage ; enfin, ils peuvent opérer en éléments de recueil lors de replis ou d'abandons de position. Par définition ou par vocation, ils interviennent dans toutes les régions d'Indochine qui ne sont pas sous le contrôle militaire ou administratif de la France, autrement dit dans les zones qui échappent totalement aux Français parce que le Viêt-minh y est implanté. Ils reçoivent à l'occasion l'assistance des populations locales encore rétives à l'idéologie marxiste. C'est ainsi que le GCMA a été conduit à s'introduire en zone ennemie – notamment dans cette partie du Tonkin où ne subsiste comme « hérisson » que Lai Chau depuis le repli de Na San – et à y créer des maquis qui seront souvent de très mauvaises surprises pour le Viêt-minh. Pour leurs missions de renseignement, pour guider les avions, pour leur ravitaillement par parachutage, les GCMA disposent à cette époque de six cents postes de radio dont ils ont formé les opérateurs. Giap, redoutant leurs entreprises, a dû créer en septembre 1953 un « comité de répression des pirates ». Et les hommes des GCMA savent qu'ils ont, en échange de leur intrusion en zone viêt, tout à redouter des bo-doï s'ils sont faits prisonniers.

Quelques jours après leurs premiers parachutages, le 1er décembre exactement, ces unités dépendant directement du SDECE changeront de nom et de patron. Ce seront désormais les groupes mixtes d'intervention ou GMI. Ils étaient aux ordres du commandant Trinquier, celui-ci cède la place au commandant Fournier avec pour adjoint un rescapé de Cao Bang, le capitaine Faulques. Leur PC est à Hanoi, dans une villa proche du jardin botanique. Mis à part une nouvelle appellation et de nouveaux patrons, rien n'est changé à leurs missions ni à leur discrétion naturelle comme le précisera plus tard – le 12 février 1954 – une note du SDECE dont ils dépendent :

« Le caractère de l'action du GMI est la clandestinité qui exclut toute manifestation spectaculaire et, en particulier, la mention dans les communiqués des activités des maquis[4]. »

En ce qui concerne ces unités, regroupant certainement treize mille hommes en Indochine, dont neuf mille pour le nord-ouest du Vietnam, aucun bilan précis de leurs actions n'est connu. Pour l'année 1953, il est seulement fait état de cent dix tués dans leurs rangs, pour mille deux cents Viêt-minh abattus.

Puisque les GCMA sont supposés rallier la base de Diên Biên Phu, leur mission achevée, ils ne seront pas les enfants perdus de la garnison : dès le 23 novembre, le SDECE – autrement dit la maison mère – a détaché dans la vallée un élément aux ordres du capitaine Hébert et du lieutenant Deloste avec des missions très précises :

« Détecter et neutraliser les agents et l'action des services spéciaux ennemis ;

« Centraliser tous les renseignements et documents concernant le Service de renseignement viêt-minh saisis dans la zone opérationnelle ;

« Interroger les prisonniers ayant appartenu aux SRVM. »

Officiellement ce détachement très particulier sera un DOP – Détachement opérationnel de protection. Quant à ses troupes, les GCMA donc, elles seront parfois dans le camp, parfois aux alentours.

Certains de ces hommes rejoindront le camp le même jour que l'antenne arrivée de Hanoi, mêlés à d'autres éléments. Surgit en effet le 23 novembre, arrivant à pied depuis Lai Chau, la colonne Bordier forte de sept cents hommes. Elle est partie le 13 novembre et vient de traverser la zone où se cherchent, s'évitent ou s'affrontent Viêt-minh et maquisards. Ce sont des indigènes du groupe mobile de partisans thaïs – les GMPT – auxquels le lieutenant-colonel Trancart, patron de Lai Chau, avait donné pour mission de rallier la future base aéroterrestre, toujours pour tromper l'ennemi et renforcer la garnison naissante. La jonction se fait après dix jours de marche à Ban Ma Ten, à huit kilomètres au nord de Diên Biên Phu, avec des éléments du 2/1er RCP. Avec Bréchignac évolue une journaliste pour qui les parachutistes ne cachent pas leur admiration : Brigitte Friang qui les étonnera toujours par son courage et sa gentillesse. Elle appartient au service de presse du corps expéditionnaire et est elle-même brevetée parachutiste.

Les Thaïs expliquent que les deux derniers jours ont été particulièrement difficiles : un régiment viêt-minh – le 148 – rôde autour de la cuvette.

Thai Nguyen : Giap s'interroge

A la mi-novembre des troupes du Viêt-minh mar-chaient vers Lai Chau alors que d'autres unités, en liaison avec le Pathet Lao[5], tournaient autour du Haut-Laos… Mais les Français sautent sur Diên Biên Phu ! La nouvelle surprend la conférence des cadres supérieurs de l'armée viêt-minh, réunie depuis la veille dans une forêt de la région de Thai Nguyen. Elle est censée débattre des principales options stratégiques et savoir s'il est raisonnable de centrer tous les efforts sur le Nord-Ouest. Dès le 23 novembre, Giap, dans son discours de clôture, tire les conclusions de l'événement :

« Nous n'avons pas encore de précisions ni sur les lieux, ni sur la durée de l'occupation ennemie, mais cette opération n'en rentre pas moins dans nos prévi-sions, savoir que si le Nord-Ouest est menacé, l'adver-saire amènera des renforts dans cette direction. Ainsi, face à notre initiative, l'ennemi est réduit à la défensive, obligé de disperser une partie de ses forces mobiles pour les fixer à Diên Biên Phu afin de protéger le Nord-Ouest et le Haut-Laos et de contrecarrer notre offensive.

« Que fera-t-il dans les jours à venir ?

« Il pourra garder à la fois Lai Chau et Diên Biên Phu, avec probablement Diên Biên Phu comme position princi-pale et Lai Chau comme position accessoire. Si notre menace s'accentue, il pourra se retrancher en une seule position et y amener des renforts ; nous ne savons pas encore quel sera son choix, mais il est probable que ce sera Diên Biên Phu. Si notre menace se fait plus pressante, il pourra renforcer considérablement cette position, la trans-former en camp retranché (et ce sera très probablement à Diên Biên Phu) mais il pourra aussi bien se replier.

« Nous ne pouvons à l'heure actuelle juger si l'ennemi se retranchera ou se repliera, s'il occupera une ou deux positions pour une longue ou courte durée, s'il amènera des renforts importants ou minimes… parce que les renseignements précis nous manquent encore mais aussi parce que l'ennemi se heurte à de nombreuses difficultés. S'il retire ses troupes, il perdra des territoires, s'il renforce ses positions, il dispersera ses forces mobiles. Il se peut qu'il n'ait pas encore pris une position bien déterminée, ou que l'ayant prise, il l'ait modifiée en raison de notre action.

« De toute façon, quels que soient les changements qui surviendront dans le camp ennemi, le parachutage de ses troupes à Diên Biên Phu pour l'essentiel crée une situation qui nous est favorable. Il met à nu la contradiction dans laquelle se débat l'adversaire, entre les tâches d'occupation du territoire et de regroupement des forces, entre l'occupation des régions montagneuses et le renforcement sur les fronts du Delta[6]. »

Tirant les conséquences des derniers événements, Giap donne l'ordre aux troupes en marche vers le Nord-Ouest d'aller détruire Lai Chau. Une autre colonne doit aller couper la route entre Lai Chau et Diên Biên Phu. Il va donc commencer l'encerclement de la future base aéroterrestre.

Hanoi, 20 novembre : Cogny imprudent

Le 20 novembre au soir, les premiers résultats de la reconquête de Diên Biên Phu étant connus à Hanoi, l'impression est bonne. L'occupation de la vallée, souhaitée par les uns, redoutée ou contestée par les autres, se déroule finalement dans les meilleures conditions possibles. Alors qu'il ne savait trop, la veille encore, s'il devait être pour ou contre « Castor », mais désormais prêt à voler au secours du succès, Cogny réunit des journalistes dans son bureau de la citadelle, vers 18 h 30 :

« Les guérillas thaïe et méo sont déjà très actives autour de Lai Chau. Diên Biên Phu qui est la véritable capitale économique du pays sera la deuxième base d'opération.

« Le commandement a l'intention d'utiliser autant de troupes qu'il serait nécessaire pour tenir Diên Biên Phu jusqu'à ce qu'il ne soit plus utile aux actions tendant à repousser les Viêt-minh hors du territoire thaï.

« Compléter le point fixe de Lai Chau près de la frontière chinoise par un autre pôle d'attraction.

« Je resterai ici aussi longtemps que je le jugerai utile à mes desseins. »

Il parle en tout cas beaucoup et peut-être trop, dévoilant partiellement les intentions du commandement si l'on se réfère aux dépêches que les correspondants de presse transmettront à leurs rédactions. Ainsi Henry Lecunff, de l'agence France-Presse, cite une phrase de Cogny :

« Si le camp retranché de Na San avait été monté sur des roulettes, je l'aurais, dès ma prise de commandement il y a cinq mois, transporté à Diên Biên Phu […]. Des maquis de partisans thaïs vont rapidement éclore autour de Diên Biên Phu, complétant ceux existant autour de Lai Chau. »

Max Clos, rédigeant sa dépêche pour l'agence Associated Press, comprend que le général entend implanter « une plaque tournante pour de futures actions de guérilla ». *Paris Presse* souligne qu'il ne s'agit pas d'un raid comme à Langson, mais du début d'une offensive. Enfin, *Le Monde* note que Cogny a l'intention de rester à Diên Biên Phu « le temps qu'il faudra » pour constituer de nouveaux maquis thaïs ravitaillés par parachutage…

Le pire est que Lucien Bodard et Max Clos expliquent tous les deux que les divisions viêts 304 et 316 marchent vers Lai Chau en suivant la RP 41 ! Comment peuvent-ils le savoir ?

Agacé par toutes ces informations qui auraient dû rester secrètes, Navarre, dès le 23 novembre, demande des explications à Cogny. Celui-ci réplique trois jours plus tard que tous les articles ont été visés par la censure de Saigon. Navarre insiste. Cogny rétorque que Bodard et Clos ont certainement réfléchi ensemble et en sont arrivés à cette conclusion... D'ailleurs Bodard l'aurait lui-même confirmé à Cogny. Les Viêts, eux, comprennent que leurs liaisons radio sont écoutées par les Français et tout le monde, désormais, connaît l'existence des mystérieux maquis qui empoisonnent la vie du Viêt-minh au cœur des zones qu'il prétend contrôler. C'est cela qui a mis Navarre hors de lui...

De tels incidents n'expliquent pas nécessairement l'absence des journalistes à Diên Biên Phu. Quelques-uns passeront une ou deux journées sur la base, tels Henri Amouroux travaillant pour *L'Aurore* ou Robert Guillain reporter au *Monde* ; ce ne seront que de rares exceptions à une règle discrète mais efficace. Navarre, toujours méfiant envers la presse, et Cogny, parfois imprudent si cela peut flatter son ego, utiliseront essentiellement le « service presse information », inventé par Jean de Lattre de Tassigny sur les conseils de deux de ses proches, Jean-Pierre Dannaud et le capitaine Michel Frois. Ce seront surtout des photographes et des cameramen, parfois Brigitte Friang la journaliste attachée au SPI. Elle n'hésitera jamais à sauter en parachute avec un bataillon d'élite, ni à crapahuter au plus profond de la jungle pour nourrir ses articles. Ils paraîtront dans des publications dites « civiles », tels *Samedi soir, Le Parisien libéré* ou *Indochine Sud-Est asiatique*, cette dernière étant subventionnée par le ministère des Etats associés. Ce sont également les images des reporters du SPI qui illustreront, jusqu'à la fin mars, les publications françaises et étrangères.

Diên Biên Phu, du 21 au 24 novembre

Le 21 novembre, dès 8 heures du matin comme prévu, les premiers renforts sont parachutés dans la vallée de Diên Biên Phu. Sautent ainsi des Dakota le groupe aéroporté n° 2 que commande le lieutenant-colonel Pierre Langlais et qui est composé du 8e Choc du capitaine Tourret, du 5e bataillon de parachutistes vietnamiens de Bouvery et du 1er bataillon étranger parachutiste aux ordres du commandant Guiraud, à l'effectif de six cent cinquante-quatre légionnaires dont trois cent trente-six Vietnamiens. Ceux-ci ne peuvent être totalement intégrés à la Légion mais paraissent très fiers de leur béret blanc, à défaut du légendaire képi. Il y a aussi des éléments du génie aéroporté. Seul incident notable de cette vague de sauts : Langlais se brise la cheville à son arrivée au sol. Il sera réembarqué pour Hanoi dès que fonctionnera le pont aérien.

Pierre Langlais reviendra très rapidement. L'homme avec sa volonté, son caractère, se devait d'être à Diên Biên Phu puisque ses parachutistes y étaient et tenaient les premiers rôles. Agé de quarante-quatre ans, c'est physiquement un homme sec, nerveux. Naturellement emporté, il est déjà réputé pour d'invraisemblables colères. A sa sortie de Saint-Cyr, ce Breton amoureux de la mer et de la voile aimant sans doute les paradoxes a choisi les méharistes. La guerre le conduit ensuite à participer aux campagnes d'Italie, de France puis d'Allemagne. Il est arrivé en Indochine dès octobre 1945 avec la 9e DIC du général Valluy et a été de tous les coups durs de décembre 1946 puis du printemps 1947. Il est passé ensuite à la tête de la 1re demi-brigade de parachutistes coloniaux… mais il lui a fallu pour cela passer son brevet. Pour son second séjour, il a pris la tête du GAP 2 qu'il vient d'abandonner très provisoirement, trahi par sa cheville.

Avec le GAP 2 saute aussi le général Gilles qui, comme il le fait chaque fois qu'il endosse un parachute, a glissé son œil de verre dans une poche de sa veste...

S'ils en jugent par les moyens mis en œuvre dès les premières heures et qui ne se ralentissent plus depuis, il devient évident, pour tous les hommes lancés dans cette aventure, qu'elle ne ressemblera à aucune autre ; pas même à Na San. Gilles est le mieux placé pour le savoir, qui s'apprête, ce 21 novembre au soir, à passer sa première nuit dans la vallée. Il a choisi pour installer son PC une case thaïe. Au mur pend encore une affiche de propagande du Viêt-minh que personne n'a songé à arracher. Il y a déjà un groupe électrogène qui ronfle, les radios qui crachouillent. Un avion tournera toute la nuit au-dessus de la cuvette, prêt à lancer des fusées éclairantes en cas de nécessité ; ces « lucioles » que le camp va avidement dévorer dans les prochaines semaines. S'il fait un bilan des troupes sur place, Gilles peut se dire que ses unités sont bien plus « jaunies » que ne le veulent les règlements : il y a, pour l'instant, 60 % d'Européens et 40 % de Vietnamiens.

Les deux compagnies du 31e bataillon de génie parachutiste se préparent aux travaux. Elles vont devoir remettre en état la piste d'aviation, dont avaient usé successivement dans le passé les Français puis les Japonais et de nouveau les Français, avant que le Viêt-minh ne la sabote par sécurité selon la vieille technique dite des touches de piano utilisée dans tout le Vietnam pour rendre les routes impraticables. Le génie devra aussi jeter deux ponts sur la Nam Youn, refaire les routes et aménager les points les plus importants. Car la naissance d'une base aéroterrestre nécessite de considérables travaux : le PC central et, à proximité, les transmissions ; une antenne chirurgicale, des soutes à munitions, des dépôts de vivres et d'essence, des alvéoles pour l'artillerie et pour les avions puisqu'il est déjà décidé que le camp aura son aviation d'observation et son escadrille de bombardiers pour appuyer les reconnaissances. Quelques plaisantins, lorsque les travaux avanceront, trouveront étrange que le cimetière soit si près de l'antenne chirurgicale…

L'importance des communications étant évidente, la liaison radio-téléphone est essayée dès le premier jour par le service des transmissions des FTNV. Il apparaît bizarrement que de 24 heures à 10 heures du matin, la liaison est déficiente mais qu'elle fonctionne parfaitement de 10 heures à 24 heures :

« Il semblerait souhaitable, dit un télégramme, que les autorités appelées à demander des communications sur ce réseau s'efforcent de les faire établir pendant les heures favorables indiquées ci-dessus[7]. »

Mais que les utilisateurs se méfient, la même note leur indique que cette liaison est « essentiellement indiscrète », elle exige le camouflage intégral des conversations… Plus tard surgiront d'autres curiosités, telles que ces aberrations dans les liaisons entre les unités, comme si les vingt-trois mille plaques métalliques utilisées pour la réfection de la piste d'aviation – plus de cinq cents tonnes d'acier – créaient des interférences.

Un télégramme que Cogny adresse à Gilles dès le 21 novembre laisse entrevoir une nouvelle divergence de vues entre Navarre et son adjoint pour le Tonkin[8] :

« L'enlèvement de Diên Biên Phu par nos forces modifie à notre avantage la situation dans le Nord-Ouest.

« Si cette opération est destinée en priorité à nous donner une base de manœuvre à la frontière pays thaï-Laos et à enlever au Viêt-minh le centre de ravitaillement du riz le plus important de la Haute Région, elle nous permet, de plus, de parer à l'isolement de Lai Chau. »

Les objectifs de Cogny ne sont pas exactement ceux de Navarre. Et Lai Chau paraît tenir plus de place dans ses préoccupations que la défense du Laos.

Il faudra deux jours seulement pour que puissent se poser sur la piste en cours de réfection les premiers Morane ou Criquets, ces petits avions d'observation que les troupes au sol aiment entendre ronronner au-dessus d'elles. Les Criquets arrivent donc de Lai Chau le 22 novembre, suivis par deux Beaver de fabrication canadienne, l'un apportant divers matériels, l'autre déposant le général Cogny et le médecin-colonel Terramorsi.

Le 22 novembre, c'est aussi le jour où Bigeard demande à ses hommes d'organiser le terrain. L'ordre leur est familier ; dès qu'ils arrivent à un endroit ou à un autre – et ils en changent souvent – ils savent qu'ils vont devoir creuser les abris et les tranchées pour renforcer leurs positions. Ils s'installent là où l'entend le chef, comme le veut le chef. Il n'y a pas encore, à cette date sur la base, d'autres règles pour l'implantation des unités que des usages que l'on peut qualifier de « loi de l'occupant ». Et si, par hasard, les hommes de Bigeard délaissent la pelle et la pioche, c'est pour des sorties de reconnaissance. La première est menée plein sud, où s'enfoncent la Nam Youn et la RP 41, l'une paraissant hésiter en dessinant ses méandres alors que l'autre file bien droit devant elle. La sortie des parachutistes démontre qu'il n'est pas nécessaire d'aller très loin pour trouver le contact. Une autre reconnaissance, immédiatement après celle de Bigeard, cette fois vers le nord toujours en suivant la RP 41, confirme la présence des Viêts sur les bords de la cuvette.

Depuis les bases de Bach Mai et de Gia Lam, les Dakota et les C-119[9] continuent de parachuter du matériel lourd par dizaines de tonnes, tout ce qu'il faut pour implanter un camp retranché d'importance et plus encore.

Les Dakota sont de vieilles connaissances pour les troupes engagées en Indochine depuis maintenant huit ans. Les C-119 leur sont moins familiers. Ce sont d'étranges bimoteurs à la carlingue ventrue que prolonge une double queue encadrant un arrière bouffi dont les larges portes peuvent s'enlever. C'est un extra-ordinaire engin de transport que ses pilotes trouvent cependant fragile et parfois capricieux. Ces appareils de fabrication américaine sont en Indochine parce que le général Salan savait, quand il le voulait, ignorer les lignes droites et les voies hiérarchiques. Il les avait demandés, avec une poignée de Dakota, comme l'on demande un service personnel, à l'amiral Radford et au général Clark, tous deux affectés par les Etats-Unis dans le Sud-Est asiatique et donc voisins de Salan. Il avait ainsi obtenu, au printemps 1952, vingt Dakota puis six C-119, avec promesse de rendre ceux-ci lorsqu'ils lui seraient moins utiles. Ce qu'il fera effectivement mais avec, en échange, l'assurance qu'ils seraient remis à la disposition des Français si le besoin s'en faisait de nouveau sentir. L'affaire avait fait quelque bruit à l'époque. Navarre, après sa nomination, les avait redemandés. Les C-119 étaient donc de retour en Indochine dès le 16 novembre, stationnés un temps à Tourane, puis implantés à Cat Bi où les trouve l'opération « Castor ».

Les C-119 deviennent célèbres d'entrée par quelques péripéties sortant du commun. Pour que vive la base aéroterrestre, qui ne mérite pas encore ce nom, il fallait que soit remise en état cette piste d'aviation d'un autre âge. Cela a commencé à se faire à la pelle, à la pioche, puis en étalant les bandes métalliques qui tombent déjà du ciel ; le détachement du génie comme le renfort de légionnaires et de parachutistes risquent de s'y user. D'où l'idée de parachuter un bulldozer ! Et cela ne peut se faire qu'avec des C-119. Dépouillés de leurs portes arrière, ils se videront de leur charge par une habile manœuvre assez semblable à celle dont les charretiers ou les camionneurs usent pour vider leur benne en basculant contenant et contenu vers l'arrière. S'envolent donc deux appareils, l'un que pilote le capitaine Soulat transportant l'engin lui-même, l'autre piloté par le lieutenant Magnat apportant la pelle…

Sous les yeux des parachutistes ahuris, le bulldozer, au parachute défaillant, plonge dans une rizière voisine où il s'enlise à jamais. Ce sont les sangles qui se sont rompues sous le poids du mastodonte : cinq tonnes et demie, chenilles comprises. Même si un zigoto s'est écrié « méfiez-vous ça va rebondir », personne n'a envie de rire à ce spectacle burlesque tant il est évident que, privés de l'engin, les sapeurs et leurs aides devront encore jouer de la pelle et de la pioche… S'il avait été réussi, ce parachutage aurait été une première mondiale. Les représentants de la 8081e Airborn Air Supply and Packaging en étaient conscients, qui étaient venus conseiller les Français dans une affaire qu'eux-mêmes n'avaient jamais osé tenter. Puisque la deuxième partie de l'engin s'est bien posée, puisque la pelle frontale et les bras d'attache sont intacts, il est entendu que l'on récidivera dès que possible. La première mondiale est donc à dater du 24 novembre, jour où le deuxième bulldozer arrive dans la cuvette de Diên Biên Phu, toujours largué d'un C-119, mais en état de marche cette fois.

Bientôt, un premier Dakota inaugurera la piste. Par prudence, il se posera à vide. D'autres appareils pourront suivre, avec le plein d'hommes et de matériels, des jeeps, des camions, des ambulances, des munitions par tonnes et des centaines de kilomètres de barbelés. Il y a

aussi d'étranges accessoires : le débarquement de bicyclettes fait sourire quelques spectateurs, la petite moto
pliante du général Gilles aussi, qui ira ainsi chevauchant
son engin d'un bataillon à l'autre, attentif aux travaux de
défense[10].

Diên Biên Phu, 27 novembre : premier crash

Les chasseurs-bombardiers Hellcat de l'aéronavale, en
mission de reconnaissance au profit de Diên Biên Phu,
décollent de l'*Arromanches*. Le 27 novembre, le second-
maître Couthures suit son chef de file. Un chemin sans
histoire, même si, aux environs de Tuan Giao, des
tireurs viêts les prennent pour cibles. Les pilotes ne
réfléchissent pas trop au problème surgissant sous leurs
ailes, à savoir l'existence chez les Viêts de quelque chose
ressemblant à de la DCA. Guidés par un Criquet, ils
lâchent leurs bombes sur un point jugé suspect par leur
guide. Devant l'impossibilité de passer sur son réservoir
de secours, Couthures comprend que l'essence va lui
manquer. Le crash est inévitable sans être trop sévère, le
très jeune second-maître en sort indemne. Il pense à
prendre le pistolet-mitrailleur Thompson accroché à son
siège, les cartes qu'il ne faut pas laisser aux autres...
Toujours guidés par le Criquet, les parachutistes de Bréchignac sont là en quelques instants. Un hélicoptère
viendra ensuite récupérer tout le matériel sensible, la
radio, les mitrailleuses et les munitions. Le pilote embar-
quera pour Hanoi en fin de journée dans un Dakota. Une
belle émotion, pour le premier crash de l'histoire du
camp retranché.

Mais qui va commander cette base surgissant au
Nord-Tonkin ? Le général Gilles, voudraient croire les
parachutistes se souvenant de Na San. Sûrement pas,

leur répondent les mieux informés qui pour une fois ont raison… Le général souffre de sérieux problèmes cardiaques ; il doit être rapatrié en Métropole. Alors sera-ce Ducourneau ? Pas davantage, il est en fin de séjour. Peut-être le colonel Fourcade qui est sur place, avec la responsabilité du GAP 1 ? Il prend effectivement pour un temps, mais un temps seulement, le commandement de la base où les réserves affluent, suivies de tous les services. Les vaguemestres comme les intendants, l'équipe des essences et celle des poudres et munitions, la prévôté et les transmissions, les antennes chirurgicales et bientôt un dentiste, enfin, très discrets, les représentants des services de renseignement, le 2ᵉ bureau et le SDECE. Diên Biên Phu devient une petite garnison, une de celles où l'ennui n'aura jamais sa place mais où le danger apparaît très vite comme un élément de la vie quotidienne.

Pour les premiers jours, chaque bataillon reçoit sa mission : s'installer, creuser des positions de combat. Le 1ᵉʳ BEP prend possession d'une colline qui sera le premier des points d'appui de la base. Il faudra lui trouver un nom, commençant par A, ordre alphabétique oblige. Alors va pour « Anne-Marie »… « Béatrice » suivra puis « Claudine » et ainsi de suite jusqu'à « Isabelle ». Pour l'instant les légionnaires jouent les terrassiers ; ils en ont l'habitude. Ils savent qu'ils multiplient leurs chances de survie en creusant leurs tranchées, en enterrant leurs cantonnements, en renforçant les toits de rondins ou de planches par des épaisseurs de terre.

Hanoi : des avis sur « Castor »

Après un instant d'hésitation, le temps de comprendre ce que tentent les Français, le Viêt-minh réagit à « Castor ». Son état-major avance des hypothèses. Les Français en sont aussitôt informés, parce que les Viêts usent désormais beaucoup des liaisons radio sans changer très souvent leurs codes, ce qui permet aux spécialistes du 2e bureau de décrypter très vite les messages captés. C'est le texte d'une de ces émissions, diffusée le 25 novembre, que le service des écoutes du 2e bureau transmet le 28 novembre :

« Les 20 et 21 novembre, l'adversaire a parachuté sur Diên Biên Phu un effectif de quatre bataillons. La jonction avec Lai Chau est à prévoir dans un très proche avenir.

« Des indices laissent supposer que l'adversaire compte rester à Diên Biên Phu.

« L'adversaire s'est en effet rendu compte qu'après l'évacuation de Na San et la destruction des maquis au Haut Song Ma, Lai Chau et le Haut-Laos étaient menacés. Aussi l'opération de Diên Biên Phu n'a d'autre but que le renforcement de la défense de Lai Chau et la protection du Haut-Laos[11]. »

Quelques jours plus tard, le rapport mensuel des Forces terrestres du Nord-Vietnam, daté du 11 décembre, relatant les événements de novembre, donne une nouvelle version des raisons ayant déclenché l'opération « Castor » – dont l'idée n'avait pas enchanté tout le monde à Hanoi :

« L'ensemble des renseignements recueillis tant sur les mouvements des éléments de la division 351 que sur ceux d'un mouvement probable de la division 316 vers la région nord de Na San, confirment, dans la première quinzaine du mois, l'imminence d'une action rebelle contre nos maquis en pays thaï.

« Le commandement franco-vietnamien lance en conséquence le 20 novembre une offensive aéroportée sur Diên Biên Phu.

« Six bataillons de parachutistes, un groupe de 75 sans recul, une compagnie de mortiers sont largués en trois jours. L'aviation de transport exécute plus de trois cents sorties. »

Dans ce texte – daté du 11 décembre, il convient de le rappeler – il n'est qu'un point à retenir : il n'est fait référence ni à la défense du Laos, ni à l'approvisionnement en riz du Viêt-minh, seulement à une menace contre les maquis en pays thaï… Or Cogny tient beaucoup à ses maquis que contrôlent les GCMA. Il est autant persuadé de leur intérêt stratégique que de leur importance politique. Les Thaïs n'aiment pas le Viêt-minh et moins encore son idéologie. Ils sont des alliés de circonstance qu'il convient de dorloter dans l'espérance d'une réapparition de la France dans le nord-ouest du Tonkin.

Stockholm, 29 novembre : Hô Chi Minh parle

Un homme, depuis le maquis tonkinois, va ajouter à la confusion politique ambiante : Hô Chi Minh, qui se manifeste peu et rarement. Il trouve pourtant utile, à cette époque, de répondre aux questions d'un journaliste suédois, Svante Löfgren, correspondant à Paris du journal l'*Expressen* qui en publie le texte le 29 novembre. Löfgren a préparé quatre questions en français qui ont été acheminées par la légation du Viêt-minh à Pékin et dont les réponses en anglais lui reviendront par le même chemin. En voici le texte intégral :

Question : « Il ressort des débats du Parlement français que beaucoup d'hommes politiques en France sont partisans d'un règlement pacifique du conflit au Vietnam par le moyen de négociations directes avec le gouvernement vietnamien. Ce vœu gagne de plus en plus le peuple français. Serait-il approuvé par vous et votre gouvernement ? »

Réponse : « La guerre au Vietnam a été provoquée par le gouvernement français. Depuis huit ans, le peuple vietnamien a dû prendre les armes pour mener un combat héroïque contre les envahisseurs afin de défendre son indépendance, sa liberté et son droit de vivre dans la paix. Si les colonialistes français poursuivent leur guerre d'agression, le peuple vietnamien est résolu à continuer sa guerre patriotique jusqu'à la victoire finale. Mais si le gouvernement français a tiré la leçon de ces années de guerre et manifesté le désir d'arriver à un armistice par le moyen des négociations et à une solution pacifique du problème vietnamien, le peuple et le gouvernement de la République démocratique du Vietnam sont prêts à faire bon accueil à ce désir. »

Question : « Le cessez-le-feu ou l'armistice seraient-ils possibles ? »

Réponse : « Il suffit que le gouvernement français mette fin à la guerre d'agression pour que l'armistice se réalise au Vietnam. Il se réalisera sur la base du respect sincère de l'indépendance effective du Vietnam par la France. »

Question : « Accepteriez-vous qu'un pays neutre offre sa médiation pour ménager une rencontre entre vous et les délégués du commandement de la partie adverse ? Agréeriez-vous la médiation de la Suède ? »

Réponse : « Si des pays neutres emploient leurs efforts à hâter la fin des hostilités au Vietnam par le moyen des négociations, nous ferons bon accueil à leur initiative, toutefois la négociation de l'armistice regarde essentiellement le gouvernement de la République démocratique du Vietnam et le gouvernement français. »

Question : « D'après vous, y aurait-il d'autres moyens pour mettre fin à la guerre ? »

Réponse : « La guerre au Vietnam a causé beaucoup de malheurs au peuple vietnamien et beaucoup de souffrance au peuple français. C'est pourquoi ce dernier lutte pour la faire cesser. Depuis longtemps, j'ai témoigné ma sympathie et mon estime au peuple français et aux combattants français de la paix. Aujourd'hui, ce n'est pas seulement l'indépendance du peuple vietnamien qui subit une grave agression, mais l'indépendance même de la France est sérieusement menacée. D'une part les impérialistes américains poussent les colonialistes français à poursuivre et à étendre leur guerre d'agression au Vietnam pour affaiblir progressivement la France dans l'espoir de la supplanter en Indochine, et d'autre part, ils forcent la France à ratifier le pacte de défense en Europe, ce qui revient à laisser renaître le militarisme allemand.

« C'est pour cette raison que la lutte du peuple français pour l'indépendance, la démocratie et la paix et pour la cessation des hostilités au Vietnam constitue un des facteurs importants pour le règlement pacifique du problème vietnamien. »

Il y a beaucoup de remous autour de cette publication et une quasi-certitude : le Viêt-minh ne veut négocier qu'avec la France, sans autre partenaire, en tout cas pas avec le pouvoir en place à Saigon. Or celui-ci récuse toute négociation dans laquelle il ne serait pas partie prenante. Nul ne saura jamais si Hô Chi Minh et Laniel avaient effectivement le désir d'entrer en contact. En tout cas, ils n'iront pas au-delà des déclarations de principe.

Diên Biên Phu : le futur patron...

L'arrivée, le 28 novembre, de batteries d'artillerie auxiliaires laotiennes et de leurs huit obusiers de 105 n'enchante pas forcément les occupants du camp. Les Laotiens sont acceptés en attendant mieux, chacun les sachant d'une ardeur douteuse et d'un courage défaillant lorsqu'ils sont engagés loin de chez eux, pour des missions dont le sens, ou la portée, leur échappent. Ils ne sont d'ailleurs pas les seuls dans ce cas, mais Saigon ne paraît pas se préoccuper d'un semblable problème.

Aux derniers jours de novembre arrivent à Diên Biên Phu encore du matériel, toujours des renforts mais aussi des visiteurs. Il sera même, pour un long moment, de bon ton de rendre une petite visite à la base aéro-terrestre, de préférence sans trop s'attarder, sait-on jamais... Les deux premiers visiteurs d'importance sont les seuls responsables de cette aventure : Cogny, déjà passé le 22 novembre, revient le 29 avec Navarre cette fois. Ils veulent voir comment se présente leur affaire. Les deux généraux sont accueillis par Gilles et ses chefs de bataillon. Navarre découvre ce qui n'est pas encore un camp retranché mais un ensemble de centres de défense tenus par des unités auxquelles il va être demandé de multiplier les manœuvres offensives, autrement dit des sorties à la recherche des forces viêt-minh. Beaucoup d'autres visiteurs viendront ensuite jeter un petit coup d'œil sur les installations que tous, en règle générale, trouveront rassurantes et certainement efficaces, sinon confortables[12].

Il faut aussi désigner le successeur de Gilles, qui n'a jamais souhaité s'éterniser dans la cuvette. Le choix de son remplaçant est-il proposé par Cogny ? Est-il imaginé chez Navarre ? Gilles a-t-il approuvé ? La version la plus courante veut que Cogny et Navarre aient été d'accord, ce dernier assurant qu'il n'a fait qu'entériner le choix de son adjoint. Gilles n'a rien à redire puisque le profil de son successeur correspond exactement à la mission qui sera la sienne : galoper dans l'immense plaine et aller disperser les Viêts. Un tel programme nécessite un homme ayant le sens de la manœuvre, le goût de l'offensive, alliés à une capacité d'initiative. Or le profil du colonel de Castries est conforme à de telles ambitions. Cogny l'a préféré pour cela au général Paul Vanuxen auquel il a songé un moment.

Le choix étonne pourtant les officiers de la garnison, non point que l'homme soit critiqué ou critiquable, mais c'est précisément un cavalier. C'est un homme des grands espaces, des charges héroïques et des chevauchées fantastiques. Peut-être pas exactement ce qu'il faudrait dans les circonstances présentes puisque, de toute évidence, les Viêts n'ont pas décroché. Castries, pourtant, n'est pas n'importe qui.

Dire de lui qu'il a fait carrière dans les concours hippiques n'est que pure médisance, même s'il a détenu en 1935 les records du monde de saut à cheval – sept mètres soixante pour la longueur, deux mètres trente-huit pour la hauteur. Né le 11 août 1902, colonel depuis le 1er janvier 1952, Christian Marie Ferdinand de La Croix de Castries est très fier de compter parmi ses ascendants un glorieux colonel sauvant deux régiments durant la guerre de Hollande et que Louis XIV remercie en le nommant général à vingt-cinq ans, un maréchal de France sous Louis XV plus tard ministre de la Marine de Louis XVI, un compagnon de La Fayette et autres militaires de hauts grades[13]. Castries est un soldat, un authentique guerrier. Il a choisi un parcours hors du commun, évitant Saint-Cyr et s'engageant à vingt ans, avant d'aller chercher ses galons d'officier à Saumur.

Il est officiellement porté disparu lors des combats se déroulant entre le 10 et le 13 mai 1940, au Bois de Guensbach, près de Rosbruck, en Moselle. Il est, en réalité, blessé et fait prisonnier après avoir tenu tête pendant trois jours, avec soixante hommes, à un bataillon allemand. Une de ses citations – la deuxième chronologiquement – confirme ces informations : datée du

16 août 1940, accordée pour les combats déjà évoqués, elle s'achève ainsi : « ... encerclé à nouveau, au milieu d'une intense fusillade, le lieutenant de Castries s'est battu à la tête d'une poignée d'hommes jusqu'au moment où un silence tragique a plané sur leur sort ». Il parvient à s'évader à sa troisième tentative. Pour l'armée, il est un officier « récupéré », aussitôt nommé capitaine et affecté au 8e dragons, le tout en date du 25 mars 1941. Castries est prêt à reprendre le combat. Durant la campagne d'Italie, il est au Garigliano, entre le premier à Sienne, saute sur une mine et est évacué. Il rejoint la 1re armée pour la campagne de France, croise Navarre au 3e spahis et, devenu commandant, libère Thann, encercle Karlsruhe, prend Freudenstadt, s'empare de Sankt-Anton. Castries, à l'époque, étonne ses compagnons par deux travers remarquables : un certain désintérêt pour ce qui se déroule autour de lui, et une manière de se détourner de ce qui n'est pas beau : « Le spectacle de la douleur ou de la mort lui est pénible, écrira Bernard Fall. Quand il commande son escadron blindé en 1944-1945, il évite tout contact avec les tués et les blessés de son unité, ne visite presque jamais ses postes de secours... »

Suit l'Indochine, où il part pour un premier séjour dès 1946, immédiatement suivi par un stage à l'Ecole de guerre. Lors de son deuxième séjour, il est un des hommes de confiance de Jean de Lattre. Grièvement blessé dans le Delta, il est rapatrié avec des fractures aux deux jambes. Après sa convalescence suit une affectation au SHAPE. En ce mois de novembre 1953, il effectue donc son troisième séjour en Indochine qu'il parcourt coiffé de son éternel calot rouge, un foulard de la même couleur noué autour du cou, sa canne à portée de main. Il a vingt et une citations dont seize palmes, il est commandeur de la Légion d'honneur depuis 1948.

La seule question qui puisse réellement se poser à propos du choix de Castries tient à son expérience : pourquoi confier une base aéroterrestre à un cavalier qui n'aura à commander que des fantassins et des parachutistes ?

Paris, le 1er décembre, à l'Elysée

Le président Vincent Auriol reçoit, le 1er décembre, le vice-amiral Cabanier, secrétaire général adjoint de la Défense nationale, rentré d'Indochine le 26 novembre. Cabanier confirme au président qu'il n'est pas allé à Hanoi. Il a attendu Navarre à Saigon. Dans le *Journal* de son septennat, Auriol reste discret sur les raisons de la mission, mais il est clair pourtant qu'à ses yeux Navarre ne joue pas exactement le jeu qu'espère le gouvernement en quête d'une ouverture pour des négociations avec Hô Chi Minh, celui-ci devant désormais prendre l'initiative :

« "Puisque vous me parlez de paix, faites-moi des propositions." Voilà l'astuce. Tandis qu'il faut renverser, à mon avis : "Si vous avez des propositions de paix, faites-les-nous." Eh bien ! ils ne le feront pas, et en tout cas ça prendra un mois, deux mois ou trois mois avant que nous ne puissions répondre. Pendant ce temps, Navarre continuera en disant : "Vous les voyez, ils demandent la paix." Et se battre, se battre précisément parce qu'il dira : "Ils sont fichus." Il faut combiner les deux mais il ne faut pas négliger l'autre. Il ne faut ni tomber dans son panneau qui est d'espérer un refus ; ni commettre l'imprudence de l'acceptation immédiate. »

Navarre, quoi qu'il en soit, a confié à Cabanier, qui le répète à Auriol, que moins on parlera de négociations mieux ça ira. Le général en chef reste persuadé que cet hiver serait en tout cas le plus mauvais moment alors que l'été prochain lui paraît plus favorable, avec suffisamment d'appuis militaires pour pouvoir entamer avec fruit des négociations.

Cabanier rapporte aussi au président de la République que Navarre semble agacé par le jeu américain à Saigon, parce que le mirage des dollars trouble les Etats associés, parce que les représentants américains relevant de la mission économique lui paraissent jouer un jeu étrange. Il a affirmé à Cabanier que « si nous avions des défaillances là-bas, ils se préparent à prendre la place, c'est une impression très nette ».

Saigon, 3 décembre : Navarre accepte la bataille

C'est le 3 décembre qu'est diffusée dans les états-majors l'instruction la plus importante que le général Navarre ait concoctée depuis le 20 novembre – une instruction portant d'ailleurs la signature du colonel Boulanger. Elle porte sur la conduite des opérations au nord-ouest du Tonkin et constate, d'entrée, que le succès de l'opération « Castor » a permis de réoccuper Diên Biên Phu et d'y organiser une base aéroterrestre ; que le haut commandement viêt-minh conserve l'espoir de poursuivre sa conquête du pays thaï ; qu'il se prépare à diriger vers le Nord-Ouest des forces importantes :

« Dès à présent une division se trouve en mesure d'agir contre le couple Lai Chau-Diên Biên Phu.

« Vers la fin décembre, cette grande unité peut être assez considérablement renforcée par des éléments du corps de bataille viêt-minh.

« Pour m'opposer à ces projets, j'ai décidé d'accepter la bataille du Nord-Ouest, dans les conditions générales suivantes :

1. La défense du Nord-Ouest sera centrée sur la base aéroterrestre de Diên Biên Phu qui devra être conservée à tout prix.

2. Notre occupation de Lai Chau ne sera maintenue qu'autant que les moyens actuels permettront d'en assurer la défense, sans se compromettre. En cas de menace grave, les éléments FTEO de la ZONO (Tabor, détachements africains, EMZONO)[14] seront repliés par voie de terre ou voie aérienne sur Diên Biên Phu et la défense du pays thaï blanc sera confiée aux éléments supplétifs, au 301e BVN et au détachement thaï blanc agissant sous forme de maquis.

La décision d'évacuer de Lai Chau les éléments indiqués ci-dessus sera prise par le général commandant les FTNV.

3. Les liaisons terrestres de Diên Biên Phu avec Lai Chau (jusqu'au repli éventuel de nos éléments) et avec le Laos-Muong Khoua seront maintenues aussi longtemps que possible. »

Le plus étonnant tient, sans doute, au cinquième paragraphe intitulé « mission des forces aériennes ». Il y est dit que celle-ci sera, « jusqu'à nouvel ordre, en priorité et avec le maximum de moyens, l'appui de nos forces du Nord-Ouest, le général, commandant l'air en Extrême-Orient voulant bien, à cet effet, renforcer le GATAC-Nord ». Cet ordre pose deux problèmes évidents : d'une part, l'armée de l'air n'a pas de réserves, d'autre part cette priorité sera vite toute relative puisque Navarre a en tête son projet « Atlante » qui surgira quatre jours plus tard !

Navarre écrira, dans ses mémoires, qu'il a été surpris dès le lendemain par les réactions du gouvernement. Il semblait pourtant que le vice-amiral Cabanier l'avait alerté sur les choix ministériels qui ne sont effectivement pas ceux du commandant en chef. Sinon, que serait donc venu faire Cabanier à Saigon ?

Hô Chi Minh sait maintenant que le général français recherche le combat dans la vallée de Diên Biên Phu, comme il sait que Giap voudra relever le défi. Alors l'oncle Hô, depuis son lointain repaire, un beau jour de décembre, rédige le message qu'il destine à ses troupes s'apprêtant à combattre la garnison de la nouvelle base aéroterrestre voulue par Navarre :

« Cadres et combattants du front de Diên Biên Phu

« Dans la campagne d'automne-hiver de cette année, vous aurez pour tâche de marcher sur Diên Biên Phu afin d'anéantir de nouvelles forces ennemies, d'élargir nos bases de résistance, de libérer des compatriotes qui subissent encore le joug de l'adversaire.

« L'an dernier, vous avez combattu vaillamment, anéanti de nombreuses forces ennemies, remporté de brillantes victoires. Vos exploits m'ont rempli le cœur de joie.

« Cette année, après les récentes campagnes d'éducation politique et d'instruction militaire, vous avez fait de nouveaux progrès… Vous devez en conséquence combattre plus vaillamment encore, endurer plus courageusement les épreuves, garder en toutes circonstances une confiance inébranlable.

« Soyez résolus à anéantir l'ennemi.

« Soyez résolus à appliquer strictement notre politique.

« Soyez résolus à remporter de nombreuses victoires.

« Le Gouvernement et Oncle Hô attendent des nouvelles de vos succès pour vous féliciter.

« Bien affectueusement et avec toute notre détermination à vaincre.

Décembre 53
Hô Chi Minh »

Les Bermudes, du 4 au 8 décembre

Perdu au cœur de l'Atlantique, l'archipel des Bermudes est loin, très loin de l'Indochine. A-t-il été choisi parce qu'à mi-chemin de la vieille Europe et du Nouveau Monde, ou parce que le secret des entretiens était supposé mieux protégé ? Toujours est-il que Britanniques, Américains et Français se retrouvent là pour discuter de la paix dans le monde.

Participent aux entretiens les chefs de gouvernement et leur ministre des Affaires étrangères, ce qui n'est pour la France qu'une formule. Joseph Laniel est trop malade pour suivre les discussions et, à l'issue des travaux, il devra attendre sur place une amélioration de son état avant de rejoindre la France. Churchill, en hôte attentionné, restera avec lui jusqu'à son départ. Par amabilité ou pour faire oublier quelques attitudes désagréables envers la France, personne n'osera approfondir la question... Paris et Londres avaient pourtant paru suivre la même ligne, au grand agacement des Etats-Unis. Les Européens sont en effet persuadés – et le disent – que l'URSS, avec le changement de personnel qui a suivi la mort de Staline, entre dans une nouvelle ère. L'Union soviétique est plus préoccupée du mieux-vivre de ses populations que de la guerre froide. Il serait donc bon, tout en restant fort prudent, de reprendre contact avec Moscou. L'idée agace Washington.

Que répondre alors à l'ouverture tentée dès la fin novembre par l'URSS, favorable à une rencontre à quatre ? Qu'il serait effectivement utile de se retrouver et que les quatre ministres des Affaires étrangères pourraient alors débattre des grands problèmes du moment :

« Notre objectif immédiat, lit-on dans le communiqué final, est toujours la conférence politique prévue par l'accord sur l'armistice en Corée. C'est le meilleur moyen de parvenir à un règlement politique de la question en Corée et de faire des progrès en vue de rétablir des conditions plus normales en Extrême-Orient et dans le Sud-Est asiatique… »

En clair, il ne s'est rien passé, ou presque rien, aux Bermudes, si ce n'est une porte entrouverte à des discussions avec l'URSS pour lesquelles il faudra attendre la Conférence de Berlin.

Quant à l'Indochine, Bidault en a certes parlé, mais pour un piètre résultat :

« En Indochine, dit sobrement le communiqué final, nous saluons les vaillantes forces de la France et des trois Etats associés d'Indochine qui combattent au sein de l'Union française pour protéger l'indépendance du Cambodge, du Laos et du Vietnam. Nous reconnaissons l'importance vitale de leur contribution à la défense du monde libre. Nous continuerons d'agir en commun pour rétablir la paix et la stabilité dans cette région. »

Diên Biên Phu : l'arrivée de Castries

Le jour où Navarre fait savoir qu'il accepte d'affronter le corps de bataille viêt-minh à Diên Biên Phu, les parachutistes sont déjà aux prises avec des troupes de Giap, à trois pas du camp retranché. A ce moment, le capitaine Tourret avec son 8e Choc et le lieutenant Guilleminot avec une compagnie du 3e bataillon thaï patrouillent au nord de la cuvette. Ils ont été chargés d'aller explorer les environs, en direction de Muong Pon, à quelques kilomètres vers le nord, puis de pousser, s'ils le peuvent, plein ouest jusqu'à Tuan Giao. Qu'ils prennent contact avec les éléments des GCMA parachutés depuis le lancement de l'opération « Castor ».

Avec ses allures de moine-soldat, dur avec lui-même comme avec les autres, cette dureté qui est aussi celle des chefs économes de la vie des hommes, Tourret progresse à travers la jungle. Il est lancé dans une de ces opérations occupant quotidiennement tous les bataillons de Diên Biên Phu : une « reconnaissance offensive ». Autrement dit une patrouille qui est à la fois une mission de renseignement et d'éclairage puis, éventuellement, une opération de récupération des maquis dont les partisans doivent venir se mettre à l'abri dans le camp. Depuis le 4 décembre, tous savent que ces incursions ne sont pas sans risque. Les chasseurs de Bréchignac et les légionnaires de Guiraud s'en sont aperçus les premiers. Partis vers le nord, en direction de Muong Pon, ils sont sévèrement accrochés après une heure de marche. Le lendemain – ou le surlendemain – ce sont les hommes du 1er BPC de Souquet partis vers Bin Him Lan qui tombent dans une embuscade leur coûtant quatorze tués et vingt-six blessés ! Trois jours plus tard, le 1er BEP se heurte à une violente résistance fort près de la base, sur un mouvement de terrain situé à trois kilomètres au nord de la piste d'aviation. L'endroit est déjà connu et considéré comme sensible pour la protection de la piste d'aviation ; il a même déjà reçu un nom qu'il doit à sa forme : le « torpilleur ».

Alors que les sorties exploratoires se poursuivent, les premiers problèmes sanitaires doivent être réglés. Le 3 décembre, le médecin-colonel Terramorsi accueille ses patrons, le médecin-général Jeansotte, chef du corps de santé en Extrême-Orient, et le médecin-colonel Dumas, directeur de ce service au Tonkin. Ils découvrent l'ébauche du camp. C'est un véritable chantier où l'on s'affaire à creuser des tranchées, des magasins, à agrandir la piste désormais dotée de sa tour de contrôle, et allongée pour les gros porteurs. Des tentes ont été dressées sous lesquelles loge la garnison. Gilles accompagne les visiteurs ; il leur explique où vont s'implanter les centres de défense. Aux abords du PC occupant une position centrale, il y a l'antenne médico-chirurgicale et tous les services essentiels. Jeansotte ne dit rien sur le moment. C'est à Dumas qu'il confie ensuite son inquiétude : si la garnison ne tient pas les crêtes, si les Viêts implantent de l'artillerie, ils auront Diên Biên Phu à leur botte.

Un des points importants pour le développement ou la survie du camp tient à son approvisionnement en eau. Certes la Nam Youn traverse la vallée du nord au sud, certes les populations thaïes paraissent s'en satisfaire, mais il vaut mieux ne pas tenter le démon. D'autant que la garnison va aggraver les risques de pollution. Il va falloir pomper l'eau de la Nam Youn et la traiter avant consommation. Une station d'épuration Diatomite de quinze GPM est donc mise en place, qui se révélera vite insuffisante pour les besoins de la garnison. Lorsque cette première installation sera remplacée par une station d'épuration plus forte – cinquante GPM –, elle sera récupérée et transférée vers le nouveau point d'appui qui sera implanté à l'extrême sud de la vallée, « Isabelle ». Une troisième station de quinze GPM fonctionnera aussi plus tard. Pour l'immédiat, il n'existe que deux problèmes urgents : imposer que les baignades et le lavage se passent en aval de la station de pompage et obtenir le plus vite possible un renfort en remorques-citernes pour que les unités ne viennent pas faire la queue à la station d'épuration.

C'est le 7 décembre que Castries prend son commandement. Il est arrivé la veille, accompagné de Cogny, intronisant ainsi le nouveau patron d'une base qui s'appellera désormais le GONO, pour Groupement opérationnel du Nord-Ouest. L'appellation n'est pas forcément heureuse, son abréviation engendrera les plus sinistres plaisanteries quand le temps se gâtera dans la cuvette. Le GONO donc ! Gilles, en se retirant, paraît avoir contesté une décision que Cogny impose à Castries avant même sa prise de pouvoir : il insiste pour que la cote 506, sensiblement à trois kilomètres au nord-est du PC, devienne un point d'appui, un PA pour respecter l'usage local. Gilles aurait voulu que l'on occupe des points plus hauts. Qu'importe, c'est à Castries que Cogny confie la mission. L'idée de « Béatrice » naît ainsi, à l'occasion d'une visite du général commandant le Tonkin. Au même instant, alors que Tourret et son 8e Choc s'avancent bien plus loin vers le nord, le 1er BPC de Souquet et le 2/1er RCP de Bréchignac remontent innocemment la RP 41... Ils sont méchamment accrochés à la hauteur de Ban Him Lam, un hameau survivant au pied d'une certaine cote 506, celle-là même où va s'implanter « Béatrice »... Les Viêts sont déjà là !

Le 7 décembre est une date charnière. Le général Gilles passe la main et laisse à Castries un PC souterrain du meilleur effet. Il occupe une position exactement centrale. Long d'une vingtaine de mètres, il est parfaitement protégé, recouvert de tôles cintrées conçues pour résister aux tirs d'artillerie, aussi bien agencé que possible. Comme le temps de la conquête est dépassé, il est également décidé de rapatrier le groupement aéroporté qui a sauté le 20 novembre. L'état-major a besoin ailleurs de Bigeard, de Bréchignac et de leurs bataillons. Les deux commandants font la tournée des adieux, vont d'une popote à l'autre saluer et souhaiter bonne chance aux amis. Qu'ils se rassurent, ils n'attendront pas les avions l'arme au pied ; on leur demandera bien encore quelques menus services d'ici à leur envol, pour qu'ils ne perdent pas la main...

En échange, les arrivées se poursuivent régulièrement. Des carlingues des Dakota débarquent des tirailleurs marocains et algériens, des légionnaires, des éléments de l'intendance, des transmissions ou du train. Des véhicules et autres engins sortent du ventre de gros porteurs qui peuvent maintenant se poser sans risque. Il y aura bientôt à Diên Biên Phu quelque quarante-quatre Jeep, quarante-sept Dodge, vingt-six GMC, deux ambulances. En bout de piste ou dans les alvéoles aménagés pour eux, à l'abri de très éventuels tirs d'une artillerie viêt que personne n'a encore entrevue, il y a cinq Morane d'observation, neuf chasseurs-bombardiers, quatre avions de transport et deux hélicoptères. Terramorsi repart également, désormais le patron du service médical sera le médecin-capitaine Rives qui ne fera que passer : il cédera la place le 20 février prochain au médecin-capitaine Pierre Le Damany déjà sur place. Pour l'instant, le rôle de l'antenne chirurgicale est simple : soigner malades et blessés, militaires et civils, demander ce qui est nécessaire à Hanoi. C'est une antenne modèle avec une salle de triage de quarante places, une salle de réanimation de vingt places, une salle d'opération et une autre pour les radioscopies puis, toujours en souterrain, deux cent quarante lits pour les hospitalisations. Bientôt s'ajouteront à ces installations creusées par les sapeurs du commandant Sudrat les infirmeries des bataillons, avec entre dix et vingt lits pour les urgences, étant entendu que les blessés ou les malades seront transférés dès que possible à l'antenne chirurgicale puis évacués vers Hanoi si leur état le nécessite.

A dire vrai, lorsque les parachutistes de Bigeard et de Bréchignac s'éloignent, le camp retranché n'a rien d'une installation méthodique, rigoureuse. Les lieux ne ressemblent en rien à un camp romain, strictement tracé avec les artères se coupant à angle droit. Il a fallu, à Diên Biên Phu, tenir compte des dénivelés, de la rivière, s'installer sur des collines voisines pour un surcroît de sécurité. Alors, à l'approche de la mi-décembre, la future base du Haut-Tonkin a plutôt l'allure d'un campement de nomades, avec des véhicules roulant en tous sens en soulevant des nuages de poussière, avec des tentes abritant des unités et des services, et au cœur du système le nerf de la garnison : le PC GONO et ses annexes en tout genre. Pour reprendre une phrase du lieutenant Allaire, ravi de monter dans le Dakota le rapatriant sur Hanoi, « tout cela s'organise mollement ».

Pourtant, Castries aimerait que les travaux de protection et d'enfouissement soient menés à meilleure cadence ; d'une part parce que les Viêts sont bien présents, personne n'en doute plus, d'autre part parce que les intentions de Navarre sont maintenant connues. Il est décidé à accepter la bataille là où il pense pouvoir dominer Giap, plus éloigné encore que les Français de ses bases arrière. Encore faudrait-il, pour organiser le terrain, que les hommes ne soient pas autant occupés à ces reconnaissances qui ne font que confirmer la présence des Viêts. Et eux, dissimulés dans les frondaisons des collines avoisinantes, observent tout, découvrent tout. Les bo-doï savent où les artilleurs ont creusé les alvéoles pour leurs canons ; ils savent où sont garés les avions, où sont entreposées les munitions. Aux jumelles, ils suivent les déplacements des unités et repèrent celles qui vont sortir pour une nouvelle reconnaissance. Ils observent le colonel de Castries, si facile à distinguer avec son calot et son éternel foulard écarlates.

Des chars pour Diên Biên Phu

Quand Navarre a-t-il décidé que des chars seraient transportés à Diên Biên Phu, ainsi que des canons de 155 pour les contre-batteries ? Sans doute le 29 novembre, lors de sa visite avec Cogny, puisque celui-ci est intervenu sur le choix du matériel, imposant le « Shaffee » – ou M24 –, un char récent qui a fait ses classes en Corée et qui convient parfaitement au terrain indochinois. Il y a de ces engins au 1er régiment de chasseurs à cheval comme au RICM. Cogny les préfère aux M5, la différence tenant pour une bonne part à l'armement, des canons de 75 et non plus de 35, puis à une protection plus efficace aussi contre les tirs de l'artillerie adverse. L'autre date avancée pour cette décision est celle du 13 décembre, Castries étant donc déjà en fonction. Pourtant, un premier essai de transport semble avoir eu lieu dès le 2 décembre. L'arrivée des équipes de remontage de la Légion étrangère et du 1er bataillon de réparation de matériel date du 12 décembre, les premières livraisons sont du 16 décembre. Or il a fallu auparavant démonter soigneusement les blindés, classer les pièces pour un remontage efficace et rapide. Ce travail de saucissonnage a été confié à la 2e compagnie de réparation d'engins blindés de la Légion étrangère ou CREBLE et à la 1re BRM, et ce fut l'objet d'un véritable concours entre les deux équipes. Il leur faudra, en fin de compte, douze heures pour démonter un char, une demi-journée pour la mise en caisse, une journée pour le chargement, trois jours pour le remontage et les essais…

Il convient d'ajouter que pour transporter six chars, leurs munitions, les pièces de rechange et le carburant, il fallait prévoir et organiser dix-huit rotations d'appareils civils Bristol et quarante-huit de Dakota. Même si le remontage est effectué le plus discrètement possible, les Viêts ont de très bonnes vues sur l'ensemble du camp. Ils savent donc dès le 21 décembre que le premier Shaffee roule… L'opération sera renouvelée plus tard pour quatre blindés supplémentaires. Le sous-lieutenant Mengelle se souviendra que les premiers essais des chars fraîchement remontés avaient beaucoup intrigué les services de renseignement du Viêt-minh. Un de leurs agents infiltrés au plus près, comptant et recomptant les allers et retours des engins, en aurait dénombré plusieurs dizaines. Désormais, dans l'histoire de Diên Biên Phu, les chars seront surtout connus sous leur appellation radio : les « bisons ». Curieusement, le Viêt-minh parlera des « bœufs »...

Tout est prévu désormais à Diên Biên Phu, du moins semble-t-il. Alors, si les Viêts veulent bien s'y risquer...

5

Après « Castor », « Pollux »
Un repli dramatique
Une sortie risquée vers le Laos

Située à une centaine de kilomètres au nord de Diên Biên Phu, en suivant la piste Pavie qui n'est plus entretenue et que la jungle dévore depuis des années, Lai Chau est à la fois bourgade et garnison, capitale et centre nerveux de la région. Règne là le président de la fédération thaïe, le seigneur Déo Van Long, issu d'une longue lignée féodale. Il compte, parmi ses ancêtres, une poignée de « Pavillons noirs » qui, en leur temps, combattaient les Français. Déo Van Long est un descendant direct de Déo Van Tri, l'un des responsables de l'assassinat de Francis Garnier, en 1873, alors que celui-ci recherchait une liaison fluviale avec la Chine. Déo Van Long est aujourd'hui le grand chef des tribus thaïes ; il encaisse l'impôt et améliore ses revenus avec le commerce de l'opium. Il est considéré comme un allié très fidèle de la France qui compte sur lui pour, le moment venu, se réimplanter politiquement et administrativement dans cette partie du Tonkin. Il est impensable que l'homme puisse tomber entre les mains des Viêts…

Tout autour de Lai Chau, les commandos du GCMA menacent les convois du Viêt-minh, une insécurité agaçant prodigieusement Giap qui voudrait bien effacer son échec de Na San en enlevant cet autre « hérisson » le narguant encore. Lai Chau est un camp retranché plus modeste que le précédent, il paraît être à sa portée. Les Français ont certainement des craintes concordantes puisque, parallèlement à la reconquête de Diên Biên Phu, Cogny envisage de récupérer les troupes françaises et indigènes de Lai Chau. Il se sent d'autant plus libre que Navarre, dans sa directive du 3 décembre, fait référence à cet éventuel repli. Après tout, Cogny est bien le patron du Tonkin…

Avant d'accompagner le colonel de Castries à Diên Biên Phu et de l'introniser patron du groupement opérationnel du Nord-Ouest, le général Cogny fait donc halte à Lai Chau. Ce n'est pas une simple visite de courtoisie au sieur Déo Van Long, président de la fédération. Il faut lui expliquer que Lai Chau c'est fini, qu'il va se replier avec sa famille sur Hanoi, que ses partisans thaïs iront combattre à Diên Biên Phu, certains commandés par ses fils, d'autres par son gendre, le capitaine Bordier déjà arrivé à la nouvelle base aéroterrestre avec les sept cents premiers supplétifs. En réalité, ce n'est là qu'une mission d'information que s'impose Cogny. La décision est déjà prise, les préparatifs sont achevés, l'opération s'appellera « Pollux »… Après « Castor » on ne pouvait faire moins ! L'ordre particulier, rédigé par Cogny, porte d'ailleurs la date du 5 décembre :

« Le repli par voie terrestre sur Diên Biên Phu des troupes du secteur de Lai Chau sera exécuté par surprise. Il devra pouvoir être entamé à partir du 7 décembre soir, après enlèvement par avion les 6 et 7 décembre des éléments ci-après : 2e tabor, détachement africain et PC du secteur.

« Cette opération – baptisée « Pollux » – sera conduite par le commandant du groupe aéroporté de Diên Biên Phu. »

Il peut paraître étonnant que Déo Van Long ait seulement été informé de la décision alors que se mettait déjà en place le pont aérien pour l'évacuation des unités et des familles. Il aurait pu se formaliser d'une décision aussi hâtive, pour ne pas dire improvisée. Il existe, en réalité, une ou deux bonnes raisons pour supposer que la prudence imposant le secret sur un tel mouvement incluant les populations civiles, l'essentiel du plan « Pollux » était prêt depuis plusieurs jours au moins et le notable thaï discrètement informé. D'une part, les aviateurs, déjà fort occupés par Diên Biên Phu, ne pouvaient agir sans un certain préavis ; d'autre part, il y a déjà un long moment que la colonne Bordier a quitté Lai Chau pour aller renforcer Diên Biên Phu. Il est certain que le lieutenant-colonel Trancart, patron de Lai Chau, n'a pas décidé seul de ce transfert risqué concernant les supplétifs enrôlés par Déo Van Long. Dès lors, il est bien difficile de ne pas considérer cette première opération comme les prémices de « Pollux », prémices qui se révéleront trompeuses et certainement à la base de la tragédie qui va suivre.

Le capitaine Bordier – en réalité un attaché de l'administration agricole devenu le gendre de Déo Van Long – a réussi à mener à bien une expédition d'une centaine de kilomètres à travers la jungle sans être trop harcelé par les réguliers du Viêt-minh. Seuls les deux derniers jours d'une marche qui en aura nécessité une dizaine ont été hasardeux, la présence des Viêts se faisant alors dangereusement sentir. Il était aisé de tirer de cette réussite des conclusions imprudentes pour la suite des opérations. Il ne faut donc pas s'étonner si toutes les conditions se sont trouvées réunies pour une prochaine déroute qui sera la première tragédie de la bataille de Diên Biên Phu.

Le 6 décembre donc, le pont aérien peut fonctionner. Les aviateurs ont démontré, avec l'évacuation de Na San, qu'ils savaient faire et bien faire ce genre d'opération ; ce qu'ils réalisent quotidiennement au profit de Diên Biên Phu démontre qu'ils seront fiables si le Viêt-minh veut bien, une fois encore, se laisser duper. Il n'y aura même pas de petites astuces ni de discrètes tromperies. Certaines unités s'envoleront directement vers Diên Biên Phu, comme prévu. S'y ajouteront certains supplétifs que commande le lieutenant Wieme. D'autres seront transférés sur Hanoi ; notamment Déo Van Long puisque le chef thaï sera certainement plus utile, politiquement parlant, à Hanoi qu'au milieu des combattants de Diên Biên Phu, qui est pourtant le cœur de son territoire. Il s'éloigne de son fief avec sa famille, sa cour composée de charmantes princesses et, dit-on, d'un gracieux corps de ballet.

A partir du 7 décembre au soir, s'engage une autre partie de l'opération « Pollux » : la retraite vers la nouvelle base aéroterrestre des troupes à pied. Elles peuvent s'attendre au pire, car il est impossible que les observateurs du Viêt-minh aient été bernés une fois de plus. Ce n'est pas un poste militaire qu'abandonnent les Français, c'est en quelque sorte la capitale thaïe qu'ils vident de sa garnison et de sa population. L'affaire a des allures de défi, de provocation, de pari. Les unités vietnamiennes, supplétifs thaïs et commandos du GCMA, s'enfoncent dans la jungle. Ils progressent par des itinéraires différents certes, mais nécessairement parallèles, ou presque, puisqu'ils vont marcher dans les environs de la piste Pavie vers un seul et unique but : le camp de Diên Biên Phu. Leur mission, il convient de le rappeler, est d'aller renforcer la garnison du camp en construction ; sans doute aussi de tromper les Viêts qui, décelant immanquablement leur présence, sentiront une menace sur leurs arrières. Se lance dans cette aventure le groupement mobile de partisans thaïs, dit « brigade thaïe », aux ordres de Déo Van Dan, le fils du président de la fédération. La brigade est en réalité un ensemble d'unités commandées par des chefs thaïs où les Européens n'interviennent que comme conseillers militaires et comme opérateurs radios. Participent également au repli les commandos du GCMA et leurs partisans. Les ordres sont précis : tous doivent se porter vers Muong Muon qui n'est qu'à une vingtaine de kilomètres de Diên Biên Phu, enlever au besoin le carrefour des pistes qui se croisent là, puis faire leur liaison avec les éléments parachutistes venus à leur rencontre. Et, tous ensemble, ils marcheront alors vers la base.

Tout en sachant qu'il existe une part d'incertitude quant aux données chiffrées, supplétifs et partisans ayant toujours échappé à la rigueur comptable des intendants, il est possible d'évaluer l'effectif des différentes colonnes entre deux mille cent trente-six et trois mille deux cents partisans – ces deux nombres figurent dans les rares documents existant. Ces hommes sont encadrés par soixante-deux Européens. Nul ne peut dire pourquoi n'ont pas eu droit au pont aérien six sous-officiers de la 3e légion de marche de la garde républicaine – Guibert, Chamblay, Queva, Saillet, Lesserteur et Guiller – ainsi qu'un homme de la prévôté de l'air, le maréchal des logis-chef Salaün…

L'état-major de Giap ayant assisté de très loin à l'évacuation par air de la garnison, des notables et de leurs familles, le Viêt-minh, pour ne pas perdre la face ou pour apaiser sa rancune, doit se lancer à la poursuite des troupes parties à pied…

Saigon : Navarre invente « Atlante »

En ce début décembre, Diên Biên Phu n'étant encore que l'esquisse d'une base aéroterrestre et Lai Chau en cours d'évacuation, le général Navarre diffuse, le 7 décembre, sa première instruction relative à une autre opération d'une envergure singulière si l'on veut bien se souvenir que le 3 décembre il affirmait ses intentions de porter le combat au Tonkin : « J'ai décidé d'accepter la bataille du Nord-Ouest... »

Or « Atlante », l'opération annoncée, concerne le Centre et le Sud-Annam ! Elle paraît devoir prendre beaucoup de temps et nécessiter d'énormes moyens. D'autant que Navarre semble lui donner une importance primordiale :

« C'est à l'exécution intégrale de cette opération, dont on est en droit d'escompter des résultats stratégiques et politiques considérables, que j'ai décidé de subordonner la conduite de toute la campagne d'Indochine au cours du premier semestre 1954... »

Il est prévu que « Atlante » se décomposera en trois phases successives : « Aréthuse », pour laquelle sont prévus vingt-cinq bataillons d'infanterie, deux bataillons de génie et trois groupements d'artillerie ; suivra « Axelle », nécessitant trente-quatre bataillons d'infanterie et cinq groupements d'artillerie ; enfin ce sera « Attila », mobilisant quarante-cinq bataillons d'infanterie et huit groupements d'artillerie !

Le projet est grandiose. Il a toutes les raisons d'inquiéter Cogny à qui Navarre vient de refuser la vingtaine de bataillons nécessaires à une idée qui ne cessera plus de le hanter : la mise sur pied d'une force-satellite qui aurait dû agir sur les arrières viêts à proximité de Diên Biên Phu pour soulager la base aéroterrestre... Cogny comprend qu'il n'aura bientôt plus de réserves pour tenir

le Tonkin et encore moins de renforts à espérer si Diên
Biên Phu venait à se trouver en difficulté. Il demande à
plusieurs reprises à Navarre de renoncer à « Atlante ».
Navarre n'en a aucunement l'intention. Pis encore, le
31 décembre, dix jours avant que démarre « Atlante »,
Navarre, pressentant des difficultés majeures du côté de
Diên Biên Phu, demande à Cogny de faire étudier – dans
le plus grand secret bien évidemment – un plan de repli
de la garnison. Ce sera le plan « Xénophon » dont
l'appellation déclenchera dix ans plus tard l'ironie de
Jules Roy…

Mais qui sait, parmi les légionnaires, les tirailleurs ou
les artilleurs du camp, que Xénophon, historien et chef
militaire de la Grèce antique, commanda les troupes
de mercenaires de Cyrus le Jeune et, après la défaite
de Cunaxa et la mort de Cyrus, les entraîna dans une
retraite qui, pour l'Histoire, sera la retraite des « Dix
Mille » ? Une défaite puis une retraite… Certes, c'était il
y a deux mille trois cent cinquante-quatre ans, mais
pourquoi « Xénophon » plutôt que « Libellule » ou
« Papillon »…

Paris : Salan s'étonne

Lorsqu'il avait appris l'abandon de Na San, Salan avait
avoué un pincement au cœur. Un tel renoncement ne
pouvait être, pour lui, que le prélude à l'abandon de tout
le Nord-Ouest. Lorsque « Castor » se joue, il est surpris :
il y a un an qu'il a quitté la cuvette et un tel retour
l'intrigue. Lorsqu'il apprend que Lai Chau est à son tour
abandonné, il avoue ne plus rien comprendre :

« Je sais que mon successeur a toujours pour mission
de défendre le Laos, membre de l'Union française, dont
Diên Biên Phu est la porte principale. Cependant cette
base ne se conçoit pas puisque nous ne sommes plus à

Na San et à Lai Chau et qu'isolée, loin d'Hanoi pour nos avions, elle devient une proie possible pour la masse de manœuvre viêt-minh, libérée des charges que représentait pour elle la fixation des deux autres postes. »

Salan en parle à Linarès, ils sont d'accord.

Décembre, autour de la piste Pavie

Ils sont donc environ trois mille hommes – il est impossible d'être plus précis – à quitter Lai Chau, dans la nuit du 7 au 8 décembre 1953. Ils laissent une bourgade à l'abandon et s'enfoncent dans la jungle. Aux alentours des cantonnements délaissés, des camions militaires, qu'il a fallu détruire, achèvent de brûler avec une odeur âcre de caoutchouc, d'huile et de peinture calcinée. Les petits chevaux thaïs se sentent oubliés, ils hument l'air empuanti et trottinent au hasard. Quelques silhouettes discrètes se glissent entre les cai-nha[1]. Toutes et tous les Thaïs n'ont pas accepté de partir vers l'inconnu, ils ne connaissent que leur village. D'autres hommes reviendront aussi, estimant que leur contrat de supplétif ne les oblige pas à guerroyer loin de chez eux ; ce qui est parfaitement exact. C'est pourtant un village mort que les Viêts vont envahir dans les prochaines heures.

Dans la forêt s'enfoncent trois colonnes que prennent en charge trois très jeunes officiers, les lieutenants Ulpat, Rougès et Guillermit, ainsi que les compagnies muletières de Stoll et Ho Seo Se.

Stoll suit un chemin longeant au plus près la frontière qui sépare le Vietnam du Laos. Le terrain est invraisemblable ; de la forêt, des ravins, des torrents. Il est évident que les petits chevaux ne passeront jamais là où doivent se faufiler les hommes. Personne n'a le cœur de respecter les ordres, personne n'entend tuer les bêtes ; qu'elles partent libres. Les hommes seront sûrement moins chanceux. Avec Stoll, ils ne seront plus que vingt-sept partisans lorsque, le 22 décembre, ils apercevront du haut des collines les fumées du camp retranché. Ils ont quand même eu plus de chance que la compagnie de Ho Seo Se. Sa dernière position connue, au tout début du repli, est le col des Partisans. Après, personne, strictement personne, n'entendra plus parler de la compagnie muletière et de ses hommes.

Pour d'autres, il faudra, à tout jamais, se contenter de la sécheresse des bilans tardifs.

Il est certain que dix compagnies ont été totalement anéanties à l'ouest de Lai Chau en ce mois de décembre, celles que commandaient le lieutenant Ulpat et le sous-lieutenant Rougès qui parviendront à rallier Diên Biên Phu avec une poignée de rescapés. Dix autres compagnies sont exterminées sur la piste Pavie entre le col Claveau et Muong Pon, sans doute vers le 13 décembre, celles du sous-lieutenant Guillermit – qui est fait prisonnier – et de l'adjudant Vallet. Il n'y aura parmi ces supplétifs que trente-trois rescapés qui ressurgiront à Diên Biên Phu vers la fin de l'année.

Ce sont des hommes de ces détachements, à bout de forces, pratiquement privés de vivres et de munitions, qui vont se retrancher à Muong Pon et attendre les secours des parachutistes de Diên Biên Phu.

Diên Biên Phu : les premières relèves

Alors que les partisans cherchent leur salut par d'improbables pistes, en franchissant des torrents, en escaladant des cols, en devinant l'ennemi sur leurs traces, Diên Biên Phu paraît surtout préoccupé par une relève des troupes annoncée. Au GAP 1 sur le départ va succéder le GM 9 du lieutenant-colonel Gaucher. Curieusement, il n'a jamais été question de la relève complète du GAP 2 de Langlais alors que, selon le même schéma, le 8ᵉ Choc et le 1ᵉʳ BEP auraient pu être utiles ailleurs. Seul le 5ᵉ BPVN sera réembarqué à la mi-janvier, certainement plus une sanction qu'une faveur... Les légionnaires de la 13ᵉ DBLE arrivent par avion, les mêmes Dakota devant réembarquer les parachutistes de Bréchignac, de Souquet et de Bigeard. Encore un petit effort pour le 6ᵉ BPC ; qu'il soit aimable et veuille bien faire une ultime reconnaissance vers le sud. Voici donc le 10 décembre, à la veille de son envol vers Hanoi et sa base arrière, le bataillon Bigeard filant vers Ban Som Moun, à une bonne dizaine de kilomètres de la base. Ils mettent en fuite une trentaine de bo-doï, détruisent un dépôt de riz et prennent le chemin du retour, retrouvant sur les bords de la Nam Youn le 2ᵉ tabor et des partisans thaïs, tous arrivés de Lai Chau ; les Marocains transportés par le pont aérien, les partisans ayant suivi le capitaine Bordier. Au passage, les parachutistes contemplent les travaux des Thaïs devenus terrassiers et commençant à transformer le petit hameau de Ban Hong Cum en zone défensive. Habitués à creuser leurs emplacements de combat dès l'instant où ils posent leur sac, les hommes de Bigeard jettent un coup d'œil aussi rapide que sceptique. Il faudra encore un énorme travail et pas mal de renforts pour que les paillotes de Ban Hong Cum cèdent la place à « Isabelle 5 ».

Ce même 10 décembre, le 3ᵉ bataillon de la 13ᵉ DBLE va s'installer sur un ensemble de trois pitons voisins, qui prendront le nom de « Béatrice ». Trois pitons que séparent des thalwegs et qu'il sera difficile de relier entre eux pour leur donner un semblant d'unité. Ils sont à moins de trois kilomètres du PC. L'aménagement peut commencer. Les derniers habitants s'éloignent de leurs cai-nha et s'installent aux alentours.

Personne, semble-t-il, ne devine le drame qui se joue plus au nord, à quelques kilomètres de cet immense chantier qu'est la base de Diên Biên Phu.

Muong Pon, 13 décembre : un massacre

Personne, au PC GONO, ne sait exactement où sont passées les colonnes en provenance de Lai Chau, tant les liaisons radio sont devenues rares ou déficientes. Il est entendu que le GP 2 ira au-devant d'eux pour les aider à forcer les derniers verrous viêt-minh. Partent donc en chasse, le 11 décembre au matin, le 1er BEP et le 5e BPVN[2] confiés au commandant Leclerc, qui vient de céder son bataillon au capitaine Bouvery. Le 8e Choc est déjà dans la nature. Théoriquement, il suffit aux deux bataillons de suivre la piste Pavie se faufilant plein nord, vers Muong Pon, à une quinzaine de kilomètres du camp... Des distances qui paraissent courtes pour qui chemine sur des routes bien tracées ou même sur des pistes soigneusement entretenues et sans risque ; une progression qui n'a rien d'une partie de plaisir dans la jungle tonkinoise. Les officiers du BEP doivent avoir de bonnes raisons de redouter cette balade, sinon pourquoi l'un d'eux, le lieutenant Brandon, aurait-il demandé une carabine US et beaucoup de chargeurs ? Les officiers, d'ordinaire, n'ont d'autre arme que leur pistolet ; ils ne sont pas là pour faire le coup de feu. Ainsi équipé, Brandon amuse ses petits camarades volontiers moqueurs :

« Alors, tu vas faire la guerre ? lui demande le capitaine Cabiro.

— On va certainement en prendre plein la gueule. J'aurai l'air moins con avec ma carabine que d'autres avec leur pétoire. »

Brandon, qui avait beaucoup écouté les échanges radio de la nuit, n'avait pas tort. Les Viêts sont là qui les attendent. Ils se montrent d'entrée, à l'instant même où les légionnaires quittent la cuvette de Diên Biên Phu. Le bataillon doit abandonner la piste Pavie pour progresser à travers la brousse, traçant au coupe-coupe son chemin dans les hautes herbes à éléphant, progressant par les crêtes pour éviter les mauvaises rencontres, ce qui allonge considérablement le chemin. Un premier détachement thaï est récupéré puis immédiatement dirigé vers la base. Les hommes sont à bout de forces, choqués. Ils annoncent que les Viêts sont partout :

« Nous avons coupé à travers la brousse, nous étions obligés de faire très attention ; dès que nous traversions une piste ou un sentier nous étions certains de les trouver empruntés par des soldats ou des coolies. Deux ou trois fois nous avons manqué de nous faire prendre. Heureusement que nous sommes du pays[3]. »

D'autres unités sont également lancées dans cette opération « récupération », sans trop le savoir d'ailleurs. C'est ainsi qu'est engagé le BT 3, ce bataillon thaï intégré dans l'infanterie coloniale et qui avait été le dernier à quitter Na San. Il y a aussi des partisans de Lai Chau déjà arrivés à Diên Biên Phu. Le lieutenant Wieme apprend ainsi qu'il va devoir suivre la piste Pavie vers le nord puis obliquer vers le nord-est pour occuper un piton à six kilomètres de là, le Papaou. Sa mission est précise : « faire des prisonniers et recueillir des renseignements ». Sa mission se voulait discrète par définition, le secret est pourtant immédiatement éventé : dans la nuit, le détachement est attaqué par les Viêts.

Dès le premier jour, les accrochages sont sérieux et inquiétants. Un commissaire politique – ou can-bo – est fait prisonnier. L'examen de ses papiers permet de savoir que les treize mille combattants d'élite de la division 316 sont à proximité... Aller plus avant, au-delà de la portée de soutien de l'artillerie, paraît d'une folle imprudence au commandant Leclerc. Le GONO confirme pourtant les ordres.

Installé pour la nuit, le 1er BEP laisse passer le 5e BPVN, supposé faire sa jonction avec le 8e Choc marchant aussi vers Muong Pon mais par un autre itinéraire. La nuit est aussi calme qu'inquiétante : le bruit régulier des coupe-coupe laisse deviner la présence des Viêts pouvant à tout instant débouler sur les parachutistes. Le lendemain, la progression reprise, naît une crainte qui devient une hantise pour tous : le GAP 2 ne va-t-il pas arriver trop tard à Muong Pon ? Bien que renforcée par les rescapés de la marche folle, les débris de trois compagnies aux ordres du sergent Blanc, la garnison assiégée envoie des appels au secours de plus en plus pressants. Dans la nuit du 12 au 13, la colonne est au col de Pyong Hang ; elle a réussi à parcourir douze kilomètres en deux jours ! Au matin du 13 décembre, après avoir couvert une quinzaine de kilomètres en deux jours, le 5e BPVN approche du but. Depuis les hauteurs du Pu San, les Vietnamiens découvrent un poste dévasté, un village incendié et beaucoup de cadavres. Le Morane ne signale aucune trace de survie. Il est trop tard pour sauver les Thaïs. Presque trop tard pour espérer rejoindre le camp sans embûches...

Le GONO donne ses ordres qui vont se traduire par une nouvelle perte de temps, alors que le repli devient urgent. Que le 5e BPVN aille reconnaître les ruines du poste. Le commandant Leclerc prend son poste radio, proteste vigoureusement, s'accroche avec les chefs bien à l'abri au PC. L'altercation est aussi vive qu'inutile : il reçoit une confirmation de l'ordre donné ! Leclerc envoie donc les parachutistes vietnamiens occuper un mamelon, la cote 1145 qui paraît déserte. Ils ne vont pas loin : du sommet du Pu Ya Tao, où les Viêts sont embusqués, ils sont pris sous le tir des armes automatiques et des mortiers. Les Viêts incendient la brousse. Le capitaine Bouvery s'affole. Les rares survivants des compagnies Decours et Bellamy émergent des flammes noircis, brûlés, étouffants, à demi nus. Il y a dix morts et vingt-deux blessés. Le médecin-lieutenant Rouault ne sait plus où donner de la tête. Il tente parfois l'impossible, ainsi une trachéotomie pratiquée avec un bistouri japonais sur le sous-lieutenant Béal touché à la gorge, à l'épaule et au bras. Des années plus tard, ils en reparleront :

« Mais pourquoi gueulais-tu comme un cochon quand je t'opérais ?

— Mais tu t'appuyais sur mon bras et j'avais aussi une balle dans le bras[4]... »

Le patron du 1er BEP, le commandant Guiraud, demande au capitaine Cabiro – ou au lieutenant Martin, selon d'autres sources – de monter à son tour sur le Pu San, dévasté par le feu. Les légionnaires y découvrent des emplacements de combat, des tombes toutes récentes, des armes abandonnées. Il y avait là un bataillon viêt... Le repli est amorcé vers midi. Les légionnaires entrevoient aussitôt les silhouettes des Viêts – les « peaux de citron » comme ils les appellent – se profilant sur le sommet dénudé du Pu San. Ceux-ci ont parfaitement saisi la manœuvre de la Légion qui va devoir progresser vers le camp sans l'aide des « Criquets » d'observation ni des chasseurs-bombardiers puisque le plafond est infiniment trop bas. Lorsque les aviateurs peuvent enfin intervenir, ils deviennent des cibles : deux « Criquets » et un chasseur sont touchés. Les Viêts sont de remarquables tireurs... ou bien, ce qui paraît peu probable dans cette jungle, ils ont des armes antiaériennes ! La manœuvre dite en perroquet se poursuit, une compagnie en défensive à tour de rôle pendant que les autres décrochent... Le GAP 2, commandé au début de l'opération par le commandant Leclerc, se replie sous les ordres du lieutenant-colonel Langlais. Celui-ci est rentré le 12 octobre de l'hôpital Lanessan, sa cheville à peine guérie. Parce que Castries, croisé à Hanoi, lui a demandé de revenir avec lui ; parce qu'il tenait à reprendre sa place à la tête de ses bataillons engagés dans une mauvaise affaire.

Commence une retraite insensée, hallucinante, entre-coupée d'attaques viêts, ponctuée par les répliques de l'artillerie dont les parachutistes guident les tirs. Les Viêts arrivent des hauteurs par colonnes entières, par centaines. Dans l'après-midi, le 1er BEP en recueil tient encore le Pu Ya Tao ; il ne manque que la compagnie Brandon. Lorsque, échappant aux Viêts, Brandon rejoindra la position, quarante-quatre hommes de sa compagnie seront hors de combat, tués ou blessés, et un sous-officier est porté disparu[5]. Brandon, repérant Cabiro avec un PM à la main, celui d'un de ses « bérets blancs » épuisé, n'oublie pas les plaisanteries du départ :

« Tu me charriais en partant quand tu m'as vu avec une carabine. Qu'est-ce que tu fous avec un PM maintenant ? Ton pistolet ne te suffit plus ? »

Au-dessus des parachutistes, apparaissent les hélicoptères venus chercher les blessés. Un Dakota largue les munitions dont tous avaient le plus grand besoin. Les chasseurs lâchent le napalm qui devrait tenir les Viêts à distance. L'aumônier du groupement, le père Chevalier, bénit les corps des morts qui sont enterrés aussi dignement que possible. Langlais prend à ce moment une décision audacieuse, qui paraît un peu folle à ses commandants hésitants pour leur part : il faut rentrer de nuit si l'on ne veut pas être exterminés le 15 décembre au lever du jour, quand les Viêts auront repéré la colonne en repli. Rentrer de nuit, cela sous-entend sans l'appui de l'artillerie, sans l'aide de l'aviation. Langlais a pourtant raison, c'est la seule chance d'arracher le GP 2 à la catastrophe annoncée. Les ordres sont donnés pour le décrochage : le 5ᵉ BPVN dès 20 heures, le 1ᵉʳ BEP une demi-heure plus tard, le 8ᵉ Choc en recueil aux abords de la cuvette.

Ils rejoignent Diên Biên Phu épuisés, marqués par ce qui est une défaite, la première depuis la naissance de la base aéroterrestre. Les hommes partis de Lai Chau, ceux de Muong Pon comme de Tuan Giao ont été submergés par le Viêt-minh. N'arrivent au camp que cent soixante-dix partisans et dix cadres français ; cent quatre-vingts survivants sur près de trois mille au départ !

Au 5ᵉ BPVN, l'humeur est morose. Une centaine de Vietnamiens hors de combat… Le commandant Leclerc, qui a osé tenir tête aux autorités du GONO, mis en cause pour un décrochage un peu trop improvisé sinon anarchique… Le capitaine Bouvery qui ne paraît pas avoir été à la hauteur… C'est beaucoup. Langlais ne tolère pas ce genre d'impairs. Il va falloir remanier cette unité. De nouveaux cadres vont arriver, et surtout un nouveau patron : le capitaine Botella, qui sera à Diên Biên Phu dès le 16 décembre et s'installera avec son bataillon sur les « Anne-Marie » jusqu'à leur retour sur Hanoi à la mi-janvier…

Faut-il en conclure que Diên Biên Phu n'est plus une base aéroterrestre mais plus simplement un camp retranché ? Ce serait volontiers l'avis de tous ceux qui, quotidiennement, sont invités à effectuer ces reconnaissances offensives qui se heurtent aux bo-doï de plus en plus souvent et de plus en plus près. Il est aussi possible de prétendre que les troupes de Giap, prêtes à fondre sur Lai Chau, ont changé d'objectif quand elles ont vu leur proie s'envoler. Elles vont la rattraper. Elles sont désormais, à proximité immédiate de la base, capables d'anéantir toute sortie d'importance.

A se demander également si, désormais, toute idée d'évacuation n'est pas interdite, si « Xénophon » n'est pas un projet mort-né... D'autant que « Atlante » va dévorer une grosse partie des moyens aériens et mobiliser tous les bataillons qui auraient pu, éventuellement, venir tendre la main au camp retranché.

Saigon, 17 décembre : une crise gouvernementale

Il est évident, pour qui suit les affaires indochinoises, que le petit monde politique vietnamien est divisé entre des courants divergents, agité par des querelles de personnes qui sont aussi des rivalités d'intérêt, attaché à des idées fortes telles que l'indépendance et la souveraineté nationale sans pourtant chercher à s'en donner les moyens. Les dirigeants indochinois sont également réticents devant une entrée en guerre qui les obligerait à envoyer plus généreusement leurs enfants au combat. Toutes ces intrigues se font et se défont sous la haute autorité d'un empereur fort attaché à ses prérogatives et qui s'imaginerait volontiers en stratège conduisant les troupes de l'Union française.

Ces personnages politiques avancent par foucade, sans trop se soucier des réactions que peuvent engendrer leurs illusions ; cela s'est remarqué en novembre lorsqu'ils ont, le plus clairement du monde, dit non à l'entrée dans l'Union française.

Leurs jeux troubles ont encore été compliqués par l'interview de Hô Chi Minh au journal suédois l'*Expressen*. Certains ont pu imaginer que se présentait ainsi une ouverture qu'il faudrait peut-être étudier sérieusement, même si l'oncle Hô n'entendait pas négocier – du moins l'affirmait-il – avec les représentants du Vietnam. Dans un message adressé au peuple vietnamien, le 14 décembre – l'anniversaire du coup de force d'Hanoi en 1946 –, Hô relançait l'idée de négociations avec la France et la France seule. Mais il s'adressait en réalité au peuple vietnamien… Tout en restant officiellement sur la même ligne que Bao Dai, hostile à toute négociation, son Premier ministre Nguyen Van Tam apparaissait beaucoup plus nuancé. Pis encore, au-delà de l'idée d'éventuelles négociations qu'il ne rejetait plus, il avait osé réclamer à l'empereur l'élection d'une assemblée nationale provisoire et un gouvernement d'Union nationale.

Sont-ce les idées de Van Tam qui ont entraîné son éloignement ? Ou bien a-t-il osé lancer ces idées, devinant sa disgrâce prochaine ? La réponse ne tarde pas. En se référant au « désir de l'opinion publique d'une meilleure adaptation de la politique gouvernementale aux nécessités de la conjoncture », Bao Dai le prie « de bien vouloir prendre lui-même l'initiative de se dessaisir de ses fonctions ». Une mise à la porte fort courtoise certes, mais sans appel. Le 17 décembre, Nguyen Van Tam, président du Conseil depuis juin 1953, cède la place à Buu Loc, à ce moment haut-commissaire du Vietnam en France et par ailleurs cousin de l'empereur.

Buu Loc, intronisé Premier ministre, sera le fidèle exécutant de la politique impériale :

« La première mission du gouvernement est de négocier avec la France l'indépendance totale du Vietnam, qui doit posséder tous les attributs reconnus par le droit international à un Etat souverain moderne. Le gouvernement accepte l'aide généreuse de la France dans le cadre d'une association basée sur l'égalité et destinée à garantir mais non à limiter l'indépendance des deux pays. »

Diên Biên Phu : le camp s'organise

Il y a un mois seulement que l'opération « Castor » est lancée et, vue de l'extérieur, elle garde les apparences d'une réussite. Il en va autrement à l'intérieur du camp. Depuis quatre semaines, les parachutistes de la base aéroportée savent que l'ennemi est là, omniprésent, attentif, décidé. Les combattants de la cuvette, ceux des premières heures et ceux qui les rejoignent quotidiennement par le pont aérien, comprennent que leur horizon va, chaque jour, se restreindre un peu plus. Certains mesurent aussi ce qui est peut-être la première erreur d'une longue litanie ; tout au moins un officier du 1er BEP, Pierre Sergent, le notera-t-il dans un livre de souvenirs après avoir recueilli les confidences de ses camarades[6] :

« Les opérations à longue distance empêchaient les unités de fortifier leurs points d'appui. D'ailleurs les moyens mis à la disposition restaient sommaires. Ce serait très grave par la suite : jamais ces bataillons auxquels on allait demander l'impossible ne disposèrent de casemates ou d'abris assez solides pour récupérer leurs forces et se réorganiser. Les meilleures troupes seraient le moins bien loties… »

Le plus étrange tient à une constatation : les grands chefs ont parfaitement conscience des insuffisances de l'organisation de la défense de la base. Même si les renforts arrivent, notamment avec des moyens supplémentaires pour le 3/10e RAC désormais au complet dans la cuvette avec ses tubes de 105. Les artilleurs sont arrivés par avion les 8 et 9 décembre, ils sont prêts à défendre le camp et soutenir les fantassins dès le 10. Ils auront à défendre trois collines en cours d'aménagement qui deviendront bientôt « Béatrice », « Dominique » et « Eliane ». Suit le 4e RAC et ses tubes de 155, relevant le GM 35 qui va repartir comme sont repartis les parachutistes de Bigeard, Bréchignac et Souquet.

Chez les Thaïs, arrivés par avion avec le lieutenant Wieme ou à pied avec le capitaine Bordier, une remise en ordre s'impose. C'est le travail de Bordier qui doit organiser quatre « compagnies de supplétifs militaires » qui seront appelées les compagnies 431 à 434. Un temps promu régulateur du trafic aérien, ce qui n'a rien d'une sinécure puisqu'il se pose jusqu'à quatre-vingt-dix Dakota par jour, Wieme prend le commandement de quatre cents Thaïs noirs. Dès lors ses tâches sont variées. Ainsi tient-il, immédiatement avant l'affaire de Muong Pon, un village à six kilomètres au sud de Diên Biên Phu, Ban Hong Cum, qui n'est autre que le futur point d'appui n° 5 de « Isabelle ». Après quoi, la suite peut paraître plus monotone : débroussaillage là où s'implantent les « Anne-Marie » puis sur « Gabrielle » et ensuite les « Huguette ». D'autres Thaïs sont installés sur l'un des plus petits PA de la base : « Françoise », à l'ouest du PC.

Le 3e bataillon du 3e régiment de tirailleurs algériens arrive dans des conditions qui ne sont certainement pas les meilleures possible. C'est un bataillon dont la base arrière est proche de Saigon mais qui est sans cesse en opération, à un bout ou l'autre de l'Indochine. L'adjudant-chef Raymond Sourdeau se souviendra plus tard être resté une année entière sans ouvrir sa cantine laissée à cette base arrière où il leur arrive de passer entre deux opérations, sans jamais s'y attarder. Ce sont des hommes usés qui descendent des Dakota ; avec des tirailleurs en fin de contrat qu'il va falloir relever prochainement et avec un sous-effectif dramatique en matière d'encadrement. Ces deux inconvénients se conjugueront lorsque les nouveaux arriveront dans le courant du mois de janvier. Les jeunes tirailleurs, à peine débarqués d'Algérie, n'ont encore jamais combattu et il n'est pas certain que leur préparation n'ait pas été des plus hâtive. Ce sont donc des soldats inexpérimentés qui vont prendre la place des vieux routiers, ces « chibanis » qui ont baroudé en Italie avant de participer à la campagne de France et qui connaissaient parfaitement leur métier. Il en est de même pour les officiers puisque certains commenceront là leur premier séjour alors que les cadres sont déjà dangereusement insuffisants en nombre. Il y a, au mieux, un capitaine et deux lieutenants par compagnie ; les sections sont commandées par des adjudants-chefs parfois des adjudants et même des sergents-chefs ; presque une misère, comparé aux troupes dites d'élite – Légion et parachutistes – où, à ce moment tout au moins, les sections sont encore commandées par des lieutenants.

A peine installés sur les « Dominique », les tirailleurs du 3/3e RTA doivent, comme tout le monde, travailler à leur propre protection, en creusant les tranchées déjà esquissées mais insuffisantes, en aménageant les abris. Certes, les tirailleurs ont de l'aide : ils sont arrivés à Diên Biên Phu avec leurs PIM attachés au bataillon, des « PIM organiques » dans le jargon du moment, et ceux-là connaissent parfaitement leurs tâches. Là comme ailleurs ils portent les postes radio, les munitions et les vivres, mais les voici également terrassiers pour la sécurité de tous, y compris la leur, aidant au transport des derniers troncs d'arbres encore récupérables vers l'est où la forêt recule sous les coups de hache de la garnison. Les Viêts ne sont pas loin : les tirailleurs restent attentifs lorsqu'ils creusent leurs tranchées – jusqu'à deux mètres de profondeur. L'un d'entre eux reste toujours à l'écoute et lorsqu'il entend le coup de départ d'un mortier viêt, il joue du sifflet. Les hommes plongent et se terrent jusqu'à l'arrivée de l'obus. Les « Dominique » se révèlent bientôt un lieu relativement malsain. Le 3/3e RTA est aussi bien menacé par les mortiers viêts que par les tirs amis, ceux de l'artillerie un peu trop courts ou ceux des mortiers un peu trop longs... Puis il y a les opérations quotidiennes, le plus souvent des sorties de reconnaissance, au cours desquelles on abandonne des sonnettes – trois ou quatre hommes avec une mission d'observation – qui seront récupérées deux ou trois jours plus tard, si elles n'ont pas tout simplement disparu... Pour l'immédiat, la situation ne paraît guère réjouissante, mais les tirailleurs trouvent encore le temps de manger chaud, de dormir, d'aller jusqu'au dépôt de munitions ou bien de toucher les vivres, essentiellement les caissettes de viande, les patates ou le riz qu'attend le cuistot.

Diên Biên Phu, 17 novembre : Navarre en visite

Cogny et Navarre reviennent ensemble à Diên Biên Phu le 17 décembre. Ce n'est plus une visite, c'est une délégation. Avec eux, ont pris place dans le Dakota le général Lauzin, commandant l'aviation en Extrême-Orient, et le général vietnamien Nguyen Van Hinh, sous le prétexte que le 301e BVN est à Diên Biên Phu[7]. Plusieurs colonels sont aussi du voyage, dont Berteil, Revol, ainsi que le capitaine Pouget, l'aide de camp de Navarre, qui n'oubliera aucun détail de ces séances de travail.

Car on réfléchit sérieusement au fond du PC du GONO, sous un mètre de tôles et de terre, à la lueur d'une lampe pâlotte qu'alimente le groupe électrogène ronronnant en surface. On travaille sur le terrain, lorsque la délégation et les sédentaires font une nouvelle fois le tour du propriétaire au hasard des méandres que les Jeep et les camions ont dessinés à travers le camp. Là où s'enterre une compagnie, là où bivouaque un bataillon, les grands chefs examinent le terrain, observent les collines, scrutent l'horizon et tombent d'accord : que les Viêts viennent donc se frotter au GONO, ils verront bien ! Tout au plus est-il décidé d'accélérer les travaux là-bas vers le sud, où sera implanté « Isabelle ». L'installation est ébauchée depuis la veille, sur un site reconnu dès le 27 novembre. Le colonel Piroth, commandant l'artillerie, se déplacera le 20 décembre pour prévoir l'organisation de l'artillerie. Tout cela semble tardif, d'autant que la tâche prioritaire d'« Isabelle » sera d'appuyer les autres centres de ses feux.

Au soir de ce 17 décembre, le camp est loin d'être achevé, il ne le sera d'ailleurs jamais, mais il a pris sa forme définitive...

C'est au cours d'une de ces séances de travail que Castries a rappelé à tous la mission de la base aéroterrestre, telle qu'elle a été définie par la directive que Cogny avait signée le 30 novembre dernier :

« 1. Garantir au minimum la libre disposition du terrain d'aviation. Dans ce but : tenir sans esprit de recul la position défensive de Diên Biên Phu ; empêcher l'ennemi d'intervenir efficacement avec ses armes lourdes en maintenant notre liberté d'action dans un rayon de huit kilomètres autour de la piste.

« 2. Retarder la mise en place du dispositif d'attaque viêt-minh par des actions offensives puissantes[8]... »

De la journée, il ne paraît pas s'être élevé une seule voix discordante, ni du côté de Lauzin l'aviateur, ni chez Piroth l'artilleur, ni chez Langlais l'homme qui doit bouger, attaquer, contre-attaquer, ni chez Castries à qui il revient d'orchestrer cette symphonie, avec le moins de fausses notes possible.

Il y a pourtant eu, ce 17 novembre, quelques couacs qui n'ont pas arraché les oreilles des témoins, tant ils espéraient l'attaque viêt, tant ils rêvaient d'en découdre avec Giap et d'écraser ce petit général qui n'était même pas passé par l'Ecole de guerre...

Ce jour-là, Piroth a dit – ou redit – sa certitude de réduire l'artillerie viêt si d'aventure il s'en trouvait à proximité de la base. Il s'en serait déjà vanté en d'autres temps et en d'autres lieux ; il se répétera plus d'une fois, toujours plus sûr de lui, toujours plus rassurant pour les autres. Cette fois, c'est à une question de Navarre qu'il répond :

« Avec la batterie de 155 que vous venez de recevoir, pensez-vous pouvoir contre-battre efficacement l'artillerie viêt-minh ?

— Mon général, je ne laisserai pas un canon viêt tirer plus de trois coups sans qu'il soit repéré et détruit. »

Il tiendra sensiblement les mêmes propos à Brigitte Friang lorsqu'elle arrivera à Diên Biên Phu, elle le racontera plus tard :

« Plusieurs personnes [sont présentes] dont moi – on me pardonnait beaucoup parce que tout le monde me connaissait bien et j'étais une femme – alors je lui ai dit :

— Mon cher colonel, tout de même les Viêts sont sur les collines, ils vont nous tirer dessus à tir tendu, ou même à tir plongeant...

— Comment, ma pauvre petite Brigitte... Si j'étais votre père je vous flanquerais une fessée. Les Viêts ne pourront jamais tirer en tir tendu ou en tir plongeant[9]. »

Alors Navarre a cru Piroth, comme l'ont cru Cogny et Castries. Parce que Charles Piroth est un homme sérieux. Il va sur ses cinquante ans, il est rondouillard, jovial mais d'une bonhomie cachant peut-être sa sensibilité qui peut tourner à la fragilité. C'est un valeureux artilleur qui a connu la gloire en Italie, avec le 64e régiment d'artillerie d'Afrique réputé pour son efficacité. Passé en Indochine où il combat dès 1946, il est, cette fois, avec le 69e RAA. Le 17 décembre 1946, il tombe dans une embuscade ; sérieusement blessé, il refuse l'évacuation, continue de manœuvrer, dégage ses hommes. Arrivé à l'hôpital de Saigon, il est trop tard pour sauver son bras gauche. Il prendra l'habitude de glisser sa manche vide dans son ceinturon. Castries le connaît bien, qui l'a rencontré à l'Ecole de guerre puis souvent côtoyé en Indochine.

Castries, plongé dans l'organisation du terrain et la réorganisation de ses unités, reçoit de nouvelles consignes de Cogny : qu'il veuille bien s'assurer que l'arrivée des chars à Diên Biên Phu reste secrète le plus longtemps possible :

« ... l'attention du colonel commandant le GONO est attirée sur l'intérêt qu'il y aurait à réserver l'engagement des blindés à des circonstances pouvant permettre d'obtenir, par surprise, des résultats substantiels. »

C'est ce même 22 décembre que Cogny, pressant Navarre de renoncer à « Atlante », s'entend répondre par le commandant en chef qu'il maintiendra cette opération qui lui paraît essentielle.

Vers le Laos : « Régate »

Il y aura encore et toujours des sorties depuis le camp retranché ; les unes pour d'indispensables reconnaissances – et elles démontreront, s'il en était besoin, que les Viêts sont partout ; d'autres plus symboliques et plus risquées pour démontrer que la grande base aéroterrestre de Diên Biên Phu n'est pas un piège, qu'elle protège bien le Laos et que l'on en sort comme l'on veut, quand on veut, et que l'on peut y revenir...

Entretenir cette illusion sera la seule raison d'être d'une opération à grand spectacle, du moins dans sa première version, lorsqu'il était entendu que le général Navarre arrivant de Luang Prabang et le colonel de Castries sorti de sa base viendront se serrer la main à Sop Noa sous les éclairs des flashes des reporters et les projecteurs des actualités cinématographiques. Ce devrait être beau, émouvant, symbolique. Le nom de l'opération a des effluves aussi divertissants que rafraîchissants : elle est baptisée « Régate » ! Elle a même un prétexte opérationnel : contrarier les quinze cents bo-doï s'agitant vers Muong Khoua, à une cinquantaine de kilomètres au sud-ouest de Diên Biên Phu. « Régate » n'aura pourtant rien d'une partie de plaisir. Ce ne seront que deux marches forcées des plus hasardeuses. Sans la participation de Navarre ni celle de Castries...

Parti le 21 décembre à la première heure de Diên Biên Phu, le 8ᵉ Choc ouvre la marche et précède le PC de Langlais, toujours boitillant mais forçant la douleur de sa cheville mal remise. Le 1ᵉʳ BEP suit. La colonne passe une première nuit à Pao Sao Lao. Le lendemain, la progression reprend en traversant Pak Thon dont les habitants ne se sont pas éloignés, ce qui est rassurant. Ils disent que la région est tranquille. Le GAP fait étape la nuit suivante à Buo Phan. Le 23 décembre, après un départ à 4 heures du matin, la journée s'achève par un parachutage de vivres et munitions vers 16 heures et, une demi-heure plus tard, par la jonction du 8ᵉ Choc avec des éléments venus de Muong Khua.

Langlais et ses parachutistes mettent trois jours pour atteindre Sop Noa où les attendent le colonel Vaudrey et ses trois bataillons partis du Laos. Ceux-ci ont cheminé sans incident notable, emmenant avec eux deux journalistes qui doivent poursuivre jusqu'au camp retranché. L'un est américain, Dixie Reeds, vêtu d'un costume de ville et de chaussures basses. L'autre est reporter au SPI et porte sa tenue de saut habituelle, c'est Brigitte Friang. La rencontre des chefs est brève : une poignée de main pour quelques photographies, les petites bouteilles de rhum sorties des boîtes de ration pour trinquer puis il devient urgent de rejoindre l'une et l'autre bases avant que les Viêts ne coupent les chemins du repli. Ils sont déjà suffisamment vexés d'avoir laissé sortir Langlais ! Il peut s'attendre à rentrer vers le camp moins facilement que la première partie de l'escapade.

Le signal du retour est donné à 7 h 30, le 24 décembre, et la marche tourne très vite au calvaire. Ce jour-là et le lendemain, il faut descendre au plus profond des ravins, franchir des torrents, escalader des falaises, détruire deux mortiers de 81 dont le poids ralentit trop la progression d'une colonne se sachant menacée. Il y a même, à propos de cet itinéraire, un accrochage sérieux entre Tourret et Langlais que racontera ensuite Brigitte Friang :

« Si au cours de la nuit du 23 au 24 décembre, quelques heures après la jonction symbolique de Sop Noa, le bouillant commandant du 8ᵉ Choc n'avait pas réussi, à l'arraché, à convaincre le lieutenant-colonel Langlais de ne pas remonter sur Diên Biên Phu par la piste normale qui serpentait le long des gorges et au fond des vallons, mais infliger à leurs hommes les sentes des montagnards, à travers une jungle dense et par les crêtes, tout porte à croire que bien peu d'entre eux eussent regagné indemnes le camp retranché. Il est vrai que Langlais s'était foulé la cheville. A un âge déjà trop avancé pour le genre de course d'obstacles qui se préparait, on comprend qu'il ne l'envisageait pas sans réticence. Mais le fait est qu'il céda aux arguments de Tourret. »

Langlais souffre indiscutablement encore de sa cheville brisée en novembre et ceci peut expliquer cela. Qu'importe, Tourret est capitaine, Langlais lieutenant-colonel et il n'a pas dû aimer s'incliner ainsi. Que Tourret ait été colonel n'aurait d'ailleurs rien changé à l'affaire, Langlais a raison par définition ! Il a pourtant fini par céder, ce qui ne veut pas dire qu'il oubliera. Tourret ne sera jamais des siens...

Il faut donc rejoindre des lignes de crête suivant la vallée de la Nam Theum, pour découvrir le 25 décembre au soir les fumerolles du camp retranché où la nuit de Noël n'a pas été, non plus, parmi les plus joyeuses. Le

26, dans la matinée, les parachutistes du GAP 2 réintègrent le camp à bout de forces, transis. Plus tard, Tourret apprendra que deux bataillons viêts s'étaient, à
marche forcée, portés en embuscade sur la piste que
voulait emprunter Langlais…

La France a un président de la République

Depuis des mois, le monde politique tourne et
retourne autour de sa préoccupation essentielle : la prochaine élection présidentielle, étant entendu – il ne
cesse de le répéter – que Vincent Auriol ne souhaite pas
solliciter un second mandat des parlementaires. Alors
que se nouent déjà les premières intrigues. Des députés,
plus avisés que leurs collègues, repèrent qu'aucune disposition législative n'organise cette élection. Ce joli vide
est découvert en octobre puis comblé en novembre par
un bref texte de loi : « Le président de la République est
élu sans débat, au scrutin secret, par appel uninominal
et à la majorité absolue des suffrages exprimés. » Il est
également décidé que le scrutin s'ouvrira le 17 décembre,
à Versailles.

Après une discussion budgétaire menée tambour battant parce qu'ils ont déjà la tête à Versailles, les parlementaires s'interrogent sur les possibles candidats. Ils ne
vont pas manquer. Si Edouard Herriot et Henri Queuille
annoncent d'entrée qu'ils ne seront pas candidats, Yvon
Delbos entend représenter le parti radical, qui aura aussi
sur les rangs, mais à « titre personnel », André Cornu et
Jean Médecin. Chez les modérés, ils ne sont que deux :
Joseph Laniel et Jacques Fourcade. Au MRP, Georges
Bidault cède à l'affectueuse pression de ses amis, exactement comme Edmond Naegelen chez les socialistes. Les
communistes désignent Marcel Cachin. La liste est
presque close lorsque les parlementaires gagnent l'hémi-

cycle de Versailles, suffisamment vaste pour accueillir députés et sénateurs, soit neuf cent quarante-six personnes. Au dernier instant André Cornu se retire et un sénateur gaulliste, Paul-Jacques Kalb, surgit. Ils seront donc huit en lice pour le premier tour de scrutin, le 17 décembre.

Dans les couloirs les conciliabules se prolongent, les pronostics s'échangent, les petites combinaisons filent au secours des grandes idées, sur fond de CED et dans l'espoir de barrer la route à quelques-uns pour susciter de nouvelles candidatures. Le premier tour ne sert à rien, si ce n'est à éliminer Kalb, Cachin, Fourcade et Médecin. Le deuxième tour, dans la soirée, n'est pas plus glorieux. Après quoi, les jours suivants, le Congrès de Versailles donne l'impression que les élus s'amusent, se divisent, se regroupent, s'opposent. Laniel est en tête des troisième et quatrième tours, où Delbos et Médecin qui ne sont pourtant pas candidats regroupent 97 suffrages qu'aurait pu espérer Laniel : ajoutés à ses 408 voix, il aurait, dès le 18 décembre, obtenu la majorité absolue. Les radicaux veulent bien participer à son gouvernement, de là à lui ouvrir les portes de l'Elysée… Et l'on va ainsi s'acheminer, sous les regards parfois goguenards, parfois horrifiés des Français, vers un onzième tour – le 23 décembre – sans Laniel cette fois mais avec Louis Jacquinot ; un onzième tour qui voit un sénateur obtenir 71 voix sans être candidat : René Coty !

Sénateur de la Seine qui est encore inférieure mais rêve de devenir maritime, ancien ministre, René Coty se retrouve le candidat de la majorité face à Naegelen et, au douzième tour obtient 431 voix, Naegelen redescendant à 333. Vingt suffrages se portent encore sur Jacquinot qui s'est pourtant retiré et 92 s'éparpillent… Dès lors, les congressistes vont courir après cette fâcheuse majorité absolue qui se dérobe encore deux fois.

Enfin, le 23 décembre, à 22 heures, la France a un nouveau président de la République, René Coty, un avocat de soixante et onze ans, entré en politique avant la Grande Guerre qu'il a faite courageusement, parlementaire depuis 1925 et se partageant, sous deux Républiques, entre la Chambre des députés et le Sénat. Ses pairs le considèrent comme un homme intègre, loin de tout fanatisme, connaissant parfaitement les hommes et mieux encore la politique.

Une fin heureuse pour une curieuse mascarade ; encore que les prochaines semaines s'annoncent rudes pour le nouveau président. Le dossier de la CED qui a empoisonné les journées versaillaises ne peut que ressurgir ; l'affaire indochinoise est dans l'impasse et Joseph Laniel doit offrir sa démission au nouveau président.

Les Français, eux, se détournent des jeux politiques. Noël approche ; le temps est venu d'acheter les derniers cadeaux, le sapin et une poignée de guirlandes.

Diên Biên Phu : Noël

Noël n'est jamais un soir comme les autres ; la grande fête de la chrétienté certes, mais les fidèles ne sont pas seuls à célébrer la Nativité. Noël est aussi une fête traditionnelle à laquelle se joignent croyants et non-croyants de toutes origines, de toutes conditions, là où se pose une lueur d'espérance, de joie ou de fête.

C'est aussi une fête traditionnelle à la Légion étrangère, où personne ne vous demande jamais qui vous êtes, d'où vous venez de surgir ni pourquoi. La Légion ne manquera donc pas de célébrer Noël au camp de Diên Biên Phu, comme elle la célébrera partout où elle est présente, en Indochine comme à Sidi bel-Abbès, la lointaine maison mère. D'ordinaire, les légionnaires confectionnent une crèche et les officiers font ce qu'il faut pour que chaque homme ait un présent aussi modeste soit-il, parfois leur premier cadeau de Noël. A Diên Biên Phu, le 24 décembre 1953 sera, pour tous les combattants du camp retranché, une soirée modeste, discrète. Il y a quand même un sapin dressé près de l'endroit où la messe de minuit sera dite, mais à 22 heures... Dans les popotes suivra un dîner moins frugal qu'à l'habitude, avec une pensée pour les camarades partis crapahuter du côté du Laos et qui tardent à rentrer à la base. Le jeune lieutenant Wieme, en provenance de Lai Chau, est un des seuls que ce dîner paraît avoir franchement amusé. Il est installé sur « Huguette 1 », le long de la piste d'aviation, et découvre que l'intendance ne l'a pas négligé pour les suppléments à l'ordinaire qui doivent permettre à la garnison d'oublier pendant quelques heures l'inconfort et l'insécurité de la situation. Puisqu'il commande en théorie l'effectif de quatre compagnies, il y a nécessairement un commandant, quatre capitaines, douze lieutenants et une vingtaine de sous-officiers, soit deux boîtes de foie gras, une caisse de champagne et des apéritifs en conséquence. Or il est le seul officier, assisté de deux sous-officiers ; leurs quatre cents Thaïs ne mangent que du riz arrosé de thé...

Navarre a tenu à passer la nuit avec les combattants de la cuvette. Ce n'est pas son idée, d'ailleurs. Il avait demandé à son aide de camp de le soulager des dizaines d'invitations officielles ou officieuses ou curieuses qui s'étaient entassées sur son bureau. Pouget, face à la pile de cartons, avait suggéré une issue de secours : la nuit de Noël à Diên Biên Phu !

Ils sont arrivés vers le milieu de l'après-midi, accompagnés du seul colonel Revol. Dans un camp retranché, qui n'est toujours qu'une base aéroportée, un 24 décembre est un jour comme tous les autres : des patrouilles, des corvées, du terrassement. Navarre, n'aimant ni les effusions inutiles ni les propos banals et encore moins les prestations publiques, a demandé à Castries d'éviter tout cérémonial. Il fallait rester simple. Il a seulement demandé que le commandant du GONO réunisse un maximum d'officiers auxquels il voulait parler. Une manière de tente a été tendue, et l'on peut faire des choses élégantes avec des toiles de parachute. Un buffet a été dressé et le rappel a été battu. Cette scène désuète, Jean Pouget l'a racontée avec une certaine amertume. Il n'a même pas écouté les propos de son patron, il savait trop qu'il devrait cacher ses pensées profondes et ne rien laisser apparaître de ses doutes. Navarre a laissé inachevé sur son bureau, à Saigon, un texte qu'il destine au gouvernement, un texte qu'il achèvera aux premières heures de l'année prochaine, un texte où se glissent le doute, la crainte. En a-t-il parlé avec Castries lors d'un long tête-à-tête qui les réunit dans la tanière du colonel commandant le GONO ? Nul ne le saura ; ils savent être aussi discrets l'un que l'autre.

La messe est célébrée, à 22 heures donc. Le grand sapin brille derrière l'autel. Face à l'aumônier, le général, les colonels, tous les officiers et, perdus dans la nuit qui les engloutit, tous ceux dont les points d'appui ne sont pas au diable. L'instant du recueillement, l'instant de l'espoir ou des grandes inquiétudes qui se diluent dans la prière.

Pour les officiers de l'état-major, il est prévu un dîner chez Castries, exactement ce que n'aime guère Navarre. La soirée ne s'annonce pas réjouissante parce que le « patron » n'engendre pas la gaudriole ; parce que Langlais et les paras ne sont pas de retour ; parce que les Viêts ont déjà réglé quelques tirs de mortier. La réception sera ce qu'elle devait être, froide, distante, jusqu'à l'apparition du colonel Gaucher. Le patron de la Légion a déjà bien arrosé Noël avec ses bataillons éparpillés sur la base. Devant le « généchef » agacé, il va raconter ses campagnes, surtout celle qui l'avait conduit à Diên Biên Phu en 1945, où il avait reçu les envoyés du général de Gaulle – le général de Langlade et le colonel Passy redevenu Dewavrin et désormais patron de la DGER, l'ancêtre du SDECE. A l'époque, Passy avait prié le jeune capitaine Gaucher de conserver à tout prix Diên Biên Phu. Et ce soir, le colonel Gaucher, la voix aussi forte qu'hésitante, retourne le conseil à Castries :

« Si vous tenez, l'Indochine française est sauvée... T'entends, Castries[10] ? »

Comme cadeau de Noël, la garnison peut déjà compter sur les deux premiers chars en état de marche, roulant depuis le 21 décembre. C'est plus rassurant que les cercueils arrivant à ce moment-là... Certes, ce ne sont que des tas de planches à assembler sur place, mais ce sont quand même des cercueils ! Elle peut ajouter à ces présents, le 26 décembre, les premiers 155 du 4e RAC, un canon qui s'apparente à un obusier par la longueur de son tube et qui a été appelé le « médium ». Ce n'est pas une mince affaire : chaque pièce pèse cinq tonnes et demie et nécessite des avions particuliers. Il a fallu louer des Bristol s'ouvrant par l'avant et capables d'avaler de tels engins. Pour transporter un 155 démonté, son outillage et des munitions, il faut mobiliser deux Dakota en plus du Bristol. Or il y a quatre pièces à déposer à Diên Biên Phu ; après quoi commencera le travail de remontage... Le 30 décembre, ils sont en état de marche et le premier tir sera demandé par Piroth pour vérifier une information du lieutenant Camoin. Celui-ci est persuadé qu'il a repéré, depuis son Morane, un emplacement possible de canon à dix kilomètres du camp dans l'alignement des « Eliane ». Piroth veut bien croire, il préfère voir. Ils s'envolent, à trois dans le Criquet après un embarquement délicat, ni Camoin ni Piroth n'étant du genre fluet. De l'avion, ils distinguent effectivement une place dénudée, dont les tons tranchent sur l'environnement de verdure. Une silhouette, des objets métalliques. Ce sera le premier objectif des 155. Pour une raison qui échappe autant à Camoin qu'à Piroth, leurs tirs paraissent sans effet. Piroth, manifestement, encaisse le coup[11].

Navarre n'est pas seulement venu à Diên Biên Phu pour échapper aux contraintes mondaines de Saigon, ni pour un dîner à la popote de Castries, il entend aussi inspecter le camp dans la matinée du 25, avant de rejoindre Saigon. Après quoi, le 27 décembre, il fait savoir à Cogny que les protections sont trop faibles contre des mortiers ou de l'artillerie, que le réseau de barbelés n'est pas assez dense, que les défenses manquent de pièges. Alors Castries va demander un effort aux unités : leurs abris devront pouvoir résister aux tirs de 105 et il y a pour cela une recette connue et éprouvée : recouvrir les abris de rondins de quinze centimètres de diamètre d'une couche de terre d'un bon mètre surmontée de sacs de terre, avec à l'intérieur étayage obligatoire tous les mètres. C'est aux limites de l'impossible : il n'y a plus de bois à portée de main, il n'y a plus assez de temps ni de bras...

6

Le camp s'organise
Giap se prépare à l'attaque

L'échec de « Pollux », les difficultés de « Régate », l'imminence de « Atlante » réveillent-ils le sens critique des stratèges ? Toujours est-il qu'entre Noël et les derniers jours de l'année, des inquiétudes sourdent de tous côtés.

C'est le 28 décembre que le général Cogny adresse une note en forme de rappel à l'ordre au colonel de Castries. En réalité, Cogny ne fait que transmettre les réserves exprimées par Navarre lors de sa brève inspection de Noël. Le général en chef, on l'a dit, a trouvé la protection des abris trop faible, les réseaux de barbelés insuffisants, les pièges non placés. Il s'est surtout étonné que le point d'appui nord ne soit pas commencé. La raison semble pourtant évidente. Elle tient à l'insuffisance en personnel, essentiellement l'absence d'un douzième bataillon toujours annoncé mais jamais acheminé ; ce qui, pour Navarre, n'aurait pas dû empêcher de commencer le travail.

Vu du ciel, le camp paraît étrange. Un reporter de *Caravelle*, le magazine du corps expéditionnaire, signant J.D., publie ses impressions dans le numéro daté de la semaine du 14 au 20 janvier :

« L'avion perd de la vitesse et commence à descendre. De ce village dont on nous a tant parlé, on cherche en vain à apercevoir les constructions. Un sol uniformément gris et chaotique, coupé de curieux zigzags, piqué de taches plus sombres, monte vers l'appareil. Un choc, un nuage de poussière, quelques secousses, nous sommes à Diên Biên Phu.

« Par la porte du Dakota, un spectacle étrange nous attend. A travers les nuages de poussière qui règne en maîtresse sur toute la base, un sol pratiquement plat mais comme labouré, hérissé d'antennes, où seuls dominent les toits des casemates et la forme massive de la tour de contrôle, un sol sans arbre, sans ombres, un sol ravagé. Au loin vers le nord, quelques pitons à la tête dénudée, tondue, creusée par les fantassins, paraissent surveiller les hauteurs qui bordent cette vallée, la cuvette de Diên Biên Phu. »

Il est vrai que le camp peut laisser à ses visiteurs une curieuse impression d'inachevé. Certains en comprennent les raisons, d'autres affectent de les ignorer. Les perpétuelles reconnaissances offensives… S'il est exact que les multiples reconnaissances, de plus en plus risquées et de moins en moins lointaines, correspondent à la vocation de la base aéroterrestre, ce n'est pourtant pas sans inconvénient. Les travaux de protection deviennent des tâches secondaires exécutées à la va-vite, parce que les hommes n'en ont ni le temps, ni la force physique, ni d'ailleurs les moyens matériels. Certes ils creusent des abris, mais le toit n'est qu'une protection toute virtuelle. Il faudrait deux mètres de terre pour que les obus de 105 deviennent inopérants, deux mètres de terre disposés sur des rondins d'importance. Or, depuis des semaines déjà, il n'y a plus le moindre arbre à tronçonner dans la vallée, plus la moindre paillote à démonter pour en récupérer les poutres et, de plus, personne ne pense que le Viêt-minh aura un jour de l'artillerie. Les hommes creusent aussi les tranchées à la hâte en oubliant souvent qu'elles ne doivent jamais filer en ligne droite et qu'elles ne sont efficaces qu'avec des coudes et des angles, qu'elles doivent être assez profondes pour éclipser les hommes de la vue de l'ennemi, assez larges pour que des brancardiers puissent évoluer... Certes, il y a des lieux exemplaires. Ceux où le génie a apporté tout son savoir-faire, sur les conseils des utilisateurs, et pour lesquels Hanoi n'a pas lésiné sur les matériaux réclamés. Il en est ainsi du PC et de l'antenne médico-chirurgicale.

Le PC est conçu autour d'un couloir central avec de chaque côté des cellules de différentes tailles. Un visiteur trouve ainsi sur sa gauche le 2e bureau, une salle de briefing, le colonel de Castries, le colonel Piroth, la pièce où les adjoints de Piroth règlent les tirs et le colonel commandant le secteur nord ; sur sa droite le secrétariat, le 3e bureau et l'appui aérien, le chef d'état-major – qui est donc exactement face à de Castries –, le commandement air, la liaison avec les avions d'observation ou GAOA et les sous-chefs d'état-major. Tout cela est solide, ordonné. Le centre médico-chirurgical, préparé par le médecin-lieutenant Thuriès, répond au schéma déjà évoqué. Le bloc opératoire, d'une quinzaine de mètres carrés, est solide, efficacement protégé contre l'artillerie, soutenu par deux forts piliers, plafond et murs tendus de toiles de parachute, sur des tables pliantes tout le matériel chirurgical soigneusement rangé et au sol un isolant en toile de jute. Sur la gauche, il y a la salle de réanimation, d'une quarantaine de mètres carrés, avec quinze lits de toile, dont dix superposés, et près de l'entrée les réserves de sang dans des caisses isothermes dont la glace est renouvelée quotidiennement. Au fond, nettement plus petite, la pièce de la radiologie est équipée avec un appareil de radioscopie apporté de Lai Chau. Pour annexes, il y a les chambres qui sont en fait quatre trous de huit mètres carrés offrant chacun une dizaine de lits et le logement du chirurgien. Plus loin une série de locaux où sont installés le dentiste, Eugène Riccardi, les dortoirs et réfectoires des personnels, les groupes électrogènes, les réserves, le stérilisateur. Tout paraît pour le mieux dans le plus exposé des mondes. A un détail près qui se révélera catastrophique : tous les locaux du bloc opératoire sont desservis par une tranchée, parfaite par ses dimensions, mais à ciel ouvert, exactement comme la zone de cent mètres carrés préparée pour le tri des blessés arrivant à l'antenne. Quant aux antennes chirurgicales des bataillons, elles seront aussi dissemblables que possible, reflet des conditions d'implantation ou de l'utilisation que le GONO fait des unités.

Les matériels débarqués des avions de transport sont aussi variés que divers, puisque toutes les fantaisies de la garnison paraissent acceptées et que l'intendance y ajoute les siennes en expédiant, par exemple, des masques à gaz. Le ciment, qui serait pourtant indispensable, est peut-être trop lourd. Inutile de fouiller très longuement dans les bordereaux de l'intendance : il n'en arrive pas, il n'en arrivera jamais à Diên Biên Phu malgré le manque dramatique de bois. Il ne se construit rien, sur la base, qui puisse rappeler, de près ou de loin, la ceinture des forts édifiés aux limites du Delta, lorsque le général de Lattre de Tassigny, en février 1951, avait décidé de le protéger à tout prix. Un millier de casemates, qui ne devaient surtout pas se prendre pour la ligne Maginot, avaient pour mission d'interdire une ruée massive des bo-doï et tenir au plus loin possible d'Hanoi et Haiphong l'artillerie viêt-minh ou éventuellement chinoise. Dans l'esprit du général de Lattre, de telles casemates avaient aussi un sens psychologique évident : qu'Hô Chi Minh et Giap comprennent qu'ils ne dépasseront jamais cette ceinture bétonnée. Alors les régiments, les bataillons, les compagnies, les sections avaient joué de la pelle, de la bétonneuse et des brouettes. Ils étaient maçons avant d'être combattants, pas très contents de leur sort et même agacés lorsqu'un convoi passant à leur hauteur, les bâtisseurs d'occasion entendaient la nouvelle ritournelle du Tonkin :

« Au béton les plus cons ! »

Si Cogny a transmis à Castries les réflexions de Navarre, il n'est pas certain qu'une note d'état-major interarmes, datée de ce même 28 décembre, ait connu une très large diffusion. Elle aborde un problème encore plus sensible que les insuffisances des protections. Qu'adviendra-t-il si la piste de Diên Biên Phu devient inutilisable ?

« Il faudra, dit la note, un appui feu aérien depuis la Plaine des Jarres, soit à deux cents kilomètres à vol d'oiseau, parcourus en trente-cinq minutes environ, et des vols de reconnaissance depuis Xieng Khouang, à cent trente kilomètres et à une heure et dix minutes de vol[1]. »

La conséquence est simple : en cas d'évacuation des appareils stationnés à Diên Biên Phu vers les deux bases du Laos, la charge de ces vols – pour les pilotes comme pour la consommation des appareils – sera trois fois plus lourde pour les appuis feu, deux fois plus lourde pour les vols d'observation. De même est-il indiqué que faute de ravitaillement après atterrissage, et sans récupération des voilures, le stock de parachutes disponibles au Tonkin permettra de ravitailler le camp entre dix-neuf et vingt-huit jours, selon les tonnages à parachuter ; délai qui pourrait passer de trente-trois à cinquante-cinq jours si étaient récupérés tous les stocks de voilure d'Indochine.

Le 29 décembre viennent en inspection avec Cogny les généraux Bodet, Lauzin, commandant les forces aériennes d'Extrême-Orient, et Pennacchioni qui est l'inspecteur général de l'artillerie en Indochine. Cogny est d'humeur à faire plaisir à Castries. Alors, puisque celui-ci veut trois ou quatre chars de plus, il les aura. Bodet, Lauzin et Pennacchioni paraissent observer les lieux avec une certaine réticence. Tous trois s'inquiètent de l'avenir du camp, parce qu'ils ont des doutes sur l'efficacité du pont aérien. Il leur vient à l'occasion des idées saugrenues. C'est ce jour-là que l'un des généraux présents – Lauzin étant le plus souvent cité – propose de contrer les Viêts en déposant par hélicoptère des observateurs sur les lignes de crête... que tiennent les bo-doï ! L'objection étant faite et retenue, ledit général avance une idée encore plus brillante : et si l'on utilisait un ballon captif pour observer les tirs ennemis... Lui a-t-on expliqué que ladite saucisse serait la plus belle des cibles et lui a-t-on précisé jusqu'où s'étalait désormais la zone d'insécurité ? Il était certainement impossible de le cacher aux visiteurs puisque la veille, 28 décembre, le colonel Guth, chef d'état-major de Castries, a tenté une reconnaissance vers le nord-ouest du dispositif, vers ce piton que tout le camp persiste à appeler le « torpilleur » parce qu'il domine la cuvette de sa forme allongée, semblable à une coque de navire. Or, descendu de sa Jeep pour observer le terrain carte en main, au beau milieu de l'après-midi, sur la piste Pavie, à moins de cinq kilomètres du PC central, Guth a été tué par un tireur viêt...

Son successeur, le colonel Keller, arrive à Diên Biên Phu le 31 décembre.

Hanoi, 1er janvier : Navarre doute

N'ayant certainement pas apprécié sa soirée de Noël à Diên Biên Phu, Navarre retrouve le calme et la discrétion de son bureau de Saigon dès le 25 décembre. Sur son bureau que n'encombre aucun papier, aucune photo, aucun bibelot, il reprend le texte qu'il a commencé de rédiger avant son escapade vers le camp retranché. Il relit son ébauche, revient sur la forme, s'interroge sur le fond et tend le document à une secrétaire. Il faut que cette lettre au président du Conseil soit parfaite. Elle est importante : c'est à la fois une explication de la manœuvre en cours et un avertissement pour le futur. Ce sera la première qu'il signera en 1954, la référence portée en haut de page en fait foi : 1er janvier 54 N° 1/ Géné/CC/TS :

« En prévision du mouvement de la division 316 sur Lai Chau et compte tenu du fait que le site de Lai Chau le rendait indéfendable, il était indispensable pour nous, en effet, de disposer d'une base aéroterrestre facile à défendre, permettant le soutien de nos maquis et couvrant le Haut-Laos. Diên Biên Phu était le seul point répondant à cette triple condition.

« En cas d'attaque, quelles sont nos chances de succès ? Il y a deux semaines encore, je les estimais à 100 pour 100. Diên Biên Phu est en effet une très bonne position défensive, disposant d'un excellent terrain d'aviation avec possibilité d'en faire d'autres en saison sèche. J'y ai réuni des moyens importants en infanterie et en artillerie (valeur d'une grosse division) et j'en ai confié le commandement à un officier supérieur dont je connais l'énergie. C'est donc la bataille acceptée sur le terrain choisi par nous et qui se présenterait dans les meilleures conditions contre un ennemi disposant des moyens que nous lui connaissions jusque vers le 15 décembre. Mais devant l'arrivée de moyens nouveaux que des renseignements très sérieux nous annoncent depuis deux semaines (DCA de 37 mm, peut-être de l'artillerie lourde et engins motorisés) je ne puis plus – si ces matériels existent réellement en nombre et surtout si l'adversaire réussit à les mettre en œuvre – garantir avec certitude le succès. C'est en effet, avant tout, une bataille d'aviation qui se livre en ce moment et qui se livrera jusqu'à la décision : bataille pour empêcher, par la coupure entretenue de la route d'accès, leurs engins lourds de monter en ligne ; bataille pour empêcher la mise en place de ceux que le Viêt-minh aura réussi à amener ; bataille pour détruire sur leurs emplacements ceux qu'il aura pu mettre en place ; bataille pour empêcher le ravitaillement en munitions et en essence de ceux qui auraient pu être mis en action. Si cette bataille d'aviation est gagnée, je n'ai aucune inquiétude sur le sort de Diên Biên Phu et l'ennemi, s'il ose attaquer dans ces conditions, subira des pertes telles qu'elles peuvent avoir un effet décisif sur la suite de la guerre. Si, au contraire, la bataille d'aviation est perdue, c'est-à-dire si l'ennemi réussit à mettre en œuvre ses moyens lourds, je ne puis garantir le succès. Or mon aviation est très faible en face de la tâche énorme qu'elle doit assumer.

« La solution qui consisterait à renforcer encore Diên Biên Phu est irréalisable car la garnison actuelle représente le maximum de ce que notre aviation de transport me permet d'y soutenir[2]. »

Navarre paraît oublier que le gouvernement lui a refusé les renforts demandés et l'a prié d'adapter ses ambitions à ses moyens...

Il semblerait que les services de renseignement, dont Navarre paraissait douter, aient réussi à attirer son attention sur l'assistance de Pékin. Les maquis observent les passages de matériels, des agents travaillent au plus près des bases viêts et aux abords de la frontière où les points de passage sont rarissimes pour le matériel lourd. Toujours est-il qu'aussitôt après avoir adressé son mémoire au gouvernement, Navarre expédie le 6 janvier une autre lettre au maréchal Juin, son ancien patron au commandement Centre-Europe :

« La grave préoccupation actuelle est l'aide chinoise qui semble s'amplifier considérablement en ce qui concerne les matériels lourds (camions, artillerie, canons de DCA) et qui donne au Viêt-minh des possibilités très accrues. Pour faire face la seule solution est dans l'augmentation de la puissance aérienne… »

L'année 1954 commence d'étrange façon…

Diên Biên Phu : l'état des lieux

A l'aube de la nouvelle année, la base aéroterrestre de Diên Biên Phu a ses limites et sa forme définitives : un ensemble d'apparence hétéroclite de structures défensives, décomposées en points d'appui.

Les lieux méritent une brève visite et quelques explications, puisqu'à la lecture d'une carte, il apparaît que la base est découpée verticalement par le tracé rectiligne de la route provinciale 41 et par le cours beaucoup plus capricieux de la Nam Youn, le camp étant pour partie implanté sur la rive gauche et pour l'essentiel sur la rive droite de la rivière. Découpé en trois tranches horizontales, encore que cette notion géométrique soit beaucoup plus relative, le camp comporte un secteur nord confié au lieutenant-colonel Trancart arrivé de Lai Chau, un secteur centre qui est revenu au colonel Gaucher par ailleurs patron de la 13e DBLE, puis un secteur sud nettement plus indépendant, où va régner le lieutenant-colonel Lalande.

Une visite logique consisterait à partir du PC GONO où l'état-major entoure Castries, dans ce terrier où Navarre et Cogny viennent de temps à autre prendre la température de la base aéroterrestre. A proximité immédiate du PC, le visiteur trouvera les services les plus sensibles – service de santé, transmissions, munitions, intendance, le vaguemestre aussi. Puis il découvrira les artilleurs et les chars stationnant à proximité de l'un des rares vestiges de l'ancien village, un pagodon qui sera un des repères les plus habituels. Il n'est pas certain, toutefois, que l'on montre aux visiteurs l'espace réservé à l'inhumation des tués et que l'on appelle encore la morgue.

Dans ce même lieu parfaitement encombré, la prévôté a son antenne où œuvrent des gendarmes, les hommes de la garde républicaine arrivés de Lai Chau, des gendarmes de l'air aussi. Ils ont une mission de police judiciaire militaire et de police générale militaire. Autrement dit, ils contribuent au bon ordre d'un camp qui a tout d'une petite agglomération et ils poursuivent à Diên Biên Phu des enquêtes que leur demande Hanoi, parce que, dans le camp retranché, tous n'étaient pas des anges. Leurs rapports seront de précieux témoignages sur la vie quotidienne à Diên Biên Phu.

Dans ce gigantesque campement, ignorant autant qu'ils le peuvent l'effervescence de chaque instant, les gendarmes, avec toutes les formes habituelles, vont ainsi interroger les hommes concernés ou les témoins susceptibles d'éclairer la justice militaire sur un délit, voire un crime commis en d'autres temps. Souvent le supposé délinquant n'est pas là, du moins le leur dit-on. Parfois il n'a fait qu'assister au sac d'un bistrot ; parfois il offre de régler immédiatement ce qu'il doit au loueur de vélos d'Haiphong ou à la tenancière d'on ne sait trop quel établissement d'Hanoi. En d'autres cas il faut s'expliquer sur un accident de la circulation à Hanoi. Il arrive, essentiellement à la Légion, que pour calmer la justice les compagnies soient invitées à se cotiser pour rembourser les dégâts d'un dégagement trop bien arrosé... Sur place même, les procès-verbaux concernent des affaires multiples et variées. Une enquête sur un vol de parachutes témoigne ainsi que ces voilures étaient doublement recherchées. Par ceux qui les récupéraient, les repliaient et les portaient vers les avions afin qu'elles puissent resservir. Par ceux qui estimaient que ces toiles blanches ou jaunes leur apportaient un semblant de confort et qui les transformaient en sac de couchage jusqu'au jour où la prévôté déboulait dans leur terrier et les inculpait de détournement de matériel militaire.

Un des incidents les plus étranges survient le 11 décembre 1953. Il témoigne de la difficulté de faire cohabiter des unités de nature différente, encore que le 8e Choc concerné soit un bataillon habitué aux opérations discrètes auxquelles participaient les GCMA. Ce jour-là, deux partisans, avec un caporal et un guide, quittent discrètement le camp. Ils sont en civil et sans autre arme que le PA du caporal, ils ont des sauf-conduits pour le cas où leur affaire tournerait court. C'est ce qui se produit très vite, non loin de Hong Khing : une patrouille du 8e Choc les intercepte, estime que le laissez-passer est un faux et, lorsque le PA est découvert, décide que les quatre hommes sont des Viêts. Il y aura un mort, un blessé, et des parachutistes sanctionnés.

Une fois achevé chez les gendarmes le tour du PC implanté au centre du système « Claudine », fief du 1er bataillon de la célèbre 13e demi-brigade de Légion étrangère, autant embarquer dans une Jeep ou à l'arrière d'un GMC puisqu'il y aura beaucoup de chemin à parcourir, des kilomètres même, pour explorer les autres dépendances du secteur centre.

Vers le nord, exactement le long de la piste d'aviation, se trouve « Huguette » avec ses cinq points d'appui où sont implantés des supplétifs thaïs et la Légion étrangère. Puis, perdue à un bon kilomètre plein ouest, « Françoise » l'une des dernières positions choisies, en tout cas le plus modeste de tous les points d'appui, plus un observatoire qu'un élément de la défense active du camp ; ses occupants ne sont que quelques dizaines, tous thaïs. Pour achever la visite de ce secteur centre, il faut franchir la Nam Youn où le génie a lancé un pont Bailey pouvant supporter le poids des chars. Sur la rive gauche, vers l'est, apparaissent deux séries de défenses. « Eliane », la plus au sud, est littéralement implantée sur l'ancien village de Diên Biên Phu, posée sur ce qu'il reste de la résidence du gouverneur, avec des caves solides alors que la carcasse de la bâtisse a été dépecée de tous les matériaux pouvant servir à renforcer les points d'appui. Au nord d'« Eliane » – qui changera beaucoup de locataires – c'est « Dominique » avec une garnison de tirailleurs du 3/3e RTA. Enfin, isolé à près de trois kilomètres au nord-ouest, un bastion solidement implanté : « Béatrice » où est installé le 3e bataillon de la 13e DBLE.

Le secteur nord ne comprend que deux systèmes de défense : les quatre points d'appui de « Anne-Marie » dont l'un est exactement dans l'axe de la piste d'aviation ; puis « Gabrielle », autrement dit le « torpilleur » qui ne sera occupé qu'aux premiers jours de ce mois de janvier. Sur « Anne-Marie », les PA 1 et 2 ont été conçus et implantés par le 1er BEP, un des bataillons les plus solides et les mieux armés de la garnison, avant d'être provisoirement confiés au 5e BPVN jusqu'à sa relève. Depuis, ce sont deux compagnies légères du 3e bataillon thaï qui occupent les lieux, sans trop se préoccuper de la solidité des installations. Il est vrai que le BT 3, comme ses prédécesseurs, est souvent ailleurs.

Enfin, composant à lui seul le secteur sud, il y a l'ensemble « Isabelle », implanté à cinq kilomètres du PC GONO. C'est une petite garnison indépendante à double vocation : elle boucle le sud de la vallée, puisqu'elle est à la fois le long de la RP 41 et de la Nam Youn ; elle doit appuyer par son artillerie l'ensemble du camp retranché. « Isabelle », dont l'implantation a été décidée le

15 décembre, est suffisamment autonome pour avoir son détachement de chars, son antenne chirurgicale et une piste d'aviation secondaire. C'est un fief de la Légion – le lieutenant-colonel Lalande étant lui-même légionnaire – renforcé du 2e bataillon du 1er régiment de tirailleurs algériens. Complétant cet ensemble, sans que l'on sache très bien s'il est relativement indépendant ou accroché à « Isabelle », apparaît vers la mi-janvier le plus curieux des points d'appui de Diên Biên Phu, le seul qui, aux temps calmes, ne portera pas un prénom féminin mais le nom de son chef, ce lieutenant de réserve venu de Lai Chau avec les supplétifs thaïs, le PA Wieme donc. Achevé aux derniers jours de janvier, ce PA sera ceinturé par quatre cents mètres de tranchées, équipé de neuf blockhaus pour les fusils-mitrailleurs. Un rôle de sonnette, dit-on à Wieme. Mais il ne doit pas oublier qu'il lui appartient également de protéger la piste d'atterrissage de secours et de faire quotidiennement des sorties, de jour comme de nuit. Une occasion, peut-être, pour ses hommes, de rendre visite à leurs familles implantées à quelques centaines de mètres de là, à Ban Nong Nhai, à l'autre extrémité de la piste d'aviation. Le lieutenant, qui n'est pas un naïf, comprend vite qu'il a aussi une vocation de leurre, une sorte d'appât offert aux Viêts que le PC compte bien attirer dans les barbelés pour les détruire à l'artillerie... ce qui fonctionnera assez bien d'ailleurs.

Autour des noms de ces centres de défense, toujours des prénoms féminins sauf un – pour l'instant tout au moins –, courent quelques légendes, parfois romantiques, parfois plus prosaïques. Les plaisantins, lorsque c'était encore de bon ton, laissaient volontiers entendre que toutes ces femmes avaient été, étaient ou seraient les maîtresses de Castries ; l'hommage au séducteur est trop appuyé... D'autres restent persuadés que l'ordre

alphabétique révèle approximativement les dates d'implantation, ce qui n'est peut-être pas totalement inexact sans
être parfaitement vrai : « Gabrielle » et « Isabelle » ont
été décidés en dernier lieu, après la mi-décembre, mais
« Huguette » les avait précédés.

« Gabrielle » accueille les tirailleurs algériens

Le 5/7ᵉ RTA arrive à Diên Biên Phu les 26 et
27 décembre. C'est une unité présente en Indochine
depuis des années. Avec le temps, elle s'est usée dans
des missions qui ne passionnent ni la troupe ni l'encadrement : des postes à garder, un secteur à protéger et
un chef de bataillon qui n'insiste pas trop pour oser des
initiatives. Arrivé en fin de séjour, celui-ci cède la place
au commandant Roland de Mecquenem qui est d'un tout
autre modèle. En multipliant les opérations dans sa
zone, il redonne de la vitalité à une unité somnolente.

Mecquenem est un saint-cyrien qui a connu les
combats de 1940, les geôles allemandes puis après son
évasion la campagne de Tunisie avec les tirailleurs
marocains. Après un détour par les services spéciaux, il
est, en 1945, de la conquête de l'Allemagne avec les
tirailleurs algériens. Et le voici à Diên Biên Phu, accompagné de sa réputation, celle d'un chef sévère, dur
même à tel point que ses lieutenants lui ont inventé un
surnom éloquent : « Major von Mecquenheim ». A dire
vrai, au-delà de la caricature, ses officiers le voient
autrement : le patron n'est certes pas facile mais il prend
le plus grand soin de ses hommes, définissant toujours
des objectifs nets et précis. Avec lui, ils savent où ils
vont… Le 2 janvier, le lieutenant Sanselme, qui est l'officier de renseignement, rejoint le bataillon. Sanselme est
un officier de réserve en situation d'activité – un ORSA.
Arrivé à Hanoi le jour où la garnison apprenait le mas-

sacre des colonnes Lepage et Charton[3], il a été affecté aux maquis du Nord-Tonkin. Avec ses Méos, qui préfèrent les arbalètes et les sarbacanes aux armes automatiques, il a écumé les zones viêts en quête de renseignements sur les camps d'instruction de Giap et sur la formation en cours de la division lourde 351. Il a rejoint le 5/7e RTA en avril 1952.

Le bataillon monte sur un piton en cours d'aménagement le 7 ou le 8 janvier, ce « torpilleur » pour lequel était attendu le bataillon qui n'arrivait jamais. Parce que Navarre avait montré de l'impatience, des légionnaires sont occupés à le déboiser, à l'araser. Mecquenem prend la suite avec des idées précises. Etant passé par une école de guerre américaine et ayant suivi un stage en Corée, il sait ce qu'il convient de prévoir en matière de tranchées et de fortification. Il dresse ses plans, explique ce qu'il veut et met tout le monde au travail. Son centre de défense sera très vite considéré comme le mieux conçu et le plus achevé. Lui-même s'étonne que « Béatrice » et les « Anne-Marie » soient si peu fortifiés. Il y a, chez lui, un espace pour l'atterrissage des hélicoptères, puis, au centre du piton, un PC de secours... Mecquenem, comme tous les chefs d'unité, a son poste de commandement avec, à proximité immédiate, les émetteurs radio ; par sécurité, il a tenu à doubler ces installations et, en cas d'urgence, son petit état-major et lui-même se replieront à la popote des officiers où ils trouveront cartes et radios.

Au fil des jours, la garnison prend ses habitudes qui n'auront jamais rien de la routine : les ravitaillements en eau auprès de la station d'épuration, en vivres et en munitions au GONO, la visite du vaguemestre sur le piton et celle de l'OR auprès du patron du 2e bureau, le capitaine Noël. Sanselme, qui entretient un réseau d'informateurs aux alentours du piton, apporte quotidiennement sa moisson à Noël et celui-ci explique à l'OR ce qui s'est passé autour des autres centres de résistance, ce qui pourrait bien se passer aussi. Les moments de détente sont rares mais le temps manque pour que l'ennui gagne le bataillon. Il existe bien une distraction mais elle est frustrante : le bain des femmes venues des hameaux voisins dans la Nam Co, une rivière passant au pied du piton avant d'être avalée par la Nam Youn. La seule contrainte, qui ennuie prodigieusement le 5/7e RTA, du commandant au plus humble des tirailleurs, tient aux visites des personnalités. Généraux, ministres viennent sur « Gabrielle » contempler et s'informer, accompagnés de Castries flanqué d'un état-major d'une dizaine de personnes, de sa secrétaire, escorté de son fanion... Il se trouve que, le plus souvent, leurs questions sont hors du temps et du sujet, et que Mecquenem s'en agace. Tous les matins aussi, une compagnie part en reconnaissance, explorant les environs sur un bon kilomètre de profondeur ; une tâche qui devient de plus en plus risquée.

Visite achevée, il serait imprudent de croire à une continuité entre les secteurs défensifs de la base aéroterrestre puis, au sein de ceux-ci, entre chacun des points d'appui. En réalité, seul « Gabrielle », perché au-dessus de la plaine, a une cohérence certaine. C'est le plus gros des points d'appui ou le plus petit des secteurs défensifs, mais c'est un tout, conçu comme un ensemble cohérent. Pour les autres points défensifs, c'est à la fois le hasard, l'inspiration du moment, l'expérience des hommes qui ont décidé de l'emplacement des positions de combat, des abris, de l'infirmerie ; l'essentiel étant que les positions d'un PA puissent se soutenir par leurs plans de feu, que l'on puisse circuler à l'abri des tirs viêts, et cela ne sera jamais qu'approximatif. Le réseau de barbelés, qui ne cesse de se tricoter, est lui-même complexe, truffé de mines et de pièges. Au plus près des PA, si la pente du terrain le permet, ont été ajoutés à ces pièges des bidons de napalm que l'on incendiera en cas de besoin et dont le liquide enflammé devrait ruisseler sur les assaillants. A dire vrai, rien n'était cohérent à Diên Biên Phu, vaste plaine aux très rares mamelons. Rien de comparable en tout cas avec Na San, où tous les points d'appui avaient été placés sur des hauteurs.

Une curieuse population civile

Le plus incroyable tient à certains aspects de la vie quotidienne dans cette vallée que l'on imagine déchirée par la guerre, dévastée par les obus, les mines et les bombes. Il reste et il restera de longues semaines une vie hors du camp et des civils dans le camp, les uns et les autres se côtoyant comme ils l'entendent.

Il serait absurde de croire que le camp retranché est un monde clos, ceinturé de clôtures, entouré de fortins et de miradors avec, pourquoi pas, des issues gardées par des sentinelles abritées sous des guérites joliment peintes en bleu blanc rouge... Diên Biên Phu est, par certains côtés, une fourmilière où vont et viennent des militaires affairés, des camions soulevant une poussière nuageuse, des PIM en corvée trottinant avec leurs fardeaux, des civils qui semblent ne rien avoir à faire dans cet invraisemblable caravansérail : familles des supplétifs et agents du GCMA, indigènes qui n'ont pas voulu quitter la vallée et vivent dans des hameaux subsistant aux alentours. Il y a même, certains jours, des marchés improvisés où la garnison peut aller acheter une volaille ou un porcelet. Il y a aussi des dames qui peuvent avoir envie de prendre l'air, les Vietnamiennes recrutées par la Légion ne détonnent pas dans cet univers bariolé, les Maghrébines surprennent davantage. Les unes et les autres sont là pour des raisons professionnelles : il y a deux BMC ou bordels militaires de campagne dans le

camp retranché, occupant une douzaine de pensionnaires… Les Vietnamiennes officient sur « Claudine »,
fief de la Légion ; les Algériennes sont vers les « Dominique », tenus par des tirailleurs.

Tous ces civils peuvent rejoindre les hameaux voisins
où subsistent quelques commerçants. Les soldats n'ont
qu'à signer une demande de permission pour aller
jusqu'aux paillotes échanger du tabac contre un poulet.
La situation engendre diverses péripéties obligeant les
gendarmes à taper à la machine quelques rapports supplémentaires. Elles paraissent étranges, elles sont plus
courantes qu'on ne peut l'imaginer ; telle l'aventure de
ce tirailleur du 3/3e RTA parti le 2 janvier vers
16 heures, sans arme, sans paquetage. Il va simplement
se promener dans un village thaï dont il dira ne pas
connaître le nom et se prend d'une très vive sympathie
pour une dame qu'il ne pourra pas davantage identifier,
ce qui n'empêche pas les sentiments… Il partage donc sa
cai-nha plusieurs jours, et il y serait peut-être resté s'il
n'en était sorti au moment où une patrouille rôdait par
là. Il était entre-temps devenu déserteur…

Les permissions, sans être monnaie courante, ne sont
pas franchement exceptionnelles. Elles s'achèvent parfois d'étrange façon.
Trois semaines après la mésaventure du tirailleur
devenu déserteur pour les beaux yeux d'une Thaïe, c'est
un tirailleur du BT 3 qui obtient une permission de la
journée pour Ban Comy. Lui aussi oublie de revenir.
L'enquête des gendarmes permet de découvrir que
l'homme a un frère et deux cousins germains servant
aux GCMA ; un de ses cousins a été tué par les Viêts, les
deux autres seraient prisonniers à Tuan Giao. A-t-il
déserté, a-t-il été fait prisonnier ? Nul ne le saura jamais.
Le 15 janvier, permission en poche, des partisans du

GMT 1 et des tirailleurs du BT 2 partent en goguette à Hong Quai Tai. Ils n'y vont pas ensemble, les uns sont à pied, les autres en Dodge 6 × 6. Pour le retour, les partisans offrent des places aux tirailleurs. Après tout devient confus, de leur propre aveu après un usage un tantinet exagéré du choum, cette eau-de-vie de riz locale. La bagarre qui les oppose à leur retour au camp aurait pu tourner à la tuerie si le tirailleur avait manié plus habilement son arme. En revanche, une permission du mari évite le pire à la femme d'un des partisans du GMT 1 dont les familles sont installées à Ban Kho My. Elle est partie avec d'autres femmes vers Ban Fai Lim pour y acheter des légumes lorsque des Sénégalais la trouvent à leur goût. Les femmes courent au village, alertent le mari qui poursuit les artilleurs. Ils seront longs à tout avouer aux gendarmes, mais ils reconnaîtront les faits et seront transférés à la justice militaire.

Il y a aussi, au cœur du camp, la plus étrange des populations de la vallée : les PIM ! Leur appellation officielle est « personnel interné militaire » ou « prisonnier interné militaire ». Un PIM est le plus souvent un homme qui a été fait prisonnier dans des conditions particulièrement troubles mais sans arme à la main. C'est beaucoup plus qu'un suspect, ce n'est pas forcément un coupable… Sait-on d'ailleurs que la garnison a deux catégories de PIM à demeure ? Les PIM organiques sont arrivés avec les unités qui ont rejoint Diên Biên Phu et qu'ils suivent depuis belle lurette. Les PIM disponibles relèvent du GONO qui les met à la disposition des unités. Les bataillons ou les compagnies « touchent » pour la journée des PIM lorsqu'ils ont besoin de porteurs ou de main-d'œuvre pour leurs travaux de fouissage. Ces PIM disponibles vivent effectivement comme des prisonniers, gardés dans leur espace proche de l'hôpital. Ils ne paraissent pas maltraités et les états des évacuations sanitaires – pour maladie ou pour blessure – démontrent qu'ils ont eu leur place dans les hélicoptères et les avions tant que ces appareils sanitaires ont pu se poser. Avec le temps et l'expérience, il apparaîtra que les PIM acceptent leur sort, qu'il leur arrive de préférer cette infortune à la gloire de servir l'oncle Hô. Il se créera même d'étranges liens entre les deux variétés de PIM et leurs geôliers qui ne sont d'ailleurs pas des bourreaux. Et qu'on ne les maltraite surtout pas, la prévôté interviendrait ! C'est ce qu'elle fera dans quelques semaines, le 5 mars, lorsqu'un PIM paraît délibérément poussé dans une sape de terrassement à l'antenne chirurgicale. Il se serait hâté trop lentement. Il est immédiatement soigné, entendu par les gendarmes comme l'est son gardien. Celui-ci ne sera tiré d'affaire que par les témoignages du médecin appelé à l'aide et de ses chefs qui n'ont jamais voulu croire à sa volonté de jeter le PIM au fond du trou d'un mètre quatre-vingts...

Tout ce petit monde, villageois, anciens de Lai Chau, dames des bordels, permissionnaires, agents des services spéciaux, se croise, se côtoie avec tous les risques et les avantages d'une telle situation.

Cette promiscuité entre civils et militaires, entre familles des supplétifs thaïs et habitants de la vallée, engendre de toute évidence certains risques, à commencer par un travail facilité pour les services de renseignement du Viêt-minh, parfaitement organisés. Les avantages que le GONO peut tirer d'une telle situation sont exactement le revers des inconvénients à redouter : les agents du GCMA peuvent quitter le camp, se fondre dans le paysage et aller chercher les renseignements qui intéresseront le camp et plus encore l'état-major de Cogny. Mais il faut être sérieux envers les indicateurs : les renseignements sont donc payés en pièces d'argent – que Hanoi se débrouille pour en fournir – parce que les billets de banque, même leur contrefaçon à l'effigie de l'oncle Hô, ne passent pas encore pour une monnaie sérieuse au cœur du Tonkin profond.

On apercevra aussi Déo Van Long dans le camp retranché. Il viendra en visite à Diên Biên Phu. Il n'en sera qu'un hôte très éphémère rapidement évacué sur Hanoi – à dire vrai expulsé – parce qu'il a imaginé de percevoir les impôts que les Thaïs de la vallée ne payaient plus à la fédération depuis qu'ils vivaient sous l'occupation des Viêts…

Giap : prêt pour la bataille

Giap sait que Navarre se décide le 3 décembre pour le combat. Lui-même écrira – mais des années plus tard – que le plan opérationnel adressé au bureau politique dès le 6 décembre estimait à quarante-cinq jours la durée de la bataille de Diên Biên Phu, sans compter le temps de rassemblement des troupes et des préparatifs :

« La bataille pourrait commencer vers la mi-février 1954. Ce serait, jugions-nous, la plus grande bataille de position jamais vue jusque-là, où entreraient en jeu trois brigades d'armée de terre, toutes nos unités d'artillerie, de génie, de DCA. Si on ajoutait le commandement de la campagne, les unités sous ses ordres directs, des unités de défense des lignes de ravitaillement, des troupes supplémentaires, la campagne engagerait au total quarante-deux mille personnes. Cette opération était basée sur le plan "attaque et avance à coup sûr". J'avais toujours pensé que sur le plan opérationnel et au vu de l'équipement d'alors, nous ne pouvions détruire les positions fortes qu'en les éliminant une à une. »

A l'époque, Giap reconnaît que les Français ont repéré plus rapidement qu'à l'habitude les déplacements de ses unités. Le 1er janvier 1954, le bureau politique décide que Giap cumulera les fonctions de commandant en chef et de secrétaire du comité du parti sur le front.

Sans doute est-ce le même comité central, tenant son 4e plénum en janvier 1954, qui approuve un rapport de Hô Chi Minh concernant à la fois la situation militaire et la réforme agraire. Des débats, il ressort que le Viêt-minh est parfaitement conscient que ses forces se développant inégalement entre le Nord, le Centre et le Sud, il en découle un renforcement des Français dans le Nord. Là, en plaine, les éventuelles percées du Viêt-minh sont forcément éphémères :

« Dès que l'ennemi recourt à l'envoi rapide de renforts et amène des forces mobiles supplémentaires, note Giap, nous rencontrons alors de grandes difficultés pour développer notre action.

« Il est clair que dans les montagnes, nous avons de meilleures conditions pour anéantir les forces ennemies. Ici ses forces sont relativement dispersées et l'ennemi ne peut utiliser à plein l'aviation et l'artillerie. Le ravitaillement et l'envoi de renforts qui ne peuvent se faire que par voie aérienne sont considérablement limités. Nos troupes ont ainsi des possibilités pour s'assurer et maintenir pendant toute la durée d'une campagne offensive, ou dans une direction déterminée au cours d'une campagne, une suprématie absolue pour gagner de grandes victoires. »

Giap enregistre la décision du comité central :

« Le principe directeur de notre lutte libératrice est de mener une résistance de longue durée, de compter essentiellement sur nos propres forces, c'est pourquoi nous ne tombons pas dans le subjectivisme qui porte à sous-estimer l'ennemi, nous ne faisons pas montre d'impatience, d'aventurisme. Nous n'attaquons, nous n'avançons que pour gagner, nous nous battrons jusqu'à la victoire ; si nous ne sommes pas sûrs de gagner, nous sommes résolus à différer notre attaque. »

A titre personnel, si l'on ose dire, Giap ajoute ce commentaire :

« Nous ne pouvons engager le combat que pour vaincre, nous n'avons pas le droit d'engager une bataille qui ne soit pas victorieuse... Nos forces régulières doivent considérer la guerre de mouvement comme la forme principale de guerre. »

Tout a été dit, ou presque tout, de la réunion du 1er janvier, à Khuoi Tat. Pourtant, avant que Giap ne s'éloigne vers la zone des futurs combats, Hô Chi Minh tient à le recevoir :

« Vous avez un long voyage à faire pour prendre le commandement de la campagne, vous avez sans doute des difficultés ?

— Les chefs d'état-major adjoints et directeurs adjoints du département général de politique sont déjà sur place. Il sera constitué un poste avancé du commandement suprême. Les camarades Nguyen Chu Thant et Van Tien Dung s'occuperont des affaires d'ici. Le seul obstacle, c'est d'être éloigné de vous-même, oncle Hô, et du bureau politique pour pouvoir prendre conseil régulièrement.

— Vous voilà commandant en chef sur le champ de bataille. Je vous donne les pleins pouvoirs. Cette bataille est d'une grande importance et il nous faut vaincre à tout prix. Attaquez quand vous êtes sûr de la victoire. Dans le cas contraire, abstenez-vous[4]. »

C'est le 5 janvier que Giap se met en route pour les abords de Diên Biên Phu. Son état-major est déjà en place. Vont donc travailler avec lui Hoang Van Thai, le chef d'état-major, Le Liem, responsable des problèmes politiques, Dang Kim Giang, chef du service logistique ; ces trois hommes-là ont en commun d'être membres du comité du parti du front. Avec eux, il y aura Do Duc Kiem, le sous-chef du 1er bureau, Cao Pha, le sous-chef du 2e bureau, Tran Van Quang, chef des opérations, Le Trong Nghia, chef des services de renseignement de l'armée et Hoang Dao Thuy, chef du département des informations.

Chemin faisant, à bord d'une Jeep de récupération qui est devenue son véhicule personnel, Giap constate que ses troupes ont déjà élargi et restauré des dizaines de kilomètres de routes. Il double des files ininterrompues de véhicules d'artillerie, de camions, d'hommes allant d'un pas rapide à travers la nuit que trouent les phares. Il voit aussi les dan-cong au travail[5]. Ici, ce sont des porteurs lourdement chargés, leur balancier sur l'épaule ou encore, note-t-il, « les groupes de transport par bicyclette offrant l'aspect des troupes de jeunes éléphants ». Ces bicyclettes deviendront les images d'Epinal de l'armée viêt-minh, d'autant que Giap ira jusqu'à les comparer aux taxis de la Marne. Cette image d'épopée mérite pourtant un instant d'attention. Les mille ou douze cents bicyclettes utilisées ont été fabriquées en France, les unes par les usines Peugeot, les autres par la Manufacture de Saint-Etienne. Elles ont toutes été exportées vers l'Indochine puis vendues dans les commerces spécialisés, à Hanoi. Personne ne les chevauchait. Un système de longs bambous savamment assemblés permettait aux dan-cong, se tenant de côté, de les diriger puis de les pousser, après les avoir chargées au maximum, c'est-à-dire une centaine de kilos, certainement guère plus. Jules Roy s'est inquiété de savoir si elles avaient encore leurs pédales ; celles-ci étaient en effet inutiles en charge, mais pouvaient être utiles pour un éventuel retour à vide[6]...

Lorsque le jour arrive, au-dessus des bo-doï et des dan-cong, les avions rôdent en quête d'objectifs à bombarder, des cibles bien improbables puisque le Viêt-minh pratique l'art du camouflage. Vus du ciel, ce qui est d'ailleurs bien rare, les camions ont l'apparence de buissons. Les hautes branches des arbres poussant de part et d'autre des pistes sont attachées et forment une voûte. La nuit les lumières sont discrètes et parcimonieuses. Giap, qui redoutera beaucoup les observations des aviateurs en décembre et janvier, tient à ce que les dan-cong travaillent le plus souvent de nuit, ou de jour lorsque le brouillard tarde à se dissiper. Giap sait également que les porteurs de riz sont aussi des consommateurs de riz, ce qu'il doit intégrer dans ses prévisions : « le problème deviendrait fort complexe dès lors que se prolonge la campagne… ». Progressant de nuit, se reposant le jour, il n'arrive à Tuan Giao que le 12 janvier au matin.

Alors qu'il se trouvait encore à Saon-La, un rapport lui a appris que montent du camp retranché des fumées suspectes, exactement comme si les Français détruisaient du matériel avant un repli :

« Et si l'ennemi se retirait de Diên Biên Phu… ? Il était certain que nous retrouverions un moyen pour anéantir les forces ennemies, mais l'opération hiver-printemps sur le principal champ de bataille subirait un retard. Et la saison des pluies était proche. Heureusement les colonnes de fumée ne se firent plus remarquer et l'ennemi continua de consolider ses fortifications à Diên Biên Phu. »

Giap fait alors un nouveau bond vers le front. Un moment installé sur la route de Tuan Giao à Diên Biên Phu, au kilomètre 15, il déplace son PC avancé au kilomètre 62, dans une grotte voisine de Tham Pua, à proximité du lieu de la future bataille. Giap retrouve les principaux chefs militaires, parmi lesquels Hoang Van Thai, qui ont déjà préparé les plans :

« Quels problèmes reste-t-il à résoudre ?

— Nous réparons en hâte la route Tuan Giao-Diên Biên Phu, longue de près de cent kilomètres. Ce sont des pistes utilisables pour les voyages à cheval et depuis longtemps abandonnées. Une fois cette route réparée et notre artillerie amenée sur place, elle pourrait immédiatement entrer en action.

— Quelle est l'opinion des commandants de brigade ?

— Ils pensent qu'il vaut mieux frapper tant que l'ennemi n'est pas solidement installé. Nos hommes sont exaltés à la vue de l'artillerie et de la DCA dont nous disposons. »

Giap insiste ensuite sur les deux possibilités d'anéantir le « porc-épic », ce que les Français appellent un « hérisson », autrement dit la base aéroterrestre :

« Soit lancer toutes nos forces d'un seul coup, chaque colonne s'enfonçant dans le PC du groupe de positions comme l'épée dans le cœur de l'adversaire, apportant le désarroi à l'intérieur. Les autres colonnes attaquent simultanément les points les plus exposés, créant ainsi un trouble tant à l'intérieur qu'à l'extérieur. C'est ce que nous appelons "attaque et règlement rapides". La deuxième manière consiste à attaquer pas à pas, anéantir graduellement chaque base de résistance pour détruire finalement tout le groupe de positions par des attaques successives. Il s'agit de la stratégie "attaque et avance à coup sûr"[7]. »

Ainsi, alors qu'approche la mi-janvier, Giap n'a pas encore choisi le moment de l'assaut. Il constate qu'à l'état-major tous penchent pour l'attaque immédiate ; il ne leur faut que cinq jours pour amener les pièces d'artillerie. « Mais moi je sentais que cette option n'était pas sans faille et il me fallait saisir plus à fond la situation. » Giap décide de prendre l'opinion du chef des experts militaires amis – il ne parle jamais des Chinois… – qui sont avec eux ; certainement les généraux Wei Guo Qing et Li Cheng Hou. Ceux-ci sont également partisans de l'attaque-éclair ; ils considèrent que le report de l'offensive permettrait au corps expéditionnaire français de se renforcer, ce qui pourrait compromettre la victoire.

Giap est isolé :

« Je persistai à penser qu'une offensive rapide ne pourrait aboutir à la victoire. Mais je n'avais pas suffisamment de bases solides pour rejeter l'option préconisée par des camarades venus avant moi. Je n'avais ni l'occasion ni le temps de m'en rapporter à l'oncle Hô et au bureau politique. Dans une telle situation, j'acceptai une réunion pour exposer le plan opérationnel. »

A ce moment, qui doit se situer par recoupement aux environs du 12 ou 14 janvier, Giap sait que la piste de Tuan Giao à Diên Biên Phu n'est encore qu'un immense chantier où s'épuisent les dancong. Ce qui était, il y a quelques semaines encore, un chemin muletier d'une centaine de kilomètres de long, coupé par d'innombrables torrents, passant par de fortes pentes suivies de descentes vertigineuses, ce chemin-là devient peu à peu praticable aux camions. Il est obligatoire que les canons parviennent à pied d'œuvre au plus tôt, tirés, poussés, hissés à travers la jungle, là où ne se glisse même pas le plus timide sentier. Et les munitions doivent suivre. Le travail en cours doit permettre d'acheminer le matériel des artilleurs en une petite semaine. Pour la suite, si la tactique « attaque et règlement rapides » ne payait pas, puisque les transports à dos d'hommes, de mulets, de chevaux ou à l'aide des bicyclettes ne suffisent pas, puisque le recours aux sampans, aux pirogues ne représente qu'un appoint, il a d'autres routes en projet, cinq au moins, qu'il faudra créer en suivant de misérables pistes et sans se faire repérer.

Pour expliquer la réussite de ce travail de titan, confié à des colonnes de fourmis, Giap a son explication :

« Le travail politique a joué au maximum son rôle. En s'appuyant sur les sections du parti, le travail politique a consisté à éduquer d'une manière approfondie chaque cadre et combattant pour lui faire prendre conscience de la grande signification de la campagne et du fait que la victoire au cours de cette campagne comme toute conquête révolutionnaire ne peut s'obtenir que par une lutte héroïque, de durs sacrifices, de grands efforts, cette éducation politique a forgé à nos troupes une ferme détermination à combattre et à vaincre. »

Paris : Laniel va-t-il démissionner ?

A Paris, la guerre d'Indochine est, pour un temps, passée au second rang des préoccupations du monde politique ; elle va y revenir par le biais d'une déclaration de Joseph Laniel. Le gouvernement, depuis l'élection de René Coty à la présidence de la République, sait que ses jours sont tout naturellement – et constitutionnellement – comptés. Le 30 décembre 1953, Vincent Auriol a présidé son dernier Conseil des ministres. Le 17 janvier 1954, il a officiellement transmis les pouvoirs à René Coty, désigné par le Congrès... Laniel doit remettre sa démission au président Auriol, ce qu'il a fait dès le 2 janvier, mais, après un accord discret passé entre René Coty, Joseph Laniel et Vincent Auriol, celui-ci refuse la démission du gouvernement. L'approche de la Conférence de Berlin – fixée au 26 janvier – explique cette décision. Les quatre ministres des Affaires étrangères des nations occupant Berlin doivent débattre de la situation de l'Allemagne et de la sécurité, ce qui laisse logiquement supposer qu'il y sera aussi question de la Corée et de l'Indochine. Alors Laniel et son équipe continuent...

Le gouvernement, à cet instant, pense-t-il que la situation évolue vers des négociations ? A l'appel de Laniel comme à l'interview de Hô Chi Minh, restés sans suite l'un comme l'autre, paraissent répondre quelques informations que Maurice Dejean transmet le 5 janvier au ministère des Etats associés :

« Selon des renseignements d'origine confidentielle, des comités du Parti communiste indochinois (Lao dong) auraient récemment tenu des réunions extraordinaires au Nord, au Centre et au Sud-Vietnam afin d'y entendre lecture d'un communiqué du bureau politique du comité central demandant à tous les cadres du parti d'expliquer aux adhérents les raisons pour lesquelles le président Hô Chi Minh désirerait entamer des négociations avec le gouvernement français. »

Le même document indique que Hô Chi Minh installerait à New Delhi, incessamment, un comité semi-officiel destiné à entrer en relation avec le gouvernement français.

Dès le 6 janvier, le Parlement est convoqué en session extraordinaire. Il convient de voter d'urgence les crédits de l'Education nationale et des Forces armées qui n'ont pu être adoptés dans les délais normaux. Une bonne occasion pour rappeler aux députés que la France se porte bien, beaucoup mieux que sous les précédents gouvernements. La raison en est simple, Edgar Faure, titulaire du portefeuille des Finances, ne s'en cache pas : le gouvernement Laniel est en train de réussir le redressement économique et financier du pays !

Laniel cite des chiffres, ce qui ne passionne pas forcément l'opinion, un peu plus les élus, mais il y tient : il annonce qu'en matière de trésorerie intérieure, la marge de manœuvre est passée, sous son gouvernement, de quatre à soixante-dix millions de francs ; que les réserves, qui étaient de quinze jours à son arrivée à l'Hôtel Matignon, sont maintenant de quinze mois.

A croire que la guerre d'Indochine ne coûte rien au pays ! Et cela est presque vrai...

Il y a là, en réalité, un tour de passe-passe comptable qu'Edgar Faure avouera tardivement, au crépuscule de sa carrière, un moment où tout homme politique entreprend de rédiger ses mémoires. L'aide américaine n'entre à aucun moment dans le budget de la France... Il dira s'en être expliqué, dès le mois de mars 1953, à Louviers, avec Pierre Mendès France, après que certains journalistes avaient souligné que l'aisance de la trésorerie française n'était pas sans rapport avec l'importance de l'aide américaine, elle-même liée à l'effort militaire que la France soutenait en Indochine :

« Je ne considère nullement comme humiliant pour notre dignité que la France, au regard des charges internationales qu'elle assume dans l'intérêt du monde libre, reçoive une aide extérieure. Mais j'en avais précisé les conditions et les limites. Cette aide extérieure ne devrait pas être comprise dans les comptes du minimum biologique de notre économie. Elle devait (seulement) nous apporter un supplément de moyens par rapport à un équilibre initial, nous permettant de compenser, soit dans notre niveau de vie, soit dans nos moyens d'expansion économique, un peu de ce que nous retranchions pour assurer nos hautes missions humaines[8]. »

Ce plaidoyer économico-financier a-t-il été déterminant, lors du vote de l'Assemblée nationale ? En réalité, il semblerait que le succès de Laniel, relativement facile, tienne à une donnée autre, déjà entrevue pour éviter la démission constitutionnellement logique de son gouvernement : la Conférence de Berlin. Refuser la confiance, à un moment où n'apparaissait aucun successeur possible à Joseph Laniel, où aucune majorité ne se dessinait en faveur d'une équipe de rechange, où aucun parti n'avait de politique autre à proposer pour l'Indochine, c'était effectivement laisser vide le fauteuil réservé à la France. Les observateurs ont d'ailleurs noté, à l'époque, que dans le débat parlementaire l'opposition socialiste et communiste est restée mesurée et n'a pas envoyé à la tribune ses orateurs les plus mordants. D'où ce scrutin, somme toute facile : 319 voix pour le gouvernement Laniel, 249 contre et 47 abstentions.

Dans son discours, avant le vote des députés, Laniel avait tenu à rappeler les grandes lignes de sa politique indochinoise :

« A l'égard de l'Indochine, notre attitude sera fonction, avant tout, des possibilités réelles de paix : elle ne sera fixée, en toute hypothèse, que dans des conditions compatibles avec nos engagements avec les Etats associés.

« Nous désirons la paix, nous souhaitons négocier. Nous sommes les premiers à avoir tenu ce langage. Hô Chi Minh s'est borné, jusqu'ici, à faire écho à nos déclarations de principe. Rien de concret, rien d'officiel ne s'est encore manifesté en vue de nouer véritablement le dialogue.

« Si l'on juge des méthodes de négociations extrême-orientales et communistes par l'exemple de Corée, il semble qu'il ne faille dans l'affaire indochinoise, ni perdre patience, ni perdre espoir.

« Nous devons savoir surtout, comme cela a été nécessaire dans l'exemple coréen qu'on nous cite si souvent en modèle, continuer à combattre sans découragement tout le temps nécessaire pour aboutir à un règlement... »

Georges Bidault, toujours ministre des Affaires étrangères, peut se préparer à partir pour Berlin, où la conférence des Quatre s'ouvre le 25 janvier.

7
La vie à Diên Biên Phu
Giap est prêt
L'attaque reportée

La nouvelle année n'a pas apporté l'espérance à la garnison de Diên Biên Phu. Chaque jour passant prouve un peu plus la pression viêt autour de la base. Chaque jour, atterrissent les avions qui amènent de nouvelles unités, réembarquent des troupes dont on a besoin ailleurs ou qui ne paraissent pas trop sûres. Et l'on débarque du matériel, et l'on parachute des vivres, des munitions, et l'on jette depuis les Dakota des rouleaux de barbelés par centaines, par milliers.

Sur place, le 2ᵉ bureau ne chôme pas. Les renseignements qu'il fournit au colonel de Castries puis qu'il transmet à Hanoi confirment l'impression que tous commencent à éprouver, celle d'être pris au piège. Etrange cadeau du sort, c'est très exactement le 1ᵉʳ janvier que le 2ᵉ bureau découvre les projets du Viêt-minh en matière de transport, l'un de ses supposés points faibles jusqu'à cet instant. L'ennemi étudie des tracés d'itinéraires carrossables et circulaires autour du camp. Une sorte de boulevard périphérique qui va encercler la cuvette. Ces itinéraires viendront compléter un réseau routier qui paraît avoir été opérationnel vers la mi-janvier bien que la jonction entre la piste Pavie et la RP 41 n'ait été achevée, les Français en sont certains, que le 20 janvier. Ce réseau routier sera une des fiertés de Giap :

« Nous avons alors ouvert cinq routes nouvelles, pour transporter nos pièces d'artillerie par camion, et pour pouvoir les utiliser avec plus de mobilité. Ces routes ont été ouvertes à travers des pentes abruptes, de nombreux cols dans les alentours de Diên Biên Phu, à portée de l'artillerie ennemie, elles passent en des endroits jusqu'alors inexplorés. Nos troupes ont rasé les collines, taillé les flancs des montagnes et frayé la voie à l'artillerie dans les délais prévus. Le secret en a été gardé et, grâce à un camouflage excellent, l'entretien des routes assuré jusqu'à la fin de la bataille. »

Très vite, il devient également évident que le Viêt-minh consacre, lui aussi, un effort particulier au renseignement. De différentes sources, essentiellement par l'observation puis par les interrogatoires de prisonniers et des quelques déserteurs – fort rares, mais il y en a –, les Français apprennent que neuf compagnies spécialisées, formées de cadres et d'hommes sévèrement sélectionnés pour leur intelligence, leur courage physique et leur sûreté politique, travaillent à proximité du camp. Ce sont ces bo-doï infiltrés au plus près de la base qui ont ainsi repéré dès le 21 décembre le détachement s'occupant au montage des chars, avant même que Cogny recommande la prudence à Navarre. Les renseignements recueillis sur place par les Français sont bons, mais il y a plus important encore : le 2e bureau de Hanoi apprend, le 5 janvier, que les principaux cadres viêt-minh du service de renseignement travaillant autour de Diên Biên Phu sont convoqués pour les 7 et 8 janvier au PC. Il y sera discuté du plan opérationnel et leur présence est nécessaire pour la construction d'une maquette de la cuvette avec les installations de la base[1].

A travers le camp, les nouvelles circulent, comme elles circuleront toujours dans une garnison, avec une part inévitable de fantaisie enjolivant des réalités indiscutables. A la vérité, qu'importe aux sections de tirailleurs ou aux compagnies de Légion que le colonel de Castries vienne de demander un adjoint air, parce que la gestion du trafic aérien au-dessus de la vallée tourne à l'embouteillage et qu'il faut aussi penser aux missions d'observation et d'appui de l'infanterie ? Le général Déchaux a choisi le commandant Jacques Guérin. En rejoignant Diên Biên Phu, celui-ci ne s'attendait sûrement pas à travailler quelque vingt heures par jour. Une telle présence devenait effectivement urgente. Il y a quelques jours, le 3 janvier, un C-119 a largué sa cargaison juste sur un PA, faisant deux morts et cinq blessés. Le soir, l'ambiance était morose à Cat Bi : que le système de largage ait mal fonctionné ne consolait pas les aviateurs accablés.

Parmi les troupes fraîchement débarquées figure le 1er bataillon du 4e régiment de tirailleurs marocains. Ils arrivent de la région de Sontay où les compagnies étaient dispersées dans des points d'appuis bétonnés. Elles étaient là sans contact les unes avec les autres, simplement reliées au PC de bataillon, vers où convergeaient pistes et routes. Ces Marocains ont connu depuis vingt-huit mois six chefs de bataillon successifs. Le dernier nommé, le commandant Jean Nicolas, part avec eux pour Diên Biên Phu. Il a eu le loisir de découvrir son problème majeur : un sous-encadrement dramatique. Ainsi, la section mortiers-mitrailleuses, que devrait commander un lieutenant ou un adjudant-chef, est confiée à un sergent de vingt-deux ans. Pis encore, pour un effectif théorique de quarante et un tirailleurs, cette section est réduite à vingt-cinq hommes, auxquels s'ajoutent pour faire bonne mesure vingt et un PIM porteurs.

Or Nicolas sait qu'un tirailleur marocain ne se bat que pour son chef ; si celui-ci tombe, s'il n'a pas un adjoint, la section est désemparée. Ces Marocains doivent aussi être assurés que tout le nécessaire sera fait, s'ils meurent au combat, pour que leur corps soit rapatrié au Maroc. L'essentiel du bataillon, sinon tout l'effectif, est originaire de Taza. C'est un élément d'importance, car si les hommes se battent bien, c'est aussi pour l'honneur de la famille qui, au douar, porterait la honte d'une lâcheté ou d'une désertion.

Aussitôt arrivés à Diên Biên Phu, le 15 janvier, les tirailleurs sont dirigés vers « Eliane 2 » qui sera leur point d'attache. Tout près d'eux se trouvent deux pitons dont il sera souvent et dramatiquement question dans les prochaines semaines : le mont Chauve et le mont Fictif. Le premier est ainsi nommé parce que déboisé, pelé par sécurité ; le second parce qu'il a été affublé d'un début de dispositif défensif qui ne sera jamais sérieusement occupé mais qui est supposé tromper l'ennemi... Pour se déplacer sur le PA ont déjà été creusées des tranchées d'un mètre quatre-vingts de profondeur, larges de quatre-vingts centimètres. En avant des fortifications, il y a le traditionnel réseau de barbelés et l'inévitable champ de mines.

Le 1/4ᵉ RTM découvre les joyeusetés et les servitudes d'un camp retranché. Les tirailleurs effectuent des sorties de reconnaissance, explorent les environs immédiats puis participent à la mise en place des sonnettes. Elles se composent d'une poignée d'hommes que les unités postent aux abords du camp pour observer l'adversaire et éventuellement alerter la base. La mise en place d'une sonnette n'est pas une partie de plaisir. Une compagnie sort le matin, effectue un périple qui peut durer quatre bonnes heures et, chemin faisant, abandonne discrètement les guetteurs désignés. Après quoi, l'air innocent, le gros de la troupe regagne le PA. Restent généralement dans la nature un cadre, deux hommes et un ou deux Thaïs connaissant bien les lieux. Ils n'ont, pour communiquer avec les amis, qu'un poste de radio, un SCR 300 qui peut porter à cinq kilomètres, et un miroir pour que les avions d'observation puissent les repérer. Avec leur radio, ils conversent sans parler. Un code très simple a été mis en place puisqu'il faut, pour émettre, appuyer sur un bouton, le bruit du déclic devenant un son. Il suffit donc d'interroger la sonnette, dont le radio répond en appuyant sur le contact : trois secondes c'est oui, dix secondes c'est non... Chaque équipe sait qu'elle devra passer une nuit sur place et au petit matin espérer la venue de la compagnie, si les Viêts n'ont pas fait prisonnier ou anéanti le petit groupe.

Le 9 janvier, arrivent par le pont aérien les futurs patrons des cavaliers : le capitaine Hervouet et le lieutenant Préaud. Hervouet est un ancien aide de camp du maréchal Juin qui s'est porté volontaire pour l'Indochine. Depuis son arrivée, il est affecté à un régiment de chars, le 1er RCC. C'est le général Cogny qui a choisi pour Diên Biên Phu cet homme calme, aimable, compétent, qui ne quitte jamais ses fines lunettes cerclées d'or. Préaud apprend aussitôt qu'il va aller sur « Isabelle », où l'attendent trois chars et leurs équipages. Encore faut-il, pour rejoindre le centre de défense le plus au sud, traverser ce morceau de pays thaï qui a encore ses villages, ses populations et son lot d'observateurs viêts...

Le 11 janvier, la nouvelle du jour est réconfortante : la garnison apprend le réembarquement des artilleurs laotiens, dont le départ s'étalera jusqu'au 17 janvier. C'est un soulagement au PC où l'on savait que ce détachement n'était pas prêt moralement pour le combat à venir. Ils étaient trop loin de chez eux, dans une ambiance qui n'était pas la leur. Sont également relevés le 301e BVN et le 2e tabor. Mais les unités arrivées à

Diên Biên Phu au gré des relèves, depuis le mois de novembre 1953, sont-elles pour autant toutes capables de supporter le siège qui s'annonce ? Le 12 janvier, les renseignements confirment que la division 312 se rapproche au nord-est. Et, à huit kilomètres au sud-sud-ouest de Diên Biên Phu, une patrouille est accrochée par une compagnie viêt-minh solidement enterrée. Il faut, pour dégager les parachutistes, l'intervention de l'artillerie et de l'aviation. L'affaire coûte aux Français quatre morts et vingt-deux blessés.

Organiser les défenses, se préparer au combat, c'est bien, c'est même indispensable. Cela ne satisfait qu'à demi le médecin-colonel Le Gac, un épidémiologiste venu effectuer une inspection sanitaire entre le 3 et le 13 janvier. Son rapport peut faire sourire, tant il s'intéresse aux détails, comme il peut inquiéter tant les risques sanitaires paraissent évidents. C'est une immense revue de détail qu'il fait passer au camp retranché... Rien à redire en matière alimentaire puisque le pont aérien permet que le ravitaillement soit assuré. Il l'est même abondamment en viande congelée, en pain, pommes de terre et légumes frais, en riz aussi. Les Thaïs vont d'ailleurs toujours acheter, aux petits marchés voisins, leur riz gluant. Pour les PIM qui se sont un moment contentés de conserves, il est décidé de faire venir du poisson sec.

Les cuisines, se trouvant à proximité des unités, sont généralement propres ; ce serait mieux encore si l'intendance voulait bien les doter de garde-manger métalliques, indispensables contre les mouches et contre les rats qui paraissent apprécier le site. Pour les logements, qui ont été sous tente au début et désormais dans des abris souterrains, il faudra améliorer le couchage. Des hommes dorment dans des lits Picot, d'autres sur des brancards, certains dans un sac de couchage, à même le sol, simplement roulés dans des couvertures. Pour la toilette, le médecin-colonel inspecteur est bien obligé de constater qu'il n'y a pas de douches, que les hommes vont prendre des bains dans la rivière, oubliant volontiers qu'ils sont interdits en amont de l'usine de purification de l'eau. Notre épidémiologiste va se surpasser pour les feuillées : le temps de l'improvisation est terminé, il va falloir faire mieux, creuser ferme pour généraliser le modèle dit « fosse hollandaise ». Le schéma est précis : ce sera une tranchée longue de huit mètres, large de quatre-vingt-dix centimètres et d'une profondeur de trois mètres… Chaque jour il faudra jeter dans le trou une légère couche de terre, puis sur les parties en bois étendre quotidienne- ment du chlorure de chaux, enfin deux fois par semaine répandre trois litres d'essence que l'on enflammera. En matière d'enlèvement des ordures – qui sont abandon- nées un peu trop près des cantonnements, il est vrai – le médecin-inspecteur demande qu'un camion soit affecté à leur récupération puis à leur évacuation dans des dépotoirs assez loin du camp. Peut-être le camp retran- ché doit-il à son intervention l'arrivée, à la fin janvier, de la deuxième station d'épuration de l'eau et de nouvelles remorques-citernes pour approvisionner les centres de défense.

Les risques d'épidémie devenant effectivement préoc- cupants, un groupe d'hygiène itinérant se met en place vers la mi-janvier. Le 20, part pour la première fois en expédition à travers le camp une équipe sanitaire composée du sergent infirmier Rerolle, d'un légionnaire et de quatre PIM. Ils vont désinfecter le camp au DDT et, à grand renfort de Tomorin, engager le combat contre les rats. A eux, également, la chasse aux feuillées impar- faites, l'éradication des ordures ménagères aberrantes, l'assainissement des abords des cuisines, l'aménagement des épandages de déchets hors du camp. Vaste pro- gramme, un peu négligé depuis deux mois, ce qui était loin de déplaire aux rats et autres vermines. Pour faire bonne mesure, face aux risques de paludisme, la niva-quine devient obligatoire. Comme le découvriront beau-coup plus tard certaines fédérations sportives, il y a toujours et partout des tricheurs. Des contrôles inopinés des urines sont donc pratiqués pour détecter ceux qui n'avalent pas leur comprimé. Les résultats sont atter-rants ! Il était certainement temps d'agir contre toutes les larves : le 21 janvier, la gale menace ! Quatre-vingts cas sont recensés au 5e BPVN sur le départ. Et les poux prolifèrent à travers la base.

Plus tard, lorsque le camp sera totalement encerclé, la situation se compliquera dramatiquement avec l'entasse-ment des ordures, qu'il sera impossible d'évacuer et qui poseront d'invraisemblables problèmes, étant donné la rareté des terrains libres à l'intérieur du camp.

Cat Bi : le poids des Américains

Le 7 janvier, l'ambiance est curieuse sur la base aérienne de Cat Bi. Les équipages viennent d'apprendre que les C-119 ne doivent pas voler le lendemain pour cause d'entretien… En clair, pour les aviateurs, cela signifie qu'une affaire se mijote, et elle doit naturelle-ment sortir de l'ordinaire puisqu'elle est secrète. Les équipages des C-119 ont raison : ils apprennent au même instant la nature de leur mission et son annula-tion…

Les officiers de renseignement d'Hanoi étaient pour-tant sûrs de leurs informations : un régiment d'artillerie et de DCA viêt-minh, sans doute en provenance de la Chine, devait nécessairement emprunter la route provin-ciale 41. Le lieu choisi pour l'attaquer était un point de passage forcé : Tuan Giao, véritable base arrière des troupes assiégeant Diên Biên Phu. La méthode retenue était un bombardement au napalm... Jusqu'au moment où les Américains informés imposent leur veto à l'opération. Ils veulent bien prêter leurs avions, mais pas pour n'importe quoi... Il faudra quelques semaines encore pour qu'ils se résignent à de tels bombardements.

Les C-119 posent d'ailleurs des problèmes depuis le mois de décembre. Un renfort en personnel s'impose. Les pilotes français opérant sur ces appareils manquent pour les équipages des Dakota, où ils ont été prélevés. Douze équipages américains auraient été les bienvenus. Ne voyant là qu'une demande d'ordre technique, le MAAG transmet le dossier à Washington. Nul n'a jamais su par quel hasard les services du Quai d'Orsay en avaient été avertis, mais la direction Asie du ministère des Affaires étrangères s'inquiète aussitôt des conséquences possibles de cette intervention. Alerté, le gouvernement Laniel se range aux vues des diplomates : qu'adviendra-t-il si un pilote américain est abattu et capturé au Vietnam... Il est donc décidé, le 16 janvier, qu'il n'y aura pas de personnel navigant américain. Après quoi l'interdiction sera nuancée : il n'y aura pas d'équipage américain sur des appareils employés dans des missions, même non opérationnelles, comportant le survol d'une zone opérationnelle ou dissidente. Plus tard, la pudeur évacuée, le recours – discret – aux mercenaires du général Claire Lee Chennault apparaîtra comme une solution satisfaisante.

Pour l'immédiat, les pilotes militaires français des C-119 multiplient les missions sur Diên Biên Phu où ils ne pourront – théoriquement – jamais se poser pour d'évidentes raisons techniques tenant à leur poids et à leur encombrement. Ce sont, le plus souvent, deux missions quotidiennes qu'effectuent les équipages, toujours des largages, toujours du matériel aussi varié qu'inattendu. Il faut de tout pour que vive la base : des vivres et des munitions, de l'essence et des madriers, des

chaises et des pioches, du plasma sanguin, des lits et du
tabac. Tout cela ne pouvant venir que du ciel. Les aviateurs sont épuisés, comme l'écrira l'un d'entre eux, Marc
Bertin :

« Les heures de vol accumulées, les heures d'alerte et
d'attente interminables qui épuisent elles aussi nerveusement, le manque de repos, les repas pris n'importe
quand, n'importe où, n'importe comment, composés de
n'importe quoi, le pays lui-même avec son palu, ses
dysenteries, terrassent les moins résistants. »

Le 31 janvier, Bertin fait l'arrêté mensuel de son car-
net de vol : quarante-cinq missions de guerre n° 2 en
cent quarante heures et trente-cinq minutes de vol. Une
bonne moyenne, dit-il. A l'époque un pilote civil, dans
des conditions moins inconfortables, ne dépassait pas les
quatre-vingt-cinq heures.

Le Viêt-minh à l'écoute de la base

Le 12 janvier, le 2e bureau demande la mise en place
la plus rapide possible de tables d'écoutes rapprochées,
servies par du personnel en majorité vietnamien, aux
ordres du 2e bureau GONO[2]. Tout laisse supposer, en
effet, que les Viêts écoutent les liaisons radio du camp.

A la vérité, l'alerte est plus conséquente que cette première note le laisse supposer aux spécialistes des transmissions détachés dans le camp retranché. Il existe
effectivement un deuxième rapport des services de renseignement d'Hanoi, daté du 19 janvier, alertant le
général Cogny. Il est signé du lieutenant-colonel Levain,
chef du 2e bureau :

« Le Viêt-minh a installé aux environs de Diên Biên
Phu un centre d'écoute de nos réseaux radio. Cette
écoute qui est perfectionnée chaque jour peut avoir les
conséquences suivantes :

a. connaissance parfaite de notre réseau (longueurs d'onde, indicatifs, horaires)

b. connaissance par l'adversaire de nos projets tactiques ou logistiques

c. exploitation des informations recueillies pour contrecarrer ces projets

d. au moment de déclencher l'attaque du camp retranché de Diên Biên Phu, brouillage systématique de nos émissions et ordres donnés directement à nos troupes (ordre de déplacement, de cessez-le-feu, de transfert de tirs, etc.) qui pourraient avoir de très graves conséquences[3]. »

Trois jours plus tard, le 22 janvier donc, une autre note du 2e bureau toujours à l'intention de Cogny est encore plus inquiétante :

« Il est possible d'affirmer que les Viêts connaissent avec exactitude le nombre de nos bataillons, dans les centres de résistance et en réserve, la nature, le volume et l'implantation de nos appuis feux (artillerie, aviation, chasse), l'emplacement et la dimension de nos PA, la nature, le dessin et la profondeur de nos défenses extérieures.

« Le commandement VM se trouve donc en mesure de concevoir sa bataille en toute connaissance de cause et de la préparer jusqu'aux plus petits échelons avec minutie[4]. »

L'encombrement de l'hôpital de la garnison est une autre préoccupation de l'état-major d'Hanoi. Ce n'est pas encore la grande bataille attendue et parfois espérée, mais ce sont quotidiennement des escarmouches, des tireurs isolés, des embuscades, des accrochages. Il y a déjà des blessés à évacuer, des malades aussi. Ainsi, entre le 20 novembre et le 20 décembre ont été réalisés six cent trente-six évacuations sanitaires. Pour ce mois de janvier, seront transportés sur Hanoi deux cent

soixante-dix cas relevant de la chirurgie, deux cent quatorze malades et quatre cent quatre-vingt-quinze civils,
trop malades pour être soignés sur place. Les équipes
médicales doivent être renforcées, comme doivent être
complétés le matériel sanitaire et les possibilités d'évacuation. La base est donc dotée de deux hélicoptères
Sikorski-55, de deux Dakota, deux Morane sanitaires et,
au sol, sont ajoutées deux Jeep porte-brancards et une
ambulance GMC. L'effort ne satisfait cependant pas le
général Terramorsi qui est l'adjoint technique et opérationnel à la direction du service de santé des Forces terrestres du Nord-Vietnam.

Hanoi : les premières craintes

L'état-major du général Cogny n'a jamais été enthou-
siasmé par l'idée d'une implantation à Diên Biên Phu.
Dès le mois de novembre, avant que « Castor » ne
devienne une réalité, les objections avaient été présentées poliment, respectueusement mais clairement au
patron. Mais le patron n'avait pas eu envie de contrarier
Navarre qui tenait à son opération...

Depuis, tous les renseignements concordent : le Viêt-
minh a fait du plus énorme des hérissons son objectif
prioritaire. L'optimisme de Saigon, où Navarre veut sa
bataille, est tempéré par le pessimisme de Hanoi où les
proches de Cogny se demandent comment échapper au
piège qui se referme.

Le 13 janvier, le lieutenant-colonel Denef adresse une
nouvelle note à Cogny, qui paraît directement liée au
projet « Xénophon » déjà entrevu et secrètement étudié :
« ... Pour sortir, il faudra une brèche de vive force
dans le dispositif ennemi, sur une direction choisie, en
se couvrant sur les flancs par des éléments suffisamment

forts pour s'ouvrir des brèches secondaires, attirer l'ennemi tout en le contenant.

« Il faudra en outre maintenir une arrière-garde pour

– contenir l'ennemi sur les autres faces de la base aéroterrestre

– protéger l'artillerie

– procéder à la destruction des véhicules, matériels, dépôts qui ne peut être faite avant le déclenchement de l'action.

Arrière-garde : 4 bataillons minima.

Flancs-gardes : idem.

« Il restera sur l'axe principal 4 bataillons, en tenant compte de ce que nous avons 3 bataillons thaïs sur lesquels on ne peut compter pour assurer les missions de sacrifice d'arrière-garde et de flanc-garde ; la masse se sacrifiera donc pour ces 4 bataillons dont 3 thaïs.

« On a fait sciemment de Diên Biên Phu une base aéroterrestre. Comme toutes les bases aéroterrestres actives, celle-ci est immobile par essence et ne peut être secourue que de l'extérieur. Et c'est à la force extérieure de venir jusqu'à elle en rompant son isolement par air ou par terre.

« Sinon, c'est une catastrophe plus ou moins nuancée, en tout cas, il appartient au commandement de préciser les sacrifices qu'il consent pour en sortir[5]. »

Le colonel Battesti lit la note de Denef et, avant de la transmettre à Cogny, il ajoute son propre commentaire :

« Je suis entièrement d'accord, l'investissement ne pourra être rompu que par des actions dans la 3e dimension (actions puissantes d'aviation) ou par une opération de dégagement venant du Laos.

« Dans un cas comme dans l'autre, c'est la bataille du Généchef. « Je pense qu'il a prévu les moyens nécessaires avant de s'enfoncer dans ce guêpier. »

La fragilité du camp retranché doit aussi apparaître aux grands chefs. Il s'agit bel et bien d'approfondir l'option « Xénophon » lancée dès le 31 décembre par Navarre, en y ajoutant un projet répondant au nom de « Ariane ». Ce sont deux variantes pour un même abandon de la base. « Ariane » serait un repli de la garnison avec un recueil par des unités ne pouvant guère surgir que du Laos ; « Xénophon » serait une sorte de passage en force, un dégagement par la vallée de la Nam Ou. Les chances de succès sont aussi minces dans un cas que dans l'autre, puisque Cogny répond le 21 janvier à Navarre :

« Il faut – pour donner à l'opération une chance de réussite, si faible soit-elle – l'intervention d'un groupement du Laos susceptible d'agir jusqu'aux Calcaires de Tai Chang avec une puissance qui permette à ce groupement de recueillir le GONO et, en raison de l'état probable dans lequel le rejoindront ses forces, d'assumer alors pratiquement la charge des combats. »

Cogny insiste aussi sur le soutien massif des forces aériennes et sur l'ensemble des aléas qui rendent cette opération pratiquement impossible.

« Je me permets donc d'insister respectueusement auprès de vous pour que soit maintenue l'intention de conservation à tout prix de la base de Diên Biên Phu que vous avez marquée dans votre instruction n° 949 du 3 XII 1953. Dans le but de ne pas briser le moral d'aucun des exécutants, et conformément à vos ordres, le colonel de Castries et ses subordonnés n'ont pas eu connaissance des études "Ariane" et "Xénophon"[6]. »

A la même époque, à Hanoi, le pessimisme ne paraît pas accabler tous les penseurs. Il y a même des imaginatifs pour se manifester et trouver que l'on néglige singulièrement l'arme psychologique. D'où l'idée lumineuse de lancer des tracts sur les troupes encerclant Diên Biên Phu ! Une équipe se met au travail et produit une manière de synthèse de ses réflexions en date du 16 janvier. Des thèmes ont été retenus, qui pourraient convaincre les bo-doï de se rendre : Vous voulez combattre là où vivent des populations paisibles qui ne demandent que leur tranquillité... Ce pays vous est étranger, sachez qu'il est rude, fatigant, vous allez y connaître les privations ; beaucoup d'entre vous ne rentreront jamais chez eux... Rendez-vous...

Pour mesurer la dégradation de la situation, il suffit de placer l'un près de l'autre deux rapports mensuels rédigés par l'EMCFA.

Le premier, daté du 9 janvier 1954, résume la situation telle qu'elle était au mois de décembre 1953 :

« Une fois encore devancé par une manœuvre dont le transport aérien a permis la soudaineté, le commandement viêt-minh voit, fin novembre, lui échapper la base de Diên Biên Phu. Rapidement organisé, Diên Biên Phu devient, dès le 10 décembre, une place forte disposant de onze bataillons, cinq batteries d'artillerie, des éléments du génie et de l'aviation. Elle sert en tout premier lieu à recueillir la garnison de Lai Chau évacuée par air le 8 décembre... »

Le second, daté du 6 février, résume la situation de janvier 1954. L'optimisme, aux allures de bulletin de victoire, s'estompe et laisse entrevoir des difficultés :

« L'investissement méthodique de Diên Biên Phu par les rebelles, avec des moyens puissants, leur retour offensif au Moyen-Laos, leur contre-offensive sur les plateaux montagnards, l'accentuation de la guérilla dans le Delta tonkinois et même en Cochinchine, enfin la menace qui se dessine à la fin du mois contre le Nord-Laos marquent successivement, en janvier 1954, la volonté du commandement viêt-minh de s'assurer l'initiative des opérations en essayant de disperser nos efforts. »

En ce mois de janvier, jusqu'au 25 semble-t-il, l'attention des états-majors se concentre donc sur la base aéroterrestre de Diên Biên Phu autour de laquelle, de toute évidence, les rebelles mettent en place des moyens importants. Au-delà du 25 janvier, c'est plutôt la menace sur Luang Prabang qui inquiète les stratèges ; ils s'interrogent d'ailleurs sur le sens de cette manœuvre de Giap... Ce mouvement de troupes ne soulage pas pour autant Diên Biên Phu, puisque aux alentours sont repérées les divisions 308, 316 et une partie de la 312, pour un ensemble de trente bataillons. Simultanément, les Viêts paraissent accorder la priorité aux travaux de pistes et de routes qui vont permettre la mise en place des premiers éléments d'artillerie, soit deux régiments pouvant aligner au total quarante canons de 105, une DCA dotée de huit canons antiaériens de 37 mm et les munitions correspondantes. Curieusement, ces armes restent silencieuses, même le 30 janvier lorsque l'artillerie du camp retranché inflige des pertes sévères à un important rassemblement viêt. Dans le même temps, le Viêt-minh durcit son attitude dans le Delta, où s'implantent trois régiments – les 42, 50 et 52 – ayant de toute évidence pour mission de fixer là des unités mobiles françaises.

L'aide extérieure

Le 18 janvier, le commissaire général Dejean prend contact avec l'ambassade de France à Washington. Il voudrait savoir ce qu'il advient de la demande de Laniel aux Américains : vingt-cinq B-26, que piloteront des équipages français, plus l'engagement de spécialistes américains au sol, qui seront donc des non-volants et des non-opérationnels. Il faudrait aussi des pièces de rechange pour les Dakota et les C-119.

Le lendemain, il est demandé au MAAG de Saigon de prévoir un renfort de quatre cents hommes pour le service des Dakota et des Maraudeur. Laniel, Reynaud et Jacquet avaient déjà donné leur accord pour cette assistance. Cette fois, sont demandés des équipages volants, mais seulement pour des missions de transport non opérationnelles.

Parallèlement à ces tractations avec les Etats-Unis, d'autres pays décident, pour diverses raisons – certains d'entre eux étant particulièrement concernés par la situation du Sud-Est asiatique – d'apporter leur assistance à l'effort de guerre français.

L'aide canadienne paraît être la plus limitée, pour ne pas dire symbolique. Il ne reste en archives que la trace de la livraison de vingt-six mille fusils, le 5 janvier 1954.

L'Australie est plus généreuse. L'affaire se prépare longuement. Conduite par l'ingénieur principal du génie maritime Senequier, une mission se rend sur place en novembre 1953. Senequier emporte la liste des matériels que la France accepte, pour obtenir l'accord définitif de cession. Il va aussi recueillir des informations supplémentaires sur des matériels soumis à certaines réserves. Enfin, il doit étudier les conditions de transport depuis les dépôts jusqu'aux ports d'embarquement et se préoccuper des accessoires nécessaires à certaines bombes. La règle du marché est simple : on prend le matériel là où il est, comme il est... La France a la responsabilité du chargement et des transports. L'Australie ne voit qu'un seul risque mais qui l'inquiète : une grève des dockers ! Le secret étant impossible, il faudra être particulièrement discret. Le lot australien peut paraître hétéroclite, il est important. Sont prévus des cartouches, des bombes, des combinaisons de vol, cinquante-trois Alligator – des engins d'assaut maritimes ayant sûrement leur utilité en Indochine –, des bâtiments de débarquement à fond plat dits ALC 40 ainsi que des dragueurs Bathurst.

L'affaire paraît simple et rondement menée. C'est compter sans l'inévitable MAAG pour qui ces matériels, passés des Etats-Unis à l'Australie en « prêt-bail », nécessitent un accord de Washington. Le feu vert obtenu, l'affaire est achevée avant la fin de l'année 1953 par le lieutenant-colonel Cathala, qui séjourne du 3 au 28 novembre en Australie, puis en Nouvelle-Zélande. Celle-ci propose cinquante canons de 40 Bofors, de l'habillement, cinq cent mille cartouches de calibre 30, six cent quatre-vingt-huit mitrailleuses de calibre 50, vingt mille shorts, cinquante mille trousses médicales de première urgence.

Le 19 janvier, le dossier australien fait un nouveau bond en avant. Les autorités locales aimeraient savoir si, en plus de l'adresse, d'autres indications telles que la nature du contenu par exemple doivent être portées sur les caisses. Le chargement est prévu entre le 1er et le 6 mars. Le 19 janvier, la légation française à Wellington annonce au commissaire général Dejean que le chargement des armes données par la Nouvelle-Zélande pourra commencer entre le 20 et le 25 février, si la date d'arrivée du navire chargé de les embarquer est communiquée au moins huit jours à l'avance. Là encore, le secret étant impossible, la discrétion est recommandée... Peu après, une seconde intervention de la Nouvelle-Zélande est à l'étude. Annoncée le 5 mars 1954, elle représente une valeur voisine de deux milliards de francs ; soit mille vingt millions pour l'armement léger, quatre cents millions pour l'artillerie antiaérienne, cent soixante millions pour les munitions, deux cent quarante millions pour les transmissions, cent dix millions pour les vêtements, dix millions pour la santé

A Saigon, l'intendance ne rêve pas, elle attend. Elle attendra des mois encore. Le matériel australien et la première livraison néo-zélandaise ne seront à quai, prêts à être débarqués, qu'en juin 1954 !

Saigon : « Atlante » déclenchée

Vieux serviteur des services secrets, le général Navarre sait par expérience que le recueil des renseignements est une aventure coûteuse. Rares sont les informateurs travaillant pour le plaisir ou pour la gloire. Un bon agent sait tarifer ses services en fonction des risques et, dans la jungle tonkinoise, il est inutile de proposer des piastres vietnamiennes, des francs ou des dollars. Seules, on l'a vu, sont appréciées les bonnes vieilles pièces d'argent. Aussi, le 15 janvier, Navarre fait-il part de son mécontentement au ministère des Etats associés. Il vient d'apprendre que les fonds spéciaux sont ramenés de six cents à cinq cents millions. Il est consterné. Il avait calculé son budget au plus juste. Or voici que Paris lui ampute les crédits des renseignements militaires et les crédits nécessaires au fonctionnement du SDECE, à savoir l'entretien des maquis et des GCMA : « Vous serais reconnaissant, télégraphie-t-il, de bien vouloir reconsidérer votre décision et rétablir crédits dans leur totalité. »

Il faut croire que l'affaire est importante parce que théoriquement Navarre pouvait avoir l'esprit occupé ailleurs.

C'est le 20 janvier, en effet, que le général en chef lance, au Centre-Vietnam, la phase initiale de l'opération « Atlante ». Ce n'est que le premier épisode d'une entreprise tendant à libérer la zone côtière de l'Annam entre le Fai Foo et le cap Varella. « Aréthuse », ouvrant les hostilités, doit s'étendre du 20 janvier au 1er mars. Pour « Aréthuse », le général Grout de Beaufort dispose de vingt-cinq bataillons articulés en quatre groupes mobiles

– ou GM – et un groupement aéroporté, renforcés d'éléments blindés, du génie, de services divers, avec l'appui de l'aviation et de la marine...

Hanoi : comment les Viêts vont agir...

C'est le 22 janvier que le patron du 2ᵉ bureau pour le Tonkin, le lieutenant-colonel Levain, achève une étude sur « Les possibilités et tactiques d'attaque viêt-minh contre le camp retranché ».

Levain part de trois principes. D'abord, les Viêts, du haut de leurs collines, voient tout ce qui se passe dans le camp et interceptent l'essentiel des communications radio échangées en phonie. Ensuite, ils pourraient attaquer successivement le terrain d'aviation, les zones de déploiement de l'artillerie et le PC. Ce qui veut dire que les attaques auront lieu prioritairement par la face ouest, avec des assauts contre les PA autour du terrain et des diversions sur la face est pour obtenir un éparpillement des feux du camp. Il faut prévoir, en troisième lieu, que l'attaque aura lieu de nuit pour obtenir un succès avant le lever du jour et la dispersion du brouillard, sans appui aérien possible donc. Enfin, quatrième et dernier point, l'attaque peut, éventuellement, se renouveler plusieurs jours de suite.

Pour l'attaque, le lieutenant-colonel Levain retient quatre phases prévisibles :

– mise en place de tous les moyens, au plus près des points à attaquer, pour l'ouverture des brèches, les échelons d'assaut et d'exploitation ;

– préparation d'artillerie et ouverture des brèches. [Le 2ᵉ bureau avouant ne pas connaître les normes viêts mais prévoyant une préparation « sérieuse »...] ;

– assaut par des unités spécialisées, armées de grenades, pétards et pistolets-mitrailleurs ;

– l'exploitation (blessés, prisonniers, butin…).

« Le commandement viêt-minh a, dans tous les domaines, réalisé l'effort maximum en vue d'une attaque du camp retranché de Diên Biên Phu. Il a minutieusement mis au point, puis rassemblé la quasi-totalité de son corps de bataille. Pour que la bataille de destruction qu'il a conçue ne se retourne pas contre lui, il faut que le mécanisme de précision de sa machine de combat fonctionne sans aucun contretemps.

« La détection de la mise en place est donc la condition même de l'intervention brutale de tous nos moyens de feux susceptibles de briser le départ de l'attaque ennemie[7]. »

Il existe une variante de cette note :

« Si nous détectons cette mise en place [des unités viêt-minh] en temps voulu, nous pouvons annihiler avec la puissance intacte de tous nos moyens feux le plan ennemi. Dans le cas contraire, nous risquons de devoir poursuivre pour un temps indéterminé un combat continu sur le champ de bataille modèle Verdun 1916[8]. »

Diên Biên Phu : les préparatifs viêt-minh

Giap et son état-major, Hô Chi Minh dans sa retraite, tous ont réfléchi aux problèmes que leur posait l'apparition des premiers camps retranchés qui ont tant agacé le maréchal Juin : Hoa Binh dès 1951, la Plaine des Jarres et Na San en 1952-1953, Lai Chau aussi :

« Devant cette forme de défense toute nouvelle et de grande puissance, écrira Giap, nous nous sommes posé le problème de savoir s'il fallait ou non s'y attaquer. »

La réponse à cette question fondamentale n'étant pas évidente, le général Giap choisit dans un premier temps, notamment face à Hoa Binh puis à Na San, la formule la moins risquée :

« Nous avons préconisé de ne pas nous attaquer à ces centres et de chercher seulement à y immobiliser des forces ennemies, pendant que nos troupes régulières sont dirigées vers d'autres secteurs où l'ennemi est relativement faible et se trouve à découvert, et où nous avons de meilleures conditions pour l'anéantir. [...] Cependant cette formule n'est pas la seule ; nous avons pensé que le problème de l'attaque directe et de l'anéantissement des camps retranchés doit être résolu, et qu'il s'agit là d'une étape nécessaire dans l'évolution de la guerre, dans le processus de maturation de notre armée. Effectivement, ce n'est qu'en anéantissant des camps retranchés que nous pouvons mettre en échec les parades les plus récentes, les mieux conçues de l'ennemi, réduire à néant ses efforts de défense les plus considérables pour provoquer dans ses rangs une nouvelle crise, créer une nouvelle situation militaire, faire progresser notre armée et la guerre patriotique de notre peuple. »

Après avoir analysé les points forts et les points faibles des camps, après avoir étudié les exigences techniques et les besoins en équipements appropriés, Giap pense, au début de l'année 1954, que ses troupes seraient capables d'attaquer un camp retranché et le comité central prend la décision de gagner les Français de vitesse afin d'anéantir Diên Biên Phu. Encore convient-il de considérer les difficultés que devront affronter les bodoï. Giap estime, à cette occasion, que l'option prise par Navarre n'a rien d'aberrant : le général français, écrira-t-il, avait de bonnes raisons de juger que l'éloignement de leurs centres de ravitaillement serait pour les Viêts une difficulté insurmontable :

« Une attaque sur Diên Biên Phu nécessiterait des forces importantes, des lignes de ravitaillement très longues à organiser et à maintenir pendant une longue période, sans compter que son aviation ne manquerait pas de nous infliger des pertes sévères sur nos lignes de ravitaillement. Quant à dire que Diên Biên Phu se trouve au fond d'une cuvette dominée par des montagnes, on oublie qu'elle est de grandes dimensions et que les routes de Tuan Giao qui y conduisent sont des pistes de montagne inaccessibles aux convois d'artillerie ; on oublie également que faire approcher des troupes d'assaut à travers la plaine dépasserait nos ressources.

« Raison de plus pour affirmer que Diên Biên Phu est invulnérable.

« Pour toutes ces raisons, Navarre a pris la ferme décision stratégique de renforcer Diên Biên Phu, d'accepter le combat en cet endroit qu'il considère comme le champ de bataille idéal pour infliger à nos troupes des pertes extrêmement sévères, si jamais elles s'aventurent à l'attaquer.

« Les raisons données par Navarre sur l'excellence de cette position ne sont pas dénuées de fondement. Il a eu le seul tort de n'avoir reconnu que les points forts de Diên Biên Phu et d'en méconnaître les points vulnérables. »

Et l'inconvénient essentiel de Diên Biên Phu, que Giap devine immédiatement, c'est la dépendance du camp par rapport à l'aviation qui peut seule le ravitailler, puis l'impossibilité d'en évacuer la garnison.

Au-delà des réflexions d'état-major, il y a la mise en musique des décisions stratégiques et tactiques. Giap ne perd pas de temps. Les Français découvrent, on l'a vu, au tout début janvier, que le Viêt-minh a commencé l'encerclement de la base aéroterrestre, qu'il a même l'intention de la ceinturer par un réseau de voies accessibles à ses camions. Quelques jours plus tard, l'antenne des services de renseignement de Dien Bien Phu récupère, au détriment du régiment 98, un document viêt intitulé : « Les ouvrages du champ de bataille ». Il est immédiatement transmis à Hanoi où le 2e bureau l'exploite dès le 25 janvier :

« Les ouvrages sont utiles non seulement à la défensive mais aussi à l'attaque. Bien construits, ils cachent les troupes à la vue de l'adversaire, assurent le succès et facilitent la conservation des forces. C'est en veillant à la construction des ouvrages du champ de bataille que nous manifestons notre amour pour les combattants et rendons possible un anéantissement total des forces ennemies, sans poursuites fatigantes et sans combats de longue durée.

« Avec de bons ouvrages, nous pouvons nous accrocher au terrain et continuer après le lever du jour un combat qu'il n'a pas été possible de terminer en une nuit[9]... »

Ce texte explique que les principales lignes de communication convergeant vers les défenses adverses doivent être creusées en zigzag. Leur largeur sera de un mètre à la surface du sol et de quatre-vingts centimètres au fond. Leur profondeur variera entre un mètre vingt et un mètre trente, soit un mètre cinquante avec le parapet, les déblais étant déposés du côté ennemi. Tout étant parfaitement défini, d'autres normes sont prévues pour les fameux zigzags. Le parcours entre deux coudes sera de dix mètres et la largeur de la tranchée portée à trois mètres aux coudes. Les emplacements de combat devront avoir une largeur de soixante centimètres ; les emplacements d'armes seront protégés par un plancher de couverture capable de résister aux obus. On travaillera cinq heures par nuit, sans parler, sans fumer, sans tousser et sans bruit d'outil...

25 janvier : l'attaque reportée

Puis arrivent les meilleurs renseignements possibles sur le prochain assaut des Viêts !

Tous concordent : les Français s'attendent à une forte attaque du Viêt-minh pour les derniers jours de janvier. Au PC du camp retranché, à l'état-major de Navarre comme chez Cogny, personne n'en doute : c'est bien le 25 janvier que le Viêt-minh doit lancer son attaque générale contre Diên Biên Phu.

Les uns, surtout occupés dans les bureaux de Saigon et d'Hanoi, songent à l'affrontement avec l'espérance de remporter la bataille tant attendue. Les autres, qu'ils soient occupés à Hanoi à leurs tâches de renseignement ou qu'ils crapahutent encore au-delà des barbelés du camp retranché, tous ceux-là attendent l'assaut dans la crainte car ils savent les bataillons de Giap infiniment plus nombreux que les forces du GONO. Dans les unités qui seront directement confrontées aux Viêts, l'approche de la bataille engendre plutôt l'impatience. Les hommes savent que l'ennemi est là, aux aguets, tapi dans les herbes à éléphant, embusqué sur les premières collines, observant depuis les hauteurs. L'assurance du camp tient à sa double supériorité : une artillerie qui doit bloquer l'assaut des bodoï et l'appui de l'aviation pour détruire l'adversaire.

La veille, le patron « air » du camp, le commandant Guérin, s'est installé aux commandes d'un Dakota vide pour tenter le premier atterrissage sur la piste sud, celle que protège « Isabelle ». Elle est déclarée bonne pour le service. C'est une sécurité supplémentaire. Parce que le 2ᵉ bureau a prévenu son antenne à Diên Biên Phu des intentions viêts : l'interdiction du terrain d'aviation sera recherchée dès le déclenchement de l'attaque :

« Elle sera déterminante pour paralyser notre système logistique et agira directement sur le moral de la garnison isolée. Par nos journaux, le Viêt-minh apprendra le bien-fondé de cette opinion et saisissant l'influence croissante que l'impossibilité d'évacuer les blessés peut exercer sur le moral de nos troupes, il trouvera un encouragement à poursuivre et intensifier son effort. »

Le 25 au soir, dans les casemates, dans les tranchées, derrière les meurtrières, fusils-mitrailleurs ou pistolets-mitrailleurs armés, un tas de grenades à portée de main, les hommes veillent, attendent, parfois détendus, parfois la peur au ventre, celle qu'il faut cacher jusqu'aux premières rafales qui effaceront tout.

Et il ne se passe rien !

Rien, sinon la mise en place effective de vingt-huit bataillons viêts et d'une artillerie considérable, que les services de renseignement suivaient avec la plus grande attention, que les observateurs aériens apercevaient de haut, que les combattants le nez dans la glaise entrevoyaient. Jusqu'aux services de transmission qui étaient à l'écoute d'un trafic peu ordinaire sur les fréquences dont usent les Viêts. Puis rien après la mise en place, rien si ce n'est un retrait rapide des pièces d'artillerie qui avaient été si péniblement tirées au plus près du camp…

L'attaque devait bien avoir lieu. Le projet est confirmé par des ralliés et des prisonniers. L'ordre de repli a été donné au milieu de la nuit. Toute l'artillerie, traînée au plus près du camp, a été retirée.

La décision d'attaquer Diên Biên Phu a, très certainement, été arrêtée le 14 janvier, lors d'une réunion d'état-major tenue dans la caverne de Tham Pua. Il y avait là des officiers, des commissaires politiques. L'attaque, ont-ils conclu, sera lancée dès que les préparatifs seront achevés. Ce sera la tâche des brigades 308, 316, 321, la 308 ayant plus précisément comme objectif le PC du colonel de Castries. Peu après, le PC opérationnel est déplacé au kilomètre 62, près du village de Na Tau. La date et l'heure de l'offensive sont arrêtées : ce sera le 25 janvier à 17 heures. Sachant que les hommes peinent au transport de l'artillerie, que des retards sont donc à craindre, Giap est toujours en retrait, il évalue à treize bataillons les forces françaises, il craint l'artillerie de l'adversaire et ses chars, l'aviation aussi. Il n'est plus du tout certain de l'emporter en deux jours et trois nuits comme prévu. Il sait aussi que ses hommes connaissent le combat de nuit, mais sont nettement moins expérimentés pour un assaut de jour. Il ignore si ses commandants sauront coordonner les avances de l'infanterie et les interventions de l'artillerie. Puis il garde en mémoire l'échec de Na San.

Au plus fort de ses doutes, Giap demande à Hoang Minh Phuong de lui « préparer une rencontre avec les experts militaires amis » – jamais Giap ne parle des conseillers chinois envoyés par Pékin. Giap les reçoit. Le Chinois commence :

« La bataille va commencer, je prie le général de faire le point sur la situation.

— C'est justement ce dont je voulais discuter avec vous. Vu la situation, je pense que l'ennemi n'est plus à l'état de défense provisoire, mais dispose à présent d'un groupe de bases solidement défendues. Aussi ne pourrons-nous pas attaquer suivant le plan prévu.

— Alors que faire ?

— J'ai l'idée de retarder l'ordre d'offensive de ce soir pour regagner les points de regroupement, de faire de nouveaux préparatifs selon la stratégie "attaque et avance en sûreté".

— Je suis d'accord avec vous. J'en parlerai avec les autres experts. »

Giap regagne alors son PC où il retrouve le comité du parti au complet.

Il annonce qu'il a décidé de renoncer à l'attaque-éclair au bénéfice de l'autre doctrine : attaque sûre et progression sûre...

Les membres du comité du parti s'étonnent. Ils se demandent comment ils vont expliquer aux hommes le changement de plan, mais ils obéiront, que Giap en soit assuré. Seuls, semble-t-il, le chef du service de logistique, Dang Kim Diang, et le chef d'état-major, Hoang Van Thai, estiment qu'il faut attaquer sans tarder. Il sera impossible de le faire plus tard, affirme Diang. Thai croit aussi que la supériorité numérique et la puissance de feu, ainsi que l'expérience des « amis » doivent permettre de réussir. Après une pause, puis de nouvelles discussions, Giap décide de reporter l'ordre d'attaquer :

« Ce jour-là, je fus amené à prendre la décision la plus difficile de ma vie de commandant. »

8

Pourquoi Giap a repoussé son attaque
L'artillerie viêt se dévoile
Le piège se referme

Le reflux des divisions viêt-minh déconcerte l'état-major de Saigon, comme celui d'Hanoi, comme les services du 2e bureau qui ont rarement recueilli, pour une même affaire, autant de renseignements aussi sûrs que recoupés. Il ne faudrait pas que Giap les prive de la victoire attendue...

Et les intéressés réfléchissent longuement sur les raisons possibles de cette volte-face. Plusieurs hypothèses sont avancées. La proie était encore trop grosse pour les forces viêt-minh stationnées autour de la cuvette... Les rocades routières en chantier n'étaient pas achevées et pouvaient compliquer l'approvisionnement en munitions encore insuffisant... Les fameux conseillers chinois auraient estimé les préparatifs incomplets ou bien le moment inopportun...

De même les Français s'interrogeant sur les suites de cette annulation mystérieuse cherchent-ils des arrière-pensées stratégiques à la décision de Giap d'envoyer la division 308 se dégourdir les jambes vers le Laos... Il apparaît à la réflexion que le général Giap a pu laisser croire que l'appât qu'est Diên Biên Phu ne l'intéressait plus, afin que la garnison soit allégée. Si elle a existé, la manœuvre est sans conséquence directe sur la vie du camp, mais la probabilité d'un désengagement que pouvait souhaiter Giap n'est pas une simple vue de l'esprit. C'est une idée que caresse effectivement Navarre. Le 2 février, il demande à Cogny de réduire de douze à neuf et si possible à six bataillons la garnison du camp retranché. Ou bien Giap aurait tenté de berner les Français en essayant d'attirer une partie de leurs forces disponibles vers le Laos ? Navarre ayant Diên Biên Phu en charge et « Atlante » en surcharge, Giap peut espérer que pour voler au secours du Laos, les Français devront improviser un pont aérien sur Luang Prabang et donc prélever des troupes qui manqueront ailleurs. La suite prouvera que, là encore, l'idée n'avait rien d'absurde. Et là, Giap a été à deux doigts de la réussite.

Un télégramme que Navarre adresse le 30 janvier au ministère des Etats associés confirme que la promenade de la division 308 l'a bel et bien obligé à revoir ses objectifs :

« Sur le théâtre du Nord-Ouest qualifié par le haut commandement viêt-minh de théâtre principal, il semble que nous soyons à la veille d'une modification importante des plans viêt-minh STOP Ces derniers comportant sans aucun doute l'attaque de vive force de Diên Biên Phu pour laquelle tous les préparatifs devaient être terminés le 25 janvier STOP Depuis plusieurs jours des indices apparaissent d'un changement de plan qui semble dû à la constatation faite par l'ennemi de la solidité de la défense STOP Il n'est pas possible d'affirmer que l'ennemi va renoncer à l'attaque mais des indices apparaissent d'un déclenchement imminent d'une offensive sur Luang Prabang STOP Cette offensive semble devoir être menée initialement par une division, Diên Biên Phu étant masqué par deux divisions et la division lourde d'ailleurs susceptible de mener des attaques locales STOP La valeur d'une autre division assurerait la lutte contre les maquis et la garde des arrières STOP Je me prépare à faire face à cette nouvelle situation pour laquelle des plans sont prévus STOP Il n'est pas douteux cependant que l'engagement en direct au Haut-Laos de forces viêt-minh considérables risque de me contraindre à engager moi-même dans la région de Luang Prabang, qui ne représente qu'un intérêt militaire relatif, des forces plus importantes que je ne l'aurais voulu STOP D'accord avec commissaire général j'estime cependant qu'il n'est politiquement pas possible de ne pas défendre Luang Prabang STOP j'y consacrerai le minimum possible des forces FTEO STOP & FIN »

Giap ne persévère d'ailleurs pas. L'école buissonnière ne dure qu'un très court moment pour la division 308. Ayant renoncé à s'attaquer aux forces du colonel Vaudrey à Muong Sai, la division 308 reprend la piste de Diên Biên Phu, parce que l'intendance viêt, une fois encore, n'a pas suivi et surtout parce que la base est et restera l'objectif prioritaire.

L'idée d'un piège, destiné à entraîner une partie des forces françaises ailleurs, paraît avoir retenu l'attention des états-majors plus que d'autres hypothèses. Elle a certainement été expliquée à quelques journalistes, puisqu'il en reste des traces concrètes. C'est ce que paraît croire Robert Guillain, le journaliste du *Monde* présent à Diên Biên Phu quelques jours après le repli viêt :

« Le Viêt-minh a failli attaquer, mais il a seulement failli, et voilà sa force. Il y a beau temps qu'il a appris sa leçon. Leçon écrite longuement développée dans les instructions militaires de Mao Tsétoung pour les soldats de la révolution chinoise et bien connue de Giap, le général de Hô Chi Minh : on n'attaque pas une place forte si on n'est pas sûr de l'enlever, et de l'enlever sans trop de pertes en hommes. Leçon pratique : Giap s'est blessé l'an passé à Na San, et l'enseignement a été retenu.

« Le Viêt-minh a failli attaquer et c'est peut-être aussi sa ruse. Car, par cet après-midi d'un samedi ensoleillé où nos hommes à Diên Biên Phu attendent et s'impatientent, une des divisions de Giap, et probablement sa meilleure, est en plein mouvement vers le sud. Elle est en marche vers Luang Prabang. Elle a dû décrocher précisément au moment de la grande alerte, qui n'était donc qu'une feinte. »

Il faudra attendre quelques semaines encore pour qu'apparaisse une autre possibilité, supposée expliquer pourquoi Giap a tenu tête à ses conseillers chinois. Il faudra, pour cela, se référer à l'interview que Giap a accordée à un journaliste communiste italien de *L'Unita*, Calamandrèi, publiée le 21 avril 1954. D'après ce texte, le Viêt-minh aurait soupçonné un moment les Français de vouloir implanter à Diên Biên Phu « l'une des bases aériennes les plus importantes de par sa position géographique de toute l'Asie du Sud-Est asiatique, puisque Diên Biên Phu est au centre d'un cercle qui touche la Chine du Sud, la Birmanie et la Thaïlande »... Ce qui suffirait à expliquer la présence chinoise et son aide énorme. Mais alors les Viêts auraient dû admettre qu'ils ne se battaient plus essentiellement pour leur indépendance contre les Français, mais pour le communisme asiatique contre les Occidentaux. Le Viêt-minh aurait voulu démontrer à Pékin qu'il n'entendait pas se laisser manœuvrer par l'ogre voisin, même ami. Il apparaît cependant, ce qui peut infirmer cette théorie, qu'à l'époque Pékin, comme Moscou, ne veulent pas d'une internationalisation du conflit indochinois, même si leurs motivations à ce propos divergent sensiblement.

Pour l'immédiat, il n'existe qu'une seule certitude : il y a eu ordre puis contrordre !

Cette réalité est confirmée par quelques prisonniers et par une poignée de ralliés, et ceux-là ne seront jamais très nombreux, quelques dizaines tout au plus. Prisonniers ou ralliés, tous savent que l'assaut a bien été prévu pour le 25 au soir, puis décommandé dans la nuit du 25 au 26 janvier aux environs de minuit. Peut-être convient-il de se référer à certaines auditions, effectuées les unes par l'antenne du 2ᵉ bureau installée à Diên Biên Phu dirigée par le capitaine Noël, les autres par la maison mère d'Hanoi où l'on est mieux équipé pour recouper les informations et détecter les mensonges des prisonniers interrogés. Or toutes leurs déclarations concordent... même quand il s'agit d'expliquer aux Français qu'ils n'ont jamais été volontaires pour servir l'oncle Hô mais enrôlés de force, ou qu'ils ont suivi Giap pour que leurs familles n'aient pas de soucis...

Nguyen Van Biet, âgé de vingt-cinq ans, a déserté les rangs viêts avec arme et bagages pour chercher refuge au camp retranché immédiatement après l'offensive ajournée puisqu'il est interrogé dès le 29 janvier. Il appartenait au régiment 141. Il confirme au 2ᵉ bureau que l'ordre de repli a été donné vers minuit dans la nuit du 25 au 26 janvier. Egalement déserteur du régiment 141, âgé de vingt-sept ans, Dinh Van Sung n'est entendu que le 17 février par l'équipe de renseignement du GONO. Il explique qu'il appartenait, lui aussi, au régiment 141 de la division 312. Leur travail, les 17 et 18 janvier, a consisté essentiellement à traîner des canons aux abords du camp ; il parle de vingt pièces de 105 et de seize DCA de 37 mm. Deux autres régiments de la même division, dit-il, avaient reçu la même mission. Ils en terminent le 24 janvier. L'ordre de repli leur parvient le 26. Ils mettent huit jours à retirer les pièces et il précise que le commandement viêt avait décidé de prendre Diên Biên Phu, « prise qui aurait des répercussions retentissantes à travers le monde ». Tran Hung

Dan est un autre rallié, déserteur comme les deux précédents du régiment 141 ; il est entendu le 18 février. Il raconte avoir travaillé sur une piste qu'ils devaient élargir à trois mètres cinquante, pour amener de l'artillerie au plus près de Diên Biên Phu. Il indique aussi que les conditions étaient très dures, leur sous-alimentation contribuant pour une grande part à l'affaiblissement tant moral que physique des éléments qui ne sont pas membres du PC.

Nguyen Ngoc Chinh, rallié du régiment 102, paraît sans doute plus intéressant. Le capitaine Noël l'envoie immédiatement à Hanoi où il est entendu dès le 17 janvier. Il évoque la présence de conseillers chinois dans sa division. Ils ne parlent pas le vietnamien, explique-t-il ; il faut des interprètes. Selon ce qu'il a pu entendre, Hô serait déterminé à anéantir Diên Biên Phu et l'un des premiers objectifs est l'attaque du terrain d'aviation pour empêcher le ravitaillement. Enfin, selon Nguyen Van Vu, vingt ans, qui dit avoir été enrôlé de force à la division 308, « le front de Diên Biên Phu est dirigé par un officier chinois ». Il ignore son nom mais il sait que celui-ci possède trois chevaux ainsi qu'une Jeep. Or les Français savent déjà que Giap est effectivement assisté de techniciens chinois dont le général Li Cheng Wu – ou Li Chen Hou selon les transcriptions – et son état-major, ceux-ci supervisant les opérations et la logistique.

Ce que disent ces anciens bo-doï, à propos de la présence de conseillers chinois, ne surprend personne à Hanoi. Il y a un moment déjà que le 2e bureau savait qu'une délégation importante allait venir de Chine pour voir ce qui se passait à Diên Biên Phu puis éventuellement offrir des conseils à Giap. Des constatations presque triviales avaient confirmé les informations transmises par les agents infiltrés en zone viêt. Il fallait que les visiteurs soient d'importance pour que le réseau radio du Viêt-minh soit encombré de messages réclamant des rations alimentaires spéciales pour la base arrière de Tuan Giao et cela impérativement avant le 20 janvier. De toute évidence, il convenait de soigner ces visiteurs qu'une boulette de riz risquait d'étouffer… Mais si les officiers de renseignement ont confirmation du report de l'offensive, annoncé aux bodoï au milieu de la nuit, personne n'a vraiment de lumière sur la raison de cette décision.

Un événement hors du commun a donc bien eu lieu au PC du général Giap, pour que celui-ci renonce à investir le camp et ordonne une marche arrière au dernier instant.

Paris : des révélation très tardives

Longtemps, il s'est effectivement dit, puis écrit, que les Chinois présents avaient déconseillé à Giap d'attaquer au soir du 25 janvier. Rien ne permettait de contredire cette affirmation qui avait aussi le mérite de la logique. Giap se prépare, Giap est prêt, mais les Chinois arrivent et il devient urgent d'attendre. Cette version aurait pu devenir une de ces vérités historiques incontournables parce que rien ne pouvait permettre d'affirmer le contraire. Puis, le temps passant, les Chinois en sont venus à prétendre que Diên Biên Phu était leur victoire ; ce qui d'une certaine façon revenait à consolider la théorie précédente. Plus tard, les Vietnamiens s'éloignant de Pékin et se rapprochant de Moscou, Hanoi décide d'oublier et d'occulter le rôle de l'encombrant voisin ; ce qui revient à jeter un voile supplémentaire sur l'affaire. Il en a été ainsi jusqu'au printemps 1983 ; jusqu'à la parution, dans *Le Nouvel Observateur* daté du 8 avril, d'un article cosigné par François Caviglioli et par un certain Georges Bondarel, présenté comme un historien parfaitement au fait des événements. Or Georges Bondarel n'est pas n'importe qui… Si l'on corrige une simple faute d'orthographe dans la présentation de l'article puis en signature de ce texte, apparaît sous Georges Bondarel un homme qui va bientôt faire parler de lui : Georges Boudarel ! Il est professeur certes, mais il est surtout l'un des anciens collaborateurs de Hô Chi Minh ; un Français qui enseignait à Saigon mais qui, l'heure du service militaire sonnant, lui préférera un engagement dans les rangs du Viêt-minh. Il a bien connu l'oncle Hô, il a approché Giap, il a réalisé des émissions de propagande pour la radio du Viêt-minh. Il a aussi été le commissaire politique – même s'il en refuse le titre – du camp 113, un de ces camps où les soldats français prisonniers des Viêts ont connu les pires privations, les lavages de cerveau, l'endoctrinement communiste et une mortalité supérieure à celle des camps nazis. Cela ne se saura qu'en 1991… Boudarel, inutile d'en douter, sait donc de quoi il parle[1]…

Or sa version est exactement le contraire de celle qui prévalait depuis vingt-neuf ans. C'est Giap qui a renoncé à l'attaque, en dépit de l'insistance chinoise !

Il convient de relire quelques extraits de la prose de Caviglioli et Boudarel. Avec une référence éclairante à l'échec de Giap devant Na San pour commencer :

« C'est à la fin de novembre 1952 que Salan installe pour la première fois un "hérisson" dans le Nord-Ouest : vingt et un points d'appui autour d'un aérodrome. C'est Na San. Giap décide, avant qu'il ne soit renforcé, de l'enlever avec deux de ses divisions d'élite, la 308 et la 312. Il donne l'assaut dans la nuit du 1er décembre. La première ceinture défensive est pénétrée en deux endroits, mais la 308 et la 312 doivent finalement se retirer avec de lourdes pertes après deux jours de combat. Les cadavres s'entassent dans les barbelés du camp. C'est l'échec. Et lorsque l'on échoue, dans l'armée populaire viêt-minh, on fait son autocritique.

« L'historique de la division 312 résume assez bien ce qu'était alors la ligne opérationnelle de Giap : "Attaquer les points faibles avant les points forts. Encercler l'ensemble, passer à l'action sur des points sélectionnés. Attaquer d'abord la ligne extérieure, ouvrir une brèche et percer en profondeur." Autrement dit, submerger le camp de l'intérieur après avoir percé la ligne périphérique en deux points. C'est l'influence de la méthode des "vagues humaines" employée par l'armée chinoise en Corée. On peut penser que c'est après la défaite de Na San que le général Giap a commencé à se méfier de ses mentors chinois. »

Il faut s'attarder ensuite sur les préparatifs de l'offensive sur Diên Biên Phu puisque le choix avait été fait d'une « attaque rapide en vue d'une solution rapide » de préférence à « l'attaque à coup sûr en vue d'une progression à coup sûr ». Ce sont, entre le 14 et le 24 janvier, des efforts insensés pour tracer les pistes à travers la jungle et les montagnes ; pour tirer à bras d'homme l'artillerie nécessaire, en avançant parfois de deux cents mètres à l'heure ; pour apporter les caissons de munitions. Les bo-doï tirent, poussent, s'épuisent, grognent, protestent. C'est le moral des divisions 308 et 312 qui est menacé. Alors Giap réagit, comme le raconte Boudarel :

« Dans la journée du 25, alors que l'offensive est prévue pour le soir, une discussion s'élève au sein de la cellule communiste de l'état-major vietnamien. Elle va durer toute la journée. Elle sera orageuse. Les documents vietnamiens ne mentionnent pas la présence des conseillers chinois, mais ils ont dû défendre leur position pied à pied. La question posée était de savoir si on pouvait vaincre en suivant la méthode "attaque éclair-solution éclair". Si on pouvait réussir à Diên Biên Phu ce qu'on avait raté à Na San. Bientôt les tenants de l'assaut massif général perdent du terrain. A 15 heures, le comité du parti décide de changer de tactique et de se préparer à attaquer à coup sûr et à progresser à coup sûr. Le comité du parti, c'est Giap.

« C'est lui qui donne l'ordre sur-le-champ de ramener l'artillerie à l'arrière. La troupe est déçue. Giap semble avoir reçu un camouflet. En fait, en écartant l'opinion de ses conseillers chinois, il s'est placé sur le chemin de la victoire. Il va pouvoir investir Diên Biên Phu selon son propre plan : s'accrocher aux collines de l'Est comme le lui dictaient à la fois son instinct et les renseignements puisés chez l'ennemi. »

Enfin il y a les conséquences du choix de Giap sur lesquelles Boudarel a eu tout le temps de réflechir ; avec accès aux meilleures sources, puisqu'il est resté à Hanoi bien après le retrait de la France, avec des fonctions officielles auprès du nouveau régime. Or cet article du *Nouvel Observateur* avance une théorie d'une autre dimension, qui serait l'explication de l'évolution politique de Hanoi, prenant ses distances avec Pékin :

« Il reste du débat du 25 janvier des séquelles historiques importantes. Une première faille dans l'alignement maoïste du Vietnam. Il faudra plus de vingt ans pour que ses conséquences apparaissent. En 1975, lorsque les Chinois conseilleront aux Nord-Vietnamiens de ne pas profiter de l'effondrement de l'armée sudiste, Hanoi leur répondra de se mêler de leurs affaires. Après l'entrée des bo-doï dans Saigon, le journal de l'Armée populaire du Vietnam écrira : "Quand on a bu de la bonne eau on se souvient de la source." Cette source, qui avait donné l'eau de la victoire, ce n'était plus la Chine, c'était l'URSS. Le nouveau Vietnam avait fait son choix. »

Giap, en réalité, ne donnera jamais que des raisons tactiques à son renoncement, tactique résumée par sa théorie si souvent répétée : une attaque rapide pour une victoire rapide, ou bien l'attaque sûre pour la progression sûre :

« Nous avons pensé le prendre de vitesse, surprendre un adversaire fraîchement débarqué par une attaque rapide avec une victoire rapide. [...] Cependant nos troupes, malgré leur préparation idéologique et tactique, n'ont pas encore une expérience concrète de l'attaque des camps retranchés ; pour la première fois qu'elles engagent une bataille de ce genre, elles se heurtent à une forteresse puissamment fortifiée. »

Giap laissera donc les Français se renforcer et en vient à l'autre idée, l'attaque sûre et la progression sûre :

« En vertu de ce principe, nous ne concevons plus la campagne de Diên Biên Phu comme une bataille de position de grande envergure, se déroulant de façon continue, dans un court laps de temps, mais comme une longue campagne prenant l'aspect d'une guerre de position, avec toute une série de combats de position, où nous aurons à concentrer des forces pour nous assurer la suprématie absolue afin d'anéantir l'ennemi, secteur après secteur, jusqu'à l'anéantissement total de la garnison. »

Habitué, par le jeu de l'autocritique, à opposer avantages et inconvénients de toute décision, Giap sait qu'il court le risque de voir ses troupes se fatiguer et s'user, « mais, note-t-il, sur ce point nous ne sommes pas sans recours... ». Il mesure aussi les avantages d'un siège prolongé :

« Placés sur des lignes extérieures, nous avons l'initiative de l'avance comme de la retraite ; l'ennemi encerclé est réduit à la défensive. Nous avons tout loisir pour attaquer ou nous reposer, tandis que l'ennemi doit s'enterrer constamment, vivant dans la peur d'une attaque, et dans l'angoisse propre à toutes les troupes assiégées. C'est pourquoi nous ne redoutons guère la fatigue et l'usure, et cherchons résolument à parer à cette difficulté. »

Giap, enfin, prend en compte le problème du ravitaillement dont il reconnaît qu'il est devenu extrêmement ardu pour eux. La récente offensive avortée contre Muong Sai l'a prouvé une fois de plus. Il redoute aussi la saison des pluies dont les conséquences sont prévisibles : des routes rendues impraticables, des positions de combat immergées, la santé des troupes altérée : « Mais par rapport à l'ennemi, ajoute-t-il, notre situation serait bien plus favorable : nous sommes sur les hauteurs tandis qu'il se trouve dans la cuvette où ses ouvrages pourraient s'effondrer, être noyés... »

Dès lors le général viêt-minh est décidé à suivre le plan « attaque sûre et progression sûre » : autrement dit l'anéantissement des centres de résistance périphériques et, ensuite seulement, l'offensive générale pour l'anéantissement.

Le dernier mystère, d'ailleurs sans importance pour le cours des événements, tient à la date du 25 janvier. Pourquoi donc, dans la cinquième version de son ouvrage sur Diên Biên Phu, Giap écrit-il, avec beaucoup d'insistance, que « dans certains documents édités antérieurement on a mentionné à tort le 25 janvier... » ? Pourquoi veut-il que le repli se soit effectué dans la nuit du 26 au 27, au contraire de tous les témoignages possibles ? Il est vrai que dans d'autres récits, il donne, pour la prise de Diên Biên Phu, les dates des 20 et 21 octobre... Peut-être est-ce simplement le droit à l'erreur... A moins qu'un événement extérieur n'ait joué...

Reste en effet le dernier élément de réflexion autour d'une décision qui, à elle seule, peut justifier le report de l'offensive du 25 janvier : l'ouverture de la Conférence de Berlin ! Elle a été fixée, faut-il le rappeler, au 25 janvier. Elle n'aurait pas eu le même sens après un nouvel échec de Giap devant un « hérisson » français. Devant le doute, il valait mieux s'abstenir. Elle aurait aussi pu passer pour une provocation en cas de succès...

Berlin, 25 janvier : un début de négociations

De cette Conférence de Berlin, il a été question dès la rencontre des Alliés à Washington, le 15 juillet 1953. Elle est censée réunir les trois Occidentaux – Etats-Unis, Grande-Bretagne et France – ainsi que l'Union soviétique. Elle doit être consacrée au sort de l'Allemagne, c'est-à-dire à son éventuelle réunification, et accessoirement à l'Autriche. Toutefois, malgré les réticences américaines, nul doute que ce peut être l'occasion de reprendre le dialogue interrompu à propos de la Corée et, si l'on parle de la Corée, pourquoi ne pas évoquer l'Indochine... Le seul risque, est de voir l'URSS tenter d'imposer la présence de la Chine de Mao Tsé-toung et les Etats-Unis décider de s'y opposer. Quant au lieu de la conférence, il posera aussi des problèmes. D'interminables réunions s'étalant sur une quinzaine de jours seront nécessaires pour le définir et le mettre au pluriel : ce sera une semaine à Berlin-Ouest puis une semaine à Berlin-Est !

C'est donc précisément le 25 janvier que s'ouvre la Conférence de Berlin. Dès le deuxième jour des entretiens, les « Quatre » débordent vers les problèmes coréen et indochinois. Apparaît également l'idée d'une autre conférence – avec la Chine cette fois – à propos de la Corée et de l'Indochine. C'est l'occasion pour Georges Bidault de rappeler la position – au demeurant inchangée – du gouvernement Laniel : la France est prête à saisir toute occasion de faire la paix en Indochine, dans un plein accord avec les Etats associés. Des longues, fort longues, discussions occupant les participants de la Conférence de Berlin découle, le 18 février, la certitude que les quatre nations se retrouveront à Genève à partir du 26 avril, pour discuter de la Corée mais aussi de l'Indochine, accord que leurs ministres des Affaires étrangères présentent ainsi :

« [Ils] conviennent que le problème du rétablissement de la paix en Indochine sera également examiné à la conférence, à laquelle sont invités des représentants des Etats-Unis d'Amérique, de la France, de la Grande-Bretagne, de l'Union soviétique, de la République populaire de Chine et des autres Etats intéressés. »

Nous sommes à la mi-février. Une dizaine de semaines vont s'écouler avant le grand rendez-vous de Genève.

Giap a désormais dix semaines pour obtenir un succès suffisamment significatif afin que les négociateurs soient contraints d'en tenir compte. Navarre n'a plus que dix semaines pour éviter le pire à Diên Biên Phu, pour sortir « Atlante » de l'impasse, pour persuader Bao Dai que l'heure des discussions vient de sonner...

Personne ne le sait encore, beaucoup le pressentent pourtant. A Berlin viennent d'être frappés en coulisse les trois coups et le rideau va se lever sur le premier acte de la tragédie de Diên Biên Phu.

Diên Biên Phu, 26 janvier : les chefs en visite

Dans le camp retranché, à l'instant même où les négociateurs de Berlin définissent leurs règles du jeu, l'ambiance est étrange. Le répit constaté n'a rien d'une trêve puisque le doute plane en cet instant sur les intentions immédiates du Viêt-minh. Il n'a peut-être décalé son assaut que de vingt-quatre ou quarante-huit heures. C'est plutôt le temps de la réflexion, des interrogations, des améliorations, des essais aussi. C'est ce jour-là qu'est expérimenté un avion PC qui pourrait être amené à survoler la vallée pour coordoner les actions des divers secteurs et servir de relais aux transmissions. L'appareil fonctionne parfaitement. Depuis le GONO, il est cependant fait quelques réserves quant à son usage :

« ... Le colonel de Castries insiste pour que l'avion n'entre en action comme PC qu'en cas de disparition complète du PC de Diên Biên Phu. Jusque-là, il désire que son rôle se borne à être un relais entre lui et ses subordonnés directs. »

Ainsi donc, le 26 janvier 1954, le colonel de Castries, dont le rôle est certes de tout prévoir même l'impossible, envisage discrètement, mais sûrement pas secrètement, une éventuelle disparition de son propre PC...

Ce même jour débarque d'un Dakota une escouade de visiteurs dont certains deviennent des familiers des lieux. Il y a là Navarre et Cogny bien évidemment, puis le général Blanc chef d'état-major de l'armée, artilleur de formation, et le commissaire général Dejean, flanqué du secrétaire d'Etat aux Etats associés, Marc Jacquet. Il ne paraît pas, là encore, que l'optimisme ait été le trait dominant de cette journée d'inspection, encore que Jean Pouget ait trouvé une certaine sérénité aux hommes. Il est vrai que parmi ces visiteurs, certains sont déçus par la tournure des événements : ils avaient tant espéré cette bataille, tant attendu cette victoire... La veille encore, Jacquet demandait d'un air gourmand si l'attaque était imminente et Cogny le rassurait : lui aussi la souhaitait ! Navarre qui, comme tout le monde, s'attendait à l'attaque viêt dans la nuit, n'est pas homme à étaler ses sentiments. Il se garde de tout commentaire et n'a rien changé à ses projets de visite au camp retranché ; tout au plus a-t-il demandé que le départ soit repoussé en fin de matinée. Pouget est attentif : c'est son dernier déplacement comme aide de camp de Navarre. Il s'apprête à rejoindre le 1er BCP. Avant d'embarquer, alors que Castries presse son monde par crainte d'un assaut viêt, Pouget s'attarde à regarder cette fameuse cuvette :

« Je jette un dernier coup d'œil sur le camp. C'est vrai que Diên Biên Phu donne une impression de puissance. Le cirque de montagne qui l'entoure ne l'écrase pas. "Dominique" paraît être sur le même plan que les crêtes cotées 781 qui se trouvent à trois kilomètres et demi plein est. Pour enlever les "Eliane", les Viêts devront s'approcher dans la plaine et donner l'assaut de bas en haut... »

Au cours de sa brève carrière d'aide de camp du général en chef, il n'a jamais, strictement jamais, entendu un visiteur s'inquiéter du choix de cette cuvette pour implanter une base aéroterrestre.

Avant l'envol vers Hanoi, Blanc, Cogny et Piroth, tous trois artilleurs, se concertent en techniciens. Une fois encore, Piroth, avec ses explications, ses calculs, ses cartes, son assurance, paraît convaincre ses interlocuteurs : avec l'artillerie dont il dispose, la garnison de Diên Biên Phu ne risque rien ! Il se fait fort de réduire au silence les canons viêts dès qu'ils se dévoileront. D'ailleurs, c'est une évidence, Giap n'a pas de personnel qualifié, il a sûrement moins de pièces qu'on ne le craint, les munitions ne suivront pas. Piroth ne cesse de le répéter à qui veut bien l'écouter, à qui demande à être rassuré. On prête pourtant, ce jour-là, à Marc Jacquet un conseil à l'intention de Piroth. Il y a des centaines de pièces d'artillerie stockées à Hanoi où elles ne servent à rien, s'il souhaite quelques renforts en matériel, un ministre pourrait utilement appuyer sa demande... Piroth aurait répondu que des canons, il en avait plus qu'il ne lui en fallait. Cela s'est dit, s'est écrit après le drame. Mais est-ce bien ce que le colonel artilleur a voulu dire ? Certes Piroth est sûr de lui, trop sûr, présomptueux même ; pourtant sa remarque peut avoir un autre sens : ces canons supplémentaires, où pourrait-il bien les mettre ? La place est comptée au PC GONO, comme elle est mesurée sur chacun des points d'appui. Et, des canons de plus, ce sont des artilleurs à trouver et à acheminer, des munitions à transporter, à stocker, alors que déjà l'aviation est saturée…

Le surlendemain, 28 janvier, Castries reçoit un message de Cogny fort préoccupé ; il veut absolument savoir comment le Viêt-minh a appris que les Français utilisaient des instruments d'observation et de tirs à infrarouge. Le colonel doit lui expliquer que l'équipe de tir ainsi équipée – officiellement « le détachement spécial de l'observation de nuit » – travaille avec différentes unités. Or, il y a eu des prisonniers parmi ces unités : deux légionnaires ont disparu le 10 janvier, puis deux hommes du 3e bataillon thaï…

En vérité, l'équipe infrarouge – un sous-officier et une équipe variant entre quatorze et vingt-huit hommes – a rejoint le DOP, autrement dit l'antenne des services secrets, dès la fin décembre. Elle est équipée de quinze « sniperscopes US infra red » et de onze appareils « LEP » installés sur des carabines américaines. L'efficacité du petit détachement est excellente, en dépit de l'insuffisance tactique des éléments d'accompagnement et de l'usure intense du personnel spécialisé. Bien plus tard, un bilan confirmera cette efficacité :

« Aux alentours de "Isabelle" les Viêts avaient la hantise du sniperscope. L'importance attachée par les rebelles à ce genre d'actions était telle que les unités viêt-minh du secteur connaissaient les noms des tireurs sniperscopes, la propagande les interpellait pour les inviter à déserter avec leur appareil contre forte récompense, leur promettant par contre un sévère châtiment s'ils continuaient à tirer[2]. »

C'est à cette époque que les désaccords entre Cogny et Navarre s'accentuent. Navarre revoit ses plans, comme il va l'expliquer dès le lendemain dans son long télégramme au ministère des Etats associés. Il lui faut reprendre un groupe mobile à Cogny pour aller boucher quelques trous ailleurs, certainement du côté du Laos où traîne la division 308. Cogny répond qu'il est risqué de dégarnir le Delta :

« Il convient tout d'abord de noter que les prélèvements parallèles opérés par le Viêt-minh et nous-mêmes sur les forces opposées du Delta pèsent nettement, sur ce théâtre, en faveur du Viêt-minh. »

A quoi Navarre réplique sèchement :

« Votre TO n° 10121/FTNV/3 du 29 me confirme en les accentuant les réserves que vous m'avez faites verbalement en ce qui concerne le prélèvement de forces dans le Delta. Je comprends parfaitement votre point de vue, mais ne puis m'y arrêter. Je livre actuellement une bataille générale, donc le Delta n'est pas dans l'immédiat l'enjeu principal. »

Diên Biên Phu, fin janvier : l'attente

Les interrogations, comme les hypothèses, à propos du renoncement de Giap, sont des travaux d'état-major qui préoccupent assurément Saigon comme Hanoi. Castries et ses officiers les plus proches aimeraient également percer ce mystère, ne serait-ce que pour appréhender la manière dont Giap va manœuvrer désormais. Il n'est pas certain que dans les compagnies, dans les sections, les hommes cèdent à de semblables inquiétudes. Pour eux, l'essentiel, ce n'est pas l'offensive décommandée, ce sont les tâches quotidiennes. Des sorties, encore des sorties pour les unités dites d'intervention. Du travail, encore du travail, toujours du terrassement pour ceux qui sont accrochés à un point d'appui. Et pour tous des gardes incessantes, de jour comme de nuit...

Sur « Dominique » où est installé le 3/3ᵉ RTA, les tirailleurs renforcent sans cesse le réseau de barbelés. Ils vérifient les bidons de napalm qui devront déverser leurs flots de flammes si les Viêts venaient à donner l'assaut. Ils revoient le champ de mines. Ils protègent les abris avec les derniers troncs d'arbres arrachés aux environs. Ils entretiennent les tranchées et les positions de combat. Ils creusent encore des casemates – ou des cagnas –, ces étranges abris individuels où essayent de dormir officiers et sous-officiers lorsque l'artillerie du colonel Piroth leur accorde le temps d'une brève récupération. Ce sont, le plus souvent, d'étroits boyaux creusés depuis les tranchées, avec une entrée en pente descendante puis, après un coude, une sorte de banquette recouverte de fougères servant de couchette avec, à côté, une surface libre de deux ou trois mètres carrés dans le meilleur des cas. Logés à la même enseigne mais partageant leur terrier avec quelques camarades, les tirailleurs participent aux ouvertures de route vers « Béatrice » dont ils connaissent le cérémonial toujours respecté : des voltigeurs avançant lentement de chaque côté de la piste et au centre l'équipe de déminage et leur engin que personne n'appelle autrement que la poêle à frire... Il y a aussi les sonnettes et les sorties d'observation...

Pour ce qui est des sonnettes, c'est le sort commun de toutes les unités tenant des points d'appui. Chaque matin il en manquera à l'appel. Parfois les hommes se sont proprement volatilisés, entraînés en silence par des bo-dôï qui les ont surpris ; parfois sont récupérés un ou deux cadavres... Comme tout le monde, le 3/3ᵉ RTA pratique cette chasse au renseignement. Sur une hauteur voisine, dénudée, arasée, les tirailleurs ont installé un discret observatoire ; depuis « Dominique », il est d'ailleurs aisé d'observer à la jumelle les guetteurs cachés dans les dernières touffes de végétation. Quant aux sorties d'observation, elles sont à peine plus risquées que les sonnettes et elles seront longtemps maintenues. Elles sont confiées à de petites équipes de cinq ou six hommes conduits par un sous-officier qui connaît la triple règle à respecter : observer sans se faire repérer, éviter le contact avec les Viêts, rentrer avec, si possible, une bonne moisson d'informations. C'est ce genre de mission que reçoit le 31 janvier le sergent Tardy.

Tardy demande des volontaires dans la 11e compagnie que commande le capitaine Papillon. Il doit en refuser, il ne voulait pas plus de cinq hommes avec lui ; ce seront quatre Algériens et un Pied-Noir. Ils glissent des chargeurs dans les cartouchières, accrochent des grenades à leur veste de treillis, enfournent les boîtes de ration dans les poches du pantalon et agrafent le bidon d'eau au ceinturon. Ils vont s'éloigner discrètement pour deux bonnes journées, départ et retour avant que tombe la nuit.

Ils marchent lentement, attentifs ; ils traversent les ruines d'un hameau que le feu a détruit. Ils contournent une rizière où pataugent quelques buffles qu'il faut éviter, ces bestiaux ayant une fâcheuse tendance à charger les intrus, tout au moins ceux qui ne sont pas indochinois, une affaire d'odeur paraît-il. Ils sont à trois ou quatre kilomètres du camp lorsque les Viêts surgissent. Encerclés, les six hommes ne peuvent vider que quelques chargeurs avant de succomber sous le nombre. Ils ont un blessé, touché à la cuisse. Les Viêts ont également un homme blessé au ventre et ils comptent un mort dans leurs rangs. Tardy, en tête à l'instant de l'embuscade, se retrouve les mains attachées derrière le dos mais personne ne songe à récupérer la grenade pendant à sa veste. Du côté français, il manque un homme ; le seul que les Viêts n'ont pu saisir. Il rejoindra le camp. Les cinq autres partent, tous ficelés, encadrés, vers les camps de prisonniers que le Viêt-minh cache dans la jungle. Ils découvrent ce que personne ne paraît soupçonner dans le camp retranché : la multitude de petits hommes jaunes s'agitant sur les collines, en pratiquant l'art du camouflage comme personne ne l'a jamais imaginé encore dans la vallée. Et ces petits hommes poussent, traînent, hissent des pièces d'artillerie. Les prisonniers découvrent aussi que l'aviation peut déclencher, dans les rangs viêts, une extraordinaire terreur. Les bo-doï paniquent dès que s'enflamme le napalm tombé du ciel. Les tirailleurs prisonniers le constatent, étant pris avec leurs geôliers dans l'un de ces bombardements. Mais dès l'alerte achevée, des coolies surgissent, pelle à la main, et recouvrent de terre les cadavres calcinés des bo-doï qui seront aussitôt remplacés. Des renseignements qu'ils ne pourront jamais transmettre...

Diên Biên Phu, 31 janvier : l'artillerie se dévoile

Le 31 janvier, le lieutenant-colonel Langlais et cinq bataillons filent vers le nord. L'objectif qui leur a été fixé est la destruction d'une batterie viêt installée sur la cote 683, à moins de deux kilomètres de « Gabrielle » qu'elle domine. Cette action est lancée au moment précis où les canons viêts de 75 tirent pour la première fois – et de jour – en direction de « Eliane », « Huguette » et « Dominique ». Des obus touchent aussi la piste.

Au sud, Wieme et ses Thaïs poursuivent leur mission très spéciale : aller déposer là où les bo-doï les trouveront à coup sûr les tracts en vietnamien arrivant d'Hanoi par avion, sous plis cachetés. Signés du colonel de Castries, ils se veulent provocants à l'égard de Giap, d'ailleurs qualifié de « généralissime » ce qui se veut sûrement plus ironique que flatteur :

> « Vous avez promis à vos troupes et à la population de fêter le Têt à Diên Biên Phu. La date approche.
>
> « Qu'attendez-vous pour déclencher cette bataille que vous considérez comme décisive dans le différend qui nous oppose ?
>
> « Douteriez-vous de votre succès ?
>
> « N'avez-vous plus confiance dans la valeur de vos généraux et l'enthousiasme de vos troupes ?
>
> « Ne craignez-vous pas de décevoir les promesses que vous leur avez faites et la confiance qu'avec tant d'insistance vous leur avez demandé de vous accorder aveuglément ?
>
> « Ne craignez-vous pas de perdre la face vis-à-vis de vos troupes auxquelles en tant que soldat, je dois rendre hommage ?
>
> « Venez, je vous attends… »

La fête du Têt tombe, cette année, le 3 février…

Les aviateurs continuent quotidiennement leurs rotations au-dessus de la vallée. Les uns appuient de leurs feux une opération de reconnaissance, d'autres photographient les crêtes et les forêts en quête du moindre indice. D'autres encore se posent sur la piste de tôle, déchargent du matériel ou une unité, réembarquent une unité ou des blessés. Presque de la routine pour les aviateurs, mais une routine qui est épuisante autant physiquement que moralement. Sans doute les équipages ne savent-ils même pas que, parmi les nouveaux venus, déposés le 1er février, figure un détachement hors du commmun. La Légion étrangère expédie à Diên Biên Phu son peloton d'élèves gradés, soit quatre-vingts stagiaires qu'encadrent trois officiers et dix ou douze sous-officiers. Ils vont s'installer sur « Claudine », l'un des PA de la

13ᵉ DBLE où tout est prêt pour les recevoir, y compris une salle souterraine destinée aux cours mais où peuvent aussi être projetés des films.

Le pilote du Dakota qui, le 1ᵉʳ février vers 18 h 30, voit éclater un obus sous le museau de son appareil posé en bout de piste trouve l'aventure amère. Il lui revient pourtant un discret titre de gloire : il est le premier aviateur visé par l'artillerie viêt-minh ! Ce qui peut l'indisposer, c'est la récidive des entreprises viêts : la nuit passée, les bo-doï ont déjà attaqué la base de Do Son, à proximité de Haiphong, là où précisément sont entretenus les Dakota. Trois avions ont été détruits, un autre sérieusement endommagé.

Ainsi donc, elle est bien en place, cette artillerie dont on parlait toujours sans jamais la voir, et surtout pour minimiser ses éventuelles capacités. Elle est prête à sectionner le cordon ombilical reliant le camp retranché à la vie. Elle est quelque part, n'importe où, autour du camp, invisible parce que dissimulée nul ne sait comment. Dès les premiers tirs, ses canons seront supposés cachés dans des alvéoles à flanc de colline, ce qui paraissait pourtant impossible aux spécialistes français. Il y aura d'autres tirs le 3, comme s'il s'agissait de célébrer la fête du Têt, puis le 5 février... Après quoi les occupants du camp cesseront de les compter, mais pas de les craindre. Il ne paraît pas que les pilotes civils des compagnies privées engagés pour le ravitaillement de Diên Biên Phu s'en soient préoccupés ; ils seront les seuls tout au long de cette semaine à venir larguer leur cargaison au-dessus de la cuvette.

Il était temps, en tout cas, qu'arrivent des renforts en pilotes comme en appareils. Le 2 février, la presse annonce que l'aviation vient de recevoir du renfort : les « Tigres volants » du Civil Air Transport – le CAT – du général Chennault. D'ascendance française, Claire Lee Chennault est un curieux mélange des genres : militaire certes et glorieux combattant, mais aussi mercenaire à la solde de Tchang Kai-chek, agent secret de l'OSS puis de la CIA, trafiquant d'armes à l'occasion, saltimbanque à ses heures et gagnant alors sa vie avec une escadrille d'acrobatie aérienne. Il a une soixantaine d'années à l'époque. Il a trouvé là un bon contrat. Ses avions appartiennent à l'US Air Force ; ses pilotes et copilotes sont des Américains qui ont signé de pseudo-contrats civils avec la France, et lui va diriger tout cela avec un certain pittoresque et sans grande discrétion.

Muong Phong : Giap s'installe

Début février Giap déménage son PC. Il vient s'installer à Muong Phong, à une dizaine de kilomètres à vol d'oiseau du camp retranché. En escaladant un sommet, à l'immédiate proximité de son PC installé au fond d'une grotte, il peut voir la plaine de Diên Biên Phu et tous les points d'appui :

« Plus d'une fois, je suis resté là à observer les bases d'un rouge foncé sur la plaine plate et les collines situées à l'est. Des avions ennemis, les uns étaient rangés sur la piste d'envol, les autres tournoyaient dans l'air en larguant des parachutes, ou descendaient en piqué mitrailler des endroits suspects d'abriter nos troupes. Des tanks faisaient la navette entre Muong Thant et Hong Cum[3]. J'imaginais les rudes obstacles que nos hommes devraient accepter et surmonter victorieusement. »

A ce moment, Giap considère que sa décision du 25 janvier – ou du 26 selon ses récits – revient à reporter l'assaut de cinq à six semaines, jusqu'à la fin mars donc. Ce sera le temps nécessaire, pense-t-il, à l'investissement du camp. Ce sont là d'extravagants travaux d'encerclement, les hommes creusant dans le silence le plus absolu des centaines de kilomètres de tranchées qui convergent vers les points d'appui. Parfois une petite garnison découvre au matin que les fourmis viêts ne sont plus qu'à une dizaine de mètres de leurs barbelés, qu'il faut d'urgence reboucher leurs trous en sachant que la nuit suivante les terrassiers de l'ombre laboureront encore les glacis précédant les défenses de postes. Giap veut aussi que l'artillerie s'installe discrètement à pied d'œuvre ; il ne faut pas que les observateurs du camp retranché découvrent les travaux de terrassement, là où seront installées ses batteries. Les hommes travaillent de nuit, ou à l'abri de branchages les camouflant. Ils creusent profondément la montagne en évacuant les déblais ; parfois leurs souterrains traversent une colline. Les pièces d'artillerie ne seront jamais à l'air libre, toujours enfermées dans les boyaux creusés à flanc de coteau, l'orifice de tir étant obstrué par un camouflage se confondant avec la colline.

Fier du travail de ses hommes, celui des bo-doï disciplinés, celui des dan-cong qui passent pour volontaires ou des coolies qui ne le sont pas du tout, Giap écrira :

« Nos troupes ont édifié des positions d'artillerie bien solidement retranchées, capables de résister aux coups des pièces de 105 et de 155 et situées en des points tout à fait imprévus, afin d'exploiter toute notre puissance de feu et garantir la sécurité de nos pièces pour une durée d'activité assez longue. Ces casemates ont été construites en profondeur à flanc de montagne, et camouflées avec art ; les avions de reconnaissance ennemis ont eu beaucoup de mal à les repérer, et les pièces ainsi abritées ont résisté aux pilonnages de l'adversaire. Nous avons en outre édifié des ouvrages de diversion pour induire l'ennemi en erreur, disperser son feu et user ses munitions… »

Le colonel Piroth, certain de vaincre, ne s'est peut-être pas assez documenté. Ce que Giap entreprend – des batteries totalement dissimulées dans les collines – a déjà été réalisé en Corée. L'idée peut faire frémir un artilleur de tradition, elle ne choque pas les néophytes ; encore qu'il faille s'entendre sur le terme. Néophytes, les Viêt-minh le sont assurément. Mais il faudrait être certain que les artilleurs de Giap étaient tous des Vietnamiens et non pas des spécialistes chinois, venus avec armes et bagages jouer les « experts militaires amis ». Chinois ou Viêt-minh, les artilleurs de Giap n'ont pas de nombreux tirs préréglés, pas plus qu'ils n'ont de détachement d'observation. Les DLO sont pour des armées mieux équipées en radio, plus perfectionnistes mais pas nécessairement plus efficaces. Les hommes jaunes se contentent d'angles de tir fort limités, ce qui permet de mieux camoufler les emplacements. Ils tirent sur la piste, sur des PA préalablement repérés ; leurs feux n'ont jamais à accompagner l'avance des fantassins en les précédant de quelques mètres. Ils ne savent pas le faire et ce n'est pas leur travail. Ils sont là pour détruire la piste, pour effondrer les abris, pour paralyser les mouvements de l'adversaire, pour le démoraliser. Plus tard, quand viendra le moment de dévoiler l'ampleur de ses moyens en artillerie, Giap ajoutera des leurres à ses précautions : les canons s'effaceront dans leur cache dès le coup parti et à quelques dizaines de mètres un fumigène, simulant un départ de tir, trompera les observateurs…

Diên Biên Phu : 4 février

En février, les Français espèrent une pression moindre. Les Viêts paraissent connaître des difficultés de logistique. Le crachin rend les pistes glissantes, le brouillard gêne l'entretien des routes et des chemins. Soldats et travailleurs sont manifestement sous-alimentés. Lorsque les

hommes du camp retranché sortent pour sonder le dispositif viêt qui les enserre progressivement, ils rencontrent une réaction violente mais statique. Dangereuse en
tout cas. Le 3 février l'artillerie viêt, prise à partie par
des chasseurs, touche trois appareils. Entre le 3 et le
16 février, à plusieurs reprises les Français parviennent
à prendre pied sur des implantations viêts et à les
détruire.

Reporter du quotidien *Le Monde*, Robert Guillain
accompagne une de ces sorties qui n'ont plus rien
d'aimable ou de divertissant. Il ne donne ni le nom de
l'unité engagée, ni la date exacte ; la censure est passée
par là. Mais l'opération date assurément des tout premiers jours de février. D'une part, l'article fait référence
à l'offensive viêt annoncée pour le 25 janvier puis reportée ; d'autre part, au détour d'une phrase, Guillain dit
être arrivé dans le camp retranché vers la fin janvier,
enfin, ultime repère, l'article est paru en deux livraisons
les 14-15 puis 16 février, sous le titre « Week-end à Diên
Biên Phu » :

« ... Progression difficile à cause de la végétation.
Mais la radio me permet de suivre l'unité qui avance.
Son lieutenant rend compte d'une voix calme.

« Brusquement, sans que la voix qui parle se départe
d'un parfait sang-froid, le ton des nouvelles annonce un
changement instantané et dramatique :

— Nous sommes en plein dans le Viêt... J'ai des bons-
hommes qui dégringolent... Nombreux blessés... Mon
sous-off est tué...

« La radio se tait : le contact est perdu. Le poste est-il
détruit ? La voix reparaît plus lointaine :

— Nous avons le Viêt sous nos pieds, dans des trous.
M'entendez-vous ? Je répète nous avons le Viêt sous nos
pieds, dans des trous. Il nous tire par en dessous. Nous
sommes mélangés au Viêt. Je répète : nous sommes
mélangés au Viêt...

« Des mortiers ennemis se mettent de la partie, tirant de derrière la crête. De Diên Biên Phu, notre artillerie cherche à les atteindre, par-dessus nos têtes et par-dessus la forêt où notre lieutenant et ses hommes sont dans le piège. Un petit avion d'observation règle le tir, volant très bas au-dessus de la zone de combat... »

Il y a encore et toujours des sorties ; il y a encore et toujours des accrochages. Et pas assez de troupes pour toutes ces patrouilles qui se heurtent très vite à l'adversaire. Alors, comment Castries pourrait-il satisfaire le général Navarre suggérant l'implantation d'un nouveau centre de résistance, à mi-chemin de « Claudine » et de « Isabelle » ? Peut-être ignore-t-il qu'il existe déjà un embryon de poste vers cet endroit, suffisamment avancé pour avoir fait l'objet de travaux et pour avoir reçu un nom, encore un prénom féminin : « Marcelle » ! L'embryon, comme le projet Navarre, seront très vite abandonnés sous la pression de l'adversaire, même si les canons de « Isabelle » paraissent bien lointains pour soutenir « Béatrice » et plus encore « Gabrielle ».

Vers le 5 février, les services de renseignement du GONO s'inquiètent des travaux viêts :

« Au cours reconnaissance offensive menée au nord et au nord-est de la cuvette de Diên Biên Phu, il a été constaté que les organisations de terrain viêt-minh ont pris une ampleur inconnue jusqu'à ce jour, tant pour l'importance des travaux que par leur échelonnement en profondeur[4]. »

Ainsi, les emplacements de combat individuels que construisent les Viêts sont implantés à contre-pente, en zone boisée, avec des champs de tir très peu dégagés. Ils sont très protégés des tirs de l'artillerie du camp par des rondins recouverts de soixante-quinze centimètres de terre, les créneaux de tir sont de très faible dimension. Ces abris sont reliés entre eux par des tranchées couvertes. Parfois, les emplacements de tir sont camouflés

par de la paille donnant l'apparence d'une zone de bat-
tage du paddy. Les risques liés à ces installations sont
évidents : les engagements ont lieu à très faible distance, le décrochage est peu aisé, les interventions de
l'artillerie et de l'aviation sont très délicates. Dans six
semaines, le 2e bureau pourra diffuser le croquis de
l'abri d'artillerie type, celui qui sera ensuite reproduit
dans tous les ouvrages sur Diên Biên Phu (voir p. 859).
Il est daté du 29 mars et a été réalisé lors de l'interrogatoire d'un prisonnier[5].

Ce même 5 février, le parking de nuit des avions est
harcelé deux heures durant au mortier de 120. Un chasseur est endommagé. Il est maintenant évident que les
Viêts tirent avec précision et que leur DCA s'annonce
redoutable. Et nul, malgré les reconnaissances, les photos aériennes, ne parvient à savoir d'où ils tirent...

Si les penseurs des états-majors doutent encore de
l'existence de ces canons cachés à flanc de colline, face
au camp, le lieutenant Claude Verzat leur en offre la
preuve. Depuis des jours, de son observatoire improvisé
sur un point haut de « Eliane 2 », il observe les collines
de l'Est au travers de sa binoculaire. Il a de bonnes vues
sur les mouvements de terrain sur cinq kilomètres de
profondeur environ, jusqu'à cette chaîne lui faisant face
et qui culmine entre 1 150 et 1 250 mètres d'altitude. Il
a d'excellentes vues sur des pitons qui entreront bientôt
dans l'histoire de Diên Biên Phu : les cotes 781 ou 502.
Partout c'est la même végétation dense. Il regarde les
lointains, jette un œil sur son jeu de photographies
aériennes, compare. Et, au-dessus de sa tête, il entend
passer un obus. Suit la déflagration de l'arrivée... Le
réseau radio s'emballe. Chacun pense avoir un renseignement à transmettre. Un DLO depuis « Dominique »
demande un tir et donne les coordonnées de l'objectif.
Elles semblent erronées à Verzat qui le dit et que l'on

prie de se taire. Au PC-feux, la priorité est à celui qui a demandé le tir ! Verzat se tait, observe, écoute, et voit… Il voit le départ d'un tir viêt et claironne « coup parti »…

Au PC, un officier réagit :

« C'est Verzat qui doit avoir raison. Il annonce les arri-vées et les départs ! »

Le lieutenant obtient ses tirs de 155 et un silence suit, presque réconfortant. L'inconvénient tient à l'entête-ment du jeune lieutenant. Non seulement Verzat a bien repéré la casemate d'où tiraient les Viêts, mais depuis que le calme est revenu, il en a aperçu une demi-douzaine d'autres… Piroth se déplace, regarde, commande des tirs de 105 sans effet et laisse finalement les chars tirer au but. Piroth pense que son adjoint a raison, pour réussir à tirer dans ces espèces de casemates, il faut des canons sans recul. Il les demandera. Il n'en existe pas d'autres que ceux du GM 35 parti de Diên Biên Phu pour une opération au Laos. Il n'y en aura donc pas pour le camp retranché[6]…

Verzat est récupéré au PC-feux. Piroth le fait venir auprès de lui. Le jeune lieutenant travaillera avec le chef d'escadron Le Gurun qui vient de remplacer son homo-logue Hourcabie rappelé à Hanoi. Le capitaine L'Hostis et Verzat devront noter soigneusement tous les rensei-gnements leur parvenant sur une carte. Piroth espère ainsi découvrir les vingt-quatre obusiers de 155 que pos-sèdent assurément les Viêts. Pour ce faire, le jeune lieu-tenant travaille avec les photos qui lui viennent d'Hanoi, avec les observateurs dès qu'ils descendent de leur Morane, avec sa binoculaire implantée sur le toit du PC, avec les renseignements que lui transmet le lieutenant Vilbert passé du BT 3 au 2e bureau, et dont les Thaïs continuent de courir la campagne.

Le 6 février, le lieutenant-colonel Langlais envoie trois bataillons, pour une sortie vers l'ouest de la vallée, jusqu'aux cotes 754 et 781. Le départ est pour 5 heures du matin. Marchent vers l'objectif le 8ᵉ Choc, le 1/4ᵉ RTM, le 2ᵉ bataillon thaï qu'accompagnent des lance-flammes de la Légion et qu'appuient des chars. Ils sont un moment bloqués à quatre kilomètres de leur ligne de départ. Il semble bien que les Viêts aient placé un canon, invisible, aux environs. Si l'on est d'un naturel optimiste, on peut considérer que les Viêts tirent au hasard ; si l'on est d'humeur pessimiste, il est possible d'imaginer qu'ils règlent quelques tirs pour un avenir proche et sombre. Il apparaît aux Marocains, arrivés au sommet du piton 754, que le canon tire d'ailleurs, ils l'entendent tonner à l'est et le situent bien au-dessous d'eux. L'oreille exercée des artilleurs laisse supposer aux officiers du DLO que ce pourrait être un 77 de montagne d'origine japonaise. Toujours cette évidence, déconcertante, et inquiétante : il est certain que les Viêts ne tirent pas à contre-pente mais face au camp... et personne ne les voit ! L'objectif est enlevé avant midi par les Marocains du commandant Nicolas. Ils sont montés à l'assaut, se souviendra le lieutenant Fantinel, en psalmodiant des versets du Coran :

« La notion de guerre passe au second plan, écrira-t-il. On accomplit aussi maintenant un acte religieux. Les cheveux dressés sur la tête, on avance dans un état second, on monte vers la victoire ou vers la mort, l'un ou l'autre n'a d'ailleurs plus aucune importance : on monte avec Allah, avec le Prophète... »

A l'heure du repli sous la protection du 8ᵉ Choc, Fantinel contemple l'armement de ses camarades. Au Choc, ils ont les armes les plus récentes. Au RTM ils n'ont que les reliquats de 39-40 et de la guerre du Rif ; une comparaison qui n'est pas très bonne pour le moral des troupes. Ils voient aussi un avion touché se poser en catastrophe sur la piste. L'aviateur, de l'aéronavale, le lieutenant de vaisseau Roulleaux-Dugae, reprendra l'air lorsque son avion sera réparé.

Paris, 6 février : Pleven ira à Diên Biên Phu

Un Comité de défense nationale, le 6 février 1954, entend Pierre de Chevigné et Marc Jacquet de retour d'inspection sur le terrain. Il avait été dit que le rapport rédigé par Navarre, en date du 1er janvier, était trop pessimiste. Il apparaît, ce jour-là, qu'il était bien en deçà des réalités.

Ce comité doit aussi accorder à Pleven, qui s'apprête à partir pour Diên Biên Phu, un mandat lui permettant de prendre sur place les décisions qui pourraient s'imposer. Pleven paraît s'inquiéter sérieusement de la situation du camp retranché et il craint que les circonstances ne le conduisent à prendre, durant son voyage, des initiatives dépassant ses attributions.

Le cas du Laos est très clairement évoqué, puisque Navarre risque encore de poser la question à Pleven et Pleven de devoir y répondre. Certes, Juin estime que l'on ne peut en juger depuis Paris, mais d'autres participants sont plus précis. Ainsi Laniel : « Dans une circonstance analogue, rappelle-t-il, le Comité de défense nationale avait décidé d'assurer d'abord la sauvegarde du corps expéditionnaire. » Ainsi Maurice Schumann, le secrétaire d'Etat aux Affaires étrangères : « Cette décision avait été prise en présence du général Navarre. Le Comité de défense nationale avait alors estimé que si la défense du Laos présentait un intérêt certain sur le plan politique, elle n'en avait pas du point de vue militaire et sa conclusion était que, si une option devait être prise, elle devait l'être en faveur du corps expéditionnaire. »

La séance paraît étrange, presque surréaliste, à Edgar Faure : il note que les uns se forçaient pour prendre la parole, les autres s'efforçant de ne pas la prendre, au besoin feignant de ne pas entendre les questions posées. Or le débat tourne autour des inquiétudes de Laniel qu'Edgar Faure résume ainsi :

« 1. La position de Diên Biên Phu est-elle solide ?

« 2. Est-il encore temps de l'évacuer ?

« Je ne puis affirmer que la première partie ait été expressément formulée, mais elle était nécessairement et implicitement contenue dans la seconde. »

Réputée excellente, la mémoire d'Edgar Faure ne doit pas le trahir lorsqu'il rédige ces lignes : Laniel ne demande pas si Diên Biên Phu est une base solide, il entend savoir s'il est encore temps de l'évacuer. Le maréchal Juin considère que l'évacuation est sans doute encore possible ; formulation laissant supposer qu'il n'en est pas certain. Pleven, lui, tourne autour du problème :

« Sans Diên Biên Phu, le Viêt-minh aurait été aux abords de Luang Prabang deux mois plus tôt. »

Le maréchal Juin pousse une sorte de grognement qui pouvait être entendu comme un « oui bien sûr », semblant de réponse qui ne semble pas satisfaire Laniel, lequel ne repose pourtant pas sa question déjà formulée par deux fois.

De cette séance, pour le moins curieuse, Edgar Faure retient aussi une constatation, à la fois désabusée et ironique. Il lui paraît que Laniel envisage l'avenir avec plus de réalisme que Navarre :

« Le capitaine de réserve d'artillerie se montrait, du premier coup, plus lucide que ne l'était le général d'armée, breveté d'état-major, commandant en chef… »

Et les moyens en équipement et en matériel demandés par Navarre ? Ils lui ont été refusés en juillet 1953, ils ne lui sont toujours que très partiellement accordés et ne représentent qu'une faible partie de ce qu'il considère comme indispensable. Ce qui étonne Edgar Faure :

« Cette fois, aucun motif de pénurie budgétaire n'était et ne pouvait être invoqué, car, depuis les accords MacArthur-Eisenhower, nous étions financièrement à l'abri et mon ministère se garderait bien d'élever un conflit. La principale raison du refus opposé aux réclamations du général Navarre nous paraît aujourd'hui extravagante : on redoutait de dégarnir, au profit de l'Indochine, le dispositif de défense européenne ! On se condamnait ainsi à perdre une guerre qui sévissait réellement, afin de ne pas compromettre nos chances dans une guerre imaginaire, dont le bon sens indiquait qu'elle n'éclaterait jamais... »

Edgar Faure, qui préfère ne pas intervenir dans les débats militaires, ose pourtant, cette fois, une proposition. Puisque la chute de Diên Biên Phu paraît, à terme, inévitable et que tout le monde est à peu près de cet avis, pourquoi René Pleven ne profiterait-il pas de son prochain voyage pour tenter des conversations directes ou indirectes avec les insurgés, sans attendre la Conférence de Genève annoncée ? La réponse est ambiguë : le comité fait confiance à René Pleven, sans autre précision. Edgar Faure ajoutera – plus tard, dans ses *Mémoires* :

« J'avais l'impression que j'avais vu toutes ces têtes se courber sous le vent de la défaite et qu'elles ne se redresseraient pas. La bataille de Diên Biên Phu, avant d'être livrée sur le terrain, avait été perdue dans les âmes. »

René Pleven arrive à Saigon le 9 février. Dès le lendemain, il assiste aux premières réunions de travail. A l'une d'elles, les propos du général Blanc surprennent le ministre de la Défense : Blanc veut que l'on retire six bataillons et quatre mille tonnes de matériel de Diên Biên Phu. Le 15 avril, dit-il, Castries aura quarante centimètres d'eau dans son abri, la piste sera inutilisable et le ravitaillement par air impossible...

Diên Biên Phu : des reconnaissances coûteuses

En attendant la mousson et ses pluies incessantes, c'est la poussière qui s'infiltre partout. Le lieutenant Wieme, dans une description méticuleuse de son abri-PC, note qu'elle recouvre tout. L'endroit, il est vrai, est exigu. Recouvert d'un mètre de sacs de terre, l'antre mesure un mètre et demi de large pour deux mètres et demi de long, avec, occupant la plus grande place, une banquette de terre sur laquelle Wieme a disposé de la paille de riz et son sac de couchage. A côté, une caisse pour poser une bouteille d'armagnac pleine de thé, une autre caisse pour ses cartes, documents et archives, à portée de main deux téléphones et le poste de radio d'alerte... Ses affaires sont les unes dans un sac marin, les autres dans un sac tyrolien. Accrochés au mur, au bout de bâtons enfoncés dans la paroi, pendent sa carabine US, une baïonnette de Mauser prise à Paris en août 1944, une tenue de combat de rechange, une veste de chasse, ses jumelles, son casque et sa gamelle. Une lampe sur pile, un quinquet à huile éclairent ce repaire semblable à ceux qu'ont fait creuser bien d'autres lieutenants et capitaines égarés à Diên Biên Phu. Ce qui différencie peut-être le terrier de Wieme d'autres abris, c'est le berger allemand nichant là avec son maître. Il l'a appelé Papaou, comme le premier piton qu'il a escaladé aux abords de la cuvette.

Pour les visiteurs, arrivant du ciel, le camp retranché reste un endroit déconcertant, à la fois inquiétant et rassurant, comme en témoigne Robert Guillain dans un article en date du 4 février :

« Le visiteur qui tombe là-dedans du haut du ciel est assailli au premier moment par un désordre d'impressions qui lui coupe le souffle. L'impression d'abord d'être encerclé, encagé, cerné ; celle encore d'être vu de partout, que chacun de ses mouvements doit être aperçu par l'ennemi, qui plonge ses regards d'en haut, tandis que lui-même, derrière le rideau des forêts, ne nous est visible nulle part.

« Le visiteur est surpris par surcroît de constater que, au rebours de toute forteresse connue, celle-ci n'a pas choisi de laisser la plaine à l'ennemi pour se placer sur les hauteurs, mais bien le contraire. A nous le creux, le plat ; à l'ennemi tout ce qui domine.

« Mais bientôt aussi naît un sentiment rassurant : celui de pénétrer dans un système formidable. C'est une espèce de piège gigantesque et compliqué, hérissé de pointes, boursouflé d'ouvrages, miné, creusé, compartimenté, labouré sur des kilomètres carrés et plus habité qu'une fourmilière... »

C'est précisément pour contrarier cette présence incessante, presque obsédante de l'ennemi, que sont décidées certaines opérations, dont chacun sait qu'au bout du compte leur éventuel succès ne peut être que partiel et éphémère. Le 11 février, quatre bataillons effectuent une de ces sorties dites de « reconnaissance offensive ». Il s'agit d'aller détruire les observatoires et les positions supposées de batteries de DCA occupant les crêtes sur les hauteurs de l'Est. Il y a là, engagés dans cette affaire, le 1er BEP, le 3/3e REI, le 3/3e RTA, des chars, des éléments du génie et des supplétifs, ainsi qu'une compagnie du 8e Choc... Ils se heurtent à une forte résistance à moins de quatre kilomètres du PC. Les combats sont rudes, l'adversaire, sérieusement retranché et fort bien armé, a aussi l'avantage de la surprise et des hauteurs. Parfaitement camouflés, les Viêts attendent le dernier instant pour ouvrir le feu et lancer leurs grenades sur l'adversaire, immédiatement cloué au sol et, souvent, dans l'impossibilité de se dégager. A la nuit, une accalmie permet l'évacuation des blessés et un repli des unités, étant entendu que les légionnaires et les tirailleurs algériens laisseront des éléments sur place, pour une reprise de l'opération dès le lendemain matin avec les mêmes unités renforcées par des compagnies de la 13e DBLE et du 5/7e RTA. C'est donc le 12 février que les objectifs fixés sont atteints, après une intervention massive de l'artillerie et le soutien de l'aviation.

Il apparaît, au cours de cette sortie, que le 3/3e RTA du capitaine Garandeau est usé. Il se bat en Indochine depuis novembre 1950 et il a parcouru toutes les régions de la Cochinchine à l'Annam en passant par le Tonkin et le Laos. Il compte dix jours de repos depuis le milieu de l'année 1953.

Après d'autres actions aussi rudes, les 15 et 16 février, se soldant par de maigres satisfactions – la destruction de casemates ou d'observatoires – pesant bien peu en comparaison des pertes enregistrées, il devient évident que ces « reconnaissances offensives » coûtent cher en hommes. D'autant plus cher qu'il faut faire un sérieux inventaire des points d'appui pour trouver des éléments disponibles. Depuis le 20 novembre, dans ces accrochages multiples, dans ces sorties certainement nécessaires mais si souvent infructueuses, le GONO a perdu l'équivalent d'un bataillon. Soit le douzième des forces concentrées dans le camp retranché...

Un soir, chez Langlais, Guiraud souligne les risques pour l'avenir. Le lendemain, le colonel de Castries annonce que les reconnaissances offensives sont suspendues.

A la mi-février, après de médiocres succès et d'évidents revers, les hommes de la base aéroterrestre cèdent à des impressions contraires. Il est de plus en plus évident que leur camp ressemble à un traquenard, que les sorties deviennent de plus en plus délicates, hasardeuses même. Le ravitaillement des centres de résistance les plus isolés, que ce soit « Isabelle » au sud, « Gabrielle » ou « Béatrice » vers le nord, nécessite de véritables opérations d'ouvertures de route. Dans le même temps, les hommes et plus encore ceux qui les commandent en viennent à espérer l'affrontement. Ils sont encore sûrs de cette supériorité qu'ils doivent à l'aviation et à l'artillerie, encore qu'il ne faille plus négliger celle des Viêts. Ils sont aussi décidés au combat puisque rien n'est plus déprimant, pour une troupe, qu'une vaine attente, qu'une pression insistante et persistante, sans que survienne le choc qui libérerait les esprits…

L'afflux des blessés, l'engorgement de l'hôpital, la maladie du médecin-lieutenant Thuriès imposaient des renforts et un remaniement du service de santé. Arrive donc le 8 février le docteur Grauwin, réserviste en situation d'activité, avec un statut CAFAEO, ce qui lui vaut une assimilation au grade de commandant et les quatre galons attachés au grade. Son contrat arrivait à son terme ; il allait bientôt embarquer pour la Métropole. Sans affectation, il trouve le temps long à Hanoi ; alors pourquoi ne pas aller à Diên Biên Phu remplacer un confrère malade et évacué ? C'est l'affaire de deux ou trois semaines… La vie vous joue parfois d'étranges tours. Arrive aussi, pour une troisième visite au camp retranché, le médecin-général Jeansotte, accompagné de Terramorsi. Ils font un rapide bilan : outre une soixantaine de morts au combat, une douzaine décédés au bloc opératoire, il y a déjà cinq cent vingt blessés et trois cent quatre-vingt-dix-sept malades ou accidentés… Or, si l'on excepte le repli catastrophique de Lai Chau, il n'y a pas encore eu de combat au sens littéral du mot, seulement des accrochages… Jeansotte s'étonne que la tranchée desservant l'ensemble médico-chirugicale ne soit pas encore couverte.

Marrakech, 19 février : poussée terroriste

Bien loin de Diên Biên Phu, survient le 19 février un autre événement n'ayant en théorie aucune raison de passionner les combattants entassés dans le camp retranché. Il peut, tout au plus, concerner le contingent marocain présent dans la vallée ; les vieux soldats du 1/4ᵉ RTM qui sont parfois de glorieux combattants d'Italie, de France et d'Allemagne. Encore faudrait-il que les tirailleurs en soient informés...

Ce vendredi 19 février, à l'heure de la prière, deux grenades sont lancées dans la mosquée de la Koutoubia, à Marrakech. Il y a deux morts et vingt-six blessés. L'homme qui était visé – et qui est indemne – est l'ami de la France : el-Glaoui, pacha de Marrakech. Il est l'adversaire déclaré du sultan Mohammed V, déposé six mois plus tôt parce que gagné par la fièvre indépendantiste, aussitôt exilé en Corse et transféré depuis la fin janvier à Madagascar. El-Glaoui avait suggéré à la France d'introniser Si Moulay Ben Arafa comme nouveau sultan du Maroc ; un souverain qui paraît toléré dans le bled mais récusé en milieu urbain où il est considéré comme le « sultan des Français ». De toute évidence, de multiples attentats en témoignent, la politique suivie par la France débouche sur une impasse ; il va falloir explorer de nouvelles voies.

Le Viêt-minh connaissant la présence de ces tirailleurs marocains, le service de propagande de Giap ne peut qu'être attentif à la poussée de fièvre agitant le Maroc et à l'attentat de Marrakech. L'affaire est immédiatement exploitée. Par des haut-parleurs apportés au plus près des PA du 1/4ᵉ RTM, par des tracts déposés aux abords des barbelés et dans les tranchées qu'ils viennent creuser chaque nuit, les Viêts informent les Marocains et multiplient les appels à la désertion. Sans réel succès. Mais l'idée de désordres agitant leur Maroc lointain va désormais tarauder les esprits des tirailleurs et fragiliser le bataillon.

Saigon, 23 février : Navarre grogne

Lorsqu'il apprend, le 23 février, le départ du général américain Trapnell et son remplacement par O'Daniel, Navarre proteste. Il trouve les conditions accompagnant cette relève déplaisantes pour lui, puisque O'Daniel aurait davantage de pouvoirs que son prédécesseur :

« Je tiens à préciser nettement que je ne pourrais pas accepter la présence à Saigon d'un officier général américain d'un grade égal ou supérieur au mien et habilité à interférer dans mes attributions qu'il s'agisse du domaine opérationnel ou de celui de l'instruction. »

Navarre se rassurera assez vite, lorsque Paris lui fera savoir que les pouvoirs du nouveau venu seront exactement ceux qui avaient été attribués à Trapnell. Mais de cette affaire il sera encore question, d'autant que le général O'Daniel n'arrivera que tardivement à Saigon et que les rapports franco-américains seront toujours tendus. Il arrive aux alliés de la France de se demander pourquoi Paris demande éternellement une aide matérielle mais refuse les conseils tactiques ou stratégiques de ses amis...

9

Le gouvernement préoccupé
« C'est pour demain, 17 heures ! »

Ne sachant plus trop comment échapper au bourbier indochinois, puisque Hô Chi Minh ne répond pas aux avances françaises ; puisque la Conférence de Berlin n'a décidé qu'un renvoi des dossiers vers une autre conférence à venir, celle de Genève ; puisque le général Navarre paraît faire cavalier seul, le gouvernement attend beaucoup du voyage de René Pleven. Le ministre de la Défense connaît ses dossiers, il n'a rien d'un agité ni même d'un passionné. Il devrait revenir d'Indochine avec des éclairages complémentaires et peut-être même des idées neuves...

Pleven arrive à Saigon le 9 février. Il découvre immédiatement que son séjour ne sera pas de tout repos ; le programme est chargé. D'entrée, l'état-major de Navarre propose au ministre de la Défense de découvrir une série de dossiers qui lui permettront de mieux connaître les affaires indochinoises. Il a droit à quelques exposés d'intérêt variable mais dont l'un – au moins – paraît pertinent, celui du lieutenant-colonel Guibaud, chargé du 2e bureau à l'EMIFT :

« L'Asie est avant tout paysanne, lui explique cet officier. La seule mobilisation possible de masse est donc celle des campagnes. C'est ce qu'a bien compris le Viêt-minh dès le début. Il n'y avait pas de révolution possible, pas de lutte armée possible sans la participation totale des paysans à une économie de guerre aussi difficile qu'exigeante. C'est pourquoi, étape par étape, les campagnes ont été mobilisées, c'est-à-dire gagnées à une idéologie collective puissante, contraintes à un énorme effort de production et soumises au "service auxiliaire", système extrêmement perfectionné de réquisition. »

L'armée, tenue à l'écart de l'action politique jusqu'en 1953, participe désormais à la lutte des classes, sans doute pour renforcer son tonus… Cette armée s'organise sur trois niveaux. A la base, il y a les troupes populaires, qui ne sont pas armées mais se dépensent sans compter pour soutenir l'effort des combattants. Viennent ensuite les troupes régionales qui organisent et défendent les bases des troupes régulières et jouent au besoin les guérilleros. Enfin, au sommet de cette hiérarchie, apparaissent les troupes régulières dégagées de toute mission territoriale et théoriquement mobiles sur l'ensemble du front. Encore convient-il de ne pas oublier une structure parallèle et essentielle : le système des commissaires politiques – ou can-bo – s'assurant que « l'orientation des esprits est partout la même. Le catéchisme révolutionnaire précède le règlement ».

L'officier du 2ᵉ bureau ajoute que la théorie de Giap, pour la marche vers le pouvoir, est parfaitement connue. Elle organise les espoirs du Viêt-minh en trois temps : la résistance passive avec la mise en place des forces, suivie de la résistance active avec la guerre d'usure et la mise en place du corps de bataille, et enfin la bataille décisive pour la libération. En est-on à la fin de la deuxième période ou a-t-on déjà abordé la troisième phase ? Guibaud s'avoue incapable de trancher. En revanche, il peut offrir au ministre un bouquet de chiffres de nature à inquiéter tout esprit lucide. Désormais, les Viêts disposent d'une division lourde avec un régiment d'artillerie doté de canons de 75, un autre équipé de canons de 105 et le troisième régiment doté de mortiers de 81. Il dispose de plus de deux cents pièces de DCA légère de 12,7 mm et très probablement de matériel antiaérien de 37 mm d'origine soviétique. La Chine est là qui, au rythme de mille cinq cents tonnes par mois, apporte armement, munitions, essence, habillement, médicaments et vivres. Et pour transporter tout cela, le Viêtminh a désormais un bon millier de véhicules, les uns offerts, les autres prêtés par la Chine, camions du type Molotova ou même GMC américain puisque Pékin en a récupéré un stock en Corée. A dire vrai, la Chine n'est pas seulement généreuse, elle a d'autres pensées : il lui faudra bien un jour reprendre l'offensive interrompue en Corée et ses proies pourraient être la Thaïlande et la Birmanie... Giap a déjà eu l'occasion de le comprendre.

Si Pleven n'a pas encore assimilé la gravité de la situation, l'officier du 2e bureau a encore quelques chiffres dans ses dossiers. Il y a, dit-il, autour de Diên Biên Phu, vingt-sept bataillons des meilleures divisions, la quasi-totalité de l'artillerie et de la DCA dont dispose Giap, un grand nombre de mortiers de 81 et de 120... Il parle aussi de cette attaque attendue le 25 janvier, reportée ou ajournée il n'en sait rien, encore que ses services soient persuadés que les Viêts n'attendent que l'occasion favorable pour engloutir Diên Biên Phu.

Si le 2e bureau redoute une offensive viêt, le 3e bureau – présentant aussi son exposé – croit que le temps peut jouer pour le camp retranché :

« Le terrain sur lequel la bataille se livre cette année rend impossible toute opération d'envergure en saison des pluies et limite, en conséquence, à la mi-mai la période d'activité. Il s'agit pour nous de sauvegarder pendant trois mois nos positions essentielles et de faire subir à l'ennemi le maximum de pertes... »

Du côté du 3e bureau, n'apparaît qu'une modeste réserve : la compétence des nouvelles armées des Etats associés qui étaient pourtant un des éléments clés du plan Navarre :

« Les unités des Etats associés sont en constante progression, quantitativement et qualitativement. Cependant à quelques exceptions près, elles ne peuvent, du fait de la jeunesse de leur encadrement et de leur manque d'instruction, soutenir la comparaison avec les unités du corps de bataille viêt-minh, dont la plupart combattent depuis plusieurs années. »

Pleven, toujours flanqué des généraux Ely et Fay et de son secrétaire d'Etat Chevigné, fait aussi un passage à Diên Biên Phu, le 19 février. C'est presque un détour obligatoire pour qui prétend s'intéresser à l'Indochine. Parce que les responsables aiment voir ce dont ils parlent, parce qu'ils aiment que l'on parle de ce qu'ils sont allés voir et qu'ils ne détestent pas être vus là où il est bon de passer. Alors on visite Diên Biên Phu, on s'y fait photographier. Les militaires relèvent le menton et prennent des airs énergiques. Les civils enfilent une veste rappelant la tenue de combat et se cherchent une attitude martiale. Il arrive pourtant que ces visiteurs aient des vues saines sur le camp et sur son avenir ; sans doute ce que l'on appelle un regard neuf[1].

Ainsi le général Ely insistera beaucoup, à leur retour, sur la fragilité des abris. Le général Fay, lui, aurait proposé d'alléger le camp de six ou sept bataillons qu'il peut, dit-il, enlever en deux nuits. Il aurait ajouté – toujours verbalement – que l'on pouvait enlever tout le monde en vingt-quatre heures, en mobilisant la totalité des avions de transport et des bombardiers d'Indochine. Il est vrai qu'en ce mois de février, on attribue beaucoup de propos alarmistes au général Fay, avec sans doute une certaine audace. Ne lui a-t-on pas prêté la recommandation suivante :

« Je conseillerai au général Navarre de profiter du répit qui lui est donné pour sortir d'ici tout le personnel qu'il pourra car il est perdu. C'est tout. »

La formule est claire, le conseil est précis... Reste à savoir si l'une et l'autre sont authentiques. Le doute subsiste, un doute très relatif. Si Fay a risqué une telle remarque dans l'oreille des grands chefs, il l'a fait fort discrètement, à voix très basse, puis il serait rentré dans le rang. Car il a rédigé un rapport à son retour de la tournée d'inspection, texte qui est d'une tout autre tonalité :

« Diên Biên Phu est une position extrêmement forte qui, pour être attaquée, exigerait de gros moyens avec, au surplus, de grosses chances d'échec pour l'assaillant. Elle pose cependant un problème qu'étudie actuellement le commandement en chef, celui de ses servitudes en saison des pluies[2]... »

Diên Biên Phu : des prisonniers parlent

Pour prévoir les intentions de l'adversaire, pour anticiper sur ses mouvements, le moyen essentiel a toujours été, reste et restera la recherche du renseignement. Le 2e bureau est actif à Hanoi comme dans la Haute Région. Les équipes du GCMA participent à cette quête, les informateurs rémunérés ajoutent leur grain de sel. Au camp même, l'antenne du 2e bureau, confiée au capitaine Noël, recueille des indices et exploite les interrogatoires des Viêts.

C'est dans cet abri, à quelques pas du PC GONO, que sont en effet conduits les prisonniers et les ralliés, ceux-ci infiniment moins nombreux que les prisonniers mais sensiblement plus bavards, comme s'ils devaient persuader leurs interlocuteurs de leur bonne foi. Le rallié doit pourtant être considéré avec une certaine distance. Rien ne vaut un faux rallié pour intoxiquer une équipe de renseignement ; les Français le savent qui pratiquent eux aussi cette subtilité. Quant aux prisonniers, naturellement plus discrets et en quête de mansuétude, ils auront toujours tendance à annoncer d'entrée qu'ils ont été incorporés de force. Après quoi, il faudra analyser les récits des uns et des autres pour trouver l'élément éclairant. Le 18 février, le 2ᵉ bureau de Hanoi demande à son antenne de Diên Biên Phu que les prisonniers intéressants lui soient livrés le plus vite possible, ils sont mieux équipés pour savoir qui galège ou qui tente de les tromper[3]. Les prisonniers à transférer sont ceux des grandes unités, les éléments du service de renseignement, les cadres ou spécialistes des régiments indépendants ou régionaux.

Il existe, dans les archives militaires, des extraits de ces interrogatoires conduits à Diên Biên Phu même et parfois repris à Hanoi si l'intéressé paraît bien informé ou lorsque des recoupements s'imposent. Une liasse d'interrogatoires, réalisés entre la fin janvier et la mi-février, est révélatrice des informations que peut détenir un bo-doï de base.

Vu Hong Khank s'est rallié en janvier, à la veille de l'offensive reportée. Il est traité sur place par le 2ᵉ bureau le 24 janvier. Il dit avoir vingt et un ans et s'être engagé pour protéger sa famille et ses propriétés agricoles. Il sait que sont présentes les divisions 304, 308, 312 et 316. Son régiment, le 102, avait reçu pour mission de couper le terrain d'aviation et de paralyser les transmissions. Les coolies, assistant les militaires, sont en majorité des femmes de la Haute Région. Autre rallié, Dao Van Ba, vingt-sept ans, sera transféré sur Hanoi où il est interrogé le 20 février. Il indique au 2ᵉ bureau que leur ravitaillement quotidien était de

1,3 kilo de riz, dont 800 grammes pour leur consommation personnelle et 500 pour l'achat d'autres aliments. Les bo-doï ont droit à deux tenues par an et une couverture tous les trois ans. L'aviation épouvante les Viêts qui n'osent plus marcher de jour et doivent cantonner dans des endroits boisés. Nguyen Van Long, vingt-six ans, également rallié, également bavard, est traité à Hanoï le 20 février. Il appartient au régiment 99. C'est une unité particulière, destinée à reconstituer les effectifs des autres unités. Le gros de la troupe est composé de malades et de blessés en traitement. Le régiment a également des missions de recrutement et d'instruction. Pour ces motifs, les bo-doï ne sont pas armés, ils sont occupés au transport du riz et des munitions. Il leur est interdit de quitter leurs cantonnements, de dire d'où ils viennent, où ils vont. En dotation, ils reçoivent chacun deux tenues brunes ou kaki par an, deux paires de chaussures. Nguyen Van Long sait aussi qu'il y a des conseillers chinois et européens très estimés des populations et des troupes. Les transports se font par camions puis par la main-d'œuvre populaire. Manifestement, le 2e bureau d'Hanoï aurait aimé en savoir plus, il a pourtant des lumières précises sur les éventuelles actions viêts contre le camp retranché[4]...

Hanoi, 24 février : les prévisions du 2e bureau

Une fiche technique, rédigée par le 2e bureau de Hanoi le 24 février, est diffusée au sein de l'état-major. La note fait un point précis de la situation autour de la cuvette :

« A la lumière des événements qui se sont déroulés fin janvier, on peut poser en principe que pour attaquer le camp retranché de Diên Biên Phu, le commandement viêt-minh s'attachera à disposer de tous ses moyens tant en nombre qu'en qualité, en même temps qu'il essayera de fixer sur les autres fronts le maximum de nos forces.

« Ce n'est donc que lorsqu'il aura d'une part regroupé la division 308 à proximité de Diên Biên Phu et d'autre part achevé le système de pistes dont il a besoin pour la manœuvre de ses matériels d'artillerie qu'il sera en mesure d'entreprendre son action. Il devra parallèlement déclencher dans le Delta une nouvelle période d'activités intenses en vue d'y fixer nos moyens encore disponibles… »

Or le 2e bureau, sachant que la division 308 remonte vers le camp retranché depuis quelques jours, estime qu'elle devrait être sur les lieux dès le 5 mars, après quoi il lui faudra sans doute cinq autres jours pour sa préparation… Les travaux de piste sont également bien avancés ; il ne reste qu'à raccorder quelques tronçons et l'artillerie pourra elle aussi se mettre en place, certainement aux environs du 5 mars… Alors la note conclut :

« Si l'on se réfère à la situation connue fin janvier, au moment ou le commandement viêt-minh était décidé à déclencher l'attaque du camp retranché de Diên Biên Phu, il semble bien qu'une situation comparable se présentera entre le 5 et le 15 mars[5]. »

Paris, 27 février : un article à sensation

Un autre fait marquant de ce mois de février vient de Paris, avec la parution dans l'hebdomadaire *L'Express*, daté du 27 février, d'un article intitulé : « Faut-il négocier en Indochine ? »

C'est un papier anonyme, mais la rédaction met les curieux sur la piste de l'auteur dans son encadré de présentation :

« A la suite de son voyage, M. Jacquet a fait un premier compte rendu oral au Conseil des ministres. Il n'a encore rédigé aucun rapport officiel, en attendant le retour de M. Pleven, mais il s'est entretenu deux fois, et longuement, avec le président du Conseil.

« Nous croyons savoir que l'exposé des informations et des conclusions du ministre ne devrait pas être très différent du texte que *L'Express* est en mesure de publier, ici, sous sa propre responsabilité. »

Les trois premiers paragraphes de cet article sont déjà étonnants :

« Malgré les avances parfois spectaculaires des divisions du Viêt-minh, la situation militaire ne présente aucun caractère menaçant pour le corps expéditionnaire. En fait, il n'y a que très rarement des combats de destruction, et jamais entre grandes unités.

« Le Viêt-minh n'est pas en mesure de se permettre une bataille rangée avec des forces de l'Union française groupées autour d'une place forte (exemples de Diên Biên Phu, et même de Luang Prabang).

« En revanche, il faut constater que les espoirs qu'une certaine publicité avait fait naître cet été à propos des "plans offensifs" nouveaux de la part du corps expéditionnaire, ne purent qu'être déçus. Le corps de bataille viêt-minh n'a pas été entamé, et nous ne sommes pas en état de lui porter des coups décisifs… »

Ces quelques affirmations, qui prendront en trois semaines les apparences de contre-vérités évidentes, sont accompagnées de considérations plus réalistes sur le développement et l'entraînement des forces du Viêt-minh ; sur l'insuffisance des troupes vietnamiennes qui sont bien loin de pouvoir assurer la relève du corps expéditionnaire ; sur l'échec politique de l'empereur Bao Dai, incapable d'attirer les éléments nationalistes actifs ; sur la détérioration du pouvoir politique de Saigon qui n'hésite plus à mener campagne contre la présence française. L'auteur anonyme en vient donc à considérer qu'il n'existe que deux solutions au conflit indochinois : en premier lieu une intervention militaire renforcée, avec l'envoi des appelés du contingent ou bien une participation directe des Etats-Unis, deux conditions qui lui paraissent impossibles ; en second lieu la paix, qui serait la voie la plus sage, d'autant que des négociations pourraient faire apparaître des forces politiques neuves qui refusent encore, à ce moment, de s'engager.

Quant aux conclusions, elles méritent d'être citées :

« 1. Un certain effort militaire supplémentaire de notre part peut être recommandable d'ici la fin de la présente campagne pour éviter que la situation ne soit modifiée en faveur du Viêt-minh avant une négociation.

2. Les conditions générales sont favorables pour une négociation avec l'adversaire. Le contact devrait être recherché dès maintenant avec l'espoir d'engager une conversation sérieuse vers le mois de mai ou juin.

3. La conférence internationale de Genève peut améliorer l'atmosphère et faciliter ainsi notre jeu dans la négociation directe, elle ne peut évidemment pas la remplacer.

4. Si nous maintenons l'équilibre militaire pour quelques mois encore et si nous décidons, dès maintenant, d'orienter notre politique vers la recherche d'une négociation, une trêve pourrait être obtenue dans le courant de l'année 1954 et dans des conditions telles que l'établissement consécutif de la paix préserve une part sérieuse des intérêts de la France – et de ses amis ou alliés – en Indochine. »

Le texte ne pouvait en aucune façon aider le gouvernement dans sa tâche, ne serait-ce que parce que Joseph Laniel n'a jamais eu de réponse à ses offres de négociations, pas même par le biais de son émissaire secret parti pour Moscou, Alain Savary, et revenu sans avoir pu nouer le moindre contact. L'estimation des forces puis des possibilités et de la stratégie du Viêt-minh ne pouvait de plus que tromper le gouvernement, s'il se contentait de telles sources. Mais, pour le gouvernement, pour les observateurs, pour le monde politique, subsiste la question essentielle : l'article a-t-il été inspiré par Marc Jacquet ou celui-ci en est-il l'auteur, comme peut le laisser croire l'illustration de la première page de l'hebdomadaire : une photographie du secrétaire d'Etat auprès des Etats associés !

Il faudra attendre quelques semaines encore pour connaître la réponse. Dans l'immédiat, soupçonné d'être l'auteur de ces « révélations », Marc Jacquet ne fait qu'agacer un peu plus ses collègues du gouvernement. Il n'est jamais réellement en harmonie avec eux, quand il faut reprendre le dossier indochinois.

Diên Biên Phu, 2 mars : de drôles de mitrailleuses…

L'arrivée des quatre affûts de « quadritubes » du 1er groupe d'artillerie antiaérienne coloniale d'Extrême-Orient – le GAACEO – est considérée au camp comme un bienfait des dieux. Voilà des engins aussi extravagants que redoutables. Chaque pièce se compose de quatre mitrailleuses de 12,7 mm associées sur un unique support pour tirer ensemble sur la même cible. Chaque tube peut lâcher deux cent cinquante coups à la minute, soit une cadence théorique de mille coups/minute par pièce, plus souvent sept à huit cents coups, ce qui est déjà considérable et terrifiant pour l'adversaire. En usage normal, de telles mitrailleuses pratiquent le tir tendu, ce qui ne sera pas le cas à Diên Biên Phu. Il faudra s'affranchir de certaines règles faute de pouvoir percher les engins qui deviendraient alors trop vulnérables. Il a même été envisagé, d'entrée, d'installer un de ces affûts sur un GMC. Il aurait certes été mobile et aurait retrouvé là un usage plus classique – les quadri-tubes sont en général montés sur half-track – mais il était impossible de hisser cette masse pesant une tonne et demie... Les engins rejoignent donc le 8ᵉ Choc, où ils sont estimés fort utiles pour la protection de la piste d'aviation.

Ce même jour descend d'avion un homme certainement surpris par l'agitation du camp retranché : le commandant Kah. Il gagne aussitôt en Jeep « Gabrielle », le 5/7ᵉ RTA et son destin. Il est le successeur désigné de Roland de Mecquenem arrivé en fin de séjour mais qui a décidé de prendre son temps pour introniser son successeur et lui expliquer toutes les finesses de la situation. Le 5/7ᵉ RTA, qui était déjà un des bataillons les mieux dotés en officiers du GONO, s'offre désormais deux commandants...

Hanoi, 4 mars : des renseignements inquiétants

Les services du 2ᵉ bureau d'Hanoi paraissent parfaitement au fait des mouvements et renforts du Viêt-minh. Ainsi font-ils, le 4 mars, un point précis sur l'état de l'artillerie dont Giap dispose autour du camp retranché. La note – référencée n° 1028/FTNV/2ᵉ bur. – précise que d'ores et déjà les adversaires disposent de dix-huit canons de 75, avec sans doute mille deux cent soixante coups ; de vingt-quatre canons de 105 dotés de huit mille huit cents coups ; de vingt mortiers de 120 avec deux mille quatre-vingts obus, et de cent trente-cinq mortiers de 81 avec neuf mille neuf cent soixante-quinze obus. Pour les mitrailleuses de 37 mm – il devrait y en avoir une douzaine –, la dotation atteindrait trente mille cinq cents projectiles. Et pour les mitrailleuses de 12,7 mm, le nombre des cartouches est évalué à cinq cent vingt mille. Un autre document indique que les munitions de 37 mm sont explosives et perforantes ;

les 12,7 mm étant incendiaires avec quelques balles traçantes.

Ce même 4 mars, les Viêts entendent démontrer que rien ne les arrête et, accessoirement, qu'ils sont bien décidés à couper le cordon ombilical reliant le camp retranché aux aérodromes de l'arrière. Un commando attaque Gia Lam ! Sur la base aérienne 197, qui est aussi la piste civile de Hanoi, une dizaine d'appareils, dont sept Dakota de compagnies privées, sont incendiés ou détruits. Le surlendemain, un autre commando attaque la base de Cat Bi, près d'Haiphong. Six Morane et quatre B-26 sont détruits. De garde sur la base, les parachutistes de Bigeard sauvent les C-119.

Navarre, n'aimant pas ce genre de contrariétés, demande une enquête approfondie au général Paul de Langlade, à l'époque adjoint « forces terrestres » du « généchef ». Après une visite aux bases concernées, Langlade présente ses conclusions à Navarre, elles se résument à deux points critiques : l'insuffisance de l'éclairage et celui des effectifs de garde :

« a. la lumière étant la défense la plus redoutée des commandos : "illuminer" le plus possible.

« b. les clôtures de parking n'existant pas, les appareils doivent être gardés. A Cat Bi, il y avait une sentinelle pour trois B-26, deux pour six Morane sans le moindre éclairage puis une sentinelle et demie pour deux C-119... »

Il ne reste à Navarre qu'à décider de quelques sanctions. Le lieutenant-colonel Brunet, responsable de Cat Bi, et le lieutenant-colonel Descaves son homologue pour Gia Lam recevront un blâme. Il n'y a pas eu de fautes de leur part mais une appréciation inexacte de la situation : barbelés perméables, gardes insuffisantes, parc non protégé, éclairage mal assuré. Navarre a beau être le commandant interarmes, sa décision ne fera qu'ajouter au contentieux existant entre l'armée de terre exigeant toujours plus et l'armée de l'air donnant plus qu'elle ne peut. Les temps aimables où Lauzin et Navarre apprenaient à se connaître et à s'estimer n'ont pas résisté aux épreuves quotidiennes. Ils reprennent à leur compte les anciennes tensions entre Salan et Chassin, strictement pour les mêmes raisons...

Diên Biên Phu, début mars : le plan Giap

Au début du mois de mars, Giap voit la situation tourner en sa faveur, il s'en félicite, et l'opération « Albatros » n'est pas la plus mince de ses satisfactions :

« La masse de manœuvre de l'ennemi n'est plus concentrée dans le Delta du nord, mais dispersée en plusieurs directions : Luang Prabang et Muong Sai dans le Haut-Laos, Séno au Moyen-Laos, Pleihu et le sud des Hauts Plateaux dans l'interzone V[6] tandis qu'une partie de ses forces les mieux aguerries sont immobilisées à Diên Biên Phu. [...] Le plan Navarre a commencé à faire faillite.

« Navarre a voulu constituer une masse stratégique mobile chaque jour plus puissante pour reprendre l'initiative ; mais nous l'avons obligé à disperser partout ses forces mobiles qui sont anéanties, groupe après groupe, et l'ennemi est acculé de plus en plus à la défensive. »

Dès lors, Giap arrête sa tactique pour la prise du camp retranché, une tactique qu'il présentera il est vrai bien après coup, mais avec, en fin de citation, un aveu intéressant : l'affaire n'a pas été aussi simple qu'il l'espérait, en d'autres termes, le camp a été rude à avaler...

« Nous prévoyons deux phases pour la campagne :

a. une première phase d'anéantissement des centres de résistance périphériques, d'édification et de resserrement de nos lignes d'attaque et d'encerclement, d'amenuisement de la zone occupée par l'ennemi, de limitation allant jusqu'à l'interruption complète de ses sources de ravitaillement et de renforts.

b. Quand toutes ces conditions auront été réunies, nous passerons à l'offensive générale d'anéantissement.

« Dans ses grandes lignes, la bataille s'est déroulée selon ce schéma, mais concrètement elle s'est avérée plus complexe… »

Hanoi, 5 mars, des négociations autour des blessés

La situation devient de plus en plus préoccupante, celle du camp, celle des combattants mais également celle des blessés que le pont aérien ne parvient pas à évacuer en nombre suffisant. Cet engorgement de l'hôpital central mais aussi des infirmeries d'unité est sans doute à l'origine de contacts très précis avec la Croix-Rouge française. Le général Navarre adresse ainsi une lettre au général Cogny pour lui expliquer que le président de la Croix-Rouge française, le docteur Brouardel, lui a fait des offres le 5 mars ; le professeur Huard, qui est à Hanoi, pourrait être mandaté pour discuter avec le Viêt-minh du sort des blessés :

« Je vous demande de bien vouloir prendre contact avec le médecin-colonel Huard en vue de déterminer les conditions dans lesquelles s'effectuera cette mission. Vous préciserez au colonel Huard que je lui demande particulièrement de me rendre compte de ses activités par votre intermédiaire.

« Vous voudrez bien, de votre côté, me tenir au courant de ce qui sera fait concernant nos prisonniers. »

Voici le professeur Huard lancé, pour la seconde fois, dans une mission délicate que le haut commandement confie à une personnalité à la fois indiscutable et controversée. Huard est un professeur de médecine issu de l'Ecole de santé navale de Bordeaux. Il a enseigné avant la guerre à la faculté d'Hanoi et a rejoint son poste lorsque les Français ont repris pied au Tonkin en 1946. Doyen de la faculté de médecine, attaché à la formation des élites vietnamiennes, il ajoute à ses fonctions médicales celles que lui confie la Croix-Rouge française. Une mission qui a fait de lui, à partir de 1950, un interlocuteur du Viêt-minh. Une tâche malaisée comme en témoignent ses démêlés précédents avec le général de Lattre de Tassigny... Connu pour son antipathie envers la politique française, envers les Vietnamiens s'opposant au Viêt-minh, il aurait pu, à l'époque, rendre des services. Mais ce qu'il a tenté en matière d'échanges de prisonniers n'a pas donné de résultats. Il n'a pas arraché un seul homme au Viêt-minh, mais il a laissé entre les mains des Viêts des tonnes de médicaments dont ceux-ci useront davantage pour eux que pour leurs prisonniers. Le général de Lattre de Tassigny, qui ne l'aime pas, exige une enquête sur les services de la Croix-Rouge relevant de Huard. Elle permet de retrouver des tas de lettres des familles que personne n'a jamais essayé de faire passer chez les Viêts ; des tonnes de colis qui ont pourri sur place. Le général de Lattre demande à une proche, amie de Simonne de Lattre, de rechercher un contact plus utile. Au culot, cette patronne des IPSA tente l'impossible. Elle revient avec cinquante grands blessés échangés contre autant de bo-doï. Réputé pour ses humeurs imprévisibles, de Lattre remercie vaguement Mme de Vendeuvre, bientôt affublée par l'entourage du général du surnom de Mme de Vent d'Œuvre. Huard devient quelque peu suspect, personne n'ayant pu dire quels avaient été ses contacts réels avec le Viêt-minh, s'il s'était heurté à l'impossible ou s'il n'avait pas osé forcer la porte qui refusait de s'entrouvrir pour ne pas compromettre d'autres tentatives.

L'épisode de Lattre paraît oublié. Ou bien il n'y a pas, à Hanoi, de personnalité plus apte à renouer le contact que le professeur Huard...

Paris, 5 mars : un débat parlementaire

En Métropole, le monde parlementaire évolue toujours entre les écueils désormais ordinaires : le dossier indochinois compliqué par les prochains débuts de la Conférence de Genève ; en arrière-plan, les divergences à propos de la Communauté européenne de défense, cette CED qui n'en finit pas de diviser l'Assemblée. Pour l'un et l'autre sujets apparaissent, au sein de quelques-uns des groupes politiques des lignes de fracture internes.

Le 5 mars, lorsque s'ouvre le débat que l'Assemblée nationale va consacrer au dossier indochinois, deux ministres de retour d'Indochine, MM. Pleven et de Chevigné, tentent un point sur la situation militaire qu'ils ne considèrent pas comme alarmante, puis sur la situation diplomatique sans aucun doute plus délicate. Il va falloir persuader le Vietnam de Bao Dai que la France a raison d'engager des négociations avec le Viêt-minh de Hô Chi Minh... Ce dont il sera question à partir du 8 mars, lors des négociations franco-vietnamiennes qui se tiendront à Paris.

Devant les députés, il appartient à Joseph Laniel de préciser les intentions de la France. Il le fait en soulignant qu'il ne peut s'agir d'un tête-à-tête avec un adversaire qui n'a fourni, depuis novembre, aucune preuve de sa volonté de négocier. Ce sera une « procédure de règlement menée en commun avec toutes les puissances concernées » :

« Jusqu'en 1953, dit-il, deux tendances s'affrontaient dans l'opinion publique. Les uns souhaitaient la fin du conflit par la négociation ; les autres croyaient que l'on pouvait triompher par la force des armes. Cette divergence fit naître des polémiques dont souvent les répercussions furent regrettables parce qu'elles mettaient constamment en cause sur la place publique la valeur de nos efforts militaires ou politiques. Aujourd'hui, ces polémiques devraient cesser. Nous sommes unanimes en effet, à souhaiter désormais régler le conflit par voie de négociation. C'est là une cause entendue, ce n'est plus la peine que personne vienne la plaider. »

Il se trouve des parlementaires pour contester non point l'objectif mais les moyens ou d'éventuelles arrière-pensées. Edouard Daladier exige ainsi que la future Conférence de Genève se solde par un cessez-le-feu. Pierre Mendès France se dit persuadé que le gouvernement Laniel veut éviter autant que possible des négociations directes avec Hô Chi Minh et, pour cette raison, rechercher un contact avec la Russie et la Chine. Mendès France déclare aussi, à l'intention de président du Conseil :

« Il y a dans votre politique une grande arrière-pensée inavouée : celle d'une intervention militaire américaine. La conférence n'est qu'une habileté diplomatique devant permettre de continuer la guerre, après avoir fait semblant de rechercher la paix, après s'être donné un alibi... »

Curieusement, et les observateurs politiques le remarquent, aucun membre du gouvernement, aucun parlementaire n'a fait allusion à une situation qui, à Diên Biên Phu, se tend dangereusement.

Le décompte des votes, au terme du scrutin, donne au gouvernement Laniel une majorité de soixante-deux voix. C'est évidemment suffisant ; mais une brève analyse montre que les radicaux ne sont pas unanimes pour soutenir l'équipe ministérielle en place. Vingt-deux radicaux sur cinquante-six se sont rangé aux côtés de Daladier et Mendès France, dix-sept UDSR sur vingt-cinq – le parti de René Pleven – ont voté avec Mitterrand contre le gouvernement…

Hanoi, 9 mars : une curieuse proposition

A l'état-major de Cogny, les avertissements se multiplient. Déjà, le 4 mars, son 2e bureau avait fait savoir au général qu'il fallait s'attendre à une attaque viêt aux environs du 15 mars. Le 9 mars, le chef d'escadron Hourcabie, du 4e bureau, passe à Cogny une note intitulée « Opération feu contre les éléments viêt-minh autour de Diên Biên Phu » :

« A. En Haute Région, le Viêt-minh exploite à son profit un élément essentiel, la brousse, qui lui assure un camouflage maximum.

« B. Il est apparu à la réflexion que par une action scientifiquement et rationnellement organisée cet élément peut agir contre les rebelles de façon très efficace.

« Il s'agit de l'incendie général et déclenché avec soudaineté d'une zone déterminée[7]… »

L'auteur du rapport pense que l'on pourrait ainsi provoquer des destructions importantes tant pour les vivres que pour les munitions, mettre à découvert des effectifs rebelles importants et très vulnérables à la chasse et l'artillerie.

En marge de ce texte a été ajoutée une note au crayon, suivie d'une signature indéchiffrable mais qui paraît bien être la griffe de Cogny :

« Approbation totale. Il y a longtemps que nous le demandons. Il faut faire une première expérience. Si la première n'est pas satisfaisante, la renouveler une deuxième fois. Il y a urgence[8]. »

Paris, 11 mars : Pleven et le secret

Trois jours après le vote de confiance à l'Assemblée nationale, s'ouvrent au Quai d'Orsay les négociations entre le Vietnam et la France. Leur thème est sans ambiguïté : l'indépendance du Vietnam ! Sur l'aboutissement, tout le monde est d'accord, la France l'a encore réaffirmé dans la fameuse déclaration du 3 juillet 1953. Pour ce qui est des modalités, les divergences deviennent sérieuses. Le Vietnam veut tout et tout de suite, et peut-être même un peu plus. Venu à Paris pour les négociations, le prince Buu Loc, désormais président du Conseil, sait que les discussions avec la France sont aussi le prétexte à une agitation politique à Saigon. Le Mouvement pour l'union nationale et la paix tente de mettre l'empereur Bao Dai sous tutelle et de se dégager de l'emprise française, comme il l'avait déjà fait en décembre 1953 au grand émoi de la France.

Parallèlement à ces négociations, le gouvernement s'interroge sur la manière de conduire la guerre au Vietnam. Il semblerait – du moins Edgar Faure insistera-t-il sur cet aspect de la situation – que la situation militaire et le sort de la garnison de Diên Biên Phu inquiètent plus deux hommes politiques – le président du Conseil Joseph Laniel et son ministre de la Défense René Pleven – que les stratèges de profession. Le voyage que Pleven vient d'effectuer en Indochine, en compagnie du général Ely, et plus encore sa visite du camp retranché, l'ont laissé sceptique. Pourtant Ely, chef d'état-major général des armées, paraît encore céder à un semblant d'optimisme. N'avait-il pas écrit, dans le rapport destiné à Joseph Laniel :

« Diên Biên Phu est une position extrêmement forte qui, pour être attaquée, exigerait de très gros moyens, avec, au surplus, de grandes chances d'échec pour l'assaillant » ?

Ely a-t-il oublié sa conversation avec Pleven, dans l'avion du retour :

« Beaucoup souhaitent l'attaque du Viêt-minh. Je ne la souhaite pas », avait dit Pleven.

« Moi non plus », avait répondu Ely.

Les propos que Pleven tient à Laniel dès son retour et qu'il va reprendre devant le Comité de défense nationale du 11 mars prennent des allures de mise en garde. Certes, il n'a pas trouvé une armée battue ou qui se croyait sur le point de l'être, mais il a trouvé une armée « usée ». Quant à la situation du moment, si elle paraît interdire au Viêt-minh des succès décisifs, elle repose « sur des conditions assez fragiles ». Pleven n'évoque la situation du camp qu'avec une réserve certaine que connaît déjà Ely. Il n'a trouvé personne pour mettre en doute la solidité du camp, ce n'est pas une raison suffisante pour souhaiter une attaque du Viêt-minh.

René Pleven, le 11 mars, reprend le problème devant le Comité de défense nationale. Il tente la synthèse des renseignements recueillis et des rapports que lui ont préparés ses experts. L'essentiel tient en trois points.

Dans un premier temps, l'état des lieux présenté par René Pleven n'est guère optimiste : une situation militaire stationnaire et une situation politique détériorée ; le général Navarre dans l'impossibilité d'imposer la paix au Viêt-minh, son corps expéditionnaire étant rongé par l'usure et l'armée vietnamienne bien trop lente à se développer ; le risque d'un déséquilibre aussi immédiat que dramatique si l'aviation chinoise venait à intervenir. La deuxième réflexion découle de la précédente : il conviendrait de se saisir de toutes les possibilités permettant de mettre fin au conflit dans des conditions acceptables, c'est-à-dire par la future Conférence de Genève ; il faut informer le gouvernement américain des réalités de la situation et l'amener à réfléchir sur une intervention aérienne possible en réponse à des raids de l'aviation chinoise. Le troisième et dernier point paraît d'une autre nature. René Pleven demande au Comité de défense nationale la création d'un organisme plus réduit et plus discret, plus efficace donc : un « comité de guerre restreint » qui assurera, sous l'autorité du président du Conseil, la conduite de la guerre. En feraient partie des ministres dont le secrétaire d'Etat aux Etats associés avec la responsabilité de l'exécution des décisions arrêtées, les chefs d'état-major qui auraient un rôle consultatif et une liaison directe avec le commandant en chef en Indochine.

Le Comité de défense nationale approuve. Le « comité de guerre restreint », qu'il aurait sûrement été préférable d'envisager bien plus tôt, sera immédiatement créé. Jamais, sans doute, le vieux proverbe « mieux vaut tard que jamais » n'a été aussi approximatif... Le général Catroux, le moment venu, insistera sur l'intérêt d'une telle décision :

« En bref, la conduite de la guerre, la décision en matière d'opérations et de fourniture des moyens, le contrôle des opérations étaient assurés par un Comité qui ne se réunissait que de façon intermittente, alors que la guerre sévissait en permanence. Il n'était point, à proprement parler, assisté d'un organe technique apte à l'éclairer et – les faits l'ont prouvé – ne pouvait être qu'insuffisamment renseigné aussi bien sur l'évolution de la situation que sur l'exécution de ses propres décisions. »

Joseph Laniel écoute attentivement son ministre puis l'interroge sur une éventuelle évacuation du camp retranché. Pleven lui répond que la place est si étroitement investie que, de l'avis de tous les chefs militaires, on ne peut plus envisager de l'évacuer.

A ce même Comité de défense nationale, Pleven suggère également à Laniel de bien vouloir considérer la prochaine Conférence de Genève comme le moyen honorable de mettre fin à la guerre. Il convient donc de préparer cette rencontre le mieux possible et, pour éviter tout malentendu avec le gouvernement américain, il serait bon d'envoyer à Washington le général Ely, « pour renseigner très exactement nos alliés sur les perspectives militaires réelles ». Car, à ce moment encore, le gouvernement américain paraît compter – du moins Pleven le pense-t-il – « sur la possibilité d'une solution militaire assez rapide ».

Que le général Ely se trouve, à la même époque, convié aux Etats-Unis par l'amiral Radford, président du comité des chefs d'état-major américain, ne peut qu'ajouter à l'opportunité de ces contacts. Il est donc décidé que Ely partira le plus tôt possible. Une date est aussitôt fixée : par le vol quittant Orly le 19 mars au soir. Ce qui n'était pas prévu, c'est la brutale attaque du Viêt-minh contre le camp retranché le 13 mars en fin d'après-midi. Lorsque Ely achève ses bagages, Diên Biên Phu n'est plus que la banlieue de l'enfer.

Cat Bi, 11 mars : arrivée des « Tigres volants »

Le jour où René Pleven fait son exposé devant le Comité de défense nationale est aussi celui où arrivent enfin à Cat Bi les derniers « Tigres volants » de Claire Lee Chennault. Les cow-boys débarquent, bruyants, exubérants. Leurs contrats laissent les pilotes français de C-119 pantois lorsqu'ils en découvrent le détail : quatre mille quatre cent vingt-cinq dollars par mois auxquels s'ajoutent soixante-dix dollars par heure de vol au-dessus de la soixantième ; ils sont logés et leurs frais sont remboursés… Ils voleront dès le lendemain 12 mars en double commande avec leurs homologues français, le temps de s'habituer aux procédures et à leur étrange travail. Quelques jours plus tard, après leur première mission sur Diên Biên Phu, un appareil est touché et deux autres rentrent sans avoir rempli leur mission. Ils se mettent en grève… Après quoi ils repartiront puis, à l'occasion, se remettront en grève, de préférence le samedi, ce qui amusera – modérément – les Français, sachant que leur mauvaise humeur ne va jamais au-delà du dimanche soir…

Sensiblement au même moment, les Etats-Unis lèvent une interdiction qui gênait beaucoup les aviateurs. Désormais, Washington accepte que du napalm soit lâché depuis « ses » avions.

Diên Biên Phu, 12 mars : « C'est pour demain… »

Dans le camp retranché, jour après jour, les hommes vivent ce qui pourrait tourner au calvaire. La moindre sortie représente une opération risquée. Les Viêts sont là, tout près, aux aguets, et leurs tirs de mortier deviennent redoutables. Il serait urgent, pour la sécurité du camp, de reprendre certaines collines voisines, notamment cette cote 781, à l'est des « Dominique » et qui n'est guère qu'à cinq kilomètres de la piste d'aviation. Depuis Hanoi, Cogny prêche la prudence. Pourtant, Castries ne peut pas laisser le camp retranché sous la menace des canons de Giap. Le 5 mars, il décide une action offensive pour tenter d'alléger la menace pesant sur le camp. Que le 1er BEP aille voir ce qui se passe sur la cote 781, ce fâcheux éperon, parfaitement connu et de mauvaise réputation. Les tirailleurs algériens le savent mieux que personne, qui ont laissé là une bonne centaine des leurs. Pour aider les légionnaires, il y aura des chars, un appui de l'artillerie et l'aide de la chasse. C'est à peine suffisant pour approcher du piton. L'assaut est pire encore parce que les légionnaires et les Viêts sont si proches les uns des autres que l'artillerie ne peut plus tonner et que seuls les vols d'observation gardent un sens. Le commandant Guiraud, qui conduit l'assaut avec le 1er BEP, comprend très vite que les Viêts ont installé là une base solide pour lancer une éventuelle attaque contre « Béatrice ». Ils ont aménagé des abris aux allures de blockhaus parfaitement camouflés. Ils n'ouvrent le feu qu'au dernier instant. Les légionnaires tiennent un moment puis refluent, protégés par un détachement de chars. Ils se retirent avec leurs morts et leurs blessés et parmi ceux-ci le capitaine Cabiro, les jambes brisées par des grenades.

La cote 781 est restée aux mains du Viêt-minh. Comme va le rester le lendemain une autre hauteur que le commandant de Mecquenem vise, avec trois de ses compagnies du 5/7e RTA, une hauteur se trouvant à un petit kilomètre en avant de « Gabrielle » – la cote 633. Ses tirailleurs ne parviennent pas à y prendre pied.

Mais il y a encore une hauteur inquiétante, la cote 555, sensiblement au nord de la précédente. Les observations prouvent amplement que les Viêts s'y installent pour tenir durablement. Ils ne se cachent même pas pour creuser, en plein jour, leurs tranchées et leurs positions de combat. S'ils tiennent la cote 555, ils seront implantés à moins d'un kilomètre de « Béatrice ». Castries ne peut que faire la sourde oreille aux conseils prudents de Cogny. Le groupement parachutiste est encore sollicité. Il tente de s'emparer de la colline le 11 mars. Il ne réussit pas plus que la semaine précédente. Vers 17 heures, les parachutistes réintègrent le camp retranché, avec leurs morts et leurs blessés. Une sortie donc, mais aussi un échec. Narquois, les Viêts déclenchent dans la soirée des salves d'artillerie avec pour objectif évident la piste d'aviation ; quarante minutes de bombardement par une ou plusieurs pièces installées quelque part vers la cote 781. Et un C-119 détruit !

Aux commandes de son appareil, le lieutenant Magnat approchait de la cuvette pour larguer vivres et matériel lorsqu'un moteur est tombé en panne. Il perd de l'altitude, décide de se poser et par sécurité largue six tonnes d'essence en fûts. L'atterrissage est correct, l'avion est rangé comme le souhaitait la tour de contrôle. Castries reçoit personnellement le pilote. Il lui demande de situer les réserves d'essence dont il s'est débarrassé. Il faut les détruire le plus vite possible, ce qui sera fait. Quant à Magnat qu'il rentre à Hanoi ; il reviendra chercher son avion lorsque les mécaniciens auront remis le moteur en état… Il embarque dans un Dakota.

Le C-119, pris pour cible par l'artillerie viêt, s'enflamme. En quelques minutes, il ne restera plus de l'appareil qu'une carcasse calcinée, nez au sol, fuselage redressé, qui servira bientôt de repère aux combattants. Il devient dangereux de laisser quatorze Bearcat sur le terrain de plus en plus menacé. Deux suffiront, que les autres filent sur Xieng Khouang. L'artillerie est désormais regroupée autour du camp retranché, le réseau de circulation est achevé : il apparaîtra qu'entre le 10 janvier et le 10 mars, les Viêts ont implanté autour du camp cent kilomètres de routes carrossables et de pistes.

Giap, qui n'aura jamais le triomphe discret, est très fier de cette avancée vers le camp, dont les défenseurs n'ont eu qu'une vague idée :

« Nous n'avons pas à craindre l'aviation et l'artillerie si nous observons strictement la discipline du secret, celle de la défense antiaérienne, de la vigilance contre les traîtres, et si nous édifions avec soin nos positions et nos abris, si nous camouflons avec minutie. C'est en observant toutes ces règles que pendant toute la durée du transfert des pièces d'artillerie, plusieurs dizaines de milliers d'hommes ont pu être concentrés pendant vingt jours sur un tronçon de route, à portée de l'artillerie ennemie sans encourir de pertes[9]. »

Ce soir-là, le doute gagne un peu plus les hommes. Que peut-il se passer si les Viêts étouffent la base, si l'artillerie du colonel Piroth ne parvient pas à neutraliser les canons adverses, si la piste d'aviation devient inutilisable... Ils ont eu le temps de réfléchir à ces hypothèses qui, additionnées, tournent au cauchemar. Ils connaissent la réponse. Le 11 mars, il y a encore eu la sortie des parachutistes, dont personne ne pouvait deviner, à cet instant, qu'elle serait la dernière « reconnaissance offensive », la raison d'être de la base aéroterrestre.

Le lendemain, 12 mars, les Viêts se font encore insistants : trois centres de résistance sont bousculés. Ainsi, du côté de « Isabelle », là-bas vers le sud, les blindés du peloton Préaud accompagnent les tirailleurs qui doivent neutraliser les tranchées viêts découvertes la veille. On rebouche et l'on piège, et dans le même temps le lieutenant Wieme et ses Thaïs tentent, en vain, de déloger les Viêts qui ont décidé de s'installer au nord-est du poste. La piste d'aviation de secours sera neutralisée deux jours plus tard. Le bataillon de Nguyen Hien et le régiment 57 du lieutenant-colonel Hoang Khai Tien savent aussi manœuvrer.

Cogny, venu rendre visite au camp retranché, ne s'attarde pas. Son avion l'attend. Il décolle vers 15 h 30, avant que les Viêts tirent quelques obus sur la piste, comme ils en ont pris l'habitude. D'ailleurs un avion stationnant trop longtemps sur la piste devient, à leurs yeux, suspect et cible de choix...

A 17 heures, le colonel de Castries tient son briefing quotidien. Ne sont habituellement présents que les officiers de son état-major, les commandants de sous-secteurs et des unités d'intervention, ce qui expliquera certainement quelques lacunes dans la diffusion d'une information vitale. Ce briefing, peut-être plus bref que les autres, est fort précis en tout cas :

« Messieurs, c'est pour demain 17 heures ! »

10

L'offensive du 13 mars
« Béatrice » puis « Gabrielle » perdus
Le suicide du colonel Piroth

Ce sera donc pour le 13 mars, vers 17 heures !

Les renseignements sur cette attaque possible, sinon certaine – chacun se souvient du 25 janvier –, sont arrivés de divers côtés et ont été parfaitement recoupés. Le patron du 2e bureau, le capitaine Noël, a appris par exemple que les civils habitant encore la vallée avaient reçu l'ordre d'en partir le 13 mars avant midi. Or, parmi les villageois, il y a des familles de supplétifs… Encore Noël n'a-t-il pas eu connaissance de la toute récente lettre de Hô Chi Minh aux combattants viêts de Diên Biên Phu :

« Vous allez vous engager au combat. Cette fois-ci votre tâche sera grande, très difficile mais aussi très glorieuse.

« Vous venez d'assister aux cours d'éducation politique et d'instruction militaire et vous avez obtenu des progrès sur le plan idéologique, tactique et technique. Plusieurs unités ont aussi remporté des victoires au front. J'ai pleine confiance qu'en les faisant valoir, vous resterez déterminés à surmonter toutes les difficultés pour bien remplir votre glorieuse tâche qui vous attend.

« Je compte recevoir des rapports faisant état de vos exploits pour récompenser les unités et les combattants les plus méritants.

« Je vous souhaite de grandes victoires.

« Bons baisers à tous[1]. »

Giap ne paraît pas avoir été présent dans la vallée le jour de ce premier assaut. Il a confié l'offensive à son adjoint et chef d'état-major, le général Hoang Van Thai.

Une nuit de patience ou d'impatience, une nuit au sommeil fuyant, aux craintes qu'amplifient la nuit, un bruit suspect, une brillance de lune, une ombre qui se traîne. Lorsque naît le jour, les hommes cèdent à la lassitude. La vie reprend avec les apparences de la normale : les mêmes activités sur chaque point d'appui, une odeur de café, un semblant de toilette, un regard sur le ballet des avions qui se posent, repartent, chargent ou déchargent. Il vaut mieux, pourtant, que les hommes ignorent que parmi les paquets que débarquent les PIM, figurent encore une quarantaine de cercueils qu'il ne reste plus qu'à assembler et visser. Les tâches quotidiennes absorbent les hommes : une corvée vers les dépôts de vivres et de munitions que transporteront les PIM ; les défenses à vérifier avec, cette fois, des soins particuliers ; les armes démontées, huilées, remontées, les chargeurs vérifiés et complétés... Une journée comme des dizaines d'autres...

Il y a, vers la fin de la matinée, de nouveaux arrivants dont la présence n'étonne plus les combattants de Diên Biên Phu. Ils sont habitués à voir ces soldats qui ne sont pas exactement comme eux. En uniforme certes, mais n'appartenant à aucune des unités présentes, avec pour seule arme leur appareil photo ou leur caméra. Ils appartiennent au Service de presse interarmes, le SPI, que le général de Lattre a créé lorsque Jean-Pierre Dannaud et le capitaine Michel Frois lui ont démontré l'utilité de ces reporters très particuliers. Ce 13 mars, ils sont trois à quitter Gia Lam vers 8 heures du matin, à bord d'un Dakota se souviendra l'un d'eux ; à bord d'un Stratoliner selon d'autres témoins. La petite équipe se compose de deux photographes connaissant déjà Diên Biên Phu, Daniel Camus, le benjamin avec ses vingt-quatre ans, et Raymond Martinoff, tous deux traînant le même équipement – deux Leica et deux Rolleiflex. Avec eux se trouve le cameraman André Lebon. Plus tard, devenu reporter à *Paris Match*, Camus racontera son aventure à Christian Brincourt, autre prince du reportage qui fera une longue carrière à RTL puis à la télévision. Il lui dira que, retrouvant la cuvette où il s'était déjà aventuré, l'affaire lui sembla plus sérieuse ; les risques apparaissent plus clairement :

« En vol, sous les ailes de notre Dakota, un sol lunaire. Partout des cratères de bombes par milliers, c'est Diên Biên Phu.

« Le saut se fait presque en catastrophe sous un déluge de mortier viêt. Immédiatement je cherche à me repérer, à rejoindre un poste abrité, à proximité de la piste.

« Lebon et Martinoff décident, eux, de travailler tout de suite et sortent caméra et Leica pour filmer le bombardement. Tout autour de nous, des explosions soulèvent des gerbes de terre. M'arrêtant de courir, je regarde derrière moi, Lebon est couché sur le dos, il a perdu une jambe ; Martinoff est tué.

« Fou de rage et de tristesse, je reviens sur mes pas pour tirer Lebon vers une tranchée. Par chance, il y a là un médecin militaire qui l'opère et l'ampute immédiatement. »

A Hanoi, il est aussitôt décidé de remplacer Martinoff et Lebon. Un photographe et un cameraman vont bientôt être parachutés à leur tour. Le photographe s'appelle Jean Péraud, le cameraman Pierre Schoendoerffer. Arrivés le

16 mars, ils vont former une équipe étonnamment soudée, avec une seule et même pensée : enregister les
images de ce coin d'enfer. En les attendant, Camus poursuit seul sa tâche de témoin en uniforme : photographier
le camp retranché, ses défenseurs, la tragédie au quotidien.

Et la journée se poursuit comme la précédente,
comme d'autres depuis que le Viêt-minh use de son
artillerie pour désorienter l'adversaire, avec de dangereux tirs sur la piste d'aviation. Et la journée se prolonge dans l'attente de cette offensive annoncée, à la
fois espérée et redoutée. Si Castries a pu informer certains de ses proches de l'imminence de l'attaque viêt
– « c'est pour demain » –, il ne paraît pas que l'information ait été largement répandue à travers le camp. En
tout cas, elle n'est pas parvenue aussi précise sur
« Gabrielle », dont l'officier de renseignement, le lieutenant Sanselme, a encore rendu visite au capitaine
Noël, le matin même. Le 13 mars, vers 16 h 30, les
tirailleurs se distraient donc en regardant les corolles
des parachutes descendant vers la vallée. A 17 h 15,
lorsque l'artillerie viêt se déchaîne, c'est la surprise.
Personne, sur le piton, n'aurait imaginé que les canons
de Giap osent se dévoiler de jour, ni qu'ils puissent
tirer avec une telle intensité. Les tirailleurs ont
l'impression d'approcher de la fin du monde pour, très
vite, découvrir que ce doit être pire sur « Béatrice », qui
est manifestement l'objectif principal. Commence un
déluge d'acier, de fer et de feu.

En réalité, les premiers tirs ont été échangés vers
16 heures, parce que les défenseurs de « Béatrice » ont
repéré des tranchées viêts à deux cents mètres de leurs
barbelés ; une sorte d'entrée en matière. Les tirs de préparation vont durer une bonne heure. Il semble que les
Viêts usent d'une bonne soixantaine de pièces : des 75,
des 105 et certainement des mortiers de 120. Leurs

canonniers interviennent sans aucun réglage préalable, avec des tirs qui n'ont pas été « accrochés », comme disent les spécialistes. Une heure plus tard, débouchent les bo-doï, montant à l'assaut des défenses françaises, se lançant à travers les barbelés qu'ils déchirent avec des bangalores, les longues perches chargées d'explosifs qu'ils poussent devant eux, sans se soucier des risques ni même des tirs adverses, « sans souci des pertes », diront plus tard les défenseurs.

L'aviation ne peut intervenir pour cause de temps bouché. Piroth déclenche ses contre-batteries sur des emplacements supposés être ceux des batteries d'artillerie viêts ; des emplacements auxquels ne croit guère son adjoint renseignement, le lieutenant Verzat.

Sur tous les points d'appui, les homme se précipitent vers leurs positions de combat où tombent les éclats tranchants et brûlants des obus viêts. C'est un vacarme hallucinant. Des explosions… des détonations… des rafales… Des hommes s'interpellent, d'autres geignent. Les premiers blessés sont conduits vers les infirmeries des centres de défense ou celle, centrale, du docteur Grauwin. Et toujours l'artillerie adverse qui, désormais, paraît concentrer ses tirs sur « Béatrice » et « Gabrielle ». Ce sont de toute évidence les deux points d'appui intéressant prioritairement l'adversaire. Depuis des semaines, ils creusent leurs cheminements vers l'un et l'autre poste ; depuis des semaines les Français tentent de les reboucher, de les piéger, et le lendemain tout recommence comme la veille. Le matin même, pour atteindre « Béatrice » – à deux kilomètres seulement de la piste d'aviation –, il a fallu monter une véritable opération, une de ces ouvertures de route pour lesquelles il faut se battre tous les cent mètres, en redoutant l'embuscade à chaque virage, derrière chaque buisson.

Objectif « Béatrice »

A 18 h 30, les artilleurs viêts réussissent un tir au but sur « Béatrice ». Un obus explose sur le PC, tuant le commandant Pégot et son adjoint le capitaine Pardi. Sans doute plus le hasard que la technique, même si depuis leurs observatoires les Viêts savent repérer les postes de commandement des Français. C'est toujours un point central, un peu mieux protégé que les autres abris, avec beaucoup de va-et-vient et, signe indiscutable de l'utilisation du lieu, des antennes radio foisonnant sur la butte de terre recouvrant l'abri.

Les combats sont âpres sur « Béatrice », dont les trois points d'appui, pour des raisons propres au terrain, ne peuvent former un tout. Les liaisons deviennent impossibles, le téléphone est hors d'usage, la radio sérieusement endommagée. Les compagnies sont isolées les unes des autres, parfois même les sections. Les mortiers de la Légion, basés sur « Gabrielle », se déchaînent aussi pour protéger les voisins et camarades. Les pertes sont telles qu'il devient impossible d'endiguer le flot des bo-doï. Le lieutenant Turpin, le coude droit cassé, le visage criblé d'éclats, le tympan crevé, doit abandonner sa position vers 20 h 30, entraînant les blessés transportables vers le PC du centre de résistance.

L'artillerie viêt a frappé aussi au centre du camp retranché. Vers 20 heures, c'est le PC du secteur centre que dévaste un autre obus. Le lieutenant-colonel Gaucher, une des plus fortes personnalités du camp, à la fois patron de la DBLE et du secteur centre, est tué sur le coup et, avec lui, d'autres officiers, les lieutenants Bailly et de Breteville. Seul en réchappe le commandant Vadot, installé par prudence dans un abri voisin mais qui avait rejoint Gaucher pour désigner celui qui, sur « Béatrice », allait devoir succéder à Pégot. Il y avait, chez Gaucher, beaucoup de monde pour un espace exigu ; c'est ce qui sauve Vadot, contraint de se faire tout petit dans un recoin. Au PC GONO, également pris sous les tirs des Viêts qui ont, là encore, parfaitement repéré les lieux, Castries appelle aussitôt Langlais, qui vient de voir son abri s'effondrer sur lui :

« C'est toi Langlais ? Gaucher vient d'être tué dans son abri et avec lui tout son état-major, sauf Vadot. Tu le remplaces immédiatement au commandement du sous-secteur centre. Vadot te mettra au courant. Pazzis te remplace au GAP. »

Ce sont, dans la fournaise, les seules décisions immédiatement prises. Rien, en revanche, n'est décidé à propos d'une contre-offensive pour tenter de soulager « Béatrice ». Autour de Castries, tous hésitent. Faut-il essayer de sauver ce qui peut encore l'être ? Faut-il contre-attaquer pour un point d'appui déjà considéré comme perdu ? Il est vrai que personne, à ce moment, ne sait où l'on en est sur « Béatrice ». Mais personne ne paraît se souvenir qu'à Na San, Gilles a contraint Giap à se retirer parce qu'il reprenait systématiquement les positions que Giap croyait lui avoir arrachées. Langlais, plus tard, avancera une explication :

« La rapidité de la chute et le manque de renseignements sur les dispositions d'interception éventuelles prises par l'adversaire interdisaient de lancer une contre-attaque pour laquelle les deux bataillons réservés du GAP 2 auraient été insuffisants[2]. »

Au cœur de la nuit, un silence relatif recouvre « Béatrice ». Mecquenem appelle le lieutenant Sanselme, son officier de renseignement :

« Venez jusqu'à l'observatoire et dites-moi ce que vous voyez sur "Béatrice". »

A la binoculaire, ils entrevoient que l'agitation est retombée. Mecquenem demande que l'on apporte une bouteille de champagne conservée à la popote pour une grande occasion : la Légion a tenu, la Légion a gagné, cela s'arrose ! Un bataillon de la glorieuse 13e DBLE ne pouvait que vaincre... Aux premières lueurs du jour, la binoculaire retrouve toute son efficacité : depuis « Gabrielle », les hommes que les tirailleurs voient se déplacer sur « Béatrice » ne sont plus des légionnaires ; ce sont des nuées de bo-doï agités comme des fourmis, allant, venant, se croisant... Les échanges radio leur confirment la chute du centre de défense, les légionnaires n'ont pas pu tenir jusqu'au lever du jour...

C'est vers minuit que « Béatrice » est submergé par les vagues d'assaut du Viêt-minh, qui envahissent les tranchées, les blockhaus, les abris. Vers 2 heures du matin, le 3/13e DBLE est pratiquement anéanti. Quelques hommes tiennent encore sur un seul PA ; ils refusent de succomber. La poignée de légionnaires survivants savent qu'ils n'échapperont plus à la nasse. Lorsque le jour pointe, ces hommes, les derniers défenseurs de « Béatrice », demandent un ultime effort aux artilleurs. Ceux-ci ne veulent pas croire le dernier message reçu. Ils demandent confirmation. Elle arrive immédiatement :

« Exécution du dernier tir demandé... Tirez sur nous... »

Le 3e bataillon de la 13e DBLE n'existe plus. Les fourmis de Giap ont anéanti le bataillon qui, à Bir Hakeim, avait tenu tête à Rommel. A Diên Biên Phu, il a résisté sept heures seulement, mais sans jamais reculer...

Les Viêts rassemblent les légionnaires, les placent en colonne et font l'inventaire... Le lieutenant Turpin a songé à disparaître pour éviter d'être prisonnier ; il s'est caché un moment mais il est repris vers 3 heures du matin. Commence alors un étonnant interrogatoire :

« Quel est votre nom ?

— Turpin.

— Quel est votre grade ? adjudant ? sergent-chef ? sergent ?

— Sergent, répond-il à tout hasard.

— Chef de section ?

— Oui.

— A quelle compagnie ?

— Onzième.

— Vous ne pensiez pas que nous avions de l'artillerie ?

— Si, nous savions. Vous avez des 105, des 75…

— Votre chef, le commandant Pégot, a été tué. Pourriez-vous reconnaître son corps ?

— Oui. »

Cette identification en fait n'aura pas lieu. On demande à Turpin s'il est capable de marcher :

« J'essaierai.

— Il ne faut pas rester là car nous allons bombarder le piton.

— Je vais descendre jusqu'à la route.

— Le président Hô Chi Minh nous recommande d'être humains avec les blessés. Nous vous laisserons rentrer à Diên Biên Phu. »

« Gabrielle », le centre de résistance le plus au nord, le long de la piste Pavie, doit, au cours de la même nuit, repousser trois assauts, ce qui n'étonne pas le commandant de Mecquenem, sachant parfaitement que les tranchées arrivaient à quelques dizaines de mètres de sa position. Il avait évalué le danger depuis plusieurs jours. Il avait renvoyé une cinquantaine de PIM vers le PC, estimant qu'une dizaine feraient amplement l'affaire. « Isabelle », le poste isolé loin vers le sud, a également été pris sous les obus viêts.

Le 14 mars, au petit matin, le colonel de Castries fait enfin préparer la contre-offensive attendue, dix fois étudiée dans les semaines passées, dix fois répétée sur le terrain puisque les bataillons d'intervention ajoutent de telles manœuvres à leurs tâches habituelles. Il faudra, si cela est possible, reprendre « Béatrice » et en chasser les Viêts puisque la survie du camp en dépend. Ce sera encore la mission du 1er BEP que soutiendront les chars du capitaine Hervouet ! Une tâche impossible ; l'adversaire n'entend pas abandonner ce qu'il a acquis, certainement très cher, la nuit précédente. C'est sans doute ce qui explique un des moments les plus mystérieux de ce siège : l'offre d'une trêve de la part du Viêt-minh, pour que l'on échange les blessés.

14 mars, une trêve inattendue

Un homme seul marche vers le camp retranché. Le lieutenant Etienne Turpin essaye d'oublier ses blessures, la douleur. Il a en poche deux laissez-passer pour le cas où des Viêts l'intercepteraient. Il a aussi deux autres feuillets, plus importants lui a-t-il été dit, qu'il doit aller remettre au colonel de Castries. La mission lui a été confiée par un officier viêt-minh qui a tenu à lui serrer la main avant qu'il ne s'éloigne. Le geste a étonné Turpin. Sur le premier laissez-passer – le second n'étant qu'une version abrégée du précédent – il est écrit :

« Lettre aux commandants des unités
de l'armée populaire du Vietnam

L'état-major de l'unité qui a détruit le poste de Him Lam a délivré ce laissez-passer à ce prisonnier blessé. Les autorités militaires sont priées de lui faciliter le passage.

Le chef d'état-major
Nguyen Quang Hai ».

Turpin, surgissant du néant, apporte ses messages au PC GONO. Il les remet au capitaine Noël, puis il gagne l'antenne chirurgicale. Turpin écoute des camarades lui raconter leur nuit au PC et la mort de Gaucher puis, épuisé, il sombre dans l'inconscience. L'émissaire a été choisi presque au hasard par les Viêts. Parmi les légionnaires parlant toutes les langues d'Europe et d'autres lieux, ils ont découvert que celui-ci connaissait parfaitement le français. La proposition que Turpin apporte est simple : une suspension des combats de 8 heures jusqu'à midi. Immédiatement informés par Castries, Navarre – ou plus certainement son chef d'état-major Gambiez – et Cogny donnent leur accord. Cogny, pourtant, est fort circonspect et ne croit guère à un geste humanitaire du Viêt-minh, dont ce n'est pas l'usage. Les combats sont donc suspendus pour quatre heures. Les Français rendent leurs prisonniers blessés ; le Viêt-minh leur restitue douze hommes et trois cadavres, douze hommes seulement sur les sept cent cinquante défenseurs de « Béatrice » !

A midi, Giap estime que la trêve n'a aucune raison de se prolonger. Ensuite, cette trêve sera oubliée et même niée par le Viêt-minh. Jules Roy a interrogé Giap des années plus tard :

« C'est une question qu'il a éludée comme beaucoup d'autres, me renvoyant à une réponse écrite et vague : "Il n'y a pas eu, à proprement parler, de trêve locale le 14 mars, après la chute de Him Lam. Par humanité nous avons unilatéralement accordé ce jour-là au commandement du camp retranché l'autorisation de ramener ses blessés." »

Il ne reste donc comme témoignages assurés que ceux des hommes qui sont allés sur « Béatrice » le 14 mars au matin. Ces témoins, ce sont l'aumônier Trinquand, le médecin-capitaine Le Damany et une vingtaine d'hommes sans armes, tous légionnaires de la 13e DBLE rescapés de la bataille. Ce qu'ils voient, là où était implanté « Béatrice », les retourne. Il n'y a plus trace des combats de la veille, pas une arme, pas un seul corps de bo-doï, pas un blessé, rien. Le terrain a été nettoyé et pourtant une odeur leur lève le cœur, celle de la mort, des corps en décomposition des trois cents légionnaires tués sur leurs points d'appui… Ils ramènent les trois morts et les douze blessés qui n'ont été que sommairement pansés et qui sont tous dans un état désespéré.

L'incertitude pèse immédiatement sur ce qu'étaient les intentions réelles de l'adversaire. A-t-il voulu récupérer ses blessés sans intention de restituer les Français ? C'est une pauvre possibilité. A-t-il profité de la suspension des combats pour acheminer discrètement vivres et munitions à proximité de « Béatrice », pour consolider les travaux de défense du poste qu'il entend bien conserver ? C'est plus qu'une probabilité.

Le camp connaît, à ce moment, une ambiance étrange, un silence inhabituel, et les hommes semblent déconcertés. Chez les uns la tension domine, d'autres cèdent à la fatigue, quelques-uns vont même se baigner dans la Nam Youn voisine. Sur « Béatrice » montent quelques fumerolles. Et le silence, toujours le silence, presque angoissant. Après quoi, aux premières heures de l'après-midi, les combats reprennent, aussi violents que la veille. Les Français comprennent vite qu'ils ne reprendront pas « Béatrice ». Il vaut mieux épargner le 1er BEP qui sera certainement plus utile dans quelques heures. Car chacun sait que la nuit risque d'être longue sur « Gabrielle ».

Une discrète modification intervient dans le dispositif. Le peloton d'élèves gradés de la Légion devient une unité combattante à la disposition du GM 9, regroupant les deux bataillons de la 13e DBLE c'est-à-dire le 1/13 et ce qu'il reste du 3/13, ainsi que le 3/3e RTA. Vadot prend en charge ce groupement en attendant l'arrivée de l'officier de la Légion le plus ancien dans le grade le plus élevé présent en Indochine qui s'est immédiatement porté volontaire pour rejoindre Diên Biên Phu, le lieutenant-colonel Lemeunier.

Daniel Camus, le photographe, garde un autre souvenir de cet assaut de la mi-mars, celui de sa rencontre avec le colonel de Castries. Il est militaire, il ne l'oublie pas. Profitant de l'accalmie, il va se présenter à l'état-major de la base. C'est le patron en personne qui le reçoit :

« J'ai devant moi un homme fatigué et pessimiste qui me déclare : "Si les Viêts continuent à attaquer pendant deux jours encore, Diên Biên Phu est foutu." »

Les premiers afflux de blessés inquiètent Hanoi où l'on sait que le camp retranché n'est équipé que pour soigner quatre cent vingt-quatre blessés ou malades, soit 3 % des effectifs du camp. Le chiffre est estimé convenable à la condition que le terrain d'aviation soit praticable et que les évacuations se poursuivent à un rythme suffisant, ce qui n'est déjà plus le cas. Dans la matinée du 14 mars, deux Dakota ont essayé en vain de se poser sur la piste principale. Ils ont alors tenté un atterrissage sur la piste sud. Le premier a été immédiatement touché et a pris feu, le second s'est arraché et a redécollé, mettant aussitôt le cap sur Hanoi. L'équipage resté au sol a rejoint Diên Biên Phu à pied. Il n'empêche que des renforts paraissent nécessaires. Une note en témoigne :

« En tout cas le problème des évacuations sanitaires paraît être le plus grave au cas où la piste de Diên Biên Phu serait inutilisable. »

Si l'évacuation des blessés devient, dès le 14 mars, un des problèmes majeurs, celui de l'approvisionnement et des renforts apparaît aussi comme particulièrement sensible. Castries a besoin de munitions et, surtout, de renforts. Or les avions se font rares au-dessus de la vallée. Pour les C-119, il n'y a, ce jour-là, que huit rotations sur les dix-huit habituelles. La perte de dix rotations est due au refus des nouveaux équipages américains ; le matin certainement par inquiétude, l'après-midi pour des conditions météorologiques qui n'étaient pas à leur convenance, avec deux décollages seulement. Les contrats passés avec les équipages américains ne permettent pas de leur imposer un décollage pour Diên Biên Phu...

Le retour du 5ᵉ BPVN

En début d'après-midi, reprend la noria de quarante-cinq Dakota. Ils arrivent au-dessus de la vallée, se positionnent et larguent les parachutistes du 5ᵉ BPVN qui retrouvent ainsi le camp retranché qu'ils avaient quitté sans regret le 25 janvier.

Issu quelques mois plus tôt d'une transmutation du 3ᵉ BCCP arrivé en fin de séjour, le 5ᵉ BPVN a connu depuis bien des aventures, des accrochages, une réorganisation, des recrues inexpérimentées, un troisième chef de bataillon en moins de trois mois... Après les mésaventures de la mi-décembre, autour de Muong Muon, Bouvery le successeur de Leclerc était monté dans la même charrette que son prédécesseur. Il avait dû céder sur-le-champ la place au capitaine André Botella. Celui-ci est un homme rugueux, sévère, boitillant depuis un accident de saut le 6 juin 1944 sur la Bretagne en passe d'être libérée, ce qui lui vaut le surnom de « diable boiteux ». Réputé courageux, l'homme connaît indiscutablement son affaire mais il ne s'encombre pas de précautions. Pour son retour dans la cuvette, il ne s'est pas embarqué dans les meilleures conditions possibles. Une partie de ses effectifs s'est évaporée aussitôt donné l'ordre de se tenir prêt pour une opération aéroportée. Les Vietnamiens, habitant souvent Hanoi ou ses environs, ont préféré s'accorder des permissions personnelles, en famille. Botella n'a donc pas une seule compagnie, pas une seule section au complet… La suite va être pire encore.

Lorsque les parachutistes descendent vers la plaine, les Viêts ouvrent le feu. Environ un homme sur dix sera tué ou mis hors de combat avant de toucher le sol de Diên Biên Phu. De plus, ils ont souvent été largués loin du PC alors qu'ils sont censés se regrouper sur les « Eliane »[3]. La 4ᵉ compagnie est arrivée au nord de « Isabelle », les 2ᵉ et 3ᵉ à l'ouest de ce centre. Cela signifie des kilomètres de marche en zone d'insécurité, avec des accrochages en chemin, avant de se retrouver à proximité du PC GONO. Les parachutistes vietnamiens n'y parviennent que la nuit venue, traînant leurs chargements, portant les blessés. Ils sont épuisés, n'ayant pas dormi et n'ayant pas pris le moindre repas depuis la veille, et maintenant contraints de piocher pour creuser les inévitables emplacements de combat sous les obus viêts ajoutant aux victimes de l'après-midi. De toute évidence, physiquement et moralement, le médecin-lieutenant Rouault l'affirme à Botella, le 5ᵉ BPVN ne sera pas disponible avant vingt-quatre heures au moins…

Les tirailleurs algériens en alerte

Enterrés sur « Gabrielle », un modèle de centre de résistance comme tous les chefs l'ont reconnu, les tirailleurs algériens du 5/7ᵉ RTA tiennent depuis leur arrivée ce promontoire coincé entre la piste Pavie et la Nam Co, qui se jette dans la Nam Youn à moins d'un kilomètre. Cette hauteur doit impérativement être tenue si le GONO veut conserver la maîtrise de la piste d'aviation.

Deux compagnies ont pris place au nord, la 1ʳᵉ du capitaine Narbey et la 4ᵉ du lieutenant Moreau. Au sud, il y a la 2ᵉ compagnie du lieutenant Antoine Botella et la

3ᵉ du capitaine Gendre. C'est, de l'avis de tous, le point d'appui le mieux conçu, l'un des plus solides, parfaitement encagé par les canons du colonel Piroth. « Gabrielle » a toutefois, en commun avec tous les autres centres défensifs, quelques faiblesses : une protection insuffisante contre les tirs d'artillerie, une forêt d'antennes qui permet aux Viêts de repérer le PC, d'autant qu'un piton voisin culmine à 683 mètres, soit une cinquantaine de plus que le « torpilleur ». Il y a également l'impérative nécessité d'aller se ravitailler, en vivres, en eau comme en munitions au cœur du camp retranché. Et pas assez de temps pour préparer les fortifications puisque les tirailleurs doivent quitter leur piton pour aller patrouiller en forêt, savoir si les Viêts sont là et, éventuellement, ce qu'ils y font. Encore convient-il de préciser que les fortifications de « Gabrielle » sont les plus élaborées de la base aéroterrestre. Il n'y a que là que l'on puisse trouver deux lignes de défense. Quatre kilomètres, ce n'est rien en d'autres lieux ; à Diên Biên Phu, cela suffit pour qu'un bataillon se sente isolé, presque abandonné. Certes, le 5/7ᵉ RTA a été renforcé par la section de mortiers lourds de la Légion du lieutenant Clerget avec huit tubes de 120 et quatre de 81 ; certes, il y a un DLO avec le lieutenant Collin. Quant aux supplétifs de la 416ᵉ compagnie thaïe venus de Lai Chau, il est évident qu'ils ont égaré en chemin leur volonté et leur courage.

Alors que les tirailleurs de Mecquenem regardent dans le lointain les corolles des parachutes du 5ᵉ BPVN s'ouvrir, le camp devine, le camp sait où l'orage va frapper à l'heure où les Viêts lanceront leur deuxième offensive. Sur « Gabrielle » de toute évidence.

Le camp, qui n'est pas remis de l'assaut précédent, se prépare et attend. Le docteur Grauwin a demandé, dans la nuit, qu'on lui apporte du sang frais. C'est la mission qu'accomplit dans la matinée le commandant Devoucoux à bord de son monomoteur Beaver. Il repart avec quatre blessés graves, le lieutenant Turpin et la secrétaire du colonel de Castries. Paule Bourgeade voulait pourtant rester, son chef le lui a interdit. Dès cet instant il n'y a plus – officiellement – la moindre femme dans la base aéroterrestre. D'autres récits diffèrent sensiblement : l'appareil aurait été un Siebel de l'ELA qui aurait embarqué six personnes dont Paule Bourgeade et Etienne Turpin. L'avion, quel qu'il soit, avait deux autres missions : larguer des clous à trois pointes réputés dangereux pour les pieds des bo-doï, lesquels usent de bambous effilés capables de traverser les semelles des Français et assimilés, puis larguer des tracts qui sont apportés à l'embarquement en sacs plombés, ce qui n'interdit pas d'apporter aussi du sang frais pour l'antenne chirurgicale... En tout cas, la piste devient beaucoup trop dangereuse pour les avions stationnant là, la fréquence et la précision des tirs viêts ne leur laissant que peu de chance de sortir intacts de l'assaut. Il est décidé de les arracher aux bombardements. En début d'après-midi, trois chasseurs-bombardiers Bearcat s'envolent donc, surprenant l'artillerie viêt qui n'a pas le temps de répliquer. La riposte est immédiate : les tirs détruisent les derniers chasseurs-bombardiers qui n'avaient pu prendre l'air alors qu'un Criquet de reconnaissance – le dernier du camp – est incendié. Un hélicoptère est sévèrement endommagé, un autre plus légèrement alors qu'il embarquait des blessés. La tour de contrôle est touchée et le radiophare indispensable aux atterrissages de nuit est mis hors d'usage. Le 14 mars, en fin d'après-midi, la base aéroterrestre de Diên Biên Phu est totalement privée de ses moyens propres. Elle va désormais entièrement dépendre de l'aide extérieure.

14 mars, au tour de « Gabrielle »

Les Viêts ayant l'habitude d'attaquer à la nuit tombée, il ne devrait pas en être autrement ce 14 mars. Le commandant de Mecquenem a donné ses ordres et vérifié les dispositifs de combat, il a demandé qu'un repas chaud soit servi à tous les tirailleurs avant 17 heures ; ensuite, chacun a gagné sa position avec son stock de cartouches et de grenades.

De 18 à 22 heures, les tirailleurs supportent un terrible déluge d'obus ; ils doivent ensuite repousser les fantassins viêts infiltrés jusqu'à leurs dernières lignes de défenses. Ce ne sont plus des vagues incessantes de bo-doï sacrifiés, ce sont des infiltrations plus organisées par des commandos mieux formés. Au milieu de la nuit, vers 2 h 30, Mecquenem est rassuré ; ses hommes tiennent, ses défenses aussi. Il fait procéder à une distribution de munitions sorties de la soute. Il espère que son PC annexe n'a pas été repéré par les Viêts. Certes, il a fallu abandonner quelques points avancés, mais « Gabrielle » résiste bien. L'accalmie peut l'étonner, il ignore que la pluie a retardé les camions viêts et que le gros de l'offensive ne commencera que dans quelques minutes. Les tirailleurs tiennent pourtant, résistent aux assauts, repoussent les bo-doï. Il en est ainsi jusqu'à 4 h 30 du matin, jusqu'à l'explosion d'un obus au PC du bataillon.

Le PC est pulvérisé, Mecquenem et Kah sont sérieusement blessés. L'infirmerie est également touchée ; tous les blessés sont tués, comme le sont les infirmiers. Le service de santé paie une lourde facture sur « Gabrielle » : le médecin-lieutenant Chauveau, touché au ventre et au bras la veille, a été aussitôt remplacé par son camarade Dechelotte. Celui-ci vient d'être atteint aux yeux. Il est évacué durant l'accalmie qui permet aux ambulances de s'approcher au plus près du piton. Il n'y a plus de médecin disponible. Soldati, un légionnaire autrichien que l'on sait être un ancien étudiant en médecine, accepte la fonction. Il est parmi les morts de l'infirmerie…

Un commandant de compagnie, le capitaine Gendre, prend la suite de Mecquenem et demande une contre-attaque depuis le camp, sinon « Gabrielle » va être submergé. L'officier de renseignement Pierre Sanselme tente des contre-offensives avec une section d'intervention ; il en commande un groupe, il confie l'autre au sergent-chef Rouzic, un homme hors du commun qu'un début de vie aventureuse aurait pu entraîner sur de mauvais chemins si l'armée ne lui avait offert une sorte de rédemption. Avec leurs hommes, ils retiennent les Viêts comme ils le peuvent.

Jusqu'au moment où Sanselme s'effondre, touché aux jambes, un poumon traversé par une balle, la main endommagée par une grenade et le visage criblé d'éclats. Il se traîne vers l'infirmerie, où il n'y a plus un survivant. Il sait où sont les sulfamides, cherche les flacons parmi les débris et se retrouve à demi-inconscient au fond d'une tranchée. Sanselme se souvient d'un conseil du médecin-capitaine Le Damany : pour survivre avec un poumon perforé, il faut boucher l'un des deux orifices : il demande à un sergent passant là de lui recoudre la peau… A un petit groupe de tirailleurs, il conseille de fuir :

« Partez de là, il n'y a plus rien à faire. Il faut vous sauver.

— Mais toi mon lieutenant, tu viens ?

— Je ne pourrai pas vous suivre, je vous encombrerai. Allez-y. »

Et chacun des tirailleurs, avant de le quitter pour se fondre dans la nuit, aura une pression de main sur l'épaule de Sanselme.

Une contre-attaque désordonnée

Pour la contre-attaque qui peut encore sauver « Gabrielle », le lieutenant-colonel Langlais décide que ce sera le travail du 5ᵉ BPVN appuyé par les chars. La décision paraît doublement étonnante. Parce que le 5ᵉ BPVN vient tout juste de revenir dans la cuvette dans des conditions telles qu'il est inutilisable. Parce que le 1ᵉʳ BEP connaît mieux que toutes les autres unités d'intervention les cheminements compliqués à travers les tranchées et les barbelés conduisant au point d'appui en détresse. Plusieurs fois déjà, dans le cadre d'exercices, le BEP, appuyé par les blindés de Hervouet, avait simulé des interventions au profit de « Gabrielle ». Le tout nouveau patron du GAP Seguins-Pazzis fait remarquer à Langlais, aussi récent patron du secteur centre, que le 5ᵉ BPVN n'est pas le bataillon le plus qualifié pour cette attaque. Langlais ne veut rien entendre : ce seront les Vietnamiens ! Il ne concède qu'une poignée de légionnaires pour guider les Vietnamiens dans le labyrinthe... A l'écoute radio depuis la tourelle de son char – le « Bazeille » – l'adjudant-chef Carette sent les hésitations. Il est d'autant plus surpris qu'il a participé, lui aussi, à des exercices pour un éventuel dégagement de « Gabrielle » et que ce fut toujours avec le 1ᵉʳ BEP et le 8ᵉ Choc... Hervouet, au PC du GAP, trouve aussi que l'on perd bien du temps et que le montage de l'opération est trop laborieux. Le patron du 1ᵉʳ BEP, Guiraud, est au bord de la colère, l'affaire lui paraît absurde : ses hommes connaissent le terrain, ce n'est pas le cas du 5ᵉ BPVN... Ce seront finalement deux compagnies du 1ᵉʳ BEP qui seront de l'aventure, celles de Louis Martin et de Norbert Domigo, le remplaçant de Bernard Cabiro. Agacé par les atermoiements du commandement, énervé de voir fractionner son bataillon, le commandant Guiraud décide d'aller avec ses deux compagnies. Et l'on part vers 5 h 30, mais sans doute pas dans l'ordre qu'avait imaginé Langlais : les légionnaires ne guident pas les Vietnamiens, ils les précèdent, appuyés par les chars de Hervouet. Les premières centaines de mètres, dans l'axe de la piste Pavie, sont faciles, si l'on veut bien considérer que les hommes avancent dans la pénombre simplement diluée par les fusées éclairantes tombant d'un Dakota, si l'on accepte que le danger est partout et que les Viêts poursuivent leur offensive sur « Gabrielle » à moins de deux kilomètres plein nord. Beaucoup de temps a été perdu...

Le 5ᵉ BPVN n'a été prévenu qu'à 4 heures du matin, pour une mise en place à 5 heures. A eux la contre-offensive pour dégager « Gabrielle » ! Il leur est simplement annoncé que des légionnaires guideront le bataillon pour qu'ils ne s'égarent pas dans les tranchées aux trajets compliqués. Botella, plus rugueux que jamais, dit à Langlais ce qu'il pense de son affaire. Ses commandants de compagnie hors d'eux affirment à Botella qu'ils n'ont pas l'intention d'aller se faire massacrer pour le bon plaisir de Langlais. Le lieutenant Gaven mène la fronde. Ils partiront quand même, Gaven étant désigné pour marcher en tête[4].

La suite est une longue série de confusions, de perte de temps, de désordres. Le 5ᵉ BPVN suit les tranchées, ne trouve pas ses guides, encaisse un tir d'artillerie, s'embouteille dans le boyau trop étroit, supporte colère sur colère de Botella qui ne comprend pas pourquoi ses hommes n'avancent plus. Lorsqu'il s'agit de franchir le radier de Ban Khê Phaï, le 5ᵉ BPVN est littéralement bloqué. A chacun de ses officiers qu'il rejoint et dépasse, il tient sensiblement le même propos menaçant : « Pourquoi n'avez-vous pas progressé ? Nous réglerons ça plus tard. » Marche derrière Botella son officier de transmission qui tient également le rôle d'officier en second, le lieutenant Armandi. A chacune des victimes de la colère du patron, et il n'en manque pas, il fait un petit signe amical, façon de leur dire qu'il n'y a pas lieu de s'inquiéter. Ce qui ne les console ni ne les rassure. Encore ne savent-ils pas que le mouvement est bloqué par une de leurs sections dont les hommes ont pris peur sans que leur officier, encore plus affolé qu'eux, puisse les raisonner.

La perte de « Gabrielle »

Vers 6 h 30, le jour naissant, les chars débouchent sur la piste Pavie, trop tard pour avancer sous la protection de la nuit. Ils vont avoir trois kilomètres à parcourir à découvert pour approcher « Gabrielle » avec, dans leur sillage, la compagnie du 1er BEP que commande Louis Martin évoluant entre la piste à l'ouest et la rivière à l'est. C'est un cavalier, le sergent Willer, qui, à l'écoute radio, comprend que « Gabrielle » tient encore. Il prévient son chef, le capitaine Hervouet. Hervouet et Martin ne sont pas hommes à hésiter : il faut foncer, avec ou sans le 5e BPVN…

Vers 7 h 30, les légionnaires approchent de « Gabrielle ». Il y a toujours des chars pour les appuyer, quelques Vietnamiens aussi, mais le gros du 5e BPVN n'est toujours pas là. Pourtant le pire est à venir. Parce que le commandement du camp retranché ne cesse de tergiverser. Pour cette contre-offensive, il fallait les Vietnamiens et quelques légionnaires… puis deux sections de légionnaires et les Vietnamiens… il fallait tenir et réoccuper « Gabrielle » et maintenant il faut récupérer les restes de la garnison… Le seul inconvénient tient à un détail : le capitaine Gendre a bien entendu sur sa radio le dialogue entre Seguins-Pazzis et Castries :

« Impossible de déboucher. Si on veut reprendre "Gabrielle" il faut nous envoyer des renforts et vite.

— Récupérez les compagnies restant sur "Gabrielle". »

Gendre considère que le 1er BEP est l'unité de recueil, alors que le 1er BEP, qui n'est informé de rien, croit toujours que sa mission est de reprendre le point d'appui !

Vers 7 h 45, la Légion voit donc refluer vers elle le capitaine Gendre et les deux cents survivants. Les Viêts, parvenus sur « Gabrielle », ouvrent le feu sur les tirailleurs en repli et les légionnaires en attente. Le PC ajoute à la confusion, en répondant au 1er BEP :

« Attendez sur place. Conservez vos positions pour protéger le repli des tirailleurs. »

Deux chars sont touchés, le « Douaumont », puis l'« Ettlingen » dont le chef Guntz a été tué. Ils vont se replier, après que des blessés de la Légion ont été chargés sur les blindés. Leur passage auprès du 5e BPVN accentue le désarroi des Vietnamiens. Il n'y a personne pour suivre Martin et ses légionnaires en passe d'atteindre « Gabrielle ».

A 8 heures, c'est le repli. Les cinq chars en ligne protègent la retraite des légionnaires qui ne veulent abandonner ni un blessé ni un mort. Parmi les blessés, le chef de bataillon Guiraud et ses deux commandants de compagnie, Martin et Domigo. A l'antenne chirurgicale, ils sont pris en charge par quatre gendarmes qui se sont improvisés brancardiers. Ceux-ci ont décidé que les tâches de la prévôté pouvaient attendre et qu'il leur fallait se mettre au service des combattants. Ils changent de rôle, ils vont devenir indispensables. L'un de ces gendarmes est tué. Ses camarades continuent d'acheminer les blessés jusqu'au bloc opératoire. Les tirs viêts ne ralentissent pas et les chars paraissent être une de leurs cibles préférées... Hervouet se gardera d'affirmer que l'opération n'est qu'une tentative avortée. Il sait que l'on ne peut rien dire à Langlais ; la moindre remarque devient une mise en cause personnelle. Il a mauvais, très mauvais caractère, le colonel. Avant de regagner « Eliane », le capitaine André Botella fera quand même un détour par le PC, le temps de dire à Langlais ce qu'il pense de ses compétences...

Pour les petits parachutistes vietnamiens, l'heure de la sanction sonne immédiatement. Botella est prié par Langlais de présenter à ses hommes la facture de leur échec. Qu'elle soit sévère ! Il décide que les deux officiers les plus incompétents, deux jeunes Vietnamiens, seront fusillés... ou bien envoyés chez les PIM. En réalité, ils seront rétrogradés et poursuivront leur carrière à Diên Biên Phu comme 2ᵉ classe[5]. Les parachutistes les plus défaillants seront priés d'aller voir ailleurs ce qui se passe, Botella en désignant le moins possible. Ailleurs, ce n'est pas loin, ce sont les berges de la Nam Youn, le repaire des rats... Désormais le 5ᵉ BPVN, payant des fautes qui n'étaient pas nécessairement les siennes, ne sera plus un bataillon opérationnel. Il ne sera plus utilisé que par compagnies ou par sections, avec la pénible impression de n'être plus, comme les hommes le diront eux-mêmes, que de la chair à canon.

Aux premières heures de la matinée, tout est fini. Les Viêts sont sur le piton. Sanselme est fait prisonnier vers 8 h 30. Il apprendra ensuite qu'un caporal-chef, Slimane, se battait encore vers 13 heures. Ultime défenseur de « Gabrielle », il avait juré que les Viêts ne le feraient pas prisonnier. Ils ne sont venus à bout du dernier tirailleur qu'au canon sans recul... Les prisonniers et les blessés vont devoir descendre. A demi inconscient, Sanselme doit suivre. Un sergent de la section de mortier le prend en charge et ne le quittera plus jusqu'au poste de triage. Ils descendent comme ils le peuvent, ne marchant que sur des cadavres, bo-doï et tirailleurs mêlés dans une sanglante bouillasse. Ils vont suivre une tranchée viêt qu'ils ont le temps d'examiner : un boyau par lequel montent les troupes d'assaut avec, de part et d'autres, des alvéoles où les hommes accroupis attendaient d'être engagés en laissant libre le passage. Au centre de triage, le premier contact avec les geôliers dépasse Sanselme, il est bien incapable de répondre au flot des questions. Quelques coups n'y changent rien. Après deux journées passées ainsi à proximité de Diên Biên Phu, commence le 17 mars une lente marche du cortège des blessés vers un hypothétique hôpital de campagne, cinquante-deux jours sur de mauvaises pistes, brancardé parce qu'il ne peut marcher et survit dans une demi-inconscience.

Dans le courant de la matinée, les défenseurs des « Anne-Marie » et des « Huguette » récupèrent les hommes qui ont échappé aux Viêts et à leur artillerie. Quand vient l'heure des bilans, ceux-ci sont amers. Certes, il semblerait que la prise de « Gabrielle » ait coûté aux Viêts deux mille morts et sept mille blessés. Mais, sur huit cents tirailleurs, il y a eu quatre cent quatre-vingts morts et cent soixante-quinze disparus. Il ne reste que cent cinquante hommes et quatre officiers. Mecquenem et Kah sont blessés et prisonniers comme Collin, Sanselme... Au 1er BEP, le quart des effectifs est hors de combat ; Martin, Domigo et Guiraud vont se faire panser. Un char a brûlé dans les barbelés de « Gabrielle ». L'infirmerie est submergée. Ce n'est pourtant pas le plus redoutable pour l'avenir du camp. Le plus grave tient à la crise de confiance née de cette nuit d'indécision. Les officiers du 1er BEP seront toujours persuadés que si leur bataillon avait été engagé dans son ensemble, au lieu d'être saucissonné, « Gabrielle » pouvait être sauvé ; d'autant que les tirailleurs tenaient ferme jusqu'à l'arrivée de l'ordre de repli. Il est entendu, désormais, que les chefs, responsables de la vie, donc de la survie du camp, ne sont pas nécessairement à la hauteur...

Le succès de Giap est réel pour ceux qui subissent, incomplet pour ceux qu'il commande. Le général avait fixé trois objectifs à ses troupes : Him Lam, Ban Kéo et Doc Lap, autrement dit « Béatrice », « Anne-Marie » et « Gabrielle » la solitaire. « Anne-Marie » tient encore, « Anne-Marie » qui lâchera très bientôt autrement que sous la mitraille viêt...

D'ailleurs, « Gabrielle » arrachée aux Français, ceux-ci retraitant dans le désordre, pourquoi les Viêts n'ont-ils pas poursuivi ? Il n'y avait plus personne pour les arrêter sur le chemin du PC du colonel de Castries. Comme le dira un officier du 5e BPVN, le sous-lieutenant Latanne, « sans leur tactique toujours dosée, rigide et programmée et avec un peu de fantaisie dans leurs initiatives, ils nous auraient bousculés sans peine et après nous il n'y avait personne pour les arrêter ».

Erreur de commandement d'un côté, erreur d'estimation de l'autre côté. La bataille pour Diên Biên Phu peut continuer...

La disparition de Piroth

Durant la journée du 14 mars, partiellement occupée par la trêve la plus déconcertante, le colonel Piroth, patron de l'artillerie, visite ses troupes. Il le fait avec un certain courage puisque d'autres chefs préfèrent ne pas voir les mines défaites des combattants usés, apeurés sous le choc d'un déluge d'acier. Ces officiers veulent oublier les blessés entassés près de l'antenne chirurgicale et les morts parfois recouverts d'une simple toile. A ce moment, la garnison tente encore de réunir ses morts. Pourtant le cimetière n'est plus qu'une vaste fosse à ciel ouvert où les corps sont hâtivement jetés, parfois roulés dans un parachute, parfois dans une couverture. Bientôt il sera suffisamment dangereux d'aller jusqu'à ce déposoir pour que les victimes soient inhumées au plus près du lieu de décès.

Piroth est là donc, qui ne dit mot ou presque, traînant sur ce qui était hier un camp militaire et qui n'est plus aujourd'hui qu'un champ de bataille, jonché de débris de bois, d'acier, labouré par les éclats avec ici et là des coups au but qui ont effondré des abris. Dans le silence étonnant, pesant même, que ne déchire aucun coup de feu, que ne trouble aucun cri, les hommes vont aux magasins compléter les stocks de munitions. Quelques-uns sont partis au point de rencontre fixé par Giap pour l'échange des blessés ; un échange qui s'éternise et qui ressemble vite à un piège. Certainement au pied de « Béatrice », sûrement plus loin, là où commence la forêt, les Viêts se réorganisent, font approcher des troupes neuves, des vivres et des munitions…

Reste un mystère, témoignant lui aussi d'un certain désarroi. Ce mystère, c'est le suicide du colonel Piroth.

L'homme était estimable. Chacun connaissait cet officier replet, aimable, amputé d'un bras et dont la manche vide était coincée dans le ceinturon, portant plus volontiers le calot que le képi. Peut-être vivait-il un peu à l'écart au PC et en souffrait-il. Il n'était pas parmi les partenaires du colonel de Castries lorsque Paule Bourgeade partait à la recherche de volontaires pour les bridges. Piroth n'avait qu'un défaut : il était trop sûr de lui, de ses plans de tir, de la supériorité de son matériel. Il s'était un peu trop vanté de pouvoir réduire au silence les canons de Giap, dès que celui-ci avait prouvé au camp retranché qu'il avait de l'artillerie et que ses serveurs – des Chinois aux premiers temps du siège – étaient parfaitement entraînés. La désillusion allait être grande, qui n'empêchera pas, jusqu'aux dernières heures de la survie du camp, les artilleurs français de défendre le camp retranché avec courage, ténacité, sans jamais flancher. Leur patron, lui, s'était senti déshonoré. Accablé, déprimé par les réalités qui dérivaient bien loin de ses illusions, Piroth avait été visiter quelques chefs d'unités pour s'excuser. Ils l'avaient trouvé pitoyable, une manière de loque geignant sur son incapacité. Puis il avait été retrouvé mort dans sa cagna.

Il s'est dit quelque temps – quelques heures tout au plus – qu'il avait été tué par un tir au but de l'adversaire ; une fable pour sauver les apparences en forme de justice immanente. Son successeur, le colonel Vaillant, écrira quelques semaines plus tard que Piroth a été tué par l'éclatement d'une grenade, ce qui n'est ni totalement exact, ni parfaitement faux. La vérité a très vite émergé : Piroth s'est suicidé. Il ne pouvait, d'une seule main, armer un pistolet ; il a donc choisi une grenade qu'il est parvenu à dégoupiller et sur laquelle il s'est allongé. Telle est la version finale de sa disparition volontaire et certainement la plus plausible. Un suicide donc... mais quand ?

Il existe plusieurs versions. L'une, la plus officielle, si l'on se réfère à un télégramme expédié de Diên Biên Phu vers Hanoi, donne pour date le 20 mars :

« Pour cabinet et 1er bureau et artilleurs Forces terrestres du Nord Vietnam, j'ai l'honneur de vous rendre compte de ce que le colonel Piroth trouvé mort dans son abri le 20 mars à 8 heures. Stop et fin[6]. »

Tout au plus notera-t-on l'extrême discrétion quant aux raisons de la mort. Castries le sait pourtant qui, le 22 mars, fait parvenir une lettre à Cogny ; il évoque le suicide de Piroth, sans toutefois le dater :

« Piroth, s'accusant d'ailleurs de tout, est devenu une loque qui, après avoir traîné quelques jours, a fini comme vous savez[7]... »

La veille, 21 mars, était déjà arrivé au siège des GCMA à Hanoi un télégramme adressé par « Amilcar », l'indicatif de leur antenne à Diên Biên Phu. Les hommes des services spéciaux avaient flairé une cachotterie dont ils auraient aimé connaître le sens :

« Mystère à Diên Biên Phu. Colonel Piros (*sic*) commandant l'artillerie, disparu depuis trois jours STOP Version officielle : a été tué dans son abri par obus STOP Personne au courant GONO à part deux ou trois officiers STOP Une Jeep a également disparu STOP Peut-être envoyé en parlementaire... »

Si l'on s'en tient à ce télégramme, il faut accepter que Piroth n'a plus été vu, au mieux, depuis le 18 mars ! La date la plus vraisemblable reste cependant celle du 15 mars, si l'on se réfère à quelques récits fondés sur des témoignages. Quant au général Cogny, à Hanoi, il demande qu'une enquête soit ouverte par ses services : il veut savoir comment, loin de Diên Biên Phu, un commandant du train détaché auprès de l'armée vietnamienne a pu savoir dès le 20 au matin que Piroth était mort et le 22 vers 10 heures la nature de sa mort...

Indiscutablement, l'état-major du GONO aurait préféré cacher aussi longtemps que possible la disparition de Piroth et plus encore les causes de sa mort. Ce qui relève de l'impossible dans un camp retranché, où circulent les informations qui peuvent être les plus sérieuses comme les plus douteuses, où prolifèrent les rumeurs les plus folles. Que voulaient exactement cacher les chefs : la déchéance de Piroth puis son éclipse finale ou un malaise plus général ? Ils ne pouvaient ignorer qu'en ce mois de mars, leurs subordonnés les regardaient, les jugeaient sans la moindre bienveillance. Tous savaient depuis des semaines que Castries n'était pas l'homme de la situation. Ils l'avaient compris sans lui en vouloir réellement ; c'est plutôt vers Cogny et Navarre qu'allait la défiance. Pourquoi ceux-ci n'avaient-ils pas trouvé mieux et plus approprié pour commander le camp retranché ? Il ne manquait pas de généraux autour d'eux.

Après les pertes de « Béatrice » et de « Gabrielle », il devient évident, aux yeux des lieutenants, des capitaines, que le colonel de Castries ne connaît rien aux combats d'infanterie et que son chef d'état-major, Keller, est totalement dépassé. Keller va bientôt être évacué discrètement, parce qu'il n'est pas utile que toute la garnison sache qu'une dépression le cloue au fond de son abri, assis sur un tabouret, son casque lourd sur la tête. Il devient évident que Langlais, bon baroudeur et physiquement courageux, tous en conviennent, n'est pourtant pas considéré comme un chef hors pair. Il est trop cabochard pour cela, un caractère de chien, entêté, emporté, mal gracieux, parfois caractériel. Il a le tort de vivre sur les nerfs et de se soutenir aux boissons fortes. Mais au moins il sort de sa tanière et va vers les combattants, partageant leurs risques. Il est un des seuls à oser pousser la toile masquant l'entrée de l'antenne chirurgicale. Accessoirement, quelques esprits curieux se demanderont ce qu'est devenu le lieutenant-colonel Trancart, officiellement patron du secteur nord, donc responsable de « Béatrice » et de « Gabrielle »... Il ne semble pas s'être préoccupé des éventuelles contre-attaques et d'ailleurs, au PC GONO, personne n'a songé à l'informer... Son secteur nord devant totalement disparaître avec la perte des « Anne-Marie », Trancart n'aura plus, pendant un temps, de rôle opérationnel. Il survivra comme sous-chef d'état-major du colonel de Castries, une sorte de passager clandestin dans un camp retranché en voie de naufrage.

S'ils ont voulu protéger le moral des troupes en dissimulant un temps le suicide de Piroth, Castries et Langlais ont certainement perdu leur temps. Pour les combattants de Diên Biên Phu, il n'était qu'un colonel disparaissant volontairement par la plus petite porte, presque une désertion à la façon des Thaïs s'esbignant le même jour que lui, ou la veille, ou le lendemain...

Qu'importait aux défenseurs du camp puisque l'artillerie, même dominée par celle des Viêts, tonnait encore quand il le fallait, appuyait les hommes tentant une sortie ou le dégagement d'un point d'appui. Les artilleurs, jusqu'à la dernière heure, vont se battre, eux aussi, comme des lions, et cela seulement compte. Parmi ces lions, le lieutenant Brunbrouck et ses canonniers iront au-delà du courage. Les artilleurs allaient continuer, sans faiblesse, jusqu'au dernier jour, avec à leur tête un homme qui n'a pas hésité à les rejoindre dans ce camp en perdition : le lieutenant-colonel Vaillant. Pressenti le 19 mars – ce qui paraît confirmer un suicide de Piroth quelques jours avant la date officielle –, Vaillant accepte immédiatement. Il sait que la suite peut être rude ; il imagine ce que peut être un échec, lui qui a été prisonnier des Japonais en 1945... Vaillant a suffisamment le sens du devoir pour rejoindre le camp retranché.

11

Retour de Bigeard
La défection des Thaïs
Le putsch des paras

Au soir du 15 mars, les paras de Bigeard savent qu'ils vont repartir là d'où ils viennent. Ils savent aussi que leur nouvelle mission à Diên Biên Phu relève du sacrifice. Ce qui a réussi à Na San ne peut être répété. On n'effectue pas deux fois de suite la même manœuvre face au même ennemi qui, humilié, cherche depuis la parade… Le lieutenant Allaire range sa cantine, rédige une lettre pour sa femme et lui explique que l'espoir est une très belle chose, qu'elle ne s'inquiète pas trop si les nouvelles lui paraissent sombres, il finira bien par revenir. Puis il convoque sa section : « Je sais comment nous partons, je ne vois pas bien comment nous reviendrons… » Trois de ses hommes lui demandent l'autorisation d'aller jusqu'à l'hôpital ; ils veulent rendre une dernière visite à un de leurs camarades blessés. Impossible, leur explique-t-il, vous êtes tous consignés. Ils insistent. L'officier sait qu'ils iront jusqu'à faire le mur. Il préfère les couvrir : alors, qu'ils soient rentrés pour l'appel. Au petit matin, l'adjoint au chef de section annonce qu'ils sont vingt-sept sur les rangs, avec un parachutiste en supplément donc. Que l'homme en trop se fasse connaître ! Qui pouvait douter que c'était le blessé sorti clandestinement de l'hôpital, un certain Gouman, mineur de son état, apprécié de tous mais parfois en coquetterie avec la discipline ? Il lui faut s'expliquer. Ses raisons étonnent encore à cet instant... Puisque le lieutenant ne sait pas s'ils en reviendront, il ne fallait surtout pas laisser tomber les copains. Il y aura, à l'embarquement, un léger problème de surpoids.

Le retour au camp retranché laissera d'étranges souvenirs à Jacques Allaire :

« De la portière de l'avion, on mesure la partie qui se joue et la gorge se serre devant ce nouveau Diên Biên Phu, ravagé, meurtri par les hommes et par les obus. C'est une figure bien différente de ce charmant village du pays thaï, serti entre les collines verdoyantes et les montagnes bleutées, que nous avions connu autrefois. Notre arrivée au sol, saluée par les mortiers viêt-minh, rogne déjà nos effectifs, qui s'amenuiseront rapidement avant toute action. Parachutés auprès de "Isabelle" nous remontons les cinq kilomètres qui nous séparent du centre de résistance, où nous prenons position sur la face est, en "Eliane 4"... »

Le largage du 6e BPC et des artilleurs du 35e RALP avec deux canons de 105 a lieu en trois vagues, vers 11 h 30, 17 heures et 19 heures. Les trois vagues se posent effectivement près de « Isabelle ». Souffrant d'une déchirure musculaire avant le saut, Bigeard se ressent davantage encore de cette blessure après sa réception au sol. Lalande lui prête une Jeep pour rejoindre le PC GONO. Ses hommes crapahutent vers le camp, prêts à affronter la moindre embuscade viêt. Parmi les premiers blessés, Gouman, l'évadé de l'hôpital pour accompagner les copains... Les hommes de Bigeard savent se battre, comme ils savent obéir. Ce qui ne leur interdit pas, chemin faisant, de se poser les bonnes questions. Et l'une d'elles, qui les intrigue plus que d'autres, restera à jamais sans réponse. Pourquoi parachuter dans la fournaise, où elles vont fondre comme bien d'autres bataillons, deux unités parachutistes qui auraient pu être mieux utilisées ? En sautant, par exemple, sur les arrières viêtminh, là où l'on pouvait couper le corps de bataille de ses renforts, de ses vivres, de ses munitions. Une telle manœuvre aurait aussi soulagé les défenseurs du GONO et laissé le temps d'une réorganisation, sans cesse improvisée et toujours inachevée. Pourquoi ne pas avoir jeté cette poignée de sable dans les rouages des mécanismes viêts, qui n'étaient pas nécessairement bien huilés ?

A partir du 16 mars, Bigeard et son bataillon prennent en charge les « Eliane » dont il faut revoir les défenses. Les parachutistes creusent les tranchées plus profondément qu'elles ne l'étaient. Dans leurs flancs, ils creusent perpendiculairement d'étranges terriers qui serviront de couchettes, où la claustrophobie sera le moindre des maux. Pour dormir, certains préféreront un abri très approximatif, une simple toile de tente tirée au-dessus d'une tranchée. Un cheminement en impasse permettra d'inventer un nouveau modèle de feuillées, nullement conformes aux règles précédentes, d'une salubrité discutable et d'une odeur prenante, mais suffisamment abritées des tirs ennemis. La fosse est creusée de telle façon – très évasée dans ses profondeurs, avec un orifice le plus étroit possible – que les mouches y restent prisonnières.

« Eliane 4 », où Bigeard implante son poste de commandement, surplombe la Nam Youn et le PC GONO d'une cinquantaine de mètres. Quant à la mission qui sera la sienne, elle ne lui a pas été précisée ; pas plus qu'il ne sait exactement qui l'entoure, exception faite du 5e BPVN du capitaine Botella. Celui-ci est installé sur la face est du même piton, regardant donc les Viêts, alors que Bigeard tient l'ouest du côté de la rivière et du PC.

Au nord, il y a « Eliane 1 » que tiennent des Algériens ; au sud, sur « Eliane 2 » ce sont des Marocains. Pour ce soir, la situation est simple, presque rassurante : le 6ᵉ BPC est couvert de tous les côtés... Après ce tour d'horizon et une visite aux voisins, Bigeard file jusqu'au PC pour tenter de comprendre comment fonctionne l'ensemble du camp retranché, ce qui lui paraît flou en cette fin de journée.

L'arrivée de Bigeard et de ses parachutistes, immédiatement connue, galvanise la garnison. Avec ce renfort, ils sont tous certains de s'en sortir. Ils sont encore nombreux, dans la cuvette, à croire la victoire possible ; qu'ils connaissent mal l'adversaire, qu'ils le sous-estiment, lorsqu'ils ne le méprisent pas ! Une version contemporaine d'un slogan d'autrefois, très vite démenti par les faits : « Nous gagnerons parce que nous sommes les plus forts ! » Cet optimisme béat étonne Bigeard.

Des combats âpres, sanglants, il y en aura quotidiennement désormais. En découleront quelques événements qui s'ajouteront à la geste de Diên Biên Phu ; des pages de gloire et le récit de quelques défaillances contrastant avec le courage ambiant. Parfois, en quelques heures, en quelques jours, vont se mêler étroitement la peur, l'héroïsme et l'incompréhensible. Et cela se produira fréquemment dans la semaine du 16 au 22 mars.

Mi-mars, malaise au 3ᵉ thaï

Sans doute est-ce le 14 ou le 15 mars que les Thaïs de la garnison se sont aperçus de façon aiguë que l'ambiance du camp retranché risquait de devenir malsaine pour eux.

Le malaise n'est pas né en un instant ; il est assurément le fruit d'une très lente maturation. Il y a des jours déjà que les Thaïs savent, par leurs contacts avec l'extérieur, qu'ils sont un objectif prioritaire pour les bo-doï. Les villageois habitant encore la vallée, parfois très près des fortifications des « Anne-Marie », le leur disent, le leur répètent. Des haut-parleurs viêts les interpellent à tous moments ; des banderoles tendues au-dessus des tranchées de l'ennemi leur confirment qu'ils n'ont aucun intérêt à s'éterniser là. Certains tirailleurs, qu'une telle ambiance décourage, décident qu'effectivement ce combat n'est pas le leur et qu'il convient de rentrer chez soi. Ils s'en croient le droit puisque les contrats des supplétifs entendaient bien que ceux-ci pouvaient se démobiliser quand ils le voulaient. Les Thaïs ne l'ont pas oublié, bien qu'ils aient changé de statut depuis que leur unité relève de l'infanterie coloniale. Alors, dans la nuit du 15 au 16 mars, ils sont quatre-vingt-dix à se glisser sous les barbelés, à sauter dans une tranchée et à disparaître dans la nuit. Ce n'est que le début de la débandade qui, en deux jours, touchera essentiellement deux compagnies. Outre la 12e qui a perdu les quatre-vingt-dix premiers partants et en perdra trente-cinq autres, la 10e compagnie connaîtra cinquante défections, sur un total de deux cents.

Avant d'assister à la perte des deux principaux PA de « Anne-Marie », il reste à savoir comment ces Thaïs se sont comportés en d'autres temps ; et ce qui a pu motiver ces départs précipités. Et qui sont-ils, d'ailleurs ? Il y a des Thaïs blancs, noirs et même rouges… selon la couleur du corsage traditionnel de leurs femmes. Ce sont des hommes de tribus du Haut-Tonkin sans doute d'origine laotienne dont ils parlent un dialecte très proche. Lorsqu'ils ne deviennent pas des guerriers d'occasion, ils mènent une vie paisible et pastorale autour de leurs hameaux, petits ensembles de cases sur pilotis, au contraire des Méos bâtissant des cai-nha longues et basses. Leurs relations étant ce qu'elles sont par tradition, Thaïs et Méos s'ignorent, bien que voisinant.

De l'avis même de leurs officiers, un tirailleur thaï n'est pas fait pour défendre une position sans espoir de repli. C'est un coureur de piste, parfait là où le terrain lui est familier. Or, au BT 3, les hommes sont originaires de Son La et Moc Chau et ils sont censés être à Diên Biên Phu pour des actions en souplesse sur les arrières. C'est exactement ce que permettent leurs compétences et une instruction militaire trop courte pour d'autres missions.

Le climat se ressent aussi des incertitudes entourant leur sort. Sont-ils des troupes en opération ? Sans doute puisque leur paquetage est réduit, qu'ils perçoivent des rations, mènent une vie souterraine sans hygiène ni confort... Mais, dans le même temps, ils sont bien considérés comme des unités en poste, puisqu'ils ont une zone à tenir ou à surveiller, des installations à compléter. Que ce soit le cas de tous les bataillons jetés dans le camp retranché ne change rien à l'affaire, les Thaïs ne sont pas exactement des combattants comme les légionnaires ou les parachutistes. Le soir, en attendant les patrouilles ou les alertes, ils parlent, discutent, s'interrogent ; pour oublier, ils jouent aux cartes ou aux dés, perdent en une nuit leur solde du mois. Rien de cela n'est franchement bon pour le moral. Suit, pour expliquer le malaise, une longue litanie d'erreurs psychologiques du commandement. Avant de rejoindre Diên Biên Phu, le BT 3 a été utilisé dans le Delta, qui est loin d'être son territoire de prédilection. Ces montagnards s'y sentent mal à l'aise et ils n'aiment pas les populations de la plaine. Après quoi, le BT 3 a été intégré au GM 7, dont le style de combat n'est pas adapté à leurs capacités naturelles. Encore qu'ils sachent tenir face à une embuscade viêt, ils l'ont prouvé à la mi-octobre en se regroupant sur une crête et en attendant toute la nuit les renforts qui les tireront d'affaire ; il faudra un bataillon de la Légion pour les dégager...

Le 1er décembre 1953, ils sont les premiers à descendre des Dakota qui peuvent, enfin, déposer des troupes fraîches à Diên Biên Phu. Ce soir-là, le lieutenant Courdesses creuse son trou individuel dans la falaise de latérite longeant la Nam Youn : deux mètres de profondeur, exactement ce qu'il faut pour se protéger. A côté de lui, son opérateur radio creuse un autre terrier du même modèle. Leur avenir immédiat, ce seront les « Eliane ». Courdesses n'a aucune raison de s'inquiéter. Il connaît les qualités de combattants de ses tirailleurs, sachant face à un ennemi supérieur se disperser puis se retrouver sans même que soit fixé un point de ralliement. Quant au terrain, il est certain qu'ils le connaîtront vite... Et, alors, ils seront capables de marcher des jours ou des semaines pour aller agacer les arrières viêts :

« J'ai conservé d'eux une image que je ne veux pas voir ternir ; ils m'ont sauvé la vie plusieurs fois. »

Le lieutenant Courdesses sera évacué sanitaire le 1er janvier, après quoi il gardera la base arrière proche de Hanoi, à deux pas du pont Doumer. Arrivé en fin de séjour en mars-avril, rapatriable donc, il fait début mars une liaison sur Diên Biên Phu et retrouve ses Thaïs sur « Anne-Marie ». Il décide de rester !

Le sous-lieutenant Legoubé est également arrivé début décembre. Il a donc connu, avant l'installation sur les « Anne-Marie », les intermèdes aux « Eliane » et aux « Dominique ». Des deux premières positions, il se souviendra que tous les abris étaient souterrains, tant pour les matériels que pour les personnels – que les emplacements des armes à tir courbe et les cuisines étaient également enterrés mais non couverts... Pour chaque PA, il y avait un réseau de barbelés de vingt à cinquante mètres de profondeur, avec des mines et parfois si la pente s'y prêtait des bidons de napalm que l'on pouvait faire basculer et incendier à distance. Les fils téléphoniques n'étaient pas enterrés. Le BT 3 ne tenait en permanence ni le mont Chauve ni le mont Fictif qui lui étaient confiés. N'étaient détachés sur ces deux hauteurs – provisoirement d'ailleurs – que des « éléments légers de sûreté ». Il trouvait aussi les provisions d'eau un peu courtes. Le camouflage avait été oublié ; les Viêts, s'ils tenaient les crêtes – et pourquoi n'y seraient-ils pas ? – pouvaient observer tout ce qui se passait dans le camp. Il y avait enfin la faiblesse des protections : de toute évidence, les abris ne résisteraient pas à d'éventuels tirs d'artillerie. Certes, il y a des rondins de bois à aller découper en forêt. Mais à trois, quatre ou même cinq kilomètres du camp, avec l'obligation de les rapporter à dos d'hommes. Très vite, au regard des événements, et comme beaucoup de ses camarades, Legoubé se demandera pourquoi ils sont installés dans cette cuvette. Le camp ne remplit aucune de ses missions : il ne protège certainement pas le Laos et on ne peut plus en sortir pour rayonner.

Arrivé en Indochine le 2 décembre 1953, le lieutenant Fleurot est à Haiphong le 27 décembre lorsqu'il apprend son affectation au BT 3, à Diên Biên Phu. Le 3 janvier, il descend d'un Dakota du pont aérien. La tombée de la nuit est proche, une Jeep l'attend pour le conduire immédiatement vers « Anne-Marie ». Il passe sa première nuit dans le camp retranché à la belle étoile, glissé dans son sac de couchage.

A 9 heures, au PC du bataillon, Fleurot découvre que l'encadrement du BT 3 a le mérite de l'originalité : il est parfaitement « interarmes » ! Il y a des officiers provenant de l'infanterie métropolitaine comme de la coloniale, d'autres sont artilleurs ou cavaliers, certains viennent du train. Un prochain changement de patron ne va pas arranger les choses : à la fin février, le capitaine Archambault est relevé et remplacé par le commandant Thimonnier, en provenance de l'arme blindée.

Fleurot apprend qu'il reçoit le commandement de la 10e compagnie. Celle-ci a perdu les trois quarts de son effectif lors de l'opération « Mouette », à la mi-octobre dans la région de Ninh Binh. Les vides ont été comblés par de jeunes recrues n'ayant aucune instruction militaire... Les installations du bataillon ne lui paraissent guère rassurantes. De toute évidence, les tranchées et les postes de combat sont insuffisants ; tout cela a été creusé sans plan cohérent, sans un travail continu en raison des relèves trop fréquentes. Tout au plus est-il prévu une section dite de sécurité pour ouvrir les barbelés et déminer à la sortie des patrouilles, puis pour repiéger et refermer... Fleurot découvre vite que les Thaïs sont frileux, sensibles à la propagande viêt relayée par les villageois des abords. Intrigué, il découvre même que des tirailleurs de la 12e compagnie – celle qui aura le plus de défections – ont encore droit à des permissions de nuit...

Le 13 mars, vers 15 heures, il est en patrouille avec deux sections, ils sont accrochés. Il lui paraît évident que les Viêts sont très près de « Gabrielle ». Le 14 mars, il repère un mortier viêt de 120 et cinq ou six hommes pour le servir. Il alerte le PC bataillon :

« Calmez-vous, vous avez des hallucinations. Observez encore[1]. »

« Les Thaïs se taillent... »

Chez les Thaïs du BT 3, il est évident que le malaise latent s'est aggravé à l'approche de l'attaque que chacun pressent. Les tirailleurs se sentent isolés, à un bon kilomètre de la position la plus proche. Les tirs d'artillerie les démoralisent, tous les tirs d'ailleurs, qu'ils soient viêts ou français, qui résonnent dans leurs crânes comme les roulements du malheur. Ils sortent de Na San, mais ils savent que rien n'est comparable ; l'aviation de chasse leur paraît timorée.

Le 14 mars au matin, le bruit de la chute de « Béatrice » se répand d'un centre de résistance à l'autre. Si les Viêts ont eu raison en une nuit d'un bataillon de la Légion parmi les plus prestigieux, que vont-ils devenir, eux, le demi-bataillon d'indigènes... A l'écoute du PC dont ils espèrent des bribes d'information, les officiers du BT 3 n'entendent qu'un silence assourdissant. Pas d'ordres, pas de consignes... Un soupçon d'espérance, peut-être, lorsque éclosent loin vers le sud les corolles des parachutes du 5e BPVN.

En fin de journée, l'assaut viêt reprend. Les tirailleurs algériens de « Gabrielle » sont attaqués à leur tour. Si « Gabrielle » saute, les Thaïs sont assez grands garçons pour savoir qu'ils seront en première ligne. Les Algériens tiendront toute la nuit. Le 15, vers 9 heures du matin, c'est fini, même si l'on entend des coups de feu jusqu'aux environs de midi.

Dans l'après-midi du 15, les Thaïs sont les mieux placés pour voir les Viêts arriver avec un camion, par la piste Pavie, et prendre pied au nord de « Gabrielle ». Ils paraissent s'installer. Il devient très vite évident qu'ils aménagent des alvéoles pour des mortiers ou de l'artillerie... Le DLO demande un tir, il lui est refusé. Les Viêts vont désormais pouvoir tirer sur la piste d'aviation !

Le BT 3 va-t-il devoir filer vers le Laos ? Les Thaïs l'imaginent, voyant les piles de rations de survie prêtes à être distribuées. Il y a aussi ce capitaine, casque sur la tête, canne à la main, deux musettes entrecroisées sur le dos, allant et venant dans les tranchées en radotant : « Nous sommes bons pour être PIM »... Rien ne se passe.

Ils resteront là, à un kilomètre du camp, seuls face aux Viêts.

La nuit du 15 au 16 mars leur paraît éternelle. Ils s'imaginent être les prochaines victimes expiatoires. Les haut-parleurs viêts lancent toujours leurs appels à la désertion ; en langue thaïe pour être certains d'être compris. Il se dira aussi que des femmes, arrivées du village au-dessous du poste, sont venues appeler un mari, un parent… Alors, ils s'en vont. Ils ne désertent pas à proprement parler, ces hommes qui ne supportaient plus les harcèlements, le siège, les grondements de l'artillerie, l'effondrement des voisins. Ils ne désertent pas, ils s'éclipsent. Avec une certaine délicatesse, ils laissent sur le point d'appui leurs armes, leurs équipements, parfois même leur uniforme. Ils se glissent dans la nature qu'ils connaissent si bien, vêtus d'un seul pantalon, fendant les hautes herbes à éléphant. Certains ont sans aucun doute été pris par les Viêts, d'autres tués ; ils sont assurément nombreux à avoir su ruser et s'évanouir dans la nature.

Pour le PC GONO, ce ne sont que des fuyards. Quatre-vingt-dix lâches à la 12e compagnie. Ils n'ont pas fini d'en entendre parler, ceux qui sont restés avec leurs officiers et qui entendent se battre, parce qu'ils n'aiment pas les Viêts, parce qu'ils ne supportent pas les gens du Delta, parce que leurs femmes et leurs enfants les attendent à la base arrière… Pour l'instant, il faut tenter de sauver « Anne-Marie 3 » où il se trouve encore des tirailleurs pour tenir comme ils le peuvent le débouché de la piste Pavie. La décision d'envoyer une compagnie du 2e REI n'est pourtant prise que vers 22 h 30. Au PC du BT 3, on a trouvé les grands chefs bien longs à se décider…

Le 16 mars, tout au long de la journée puis d'une nuit qui leur paraît sans fin, les officiers redoutent un assaut viêt, tout autant qu'une nouvelle vague de désertions dans leurs rangs. Le problème d'une éventuelle relève se pose avec plus d'insistance que jamais. Le lieutenant-colonel Langlais refuse absolument de l'envisager : il veut garder ses réserves auprès de lui, pour on ne sait plus trop quelle contre-attaque.

Le 17 mars, au petit jour, il faut refaire les comptes : ils sont encore soixante tirailleurs à s'être éclipsés ! Une quarantaine à la 10ᵉ compagnie, vingt à la compagnie de commandement. Il faut des renforts de toute urgence, si le BT 3 doit encore tenir « Anne-Marie 3 » ; il les faut même très rapidement. Depuis le PC GONO à cet appel au secours, la réponse est brève : « Faites pour le mieux. » Il n'y aura donc pas de renfort pour une nuit qui pourrait être aussi longue que douloureuse. Au petit état-major du commandant Thimonnier, les officiers ne savent trop que penser. Sont-ils abandonnés et condamnés parce que cent soixante des leurs ont choisi la fuite en deux nuits ? Les « Anne-Marie » n'ont-ils plus aucune utilité aux yeux des grands chefs ?

Vers 14 heures, il apparaît que le pire est toujours possible : les défenseurs de « Anne-Marie 3 » voient refluer leurs camarades des autres « Anne-Marie », les PA n° 1 et n° 2. Nul ne sait exactement ce qui se passe. Il est évident que les fuyards détalent vers le quatrième PA, le dernier des « Anne-Marie ». Mais est-ce un instant de panique devenu contagieux ? Est-ce un ordre du PC GONO ? Les officiers de « Anne-Marie 3 » n'en savent rien. Ils s'étonnent simplement qu'un ordre de repli n'ait pas été accompagné d'une préparation d'artillerie et de consignes pour la destruction du site et des matériels abandonnés... Les fuyards filent plein sud. Ils ont un bon kilomètre à parcourir pour rejoindre « Anne-Marie 4 », où le capitaine Désiré, commandant une compagnie de ce bataillon, ne veut absolument pas d'eux. Il a trop peur de la contagion. Qu'ils aillent au diable ! Le diable est bien plus loin que ne l'avaient cru les Thaïs. La Légion en accueille quelques-uns qui resteront avec le 1/2ᵉ REI. Les autres courent vers d'autres barbelés. Au PC GONO, on ne veut pas davantage que cette débandade atteigne le moral des troupes. Qu'ils continuent plein sud, vers « Isabelle ». Encore cinq kilomètres en pleine nature, avec les Viêts certainement présents partout…

Aussi fataliste que lucide, le sous-lieutenant Legoubé trouvera une formule pour expliquer l'épidémie de désertion[2] : « Elle a touché ceux qui étaient à la plus mauvaise place au plus mauvais moment. » Mais personne ne lui expliquera pourquoi un bataillon de coureurs de brousse est venu tenir un piton intenable et pourquoi la réputation de ces guerriers se résumera soudain à un bon mot gouailleur : « Les Thaïs se taillent… »

Il a beaucoup été question d'une visite de Bigeard aux éléments du BT 3 qui étaient encore sur les « Anne-Marie ». La date la plus généralement retenue est le 16 mars, parfois une heure est avancée, vers 11 heures du matin. Si la visite, qui n'aurait d'ailleurs que partiellement ragaillardi les Thaïs, a bien eu lieu, ce n'est sûrement pas le 16 mars vers 11 heures, la première vague du 6ᵉ BPC étant encore à cet instant entre Hanoi et Diên Biên Phu. Jean Pouget, lui, retient le 17 mars vers 16 heures pour l'intervention d'une compagnie du bataillon Bigeard qui n'avait rien d'une visite de réconfort mais tout d'une contre-offensive appuyée par les chars que la violence des tirs d'artillerie viêt interrompra.

L'aventure du BT 3 s'achève. Les « Anne-Marie » sont rayés de la carte.

Les PA n° 1 et n° 2 sont abandonnés ; les PA n° 3 et n° 4 deviennent « Huguette » 6 et 7. Les hommes du 3ᵉ bataillon thaï qui ne se sont pas évanouis dans les ténèbres sont immédiatement dispersés. Même sur « Isabelle », où ils sont arrivés le 17 en fin de journée, les Thaïs sont éparpillés au sein des autres unités ; au contraire des tirailleurs du 5/7ᵉ RTA rescapés de « Gabrielle », qui resteront en unité constituée. Là, les Thaïs partageront pourtant les combats et la survie du point d'appui jusqu'au dernier jour. Au PC GONO le commandement sera sans pitié pour les tirailleurs ayant cherché refuge dans ce secteur : ils deviendront pourvoyeurs des pièces d'artillerie ou bien ils seront chargés d'aller ramasser les colis parachutés, devenant en quelque sorte les égaux des PIM. Quant aux cadres européens, la plupart rejoindront le 5ᵉ BPVN. D'autres feront un autre choix, si d'aventure il leur en est proposé un. Ainsi Fleurot, qui s'est retrouvé au PC du 3/3ᵉ REI, peut-il opter entre la Légion et le 2/1ᵉʳ RTA ou rester avec les Thaïs. Il choisit la Légion. Quant à l'officier de renseignement du BT 3, le lieutenant Vibert, il deviendra l'adjoint du capitaine Noël, l'OR du camp retranché, rejoignant le PC GONO avec toute son équipe.

Les Thaïs du BT 3 – dont un quart des effectifs s'est tout simplement démobilisé – se battront et mourront jusqu'au dernier jour. Mais du BT 3, il ne sera plus jamais question.

Ces désertions massives, précédées de départs plus modestes en nombre mais suffisamment réguliers pour être inquiétants, ne méritaient-elles pas davantage d'attention, sinon de précautions ? Pour qui plonge dans les procès-verbaux de la prévôté de Diên Biên Phu, il est évident qu'il y a eu des signaux d'alarme. Les patrons du GONO, pour des raisons qu'eux seuls connaissent, n'y ont pas prêté attention.

Ainsi, le 31 janvier déjà, le commandant du BT 3 est entendu par les gendarmes. Un de ses hommes, auteur de plusieurs lettres à l'intention de ses camarades, est convaincu de provocation à la désertion. Le commandant déclare aux enquêteurs que le moral de son unité est très fragile, que le Thaï déserte facilement ; il dépose son fusil et va rejoindre les siens :

« Comme la moitié des militaires du bataillon ont leur famille en zone rebelle et que tout le pays est occupé, on ne peut leur demander d'avoir bon moral actuellement. Les éléments les plus valables au combat et dans lesquels on a entière confiance sont les vieux tirailleurs, avec quatre, cinq ou six ans de service et des titres de guerre.

« Comme les principaux militaires cités sont de vieux gradés de confiance, j'ai tendance à croire qu'il s'agit d'une vengeance personnelle d'un tirailleur mécontent d'un gradé trop sévère. Cependant l'enquête devrait à mon sens être poussée dans les milieux civils des réfugiés thaïs à Hanoi qui vivent des conditions morales et matérielles telles qu'ils sont certainement susceptibles de réagir à une propagande viêt-minh. »

Ainsi, le 8 février, toujours au BT 3 et déjà à la 12ᵉ compagnie, après la désertion d'un tirailleur sorti en corvée de matériaux de construction, son capitaine déclare aux gendarmes enquêteurs :

« Cette désertion est à mettre sur le compte de la situation, la proximité et la densité de l'adversaire autour de Diên Biên Phu ; l'atmosphère de place forte assiégée, la présence de la totalité des familles des militaires en zone contrôlée par les rebelles sont autant de facteurs qui agissent sur les individus dont les ressorts civiques sont lâches et la volonté de combattre faible. Le 3ᵉ BT est à la merci de nouvelles désertions de cette sorte et sa place n'est pas dans la place forte assiégée qu'est Diên Biên Phu... »

A la date du 8 février 1954, le pont aérien fonctionnait encore...

Si l'on veut bien considérer que les défaillances du BT 3 n'ont été accompagnées d'aucun vol d'arme, d'aucune violence, d'aucun mouvement de mutinerie, et rien ne prouvant que les « partants » soient passés à l'ennemi, il devient délicat d'user du terme de désertion. Pourtant, sur un autre PA loin des « Anne-Marie », sur « Isabelle 5 » qui est aussi le « PA Wieme », la notion de désertion ou même de trahison est peut-être exacte. Sinon pourquoi le lieutenant Wieme aurait-il pu noter, le 18 mars, qu'un sergent et deux partisans venaient d'être arrêtés à son PA et aussitôt transférés à Hanoi ? On avait trouvé une forte somme en piastres Hô Chi Minh dans leur blockhaus...

Colonel de Castries : « Nous gagnerons. »

La journée du 16 mars – qui est aussi celle de l'arrivée du 6e BPC de Bigeard et qui précède d'une nuit un autre envol de Thaïs – est marquée par une nouvelle demande de trêve, encore plus floue que la précédente, bien que parfaitement réelle. Cette fois, nul ne paraît plus savoir qui en a pris l'initiative. Pour les uns, c'est une proposition venant du Viêt-minh de renvoyer les blessés du 5/7e RTA. Pour les autres – notamment Jules Roy –, l'offre est faite par le GONO décidant de suspendre tous les tirs entre 22 et 24 heures pour que les Viêts puissent venir récupérer leurs blessés. Ils seront déposés à Ban Ban, un hameau très proche de « Françoise », sur le flanc ouest du PC. Avertis, les Viêts ne répondent pas mais viennent récupérer leurs hommes. Il y a donc bien un échange, aux toutes premières heures du 17 mars, et quatre-vingt-six blessés du 5/7e RTA qu'est venu chercher le médecin-lieutenant Verdaguer rejoignent le camp, tous grièvement atteints. Les médecins commencent à comprendre ce que recherchent les Viêts : ils veulent saturer les antennes médicales...

Sans doute parce que l'accumulation des événements déteint sur les humeurs de la garnison, certainement parce que le moral des hommes exige une reprise en main, le colonel de Castries diffuse, ce même 16 mars, un ordre du jour :

« Nous menons à Diên Biên Phu une bataille où se joue le sort de la guerre d'Indochine.

« Nous avons encaissé durement en perdant des hommes, mais ceux-ci ont été remplacés immédiatement par deux bataillons parachutistes. Il y en a encore cinq prêts à sauter.

« Notre artillerie est intacte et prête à tous les tirs d'arrêts – canons et artilleurs ont été parachutés.

« Donc les renforts arrivés compensent largement nos pertes, les Viêts ne peuvent en dire autant.

« Peut-être vous étonnez-vous de ne plus voir de bombardiers ; il faut comprendre que la météo ne permet pas toujours les interventions.

« A la première éclaircie, toute l'aviation d'Indochine sera au-dessus de Diên Biên Phu.

« Tout se joue ici – Encore quelques jours, nous gagnerons et les sacrifices consentis par nos camarades n'auront pas été vains.

« Colonel de Castries[3]. »

Navarre, pour sa part, adresse un télégramme quelque peu décalé au colonel de Castries :

« Vous demande de bien dire à vos troupes que si personne ne recule d'un pouce et si à tous les échelons on contre-attaque elles sont sûres de vaincre STOP... »

Si l'avenir s'assombrit chez les plus optimistes, si d'autres, sans perdre courage, se veulent lucides, il est cependant difficile de discerner exactement les sentiments du colonel de Castries. N'est-il pas supposé avoir expédié, le 19 mars, un télégramme à Hanoi en conseillant l'évacuation de la base ? A ce télégramme – introuvable – correspond un message de Cogny, télégraphié ce même jour et qui paraît bien être une réponse aux préoccupations du colonel :

« Avez raison envisager à votre échelon toutes hypothèses même catastrophiques STOP Vous donnerai indication à ce sujet STOP Mais suis bien certain que vous remporterez succès à Diên Biên Phu grâce à votre volonté résistance sur place communiquée à effectifs importants dans position améliorée et votre agressivité insufflée à forces de contre-attaque intérieure comme à éléments d'action extérieure préventive visant gêner mise en place adversaire sur position de départ STOP Très amicalement Cogny STOP & FIN »

En clair, Cogny fait référence au plan « Xénophon » que Castries est supposé ne pas connaître et sur lequel planche toujours son état-major... Castries s'inquiète, Cogny se veut rassurant, la garnison poursuit son combat...

Aviateurs et infirmières au-delà du dévouement

La journée du 16 mars voit trois Dakota sanitaires se poser dans des conditions particulières. Leur arrivée a été annoncée à l'adversaire et il est précisé qu'ils n'effectueront que des évacuations sanitaires. Afin d'éviter toute méprise, les appareils sont ornés de la croix rouge. Dès leur atterrissage, les Viêts ouvrent le feu !

Un des Dakota se pose et repart sans que l'on sache, au PC, s'il a pu embarquer des blessés. S'il s'agit de l'appareil du groupe « Franche-Comté » du lieutenant de Ruffray, il lui a effectivement été impossible de s'attarder sous le feu viêt mais la mission a été remplie. A peine posé, l'équipage débarque une infime partie du matériel sanitaire et décolle en surcharge parce que les gendarmes ont pu hisser à bord trente-deux blessés. En principe, chaque Dakota peut emporter vingt-quatre passagers ; en réalité et en négligeant les règles de sécurité il en est embarqué jusqu'à trente-deux. La convoyeuse IPSA, Michèle Lesueur, s'occupera d'eux comme elle le pourra, sachant d'expérience que l'essentiel est de veiller aux transfusions, le goutte-à-goutte se déréglant au moindre trou d'air ou lorsque l'avion doit prendre de la hauteur pour franchir des massifs qui, sur sa route, atteignent souvent les 2 000 mètres. Le lieutenant de Ruffray reviendra une seconde fois en fin de journée et une nouvelle antenne chirurgicale tombera du ciel, celle du médecin-lieutenant Vidal.

Les IPSA écrivent, dans l'abnégation, les plus belles pages de leur histoire. Elles seront présentes aussi longtemps que fonctionnera le pont aérien. Diên Biên Phu isolé, elles poursuivront ailleurs leurs missions, comme elles l'avaient fait jusque-là à travers toute l'Indochine. Ce sont des jeunes femmes au statut très particulier. Le recrutement, par l'intermédiaire de la Croix-Rouge, n'est pas une mince affaire. Les candidates, obligatoirement infirmières brevetées, doivent présenter un extrait de casier judiciaire, un acte de naissance, un certificat de domicile, un bulletin de radioscopie et le certificat d'aptitude physique pour servir aux Colonies, une copie légalisée de leur diplôme, des photos d'identité. Si elles sont mariées, elles ajoutent l'accord conjugal et si elles ont des enfants la preuve de leur prise en charge. Enfin, elles doivent avoir moins de quarante ans. Elles seront entre soixante et soixante-dix à servir en Indochine en mai 1954. Nul ne peut dire combien de blessés leur doivent la vie, parce qu'ils sont innombrables.

Dans les abris, autour du PC, naît un élan de solidarité de la part d'hommes qui n'étaient pas *a priori* des combattants. Après s'être improvisés brancardiers pour se porter au secours de la garnison de « Gabrielle », les gendarmes de la prévôté se reconvertissent totalement. Ils se mettent à la seule disposition du service de santé. Ils assurent les brancardages, donnent des soins, certains d'entre eux étant infirmiers ou secouristes brevetés. Devant l'encombrement de l'antenne chirurgicale, bien incapable de subvenir à tous les besoins de ses pensionnaires et même de les nourrir, les gendarmes imaginent de monter une popote qui va assurer les repas de cent à cent vingt blessés. D'autres hommes décident qu'ils doivent combattre. Ce n'est pas vraiment leur métier, bien qu'ils soient tous militaires de carrière ; ce n'est en tout cas pas leur spécialité. Il s'agit des aviateurs prisonniers de la base pour des raisons fort variées. Les uns ont été affectés là, lorsque le camp s'est installé, avec ses avions de chasse, ses Criquets d'observation, un hélicoptère. Ce sont les personnels d'entretien et de service indispensables qui n'ont pu être évacués lorsque les avions se sont repliés sur le Laos. D'autres sont arrivés en parachute après avoir été touchés par la DCA viêt. Ils savent le pont aérien saturé et le sort des blessés plus urgent que le leur. Avec le capitaine Charnod, ils montent une section de combat qui va rejoindre la 4ᵉ compagnie du 1ᵉʳ BEP. Au même moment, l'inspecteur Pradines, agent de la sécurité militaire en poste à Diên Biên Phu – avec le grade d'assimilation de sergent-chef –, estime qu'il n'a plus vraiment de tâches propres ; il propose ses services à l'escadron de chars. Le capitaine Hervouet décide qu'il sera embarqué sur le « Mulhouse ».

Est-ce la contre-offensive avortée vers les « Anne-Marie » qui donne des humeurs à Bigeard ? Est-ce sa jambe blessée qui le titille ? Ou bien Langlais est-il, une fois encore, victime de ses nerfs ? Toujours est-il que venant au PC se présenter à Langlais, Bigeard s'accroche avec le patron du secteur centre.

Ce que veut Bigeard, c'est que son bataillon reste sous ses ordres et ne soit pas saucissonné comme il vient de l'être, dès son arrivée, avec une seule compagnie partant au secours des Thaïs. L'entrevue est sérieuse, orageuse même. Il peut paraître curieux que les deux hommes ne se connaissent pas encore, si ce n'est de réputation. C'est pourtant bien leur première rencontre, et elle manque de tourner au pugilat. Pour Bigeard, jusqu'à présent, Langlais est un homme distant, froid, ne préparant pas ses opérations suffisamment dans le détail :

« Mon colonel, vous n'avez pas d'ordres à donner directement à mes unités. Je tiens à commander mon bataillon. Le général Cogny m'a prévenu qu'ici rien n'était fait sérieusement et j'ai bien l'intention que ça change[4]… »

Langlais riposte à sa façon :

« Nous eûmes une violente discussion. A la fin, avisant l'étai qui soutenait mon toit, je lui dis :

— Frappons là-dedans avec nos têtes, nous verrons bien qui de vous ou de moi a le crâne le plus dur.

« Et tous deux nous éclatâmes de rire, et ce fut le début de notre si étroite, amicale et fraternelle collaboration pendant la bataille[5]… »

Le ridicule de la situation leur est effectivement apparu au même instant. Désormais, ils s'entendront et se compléteront. Langlais gardera pour d'autres ses coups de gueule.

Depuis la chute de « Béatrice » et de « Gabrielle », depuis l'abandon de deux PA de « Anne-Marie » et l'arrivée en renfort des 5e BPVN et 6e BPC, Diên Biên Phu ne connaît pas une franche période de répit mais une relative accalmie. Il y a toujours les tirs de harcèlement des artilleurs viêts, il y a toujours de la DCA pour menacer les avions qui tentent de se poser et y réussissent à l'occasion. Il y a toujours des accrochages lorsque des patrouilles tentent de sortir du camp pour aller récupérer des parachutages maladroits. Mais ce ne sont plus de ces combats meurtriers allant jusqu'au corps à corps comme les derniers jours. Si les troupes du GONO comptent blessés, morts et disparus, il semble évident que les bodoï ont souffert bien davantage encore. Le drame rôde pourtant.

C'est bien un drame que déclenche un tir de mortier viêt, le 18 mars. L'obus explose au cœur du centre médical ! Si l'on excepte les salles d'opération, de réveil ou de radiographie et quelques souterrains pour les blessés entassés dans des lits superposés, une bonne partie des locaux ne sont toujours que de vastes tranchées à ciel ouvert, notamment là où sont triés les arrivants. Il y a aussi, à deux pas de l'hôpital, une grande tente sous laquelle reposent les blessés pour lesquels aucune place n'a été trouvée dans les abris. C'est précisément là qu'explose l'obus viêt. La tente part en lambeaux qu'agite le vent. Les premiers secouristes arrivés sur les lieux découvrent une quarantaine de tués. Les autres, plus ou moins gravement touchés, geignent ou hurlent. Le parachutiste du 6e BPC Gouman est vivant mais il a le bras arraché ; c'est presque une chance… Il pourra marcher dans la nuit vers l'avion qui attend le moins longtemps possible les blessés à embarquer ; des blessés que les infirmiers poussent, hissent, et que l'équipage agrippe, tire. Gouman, le parachutiste en surnombre du 6e BPC, est hissé à bord. La fin de son aventure est plus pittoresque. Il se retrouve à l'hôpital Lanessan, où on lui explique qu'il ne peut arriver de Diên Biên Phu puisqu'il est déjà là, en traitement… L'ambiguïté est vite levée mais le choix est court : ce seront les arrêts de rigueur ou bien une décoration. Gouman rentrera en France avec la médaille militaire.

Les corps des quarante tués sont jetés dans la fosse voisine qui déborde : plus de trois cents corps se sont ajoutés ces derniers jours aux précédents. Le colonel de Castries donne l'ordre de ne plus en amener aucun. Les victimes seront désormais enterrées là où elles auront trouvé la mort.

Les dernières évacuations

Dans le ciel, les aviateurs prennent tous les risques possibles avec plus ou moins de succès. Ainsi, le 18 mars, jour de tragédie à l'antenne chirurgicale, le commandant Dardé parvient à poser son Dakota. Il roule vers les ambulances qui l'attendent en bord de piste. Il ne peut embarquer personne et l'IPSA Aimée Calvet, de sa porte déjà ouverte, peut voir le désespoir de ceux qui attendront ils ne savent plus très bien quoi. Dardé arrache difficilement son avion dont un moteur a été touché. Le lendemain, le lieutenant Bisunang parvient à se poser ; Elisabeth Gras aide vingt-trois blessés à embarquer, puis il faut fuir. Ils ne savent pas qu'ils viennent de réaliser la dernière évacuation de jour. La nuit sera complète lorsque quatre Dakota se poseront tour à tour, avec pour convoyeuses Christine de Lestrade, Brigitte de Kergorlay, Paule Bernard et Michèle Lesueur. Le premier à tenter sa chance est le capitaine Schmilewsky : il arrive tous feux éteints, face au terrain qui n'a pas été balisé ; il charge ses blessés et décolle dès l'instant où le fracas d'une contre-batterie d'artillerie supposée tirer sur les emplacements viêts dissimule les ronflements de son moteur. Les trois autres appareils suivent. A eux quatre, ils enlèvent cent un blessés. Le dernier Dakota se pose à Bach Mai vers 1 heure du matin.

Le départ le plus scabreux est certainement celui du 22 mars. Le capitaine Rousselot est le pilote, Yvonne Cozanet l'IPSA de service. Ils se posent en se repérant sur l'épave du C-119 abandonnée là depuis des jours. Les blessés ont été amenés. Les plus valides grimpent, il reste cinq brancards que l'on hisse à bord. Les Viêts, qui ont repéré le manège, ouvrent le feu. La sécurité impose l'envol immédiat. La sonnerie retentit dans la carlingue mais un brancard est encore en équilibre lorsque roule l'appareil. Yvonne Cozanet ne veut pas lâcher son blessé ; elle s'arc-boute. Le radio, qui a vu la scène, se précipite et retient la convoyeuse. Ils basculent à l'intérieur de la carlingue. Le pilote a de plus en plus de mal à contrôler son appareil… Il est vrai que dans l'affolement les vingt-cinq blessés ont tous glissé au plus profond de la carlingue, où ils se retrouvent entassés les uns sur les autres, ce qui vaudra, en vol, un surcroît de travail à Yvonne Cozanet.

Entre le 19 et le 24 mars, les aviateurs ont réussi onze évacuations sanitaires dont huit de nuit ; deux cent trente blessés ont été sauvés[6]. Dans la nuit du 23 au 24, le vol qu'accompagne l'IPSA Elisabeth Gras dépose le lieutenant-colonel Voinot et embarque le colonel Keller qui ira soigner sa dépression ailleurs. Voinot venait pour être le chef d'état-major du colonel de Castries, qui lui préférera Seguins-Pazzis.

Si les évacuations de blessés sont devenues aussi acrobatiques qu'incertaines, les équipages larguant les vivres et les munitions ou les renforts sont aussi mis à rude épreuve. Le 24 mars, le Dakota du capitaine Dartigues est abattu. Lorsque des sauveteurs parviennent jusqu'à l'appareil, c'est pour découvrir que l'équipage a péri carbonisé. Le lendemain, le Dakota du capitaine Boeglin est touché à son dernier passage sur la cuvette où il vient d'effectuer plusieurs largages. Il lui est impossible de dégager vers un terrain de secours : ce sera Diên Biên Phu ou le crash. L'appareil se pose sur le ventre, perd un moteur. Tous les hommes d'équipage sont indemnes. Une Jeep roule à leur rencontre, qui leur évitera de s'engager sur les champs de mines. Les tirs viêts viennent à bout de l'appareil qui s'enflamme. L'équipage repartira le lendemain soir avec six blessés… La carcasse servira désormais de repère, comme celle du C-119.

Tous ces équipages ont été au bout de leur mission, au prix de risques insensés. Ils ont, le plus souvent, arraché des blessés à une mort qui les guettait. Ils ont connu d'évidentes émotions, toutes sortes d'aventures. Bien peu d'entre eux ont eu une tâche aussi difficile que le lieutenant Arbelet et son équipage. Ils posent leur Dakota de nuit. Resté aux commandes, le lieutenant Arbelet constate que les Viêts l'allument sérieusement : il est encadré par trois obus. La sonnette de carlingue annonce le décollage immédiat. Ils n'ont pu prendre que six blessés. Arbelet tourne une quarantaine de minutes et décide de se reposer. Au sol, il roule vers les ambulances. Aimée Clavel achève d'aider les blessés à embarquer lorsqu'une rafale traverse le cockpit. Le pilote est touché à la cuisse. Son copilote, l'adjudant-chef Favrot, est blessé aux genoux. Il faut débarquer tout le monde. Il est décidé que l'appareil repartira le lendemain matin, Arbelet aux commandes, Favrot allongé avec les blessés. Pour assister Arbelet, il faut un autre copilote. Payen et Guérin savent qu'il n'y a qu'eux pour cela. Le commandant Guérin tranche : le capitaine Payen est marié et père de famille, lui est célibataire. C'est donc Payen qui partira. L'IPSA Aimée Clavel embarque ses autres blessés, ils seront bientôt à Gia Lam. Personne ne peut savoir qu'il n'y aura plus d'autre évacuation sanitaire...

Le photographe Daniel Camus, qui comptait tant sur ces équipages pour transmettre ses clichés à Hanoi, n'aura plus aucune liaison avec le SPI et garde de fortes images en tête :

« Chaque fois qu'un DC-3 sanitaire parvient à se poser dans ce merdier, je remets mes films au pilote pour qu'il les transmette au SPI à Hanoi.

« J'ai assisté à des scènes que je ne peux oublier dix-sept ans après. J'ai encore devant les yeux ces centaines de grands blessés allongés sur des brancards qui attendent que le salut leur vienne du ciel.

« Dans les avions, le nombre des places est limité. A chaque atterrissage, je suis le témoin de véritables bagarres entre unijambistes, manchots, aveugles, qui se battent pour monter à bord du DC-3. Je revois encore ce caporal accroché à la porte de l'appareil se faire tirer sur plusieurs mètres !

« Impossible de prendre la moindre photo. J'ai envie de dégueuler. »

A Hanoi, les photos de Daniel Camus sont attendues. Parce qu'elles sont le seul témoignage visuel de la bataille de plus en plus menaçante, parce que ses clichés nourrissent la presse nationale et internationale. Et pour d'autres raisons aussi comme en témoigne un curieux message que l'antenne du 2ᵉ bureau de Diên Biên Phu transmet, le 22 mars, à la maison mère d'Hanoi :

« Film n° 11 pris par reporter Camus contient photos 6 et 7 cadavre européen découvert ce jour parmi les pertes Viêt-Minh STOP signe distinctif : tatouage tête de femme sur avant-bras droit STOP bridge côté droit bouche STOP demande si possible identification STOP & FIN »

Une presse trop curieuse

Les rapports n'ont jamais été simples entre les militaires et la presse. Les officiers ont naturellement le goût du secret ; les journalistes ont besoin de savoir... Il y a donc une censure au Vietnam, une censure que pratique l'armée française pour que l'ennemi ne connaisse pas les intentions de l'état-major, ni les conséquences de ses actions. Or, à la mi-mars, ce qui n'avait jamais été simple se complique : le gouvernement du Vietnam, qui entend exister, décide de pratiquer son propre contrôle. Il n'interviendra toutefois qu'après celui des militaires français. Il y aura donc, pour les papiers destinés à la Métropole, deux censures successives, la plus redoutable n'étant pas celle de l'armée. Lucien Bodard, dans *France-Soir*, estime qu'aucune liberté publique ou politique n'existe au Vietnam et que « ce système rigide n'a pour but que de maintenir le régime actuel ». Max Clos, s'apprêtant à quitter l'agence qui l'emploie pour rejoindre, le 1er avril, la rédaction du *Monde*, tire des conclusions voisines : « Le fait essentiel est actuellement que pendant que Paris se passionne pour l'indépendance, Saigon et Hanoi jugent cette question secondaire et se passionnent exclusivement pour la réforme du régime. »

Si les rapports entre le commandant en chef et la presse sont et resteront ambigus, distants et d'une réciproque incompréhension, l'état-major d'Hanoi entretient toujours avec les journalistes des contacts plus confiants. Chez Cogny, on sait faire passer les informations qui permettront à la Métropole de comprendre les événements de Diên Biên Phu, puisque l'odyssée du camp retranché a éveillé une sympathie longtemps défaillante.

L'article que publie le quotidien *Le Monde*, daté du 19 mars, est d'évidence puisé à bonne source. Robert Guillain a bénéficié d'informations précises pour faire le point sur l'aide que la Chine apporte au Viêt-minh.

Giap reçoit donc de Pékin du matériel lourd, essentiellement de l'artillerie et des camions. Pour l'armement léger, la source chinoise est complétée par des apports en provenance des arsenaux de l'Europe de l'Est. Le Viêt-minh a une autre possibilité d'approvisionnement à portée de main : ce qui est arraché aux troupes du corps expéditionnaire, après une embuscade ou la prise d'un poste… Les camions apparus dès l'opération « Lorraine » de novembre 1952 se multiplient rapidement, comme les bazookas de 90, comme les mortiers lourds de 120, les mortiers moyens de 81, comme les canons de 105 ou les 75 de l'artillerie de montagne. Encore faut-il pouvoir acheminer ces matériels jusqu'à Diên Biên Phu :

« L'effort fait par le Viêt-minh pour la création d'un réseau routier est d'une importance capitale, écrit Robert Guillain. Dans un pays tourmenté, qui naguère – en dehors de deux ou trois routes coloniales – voyait passer les pirates chinois sur des sentiers, a commencé à se développer en partant de la frontière de Chine une toile d'araignée de routes carrossables.

« Suivons le trajet des armes chinoises. Canton les a vues passer par chemin de fer, transitant vers Nanning, dernière ville chinoise importante. Depuis 1951 le rail a été poussé jusqu'à la petite ville de Ping Siang, sur la frontière indochinoise. Voilà le matériel pratiquement arrivé à Langson, porte autrefois française du Tonkin... »

De là, chargé sur des camions, par deux ou trois itinéraires, le matériel arrive à Thai Nguyen et ses dépôts souterrains. Fonctionne aussi, sans doute depuis janvier ou février, une liaison plus directe partant de Mong Tzeu en Chine et filant, presque plein sud, vers Diên Biên Phu en passant par Lai Chau désormais abandonné des Français.

Ces routes, il faut s'y résigner, sont pratiquement à l'abri des interventions de l'aviation, celle-ci étant dotée d'appareils de transport ou d'escadrilles destinées à appuyer les combats des troupes au sol, sans capacité de bombardements intensifs et prolongés. Or, à deux pas des routes ou des pistes, il y a toujours des coolies par centaines, par milliers, capables d'acheminer à dos d'hommes les tonnes de matériels au-delà de la coupure de route, et de réparer la chaussée en une nuit. D'ailleurs qui pourraient repérer très exactement ces convois... Ces considérations et quelques autres de même dimension conduisent Robert Guillain à une conclusion qui n'inspire pas l'optimisme :

« En définitive, c'est se leurrer que de croire que le Viêt-minh a, comme on le dit trop souvent, "atteint son plafond". Ses nouveaux moyens militaires, qui procèdent de l'aide chinoise, renforcent constamment la qualité et l'efficacité de son armée, laquelle est, au surplus, en train de croître également en quantité… »

C'est le genre d'articles que n'aime pas lire le colonel de Castries. Le moral de ses troupes risque d'en souffrir. A l'occasion, il le fait savoir à Hanoi ou à Saigon.

Il n'y a pas que la presse française ou occidentale pour distiller des informations qui ne sont pas du goût du commandement. Le Viêt-minh sait user de la radio pour sa propagande. Le 9 mars, une émission en vietnamien relayée par Radio-Moscou avait annoncé que la République démocratique du Vietnam était désormais reconnue par l'URSS, la Chine, la Corée du Nord et les démocraties populaires d'Europe :

« Le problème capital du rétablissement de la paix en Indochine est la position de la République démocratique du Vietnam. En acceptant la réunion de la Conférence de Genève, les grands pays occidentaux ont dû reconnaître son rôle de plus en plus important. »

La station viêt-minh émettant depuis la Birmanie diffuse *in extenso* le 15 mars le rapport sur l'Indochine paru dans *L'Express* du 27 février.

Hô intervient aussi sur cette antenne. Il rappelle qu'il a toujours voulu négocier, même après les événements de novembre et décembre 1946. La guerre lui a été imposée. Le peuple français, dit-il, lutte contre la guerre au Vietnam, « mais les impérialistes américains ont transformé celle-ci en guerre idéologique contre le communisme, c'est-à-dire en guerre pour l'Amérique contre la France ». Alors, si la France se rallie aux propos de Hô, « ce n'est pas seulement l'indépendance du Vietnam qu'elle assurera mais c'est sa propre indépendance qu'elle recouvrera vis-à-vis des Américains ».

Le 19 mars, c'est aux désertions de Thaïs que le Viêt-minh consacre des émissions :

« Les camarades rebelles thaïs qui ont abandonné les rangs ont été acclamés et bien traités. Exécutant la politique de clémence du président Hô Chi Minh nos troupes ont reçu l'ordre d'incorporer les volontaires dans nos troupes en vue de l'extermination des ennemis et de l'accomplissement des exploits, ou de venir en aide à ceux qui désirent rentrer pour travailler paisiblement dans leur famille, aux côtés de leur épouse et de leurs enfants. »

Le 28 mars, Navarre se plaint à Pleven :

« J'attire votre attention sur le fait que les correspondants de presse ont les moyens d'adresser par la voie postale des renseignements non contrôlés.

« Cet inconvénient est particulièrement flagrant pour les correspondants de presse américains qui peuvent se renseigner auprès des nombreux personnels compatriotes en service en Indochine et peuvent utiliser Hong Kong ou Manille comme relais de transmissions. »

Il semblerait que, dès cette époque, le général Navarre soit en quête de responsabilités extérieures pour les difficultés qu'il rencontre à Diên Biên Phu. Une semaine exactement avant cette missive destinée à René Pleven, il avait adressé une autre lettre au maréchal Juin, datée du 21 mars. Il tentait d'y expliquer les raisons d'une accalmie apparente depuis la prise de « Béatrice » puis de « Gabrielle ». Navarre avançait pour cela cinq hypothèses :

« 1. Les pertes subies par le Viêt-minh rendent sans doute nécessaire le recomplètement des unités,

« 2. un remaniement du dispositif d'artillerie et de DCA – qui pourrait bien être terminé depuis deux ou trois jours,

« 3. des travaux d'investissement en cours,

« 4. peut-être aussi la crainte d'attaquer le réseau central tant que l'artillerie d'"Isabelle" sera en état de tirer,

« 5. peut-être, enfin, l'attente de munitions supplémentaires. Navarre conclut que cette accalmie pourrait être sans lendemain, pour cause de conférence internationale :

« Dès l'annonce de la Conférence de Genève, le haut commandement viêt-minh a décidé – nous le savons de source absolument sûre – de faire sur la conférence la pression maximum et pour cela de réaliser la "carte de guerre" la plus favorable possible. »

L'attente incertaine, la crainte d'une nouvelle offensive viêt, l'annonce de celle-ci pour le 19 ou le 20 mars sans que rien se passe, tout cela ne fait qu'augmenter la tension au sein du camp. Langlais, de plus en plus sur les nerfs, en vient à accuser Tourret de mal commander son 8ᵉ Choc et d'être responsable de la mort de certains de ses hommes. Il lui inflige des arrêts de rigueur. Tourret, lui aussi écorché vif, mais d'une autre nature que Langlais, connaît un moment de déprime. Autour de lui se resserre un cercle amical ; il ne faudrait pas que le mauvais exemple de Piroth lui donne des idées noires.

Le colonel de Castries envisage l'avenir avec un pessimisme qui ne cesse plus de croître. Il ne le cache pas au général Cogny auquel il adresse, le 23 mars, une longue lettre s'achevant ainsi :

« … En résumé, mes moyens et mes possibilités sont actuellement, à peu de chose près, les mêmes qu'au 18 mars après l'achèvement de la première phase de la bataille, mais je crains qu'ils ne s'amenuisent, sans qu'en contrepartie la détermination de l'adversaire soit elle-même entamée.

« Le moral qui avait accusé une chute sérieuse après les combats de "Béatrice" et de "Gabrielle" et la défection sans combat du BT 3 est remonté, mais il est très sensible à la sensation d'isolement.

« A moins d'un fait nouveau dont je ne puis préciser ni la nature ni la forme, j'estime que cette situation ne peut aller qu'en se détériorant.

« C'est sans nul doute lorsqu'il estimera qu'elle lui sera favorable que l'ennemi déclenchera son ultime action, après avoir préalablement recomplété son stock de munitions d'artillerie. »

La réponse de Cogny se veut rassurante : la saison des pluies approche, qui gênera les Viêts ; un bataillon parachutiste est tenu en réserve pour venir renforcer le camp ; l'aviation tient parfaitement son rôle et assurera le ravitaillement tant en vivres qu'en munitions ou médicaments ; les blessés seront évacués même si cela nécessite des efforts particuliers. Que Castries se prépare aussi à la saison des pluies et aux inondations possibles du camp ; qu'il augmente l'importance de ses réserves ; qu'il maintienne l'intégralité de sa position…

« Il est clair que cette lutte sévère, conclut Cogny, nécessite de la part des troupes placées sous vos ordres, les chefs comme l'homme de rang, un moral à toute épreuve. Votre influence personnelle est d'un prix inestimable. Vous saurez faire mesurer à tous l'importance d'un enjeu qui n'est rien moins que l'Indochine et s'étend bien au-delà.

« Vous l'emporterez donc.

« Vous retarderez l'attaque, vous gagnerez la bataille défensive et vous dégagerez Diên Biên Phu. Vous passerez alors à l'exploitation, ou, tout au moins, vous pourrez assurer l'allégement de votre dispositif et la relève des troupes qui l'auront bien gagnée. »

Diên Biên Phu : un putsch...

A partir du 24 mars, il apparaît que l'organigramme du GONO est soudainement bouleversé. Jusqu'à ce jour – et depuis la mort de Gaucher, patron du secteur centre –, Castries étant le patron du GONO, il était entendu que Langlais commandait la place forte, autrement dit le secteur central ; que Seguins-Pazzis avait en charge les interventions, Keller étant encore le chef d'état-major de Castries. Le lieutenant-colonel Trancart commandait la couverture nord c'est-à-dire presque rien depuis la perte de « Béatrice », « Gabrielle » et des « Anne-Marie ». Pour l'artillerie, Vaillant remplaçait le défunt Piroth. Or voici que les responsabilités du lieutenant-colonel Langlais se gonflent. Désormais, il commande pratiquement l'ensemble des forces combattantes !

Sur cette promotion, les avis ont longtemps divergé. Langlais aurait poussé Castries vers la touche... Les parachutistes ou plutôt la « mafia para » auraient pris le pouvoir... Castries aurait créé une de ces situations incertaines nécessitant une solution de rechange... Il y a peut-être un peu de tout cela dans ces changements d'attribution ; mais aussi beaucoup de nuances à introduire dans les comportements des uns et des autres.

Que Langlais et Castries n'aient, de toute évidence, jamais été brouillés témoigne que l'évolution n'a pas été une révolution. Qu'ils soient restés partenaires des bridges nocturnes puis amis après la défaite ne peut que confirmer une passation de pouvoirs en douceur, librement consentie en quelque sorte.

Que le caractère de Langlais l'impulsif ait été aigu, tranchant, blessant peut tout aussi bien accréditer la thèse contraire. Que Langlais se soit essentiellement entouré de parachutistes pourrait confirmer une certaine pression de la « mafia para ». Or, dans le même temps,

il a été injuste avec Tourret, il le sera bientôt avec Liesenfelt, avec bien d'autres. De plus, Lemeunier ou Voinot, qui seront de ses très proches, n'étaient pas des
parachutistes... En réalité, il ne fallait jamais tenir tête à
Langlais, au risque d'être écarté et négligé, ou de recevoir son verre à la figure. Ce peut être usant pour de
proches collaborateurs.

Pour ce qui a pu survenir autour du 27 mars, et passera pour un putsch, il faut certainement voir les choses
plus sereinement, ou avec quelque distance.

Au terme d'un mois qui fut une dramatique suite
d'épreuves et dans l'attente d'assauts qui seraient pour le
moins aussi rudes que ceux venant d'affecter le camp
retranché, il n'était plus besoin du même organigramme.
De toute évidence, le secteur nord de Trancart n'existait
plus ; le secteur sud de Lalande allait bientôt mener une
vie autonome, puisqu'il était trop lourd et trop risqué de
vouloir assurer des liaisons avec « Isabelle ». Il ne restait
donc que le secteur centre aux mains, précisément, de
Langlais depuis que Castries avait confié le groupe
d'intervention à Seguins-Pazzis pour récupérer Langlais
à ses côtés. Tout était à revoir, à reconstruire même.

Langlais se retrouve en charge de la défense avec,
pour adjoint, Lemeunier. Il découpe le camp en deux
sous-secteurs. Le premier, à l'ouest de la Nam Youn,
comprend les « Huguette », « Claudine », « Anne-Marie »
ou ce qu'il en reste ; il sera aux ordres de Voinot. Le
second, à l'est de la rivière, avec les « Dominique » et les
« Eliane », sera le fief personnel de Langlais. Très vite,
Seguins-Pazzis étant appelé à seconder Castries, Langlais demandera à Bigeard de venir l'assister pour les
interventions, Bigeard cédant alors avec regret son
6e BPC au capitaine Thomas.

En y regardant de près, il est vrai que Langlais
s'accorde beaucoup d'importance. Il assure la défense du

camp, avec Lemeunier pour adjoint ; il commande le sous-secteur est ; il dirige les interventions avec Bigeard pour adjoint ; il s'accorde l'usage des chars et la disposition des « quadruples »...

Castries ne paraît garder que les contacts avec Hanoi. En réalité, il ne renonce à aucune de ses prérogatives et on le verra encore imposer ses décisions à Langlais. L'humour grinçant de Langlais a certainement ajouté à la rumeur, d'autant qu'il a laissé un livre de souvenirs qui ne sont pas toujours l'exact reflet des réalités. A propos de cette supposée prise de pouvoir, il a ajouté la petite touche propre à entretenir la légende :

« Simple lieutenant-colonel de parachutistes au début de la bataille, ayant directement sous mes ordres dix mille hommes, personne ne songea, à Hanoi ou ailleurs, à me disputer un si beau commandement. Il était pourtant facile d'arriver à Diên Biên Phu un parachute sur le dos, ou même, jusqu'au 29 mars, de s'y poser. J'étais dans cette foutue cuvette jusqu'au cou. J'y suis resté jusqu'au bout... »

Peut être convient-il de rappeler que Bigeard, n'étant encore que commandant, montait des opérations à trois ou quatre bataillons, avec interventions de chars, d'artillerie et d'aviation, responsabilité qui aurait nécessité non pas des galons mais des étoiles. Et que des capitaines commandaient des bataillons renforcés, et des sous-lieutenants parfois des sergents prenaient des compagnies... Depuis l'Indochine, l'armée française a souvent dû céder à de telles facilités...

31 mars, « Isabelle » la solitaire

Le centre de défense « Isabelle » est désormais le bout du monde. Castries entend maintenir une ouverture de route, ne serait-ce que pour entretenir l'illusion que le camp retranché est encore un ensemble cohérent, avec une stratégie commune. Il y a donc toujours des liaisons avec ouverture de route entre « Isabelle » et le GONO ; mais la jonction tourne désormais à l'opération avec, chaque jour, des risques accrus. Le 19 mars, Castries donne l'ordre de faire évacuer tous les civils vivant encore entre « Claudine » et « Isabelle ». La décision peut aussi bien avoir des intentions humanitaires et vouloir protéger les paysans contre les mauvais coups que répondre à des impératifs de sécurité, ces zones habitées servant trop souvent de caches et de points d'embuscade aux Viêts. La seule difficulté tient à la présence des familles des agents des services secrets, que contrôle Hébert. La mesure ne semble en tout cas pas parfaitement efficace puisque trois jours plus tard, les Viêts interviennent encore contre les hommes en ouverture de route.

Le 22 mars, le 1er BEP ajoute un chapitre à sa légende, pour une tâche qui aurait dû être banale, sinon dénuée de risques. Les légionnaires, que renforce un peloton de chars, reçoivent pour mission de faire sauter un bouchon viêt implanté sur le chemin conduisant vers « Isabelle », le point d'appui le plus isolé au sud, à cinq ou six kilomètres du PC central. Conserver une liaison terrestre est indispensable ; c'est la destination de ce qui fut la route provinciale 41 ; elle file plein sud, à quelque distance de la Nam Youn, en traversant de rares villages thaïs, Ban Mong Nghaï et Ban Kho Lai notamment. C'est là que les Viêts attendent la Légion, installés derrière les haies de bambou de Ban Kho Lai. Ils ouvrent le feu lorsque les premiers parachutistes sont à moins de quarante mètres du village. C'est une tuerie. Le danger ne se limite pas au village où les adversaires sont manifestement solidement retranchés ; il apparaît très vite qu'ils tiennent également Ban Mong Nghaï. Au PC, l'état-major comprend que le bouchon viêt ne sautera pas aussi facilement qu'espéré. Il faut, depuis « Isabelle », tenter une sortie pour dégager les parachutistes. L'intervention des tirailleurs du 2/1ᵉʳ RTA, partis de « Isabelle », est insuffisante. Le peloton Préaud sort également et prend les Viêts à revers. Le capitaine Hervouet part en renfort avec les derniers chars disponibles. Ce sera d'ailleurs la seule fois où ils seront engagés tous ensemble...

Au terme de ces combats qui dureront toute la matinée, le 1ᵉʳ BEP annonce que quatre-vingt-trois des siens sont hors de combat, que la 2ᵉ compagnie n'a plus un seul officier. Que les corps de cent soixante-quinze Viêts soient retrouvés sur place, qu'il y ait neuf prisonniers ne change rien à l'affaire ; le bouchon a coûté cher aux défenseurs de Diên Biên Phu. Et s'ils savent que la circulation est rétablie, ce 22 mars, entre « Isabelle » et le camp, nul ne peut prédire pour combien de temps, quelques heures sans doute... Aussi rude qu'il ait été, le combat de Ban Kho Laï n'aurait peut-être pas mérité une place particulière dans la chronique du camp assiégé s'il ne s'était achevé d'une manière particulière. La Légion répugne à abandonner ses morts sur le terrain. Les corps des parachutistes tués ont donc été transportés jusqu'au camp où ils ont été inhumés avec les honneurs militaires. Ce seront les derniers combattants à partir vers l'au-delà dans le recueillement et la dignité. Désormais, il n'y aura plus que des inhumations à la hâte, sur place. En attendant pire...

Le lendemain, 23 mars, « Isabelle » connaît un autre drame, suite d'une reconnaissance vers Ban Bong, un hameau à deux kilomètres à l'ouest de « Isabelle » qui, le 20 mars, s'est achevée par une embuscade. Parmi les blessés figure le sous-lieutenant Alain Gambiez, du 3/3ᵉ REI, sérieusement touché au genou. Son père, le général Gambiez, a fait prévenir Castries qu'il ne voulait pas de tour de faveur pour l'évacuation de son fils. Deux hélicoptères se présentant le 23 mars, Alain Gambiez est embarqué dans l'un d'eux. Un tir de mortier touche l'appareil qui prend feu. Un membre de l'équipage, le sergent Bernard, a les côtes enfoncées ; il parvient à tirer hors de la carlingue son équipier, l'adjudant-chef Bartier, dont une jambe est sectionnée. Personne ne parvient à arracher Alain Gambiez aux flammes. Un télégramme du PC GONO fait le point de cette journée pour Hanoi :

« Journée calme. Pas de pertes, sauf celle du petit Gambiez, seul embarqué dans l'hélicoptère qui a pris feu à "Isabelle". »

A Paris, lorsqu'il apprend la mort de son aîné, son frère Claude s'engage pour l'Indochine...

Après les combats du 22 mars, le GONO considère que les ouvertures de route deviennent trop dangereuses. Il va falloir réduire les liaisons. Le 29 mars, la jonction est encore réussie, elle était indispensable pour regarnir les soutes d'obus. Une ultime liaison est tentée le 31 mars. Le 3/3ᵉ REI, procédant à l'ouverture de route, ne peut aller au-delà du tiers du chemin : les Viêts bloquent le convoi à Ban Kho Laï. Désormais, « Isabelle » va devoir vivre solitairement, avec la radio pour unique liaison régulière. Même le téléphone est improbable. A force de réparer les coupures de ligne, de remplacer des hecto-mètres de câble enlevés par les Viêts, Lalande et ses adjoints sont persuadés que les Viêts ont placé des bre-telles et les écoutent confortablement.

« Isabelle » la solitaire...

12

Le général Ely à Washington
Bigeard bouscule les Viêts

Au Comité de défense du 11 mars, il avait été décidé que le général Ely se rendrait aux États-Unis, parce qu'il convenait d'informer loyalement et complètement Washington de la situation au Vietnam. La démarche s'imposait pour harmoniser les positions à l'approche de la Conférence de Genève, mais également dans l'espoir d'une aide immédiate qu'imposait la situation à Diên Biên Phu.

Dans l'avion qui le conduit vers New York, accompagné de son adjoint, le colonel Brohon, et du chef de son secrétariat, le commandant Maral, le général Ely a le temps de revoir les consignes précises qui lui ont été données par le Comité de défense nationale. En premier lieu, informer l'état-major américain des perspectives militaires réelles. Le ministre de la Défense, René Pleven, y tient d'autant plus qu'il n'entend pas que les États-Unis surgissent à Genève avec, en tête, l'idée qu'une solution militaire est proche alors que la France considère que l'on doit rechercher une solution politique et que celle-ci ne sera trouvée que si les données militaires sont favorables. Pour parfaire sa connaissance du dossier indochinois, Ely a en poche des notes préparées à Saigon qu'accompagne un message de Navarre, daté du

19 mars, et ne débordant pas d'optimisme : « Vous serez sans doute fixé sur le sort de Diên Biên Phu quand vous recevrez cette lettre… »

La note relative à la situation militaire a été rédigée le 15 mars. Elle envisage, elle aussi, le pire :

« … Devant cette très grave situation [la chute de "Béatrice" et de "Gabrielle"] qui rend possible la prise totale de Diên Biên Phu par le Viêt-minh, il est apparu au général commandant en chef et au général commandant les FTNV que la seule solution était de continuer à défendre à fond Diên Biên Phu en concentrant l'effort sur le réduit central[1]. »

La deuxième note, datée du même jour, traite des procédés offensifs du Viêt-minh. Le rédacteur – anonyme – insiste sur la surprise causée par l'emploi que les Viêts, « certainement conseillés par des Chinois ou des Russes », ont su faire de leur artillerie, puis sur une tactique qui est déjà devenue habituelle à Diên Biên Phu : les Viêts multiplient les observations et les renseignements puis, durant une nuit ou deux, testent les défenses du point visé qui est martelé par les mortiers ou l'artillerie, après quoi l'offensive est lancée sans souci des pertes.

Pour que l'information du général Ely soit complète, Navarre envisage l'attitude qu'il conviendrait d'adopter si le siège tournait à l'échec : « serrer les dents » et proclamer que Diên Biên Phu a été un abcès de fixation qui a certainement évité des revers beaucoup plus graves dans le Delta et au Laos ; considérer que les pertes viêt-minh sont sans aucun doute beaucoup plus fortes que les nôtres et plus difficiles à réparer pour lui que pour nous ; décider de reconstituer immédiatement les unités perdues, ce qui ne représente pour la France qu'un effort assez restreint en cadres et en troupes, le matériel étant fourni par les Américains… Après quoi, Navarre avoue les limites de sa réflexion :

« Mais cette attitude d'énergie est difficilement compatible avec celle de l'opinion publique et parlementaire française, dont une partie trouvera dans le revers de Diên Biên Phu une raison de faire la paix à tout prix en Indochine. »

Il l'avoue également peu compatible avec l'attitude du partenaire vietnamien, qui, pour la mise sur pied de son armée, « se heurte à une absence à peu près totale de sens national ».

Fort de ces renseignements, Ely doit aussi éclaircir les intentions de Washington au cas où la Chine viendrait à accroître son aide au Viêt-minh, en particulier sous la forme de renforts en volontaires. Il doit aussi demander une augmentation de l'aide américaine au profit de l'armée vietnamienne qui aura un jour en charge la sécurité de la presqu'île indochinoise. Enfin, il est aussi supposé obtenir l'assurance d'une réaction immédiate de l'aviation américaine en cas d'intervention aérienne chinoise. Ely a également en poche quelques demandes supplémentaires que lui a adressées le général Navarre depuis Saigon. Que le général Ely veuille bien demander, avec insistance si cela est nécessaire, du matériel pour l'aviation et pour le parachutage, le ravitaillement – donc la survie – de Diên Biên Phu en dépendant. A la lecture des derniers télégrammes arrivés d'Indochine, Ely reste persuadé que la chute de deux points d'appui – « Béatrice » puis « Gabrielle » – n'empêchera pas le commandement d'Hanoi comme de Saigon de se ressaisir et de faire face à la situation.

Washington : des accords de principe

Les trois hommes se posent à New York le samedi dans la matinée. L'avion personnel de l'amiral Radford est déjà en bout de piste, prêt pour les conduire à

Washington. A leur arrivée, Radford les attend, en compagnie de Daridan, ministre conseiller à l'ambassade de France, du général Valluy, représentant la France au groupe permanent de l'Alliance atlantique, et des trois attachés militaires. Il ne manque que l'ambassadeur de France, Henri Bonnet, en mission en France à ce moment. Le général Ely n'avait sûrement pas prévu l'importance des mesures de sécurité autour de sa personne ni une entrée en matière aussi rapide. La CIA a placé un garde du corps dans la voiture, à la place de l'interprète. Ely, qui avoue mal pratiquer l'anglais, comprend quand même que Radford, qui ne connaît guère le français, l'invite à dîner chez lui, pour le soir même ! Il y retrouve le vice-président Nixon, le général Ridgway, chef d'état-major de l'armée de terre, et Allan Dulles, frère du secrétaire d'État et patron de la CIA. Quoique tardive pour le voyageur compte tenu du décalage horaire, la soirée n'est pas vaine. Il est longuement question de Diên Biên Phu, dont les Américains, fort bien informés au demeurant, considèrent la chute comme imminente ; dans quelques jours au grand maximum, dans quelques heures peut-être. Cette défaite annoncée paraît leur avoir donné une immédiate détermination. Il est entendu, dès ce dîner, que Navarre aura sans attendre tout le matériel spécial pour les parachutages nécessaires au camp retranché, quitte à vider les entrepôts américains des Philippines. Elargissant le champ de leurs discussions, les convives en viennent à évoquer la menace chinoise. De toute évidence, les Américains ne croient pas à une intervention militaire de Pékin en Indochine ; le général Ely non plus, d'ailleurs. Il explique pourtant à ses interlocuteurs que les Français veulent être rassurés sur les intentions américaines dans l'hypothèse d'une telle intervention chinoise, limitée ou non à une action aérienne. Aux réponses qui lui sont faites, Ely comprend qu'il n'existe aucune divergence de vues entre alliés.

La suite des entretiens préparés pour le général Ely va l'occuper toute la semaine, du lundi au vendredi. De son audience avec le président Eisenhower, Ely retire une certitude : Eisenhower entend que tout ce que demande la France pour sauver le camp retranché lui soit accordé, sans limite aucune.

Les conversations suivantes, avec le secrétaire d'État Foster Dulles cette fois, sont plus politiques et d'une tonalité sensiblement différente. Dulles, au contact du Congrès, de l'administration et de l'opinion, sait que l'idée d'une paix négociée n'est guère appréciée de ses concitoyens. Une telle paix ne pourrait être conclue qu'après des concessions faites à la Chine, concessions dont les Américains sont persuadés qu'ils seraient les seuls à faire les frais… Allant au secours du général Ely, l'amiral Radford tente de replacer la discussion sur un plan plus concret. Les Français, rappelle-t-il à Foster Dulles, entendent savoir quelle forme revêtirait une intervention des États-Unis dans le cas où la Chine viendrait à s'engager en Indochine. Foster Dulles en reste pourtant à une vue plus large du problème. Il évoque les conditions politiques auxquelles devrait être subordonnée une plus large participation américaine à la défense du Sud-Est asiatique. Ely comprend que Foster Dulles s'en tient à son idée d'un pacte politique couvrant tout le Sud-Est asiatique, dont il souhaite la conclusion et qui, dès lors, apparaît comme une sorte de préalable à une intervention américaine dans la bataille pour Diên Biên Phu. Foster Dulles ajoute que si des appareils et des équipages américains devaient être engagés, les États-Unis ne pourraient concevoir le conflit, dans lequel leurs forces seraient si directement impliquées, que mené jusqu'à une victoire totale. Ce n'est pas franchement l'impasse, mais un obstacle de taille. Ely le notera dans ses mémoires :

« Cette affirmation était importante, car nous étions bien là au cœur du problème : le gouvernement américain était résolu sans aucun doute à préparer honnêtement la réunion de Genève. Mais, en dépit de notre communauté de vues sur les buts de cette conférence, certaines divergences apparaissaient entre la France désireuse d'entamer rapidement une négociation dans le cadre international, quitte à poursuivre les hostilités avec vigueur si elle échouait, et la thèse américaine pour laquelle les pourparlers n'étaient concevables que dans une réelle position de force. »

Le général Ely sort déçu de cet entretien, d'autant que Foster Dulles n'a pu s'empêcher de lancer quelques piques d'un autre temps sur le colonialisme à la française, ignorant l'évolution offerte aux États associés. Radford tente de le rassurer : il n'est pas certain que le président Eisenhower suive son secrétaire d'État... Les deux hommes reviennent un moment sur ces relations franco-américaines, parfois chaleureuses, quelquefois aigres-douces mais toujours empreintes de susceptibilité et d'arrière-pensées. Ely aimerait que Radford comprenne combien la présence de ses compatriotes en pays étranger peut paraître envahissante... Qu'il sache aussi que les représentants du gouvernement américain, même à un niveau élevé, se comportent souvent, dans les territoires d'outre-mer d'expression française, comme s'ils voulaient supplanter la France, politiquement et économiquement... Qu'il veuille bien considérer que l'administration américaine, paperassière, lourde, inquisitoriale, utilise à l'égard des Français des méthodes de contrôle qui ne peuvent que les irriter... Qu'il reconnaisse une méconnaissance profonde chez l'officier américain des problèmes français dont la solution s'avère d'autant plus difficile que nos ressources sont désormais limitées tandis que la suprématie des États-Unis permet au gouvernement américain d'éponger n'importe quelle erreur... Qu'il sache aussi que la France s'étonne d'une préférence américaine marquée pour l'Allemagne, l'ennemi d'hier. Radford voudrait qu'Ely comprenne que le dynamisme américain s'accommode mal des lenteurs, des réticences et de l'indécision dont paraît faire preuve la France... Washington peut aussi déplorer de n'être admis à intervenir dans les affaires indochinoises que sur le plan de l'aide matérielle et souvent trop tard, en catastrophe, alors que le commandement français ne semble pas donner à la guerre un caractère suffisamment dynamique. Après quoi Radford tire la leçon de cet échange. Les Américains, dit-il à Ely, sont sans doute bien envahissants, mais les Français, systématiquement soupçonneux des intentions américaines, font preuve d'une sensibilité excessive qui gêne les relations entre les deux pays...

Le projet « Vautour »

Le jeudi, Ely paraît rasséréné. Entendu par le comité des chefs d'état-major, il comprend que cet aréopage n'apprécie pas la façon dont Navarre conduit les opérations du Tonkin mais que, pourtant, tout sera fait pour l'aider le plus rapidement possible.

Là encore sont apparues des divergences qu'Ely allait s'efforcer d'écarter, sans les trouver absurdes. Les chefs d'état-major, considérant en effet que l'opération aérienne était une tentative comme une autre pour élargir les opérations, n'écartaient pas une autre possibilité : des actions terrestres, venant du Laos ou du Tonkin, pourraient aussi bien dégager le camp retranché. Ely, évitant le débat, leur fait simplement remarquer qu'il n'est pas toujours facile de juger les événements lorsque l'on est hors du coup. Il sait d'ailleurs que le gouvernement ne cesse de recommander à Navarre la prudence : qu'il ne se laisse pas obnubiler par l'éventuel appui américain, qu'il conduise sa bataille comme il l'entend. Qu'il prolonge la survie du camp s'il le peut, puisque les négociations de Genève vont s'ouvrir ; ou qu'il dégage la place si cela reste possible. Ely en est informé, il sait que le maintien de la base nécessite des hommes, encore des hommes et beaucoup de moyens notamment aériens, exactement comme il sait que le dégagement demande aussi des hommes, encore des hommes et beaucoup de moyens notamment aériens. Navarre pouvait penser à l'une ou l'autre solution, tout en sachant qu'il serait vite au bout de ses ressources en aviation.

C'est au terme de son séjour à Washington – qu'il prolonge d'une journée pour un ultime entretien avec l'amiral Radford – que le général Ely voit la situation se débloquer, pour ce qui concerne directement le siège de Diên Biên Phu. Si la France le souhaite, une intervention de l'aviation américaine pourra certainement être envisagée au profit du camp retranché. Ely note très précisément les circonstances qui – terme logique de leurs discussions – ont conduit Radford à proposer personnellement cette aide :

« Le danger qui pesait sur Diên Biên Phu résultait d'un accroissement inattendu, à peine prévisible, de moyens puissants d'artillerie et de DCA. Cette aide chinoise était prodiguée autant qu'une intervention dans la bataille tactique de Diên Biên Phu d'unités aériennes de bombardement lourd pouvait se faire sans prendre le caractère d'une provocation. Il était donc possible d'envisager l'aide américaine. Il ne s'agissait évidemment pas d'atteindre la logistique chinoise sur son territoire avant qu'elle ne pénétrât en territoire contrôlé par le Viêt-minh, mais, par une action limitée dans l'espace et dans le temps, de dégager la place de l'étau qui l'enserrait. Ce n'était pas une action de guerre des États-Unis contre la Chine, c'était une accentuation de son aide au profit des forces qui combattaient le Viêt-minh. »

Ce que propose l'amiral Radford, c'est une aide aérienne directe pour la garnison de Diên Biên Phu. Des bombardiers B-29, en provenance des Philippines, escortés de chasseurs pouvant répondre à une contre-attaque aérienne chinoise, bombarderaient les arrières viêts autour du camp retranché. Le secrétaire d'État Foster Dulles paraît soutenir cette proposition ; c'est en tout cas la conclusion qui peut être tirée de ses propos devant un club de presse : une expansion communiste dans le Sud-Est asiatique ne peut être acceptée sans réaction des États-Unis ; il convient donc, malgré les risques encourus, d'envisager une action concertée dans ce coin du monde, action dont les risques « seraient bien moindres que ceux auxquels nous ferions face d'ici peu d'années si, aujourd'hui, nous n'osions pas faire preuve de résolution ».

Au gouvernement français donc de présenter une très officielle demande pour que les États-Unis engagent leur force aérienne stratégique du Pacifique, notamment les bombardiers stationnés à Manille. C'est le projet d'opération qui prend le nom de « Vautour ».

Il existe, outre les mémoires que le général Ely publiera en 1964, son rapport de mission daté du 29 mars. Certains passages éclairent l'état des relations franco-américaines de l'époque. Ainsi aborde-t-il le sujet en énonçant trois constatations qu'il juge essentielles :

« 1. L'importance donnée par les États-Unis à la bataille de Diên Biên Phu, la chute de la place devant être considérée comme un désastre à portée politique considérable.

« 2. Les conséquences qu'aurait à leurs yeux l'implantation du communisme en Indochine qui, quelle que soit la forme qu'elle prendrait, engagerait l'avenir du monde libre et affecterait gravement la stratégie générale.

« 3. La gravité de la crise actuelle et, plus encore, de la crise en puissance dans les relations franco-américaines à une époque où ces relations apparaissent aux Américains comme déterminantes pour l'avenir de nos deux pays et du monde libre. »

Les divergences lui apparaissent d'ailleurs fondamentales entre la France qui espère des négociations rapides dans un cadre international, et les États-Unis qui ne veulent de pourparlers que quand la France sera en position de force et à condition qu'il ne s'agisse pas d'un tête-à-tête avec Hô Chi Minh.

Ely ajoute, au terme de son rapport, une autre préoccupation :

« Il m'est apparu avec une extrême netteté pendant toute la durée de ma mission et j'ai tellement senti les risques graves que comporteraient le moindre retard dans la solution du problème de la CED ou le moindre faux pas dans celui de l'Indochine que je crois de mon devoir de le souligner avec force. »

Diên Biên Phu, 28 mars : Bigeard contre-attaque

Le 27 mars au soir, le colonel de Castries convoque Bigeard. Il lui offre un whisky et lui explique ce qu'il attend de lui :

« Voilà de quoi il s'agit, Bruno : j'ai reçu l'ordre d'Hanoi de tenter l'impossible pour anéantir à l'ouest de la cuvette toutes les armes contre avions qui rendent nos parachutages plus que difficiles. En conséquence, il faut demain que tu ailles me les chercher, tu as carte blanche, prends les moyens qu'il te faut, mets ton affaire en musique[2]. »

Bigeard connaît son objectif : les pièces de DCA viêts qui pourraient bien se trouver à trois kilomètres vers l'ouest, du côté de Ban Ong Pet et de Ban Ban. Bigeard sait aussi ce dont il a besoin : les seuls bataillons capables de se lancer dans une telle aventure ! Ce sont le 8e Choc de Tourret et le 6e BPC désormais entre les mains de son ancien adjoint Thomas ; le 1er BEP de Guiraud sera en réserve et un autre bataillon de Légion en recueil. Il ajoute les chars du capitaine Hervouet puis, pour faire bonne mesure, la compagnie du 5e BPVN que commande le lieutenant de Wilde et, bien évidemment, l'appui de l'artillerie et de l'aviation. Hervouet, le patron des chars, arbore un plâtre tout neuf ; il vient d'être blessé à la main gauche par la fermeture un peu trop brutale d'un volet de son char ; deux jours à l'infirmerie, c'est plus qu'il ne pouvait supporter. Ce qu'il était impossible d'imaginer, c'est que le même jour, à la même heure, les Viêts se prépareraient pour une action en direction du camp retranché ; sans doute vers la fin de la journée puisqu'ils n'agissent ordinairement qu'à la nuit tombée. Après une mise en place dès 5 heures du matin, une brève préparation d'artillerie à partir de 5 h 30, les combats s'engagent vers 6 h 15. Ils vont se poursuivre jusqu'à 15 heures. Contre lui, le détachement Bigeard trouve le régiment 88 de la division 308, l'élite des troupes de Giap. Les Viêts résistent. Les DCA sont plus en retrait que prévu. Dans la matinée, des renforts surgissent de « Isabelle » : Préaud et ses trois chars attaquent le flanc droit des Viêts. L'aviation n'a pu intervenir qu'après 9 heures, pour cause de temps bouché. Poussés par Bigeard, appuyés par l'aviation et les artilleurs parfaitement efficaces sous les ordres de Vaillant, les trois bataillons bousculent les Viêts, qui n'imaginaient sans doute plus une telle furia encore possible depuis le camp. Pour quelques heures, l'espérance change de côté.

A l'heure des bilans, il y aura du bon et du moins bon, avec en prime quelques exagérations qui sont toujours satisfaisantes pour le moral et les journaux de marche, à défaut de servir la vérité. Du côté du corps expéditionnaire, il faut tenir pour exacte la mort de vingt combattants et quatre-vingt-cinq blessés. Pour les pertes adversaires, il paraît raisonnable de s'en tenir à quatre cents morts, le chiffre s'étant à l'occasion exagérément gonflé au point de tripler... Il y a certainement un millier de bo-doï hors de combat et une vingtaine de prisonniers, tous très jeunes et disant être arrivés il y a quelques jours, après deux semaines d'instruction. Le détail peut paraître étonnant puisque le régiment 88 est considéré comme une unité d'élite. De là à supposer que les Viêts ont beaucoup souffert à la mi-mars, le pas peut être franchi. La grande inconnue demeure le nombre des armes récupérées... Il sera question de deux canons de 57, de sept mitrailleuses de 12,7 dont cinq antiaériennes, de deux bazookas et de quatorze FM. Quant au nombre de fusils et de PM pris aux Viêts, il restera à jamais incertain parce que aux limites de l'extravagance...

A ces doutes concernant le bilan exact des récupérations, s'ajouteront quelques réserves sur la méthode. Historien du 8ᵉ Choc, Henri Le Mire cite des commentaires du capitaine Tourret qui ne sont pas exempts de regrets. Tourret s'étonne que l'ordre de repli ait été donné sans que son bataillon ait été utilisé pleinement. Il aurait pu faire mieux, ajoute-t-il avec une pointe d'humour, surtout si Bigeard lui avait rendu les trois chars venus de « Isabelle » et qu'il a empruntés à Tourret au bénéfice de Thomas :

« J'avais l'impression que si on m'avait rendu mes chars, j'aurais capturé le patron de la division 308. Et avec les sept chars, c'est Giap lui-même que j'aurais attrapé par la peau du cou. »

Tourret est déçu, Guiraud peut-être aussi, dont le 1er BEP est resté en réserve. Il n'empêche que le soir, les esprits flottent sur un petit nuage d'espérance. Ils ont remarqué que, dans cette opération, l'artillerie viêt avait été totalement neutralisée : les combats se sont déroulés là où elle ne pouvait intervenir. Depuis leurs casemates admirablement camouflées, les artilleurs ne peuvent improviser. Du fond de leurs tanières, leurs angles de tir sont trop étroits, trop ciblés. Et dès qu'ils n'étaient plus matraqués par l'artillerie adverse, les fantassins français redevenaient supérieurs aux fantassins viêt-minh. Les hommes croient comprendre qu'il leur reste une petite chance d'échapper au pire, puisqu'une sortie en force ne paraît pas impossible. Quitter la cuvette s'il en est encore temps, pour ne pas être pris dans ce piège à rats où l'espérance s'érode au fil des jours.

Une femme dans le camp retranché

Ce même 28 mars, un Dakota sanitaire se pose avant le lever du jour. L'équipage avait été alerté la veille au soir, pour un décollage à 3 h 30 du matin. Tout n'avait pas été facile pourtant du côté des IPSA. Yvonne Cozanet estimait que ce tour lui revenait puisqu'elle était en retard d'un vol sur ses compagnes. Geneviève de Galard considérait, elle aussi, que c'était son tour. Lors de sa dernière mission l'avion n'avait pu se poser, donc ce vol-là ne comptait pas... Elle aura le dernier mot et rejoindra l'équipage embarquant à bord du Dakota.

A Diên Biên Phu, où ils se posent vers 5 h 45 pendant le tir d'artillerie demandé par Bigeard, rien ne se passe comme prévu. Les blessés embarqués, le commandant

Blanchet voudrait bien savoir pourquoi son niveau d'huile indique une pression de zéro. Chauvin, le mécanicien, vérifie et constate que le réservoir est crevé. Il ne reste qu'à débarquer tout le monde. Pour l'un des blessés, c'est la quatrième fois... Le peloton d'élèves gradés de la Légion va monter la garde auprès de l'appareil. Ils s'attendaient à protéger des mécaniciens rafistolant le réservoir, ils ne voient personne venir. Ils se demanderont toujours pourquoi le travail n'a pas été fait avant le lever du jour, il n'était même pas besoin de lumières qui auraient pu alerter les Viêts, la froide clarté de la lune suffisait. Le jour naissant, il est trop tard : la cible est tentante pour les Viêts qui ne la manquent pas. Le Dakota ne repartira jamais. D'autres avions venus les deux jours suivants tourner au-dessus des pauvres lumières du camp n'atterriront pas davantage. Le Dakota du commandant Blanchet est le dernier avion à s'être posé sur la piste de Diên Biên Phu. Il y aura des aviateurs en supplément dans la garnison et une femme, la seule présente puisque la secrétaire de Castries a été évacuée depuis longtemps. Alors, dans l'attente d'une très improbable évacuation, l'infirmière Geneviève de Galard va se présenter au docteur Grauwin...

La jeune femme découvre comment fonctionne l'antenne chirurgicale principale, telle que l'a développée à partir de la mi-décembre le médecin-lieutenant Thuriès avant d'être malade, relevé par Grauwin puis rapatrié sur Hanoi. Les salles souterraines sont encombrées, saturées depuis les assauts de la mi-mars. Deux hommes animent les lieux, se partagent le travail et se complètent, le docteur Grauwin et le médecin-lieutenant Gindrey, le premier arrivé le 8 février, le second douze jours plus tard. Ils ont, depuis, fusionné leurs deux antennes, les ACM 29 et 24. Au premier reviennent l'accueil des blessés et le tri selon la gravité de leur état, une charge morale pesante parce que d'une décision peut dépendre la vie d'un homme. Geneviève de Galard se souviendra qu'une blessure à l'abdomen nécessitant une longue et incertaine intervention pouvait être reportée – avec toutes les conséquences possibles – pour opérer en urgence quatre ou cinq blessés que l'on était certain de sauver si on ne les faisait pas attendre. Grauwin s'occupe également des soins postopératoires et, avec ses infirmiers, visite quotidiennement les blessés. Au plus profond de la salle d'opération, travaillant de jour comme de nuit, encore qu'il ne voie le jour que très occasionnellement, le médecin-lieutenant Gindrey opère. Au plus fort des combats, il arrivera à ce garçon de vingt-sept ans d'opérer des heures durant sans prendre le temps de se reposer ni de se nourrir, soutenu par son assistant quand une défaillance risquait de le terrasser. Sans doute est-ce pour cela que tous les blessés du réduit central se souviennent de Grauwin et que bien peu ont connu Gindrey qui les avait pourtant opérés. Peut-être est-ce aussi pour ces raisons que Grauwin apparaîtra comme le patron du service de santé, alors qu'à ce poste, le médecin-capitaine Le Damany, précédemment sur « Isabelle », a succédé au médecin-capitaine Rives rappelé à Hanoi. Le Damany est également surchargé de travail : il veille sur l'antenne du réduit central, mais aussi sur les antennes chirurgicales parachutistes arrivées en renfort et sur les médecins de bataillon qui ont leurs infirmeries et qui pratiquent de plus en plus fréquemment cette chirurgie de l'avant qui leur est imposée puisque les évacuations aériennes sont impossibles et l'antenne principale arrivée au-delà de la saturation. C'est encore Le Damany qui centralise les demandes de médicament ou de matériel, les réclame à Hanoi, les réceptionne et les distribue. Et, comme si tout cela ne suffisait pas, Le Damany est le médecin du GM 9 et entend le rester…

Hanoi, 28 mars : comment renseigner le PC GONO

La mise hors service de la piste d'aviation a des conséquences dramatiques pour le camp. Il est impossible
désormais d'évacuer les blessés, impossible aussi d'envisager les ravitaillements en vivres comme en munitions
autrement que par parachutage, et cela au moment précis où le Viêt-minh démontre sa puissance de feu en
artillerie et en DCA. Larguer des hommes ou des colis
sur la piste d'atterrissage sera très vite un problème supplémentaire : les Viêts en sont désormais trop près. Il va
falloir larguer renforts et vivres sur le camp lui-même.
Pour les vivres et les munitions, le GONO demande que
les paquets soient plus petits et plus légers : il est impossible d'aller les récupérer en camion sous le feu ennemi.
N'interviennent plus que des corvées se glissant de tranchées en boyaux, s'abritant comme elles le peuvent des
tirs ennemis et traînant leurs colis vers le camp. Les PIM
continuent leur étrange métier, avec une constance voisine du dévouement.

La zone pour la réception des parachutages s'étant
considérablement réduite, les appareils de transport,
naturellement lents, doivent voler le plus bas possible
pour que les containers ne se dispersent pas chez
l'adversaire. Il va falloir, par sécurité, larguer de plus
haut, donc recourir à des parachutes à ouverture retardée. Il existe un système pyrotechnique permettant de
déclencher l'ouverture des voilures avec un certain
retard, lui-même réglable. Fabriqués à Hanoi à partir du
19 mars, ils sont essayés au sol le 21 puis en vol le lendemain. L'expérience étant concluante, ces systèmes
sont utilisés dès le 24 mars pour l'approvisionnement du
camp. Encore faut-il se procurer des allumeurs métalliques à traction. Il s'en fabrique seulement en Métropole, mais pas à la cadence voulue... Alors Cogny en

réclame à Navarre. Navarre s'étonne que Cogny ait attendu si longtemps pour lui en demander. Cogny réplique que c'est l'affaire d'un officier de l'état-major du général en chef et non pas d'Hanoi. La guerre des chefs s'enlise dans les plus petits détails.

Les voilures manquent aussi, puisqu'il est désormais impossible de les récupérer. Les Américains semblent ne pouvoir suivre ou du moins, note un rapport, « les tractations n'ont pas abouti ». Or sans leur aide, le stock sera vite épuisé. Les choses s'arrangeront…

Les parachutages ne sont pas les seuls points préoccupants. Le renseignement aussi risque de souffrir de la démolition de la piste et de l'exil vers Muong Saï des derniers Morane en état de voler. Comment, dès lors, venir en aide aux unités qui, parties en reconnaissance aux abords du camp – on ne s'en éloigne plus guère à cette époque –, auront besoin d'un Morane au-dessus d'elles ? Du ciel, les observateurs ont des vues insoupçonnables pour les hommes progressant au milieu des herbes à éléphant sans autre visibilité que le dos de leur prédécesseur. Les embuscades ne manquent pas qui ont échoué parce qu'un observateur, depuis son « Criquet », a pu alerter ses camarades, marchant sans cela vers une mort certaine. Ce sont encore eux qui règlent les tirs d'appui de l'artillerie, parfois aux limites de la sécurité quand les adversaires sont trop près les uns des autres. Il y a aussi les missions photographiques, essentielles pour lire l'avenir à court terme du camp autrement que dans le marc de café… Désormais les prises de vue aériennes vont dépendre d'équipages passant la plus grande partie de leur temps de vol en des trajets incertains entre Muong Saï et la cuvette de Diên Biên Phu. Après quoi, il faudra acheminer les films vers Hanoi pour traitement et exploitation, puis les retourner au PC GONO où ces clichés sont indispensables. Ce sont ces photos qui permettent de suivre les travaux de fourmis des Viêts, creusant leurs boyaux jusqu'au plus près des points d'appui. Les mêmes clichés doivent aider à deviner les emplacements des batteries adverses, dont il est maintenant évident qu'elles sont face au camp, à flanc de coteau et non pas à contre-pente comme l'avaient imaginé les esprits les plus orthodoxes.

Reste la livraison des photos renseignées à laquelle tient particulièrement Cogny. Dès le 23 mars, il donne des ordres stricts pour que Castries reçoive chaque jour, avant la nuit, toutes les indications sur d'éventuelles attaques apparaissant lors de l'interprétation des photos aériennes. Ce sera la tâche la plus délicate et d'ailleurs la plus éphémère des aviateurs. Les pilotes auxquels l'état-major confie cette mission sont parmi les meilleurs connaisseurs de la cuvette, le capitaine Claude Payen et le sergent-chef de Somow. Au terme des appuis feu qu'ils fournissent ou de la protection des avions-cargos qu'ils assurent, ces deux pilotes passent au-dessus du PC de Castries, pratiquement en rase-mottes, et larguent un tube de carton repérable au chiffon rouge qui lui est accroché. Mission accomplie, ils reprennent de l'altitude en espérant que la DCA viêt les épargnera. Que le dessous de leur appareil ait été blindé ne les rassure qu'à demi. Le plus souvent, la carlingue porte les traces d'impacts multiples lorsqu'ils se posent à Hanoi... L'inconvénient annexe tient au fait que les photos, pour être livrées utilement, c'est-à-dire avant la nuit, doivent être prises tôt le matin, alors que les brumes ne sont pas encore franchement levées sur la cuvette. Le commandant Guérin, qui suit ces largages depuis le toit du PC, en mesure les risques. Il demande que l'on renonce à ce procédé beaucoup trop dangereux.

C'est sensiblement à la même période que l'état-major s'inquiète des possibilités de la DCA viêt-minh. La façon dont un Privateer de l'aéronavale a été touché, un jour de mauvaise visibilité, pose le problème de la présence de radars dans le camp viêt. Il y aura réflexion, discussion, puis aucune autre occasion de reprendre le problème. Il paraît acquis que jamais les artilleurs de Giap n'ont disposé de radar ; à moins que leur unique système n'ait été détruit sitôt mis en service[3].

Les spécialistes du renseignement, s'ils se retrouvent privés des possibilités de la photographie, attendent encore beaucoup des écoutes radio. Elles sont particulièrement efficaces, parce que le trafic radio du Viêt-minh est intense et plus encore parce que les services d'écoute français ont depuis longtemps décrypté les codes de l'adversaire. Si l'on connaît à Hanoi les effectifs des troupes de Giap, les régiments et les divisions massés autour de Diên Biên Phu, si l'on a détecté la présence des conseillers chinois, c'est en écoutant leurs conversations, autant que par les informateurs dispersés encore sur les arrières viêts.

A l'inverse, les Français vont perdre des postes de radio dans des accrochages ou des embuscades. Les Viêts les récupéreront et en useront à leur tour, d'où l'intérêt des liaisons téléphoniques que les bo-doï ne peuvent que rarement intercepter puis de quelques connaissances linguistiques qui inquiéteront les services d'écoute. Sont ainsi captées, depuis Hanoi, des conversations dans un dialecte parfaitement inconnu, peut-être importé de Chine, peut-être venu d'ailleurs... mais d'où ? Cela intrigue bigrement les services compétents du 2e bureau... Personne, à Diên Biên Phu, n'avait pensé à dire à ces grandes oreilles indiscrètes qu'il se trouvait, dans le camp, des opérateurs préférant se parler en breton !

Diên Biên Phu, fin mars : une extrême tension

Désormais, depuis l'immobilisation du Dakota du commandant Blanchet, il est évident que le chemin du retour est condamné pour les occupants de ce qui était une base aéroterrestre. Le camp retranché ne sombre pas encore mais déjà il dérive.

Si les lieutenants, les capitaines sont au premier rang dans les unités combattantes, s'ils ont l'impression d'être taillables et corvéables à merci, les hauts gradés savent être discrets, presque évanescents. Si l'on excepte Bigeard, Botella, Guiraud ou Tourret éternellement sur la brèche, Vaillant l'artilleur visitant consciencieusement ses batteries et Langlais promenant ses coups de gueule à travers le camp, les autres se font rares, parfois très rares… Certaines unités en sont même à se demander si elles ont encore un patron et où il peut bien être.

Langlais voudrait être partout, avoir l'œil à tout, c'est peut-être sa faiblesse. La fatigue, la pression aidant, ses nerfs lâchent. Il a ses têtes de turc, quelques officiers qu'il n'aime pas ou n'aime plus, comme Tourret, comme Vaillant ; il y a aussi ceux qu'il exècre et, en premier lieu, les officiers des services spéciaux, le capitaine Hébert qui a en charge les commandos du GCMA ou le lieutenant Boureau du DOP.

Avec ceux-ci l'incident est plus complexe qu'un simple accrochage pour un tour de garde ou que quelques places pour des blessés. Langlais a donné sa version des faits, suivis de retombées qu'il n'avait certainement pas prévues. C'est, de son propre aveu, l'encombrement des locaux sanitaires qui lui fournit l'occasion d'entrer dans une colère mémorable. Il cherche à récupérer des abris pour les docteurs Grauwin et Gindrey lorsqu'il faut agrandir l'hôpital :

« Un jour, où je furetais dans une partie des organisations que je connaissais mal, je tombai sur les "services spéciaux".

« Là vivaient une dizaine d'Européens dont deux lieutenants et toute une pouillerie de Thaïs et de Méos.

« Ces services, parfaitement inutiles, immobilisaient des bras précieux pour la défense. Cependant, ils déclinèrent mon offre de prendre place au créneau à côté de leurs camarades de combat. Et j'appris avec stupeur qu'ils avaient l'exorbitant privilège, dans une place assiégée, de correspondre directement avec Saigon et Hanoi sans visa du général (de Castries).

« Je bondis au PC, mais le général se déclara impuissant à juguler cet état dans l'état.

« Je me vengeai en faisant balayer tous ces parasites par un commando de légionnaires. Ils allèrent je ne sais où... »

Dans l'aventure, Grauwin gagne une cinquantaine de lits ; Geneviève de Galard une étroite cellule tapissée de parachutes, meublée d'un lit de camp et d'un fauteuil de rotin surgi nul ne sait d'où. Langlais lui fait les honneurs de cette niche discrètement creusée par les sapeurs. Il écrira qu'elle a aussitôt offert la place aux blessés les plus graves ; avec une honnêteté rare, elle avoue avoir gardé pour elle son repaire. Un blessé y aurait difficilement trouvé place, et on ne laisse pas un blessé seul. Dans l'expulsion des services secrets, le colonel Langlais ne gagne personnellement que quelques soucis relationnels supplémentaires. Parce que les officiers en cause ne sont pas de petits lieutenants anonymes...

Les deux officiers dont Langlais entend faire des combattants comme les autres ont, en réalité, accepté de rejoindre chaque nuit des postes de combat. Ils ont simplement demandé que Langlais leur accorde le temps de remplir leurs tâches habituelles, celles pour lesquelles ils ont été envoyés à Diên Biên Phu, le renseignement donc... Ils ne savaient peut-être pas qu'il ne fallait jamais tenir tête au colonel. Langlais ne veut rien entendre, ni même les apercevoir au PC. Dans sa colère, il diffuse, le 28 mars, une note à tous les bataillons. Il entend faire savoir à la garnison que les deux hommes n'ont jamais été volontaires pour être détachés dans des unités combattantes. La note déclenche la fureur des deux officiers. Comme si ce n'était pas suffisant, dès le lendemain Langlais interdit à Hébert – pourtant plus ancien que lui chez les parachutistes – de porter un béret amarante. Depuis Hanoi, Fournier, le patron du GCMA, donne l'ordre à Hébert de ne pas se plier à la volonté de Langlais. L'affaire monte jusqu'au général Cogny qui, prenant l'affaire au sérieux, trouve le temps de rédiger un télégramme pour de Castries :

« Vous demande user de toute votre autorité pour régler définitivement incident Langlais services spéciaux dont tout rebondissement inadmissible STOP Telles incartades ne cadrent pas avec idées acquises valeur Langlais et services rendus STOP Serait infiniment regrettable devoir assortir de restrictions et sanctions graves appréciation et récompense hautement méritées STOP Saurez certainement le rappeler à raison que tension bataille ne fait pas perdre à chef comme lui STOP Amicalement STOP signé Cogny STOP & FIN »

Aux derniers jours de mars, les services de renseignement sont de plus en plus persuadés que Giap veut en finir avec le camp retranché dans les délais les plus brefs. Nombre de documents en témoignent.

Une note du 2e bureau datée du 25 mars étudie les trois schémas tactiques possibles[4] : la chute du camp retranché par une attaque violente, par étouffement ou par usure. Il n'y a rien à ajouter à la première hypothèse, ce serait purement et simplement le camp submergé par les troupes de Giap qui n'a jamais ménagé ses hommes.

L'étouffement, c'est le camp ne pouvant plus recevoir de vivres, de munitions ou de renforts, parce que la piste d'aviation a été rendue impraticable, parce que les parachutages tombent aussi bien dans les lignes viêts que chez les défenseurs du camp. Cette tactique sous-entend que les Viêts seraient parvenus, par leurs tranchées et leurs souterrains, au plus près des points d'appui français. Elle laisse aussi supposer que Giap doive engager tous ses combattants, tous ses coolies et, comme il n'est pas homme à lancer une affaire sans être certain de la conclure, il lui faudra aussi compter sur les conditions climatiques. Alors, à Hanoi, on en déduit que si le camp doit succomber à l'étouffement, cette mort programmée interviendra au mois d'avril, plus difficilement en mai, et deviendra très aléatoire ensuite... Quant à l'usure, qui permettrait à Giap de réduire ses effectifs d'une bonne moitié, elle pourrait être une mort lente, laissant le camp agoniser tout l'été.

Il reste à savoir ce qu'il conviendrait de faire contre l'étouffement. Là encore les spécialistes du 2e bureau ont un schéma prêt, prenant en compte les habitudes du Viêt-minh. Ce schéma, curieusement, peut aussi bien écarter les risques d'une attaque violente que les dangers de l'étouffement. Il faudrait, pour cela, que les hommes enfermés dans Diên Biên Phu s'efforcent de détecter les travaux d'approche des Viêts ; qu'ils sortent de nuit pour des coups de main et des embuscades et qu'ils ramènent des prisonniers ; qu'ils mettent en place des systèmes de surveillance de nuit extérieurs et mobiles ; qu'ils gardent le contact avec l'extérieur, notamment avec les héliportages nocturnes, ce qui impose des aires d'atterrissage protégées. Et qu'ils soient offensifs : qu'ils s'en prennent aux bivouacs de l'adversaire, à ses moyens de communication... L'étude n'est que théorique ; il faudrait pour passer à la pratique que l'aviation ne soit pas à bout de souffle. Il faudrait que les hélicoptères puissent voler de nuit, or ils ne sont pas équipés pour cela et la première expérience, au Laos, coûtera la vie à l'équipage. Il faudrait des troupes fraîches dans le camp et non plus des bataillons usés, parfois démoralisés…

Le 30 mars, vers 18 heures, ce sont les Viêts qui lancent un assaut dont ils espèrent sans doute qu'il sera leur dernier effort.

Va commencer une des plus rudes batailles du siège, la bataille des Cinq Collines.

Paris, 4 avril : « Vautour » en préparation

De retour à Paris le 27 mars, le général Ely se rend immédiatement à l'Hôtel Matignon où Joseph Laniel le reçoit vers 19 heures. Ils savent, l'un comme l'autre, que la situation du camp retranché est des plus critiques. Pour le président du Conseil, pour René Pleven et pour Georges Bidault, le général Ely dresse un rapide bilan de sa mission[5] :

« Mon impression bien nette est que l'intervention des avions lourds américains peut être obtenue du gouvernement des États-Unis, si le gouvernement français le lui demande, pour un bombardement qui permettrait d'écraser, par un tir sur zone, le terrain formant l'anneau d'investissement de Diên Biên Phu, où se trouve actuellement concentrée la plus grande partie des forces du Viêt-minh en personnel et matériel. »

Ely explique aux ministres que la Chine n'étant pas attaquée sur son territoire ne répliquera certainement pas et que le geste américain a aussi ses avantages. Il pourra apparaître comme un sérieux avertissement au monde communiste et modérer son agressivité à l'égard du monde occidental. La seule question qui se pose est celle de l'efficacité possible d'un tel raid. Qui peut répondre à cette question, si ce n'est le général Navarre ? Encore convient-il qu'il soit précisément et complètement informé, ce qui paraît impossible par la voie télégraphique. Que le colonel Brohon, parfaitement au courant du dossier « Vautour », prenne donc le premier avion pour Saigon !

A son retour, le 4 avril, Brohon fait part à Ely des réticences de Navarre. Le commandant en chef ne doute pas de l'efficacité du bombardement mais il craint une réplique de l'aviation chinoise. En réalité, Navarre évolue rapidement. Entre le 2 et le 4 avril, il change d'avis ; sans doute après en avoir parlé avec Dejean, suppose Ely. Toujours est-il que Navarre modifie radicalement son point de vue. Alors que le général Ely en est encore à écouter le rapport que lui présente Brohon, tombe sur son bureau un télégramme en provenance de Saigon. Navarre annonce qu'il se rallie à « Vautour » :

« J'estime que l'intervention, dont m'a entretenu le colonel Brohon, peut avoir un effet décisif, surtout si elle se produit avant l'assaut viêt. Il m'est impossible de dire quand se produira cet assaut, que je m'efforce de retarder par les moyens en ma possession.

« Mais il n'est pas exclu qu'il n'ait lieu que vers le milieu ou la fin de la semaine prochaine. Dans ces conditions l'intervention en question, si elle est décidée, pourrait peut-être commencer à temps. »

Averti par le général Ely, qui rejoint la présidence du Conseil en compagnie de René Pleven, Joseph Laniel improvise immédiatement un conseil de guerre auquel participent Paul Reynaud, Georges Bidault, le maréchal Juin et les trois chefs d'état-major. Il est décidé de demander l'intervention de l'aviation américaine. Prié de venir à la présidence du Conseil au milieu de la nuit, l'ambassadeur des États-Unis, Douglas Dillon, en est immédiatement informé. Il va transmettre la demande française à Washington. Dillon risque cependant une remarque au passage : il se pourrait bien que le Congrès ait son mot à dire et que les autres puissances intéressées aient à définir leur position. Ces puissances-là, ce sont la Grande-Bretagne, l'Australie, la Nouvelle-Zélande, la Thaïlande et les Philippines.

Qu'importe, l'opération « Vautour » entre dans sa phase préparatoire !

Le lendemain, le général Valluy joint le général Ely. Celui-ci espérait que « Vautour » allait prendre immédiatement son envol. Valluy lui indique simplement que, dans un discours, Foster Dulles vient de dénoncer l'intervention chinoise dans la bataille pour Diên Biên Phu. Ce qu'il avait d'ailleurs déjà fait le 29 mars devant l'« Overseas Press » de New York, en révélant quelques détails très précis sur la situation du camp retranché, au risque de dévoiler les sources d'information françaises. Qu'il ait évoqué la participation des usines tchèques Skoda à l'armement du Viêt-minh n'est pourtant plus un secret de première grandeur, ni la filière de livraison par la Russie, la Sibérie puis la Chine ; pas plus que ne l'est la présence de deux mille Chinois autour de Diên Biên Phu, encore que Dulles insiste sur leur rôle dans les transmissions, le génie, l'artillerie ou les transports[6]. En bref, Dulles fait ouvertement savoir aux Chinois que la mise en place d'un système communiste dans le Sud-Est asiatique serait considérée comme une menace très grave pour le monde libre :

« Nous pensons que cette possibilité ne doit pas être acceptée passivement. Il faut réagir, prendre des risques qui peuvent être graves mais moindres que ceux auxquels nous serions confrontés sans décision. Les nations libres veulent la paix ; il faut la préparer et la planifier. Il est parfois nécessaire de prendre des risques pour la paix, comme en temps de guerre il faut prendre des risques pour être victorieux. »

Les propos de Dulles ne correspondent pas exactement à l'engagement précis qu'attendait Ely. C'est simplement un premier pas. Un détail lui paraît cependant important : désormais, c'est Foster Dulles qui pousse à l'engagement américain. Pourtant, dès le 6 avril, il devient évident que la décision américaine va se faire attendre... Les réserves évoquées par l'ambassadeur Douglas Dillon étaient donc plus sérieuses que les Français ne l'avaient imaginé. Le Congrès est bien hostile à toute aventure militaire. Et Eisenhower s'est engagé à ne jamais déclencher sans l'accord des représentants une opération pouvant s'apparenter à l'affaire de Corée. Il y a surtout le désir américain de ne pas partir seuls à l'aventure et de n'agir que sous le couvert d'une alliance.

13

La bataille des Cinq Collines
Brunbrouck sauve le camp
Malaise chez les Viêts

Une fois de plus, les hommes du 2e bureau ont vu juste : Giap veut en finir le plus vite possible avec Diên Biên Phu. Sans doute même est-ce pour lui une impérieuse nécessité. Si elle a bien été une défaite pour le corps expéditionnaire incapable de reprendre les positions prises par les Viêts ou abandonnées par les Thaïs, son offensive de la mi-mars n'a pas été un franc succès pour les bo-doï.

Alors Giap repart à l'assaut.

Après s'être acharné, deux semaines plus tôt, sur les points d'appui les plus au nord, il décide de s'en prendre à ceux regardant vers l'est et protégeant à la fois la piste d'aviation ou ce qu'il en reste et le centre du camp retranché. Il définit précisément ses objectifs :

« Cette deuxième phase de l'offensive se donne pour tâche d'occuper les hauteurs qui défendent à l'est le sous-secteur central, de pousser rapidement nos travaux d'approche pour encercler l'ennemi, de l'enserrer dans un réseau de lignes d'attaque, de neutraliser puis d'occuper l'aérodrome central, d'entraver, puis de couper complètement la voie de renfort et de ravitaillement ennemie, d'user et d'anéantir ses forces, de restreindre sa zone d'occupation et son espace aérien, créant les conditions pour passer à l'assaut général. »

Pour cela, Giap sait aussi qu'il doit changer de tactique :

« On peut dire que toutes nos attaques antérieures contre les positions fortifiées, excepté certains cas particuliers, ont été menées de nuit : départ effectué dans la nuit, combat de nuit, repli avec la nuit. Limitées dans le temps, elles ont également eu des effets limités. A Diên Biên Phu, ce problème tactique important se pose de nouveau avec acuité, à un niveau élevé. Nous l'avons résolu par l'édification de tout un réseau de lignes d'attaque et d'encerclement, travail considéré comme la tâche préparatoire centrale pour la seconde phase de l'offensive. »

Ainsi, les bo-doï creusent plus de cent kilomètres de tranchées et de boyaux, que le corps expéditionnaire repère et s'efforce aussitôt de détruire ou de reboucher. Des tranchées dont le tracé et le creusement sont méticuleusement réglementés par l'état-major viêt-minh. Le travail s'organise en trois temps. Une première équipe arrête le tracé de la tranchée et balise le futur itinéraire par des bambous de cinquante centimètres. La deuxième équipe procède à une sorte de décapage à la hauteur de chaque jalon afin de préparer l'emplacement d'un homme couché. Dans un troisième temps, la tranchée est creusée à hauteur d'homme, les déblais étant évacués vers l'arrière, ce qui a pour double avantage d'éviter un repérage trop facile puis, si la tranchée est découverte, d'empêcher le remblaiement... Car le corps expéditionnaire use désormais une bonne partie de son temps et de son énergie à reboucher les cheminements des Viêts. Giap tient compte, d'ailleurs, de cet effort :

« L'ennemi a cherché par tous les moyens à détruire nos tranchées et nos boyaux, nos positions, mais sous une pluie de bombes et d'obus, au prix de multiples combats d'importance variable et se déroulant sans discontinuer, nos troupes se sont approchées des lignes ennemies avançant avec une force irrésistible... »

Et il faut à Giap toujours plus de combattants, toujours plus de dan-cong et de coolies. Le ravitaillement est son problème majeur. Il le sait et il fait ce qu'il convient pour le résoudre, notamment en réquisitionnant les villageois sans égard d'âge ni de sexe :

« Les besoins du front en vivres, munitions, médicaments sont considérables. Répondant à l'appel du Comité central, du gouvernement et du Président Hô Chi Minh, "tout pour le front, tout pour la victoire", notre peuple a déversé toutes ses ressources humaines et matérielles pour Diên Biên Phu ; la population dans les zones libres comme les régions récemment libérées du Nord-Ouest ou les régions occupées, a participé avec enthousiasme à tous les travaux en vue de servir le front. Nous avons organisé des lignes de ravitaillement de plusieurs centaines de kilomètres partant de Thanh Hoa ou de Phu Tho, traversant des passages très accidentés, sous les bombardements continus de l'ennemi qui s'évertue à entraver nos transports. »

Dans ces conditions, les colonnes de bo-doï marchant vers le front entonnent-elles encore leur chant de guerre et de haine :

> « Au loin, nous allons combattre,
> Bravant souffrances et privations
> Sous la charge, nos épaules ploient,
> Nos corps ruissellent de sueur
> Mais dans nos yeux, brille l'éclat de la haine
> Notre vie n'a qu'un but :
> Sus à l'ennemi, partout où il se trouve... »

Jusqu'aux jours précédant l'assaut, les parachutistes du 5e BPVN et les Marocains du 4e RTM avaient encore réussi à se maintenir au plus près du mont Chauve sur lequel ils ont longtemps laissé des sonnettes. Une illusion de sécurité, au demeurant coûteuse ; le plus souvent au petit matin, les relèves ne trouvaient que des hommes tués par balle ou égorgés, parfois rien, strictement rien si ce n'est la certitude que leurs camarades avaient été faits prisonniers ou exécutés ailleurs.

Puis Giap estime le moment venu de passer à l'action :

« Dans la nuit du 30 mars, la deuxième phase de l'offensive a commencé avec l'attaque des cinq hauteurs situées à l'est du sous-secteur central dont elles constituent les défenses clés. La perte de ces positions amènerait la chute de Diên Biên Phu, c'est pourquoi le combat s'y est déroulé avec acharnement. »

Saigon, 29 mars : le désaccord des généraux

Est-ce une conséquence des informations que lui transmettent ses services de renseignement ? Est-ce la crainte incessante d'être dépossédé de ses troupes et de voir partir sur Diên Biên Phu des bataillons qui pourraient lui faire défaut dans le Delta ? Toujours est-il que Cogny une fois encore renâcle et demande des moyens supplémentaires à Navarre, qui bien évidemment les lui refuse. Navarre a, pour cela, des termes vifs, comme s'il soupçonnait Cogny de vouloir le placer dans une situation inconfortable, à savoir lui refuser les moyens de sauver le camp retranché :

« Par lettre n° 132/FTNV/Géné/TS du 25 mars 1954 vous avez jugé bon d'appeler une fois de plus mon attention sur le fait que vous estimez insuffisants les moyens mis à votre disposition pour l'exécution de votre mission.

« Je ne puis à ce sujet, que vous répéter ce que je vous ai dit à maintes reprises : nous sommes engagés dans une bataille générale dans laquelle j'ai le devoir absolu de répartir mes forces entre mes grands subordonnés en fonction de la mission que je leur ai attribuée et dont je suis le seul juge.

« Dans cette répartition des forces, vous êtes nettement plus favorisé que la plupart des autres commandants de territoire. Me demander sans cesse des renforts équivaut donc à me demander ce que vous savez que je ne puis vous donner, ou que je ne pourrrais vous donner qu'au détriment de vos camarades de combat. Dans de pareilles circonstances, c'est en cherchant par tous les moyens à remplir sa mission avec les forces qui lui sont allouées qu'un chef fait preuve de véritable caractère... »

Les deux généraux ayant en charge la bataille de Diên Biên Phu achèvent là de se dévoiler. Cogny prend toutes les précautions pour l'avenir, afin qu'un échec – de plus en plus prévisible – ne paraisse pas être de sa seule responsabilité. Navarre fait bien comprendre à son subordonné que Diên Biên Phu n'est pas et n'a jamais été pour lui une priorité exclusive...

Que la garnison du camp assiégé fasse ce qu'elle a à faire...

Diên Biên Phu, 30 mars, premiers assauts viêts

Commencent le 30 mars les combats pour quelques pitons qui prendront – plus tard – le nom de « bataille des Cinq Collines ». Les hauteurs que vise Giap sont les « Dominique » que tiennent les Algériens du 3/3e RTA du capitaine Garandeau, les « Eliane » où sont implantés les Marocains du 1/4e RTM et le BT 2, où viennent aussi de s'installer les hommes de Bigeard. Il y aura parallèlement une attaque vers « Huguette 6 » et « Huguette 7 » à l'extrémité nord de la piste d'aviation ; une manière de diversion pour obliger l'artillerie du camp et les compagnies d'intervention à se disperser. Là tiendra tête une compagnie du 5e BPVN que commande le capitaine

Bizard, tout juste parachuté sur le camp. Ancien aide de camp du général Ely, cavalier de son état, Bizard est un officier réputé pour son sang-froid sans égal, sa façon d'aller sans détour, un homme, dira-t-on de lui, anormalement normal. Pour sauter sur Diên Biên Phu, il vient de passer son brevet de parachutiste.

Qu'il soit également entendu que l'immense puzzle que compose cet ensemble de centres défensifs, divisés en dizaines de points d'appui, sera plus que jamais un assemblage de pièces disparates qui s'emboîteront plus ou moins bien, se sépareront, recevront une appellation puis une autre, un numéro puis un autre. C'est un assemblage hésitant, mouvant, jamais définitivement fixé. « Dominique 6 » sera abandonné ; « Dominique 4 » deviendra « Epervier » à la charge du 8ᵉ Choc. Dans le même temps, « Claudine 6 » prend une certaine indépendance sous la nouvelle appellation de « Junon » que le commandant Guiraud va défendre avec son 1ᵉʳ BEP appuyé par deux batteries de mitrailleuses quadruples, renforcé par les aviateurs du capitaine Charnod et un détachement de Thaïs, puisque, contrairement à la légende, ils sont bien loin de s'être tous enfuis. Quant aux « Claudine » n° 1 et n° 2, ils fusionneront sous le nom de Lilie pour les uns, de Lilly pour les autres, Lili à l'occasion...

A l'instant de la deuxième offensive viêt, en dépit des appellations nouvelles, le camp retranché de Diên Biên Phu est encore tel que l'a laissé la première offensive : amputé de « Béatrice », de « Gabrielle » et d'une partie notable des « Anne-Marie », avec une piste d'aviation plus vulnérable que jamais et désormais interdite aux posés comme aux envols.

Les jours précédents, Langlais avait été très agacé par ce qu'il considérait comme des légèretés de Hanoi à l'égard de la base aéroterrestre : peu de renforts, beaucoup d'indifférence et l'impression que Diên Biên Phu était tout sauf le souci prioritaire des grands chefs. D'humeur fort maussade, il entend régler directement le problème. Il demande donc à Castries son accord pour aller jusqu'à l'état-major de Cogny présenter quelques compliments à tous ces incapables. Après quoi il se fera parachuter sur le camp... Castries cède, peut-être pas fâché de voir cet adjoint effervescent s'éloigner quelques heures et peut-être plus s'il se laisse aller à quelques éclats intempestifs à Hanoi. Nul ne sait pourquoi Langlais a décidé de se déguiser pour cette liaison sur Hanoi, puisqu'il n'existe que sa version :

« Pour impressionner "l'arrière", j'allai voir Le Damany et sortis de son infirmerie avec un pansement oculaire, un beau carré noir sur l'œil. Quand mes camarades me virent, ils eurent un moment de stupeur :

« Vous êtes blessé mon colonel ?

— Oui, un 105 en plein dans l'œil, mais je vois encore clair. »

« Je ne partis jamais pour Hanoi. L'avion que je devais prendre et qui fut le dernier, se posa, mais fut détruit au sol par l'artillerie viêt-minh[1]. »

L'imminence de l'attaque viêt se confirme de tous côtés, les tranchées que creusent bo-doï et coolies débouchant déjà à quelques dizaines de mètres des premières lignes de défense, creusées par les uns, rebouchées par les autres et prolongées dès le lendemain. Le 30 mars au matin, les Marocains du 4e RTM découvrent devant eux six cents mètres de tranchées viêts. Elles sont larges d'un mètre soixante et profondes de deux mètres vingt. Personne n'a rien entendu.

Ces tranchées, Giap les considérera comme l'un de ses chefs-d'œuvre :

« Pour nous assurer la victoire, nous nous sommes efforcés de creuser des tranchées, d'édifier des ouvrages de départ pour abriter nos unités d'assaut, et avons mis sur pied tout un réseau de boyaux de communication de près d'une centaine de kilomètres de longueur permettant à nos troupes d'approcher les lignes ennemies, de préparer soigneusement les bases d'attaque. Cette préparation minutieuse de nos lignes destinées à couvrir l'infanterie a réduit les effets des tirs ennemis et garanti le succès de nos troupes. »

Le 30 mars, il fait un temps de chien, ce qui explique les insuffisances de l'aviation. Il y a peu de largages et surtout des largages approximatifs. Trop de parachutes atterrissent hors de portée du camp, exactement ce que souhaitent les Viêts qui récupèrent les munitions ainsi offertes.

Pour l'instant, inquiets de cet assaut que tous estiment imminent, Langlais et Lemeunier partent vers les PA pour d'ultimes inspections. Chez les tirailleurs algériens du 3/3e RTA, où le capitaine Garandeau soigne comme il le peut un mauvais rhume, Langlais découvre que des Thaïs du BT 2 tiennent une des faces de « Dominique 2 ». Il trouve l'idée inacceptable. Le BT 2 – où combattent des Thaïs blancs, des Nungs, Thos, Méos et des pirates chinois – n'a pourtant connu aucune défaillance. Ils se battent même fort convenablement, ces indigènes ; simplement, il peut leur arriver de se sentir un peu oubliés ou négligés. Ils n'ont guère qu'un officier et six ou sept sous-officiers européens par compagnie. L'un de leurs lieutenants, Guy de La Malène, se souviendra qu'au soir du 13 mars, personne n'avait jugé utile de les prévenir du prochain assaut viêt. La Malène avait eu l'information – sans confirmation – d'un officier reporter à la revue *Caravelle*, le lieutenant Moissinac… Depuis, ils tenaient leurs positions, aussi bien que possible. Ils n'avaient eu pour tout renfort, ces dernières semaines, que l'adjudant Bernard, un des sous-officiers de la Légion étrangère affectés aux armes à visée infrarouge.

Il était resté un temps avec la 5e compagnie du BT 2, choisissant ses cibles – des bo-doï creusant les tranchées d'approche –, faisant mouche à chaque tir ; jusqu'au jour où un tireur viêt, équipé du même engin, sans doute récupéré sur « Béatrice » ou « Gabrielle », a fait mouche, lui aussi. Un jour, Castries l'interrogeant sur la solidité de ses troupes, La Malène lui avait répondu que les tirailleurs algériens lâcheraient certainement bien avant les siens...

De ces Thaïs, Langlais ne veut pourtant plus entendre parler ! Si Garandeau n'a pas assez de ses trois compagnies de tirailleurs, qu'il récupère la quatrième restée sur « Dominique 1 » où vont être immédiatement envoyés des éléments du 5e BPVN... Langlais trouve aussi « Eliane 2 » trop fragile : veillent là, à cinq cents mètres environ du PC central, deux compagnies du 1/4e RTM auxquelles il préférerait deux compagnies du 1er BEP, Langlais ne jurant que par les paras. Il est entendu que le commandant Nicolas et ses hommes céderont la place aux parachutistes de la Légion au cours de la nuit du 30 au 31 mars. Face au piton, dont les tranchées paraissent insuffisantes, puisque « Eliane 2 » est sur des assises rocheuses qui ne se laissent pas entamer facilement par la bêche ou la pioche, il y a le mont Fictif. Cette hauteur est réputée ne pas être occupée pas les Viêts, l'artillerie leur ayant toujours interdit de s'installer au sommet de la colline dénudée, râpée.

Les attaques viêts auront décidément toujours lieu dans les mêmes conditions, alors que tombe la nuit et après une préparation intense d'artillerie. Il en va le 30 mars comme il en a été le 13 ou le 14 mars. Les artilleurs viêts se déchaînent vers 18 h 15. A cet instant le lieutenant Allaire du 6e BPC et ses mortiers sont au pied de « Dominique 2 ». Les parachutistes sont pris sous un tir de mortiers et de canons, la poussière est telle qu'ils ne voient plus à dix mètres. Ils s'enterrent sur place comme ils le peuvent et, dès que l'enfer se calme, ils rejoignent « Eliane 4 », sans imaginer un instant qu'ils resteront là jusqu'au 7 mai, sans plus pouvoir bouger.

Lorsque les bo-doï se lancent à l'assaut, vers 18 h 45, il y a un évident flottement chez les Algériens comme chez les Marocains. Au début de l'offensive, le temps est toujours exécrable ; la pluie ronge les tranchées et les abris. Les PA de « Dominique » sont peut-être moins solides que d'autres et le moral est en berne. Les Algériens ont été aux premières loges pour assister à l'agonie de « Béatrice » et ils connaissent le sort de leurs camarades de « Gabrielle ». Le 5e BPVN, qui doit s'installer sur « Dominique 1 » à la place des tirailleurs, commence à faire mouvement sous un orage d'obus. Il est évident que les tirs viêts partent de « Béatrice »… Les tirailleurs refluent avant que le 5e BPVN ait pris la relève. Ne se battent plus qu'une poignée de tirailleurs, les cadres et les légionnaires des mortiers. Ils vont succomber sous le nombre, tués ou prisonniers.

Dès 19 heures, les paras de Bigeard voient refluer les Algériens et les Marocains, les uns abandonnent « Dominique 1 » et « Dominique 6 », les autres quittent « Eliane 1 ». Sur « Eliane 4 », les parachutistes, censés être là pour la contre-attaque, se retrouvent en première ligne. A 20 heures, « Dominique 2 » s'effondre. Le commandant Nicolas et ses Marocains encore agrippés sur « Eliane 2 » tiennent comme ils peuvent mais ils n'ont plus de liaison avec le PC. Langlais, croyant la position perdue, décide de faire donner l'artillerie. Bigeard, toujours à l'écoute radio, découvre que les Marocains sont encore en place et résistent. Il intervient : que Langlais ne fasse surtout pas tirer sur le piton ! Les conditions climatiques permettent encore des interventions de l'aviation ; elles ne changent rien au résultat immédiat. Sur les « Eliane » comme sur les « Dominique », des PA sont submergés avant l'aube. Des unités se sont fort bien battues ; d'autres, fatiguées, démoralisées, matraquées par l'artillerie viêt, ont cédé à la panique.

La 11e compagnie du 3e RTA n'a certainement pas été plus pilonnée que la 10e ou la CCB, et pourtant elle lâche complètement. C'est une vraie débandade. Seuls ceux qui ne connaissent rien de l'état du bataillon peuvent s'étonner que des recrues craquent lors de leur premier combat sérieux. Or l'allant d'une compagnie de tirailleurs algériens vaut essentiellement par son encadrement et lorsque tous les officiers sont tués ou hors de combat, la déroute n'est jamais loin… La 10e, elle, tient comme elle le peut avec des pertes énormes. Elle réclame du renfort qui va se résumer à une seule section aux ordres d'un sergent. Le repli, dès lors, est impératif. L'adjudant-chef Jourdeau l'évoque avec un lieutenant qui lui dit d'attendre un instant. Il veut détruire le poste de radio pour que les Viêts ne s'en emparent pas. Lorsque Jourdeau se résigne au repli, le lieutenant n'est toujours pas revenu. Il ne le retrouvera jamais. La retraite la moins risquée passe par un cheminement creusé le long de la RP 41, un boyau plus qu'une tranchée. Les premiers tirailleurs descendant là rencontrent au mieux la mort, au pis d'effroyables blessures. Les sapeurs du génie viennent de miner les lieux ; personne n'a eu le temps de prévenir le 3/3e RTA qui n'a d'ailleurs aucune bonne raison de s'aventurer par là. Lorsque, un peu plus tard, les bo-doï emprunteront le même cheminement, leur progression tournera au carnage. Deux cents morts s'entasseront là en quelques minutes, deux cents cadavres qui vont, des jours durant, empuantir l'atmosphère. Ceux qui vont tenir le plus longtemps savent que d'entrée les Viêts aussi ont été sonnés…

Il y a également des difficultés au PC GONO, bien qu'elles soient d'une tout autre nature. Langlais ne paraît pas décidé à contre-attaquer avant le lendemain matin alors que Castries veut tenir à tout prix « Eliane 2 ». Si ce point d'appui tombe, c'est le PC donc l'ensemble du camp qui est à la portée des Viêts... Castries impose sa volonté à Langlais. Le 1er BEP et le 6e BPC iront aider les Marocains à tenir le verrou qu'est « Eliane 2 ». Ensemble, ils réussiront...

Sur « Dominique 3 », est installée une batterie d'artillerie appartenant au 2e groupe du 4e RAC et que commande le lieutenant Brunbrouck. Les Viêts ne le savent sûrement pas puisqu'elle est cachée à leur vue. Les quatre obusiers de 105 sont parfaitement alignés. Les artilleurs, tous africains, ont eu le temps depuis le 15 février de peaufiner leurs emplacements. Les hommes comme les munitions et le PC de batterie sont enterrés dans des abris à l'épreuve des obus viêts. Les canons, cachés dans leurs alvéoles, ne sont pourtant pas protégés de tous les tirs ennemis : ces alvéoles sont restés à ciel ouvert, afin de pouvoir tirer tous azimuts ; ce qui est la fois nécessaire et imprudent. Nécessaire pour satisfaire à toutes les demandes de tir amies, imprudent si l'on accepte que les Viêts savent également se servir des pièces que leur ont fournies les Chinois.

La guerre d'Indochine, Paul Brunbrouck la connaît bien. Jeune saint-cyrien de la promotion « Général Frère », il combat depuis son affectation au 4e RAC où il a déjà servi comme DLO puis comme lieutenant de tir à Na San, l'autre « hérisson » évacué à temps.

Or ce que découvre Brunbrouck aux dernières heures de la journée est affolant. Les tirailleurs du 3/3e RTA se débandent et abandonnent les points d'appui « Dominique 1 » et « Dominique 2 », sensiblement plus élevés que « Dominique 3 ». Ils refluent en désordre, affolés, assommés par la préparation d'artillerie viêt, poussés par les bo-doï se mêlant à eux pour mieux s'infiltrer dans les lignes françaises. L'objectif des Viêts est une évidence : devant eux, il y a le pont sur la Nam Youn et, au-delà du pont, le cœur du dispositif, le PC GONO. La victoire est à portée de grenades ; il suffit d'y mettre le prix. C'est une victoire, la suite le dira, que Giap aurait accepté de payer cher. Deux régiments de la division 312 sont massés pour l'assaut. Mais les choses ne se passent pas nécessairement comme le souhaitent les grands chefs, quel que soit leur camp... Brunbrouck observe, patiente, attend jusqu'au dernier instant, jusqu'au reflux du dernier Algérien. Lorsque les Viêts ne sont plus qu'à quelques dizaines de mètres de ses artilleurs, il commande le tir :

« Pour les armes automatiques et individuelles... Feu à volonté ! »

Depuis leurs positions de combat, depuis les alvéoles de leurs obusiers, les artilleurs du 4e RAC vident les chargeurs de leurs armes individuelles sur la masse des bo-doï. Ceux-ci hésitent, déconcertés par la réaction aussi brutale qu'inattendue à cet endroit. Ils marquent un temps d'arrêt. De toute évidence, ils attendent des renforts pour reprendre leur assaut. Brunbrouck ne leur en laisse pas le temps :

« Canonniers à vos pièces, débouchez à zéro ! »

Les tubes des canons sont parallèles au sol, les obus éclatent à vingt ou trente mètres des embouchures. Les Viêts sont pris sous un feu infernal, immédiat, destructeur. Ils ne cessent pourtant de repartir à l'assaut de la 4e batterie... Des obus encore et toujours éclatent au milieu d'eux, puis le sinistre miaulement des cartouches de PM ou de FM que servent les artilleurs de l'équipe de défense rapprochée, restés aux emplacements de combat, et que viennent renforcer tous ceux qui ne sont pas utiles autour des obusiers : chauffeurs, téléphonistes, cuisiniers...

Les bo-doï continuent leur offensive, les artilleurs poursuivent leurs tirs. Au PC GONO, on préférerait que les canonniers se retirent. Déjà cette tentation d'abandonner la rive gauche... C'est une idée qui paraît dérouter et même irriter le lieutenant Brunbrouck lorsque lui parvient l'ordre de repli :

« Que dois-je faire de mes canons ?

— Détruisez-les !

— Non, il n'en est pas question. Nous tenons. Envoyez plutôt des renforts. »

C'est une version élégante d'un dialogue qui a certainement été plus corsé. Le médecin-lieutenant Gindrey, aux premières loges, en garde un souvenir sensiblement différent :

« Bande de cons, envoyez-moi des munitions d'infanterie et, demain, je ramènerai mes pièces...

— Chapeau, l'artilleur, aurait ajouté Langlais, pourtant éberlué par la réflexion.

L'ordre de décrocher va lui être répété deux fois au cours de la nuit et par deux fois Brunbrouck refusera de se replier. Il lui sera même promis des renforts qui jamais ne lui parviendront. Bigeard est trop occupé à sauver « Eliane 2 ».

Au matin du 31 mars, Brunbrouck sait qu'il ne pourra plus tenir très longtemps ; ses hommes ont tiré plus de mille obus, ses soutes sont vides. Les Viêts ont eu des centaines de morts gisant là tout près des défenses du 4e RAC, pourtant la déferlante ne cesse point. Il arrive encore et toujours des vagues de bo-doï. Brunbrouck décide de se replier mais il n'est pas question d'abandonner les quatre obusiers. Ils seront l'un après l'autre accrochés à l'unique camionnette dont il dispose encore, un Dodge 4 × 4, puis, l'un après l'autre, ils franchiront le pont sur la Nam Youn pour rejoindre le réduit central. Il y a deux kilomètres à parcourir dans des conditions impossibles, les armes à la main, en passant par le seul pont praticable. Plus qu'un transfert, c'est un abandon : les hommes ne peuvent emporter que le strict minimum, tant vestimentaire qu'utilitaire : un bidon, une gamelle, les affaires de toilette et quelques vêtements ; ce qui signifie que tout le reste doit être abandonné : cuisine, couchages, couvertures. Comme beaucoup d'autres, ces cinq prochaines semaines, les artilleurs vont vivre dans les conditions brièvement réservées aux troupes en opération, appelées à rejoindre huit, dix ou quinze jours plus tard une base arrière où les attendent leur paquetage, le linge de rechange, la roulante et autres éléments de confort.

Brunbrouck et ses quatre-vingts Africains peuvent se retirer sans honte, tous les témoins s'accorderont pour le dire, ils viennent de sauver le camp retranché. Si Brunbrouck avait accepté l'ordre de repli, ou s'ils avaient cédé, c'en était fini, dans cette nuit du 30 au 31 mars, de la base aéroterrestre de Diên Biên Phu[2].

Pour les tirailleurs va commencer le temps de la punition : ils se sont débandés, ils sont méprisables ! Beaucoup d'entre eux se battent encore pourtant, tiennent ce qu'ils peuvent, envoient des corvées chercher les munitions, ce qui impose la traversée du pont, que les Viêts connaissent sans arriver à le détruire. Les boîtes de rations ne manquent pas, il en tombe suffisamment du ciel pour qu'ils prennent l'initiative d'en transporter jusqu'au PC GONO lorsqu'ils viennent chercher des munitions. Ils affectent d'ignorer que le chemin est des plus périlleux et que tout se transporte à dos d'hommes. Il n'y a plus un véhicule en état de marche aux alentours.

Le 31 mars, le 2ᵉ bureau d'Hanoi annonce au GONO que le général Giap est désormais présent dans la vallée. Il remplace au commandement le général Hoang Van Thai. Giap serait arrivé en compagnie du général chinois

Li Cheng Hou, conseiller spécial… La journée est encore rude en combats. Les Viêts veulent leur victoire ; les Français tiennent avec l'énergie du désespoir. Le 31 mars, le jour se lève sur un paysage lunaire. Allaire a repéré son ami Erwan Bergot et ses mortiers de 120 presque à côté de sa position. Il comprend que ces engins vont les faire repérer donc exterminer, alors qu'il essaye de se faire oublier pour mieux surprendre les Viêts… Allaire, par discrétion, a accroché ses tirs avec un ou deux obus seulement, tirés à contre-pente, pour ne pas laisser aux Viêts le temps de les repérer ; puis il a piqueté ses jalons et donné à ces tirs préréglés des noms de stations du métro parisien. Il n'a jamais su pourquoi certains de ses réglages allaient rester dans l'histoire du camp retranché : « Champs-Elysées » ou « Opéra » par exemple ; alors que tous ont oublié « Barbès » ou « Solferino ».

C'est Castries qui, le 31 mars, demande à Lalande de tenter une sortie depuis « Isabelle » pour aider les « Eliane ». Lalande envoie le 3/3ᵉ REI appuyé par le lieutenant Préaud et ses chars, laissant « Isabelle » à la garde des tirailleurs algériens, des Thaïs et des artilleurs. Le détachement n'arrivera pas au secours du camp : un barrage viêt les attend à Ban Kho Laï, là où les bo-doï avaient déjà tendu une embuscade le 22 mars. Castries, informé, autorise les renforts à se replier. Préaud a un char endommagé, impossible à réparer désormais. C'est encore Castries qui demande, à la mi-journée, à Bigeard de reprendre « Eliane 1 » et « Dominique 2 » ; le 8ᵉ Choc et le 6ᵉ BPC y parviendront sans pouvoir s'y maintenir. « Dominique 2 » sera désormais une base d'observation viêt et un point de tir pour armes directes, mitrailleuses ou canons sans recul…

Vers 22 heures, Langlais laisse Bigeard juge : s'il ne peut vraiment plus tenir, qu'il se replie… Bigeard ne le veut pas et Castries non plus, qui interdit à Langlais d'abandonner la rive gauche de la Nam Youn. Tout au long de la journée, le colonel de Castries a démontré qu'il était bien le patron de la base !

Le 31 au soir, il ne reste pour seuls points d'appui, à l'est, que « Eliane 2 » et « Eliane 4 ». Les Viêts tiennent tous les autres...

Hanoi, 31 mars : une médiation

Dans la soirée du 30 mars, Navarre, informé que Giap reprend l'offensive, quitte Saigon pour Hanoi. Il arrive le 31, vers 1 heure du matin. Il veut immédiatement rencontrer Cogny. Il est impossible de joindre le patron du Tonkin. Il a accepté une invitation discrète et dîne en ville, nul ne sait où... Les deux généraux ne se retrouvent qu'au petit matin. Les rapports entre les deux hommes étant ce qu'ils sont, l'ambiance est explosive. Il se dit, en coulisse, que Navarre songe à débarquer Cogny. Il aurait reculé pour ne pas désorganiser le commandement au moment de l'offensive viêt.

Navarre pense que les étoiles de général qu'il réclame pour Castries auraient un heureux effet sur le moral de la garnison. A Paris, quelques ministres expliquent que rien ne presse. Et l'on prête à Marc Jacquet ou à Pierre de Chevigné une raison saugrenue : ils auraient imaginé qu'il valait mieux que les Viêts fassent prisonnier un colonel qu'un général ! Seule paraît s'impatienter Mme de Castries, qui voudrait tant que son mari reçoive des étoiles à ses yeux amplement méritées... Navarre va bientôt découvrir les derniers ragots du moment. Castries serait prêt à démissionner si les fâcheuses étoiles tardaient à scintiller dans le ciel de Diên Biên Phu. Il apparaît rapidement que c'est effectivement une information que diffuse une chaîne de radio américaine, la NBC – News Broadcasting Co. Navarre furieux admet qu'il n'est certainement pas possible de poursuivre Hecox, le journaliste ayant lancé l'information, mais il veut son expulsion d'Indochine. Une brève enquête démontrera que Hecox a été trop sensible aux propos que pouvait tenir Mme de Castries. Encore qu'il paraisse étonnant qu'une femme d'officier supérieur n'ait pas su qu'une démission, dans ces conditions, pouvait être assimilée à une désertion...

Un autre élément agace Navarre. Selon un document viêt récupéré, « la conférence de Genève qui est la manifestation de l'affaiblissement du moral de l'adversaire et de son dégoût de la guerre est un succès pour le Viêt-minh ». Exactement ce que redoutait le commandant en chef...

Depuis les assauts de la mi-mars, depuis la mise hors d'usage de la piste d'aviation, avec le début des combats pour les Cinq Collines, les attaques viêts posent de redoutable façon le problème des évacuations sanitaires. Aucune solution n'apparaît.

L'initiative la plus curieuse vient d'un journaliste australien, Denis Warner, travaillant pour le quotidien anglais *Daily Telegraph*. Il propose sa médiation à l'état-major. Dans une note très détaillée, il expose son projet : les Français informeraient le Viêt-minh que tel jour, à telle heure, l'artillerie du camp retranché cesserait de tirer et que les avions de la Croix-Rouge se poseraient. Lui-même, témoin et médiateur, arriverait avec le premier avion et repartirait avec le dernier. Il ne voit que des avantages à son plan :

« 1. En cas de réussite, il permet l'évacuation des blessés dans de bonnes conditions.

« 2. En cas d'échec, les avions et les blessés sont pris sous le feu et le monde entier aura ainsi un témoignage oculaire de la barbarie viêt-minh dont la mise en relief sur le plan propagande pourrait être importante à l'heure présente. »

Il se propose aussi d'offrir son récit de l'évacuation aux représentants de tous les journaux et aux agences de presse, un récit que pourrait reprendre Radio-Hirondelle dont les émissions sont essentiellement destinées au corps expéditionnaire... La version anglaise et la traduction en français du projet de Denis Warner ont été soigneusement archivées mais sans la réponse qui ne lui a certainement jamais été adressée[3]. Il aurait fallu avouer au journaliste australien que des Dakota, ornés de la croix rouge, se posaient quotidiennement sous les tirs viêts, mais que le dernier d'entre eux est resté sur la piste de Diên Biên Phu le 28 mars au soir et que la piste d'atterrissage est désormais impraticable du fait de l'artillerie viêt-minh...

« L'attaque centrale du choc »

La suite de la bataille des Cinq Collines – qui va se poursuivre jusqu'au 4 avril – est une série d'affrontements d'une violence extrême. Les adversaires en viendront plus d'une fois au corps à corps. Ils partageront des jours et des nuits un même PA dont les tranchées sont effondrées, où les hommes s'enlisent dans la boue, marchent sur des corps déchiquetés, pourrissants.

Aux premières heures de la nuit du 31 mars au 1er avril, le capitaine Bizard fait évacuer « Huguette 7 » qu'il ne pouvait plus tenir avec ses maigres effectifs. Ils se retirent fort discrètement et, vers 23 h 30, les Viêts attaquent le PA abandonné... L'artillerie du camp peut se déchaîner. Au petit matin, après un carnage, Bizard revient sur « Huguette 7 », d'où il sera relevé dans la journée ; il reviendra le 2 avril pour évacuer les derniers défenseurs.

Aux premières heures du 1er avril, après une nuit effroyable, « Eliane 2 » tient toujours ; les Viêts ont été refoulés de « Huguette 7 » ; Giap piétine… Castries, croisant le cavalier Ney lui demande ce qu'il souhaite. La réponse doit le surprendre : Ney, espère une chenille, des canons de mitrailleuse de 30… et le temps de dormir ! A 9 h 30, après les accrochages de la nuit, le PC GONO demande un ravitaillement en munitions mais avec des précautions nouvelles : « que les premiers colis soient des colis tests (pas de munitions) car ils tombent chez les Viêts ».

Les dernières heures de la journée sont rudes, démoralisantes comme les journées précédentes ; l'espérance s'effiloche. Sur « Eliane 2 », vers 15 heures, les Vietnamiens du 1er BEP refluent. Ils avaient déjà donné des signes de défaillance lors des combats de Muong Pon, en décembre ; cette fois l'affaire tourne à la débandade. Les sous-officiers, aidés par des gendarmes, endiguent la débâcle. Dans le désordre ambiant, un gendarme est tué. Son corps est roulé dans un parachute, porté au cimetière qui s'allonge à l'est de la rivière au pied du PA. Les témoins se souviendront que sa tombe a reçu le numéro 30. A ce moment, il arrive encore qu'une bouteille soit accrochée aux cadavres avec, glissée à l'intérieur, une courte fiche d'identité. Sait-on jamais, un jour une sépulture décente sera peut-être offerte à ces parias de la gloire ? A la nuit, une nouvelle attaque est lancée contre les « Huguette ». Le PA est dégagé par les chars, mais leur patron, le capitaine Hervouet, est blessé pour la deuxième fois. Après la main gauche, c'est le coude droit qu'il faut plâtrer avec une fracture ouverte. Un télégramme du PC GONO prend des allures de SOS : « Il n'y a plus aucun chef de peloton. Demande parachutage ce soir d'un lieutenant de l'ABC pour prendre commandement des chars de Diên Biên Phu. » Le colonel insiste pour que sa demande soit satisfaite.

Les Thaïs de « Françoise » ont lâché. Langlais fait immédiatement désarmer ceux qui ne se sont pas enfuis.

Il paraît ignorer que le 2ᵉ bataillon thaï, installé entre
« Eliane » et « Dominique », n'a jamais flanché.

Au cours de la nuit du 1ᵉʳ au 2 avril commence le
parachutage du 2/1ᵉʳ RCP du commandant Bréchignac,
une figure légendaire de cette guerre d'Indochine ; le
meilleur chef de bataillon, estiment les spécialistes. Le jugement agace prodigieusement Bigeard, convaincu que ses
propres qualités sont sans concurrence. Il est vrai que les
deux hommes, d'une compétence comparable, diffèrent
sur d'autres points. L'un est la modestie incarnée, la discrétion même, un seigneur qui n'éprouve jamais le
besoin de rouler les épaules et de vanter ses propres
mérites ; l'autre, c'est Bigeard…

Saigon, 1ᵉʳ avril : un vent de défaite…

Le gouvernement suit, heure par heure, le drame de
Diên Biên Phu ; les télégrammes se multiplient entre les
services du commissaire général Dejean et les bureaux
parisiens du ministère des États associés. Le président
du Conseil n'est certainement pas surpris lorsque parvient un télégramme de Navarre, daté du 1ᵉʳ avril :

« La chute du camp retranché, que je fais tout pour
éviter, doit donc être envisagée comme possible à plus
ou moins brève échéance. »

La situation, inquiétante vue de Saigon, n'est guère
plus réjouissante lorsqu'elle est analysée par l'état-major
de Hanoi où le patron du 2ᵉ bureau, Levain, rédige le
2 avril une note pour le général Cogny :

« Même si la perte de nos unités engagées à Diên
Biên Phu doit être envisagée, il conviendrait qu'elles
puissent avant cette extrémité porter au Viêt-minh des
coups suffisants pour leur interdire d'intervenir puissamment dans le Delta avant l'été. Ce résultat semble
devoir être obtenu si des actions comparables à celles

des 13 et 30 mars peuvent être soutenues de notre part. Elles auront en outre l'avantage de marquer l'état d'esprit des troupes rebelles par le souvenir de pertes énormes qu'elles auraient provoquées. Elles nous permettraient de gagner du temps. Elles ne pourraient qu'avoir les plus heureux effets sur le plan moral de notre armée, du sentiment national actuellement sensible aux événements d'Indochine, et notamment position internationale vis-à-vis d'une opinion étrangère très attentive[4]. »

Levain ajoute que la destruction du corps de bataille viêt-minh ne peut être obtenue que par l'entretien logistique du nôtre :

« Sans cet entretien condition de notre résistance, le Viêt-minh sauvera son corps de bataille.

« Il y a donc des sacrifices impératifs à consentir pour alimenter notre camp retranché. »

Le même jour, Levain rappelle le rôle de l'artillerie de Giap, annoncé par le 2e bureau dès janvier, et évalue sa puissance actuelle[5]. Il peut affirmer, sur la foi des renseignements obtenus puis recoupés, que les Viêts disposent de vingt-quatre pièces de 105 et sans doute dix mille quatre cents coups, dix-huit pièces de 75 avec trente-trois mille huit cents coups. Pour les mortiers, il avance le chiffre de cent trente-cinq tubes de 81, avec vingt-sept mille obus, et vingt mortiers de 120 avec sept mille vingt obus. Enfin, il y aurait autour du camp douze mitrailleuses de 12,7 mm et autant de 37 mm avec cinq cent cinquante mille cartouches pour les premières et trente mille pour les secondes.

Le lendemain 3 avril, Navarre avertit le commissaire général et les États associés de la présence chinoise qui ne cesse d'augmenter depuis le 1er décembre. Il y aurait désormais autour de Diên Biên Phu quatorze conseillers techniques au PC opérations ; des conseillers en nombre indéterminé dans les divisions et les régiments, aux directions des fournitures et des transports. Des lignes téléphoniques leur sont réservées. Le document affirme également qu'aucun de ces conseillers n'est en première ligne mais que le général chinois Li Cheng Hou est toujours présent au côté de Giap ; que quarante pièces de DCA sont servies par des Chinois. Mille camions, dont cinq cents arrivés depuis le 1er mars, sont conduits par les Chinois. Enfin, parmi les fournitures récemment repérées figurent vingt-quatre canons de 105, trois cent quatre-vingt-cinq mitrailleuses, mille deux cents fusils-mitrailleurs, quatre mille fusils, des postes radio, quatre mille mètres cubes d'essence et quatre mille cinq cents tonnes de riz[6].

2 avril : un « ordre du jour » de Castries

Aux abords du PC central, sur son flanc est, les combats se poursuivent, acharnés, incertains, épuisants. Le colonel de Castries, penché sur ses cartes et sur les jeux de photographies aériennes, sait que les jours du camp retranché sont comptés. Comme il sait que ses hommes se battent avec un courage qui ressemble à l'énergie du désespoir. A ceux-là, il adresse, le 2 avril, un ordre du jour qui se veut encourageant et optimiste, ce qui est peut-être le devoir d'un chef qui n'a pas à transmettre ses doutes aux exécutants :

« La dure bataille que nous menons depuis trois jours a désorganisé le Viêt-minh. Les pertes qu'il a subies, ses difficultés de ravitaillement, l'action décisive de notre aviation revenue avec le beau temps, le rendront incapable d'une nouvelle action d'envergure.

« Sans doute donnera-t-il de nouveaux coups de boutoir locaux et essayera-t-il de resserrer son étreinte.

« Mais nous sommes aux derniers instants de la bataille, les instants décisifs. Si nous arrivons, à force d'énergie, à nous montrer plus endurants que le Viêt nous gagnerons obligatoirement.

« Donc nous tiendrons malgré la fatigue, malgré la diminution des effectifs, malgré les conditions matérielles de vie qui, peut-être, se feront plus sévères encore dans les jours à venir. Il ne faut pas que les sacrifices consentis par nos camarades soient vains : la seule idée d'une capitulation serait une injure à leur mémoire.

« La FRANCE, le monde entier ont les yeux fixés sur nous. Nous ne les décevrons pas.

Nous tiendrons et nous vaincrons de Castries[7]. »

Le 2 avril, « Eliane 2 » tient toujours. Il y a soixante heures que Français et Viêts se partagent le piton pour lequel ils s'entretuent. Une brève accalmie soulage les combattants. Le commandant de Seguins-Pazzis vient visiter certains des PA les plus menacés ; il est l'un des rares patrons du camp – avec Langlais – à venir jusqu'aux premières lignes, là où jamais Castries n'est apparu. Sur « Françoise », le moral est en berne : une quarantaine de Thaïs ont encore choisi la survie. Sur « Huguette 6 », une douzaine de légionnaires sont partis, eux aussi. Les parachutages de renfort peuvent reprendre, lorsque le ciel n'est pas illuminé par les lucioles. Le 2/1e RCP de Bréchignac continue d'arriver par vagues successives, nuit après nuit, au gré des conditions météorologiques.

Au 1er BEP, toujours installé sur « Eliane 2 », dans les ruines de la résidence de l'administrateur, le commandant Guiraud accueille le 4 avril un DLO tombé du ciel. Le lieutenant Jean-Marie Juteau a été parachuté la veille avec d'autres hommes du GM 35. C'est lui qui, dès son arrivée, observant les lieux à la binoculaire, découvre une étrangeté dans les tirs viêts : les coups partent du flanc ouest du mont Chauve. Leurs fumées sont curieuses, bien peu importantes. Il comprend que la pièce n'est pas à flanc de colline, mais à la sortie d'un souterrain dont l'entrée est de l'autre côté, hors de vue…

Un souterrain qui, comme quelques autres, traverse la colline de part en part !

Sur tous les PA quelles que soient leurs unités, les hommes vivent ou survivent comme ils le peuvent. Sans dormir, si ce n'est un quart d'heure ou une demi-heure de repos grappillés à un moment ou à un autre. Presque sans manger puisqu'il n'y a plus de roulantes, plus de fourneaux, plus de cuistots, ceux-ci tenant désormais un fusil ou un PM comme leurs camarades. Il ne reste que les rations. Les Marocains ne savent plus où ils en sont, eux qui ne sont pas faits et ne sont pas bons dans ces tâches statiques. Ils n'ont même plus de ravitaillement, les seules rations dont ils disposent encore sont dites du « type E », celles des Européens, avec le pâté de porc et le petit flacon de rhum. Ils ne veulent que le « type M », conforme à leur foi musulmane. Il n'y en a plus ou l'intendance n'y pense pas ; ils jeûnent ! La soif ronge tous les combattants de Diên Biên Phu. Il n'y a plus, à portée de quart, que l'eau de la Nam Youn, où flottent, entre les débris de tous genres, des corps ou des fragments de cadavres. La soif va devenir une véritable obsession sur tous les PA. Les dernières corvées ne traînent plus que des bidons bien insuffisants, acheminés par des PIM infatigables trottinant sous la mitraille pour rapporter leur précieux fardeau lorsqu'ils ne se font pas tuer en chemin. Cette eau dont ils devraient tous boire deux à trois litres quotidiennement et dont ils ont rarement un quart... Pourtant la station d'épuration fonctionne toujours ; elle est simplement hors d'atteinte. L'hygiène devient désastreuse, encore que les hommes essayent toujours de se laver et de se raser. Ce sont les feuillées qui deviennent le lieu le plus dangereux de l'environnement ; alors, comme partout ou presque, il faut, au détour d'une tranchée, creuser une annexe et au fond de l'impasse la fosse la plus profonde possible qui

sera recouverte de bois, les caisses de munitions ne servant plus seulement à faire bouillir l'eau.

Hanoi : Cogny sur le départ…

L'ambiance étant ce qu'elle est et les relations au sommet plus tendues que jamais, Cogny fait savoir à
Navarre qu'il n'a pas l'intention de prolonger son séjour
en Indochine au-delà de la date normale. Le 3 avril,
Navarre – qui a certainement d'autres préoccupations
plus urgentes – lui répond :

« En réponse à votre lettre n° 253/cab/FTNV :

« 1. Je prends acte de votre désir de ne pas prolonger
votre séjour au-delà de la fin de la période opérationnelle en cours. Ce désir coïncide d'ailleurs avec mes vues
personnelles.

« 2. Je vous demande – ainsi que vous en avez exprimé
l'intention – de m'adresser dès que vous en aurez le temps
un rapport sur les conditions dans lesquelles s'est déroulée,
à votre échelon, la campagne de Diên Biên Phu. Ce rapport
devra contenir toutes les explications utiles sur les lacunes
constatées dans la préparation et la conduite de la bataille
dont ma lettre n° 1467/géné/CC du 29 mars 1954 fait état,
tout au moins pour les principales.

« 3. Je ne juge pas nécessaire de continuer le débat
sur la suffisance ou l'insuffisance des forces qui vous ont
été allouées pendant la présente campagne. Ma position
à ce sujet reste inchangée… »

De toute évidence, à cette date, Navarre sent la
défaite. Il prévient les États associés que le Viêt-minh a
perdu douze mille hommes, dont dix mille non récupérables, mais qu'il se renforce pourtant autour du camp
retranché :

« Ceci confirme mon impression que la bataille atteint
son moment décisif où toute intervention extérieure

peut faire pencher la balance. L'ennemi est malheureusement beaucoup mieux placé que nous pour réaliser cette intervention au moyen de quelques renforts frais... »

Cogny ne paraît pas davantage croire que Diên Biên Phu puisse échapper à la catastrophe ; pourtant, son état-major lui glisse deux jours plus tard une note qui peut sembler encourageante :

« Les rebelles paraissent, le 5 avril, faire appel à des unités engagées dans d'autres secteurs du Laos et du pays thaï et dont on peut penser qu'elles n'ont pas la valeur des unités décimées. Le point culminant de la bataille paraît dépassé... »

Le 2e bureau de Hanoi avait aussi fait, le 3 avril, une suggestion à Cogny : et si l'aviation lançait des attaques systématiques contre les routes provinciales 13 et 41 puis contre les dépôts de munitions et de vivres repérés, qui ne sont plus défendus par la DCA regroupée autour de Diên Biên Phu ? De telles attaques pourraient contraindre les Viêts à déplacer leur DCA et soulager le camp[8].

Saigon, 4 avril : si l'on faisait pleuvoir...

Le 4 avril, l'arrivée en Indochine du colonel Robert Genty, membre du comité d'action scientifique de la Défense nationale, ressemble à une mission parmi des dizaines d'autres. Il vient à la demande du général en chef, pour une tâche paraissant moins sérieuse qu'elle ne l'est... Docteur ès sciences, ingénieur de l'École supérieure d'électricité, Genty, avec d'autres penseurs, recherche les applications possibles de la science à l'art militaire. En l'occurrence il s'agit de faire pleuvoir autour de Diên Biên Phu ! L'idée a germé du côté de l'état-major, à partir d'un raisonnement simple, presque simpliste : la mousson approchant sera redoutable pour le camp retranché dont les défenseurs risquent de patauger dans la boue, mais plus encore pour leurs assaillants qui auront le plus grand mal à acheminer jusqu'aux abords de la vallée les vivres et les munitions indispensables au siège. Alors, autant anticiper sur la saison des pluies et en provoquer là où elles seront le plus gênantes ; sur les pistes qu'empruntent à longueur de journées et de nuits les coolies de l'ennemi. Personne, semble-t-il, n'a remarqué que déjà les combattants des deux camps s'affrontent sous une pluie cinglante, dans des tranchées tournant au marécage.

L'expérience, à la vérité, n'a pas été menée exactement de la façon dont la relatent les archives militaires. Celles-ci ne font état de la présence du colonel Genty en Indochine que pour la période allant du 4 au 16 avril. Ce séjour a été précédé d'une brève apparition de Genty à Saigon un mois plus tôt. Arrivé le 14 mars en début d'après-midi, il est étonné d'être attendu à sa descente d'avion – un Armagnac – par un représentant de Navarre parti prestement pour Hanoi. Il est donc reçu par le général Gambiez et l'entrevue commence à la façon d'une comédie de Labiche : le général croit que le colonel répond à leur convocation, le colonel ignore que le général l'a convoqué et répond être là en permission ; ce qui est exact. Genty, qui avait beaucoup défendu Armagnac, un type d'appareil contesté, avait été invité, en remerciement, sur le vol Paris-Saigon et retour. Après une telle entrée en matière, les deux hommes y voient plus clair : Navarre a convoqué Genty en janvier, lequel n'en a rien su. Le « généchef » voulait que Genty fasse pleuvoir sur les Viêts ! Or Genty, s'il a suivi de semblables expériences en 1948, n'est pas à proprement parler un expert en la matière. Il n'était qu'un observateur attentif des travaux du professeur Dessens, directeur de l'observatoire du Puy-de-Dôme, à Clermont-Ferrand. Comme il y a urgence, le colonel Genty révèle à Gam-

biez l'essentiel de son savoir et, par voie de conséquence, les raisons pour lesquelles il ne peut leur offrir
la pluie sur demande. Peut-être convient-il de laisser au
colonel Genty le soin d'expliquer les diverses méthodes
possibles :

« Il ne peut pleuvoir là où il n'y a pas d'eau en suspension dans le ciel, c'est-à-dire là où il n'y a pas de nuages,
et principalement des nuages dits "cumulo-nimbus"
chargés d'eau liquide en surfusion, à savoir à des tempé-
ratures comprises entre 0 et – 10°. On peut alors provoquer la pluie en faisant cesser l'état de surfusion de l'eau
liquide. Ceci s'obtient de plusieurs façons qui toutes,
cependant, se ramènent à provoquer la naissance de fins
noyaux de glace tombant naturellement par gravité, qui
fondent, mais à température positive cette fois, en traversant des couches atmosphériques de plus en plus
chaudes à mesure que le sol se rapproche. En fonction
de cette démarche, la pluie peut être engendrée de plusieurs manières :

– un choc mécanique, par exemple dû à une explosion,

– un choc thermique accompagné d'une insémination
de noyaux hygroscopiques, en faisant éclater une bombe
à neige carbonique,

– une inséminaion physique par projection de fines
gouttelettes d'eau pulvérisée,

– une insémination physico-chimique par introduction de noyaux hygroscopiques, en particulier d'iodure
d'argent… »

C'est cette dernière solution que Genty suggère, c'est
aussi celle qui avait la préférence du professeur
Dessens[9].

Le matériel nécessaire est plus compliqué qu'il n'y
paraît. Il faut des paniers cylindriques à treillis métallique de cinquante centimètres de hauteur et de vingt centimètres de diamètre, chargés de trois kilos de charbon

de bois badigeonnés d'une bouillie d'iodure d'argent, et, au-dessous, le système de mise à feu avec de la poudre noire, un cordon Bickford équipé d'une capsule de phosphore. Le tout est parachuté, après avoir été lesté d'un sac de sable d'une cinquantaine de kilos… Le lendemain de son arrivée, le colonel Robert Genty repart par le même avion pour la France où il va devoir, en moins de trois semaines, rassembler le charbon de bois activé à l'iodure d'argent, une cinquantaine de paniers d'un modèle introuvable sur le marché, autant de parachutes et les divers accessoires déjà évoqués. Une enquête auprès de services météorologiques supposés compétents lui apprend qu'il faudra – pour des problèmes de température extérieure – larguer ses casiers aux environs de 7 000 mètres d'altitude. Ce qui l'oblige à ajouter aux fournitures précédentes des masques à oxygène pour les pilotes, l'aviation n'en ayant pas en Indochine. Après des essais avec les systèmes à base de neige carbonique et de charbon de bois à l'iodure d'argent en Cochinchine, Genty et son équipe montent vers le Tonkin où, les 11, 12 et 13 avril ils poursuivent leurs expériences. Ils sont certains d'avoir engendré quelques ondées et un très bel orage de grêle qui allait mettre en difficulté l'avion du général de La Chenelière, piloté par le colonel Nicot. Les travaux pratiques du colonel Genty n'ont pas eu d'autres conséquences, si ce n'est la disparition des cent cinquante paniers largués dans le ciel indochinois, avec leurs parachutes et leur chargement de charbon de bois ioduré.

Avant de rejoindre la France, Genty avouera à Navarre qu'il aurait certainement fallu des semaines d'études et d'expériences pour maîtriser la pluie. Alors que la mousson était proche, très proche désormais…

Diên Biên Phu : crise morale chez les Viêts

Le 4 avril, intervient une nouvelle et très courte trêve – parfois située au 3 avril. Elle est due à l'initiative du Viêt-minh, qui a proposé aux Français de venir récupérer des blessés de « Huguette 7 ». De toute évidence, la trêve – qu'accepte Castries – est lourde d'arrière-pensées. Les bo-doï n'apportent que quatre cadavres, affreusement mutilés, sans doute des légionnaires qu'il sera impossible d'identifier. S'agit-il d'impressionner le camp retranché, de gagner une ou deux heures pour des travaux d'approche à moindre risque puisque les tirs sont suspendus ? Il devient évident que ces restitutions relèvent non d'un esprit humanitaire mais bel et bien de la guerre psychologique. Dans les heures suivantes, douze légionnaires désertent de « Huguette 6 ».

Que, depuis Paris, le ministère de la Défense annonce l'envoi de renforts n'est qu'une maigre, très maigre, consolation. Certes, le 7ᵉ BCP qu'achemine l'US Air Force devrait arriver le 25 avril, avec dix-sept officiers, quatre-vingt-deux sous-officiers et quatre cent cinquante-six parachutistes. Mais quatre cents appelés volontaires pour servir en Indochine, acheminés par les mêmes moyens, ne seront là que le 5 mai. Et le 3ᵉ BEP avec dix-huit officiers, cinquante à soixante-dix sous-officiers et trois cent vingt légionnaires, embarqués sur le *Pasteur*, n'est attendu que pour le 22 mai. Est également en partance un bataillon de tirailleurs algériens, encore stationné en Algérie. Quant aux hommes du 7ᵉ BCP, ils garderont de leur aventure un souvenir mitigé. Le bataillon embarque dans la nuit du 19 au 20 avril à bord des Globe-Master de la 322ᵉ US Air Force. Ils sont avec armes et bagages mais ils voyagent en civil. Ils ont d'ailleurs touché des costumes hétéroclites qui leur vont tant bien que mal. Sans ces accoutrements, ils n'auraient pu faire escale, comme prévu, à Tripoli, au Caire, à Dharan et Colombo. Le lieutenant Edouard Terzian, dont des camarades de Saint-Cyr combattent à Diên Biên Phu, se demande comment une nation peut se lancer dans une guerre, en espérant la gagner, ou tout au moins connaître une issue favorable, alors qu'elle n'est pas capable d'acheminer un bataillon vers l'Indochine sans l'aide de l'aviation américaine[10].

En ces tout premiers jours d'avril, le 2e bureau du GONO informe Hanoi que les interrogatoires des prisonniers, à propos de la présence de conseillers étrangers, donnent peu de résultats. Un rallié du régiment 141 division 312, dirigé vers Hanoi quand cela était encore possible, a signalé la présence de Chinois avec l'artillerie sur la rocade Ban Tau-Ban Na Nam à la fin janvier. Un prisonnier de la 308 capturé le 3 avril dit aussi avoir vu un conseiller chinois dans une batterie de 105. Les autres indications sont plus floues : les prisonniers ne peuvent indiquer ni la nationalité ni le nombre de ces conseillers étrangers dont ils ont surtout entendu parler.

Giap, au fil des heures, se rend compte que l'attaque ne débouche pas sur un succès immédiat, et qu'il doit même supporter des revers :

« La colline A1[11], la plus importante de ces cinq hauteurs, est le dernier bastion de la défense du secteur central et la bataille y a été particulièrement acharnée, depuis la nuit du 30 mars jusqu'au 4 avril. Dans la première nuit nous avons occupé les deux tiers de cette position. A l'aube et pendant toute la journée du lendemain, l'ennemi s'étant renforcé, et soutenu par l'artillerie et des blindés, a réoccupé les positions perdues. Dans la nuit du 31 mars, nouvelle attaque de notre part : le combat a duré toute la nuit, et nous occupons à nouveau les deux tiers de la colline. De nombreuses contre-attaques permettent à l'ennemi de reprendre une partie de ses positions. Dans la nuit du 1er avril, nous enclenchons une troisième attaque, la bataille a duré jusqu'au 4 avril et chaque pouce de terrain a été âprement disputé, passant successivement d'une main à l'autre. L'adversaire, utilisant des souterrains et des positions solidement retranchées, s'est défendu avec ténacité. En fin de compte, chaque partie a occupé une moitié de cette hauteur. Pendant ce temps, alors que nous n'avons pas encore réussi à nous emparer entièrement de cette dernière hauteur, l'ennemi a reçu des renforts par parachutage ; le 9 avril au matin, il contre-attaque et réoccupe C1. Nouvelle bataille extrêmement dure pendant quatre jours et quatre nuits et C1 est également partagé en deux moitiés tenues chacune par un des adversaires.

« Ainsi notre offensive sur les collines de l'est du secteur central a obtenu des succès importants, mais n'a pas atteint tous les objectifs prévus. »

Lorsqu'il peut, lors d'un moment de calme relatif, faire un point personnel sur la situation, le lieutenant Allaire est certain que les Viêts montent à l'assaut enivrés à l'alcool de riz, « choumés », dit-il, que leur casse est énorme. Il se dira d'ailleurs, par la suite, que le colonel viêt a été limogé et sans doute fusillé… Le camp ayant été sauvé par cette résistance acharnée, par les canons de Brunbrouck, il est temps de souffler pour les deux côtés. Il faut récupérer, se réorganiser, se renforcer ; il faut aussi revoir la tactique. Giap s'est trompé. S'il continuait, c'était fini pour lui… Alors, un calme très relatif s'installe, qui tiendra jusqu'au 10 avril… date à laquelle Bigeard décide qu'il faut contre-attaquer sur « Eliane 1 » sinon la bataille pour Diên Biên Phu est perdue.

Il fait creuser une tranchée à la manière des Viêts et récupère « Eliane 1 », repris et conservé jusqu'au 7 mai. « Eliane 2 » tient aussi.

Il est difficile de dater avec précision les événements donnant lieu aux analyses de Giap, souvent rédigées bien après la bataille, puis revues et corrigées au fil des années. C'est pourtant indiscutablement en évoquant les combats pour les Cinq Collines qu'il s'attarde sur les défaillances ayant affecté ses troupes :

« Plus la seconde phase se prolonge, plus nous récoltons de succès, plus s'affirme notre suprématie en effectifs et en puissance de feu. Par la pratique des combats, nos plans opérationnels se font de plus en plus précis, et les questions tactiques ont pu être résolues de façon très concrète. Pendant ce temps l'ennemi essuie des défaites de plus en plus graves, ses difficultés s'accumulent dans le domaine des effectifs, dans celui du ravitaillement comme sur le plan moral.

« Or c'est précisément en ces moments que parmi nos cadres et combattants apparaissent des tendances droitières, négatives, se manifestant soit par la peur d'avoir de nombreux tués, la peur d'essuyer des pertes, d'affronter la fatigue, les difficultés, les privations, soit par du subjectivisme, la sous-estimation de l'ennemi et la suffisance. Le Bureau politique qui a suivi de près la situation de nos forces combattantes a estimé que les dernières grandes victoires ont créé les conditions fondamentales permettant à nos troupes d'achever l'anéantissement du camp retranché, mais que les erreurs et insuffisances de nos cadres, principalement les tendances droitières restent graves et limitent en partie la portée de nos victoires. Le Bureau politique a alors donné la directive suivante :

« Les comités du Parti, les membres du Parti et tous les cadres doivent s'efforcer de surmonter les tendances droitières, d'affermir et d'élever leur résolution, de prendre conscience de toute leur responsabilité devant le peuple, l'armée et le Parti pour corriger avec détermination leurs erreurs et insuffisances ; ils doivent conti-

nuer à se pénétrer profondément du principe directeur
de l'attaque sûre, de la progression sûre, tout en luttant
de vitesse afin d'exécuter strictement les ordres, de surmonter tous les obstacles et difficultés pour mener à
bien leur tâche jusqu'à la victoire totale[12]. »

Il y a donc bien eu des défaillances chez l'adversaire,
suffisamment graves pour que les Français les aient
remarquées. Il y a eu aussi des sanctions, ils en avaient
recueilli quelques échos sans autres preuves. Ce qu'ils ne
pouvaient connaître, c'est la façon dont le Viêt-minh
allait reprendre ses hommes en main.

Alors que les combats se poursuivent, alors que les
bo-doï harcèlent les points d'appui et que les coolies
creusent boyaux et tranchées, les délégués du parti
confèrent, critiquent, décident. Et ce qui est arrêté lors
de ces réunions est sans ambiguïté : il faut rappeler aux
combattants, de tous rangs, les conditions de la victoire.
Giap cite le texte qui sort de ces réflexions, dont il est
sûrement partie prenante, puisqu'il introduit ainsi la
citation du document : « nous avons critiqué sans ménagement les manifestations droitières » :

« L'esprit de notre Parti, de notre armée est le dynamisme révolutionnaire, la combativité indomptable, irré-
ductible contre l'ennemi, l'esprit de combat sans
compromis, sans concession du prolétariat. C'est l'esprit
révolutionnaire dans sa plus haute expression, qui ne se
laisse pas griser par la victoire ou rebuter par les difficultés, qui porte à combattre jusqu'à la victoire finale, en
n'importe quelle circonstance. Dans l'armée cet esprit du
Parti se manifeste par de l'héroïsme au combat, la volonté
d'anéantir l'ennemi, d'exécuter strictement les ordres, la
volonté de surmonter les difficultés, les souffrances, sans
crainte du péril, de la fatigue, des pertes, du sacrifice de
sa propre vie. C'est la volonté de combattre sans répit,
de ne pas tomber dans le subjectivisme et la suffisance,
de ne pas se laisser ébranler en cas de défaite, de garder

en toutes circonstances son sang-froid, son dynamisme, sa ténacité. »

Commence, de l'arrière jusqu'aux avant-postes, pour les cadres comme pour les combattants, un travail politique de tous les instants. Il faut porter la bonne parole à tous les niveaux pour en finir avec les manifestations droitières, pour remonter le moral des troupes et préparer les conditions de l'assaut général, le dernier assaut. Et cela a dû être long et sérieux, puisque la troisième phase de l'offensive va attendre la fin avril...

14

Un éclat de Juin
La reprise de « Eliane 1 »
Opération « Condor »

Il ne faudrait pas imaginer qu'avec le terme de la bataille dite des Cinq Collines s'achève une période de combats aussi violents qu'incertains. Certes, les deux adversaires sont également épuisés, également déçus ; les uns en raison de leurs pertes inquiétantes pour l'avenir, les autres à cause de leurs gains insuffisants témoignant d'un malaise à corriger d'urgence. Si s'achève une bataille pour quelques objectifs précis, ne lui succède ni une trêve ni même un semblant d'accalmie. Les combats quotidiens vont se poursuivre pour une tranchée, contre une patrouille, pour un point haut. Les deux artilleries vont continuer de tonner pour réduire les positions de l'adversaire. La DCA va cracher dès qu'un avion se portera au secours de la base au bord de l'asphyxie. Les renforts parviendront aux deux camps, après une marche épuisante à travers la jungle pour les uns, au hasard des parachutages pour les autres.

Comme cela se produit depuis le 20 novembre, l'attention se déplace à l'occasion. Toujours vers Paris, toujours vers Saigon ou Hanoi, bientôt vers Genève…

Paris, 31 mars, un éclat de Juin

L'affaire éclatant à Paris, alors que s'engage la bataille des Cinq Collines, peut paraître étrangère aux problèmes indochinois. Ce n'est qu'illusion, elle s'y rattache à plus d'un titre.

Contraint d'imaginer la fin prochaine de Diên Biên Phu, Joseph Laniel gouverne en contournant les récifs. Sa majorité se divise à propos de la CED. Les uns, au MRP, réclament un débat rapide ; les autres, gaullistes essentiellement, refusent l'idée de la ratification. Laniel, essayant de désamorcer la crise, annonce que le sujet sera discuté « le moment venu »... Le MRP réclame des mesures économiques et sociales. Voici Laniel déclarant, à Lille, que la reprise économique est en marche comme en témoignent l'évolution des permis de construire, les indices de productivité ou la consommation électrique... Sans qu'aucun signe avant-coureur de l'orage soit apparu, le dossier de la CED ressurgit, avec ses allures de brûlot.

La querelle de la CED, alourdissant le climat politique aux premières semaines de 1954, est une vieille affaire. Elle remonte à 1950, lorsque les Etats-Unis, face à la menace soviétique, ont imaginé que la défense de l'Europe passerait par le réarmement allemand. Une idée qui ne devait pas nécessairement séduire la vieille Europe. Une des répliques à cette initiative vient d'un ministre français, René Pleven. Pour contrôler l'Allemagne réarmée, il suppose qu'il serait plus prudent de l'intégrer dans une « défense européenne ». L'initiative a ses adeptes et ses détracteurs ; ces derniers s'indignent de l'aspect supranational du projet qui devient traité le 27 mai 1952. Outre la France, en sont signataires la Belgique, la Hollande, l'Italie, le Luxembourg et, bien entendu, l'Allemagne ravie de reprendre place dans le concert des nations. C'est d'ailleurs l'aspect supranational du traité qui conduit la Grande-Bretagne à ne pas le parapher. Il est toutefois entendu qu'il doit être ratifié par chacun des Parlements concernés. Là commencent, pour la France, les difficultés. En premier lieu, il n'y a pas de réelle majorité pour approuver la CED. Il n'y a même pas d'unité – pour ou contre – au sein des divers partis politiques, souvent traversés par une ligne de fracture. En second lieu, les Etats-Unis, tenant à ce texte, regardent les Français de travers : ils ont lancé une idée, celle-ci a fait son chemin, et maintenant leur Parlement bloque ! Au fil des mois, la position de Washington se durcit. Que la France se ravise, sinon ce sont les Etats-Unis qui vont réviser leurs relations avec Paris ! Le général Ely, lors de sa mission à Washington, a parfaitement perçu que les réticences américaines, face à une intervention au Vietnam, ne tenaient pas seulement à notre façon de conduire la guerre, de leur demander des aides matérielles tout en refusant leurs conseils stratégiques ou politiques. Il a compris que nous n'étions que d'étranges et incertains alliés puisque nous étions incapables de régler le dossier de la CED... C'est alors que le maréchal Juin souffle vigoureusement sur les braises rougeoyantes.

Juin, à l'époque, est surtout préoccupé par l'Indochine. Le colonel Bernard Pujo, l'aide de camp du maréchal, se souvient de celui-ci monologuant souvent devant lui, comme s'il réfléchissait à haute voix. Il a noté quelques-unes de ses phrases, témoignant du tourment de Juin face à cette bataille qui se durcit chaque jour :

« Je l'ai dit depuis trois ans, il ne faut pas se laisser attirer par la Haute Région et toujours on recommence la même erreur... On veut aller trop vite et trop loin... La pacification est une œuvre de longue haleine... Un moment Latour a réussi et puis Chanson en Cochinchine... La tache d'huile de Lyautey... Aucun de nos généraux n'a compris le Tonkin... Une sécession de la Cochinchine, cela aurait pu être possible, c'est nous qui l'avons mise de force dans le Vietnam... Mais maintenant... »

Président du comité des chefs d'état-major, responsable de la défense de l'Europe occidentale, le maréchal Juin se sent deux fois concerné. Certes, il tient à une défense de l'Ouest face au danger que représente l'Est, mais pas dans n'importe quelles conditions. Il considère que le traité de mai 1952 n'est ni satisfaisant intellectuellement, ni efficace militairement. Pour reprendre sa propre formulation, on peut fusionner le charbon et l'acier, on ne peut pas fusionner des armées ; cela parce que le texte prévoit une intégration des contingents nationaux jusqu'à l'échelon du bataillon. Une telle fusion lui paraît dangereuse pour la France ; elle risque d'y laisser une bonne partie de son indépendance nationale. Elle doit, de plus, assumer ses responsabilités propres dans l'Union française. Il l'a déjà fait savoir à René Mayer puis à Joseph Laniel. Il en a retiré la certitude qu'il n'était pas écouté et encore moins entendu. Alors, Juin va déclarer publiquement ce que les gouvernements ne souhaitent pas entendre. Il le fait à Auxerre, le samedi 27 mars, devant les officiers de réserve de l'Yonne. Evoquant essentiellement la CED, il déclare considérer le traité comme inapplicable sur bien des articles :

« Un effort d'amendement a été entrepris dans ce sens, qui a abouti à la rédaction de protocoles additionnels ou interprétatifs, peu clairs en vérité, et encore insuffisants. On s'est immobilisé là-dessus et voici qu'aujourd'hui personne ne parle plus de compléter ces protocoles ni même de les présenter à la ratification en même temps que le traité ainsi que je l'ai toujours demandé.

« Il y a manifestement maldonne en ce qui me concerne, mais c'est au Parlement qu'il appartient de trancher. La vérité est sans doute comme souvent, dans un sage milieu, c'est-à-dire une solution de rechange, toujours possible, quoi qu'on en dise, et qu'on ne saurait faire grief au pays de rechercher. »

Juin et sa femme se rendent ensuite à Marseille, pour accueillir leur fils, officier au 3ᵉ Etranger, de retour d'Indochine. Ses propos seraient peut être passés inaperçus sans les comptes rendus qu'en publie la presse le lundi matin 29 mars. Le lendemain, c'est encore par la presse que le maréchal apprend que Joseph Laniel exige des explications immédiates. La réponse qu'il fait à son aide de camp, Bernard Pujo, est sans appel :

« On ne me convoque pas comme un brigadier-trompette... je n'admets pas ça ! »

Après quoi, il adresse à Laniel une lettre moins âpre mais lui rappelant qu'il est pour une CED qui n'est pas celle prévue par le traité et qu'il refuse de participer à une conspiration du silence, se souvenant que l'on avait trop reproché aux généraux de 1939 de ne pas avoir alerté le gouvernement sur les risques courus.

Le 31 mars, devant les officiers de cavalerie de réserve de l'association « Saumur », il ne revient pas sur ses propos – « Je ne répète pas deux fois la messe pour les sourds ». Il les complète indirectement en évoquant la revalorisation nécessaire de la condition militaire :

« La condition de nos cadres est inhumaine... Pour l'améliorer, il faudrait qu'il y ait un Etat en France, il n'y a qu'une administration sans oreilles ni entrailles. »

Sensiblement au même moment, un conseil de cabinet se réunit à l'Elysée pour juger ce manquement à la discipline et évoquer les suites à donner. Autrement dit, faut-il démettre le maréchal de ses fonctions, ce qui reviendrait à lui rendre la liberté de parole dont il use déjà ? Faut-il le maintenir en place, au risque d'y laisser une partie du crédit du gouvernement ? La première décision est une manière de transaction ; Juin gardera ses responsabilités au commandement de la zone Centre-Europe, mais il sera privé de ses fonctions annexes de vice-président militaire du conseil supérieur des forces armées et de conseiller permanent du gouvernement... Juin, de sa propre initiative, envisage de se retirer du commandement Centre-Europe. Il se rend au SHAPE, sa démission en poche. Le général Gruenther la refuse : il ne l'acceptera que si Juin est remplacé par un Français et non pas par un Britannique ou un Hollandais, ceux-ci intriguant déjà pour cela.

En fait, le 31 mars, commence une affaire Juin. Si elle a pu, un instant, paraître éloignée du dossier indochinois, ce n'est qu'une apparence comme les suites – immédiates et plus lointaines – le prouveront.

Les suites immédiates sont révélatrices d'un climat politique malsain, sinon délétère. Dès les premiers jours d'avril, il se trouve des hommes ne portant pas la IVe République dans leur cœur pour tenter d'utiliser l'affaire Juin. Une certaine agitation naît dans l'entourage du maréchal, entretenue par l'Association des anciens du corps expéditionnaire français d'Extrême-Orient. L'association a organisé diverses cérémonies pour le dimanche 4 avril : une messe à Saint-Louis des Invalides puis la Flamme à ranimer sur la tombe du Soldat inconnu, à l'Arc de triomphe. En arrière-plan, il est entendu que la journée s'achèvera par une manifestation contre les ministres qui se rendront à l'Arc de triomphe, cela pour tenter d'obtenir la démission du gouvernement... Que le maréchal soit présent, il pourrait bien être plébiscité par la foule des mécontents. Le chemin est court de l'Etoile à l'Elysée... Son aide de camp, Bernard Pujo, se souviendra de la réaction de Juin :

« Messieurs, vous vous trompez d'adresse. Je suis un soldat et rien qu'un soldat… Jamais je ne ferai de politique… Dites-le bien à ceux qui vous envoient… Depuis mon admission à l'école communale jusqu'à mon bâton de maréchal, je dois tout à la République. C'est elle qui m'a élevé, qui a fait de moi un officier, qui m'a couvert d'honneurs, jamais je ne m'élèverai contre elle[1]. »

Le soir dit, la manifestation a bien lieu. Après la sonnerie aux morts, suivie de *La Marseillaise*, Joseph Laniel et René Pleven sont pris à partie par la foule. Le service d'ordre, qui paraît bien mince, est rapidement débordé. Les deux ministres, protégés par une poignée de généraux, sont entraînés vers leurs voitures. La chronique retiendra que René Pleven aurait même été giflé par l'un des contestataires[2].

Pour un peu, la querelle de la CED glisserait au second rang. Elle se poursuivra cependant tout au long du mois d'avril, avec la prise de position hostile du général de Gaulle, avec la recherche d'une date – introuvable – pour le débat de ratification devant le Parlement.

Il est sans doute audacieux d'entrevoir dans ces péripéties les premiers pas de comploteurs qui se révéleront beaucoup plus actifs en 1958 – dans quatre années seulement – et qui, au mois de mai, jetteront à terre une IVe République bien lézardée. Avec le soutien d'une armée que l'Indochine aura traumatisée et isolée de la Nation.

Diên Biên Phu, les bas-fonds et l'héroïsme

La bataille des Cinq Collines laisse place à d'autres accrochages ou affrontements. C'est ainsi que le 6 avril, le génie désamorce quinze mines que les Viêts ont posées sur la piste d'aviation. Certes, elle n'est plus accessible aux avions mais elle tient encore un rôle essentiel. Elle est le lieu de tous les parachutages, étant devenue la seule dropping zone, ou DZ, du camp retranché. Elle est, dès ce moment, placée sous la protection du 8ᵉ Choc bénéficiant des appuis feu des « quadri ». Tourret crée un nouveau PA qui est baptisé « Opéra » et qui s'installe dans le drain longeant la piste d'aviation à hauteur de « Huguette 6 ». Il y aura aussi, tout près, entre « Epervier » et « Opéra » un lieu dit le « PA sans nom », un endroit suffisamment étrange pour que Jean Pouget écrive plus tard qu'il était en effet innommable.

Il y a, le 7 avril, une nouvelle vague de désertions au 3ᵉ bataillon thaï, qui n'est certainement pas étrangère à une nette recrudescence des tirs de harcèlement de l'artillerie et de la DCA, de jour comme de nuit. La 12ᵉ compagnie du BT 3, qui était sur « Huguette 2 », en est encore la victime ; trente-cinq départs ! Cette fois-ci la situation est plus sérieuse : les déserteurs emportent leurs armes. Les derniers Thaïs présents sont désarmés. Ils deviennent à leur tour l'égal des PIM et vont, pour partie, rejoindre ceux qu'il faudra bien appeler les déserteurs de l'intérieur ou les « pouilleries » de Langlais : les rats de la Nam Youn.

La présence des rats de la Nam Youn restera longtemps un épisode caché de l'histoire de Diên Biên Phu. Exactement comme il arrive à des familles fort respectables d'oublier quelque péripétie jugée outrageante pour la parentèle : une faillite, un crime passionnel, un enfant naturel… Les aventures des rats de la Nam Youn ont pris tous les travers de ces déboires familiaux. C'est la tare que l'on tente de cacher aux amis, aux voisins, mais qui prend, lorsque l'on ose l'évoquer, entre parents le soir à la veillée, des dimensions homériques.

Les rats ne sont que des déserteurs de l'intérieur. Toutes les garnisons assiégées, toutes les places fortes investies, toutes les cités encerclées ont eu les leurs. Ce sont les plus fragiles, qui ne supportent plus le fracas des obus, les rafales des armes automatiques, la peur au ventre et les risques au quotidien. Ce sont les dépressifs n'ayant aucune chance d'être évacués parce qu'ils n'étaient pas chef d'état-major. Ce sont les punis de Langlais, les désarmés de force, qui n'ont pas voulu devenir les coolies du camp et laisseront aux PIM le soin de risquer leur vie pour aller récupérer les containers parachutés. Les rats de la Nam Youn, c'est à la fois la honte du camp retranché, les effets d'un siège qui ne cesse de se durcir et le besoin de ne pas s'en éloigner parce que, lâches ou épuisés, les rats savent encore qui est l'ennemi et ils n'ont pas envie de s'y frotter.

Ils vont vivre, jusqu'au dernier jour du siège, sur les bords de la rivière, nichés dans les terriers qu'ils creusent dans les berges. Ils seront, à un certain moment, à quelques dizaines de mètres des dernières défenses du camp. Ils ont faim comme leurs camarades, mais ils n'acceptent pas les privations. Ils auraient dû se faire oublier, ils seront trop envahissants. Ne figurant plus à l'ordinaire d'aucune unité, ils vont se nourrir au détriment de la collectivité. Il leur suffit de jouer les PIM pour leur propre compte, d'aller récupérer les colis de vivres plus rapidement que leurs rivaux, de les entasser dans leurs gourbis puis, à l'occasion, d'en trafiquer. L'affaire tourne au sordide quand ils récupèrent du plasma ou des médicaments que les antennes chirurgicales réclament avec la plus grande urgence et qu'ils glissent ces trésors au plus profond de leurs antres ; quand ils s'emparent de munitions dont ils n'ont plus aucune envie de se servir.

S'en débarrasser ? Il aurait fallu déloger les rats de leurs terriers. Langlais y songera, ce qui serait revenu à déplacer le problème, sauf à les exterminer... Langlais sera appelé par d'autres tâches plus urgentes. Vadot a pensé à des exécutions symboliques, mais fusiller un déserteur de l'intérieur était légalement impossible. Ce

sera aussi l'avis de Castries : le camp n'est pas, juridique-
ment, assimilé à une place assiégée. Et les rats continue-
ront de proliférer…

Castries voudrait aussi savoir – le 7 avril – que faire
des blessés viêts qui occupent des places, pourtant
comptées, dans les infirmeries. Il pose la question à
Hanoi :

« Une soixantaine de blessés viêts prisonniers encombrent. Puis-je les rendre à l'ennemi ? »

Castries pose la question, la réponse ne lui importe
qu'à demi. Il a ses propres états d'âme que lui seul peut
résoudre. Sa crainte est humaine et ne correspond guère
à l'image que le camp se fait de lui, celle d'un homme
insensible aux douleurs des autres. Il redoute que les
Viêts se désintéressent d'hommes qui leur reviendraient
hors d'état de combattre. Il n'accepte pas qu'un blessé,
même ennemi, puisse manquer de soins. Il décidera de
garder les bo-doï de l'infirmerie. Ils seront soignés comme
les combattants du camp retranché, à côté d'eux… Son
turbulent adjoint n'a pas autrement apprécié :

« J'ai à ce sujet un point de vue bien arrêté, écrira
Langlais. Giap faisait la guerre et quand on fait la
guerre, on ne fait pas de sentiments. Il savait que ces
blessés étaient le plus lourd handicap du camp retranché… »

La base qui n'est plus aéroterrestre s'isole chaque
jour davantage ; parce que les Viêts ont décidé de
l'étouffer faute de pouvoir l'enlever de force ; parce
que les liens avec l'extérieur s'amenuisent. La garnison est privée de courrier à partir du 28 mars. Depuis
qu'il n'y a plus de liaison aérienne, le colonel de Castries refuse les parachutages des correspondances. Les
Viêts sont déjà assez bien renseignés pour ne pas, en
plus, prendre connaissance des états d'âme des familles.

Il y a encore une tentative le 9 avril, sortant de l'ordinaire. Des sacs de courrier sont retirés les paquets, les lettres destinées à des évacués ou à des tués ainsi que les correspondances officielles. Ce qui reste est réparti en petits colis étiquetés « à remettre au bureau de poste militaire ». Chacun de ces paquets est confié à l'un des hommes qui vont sauter sur le camp. A raison d'un kilo par homme, il y a soixante-dix-neuf lots à répartir et autant de facteurs d'occasion. Après, les défenseurs de Diên Biên Phu seront définitivement coupés du monde des vivants. Aucune lettre n'arrive plus, aucune lettre ne part plus ; le SP 74.144 est mis entre parenthèses. Pourtant, le vaguemestre et son équipe restent en fonction.

Le vaguemestre est étonnant à plus d'un titre. Receveur des postes travaillant en Bretagne, Eugène Pennamec'h a accepté une mission temporaire auprès des armées puis, glissé dans l'engrenage, une affectation provisoire auprès de la garnison de Diên Biên Phu. Il a reçu un grade d'assimilation et, avec cette distinction, des galons de lieutenant. Il a installé son bureau de poste entre le PC de Castries et une batterie d'artillerie. Longtemps une Jeep est partie de là pour « Isabelle », « Béatrice », « Gabrielle » où le courrier a encore été monté le 13 mars au matin par Carré, l'un de ses adjoints. En ce mois d'avril, il n'y a plus de distribution, plus de tournée. Les rares combattants à pouvoir encore se glisser jusqu'à l'abri en garderont un souvenir étrange, totalement décalé. Rien ne ressemble plus à un bureau de poste rural, comme on pourrait en trouver au plus profond de la France profonde, que cette installation enterrée dans la latérite. Certains prétendent même que des calendriers des postes étaient accrochés aux parois de terre et une batterie de tampons posée devant le receveur. Derrière un semblant de comptoir, le vaguemestre officie toujours : il accepte – contre paiement – des télégrammes abrégés : « suis en bonne forme... » ;

« tout va bien, lettre suit... ». Tous les mensonges habituels pour les familles que l'on cherche à rassurer, selon les vieilles formules des époques déchirées...

La vie continue, angoissante et surprenante. Ainsi, le 10 avril pourrait être une journée comme beaucoup d'autres. Deux patrouilles sortent de « Isabelle » ; elles font chacune deux bons kilomètres, l'une vers l'ouest, l'autre vers le sud. Contre toute attente, elles ne rencontrent aucune opposition. Le 2e BEP du commandant Liesenfelt saute sur Diên Biên Phu. Il y a même une bombe tombant sur « Epervier » et enterrant – sans dommage – des hommes du 8e Choc. C'est aussi le jour où Bigeard décide de reprendre « Eliane 1 ». Et l'on sort là de l'ordinaire !

C'est une idée qui n'est pas venue sans bonnes raisons à Bigeard, il s'en est expliqué :

« Malgré nos pertes, la lassitude, il faut bluffer le Viêt, ne pas lui donner l'impression que nous sommes KO technique. Puisqu'il faut crever, mieux vaut prendre l'initiative que de subir. »

Bigeard soumet son idée à Castries et Langlais qui l'acceptent. Il organise son affaire avec les débris des bataillons d'intervention : le 6e BPC pour l'action, alignant quatre compagnies à quatre-vingts hommes ; Bréchignac et son 2/1er RCP en réserve. Il y aura, depuis leurs positions, l'appui-feu des 1er BEP et 8e Choc. L'artillerie sera aussi de la partie avec les douze 105 du GONO et les huit de « Isabelle » puis douze mortiers de 120 et les trois chars encore disponibles. Sans oublier l'aviation appelée à la rescousse et qui sera au rendez-vous. Bigeard a également recours à une ruse que n'ont pas prévue les Viets. Il a, tout comme eux, fait creuser, pendant les deux jours précédant l'assaut, une tranchée qui va permettre l'approche de « Eliane 1 » aux moindres risques. Les tirs des mortiers du lieutenant Allaire tien-

dront les tranchées viêts venant de l'est et du nord de
« Eliane 1 ». L'heure de départ est fixée à 5 h 30, au
matin du 11 avril.

L'affaire est rude. Après le bombardement et les tirs
de préparation, les hommes du 6e BPC se lancent à
l'assaut de la colline. La compagnie de Hervé Trapp file
vers les hauteurs, celle de Le Page nettoie le terrain. A
11 h 30, l'objectif est atteint, au prix d'une douzaine de
morts chez les parachutistes et certainement de plus
de trois cents chez les Viêts. Le 6e BPC est relevé par le
2/1er RCP qui va supporter les tirs de l'artillerie viêt, puis
l'assaut des bo-doï qui doivent reprendre le piton. Le
2/1er RCP tient comme il peut, avec ses deux commandants de compagnie blessés l'un après l'autre. Un renfort
s'impose au cœur de la nuit. C'est le 1er BEP qui se lance
à son tour dans la fournaise.

Survient une des scènes les plus folles qu'aient vécues
les damnés de Diên Biên Phu. Les légionnaires montent
au secours des deux compagnies qui se maintiennent
comme elles peuvent, littéralement mêlées aux Viêts. Et
dominant la mitraille, les explosions et les cris, s'élève
soudain un chant que connaissent tous les légionnaires,
un chant qu'entonne le lieutenant Louis Martin, que
reprend le lieutenant Brandon, un chant lent, presque
une prière :

> … Et si la mort nous frappe en chemin
> Si nos doigts sanglants se crispent au sol,
> Un dernier rêve, adieu à demain,
> Nous souhaiterons faire école.
> Va légionnaire, le combat qui commence
> Met dans nos âmes enthousiasme et vaillance…

Derrière eux, les petits Vietnamiens du 5e BPVN, arrivés eux aussi en renfort, paraissent interloqués.
Puisqu'ils sont jetés dans la même fournaise, puisqu'ils

veulent aussi leur pincée de gloire, puisqu'ils espèrent toujours être à la hauteur des autres bataillons parachutistes et effacer leur défaillance d'un jour, ils ne peuvent être les spectateurs de cet instant invraisemblable. Ils sont vietnamiens, citoyens d'un Etat qui naît dans la douleur, pourtant à cet instant, le lieutenant Pham Van Phu, commandant de la 2ᵉ compagnie, entonne le seul chant qui lui vienne à l'esprit, peut-être le seul qu'ils aient tous en commun. Il demande aux cadres européens de le soutenir[3]. Alors le 5ᵉ BPVN se joint à l'invraisemblable chorale, entonne *La Marseillaise* en montant vers la mort. A cet instant, le 5ᵉ BPVN ou ba wan devient, pour tous, le 5ᵉ para.

Repris aux Viêts, le point d'appui « Eliane 1 » va tenir encore vingt jours. Jusqu'à l'agonie de ce qui avait été la « base aéroterrestre de Diên Biên Phu ».

C'est également le 11 avril que Castries procède à une réorganisation de son système de commandement. Il désigne Bigeard pour assister Langlais aux interventions, ce qui entérine d'ailleurs un état de fait. Bigeard choisit de s'installer chez Langlais :

« Je pense que Castries, en homme habile, tenait à répartir les responsabilités... ne pas dépendre entièrement de Langlais. Et pourtant, c'est bien ce dernier qui est notre chef... celui que l'on voit, qui gueule, embrasse, critique, vomit Hanoi. »

Le 6ᵉ BPC revient officiellement au capitaine Thomas. Le commandant Bréchignac assurera la défense des hauteurs est. Toujours vers l'est, mais le long de la Nam Youn, ce seront les Thaïs du commandant Chenel. Le commandant Guiraud et les paras de la Légion tiendront la face nord du camp ; Vadot et d'autres légionnaires tiendront la face sud. Tourret et son 8ᵉ Choc garderont « Epervier ».

Tous les matins à 9 heures, se tient le traditionnel briefing avec Seguins-Pazzis, qui va ensuite rendre compte à Castries. Participent à ces réunions Langlais, Bigeard, les commandants en charge de secteurs, les représentants de l'artillerie et de l'aviation ainsi que le capitaine Mehay, le chef du 4e bureau, qui a la rude tâche de passer à Hanoi les commandes pour les parachutages espérés. Ce sont ces parachutages qui posent, à ce moment, les plus sérieux problèmes. Le PC GONO se plaint, le 13 avril, des aviateurs américains. Ceux-ci ne tiennent aucun compte des indications du camp ou refusent de les suivre. Trop de munitions tombent chez les Viets, notamment ces obus à fusée retard qu'ils récupèrent et tirent sur le camp. Le lendemain, des chasseurs se tromperont de cibles et toucheront des abris du camp...

Il y a aussi certainement, ce 13 avril, un instant de tristesse chez ceux qui savent. Mais que sait-on encore du voisin, à Diên Biên Phu ? Les lignes téléphoniques ont été hachées par l'artillerie viêt et les hommes du lieutenant Legrand ne parviennent plus à les réparer au-delà du réduit central. La radio ne sert plus que pour des demandes urgentes de munitions ou des appels au secours. Aller d'un des derniers PA vers le PC revient à risquer sa vie tous les dix mètres. Qui sait donc qu'un obus viêt est tombé sur l'abri du lieutenant Brunbrouck... Il se sent mourir, réclame l'aumônier, il trouve encore la force de demander à ses hommes de poursuivre le combat avec énergie et courage. Il leur dit cela avec une véhémence et une âpreté qui surprennent les rares témoins. Après quoi, s'adressant à son adjoint, le sous-lieutenant Baysset, il lui donne un dernier ordre, ou une prière :

« Je te confie la batterie, elle a bien marché jusqu'à ce jour. Il faut que cela continue. »

Il décède peu après au poste de secours où ses hommes l'ont transporté. Paul Brunbrouck avait vingt-sept ans.

Le 14 avril, c'est le terrain d'aviation qui est attaqué par les Viêts. Ils tiennent la partie nord, creusent une tranchée coupant la piste en son milieu et arrachent plusieurs plaques métalliques. Ils ne seront délogés que le lendemain vers 10 heures.

Fin avril : « Vautour » reste au nid…

La mission Ely, à Washington, porte ses fruits. Les premiers B-26 promis arrivent en Indochine : il s'en pose trente entre le 6 et le 12 avril. L'amiral Radford accepte de prêter également vingt avions Corsair. Il avance simplement deux conditions : que la France présente à Washington une demande officielle, que les appareils soient entretenus et pilotés par des Français.

L'armée française fait aussi le tour de ses possibilités. Il est décidé d'envoyer au Tonkin des aviateurs de l'aéronavale, basés à Bizerte. Les premiers partent le 15 avril, un deuxième groupe suit le 20 avril. Tous ces aviateurs sont acheminés à bord de Globe-Master de l'US Air Force. Par précaution, il est prévu qu'ils voyageront eux aussi en civil, avec des passeports de « fonctionnaires ».

Bien qu'un certain flou politique persiste autour du projet « Vautour », dont Paris attendait beaucoup pour soulager et peut-être dégager Diên Biên Phu, les préparatifs sont lancés par les militaires concernés. Dès le 8 avril, l'amiral Hopwood, chef d'état-major de la flotte américaine du Pacifique, a pris contact avec le commandement français en Indochine. Depuis le 10 avril, deux porte-avions américains – *Boxer* et *Essex* – se dirigent vers le golfe du Tonkin. Le 20 avril, à Saigon, Américains et Français peaufinent l'intervention envisagée de quatre-vingt-dix-huit bombardiers B-29 venant de Manille et Okinawa, appuyés par quatre cent cinquante chasseurs qui interviendront en cas de riposte aérienne chinoise. Les dernières objections du général Navarre ont été écartées. Il avait suggéré un moment que les appareils américains interviennent sous cocarde tricolore, ce qui n'aurait trompé personne. Puis il avait proposé que les B-29 soient confiés à la France, ce qui n'avait guère de sens, l'aviation n'ayant pas d'équipages aptes à piloter ces appareils. Les derniers détails techniques arrêtés, l'opération « Vautour » peut désormais être déclenchée sur un préavis de quarante-huit heures… Mais les militaires, qu'ils soient américains ou français, ne sont jamais seuls au monde. Au Congrès, les représentants démocrates et républicains sont d'accord pour imposer leurs conditions au président Eisenhower. Qu'il obtienne, en guise de préalable, que la France abandonne réellement ses liens coloniaux avec les Etats associés pour que l'aide américaine ne puisse être considérée comme un soutien au colonialisme français. Que la France s'engage à ne pas retirer ses troupes d'Indochine si les Etats-Unis interviennent. Enfin, que l'intervention américaine soit opérée au nom d'une coalition des pays libres du Pacifique…

Diên Biên Phu : d'étranges parachutistes

Pour le camp retranché, l'arrivée de renforts est une nécessité vitale. Les hommes sont épuisés. Certaines unités ont perdu la moitié de leurs effectifs. Il faut les rescapés de deux bataillons pour tenter de remettre une unité en état de combattre. La 3/13e DBLE reçoit un modeste renfort : les quatre-vingts élèves gradés de la Légion et leur encadrement forment la 10e compagnie. Une compagnie avec trois officiers et une dizaine de sous-officiers, une vraie misère… Des hommes se battent au coude à coude, obéissent aux mêmes officiers sans être nécessairement de la même unité. Il est souvent impossible pour un homme isolé de retrouver les siens, ou pour un nouveau venu, tombé du ciel, de savoir où il doit aller et pis encore comment y aller. Alors ces garçons font équipe, sans doute pas pour le meilleur mais pour éviter le pire. Des légionnaires et des tirailleurs algériens, des Thaïs et des artilleurs servent les mêmes armes, boivent le même bidon d'eau jaunâtre, suivent des patrons qu'ils ne connaissaient pas la veille et sauvent des tranchées, des blockhaus. Le plus surprenant, c'est que des PIM ne se contentent plus de porter l'eau, les boîtes de ration ou les munitions avec un dévouement sans faille ; il leur arrive d'écarter un mort et de prendre sa place au combat. Les voici pourvoyeurs au FM et, lorsque le tireur s'effondre, tireurs à leur tour. Comme si le pire pour eux n'était pas la mort mais de se retrouver dans l'autre camp, chez eux donc.

Les infirmeries ne parviennent plus à abriter tous les blessés que les médecins soignent comme ils le peuvent, contraints à des opérations au-delà de leurs moyens, à des amputations qui, dans d'autres conditions, pourraient être évitées. Il y a des garrots qui restent trop longtemps en place, qui pourraient horrifier un médecin en d'autres cas. Mais ils sont rarement posés par un médecin ou un infirmier, plus souvent par un voisin de tranchée intervenant avec ce qu'il a sous la main, un fil électrique, un ceinturon. Lorsque le blessé arrive sur la table d'opération de Gindrey ou Le Damany, il est trop tard pour sauver la jambe ou le bras. Dès la fin mars, une opération sur six est une amputation. Il faut savoir, mais qui peut le croire, qu'il a fallu quatre heures pour brancarder jusqu'à l'antenne principale un garçon touché à huit cents mètres de là. Il y a trois raisons à ces amputations : les membres arrachés par un obus ou une mine, les cas d'ailleurs rares de gangrène et les syndromes de Bywaters, plus précisément une insuffisance rénale aiguë atteignant les blessés présentant des écrasements musculaires étendus provoquant un afflux de déchets azotés. Or de tels écrasements sont les conséquences des tirs d'artillerie qui détruisent les abris et les tranchées[4].

S'il n'est plus possible d'évacuer les hommes hors d'état de combattre, il faut les remplacer. Il faut donc faire sauter tous les personnels de renfort volontaires. Qu'importe qu'ils n'aient pas leur brevet de parachutiste, qu'importe qu'ils n'aient pas reçu les premiers éléments de l'instruction nécessaire. Toutes les unités aéroportées présentes dans le camp savent que le premier saut n'est jamais le plus risqué. La peur et les accidents viennent plus tard. Hanoi pinaille, évalue en semaines le temps de préparation des contingents. Langlais enrage contre le colonel Sauvagnac, commandant les troupes parachutistes, qui refuse de faire sauter les non-brevetés :

« Réservé colonel Sauvagnac STOP Reçois votre message. Il me prouve que vous n'avez pas encore compris la situation de Diên Biên Phu STOP Je vous répète qu'il n'y a plus ici ni GONO, ni groupement aéroporté, ni légionnaires, ni Marocains, mais seulement 3 000 combattants dont les piliers sont les paras. Qui, au prix d'un héroïsme et de sacrifices inouïs tiennent tête aux quatre divisions de Giap. Le sort d'Hanoi et de la guerre d'Indochine se joue à Diên Biên Phu STOP Devriez comprendre que la bataille ne peut être alimentée que par renforts parachutés brevetés ou non STOP Le colonel de Castries à qui j'ai montré votre message demandera et obtiendra du Généchef tout ce que vous me refusez STOP Signé : Langlais et ses six chefs de bataillon STOP & FIN »

Castries écume également :

« Sort du GONO se jouera avant le 10 mai. Quels que soient les règlements sur l'entraînement de saut. »

Qu'importe, à Hanoi on reste ferme sur les principes : une visite médicale obligatoire pour les volontaires, suivie d'un stage et trois sauts de formation au minimum… Un télégramme du 11 avril insiste pour ces renforts. Il faudra patienter cinq jours encore avant que la direction des troupes aéroportées d'Hanoi accepte de laisser sauter, à titre d'expérience, des non-brevetés. Les premiers volontaires à ne pas être parachutistes sautent le 20 avril. Le GONO triomphe modestement : il n'y a eu, pour tout incident de saut, qu'une foulure légère. La suite sera plus ridicule. Castries et ses adjoints accordent immédiatement aux nouveaux arrivés leur insigne de parachutiste ; la ratification de ces homologations hâtives mais symboliques sera par la suite refusée. Il faudra une attente de longs mois et toute l'insistance du général de Castries pour que ces parachutistes d'un saut soient confirmés brevetés.

Pour ajouter aux soucis de Navarre, il y a ces galons qui n'arrivent pas pour les officiers de Diên Biên Phu et les étoiles de général qu'il réclame en vain pour le colonel de Castries. Il est exact que la tradition interdit de procéder à de telles promotions quand la bataille est en cours. Il écrit donc à Ely le 11 avril une courte lettre manuscrite pour insister. Il en oublie même, semble-t-il, l'âpreté des combats, l'incertitude quant au sort de la bataille, puisqu'il cède, en conclusion, à un instant d'euphorie :

« Mes téléphones vous tiennent assez au courant des événements pour que j'aie à y ajouter quelque chose. J'ai très grande confiance[5]. »

Hanoi : dans l'attente du troisième assaut

Des alternances de calme, très relatif d'ailleurs, puis d'agressivité viêt laissent supposer, à Hanoi, que le troisième assaut des troupes de Giap ne saurait plus tarder. Il en avait été de même durant la première quinzaine de mars : une artillerie sensiblement moins présente mais d'intenses travaux de terrassement. Les Viêts creusent effectivement leurs labyrinthes de tranchées de départ qui se divisent ensuite en d'innombrables boyaux de communication, s'insinuant jusqu'aux abords des positions françaises. Toutes les observations, tous les renseignements laissent supposer qu'il en est strictement de même en cette mi-avril.

Il est possible que Giap pousse ses troupes et ses coolies à ne pas perdre de temps. La saison des pluies approche. Chacun sait qu'elle sera gênante pour les deux camps, nul ne sachant toutefois pour qui elle le sera le plus. Il est aisé d'imaginer les transports de Giap sinon paralysés du moins ralentis. Il est même possible que les pistes s'avèrent impraticables pour ses camions et qu'il lui faille recourir, comme aux premières semaines du siège, à ses cohortes de coolies, tirant les pièces d'artillerie, portant les munitions, hissant les sacs de riz ou les bidons d'essence sur les bicyclettes qu'ils poussaient le long des pistes et qu'ils poussent encore lorsque la route est coupée par un bombardement. Dans le même temps, au sein du camp retranché, il faut envisager la crue de la Nam Youn qui submergera certaines des positions ; les pluies qui menaceront d'éboulement les tranchées, les abris, et gêneront, sans aucun doute, les artilleurs dont les batteries sont implantées sur un terrain d'argile et de sable. Les conditions atmosphériques joueront aussi contre l'aviation. Or, sans l'assistance des aviateurs, Diên Biên Phu devient un immense corps paralysé, presque agonisant ; incapable de se nourrir, faute de vivres ; incapable de la moindre contre-offensive, faute d'appui-feu de la part des chasseurs ; incapable de combattre, faute de munitions.

A Hanoi, du côté de l'état-major, tous ces éléments ont été étudiés, pesés, confrontés, et il ne paraît pas évident que les troupes de Giap soient les plus désavantagées. D'autant que la piste d'aviation, interdite depuis deux semaines aux atterrissages et dont seule la partie sud est encore sous le contrôle du corps expéditionnaire, ne peut plus servir que de zone de parachutage. Giap partage cet avis :

« Si la campagne se prolonge, et que viennent les pluies, la construction des ouvrages sera difficile. Mais nous sommes sur les pentes, et il nous suffira de creuser plus en profondeur dans la montagne, d'évacuer l'eau par des rigoles de drainage, tandis que l'ennemi dans la plaine basse verra ses ouvrages immergés et détruits, sans qu'il ait de solution. C'est pourquoi, celui qui aura à redouter la pluie, ce sera l'adversaire et pas nous[6]. »

L'envoyé spécial du *Monde*, Max Clos, pose, dès le 13 avril, le problème du ravitaillement et des renforts que connaît le camp :

« Les parachutages de matériel et de ravitaillement sont devenus autant d'exploits individuels. Ils se font presque exclusivement de nuit et les lourds Dakota doivent passer une douzaine de fois à vitesse réduite, à très basse altitude au-dessus de l'étroite dropping zone, essuyant le feu de la DCA, pour lâcher leur chargement. Lors des premiers largages une bonne partie des containers atterrit dans les champs de mine. On utilise maintenant des parachutes à retardement qui s'ouvrent à une cinquantaine de mètres seulement du sol.

« Des renforts ont également été parachutés dans des conditions dramatiques. Imagine-t-on l'exploit que représente un saut dans l'obscurité totale avec pour seul guide le faible éclat de quatre lampes de poche allumées à intervalles réguliers deux cents mètres plus bas ?

« Un des pilotes qui a participé à l'une de ces opérations nous a déclaré :

— C'est un enfer. J'étais cramponné au volant, cherchant désespérément à repérer le centre même de la dropping zone : la sueur coulait sous mon casque malgré le vent glacial. La moindre erreur et c'était quinze hommes déchiquetés sur les mines. Ils ont tous sauté sans hésiter. Chapeau !

« Et les blessés ? Ils sont plusieurs centaines enterrés dans des abris, certains depuis huit jours. Il ne faut plus songer à faire atterrir des avions sur une piste déchiquetée par l'artillerie et qui subit en permanence les tirs adverses. L'emploi d'hélicoptères est devenu à peu près impossible. Il faudrait opérer de nuit, ce qui représente des difficultés quasi insurmontables pour des appareils aussi délicats. »

Les chiffres de blessés que donne Max Clos approchent la réalité ; sa relative imprécision tient sans doute à un censeur attentif. Les décomptes enregistrés à Hanoi une semaine plus tard donnent mille blessés en attente, pour les deux tiers dits « blessés assis » et pour l'autre tiers des « blessés couchés ». Tous savent que leur évacuation est désormais totalement impossible.

En évoquant le problème que posent les containers parachutés hors de la portée des défenseurs du camp retranché et plus encore leur récupération par les bodoï, Max Clos aborde un sujet délicat. Sans doute les coulisses de l'état-major de Cogny bruissent-elles de rumeurs à ce propos et les services compétents gambergent-ils sur une éventuelle solution.

Il ne reste qu'une seule trace concrète en archives, une note du SDECE portant pour toute référence le n° 953. Le rédacteur de ce document suggère un moyen pour contrer la récupération par les Viêts des parachutages de vivres et de munitions tombant hors de portée du camp retranché. Que l'on piège des containers, qui seront volontairement parachutés chez l'adversaire...

« Cette manœuvre ne réussirait qu'une fois, est-il écrit, mais elle inciterait les Viêt-minh à plus de réserve dans la recherche et la récupération et de la prudence dans l'utilisation des matériels récupérés. »

L'idée ainsi lancée ne paraît pas avoir eu de suite. Elle ressurgira plus tard, en Algérie, vers la mi-mars 1956, lorsque le SDECE décidera d'éliminer le patron des Aurès, Mostefa Ben Boulaïd... Un poste radio sera parachuté, qui ne lui est théoriquement pas destiné, mais dont on est certain qu'il le récupérera puisque le largage, quelque peu fantaisiste d'apparence, se fera loin de toute unité française. La prise intéresse le chef fellagha. Fier de sa récupération, il veut mettre le poste en marche avec quelques-uns de ses lieutenants. L'émetteur n'est qu'un composé d'explosifs. Il éclate au visage de Ben Boulaïd et le tue...

Autour de Diên Biên Phu : l'opération « Condor »

Il apparaît, à Diên Biên Phu comme à Hanoi, que la survie du camp est de plus en plus improbable et certainement de très courte durée. Alors naissent des idées en tous genres, pour que les hommes du camp retranché échappent au piège qui se referme. « Xénophon » date d'une époque plus opulente ; aujourd'hui les moyens se rabougrissent.

L'une de ces initiatives naît au PC du camp. Le colonel Langlais la racontera, sans préciser à quelle date elle a été ébauchée, mais en précisant bien qu'aucun calendrier n'a jamais été arrêté pour cette tentative :

« Il fut décidé de former trois colonnes :
– paras aux ordres de moi-même et de Bigeard

– légionnaires et Nord-Africains aux ordres de Lemeunier et Vadot

– éléments d'Isabelle aux ordres de Lalande.

« Elles tenteront de gagner le Laos par trois itinéraires différents, itinéraire sud-est par Ban Kéolom et la vallée du Song Ma, itinéraire sud par la vallée de la Nam Noua, itinéraire ouest par la vallée de la Nam Youn et la Nam Ou. L'itinéraire sud paraissant offrir le plus de chance, il y eut tirage au sort. Echut aux paras l'itinéraire sud-est ; aux légionnaires, l'itinéraire sud ; enfin à Isabelle l'itinéraire ouest. Ces projets furent soumis au général et approuvés par lui. Il restera à Diên Biên Phu avec les blessés et les éléments de chaque point d'appui désignés pour couvrir les replis, aux ordres du lieutenant-colonel Trancart. Les chefs de bataillon furent mis au courant. »

A Saigon, lancer une colonne de secours vers le camp retranché est également une des idées retenues. Une telle opération va recevoir un début d'exécution dès le mois d'avril. C'est l'opération « Condor ».

Les premières directives de Navarre ont été directement adressées au colonel de Crèvecœur :

« J'ai décidé que l'opération "Condor" sera exécutée au plus tôt dans les conditions générales ci-après :

– opérations diverses et fixation en route par Godard, à partir de la Nam Ou

– opération dégagement sur axe Muong Ngoi-Muong Nha

– les deux groupements se porteront vers Muong Nha pour faire jonction avec un GAP parachuté sur les DZ de Muong Nha dès que celles-ci seront libres

– ensemble du groupement et GAP se porteront vers Diên Biên Phu (buts fixés par instruction du 12 avril)

– tâche facilitée par le maquis GMI qui devra s'efforcer de contrôler région Muong Nha entre le 10 et le 30 mai.

C'est le 17 avril que Cogny, informé, donne son accord pour l'opération « Condor », qui est d'ailleurs déjà lancée :

« Je suis d'autant plus favorable à de telles opérations que j'ai personnellement très vivement souhaité l'élargissement du cadre de la bataille que vous envisagez de livrer à Diên Biên Phu et cela par deux moyens essentiels :

– l'attaque des bases et des lignes de communication viêt-minh au nord du Delta (ma première proposition date du 26 novembre…)

– la constitution à partir des forces terrestres du Laos d'un détachement satellite de Diên Biên Phu renforçable par largage d'unités parachutistes[7]. »

Il est permis de se demander, à ce propos, si Cogny n'est pas égal à lui-même dans cette affaire. Il donne son accord de principe pour une opération correspondant, pour partie, à ses vues sur le soutien extérieur au camp retranché qu'il a toujours souhaité. Toutefois, son accord est aussitôt contrebalancé par des réserves sur le fond :

« Il n'est pas certain, *a priori*, que nous puissions demander à "Condor" autre chose qu'un effet de soulagement… »

Certes, il juge cet effet appréciable puisqu'il peut engendrer un retard dans l'attaque générale, pourtant le succès lui paraît douteux. Le terrain, il est vrai, est favorable au Viêt-minh, qui pourra facilement interdire les débouchés de la plaine de Diên Biên Phu.

« En définitive, conclut Cogny, l'opération dont vous m'avez demandé l'étude vise essentiellement à prolonger Diên Biên Phu en spéculant sur la lassitude du Viêt-minh et son désir de reconstituer son corps de bataille pour amener l'allégement ou la levée du siège.

« Un résultat certain ne serait obtenu qu'au prix d'une véritable réarticulation de nos forces au profit du Tonkin.

« Quant à étoffer l'opération envisagée à partir du Laos, on en trouvera immédiatement le plafond avec les disponibilités du potentiel aérien et les impossibilités de ravitaillement par voie de terre en saison des pluies. »

Il appartient en tout cas à Cogny de mettre en musique le projet « Condor ». Le lieutenant-colonel Godard, à l'époque au Laos, est convoqué à Hanoi ; sans son patron, le colonel de Crèvecœur. Il sait qu'il va s'aventurer en terrain délicat, sinon miné. La mésentente entre Navarre et Cogny n'est plus un mystère ; et le fait que le colonel Nicot se soit accroché avec Navarre, au point de demander sa relève, préoccupe Godard :

« Nous étions ensemble à Saint-Cyr et le souvenir que je garde de lui n'est pas celui d'un emballé. Ce sont de mauvais signes. »

Godard apprend sa mission : « Condor » ! On lui demande de se porter avec trois ou quatre bataillons sur la Nam Ou, de Muong Khoua à Pak Luong avec, note-t-il, pour mission « de détruire ou disloquer les éléments viêt-minh du sud de la Nam Ou ». Ensuite, à partir du 20 avril et sur nouvel ordre, il devra ouvrir l'axe Hat Den-Nga Na Son-Sop Nao et assurer la sécurité du largage d'un groupement aéroporté sur les rizières de Nga Na Son. Aussitôt après leur jonction, le groupement aéroporté et les bataillons aux ordres de Godard devront s'emparer du col des Calcaires et dégager ainsi une issue de secours pour la garnison de Diên Biên Phu. La mission finale sera de couvrir le repli général par le Nord-Laos jusqu'à Luang Prabang.

L'état-major veut aussi savoir ce qu'il pense de ces objectifs. Monter sur la Nam Ou ? Godard répond que le vrai problème ne tient pas aux Viêts mais aux délais : il lui faut au moins huit à dix jours pour couvrir une bonne centaine de kilomètres en jungle. Et encore n'est-ce là que bagatelle. En abordant le problème du ravitaillement et des renforts, l'état-major entre dans le concret, donc approche de l'impossible. Godard est précis : cette marche à travers la jungle impose que les hommes soient le moins chargés possible. Leurs armes, les munitions, deux jours de vivres, c'est là le grand maximum. Leur progression devra donc être ponctuée par le parachutage de vingt à trente tonnes de vivres et de munitions chaque jour, en clair cela se traduira par huit à douze rotations de Dakota pour parachuter le strict minimum... Quant aux renforts, tout aussi indispensables, ils imposeront cent quinze rotations de Dakota le jour J et cinquante-quatre le lendemain. Après quoi, il faudra prévoir soixante tonnes-jour soit vingt-quatre rotations quotidiennes. Or, l'armée de l'air étant à bout de souffle, ce sera au détriment de Diên Biên Phu qui est déjà au bord de l'asphyxie. Les aviateurs tenteront pourtant le coup.

Dès le 17 avril, le colonel Nicot fait savoir que l'aviation suivra difficilement :

« ... il convient de signaler qu'avec le régime climatique qui s'installe dans la Haute Région fin avril-début mai, de nombreuses missions ne pourront être exécutées à cause des conditions météorologiques. Compter sur un grand nombre de missions de ravitaillement par air dans cette région et dans cette période est une erreur dont les conséquences seront rapidement sensibles.

« En conclusion le travail actuel donné au transport aérien correspond au maximum de ses possibilités. Ce régime ne pourra être maintenu au cours du mois prochain du fait et de l'état sanitaire du personnel et des conditions météorologiques qui interdiront un bon nombre de missions en Haute Région. De nouveaux besoins en transport aérien en Haute Région ne pourront sûrement pas être assurés par les moyens militaires. »

De retour à Muong Saï, Godard rend compte au colonel de Crèvecœur. Celui-ci est déjà parfaitement informé, Godard s'en rend compte immédiatement. Il leur reste à trouver ces trois ou quatre bataillons. Ce seront, pensent-ils, les Cambodgiens de Cochinchine, les 4e et 5e bataillons de chasseurs laotiens et le bataillon royal de parachutistes laotiens avec, en plus, ce qui réjouit Godard, les commandos laotiens du capitaine Legrand qui valent bien un bataillon. Ce n'est pas extrêmement solide, mais Godard s'en accommodera et tout ce petit monde formera le GMN, pour groupement mobile nord. Le seul inconvénient tient à un caprice des Cambodgiens de Cochinchine : ils sont partants mais à la condition que leur soit accordée une permission d'une semaine, chez eux, à l'autre bout de l'Indochine... La seule solution est de trouver un autre bataillon. Ce sera le 2e bataillon du 2e régiment étranger d'infanterie. Godard est rassuré : il est loin de perdre au change ! Le 13 avril, le GMN – le plus souvent appelé « colonne Crèvecœur » bien que celui-ci n'en fasse pas partie – se met en route. C'est un convoi de deux mille combattants, accompagné par un millier de porteurs ; la Légion suivra avec un temps de retard. Au-dessus d'eux, les Morane, revenant de leur tour de garde au-dessus de Diên Biên Phu et regagnant Muong Saï, renseignent Godard sur l'état de survie du camp. Il se souviendra d'avoir été parfaitement informé de la situation. Depuis des semaines, Godard venait d'ailleurs tous les soirs au compte rendu présenté par les pilotes après leurs survols de la cuvette. Il assista aussi aux vaines tentatives d'approche nocturne des hélicoptères qui n'étaient pas équipés pour le vol sans visibilité. La première tentative s'était soldée, on le sait, par un échec complet – la mort de l'équipage et la destruction de l'appareil –, les suivantes ne valant guère mieux ; il avait fallu renoncer.

Les hommes de la colonne Crèvecœur marchent en forêt profonde, à l'occasion sur des pistes de crête tracées par les Méos. Il fait une chaleur insupportable. Godard tente une marche nocturne, ce qui est audacieux, ses Laotiens redoutant les esprits de la nuit. De toute façon, la nuit la colonne est infiniment plus lente... La liaison radio n'étant établie que la nuit, l'essentiel des informations que glane Godard lui vient des pilotes de Morane. Au terme de la première semaine, Godard paraît avoir plus d'hommes qu'au départ : des commandos GCMA se joignent à eux. Vers le 20 avril, la colonne se trouve là où le colonel Vaudrey s'était aventuré en février. Legrand et ses Laotiens poussent jusqu'aux sonnettes viêts. Les paras royaux se glissent jusqu'à Muong Khoua. Au soir du 20 avril, ils sont au contact des bo-doï. Ils ont aussi atteint le premier objectif : la Nam Ou, une artère essentielle pour les Viêts. Ceux-ci entreposent leurs dépôts sur ses rives ; ils se déplacent en suivant les berges, ou plus aisément en pirogue.

Pour la suite, Godard est supposé attendre le colonel Sauvagnac et trois bataillons. Du moins le croit-il. Il apprend très vite le changement de programme. Sauvagnac, ses trois bataillons de paras et ses 75 sans recul ne sauteront pas à Nga Na Son. Que Godard veuille bien attendre sur la Nam Hou un renfort de deux ou trois bataillons – peut-être trois, nul ne le sait exactement – aux ordres du colonel Vaudrey. Ils arriveront de Nam Bac lorsque seront achevés les travaux permettant aux Dakota de se poser ! Le général Then, installé à Luang Prabang et commandant au Nord-Laos, ajoute à son télégramme une phrase qui agace Godard :

« Liberté de manœuvre pour vous replier si vous l'estimez indispensable ; surtout ne vous laissez pas encercler et assurez la garde de vos lignes de communication. »

C'est trop pour Godard que la notion de repli irrite, qui sait que l'encerclement serait la fin de son groupement, et qui n'a aucune ligne de communication à sa disposition… Sur le moment, perplexe, il se demande à quoi riment ces hésitations, ordres et contrordres. Comme il connaît ses patrons et leurs motivations, il comprend que Cogny aimerait que Diên Biên Phu ne soit pas un échec, parce que la cuvette est dans son domaine ; il sait aussi pourquoi Navarre entend prolonger la résistance du camp :

« Pour pouvoir replier Diên Biên Phu, il fallait le faire au nouvel an et en y laissant des plumes. Navarre s'en rend compte et, comme dans son for intérieur, il mise toujours sur la survie du camp retranché jusqu'à un cessez-le-feu qui peut venir de Genève ou jusqu'à la saison des pluies qui approche, il est normal qu'il refuse le feu vert au largage de "Condor". Calcul correct mais froid comme son auteur… »

Godard tient donc la Nam Ou, sans avoir les moyens d'aller au-delà et de prendre d'assaut les calcaires de Tay Chan :

« Ma mission est de tenir et couper la Nam Hou, sans en déboucher. Mais il faut que je m'éclaire au Nord et au Nord-Est d'où peut venir du Viêt. Je pousserai donc du monde dans la Nam Hou, de Hat Den à Nga Na Son, qui devait constituer le second objectif. J'y ferai grenouiller les commandos de Legrand tant que nous n'aurons pas trop de Viêt sur le paletot. "Grenouiller", c'est demeurer présent tout en restant mobile, éviter de s'incruster et faire du volume en faible densité. Derrière Legrand, les bataillons laotiens tiendront la rivière de Pak Luong à Muong Khoua. J'installerai mon PC au-dessus d'Hat Den avec les légionnaires. Ensuite advienne que pourra, mais avec le souci de se maintenir au moins sur la Nam Hou… »

Legrand et ses commandos vont effectivement voir du côté de Diên Biên Phu. Ils approchent jusqu'à une vingtaine de kilomètres de « Isabelle » avant d'être contraints de se replier. Godard tient toujours les hauteurs. De là, ils aperçoivent les rougeoiements au-dessus du camp retranché. Ils entendent le grondement des canons. Ils devinent l'agonie de la base et l'échec du plan « Condor ».

Après « Condor », « Albatros »...

Puisque « Condor » n'a plus de sens, les états-majors imaginent un autre moyen, infiniment plus modeste, de venir au secours des combattants du camp retranché. Il n'est plus question, dans cette variante, de sauver la base, ni même d'aller au-devant des unités qui pourraient s'en échapper. Il faut, plus simplement, se tenir prêt à récupérer des hommes qui auront choisi la liberté. Logiquement, pour échapper à la nasse, les évadés devraient filer vers le sud-est jusqu'à Muong Nha, un itinéraire supposé moins encombré de Viêts ; après quoi ils bifurqueraient certainement vers le sud-ouest par la vallée de la Nam Heup, celle de la Nam Ou, en direction de Muong Ngoï... Il est même prévu une inclinaison vers le sud-sud-est pour gagner Muong Son, si l'itinéraire précédent devient trop délicat. En théorie, le schéma paraît simple, le parcours ne représente que cent kilomètres de brousse... autrement dit des journées et des journées d'enfer.

Désormais, la mission de Godard est simple : tenir l'axe Muong Heup, Pak Luong et Muong Ngoï, les GCMA prenant en charge l'axe secondaire de Muong Son. Et comme il faut quelques délais pour cette mise en place, il est décidé que le dispositif sera opérationnel pour le 20 mai !

Pour l'immédiat, Godard décide de tenir le confluent de la Nam Hou et de la Nam Heup. C'est là que le GMN va suivre à la radio l'agonie du camp. Il ne reste que « Isabelle » d'où pourrait être tentée une percée. Godard comprend dès le 8 mai vers midi que tout espoir a disparu. Ils n'auront jamais à recueillir d'unités tentant d'échapper aux Viêts. Il sait aussi que des Viêts font mouvement vers les deux rivières. L'ordre de repli immédiat lui parvient. Le temps d'évacuer les blessés par hélicoptères puis commence la longue marche vers Nam Bac. Ils auront à supporter des harcèlements sur les arrières, une embuscade en chemin.

Lorsque Godard et sa colonne rejoignent la base de départ, ils étaient déjà portés disparus...

15

La guerre des chefs
Une pluie de galons
Echec d'une contre-offensive
pour « Huguette 1 »

Le courage des hommes, la hargne des sous-officiers, la détermination des officiers et d'invraisemblables exploits guerriers ont, jusqu'aux derniers jours d'avril, sauvé Diên Biên Phu. Le corps expéditionnaire a souffert et plus encore les bo-doï sacrifiés dans les marées humaines poussées à l'assaut des points d'appui.

Dans le camp français, on ne sait plus trop pour qui on se bat, ni même pourquoi on se bat. Pourtant les hommes luttent avec vaillance, tombent dans l'honneur, sans savoir nécessairement ce qui se passe ailleurs. Paris, c'est immensément loin. Pourquoi connaîtraient-ils Paris, ces petits parachutistes vietnamiens qui voudraient tant effacer leurs défaillances de décembre ou d'avril... Et les légionnaires teutons affublés de la mauvaise réputation qu'une certaine gauche leur taille en Métropole... Et les Italiens volubiles, les Espagnols renfermés, les Européens de l'Est surgissant depuis l'autre côté du rideau de fer, cherchant peut-être plus un sens à leur vie qu'un affrontement avec un régime honni... Et les Tchadiens, les Sénégalais, les Ivoiriens imperturbables, servant leurs canons sous la mitraille viêt... Et les Algériens qui n'ont pas plié sur « Gabrielle » et ne plient pas sur « Isabelle »... Et les Marocains luttant encore malgré des jours difficiles sur les « Eliane »... Et les métropolitains qu'attirait en Indochine un parfum d'aventure, découvrant là une certaine fraternité, des paillettes de gloire, la souffrance, le respect d'eux-mêmes, trop souvent la mort... Et les PIM servant leurs geôliers avec un dévouement allant jusqu'au sacrifice.

Ils connaissent tous ensemble, presque fraternellement, la faim, la soif, la douleur, la peur, l'épuisement. Par chance, ils ignorent que leurs chefs, ceux qui les ont envoyés dans cette fournaise, ont commencé à se déchirer depuis que les espoirs de victoire s'effilochent au fil des jours et des assauts.

Mi-avril : les humeurs de Navarre

Navarre et Cogny n'ont jamais été d'accord sur le sens à donner à l'aventure de Diên Biên Phu. Navarre voulait verrouiller le Laos et interdire au Viêt-minh le chemin de Pnom Penh ou de Luang Prabang. Il lui fallait, pensait-il, une solide base aéroterrestre pour cela. Cogny voyait un centre plus petit mais permettant de rayonner à travers le Tonkin, d'aider ses chers maquis et de harceler les arrières des Viêts. Puis Navarre a voulu l'affrontement avec le corps de bataille de Giap et Cogny n'a cessé de s'inquiéter pour le Delta qu'il risquait de ne plus pouvoir défendre si Navarre lui arrachait ses bataillons les uns après les autres... Le conflit était latent depuis les premiers jours de novembre 1953, discret tant qu'il restait une chance de succès, sournois dès que la défaite est apparue comme une possibilité.

Après l'assaut contre les Cinq Collines, après un affrontement qui n'a été un succès pour personne donc un échec pour chacune des deux parties, il apparaît bien que Giap lui aussi est en fâcheuse posture. Il devra, à très court terme, effacer ce revers. Sinon il sera, à son tour, contraint à l'autocritique, peut-être même accusé de dérive droitière… Alors, à Saigon comme à Hanoi, comme dans la jungle tonkinoise, il va falloir songer à trouver des paratonnerres, montrer du doigt de supposés responsables… Les autres donc !

Du côté français commence, ouvertement, une guerre des chefs aux allures de règlement de comptes.

Sur la voie d'une brouille sans retour, il semble que la rupture apparaisse définitive avec le curieux échange entre Cogny, qui ne veut pas prolonger son séjour en Indochine, et Navarre qui déclare être d'accord avec lui, pour peu que Cogny veuille bien attendre la fin de la bataille… Suit une lettre que Cogny rédige, le 12 avril, à l'intention du général Ely. Le chef d'état-major des armées paraît préoccupé ; il répond dès le 15 avril à Cogny et tente de le calmer. Qu'il ne s'inquiète pas ; les graves différends de conception qui l'opposent à Navarre ne sont pas si évidents que cela… Lui-même, Ely, ne les avait pas remarqués… Ce qui peut paraître gentil, hypocrite ou inconséquent.

Comme s'il ne suffisait pas à Ely de devoir apaiser Cogny, il lui faut aussi calmer Navarre qu'agite encore la prochaine arrivée du général O'Daniel, prenant officiellement la suite de Trapnell le 16 avril. Ayant sûrement des dossiers plus importants à traiter, Ely écrit pourtant à Navarre le 15 avril :

« L'amiral Radford me confirme que le général O'Daniel aura effectivement la même mission que son prédécesseur le général Trapnell et qu'il aura le grade de major général. L'amiral et moi-même attachons beaucoup d'importance à ce que le général O'Daniel et vous-même entreteniez les meilleures relations, ceci dans l'intérêt de nos deux pays ; il est extrêmement souhaitable que vous le voyiez souvent[1]... »

Avec le printemps 1954 – pour des raisons évidentes –, le MAAG a tendance à devenir plus curieux. Ses inspections de routine vont au-delà d'un constat sur l'état du matériel militaire. Il entend aussi vérifier l'emploi qui est fait de ces matériels et surtout prendre contact avec les commandements locaux afin de connaître leur point de vue sur leurs besoins.

Cette curiosité, passant pour une intrusion, déplaît aux Français. Le lieutenant-colonel Feuvrier, patron du 3e bureau, renâcle :

« Autant le 1er motif invoqué est logique et légitime et autant le second est anormal. Car il permet l'intrusion des officiers US dans un domaine nouveau : l'avis des commandants locaux sur le besoin en matériel MDAP peut conduire des officiers US à des conclusions erronées en fonction de l'optique particulière propre à chaque cas[2]. »

Le Military Assistance Advisory Group fait pourtant l'impossible pour satisfaire les besoins français qui lui sont transmis. Ainsi, pour les parachutes, prenant en compte à la fois les énormes besoins français et le temps de réaction des industriels américains, le MAAG annonce, le 18 avril, que la fourniture des voilures peut reprendre pour une période indéfinie. Pour satisfaire une demande de gilets pare-balles, il récupère les équipements que les autorités militaires en Corée et au Japon réclament à leurs unités. Sont également annoncées les fusées éclairantes que réclamait le général Lauzin, commandant de l'air pour l'Extrême-Orient. Puis des bouteilles de plastique pour l'eau – des bouteilles de vingt litres de fabrication américaine –, devenues indispensables aux points d'appui puisque le ravitaillement par citerne devient de plus en plus aléatoire et que l'essentiel de l'eau sera désormais transporté par les PIM. Et tomberont ainsi du ciel, en ce mois d'avril, vingt mille outres empaquetées dans cinq mille containers pour le largage[3].

Si le général Navarre est ainsi contraint de supporter dans son environnement cet O'Daniel qui lui paraît encombrant, il a de moins en moins l'intention de s'encombrer de Cogny ! Le 21 avril, le commandant en chef en Indochine prend donc la plume pour expliquer au chef d'état-major général des armées qu'il va falloir relever Cogny de son commandement aussitôt après la période opérationnelle actuelle. Navarre ne supporte plus ce qu'il appelle la déloyauté de Cogny, ses craintes sans cesse réitérées pour le Delta, ses projets d'attaque sur les arrières viêts que Navarre ne cesse de refuser, et ses critiques envers « Atlante », l'enfant chéri du « géné-chef ». Celui-ci accuse Cogny de vouloir tirer son épingle du jeu si l'aventure venait à mal tourner. Certes Navarre reconnaît au passage que Cogny est fort intelligent, qu'il a du sens politique, un savoir-faire exceptionnel. Mais ces qualités reconnues sont immédiatement contrebalan-cées par des défauts irritants : Cogny n'a pas de carac-tère, il ne prend jamais de décisions nettes, jamais de risques… En venant plus précisément au camp retran-ché, Navarre poursuit :

« Cogny n'a pas su imposer à son artillerie, à son commandant de génie de s'intéresser de plus près à Diên Biên Phu. De ce fait, les problèmes d'artillerie et de DCA ont été insuffisamment étudiés et ceux des fortifications également.

« Quant à la conduite de la bataille, elle-même a été très médiocre. On satisfait aux demandes de Castries mais on ne les devance pas ; on ne cherche pas ou peu à s'informer.

« Dans la conduite de la bataille aérienne, il n'y a pas cette liaison étroite et de tous les instants entre l'état-major terrestre et le GATAC adapté qui, seule, permet l'utilisation à fond de l'aviation au profit des troupes à terre. Une bonne part de la responsabilité, dans la dispersion des bombardements, vient de l'imprécision des directives données par l'état-major des FTNV... »

Ely enregistre les doléances de Navarre, encore que Pleven et lui-même soient inquiets des conséquences des zizanies opposant Saigon et Hanoi. Pourtant, le 28 avril, Ely tranche : Cogny restera bien en poste jusqu'au terme de la bataille :

« C'est donc pour la fin de cette campagne que le cas de Cogny se pose. Il faut d'ici là faire le choix d'une solution... »

Diên Biên Phu : l'étau se resserre

Les promotions tant attendues par Navarre sont annoncées le 15 avril, mais le décret sera daté du 16 avril. Il semblerait que Castries ait été directement informé par Saigon. Langlais ajoute un léger parfum de mystère à cette annonce : c'est l'un de ses opérateurs radio, occupé à capter la vieille Europe, qui aurait entendu ces nominations à un bulletin d'information :

« Mon colonel, je viens d'entendre que vous avez été nommé colonel, ainsi que le colonel Lalande, et le commandant Bigeard lieutenant-colonel. »

Cogny envoie ses étoiles et une bouteille de champagne à Castries qui ne les recevra pas, la DZ est devenue si exiguë. Castries offre ses galons pleins à Langlais qui passe ses galons panachés à Bigeard. Après quoi Langlais, méticuleux ou victime de la guerre des boutons, passe un bon moment à badigeonner à l'encre de Chine le rouge des barrettes de Castries[4]. Ce ne sont pas les seuls promus. Seguins-Pazzis, Vaillant et Alliou deviennent lieutenants-colonels. Jeancelle du 2/1er RTA, Tourret du 8e Choc, Thomas du 6'BPC, Botella du 5e BPVN,

Vieulès du 1er BEP, Kieffer du 3/3e REI et Alfred Mehay de l'état-major GONO sont nommés commandants. Beaucoup de lieutenants passent capitaines mais certains ne le sauront jamais, tués la veille ou l'avant-veille[5].

Ayant discrètement fêté ses étoiles, Castries revient à l'essentiel. Il est le mieux placé pour mesurer l'ampleur du désastre menaçant. La piste d'aviation, interdite depuis déjà deux semaines aux avions, est en passe de ne plus être utilisable comme zone de parachutage. Certes, le ravitaillement, les munitions et le renfort pourront toujours être largués sur le camp retranché lui-même, mais l'espace vital se réduisant comme une peau de chagrin, un bon nombre de containers risque de tomber directement chez l'adversaire. Le pire, le plus dramatique, c'est l'évacuation désormais impossible du moindre blessé. Chaque accrochage, chaque tir d'artillerie ont les mêmes conséquences. Des blessés supplémentaires que les équipes sanitaires peuvent encore soigner dans des conditions aléatoires, mais qu'elles ne peuvent plus évacuer vers Hanoi. Des blessés trop gravement atteints pour que les médecins puissent espérer les sauver ; des blessés qui sont amputés parce que la gangrène les menace. Des blessés qui repartiront au combat dès les premières cicatrisations mais qui, pour l'immédiat, participent à l'encombrement des infirmeries. Pour ces hommes-là, il n'y a plus de solution et les Viêts le savent qui comptent aussi sur ce sureffectif pour participer à la démoralisation puis à l'effondrement du camp.

Pour ce qui est du ravitaillement et des renforts, Castries ne cache pas son mécontentement. Qu'on lui parachute le nécessaire chaque fois que le temps le permet : « Les équipages se reposeront quand il y aura une mauvaise météo… » Le général sait parfaitement que les avions C-119 réussissent leurs missions à 70 % ou 75 %, alors que les Dakota se satisfont de moins de 50 %. Quant aux systèmes d'ouverture à retardement des parachutes, ils sont plus que fantaisistes. Castries réclame des périscopes de tranchée, des rations de survie, de l'essence, des grenades à fusil ainsi que des renforts en artilleurs. Les serveurs des pièces, sur la brèche jour et nuit, sont à bout physiquement et nerveusement. Le commandant du GONO a aussi des besoins qui peuvent paraître curieux. Il demande que Hanoi veuille bien lui débloquer des fonds : trente mille dollars pour le renseignement ! Inutile de lui parachuter l'argent qui servira à rétribuer les agents qu'entretient le GCMA, il a les sommes correspondantes au camp...

Si, le 17 avril, Cogny approuve du bout des lèvres le projet « Condor » en rêvant encore d'un détachement satellite qui pourrait soulager Diên Biên Phu, le camp lui se rétracte, se recroqueville. Il devient évident que « Huguette 6 » ne pourra plus être ni ravitaillé, ni relevé, ni renforcé. Aux défenseurs du PA de décider de leur propre sort ; qu'ils restent s'ils le croient possible au risque d'être faits prisonniers, qu'ils se replient dans le cas contraire. A eux de voir. Alerté dans la nuit du 17 au 18 avril, Bizard, patron du PA, opte pour le repli.

Le capitaine Bizard, qui va commander le reflux, est arrivé au 5e BPVN par hasard et tardivement. Il a sauté sur Diên Biên Phu le 28 mars, deux semaines après le bataillon. Il avait passé la veille ce brevet de parachutiste qui restait une condition impérative à l'expédition des renforts. Il prend le commandement d'une compagnie dont le patron, le lieutenant Marcel Rondeau, vient d'être tué. C'est cette 1re compagnie qu'il va replier. Elle est réduite à soixante-dix hommes et renforcée par une trentaine de légionnaires qu'encadrent deux officiers. Le recueil doit être assuré par un détachement que commande Bigeard. Celui-ci sait qu'il ne peut aller jusqu'à « Huguette 6 » sans une casse énorme. Il prévient Bizard à la radio. Celui-ci ne paraît pas s'en formaliser :

« Pas de problème. Je vais partir vers vous en paquet, avec mes seuls moyens. »

Les données de base sont simples : pour aller du PA aux lignes amies, où les attendra Bigeard, il y a quatre cents mètres à parcourir ; sur le trajet, il y a les tranchées viêts à franchir et dans les tranchées des bo-doï à l'affût…

Il faudra aller le plus vite possible, donc tout abandonner sur place. Les hommes n'emporteront que leurs armes et le paquetage le plus réduit possible. Par sécurité, Bizard leur impose un équipement étrange : qu'ils remplissent des petits sacs de terre, qu'ils s'en accrochent un sur la poitrine, l'autre sur le dos. A défaut de gilets pare-balles certainement bien plus légers, ils seront protégés par dix kilos de sable… A l'aube du 18 avril, qui est le dimanche de Pâques, Bizard donne le signal du départ.

Une centaine d'hommes jaillissent des tranchées. Courant, hurlant, tirant, ils enjambent les tranchées viêts. Un témoin prendra le temps de regarder Bizard avançant avec ses hommes, les encourageant, les poussant. Il n'a pas d'arme, mais il lui semble bien que le capitaine tient une bible à la main. Le sous-lieutenant Latanne court avec ses hommes. Surpris, il marque un temps d'arrêt pour regarder un grand légionnaire impassible : debout, son FM à la hanche, il vide chargeur après chargeur. Jusqu'à l'instant où une balle viêt le fauche. Alors un autre grand légionnaire surgit, prend l'arme et, bien campé sur ses jambes, reprend le tir. Jusqu'à l'instant où une balle viêt le frappe. Dans sa course, le sous-lieutenant Latanne manque d'élan pour franchir une tranchée viêt. Son sac l'entraîne vers l'arrière. Il chute. Il y a deux bo-doï dans le boyau, l'un sur sa droite, l'autre sur sa gauche. Il tire sans viser avec sa carabine US, d'un côté puis de l'autre. Les Viêts disparaissent mais il est bien incapable de s'extirper de la tranchée. La peur au ventre, il hurle, appelant ceux qu'il entrevoit franchissant l'obstacle d'un bond. Un miracle en ce dimanche de Pâques, un homme l'entend, s'arrête et lui tend la main ; un légionnaire allemand le sauve. Latanne reprend sa course parmi les derniers. Lorsqu'il rejoint les lignes amies, il voit Bigeard s'avancer :

« Il y en a encore beaucoup derrière ? »

Latanne n'en sait rien. Il saura simplement qu'ils sont arrivés à une soixantaine seulement.

Avec sa compagnie, Bizard va rejoindre les positions du 8e Choc et sera l'un des défenseurs de « Opéra », le PA fraîchement créé le long de la piste d'aviation. Le commandant Botella notera que le commandant Tourret, « soucieux de ménager son personnel le mettra à toutes les sauces, jusqu'à usure complète ». En termes militaires, cela s'appelle « le coup de l'invité ». Bizard supportera.

Au PC, on ne se fait guère d'illusions sur les conséquences d'un événement survenu chez les Viêts. Mais on aimerait bien savoir à quoi correspondent les trois explosions extrêmement violentes entendues le 19 avril vers 17 h 30. Un Dakota d'observation les situe à une trentaine de kilomètres au nord-nord-ouest du camp retranché, avec des champignons montant jusqu'à quinze mille pieds. Le 20 avril, Tourret et Bizard apprennent que les Viêts ont repéré leur installation ; les bo-doï testent la résistance des parachutistes. Plus tard, le lieutenant Wieme se souviendra que cette journée méritait d'être notée : c'est le jour où, sur son PA à l'écart de « Isabelle », est servi le dernier repas chaud.

La bataille des Cinq Collines laisse Giap diminué face à un adversaire qu'il pensait à sa portée. Les dérives droitières dénoncées puis corrigées, il va resserrer son étreinte, faire en sorte que le camp étouffe avant qu'il ne tente d'avaler les derniers points d'appui, comme une proie étouffée puis engloutie par un boa.

Saigon, 23 avril : l'état des lieux

Il est évident que le terme des combats pour les Cinq Collines n'était pas une fin en soi, même pas une trêve. Il y a toujours le harcèlement des Viêts, toujours leurs travaux de fourmis rongeant l'espace, toujours des opérations de renseignement. Les services de renseignement français fonctionnent comme à leur habitude : ils obtiennent un maximum d'informations qui se révéleront exactes, mais dont les états-majors doutent, ce qui est une vieille habitude de l'armée française. La chute du camp est une hypothèse de plus en plus largement retenue. Un télégramme que le commissaire général Dejean adresse, le 22 avril, aux services parisiens des Etats associés témoigne d'une réelle inquiétude :

« Quelles que soient la vaillance et la valeur combative de la garnison de Diên Biên Phu, si magnifiques que soient le courage et les prouesses techniques de notre aviation de combat et de transport, la bataille ne pourra tourner en notre faveur que grâce à une action venant de l'extérieur. Le haut commandement américain paraissait y avoir songé il y a quelque temps. Il semble que le gouvernement des Etats-Unis n'y soit pas disposé à l'heure actuelle, bien qu'il laisse les états-majors procéder à certains préparatifs techniques. »

Toujours ce 22 avril, le ministère des Etats associés transmet au MAAG une demande pour quinze Maraudeur B-26 supplémentaires.

Il existe également une note rédigée à Saigon et datée du 23 avril, fort précise sur la situation autour de Diên Biên Phu[6]. Il y aurait autour du camp vingt-huit bataillons identifiés – une information qui a été deux fois recoupée. Les forces viêt-minh auraient été sérieusement éprouvées par la bataille des Cinq Collines, puisque douze mille hommes seraient hors de combat. Il y aurait eu des signes de découragement et de lassitude morale. Le commandement le reconnaîtrait et aurait réagi en conséquence. Encore une information qui est parfaitement exacte, si l'on se réfère au récit de Giap. Le rapport rédigé à Saigon se poursuit ainsi :

« Il résulte de deux études précédentes que :

– les moyens de l'adversaire se trouvant actuellement à pied d'œuvre et ne pouvant (malgré les difficultés résultant soit de l'état des routes, soit des actions contre les communications) que se renforcer dans les jours à venir,

– nos moyens ne pouvant que perdre de la valeur tant en qualité (fatigue) qu'en quantité (peu de renforts à prévoir),

« On doit s'attendre à une dégradation rapide de nos forces à Diên Biên Phu et il est honnête de penser que, en cas d'attaque brutale en force, la chute du camp retranché peut se produire d'un jour à l'autre. »

A cette date est pourtant encore à l'étude une action aéroterrestre pour alléger la pression, un étouffement des forces viêt-minh par une action sur les voies de ravitaillement. Encore faudrait-il disposer de trois groupes mobiles impossibles à retirer du Delta et d'un soutien aérien qui n'existe pas sans renfort venu de France.

Diên Biên Phu, 23 avril : le 2ᵉ BEP en contre-attaque

Au matin du 23 avril, une poignée de combattants, exténués, choqués, titubants, rejoignent le centre du camp retranché. Ce sont les rares survivants d'une offensive que Giap a menée la veille au soir contre « Huguette 1 ». L'offensive viêt, lancée vers 22 heures, a été précédée par un puissant tir d'artillerie laissant aux bo-doï le temps d'achever les tranchées qui vont les amener jusqu'aux défenses immédiates du poste. Il est 3 heures du matin lorsque deux bataillons viêts jaillissent de leurs trous et engagent le combat au corps à corps contre les trois cents défenseurs du PA. On se bat à la grenade, on se bat au poignard. Il est impossible à l'artillerie d'intervenir et il n'y a bientôt plus de liaison radio. « Huguette 1 » est un vaisseau fantôme que la marée viêt engloutit. Il faudra l'arrivée de la poignée de survivants hagards pour que l'on sache, au PC, comment le drame s'est joué.

Or ce point d'appui, implanté sur la face intérieure du système défensif, sensiblement vers le milieu de la piste d'aviation, est une des positions essentielles à la survie du GONO. Si ce point d'appui échappe au contrôle de la garnison, les parachutages risquent d'être compromis. Le général de Castries le sait parfaitement qui, aussitôt, se préoccupe d'une contre-offensive pour enlever aux Viêts ce qu'ils viennent de prendre au camp. Il est à noter d'ailleurs que tous ceux qui évoqueront, à l'époque, le combat pour « Huguette 1 » en accorderont l'initiative et la décision au seul général de Castries. Cela laisse supposer que le putsch des colonels était peut-être plus formel qu'il n'a été dit et que le patron reste bien Castries, même s'il a abandonné des responsabilités périphériques à ses adjoints. Dans le cas présent, il impose sa décision à Langlais et Bigeard, priés d'agir au plus vite...

Il n'y a, pour cette tentative de désenclavement, qu'un seul bataillon disponible : le 2ᵉ BEP du commandant Liesenfelt. Il vient d'être parachuté en renfort. Il est encore à l'effectif de quatre cents hommes et surtout il est plus frais que toutes les unités présentes dans la cuvette. Pourtant, tout va aller de travers ce 23 avril...

Il est décidé que l'opération, qui sera donc menée de jour, sera précédée par une préparation d'artillerie puis par un passage de l'aviation. Dans ces cas-là, l'idéal est de suivre avec un assaut immédiat. On attaque, en jargon militaire, « à cheval sur le dernier obus ». Ce qui sous-entend que le moindre retard peut effacer l'effet de choc de la préparation. Or, le 2ᵉ BEP n'étant pas en place, il faut, au dernier moment, retarder l'heure de départ de trente minutes – ou de cinq minutes, selon d'autres témoins. Il est vrai que les parachutistes de la Légion viennent des « Eliane » où ils sont implantés et qu'ils n'ont pas encore eu l'occasion de reconnaître les cheminements compliqués se faufilant à travers le secteur centre. Leur retard ne surprend pas grand monde. Lors des préparatifs, des officiers s'étaient étonnés des très courts délais accordés aux légionnaires pour aller des « Eliane » à « Opéra » et de là jusqu'à « Huguette 2 », leur base de départ.

Vers 13 h 45, interviennent les chasseurs-bombardiers qui déposent littéralement leurs bombes sur l'objectif. Les chars progressent vers « Huguette 3 » mais sont freinés par un obstacle inattendu : il y a des tireurs armés de bazookas – des Panzerfaust d'origine allemande, à courte portée – embusqués dans la carcasse du C-119 écartelée en bord de piste. Dans les rangs du 2ᵉ BEP, le flottement est évident. Puis il y a, à la radio, la voix de

Bigeard annonçant que les légionnaires vont se replier en traversant la piste...

La suite révélera que le patron du 2e BEP, le commandant Liesenfelt, s'est retrouvé privé de liaison radio et donc sans transmission possible avec ses commandants de compagnie. Il sera alors beaucoup question de ce problème technique pour les uns, humain pour les autres. Pour Bigeard, il s'agit tout bêtement d'un poste mal réglé, ce que confirmera le lieutenant Allaire qui entendait parfaitement les capitaines du 2e BEP appeler leur patron. Selon Liesenfelt, il s'agit d'un dérèglement technique provoqué par une interférence avec les plaques métalliques de la piste d'aviation, ce qui paraît avoir été sans précédent... et sans suite. La situation, déjà compliquée, s'est certainement aggravée pour d'autres raisons. Bigeard, en effet, paraît s'être désintéressé de l'opération dans un premier temps. Il avait peut-être des raisons pour cela. Il n'était pas farouchement d'accord pour cette offensive risquée que lui avait imposée le général de Castries. Il y avait également son désir de ne pas interférer avec le patron du bataillon engagé, Liesenfelt en l'occurrence, qui ne compte pas parmi ses amis. Alors, Bigeard épuisé décide d'aller se reposer...

A l'heure du bilan, il y aura cent cinquante légionnaires hors de combat au 2e BEP, certainement dix fois plus chez les Viêts dont les officiers de renseignement du camp apprendront très vite qu'ils ont failli décrocher. Ils n'étaient plus qu'une poignée en état de combattre...

Bigeard aura le courage de tirer les conclusions de cette affaire manquée, de fort peu d'ailleurs :

« Les choses sont très simples : j'aurais tout simplement dû, malgré ma lassitude, prendre personnellement le commandement de l'opération. Les merveilleux officiers du 2e BEP valaient les miens, ceux de Bréchignac ou de Tourret, mais il a manqué, ce jour-là, le chef d'orchestre pour animer, épauler, ces combattants exceptionnels. Je m'estime donc responsable de cette défaite. »

Ce même jour, où décidément tout tourne mal, des avions lâchent par erreur du napalm sur Ban Nong Nhai, où résident encore des familles de partisans.

Il est certain que la prise de ce PA est utilisée par l'état-major d'Hanoi à des fins psychologiques. Que ce soit l'un des drames le plus précisément relatés pour les journalistes ne doit rien au hasard. A ceux-ci, l'entourage de Cogny n'a caché que le nom du point d'appui et la mésentente des chefs. Il s'agit, de toute évidence, de préparer l'opinion à un échec irrémédiable en exposant les raisons qui vont conduire à cet échec.

Sinon, comment Max Clos, dans *Le Monde* des 25-26 avril, pourrait-il signer un article rédigé à Hanoi le 24 avril :

« L'assaut a été minutieusement préparé par Giap. Depuis cinq jours ses hommes poursuivaient leurs terrassements jusqu'au contact de la position et les réparaient de nuit lorsqu'ils avaient été comblés le jour. Chaque liaison avec le point d'appui rencontrait de fortes oppositions et à plusieurs reprises nos troupes durent livrer de durs combats pour passer.

« L'attaque de lundi soir est la première application d'une nouvelle tactique du Viêt-minh à Diên Biên Phu. Elle consiste à grignoter nos positions l'une après l'autre plutôt que de lancer de coûteuses offensives de masse. Ce ne sont plus des vagues humaines que Giap lance à l'assaut, mais des troupes admirablement entraînées à une guerre de position et sachant parfaitement utiliser le terrain. »

Ce 24 avril, à l'infirmerie du camp retranché, parfois sur les PA parce qu'il est devenu impossible de les transporter là où travaillent jour et nuit Grauwin et Gindrey, il y a mille soixante-dix-huit blessés qui tous nécessiteraient une évacuation sanitaire. Quatre cent deux sont dits « blessés couchés » et six cent soixante « blessés assis ». Comme rien n'est jamais simple et clair, jugé depuis le bureau d'une base arrière à trois cent cinquante kilomètres de là, il se trouve à Hanoi un esprit curieux pour s'interroger sur les variations des chiffres enregistrées d'un jour sur l'autre… Ils sont en baisse entre le 24 et le 26 avril : quatre cent deux puis trois cent quatre-vingt-trois « couchés », six cent soixante-seize puis cinq cent trente-six « assis ». Ces étranges constatations font même l'objet d'un rapport daté du 28 avril, il faut bien s'occuper dans les bureaux… La réponse est élémentaire pourtant : cela signifie qu'il y a eu inévitablement des décès chez les « couchés », puis des retours au combat pour d'autres, puisque, dès l'instant où ils s'estiment en état de tenir une arme, les éclopés, les amputés, les éborgnés rejoignent leur section ou n'importe quelle autre unité s'ils ne peuvent retrouver leur bataillon.

Diên Biên Phu : un marin surgit

Lors du raid aérien préparant la contre-offensive du 2e BEP, vers 13 h 45, un appareil de l'aéronavale a été abattu par la DCA viêt. Aux commandes se trouvait le lieutenant de vaisseau Klotz. C'est un familier du ciel de Diên Biên Phu, il y est venu neuf fois les premières semaines puis cinquante-trois fois à partir du mois de février !

Lors de son passage au-dessus de son objectif – « Huguette 1 » – l'appareil est touché. Un incendie se déclare à bord. Il ne lui reste qu'une seule possibilité : s'éjecter ! Il touche terre à trois cents mètres au sud de « Eliane 2 », exactement entre les adversaires. Dix minutes plus tard, une épaule luxée, il est littéralement arraché aux Viêts par la 1re compagnie du 3/13e DBLE qui le conduit au PC du commandant Coutant. De là, il est transféré chez le docteur Grauwin. L'opération est immédiate, Grauwin décide d'une anesthésie générale. Au réveil, il reconnaît l'autre médecin de l'antenne chirurgicale, le lieutenant Gindrey : enfants, ils fréquentaient le même collège ! Esprit retrouvé, épaule retapée, le blessé fête son réveil avec ses deux médecins et Geneviève de Galard. Grauwin a trouvé une bouteille de champagne qu'il croit bien être la dernière.

Klotz fait ses premiers pas au PC GONO. Il sait que tout retour est impossible et il se demande ce qu'il va devenir, lui le marin égaré chez les terriens. Il imagine qu'il serait normal d'aller combattre aux côtés des légionnaires de « Eliane 2 » qui l'ont tiré d'affaire :

« Savez-vous tirer au fusil ?

— « Oui, un peu… »

Le commandant Guérin n'attendait qu'un aveu de cette nature pour s'emparer de Klotz. Il restera au PC air, décide-t-il. Lui ne peut plus travailler vingt-quatre heures par jour pour garder le contact avec Hanoi, avec les avions, avec les centres de résistance. Que Klotz vienne partager son travail… La tâche est énorme, il est vrai. Il faut, de jour comme de nuit, transmettre au GATAC d'Hanoi les besoins du camp ; il faut ensuite répartir les parachutages selon les besoins de chacun ; refuser les largages de lucioles lorsque sautent des parachutistes. D'autres aviateurs l'assistent déjà, mais avec plus ou moins de bonheur. Certains d'entre eux, arrivés par accident au PC GONO, ont immédiatement souffert de cette fièvre qui ronge les assiégés. Ceux-là survivent, errant dans un monde qui ne sera jamais le leur, égarés, un peu oubliés.

Venu de l'extérieur, Klotz pouvait ne pas avoir exactement les mêmes vues que l'état-major du GONO sur l'avenir du camp, qui est désormais leur avenir commun.

Il pouvait apporter une lueur d'espoir cueillie à l'arrière pour offrir un instant d'espérance à ses compagnons d'occasion. C'est exactement le contraire qui va se produire. L'officier de marine surgit avec ses idées engrangées à Hanoi ou Haiphong. A l'arrière, chacun est conscient que Diên Biên Phu sera perdu sans une intervention massive de l'aviation américaine, dont quelques échos leur sont parvenus. Pour les plus lucides, il est déjà trop tard pour espérer inverser le cours des événements. Klotz est donc persuadé qu'il vient d'être projeté au milieu d'hommes inquiets, désespérés même. Or, il se retrouve entouré d'hommes voulant croire à des lendemains souriants. Seguins-Pazzis y croit, comme Langlais, comme Bigeard, même si le commandant Guérin paraît en retrait. Les officiers des points d'appui y croient, comme leurs hommes qui n'entendent pas reculer d'un mètre. Il entend sans cesse les mêmes phrases : nous tiendrons jusqu'à la mousson... nous aurons les pieds dans la boue, eux aussi... ils n'auront plus de pistes, ils n'auront plus de chemins pour apporter leurs munitions... Nous tiendrons et ce sera au pire le match nul... Sans doute sont-ce les réalités les plus concrètes qui retiennent Guérin et inquiètent Klotz : le problème du ravitaillement de la base devient chaque jour un peu plus délicat. La surface utile pour les parachutages tourne à la peau de chagrin, plus de la moitié des colis s'égare chez l'ennemi. Qu'un ou deux PA tombent encore, et ils se demandent où pourront être utilement largués les envois.

Le lieutenant de vaisseau Klotz était-il le seul marin du camp retranché ? On l'a cru, et c'était vraisemblable. Non, dira-t-il, nous étions deux, tout en précisant qu'il n'a jamais su comment un infirmier, le quartier-maître de 1re classe Jean Ségalen, avait pu se retrouver là, sautant avec l'antenne chirurgicale parachutiste n° 3, celle du médecin-lieutenant André Résillot. Il ne l'a jamais rencontré, « Isabelle » étant totalement isolé depuis deux bonnes semaines lorsque Klotz est arrivé.

Au fil des jours, l'officier de marine va apprendre à connaître les hommes qui commandent à Diên Biên Phu ; avec toutes les nuances qui permettent d'affiner une personnalité ou une absence de personnalité.

Depuis, il garde en mémoire deux hommes qui lui ont paru émerger du petit état-major, deux officiers qui de toute évidence dominaient mieux que d'autres la situation, Guérin et Seguins-Pazzis. De l'aviateur, il parlera volontiers du jugement, du bon sens, du calme : « il avait une stature qu'à ce degré personne n'approchait ». En Seguins-Pazzis, aux allures de condottiere sans grand charisme, il voit la cheville ouvrière du camp retranché ; celui qui suggérait, préparait, rédigeait, avec une discrétion rare comme s'il cherchait à ne pas gêner Castries. Son point de vue, auquel il n'a jamais renoncé, lui a valu quelques plaisanteries d'officiers moins indulgents envers Seguins-Pazzis qui leur paraissait plus mondain qu'efficace, homme d'état-major sans doute mais certainement pas de terrain. Klotz fait aussi des visites à Gindrey, épuisé, il n'y a que quelques dizaines de mètres entre le PC et l'hôpital. Sur ce chemin il a remarqué un petit pagodon. Le petit temple en dur sera l'un de ses repères dans l'immense désordre que devient le camp retranché ; c'est aussi le dernier vestige du village investi par la garnison et depuis longtemps démantelé.

Du sol, Klotz voit d'un autre œil le travail des aviateurs. Les « transporteurs » larguent de haut, mais il est vrai que leurs avions sont plus vulnérables puisqu'ils volent lentement et deviennent une cible facile pour la DCA. Les « chasseurs » plongent plus vite, ils sont moins vulnérables en théorie bien qu'ils soient parfois touchés, il le sait mieux que personne. Il comprend aussi pour-

quoi les marins ont la cote auprès de la garnison : ils travaillent plus bas, ils s'attardent plus longtemps que les
aviateurs. Modeste, le lieutenant de vaisseau affecte de
croire que ces attitudes ne sont que le fruit d'instructions
très précises... Les marins avaient carte blanche, les
aviateurs devaient mesurer leurs risques ! Puis il y a la
touche humaine : il est vrai qu'outre un appui feu plus
risqué, plus agressif, les pilotes de l'aéronavale ont aussi
des gestes à l'intention de leurs camarades pris au piège.
C'est d'ailleurs lui qui avait suggéré à son patron, Castel-
bajac, l'idée d'utiliser le parachute à grenades pour larguer du whisky. L'opération était risquée, strictement
sans justification militaire, mais ceux d'en bas ont pris
l'initiative pour ce qu'elle était : un geste d'amitié et de
compassion. Comme ils ont apprécié des cartes de vœux
et autres messages amicaux glissés sur des containers.
Que certains aient été rédigés en anglais leur a permis
de comprendre que des pilotes américains prenaient
aussi des risques pour les aider.

Divergences anglo-américaines

Foster Dulles et Georges Bidault se sont rencontrés
une première fois à Paris les 13 et 14 avril. Ils sont
d'accord pour examiner la possibilité de réaliser, dans le
cadre de la Charte des Nations unies, « une défense collective destinée à assurer la liberté, la paix et la sécurité
dans l'ensemble de la région de l'Asie du Sud-Est et du
Pacifique occidental ».

Aussitôt après, le 16 avril, Dulles précise sa pensée qui
lui vaudra sinon un désaveu du moins une remarque du
président Eisenhower, parce que l'opinion a été choquée
de ses propos. Au cas, avait-il dit, où il faudrait courir le
risque ultime d'envoyer des troupes américaines en Indochine, afin d'empêcher sa conquête par les communistes,

le gouvernement américain devrait se résigner à prendre cette mesure... Dulles, après son entretien avec Eisenhower, calme le jeu en considérant cette hypothèse comme « improbable » ; il reste à savoir si l'hypothèse dont il parlait était l'engagement américain ou la conquête communiste...

Face à l'obstacle, Dulles persévère. Il était à Londres et Paris au milieu du mois d'avril ; il y revient en fin de mois, sans parvenir à rallier la Grande-Bretagne à son point de vue. L'amiral Radford fera le même voyage dans le même but, à la fin avril, sans plus de succès. Foster Dulles décide de réunir, le 20 avril, les ambassadeurs des principaux pays concernés par le Sud-Est asiatique : le Royaume-Uni, la France, la Nouvelle-Zélande, l'Australie, les Philippines, la Thaïlande et les trois Etats associés ; cela pour mettre au point un système de défense collective du Sud-Est asiatique. L'ambassadeur de Grande-Bretagne pense pouvoir accepter. Eden décide de refuser, même si la presse a déjà annoncé ladite conférence. Celle-ci n'est pas, à ses yeux, essentielle dans l'environnement diplomatique du moment, elle peut même compliquer la Conférence de Genève. Répondant à son ambassadeur à Washington, Eden écrit même :

« Peut-être les Américains pensent-ils que le temps est passé de prêter attention aux réactions et aux difficultés de leurs alliés. Chaque semaine qui passe, nous en sommes convaincus, cette tendance est de plus en plus prononcée et elle ne laisse pas de créer des difficultés croissantes pour quiconque en Grande-Bretagne souhaite préserver les étroites relations qui unissent nos deux pays. Pour notre part du moins, nous devons constamment garder présents à l'esprit tous nos partenaires du Commonwealth, même si certains d'entre eux ne plaisent pas aux Etats-Unis ; je dois vous recommander de demeurer attentif à cet aspect de nos affaires et de ne pas hésiter à attirer sur lui l'attention des Etats-

Unis. Personne en Angleterre ne pense que le Siam et les Philippines soient vraiment représentatifs de l'opinion générale en Asie[7]. »

Après le refus d'Eden, la réunion n'est plus qu'une séance de travail préparatoire à la Conférence de Genève. Les Britanniques, à ce stade des négociations, ont pesé les avantages et les inconvénients de leur choix. Certes, refuser les propositions américaines c'est mettre en difficulté l'alliance ; les accepter c'est prendre le risque d'indisposer l'Inde et quelques autres Etats amis de l'Asie du Sud-Est. Sans oublier l'opinion anglaise qui n'a, apparemment, aucune envie d'accepter un engagement dans le conflit indochinois.

Lors de la réunion de Paris, préalable à la Conférence de Genève le 23 avril, existe encore chez Dulles la volonté d'entraîner la Grande-Bretagne dans une action unitaire en Indochine. L'affaire devient pourtant difficile à monter. Le temps paraît désormais compté. Bidault, le matin même, a prévenu Dulles que la chute de Diên Biên Phu était imminente et que les Français étaient pratiquement décidés à cesser le combat en Indochine. Il semblerait qu'au cours de son entretien avec Dulles, Bidault se soit irrité de l'importance que Dulles donnait à cette action commune et aux négociations sur ce sujet qu'il voulait engager immédiatement. Pour Bidault, tout dépendait de Diên Biên Phu : si le camp s'effondrait, la France ne participerait sûrement pas à l'alliance envisagée.

Selon le secrétaire privé d'Eden, Shuckburgh, qui le notera dans son journal, Dulles tente encore le lendemain d'entraîner les Britanniques :

« Dulles commença par nous dire qu'en fait le gouvernement des Etats-Unis était prêt à fournir une aide militaire immédiate aux Français en Indochine à la condition que nous en fassions autant et pourvu que le Congrès accorde au président les pouvoirs nécessaires.

Radford dont nous estimons peu l'intelligence et qui cherchait manifestement la bagarre, répliqua que la seule chose à faire, pour empêcher les Français et les Vietnamiens de perdre leur moral au moment de la chute de Diên Biên Phu (d'ici un ou deux jours) était que les Américains et les Britanniques prennent plus ou moins le relais dans la conduite de la guerre et repoussent les Français à l'arrière-plan dans l'espoir que la population locale, encouragée par ce spectacle, se rassemblerait contre les communistes. Il n'a pas précisé le genre d'action militaire susceptible de produire ce résultat mais il était question d'envoyer de Malaisie au Tonkin des escadrilles de la RAF ainsi qu'un porte-avions si nous pouvions. Cette proposition nous a fortement inquiétés d'autant qu'elle semblait reposer sur une évaluation du moral et des ressources des Français qui différait fortement de ce que ces derniers avaient communiqué à Gladwyn [Jebb, l'ambassadeur britannique à Paris] le matin même[8]. »

Paris, 24 avril :
« Voulez-vous deux bombes atomiques ? »

Il y a encore, le 24 avril, des rencontres entre Foster Dulles et le gouvernement français. Le temps s'écoule dangereusement. Le camp retranché est au bord de l'asphyxie et l'assaut ne devrait plus tarder. Si l'intérêt d'une opération aérienne d'envergure est toujours évident, ses avantages s'amenuisent d'heure en heure. Le secrétaire d'Etat américain regrette de ne pouvoir agir plus vite, mais il ne peut échapper aux contraintes qui sont les siennes. Il faut que Washington obtienne l'accord des autres pays alliés pour ne pas que les Etats-Unis prennent eux-mêmes et seuls, une position de belligérance. Il faut que Londres renonce à son veto, or Anthony Eden n'en a pas les moyens ou la volonté.

Joseph Laniel explique une fois encore à Dulles que l'intervention demandée n'est pas l'entrée en guerre des Etats-Unis, mais plus simplement une opération limitée, sous commandement français, réplique à l'intervention évidente des artilleurs chinois, servant des pièces de DCA chinoises sous le commandement viêt-minh. Après quoi, Georges Bidault insiste auprès de Dulles : qu'il comprenne bien que Diên Biên Phu est au bord de l'agonie. Celui-ci n'y peut plus rien : le blocage n'est pas le fait du gouvernement américain, il est décidé à Londres et les Anglais ne changeront plus leur point de vue.

De ces derniers échanges, subsistera un mystère, plus anecdotique qu'essentiel : Dulles a-t-il offert deux bombes atomiques au ministre des Affaires étrangères Georges Bidault ? Cela s'est dit, cela s'est écrit. Le général Ely avouera ne jamais en avoir entendu parler à l'époque. L'affaire ne pouvait être sérieuse ni tactiquement, ni politiquement. Certes, les bombardements de Hiroshima et Nagasaki ont déjà neuf ans et, depuis, les armes nucléaires ont été perfectionnées et sont en voie de miniaturisation ; elles restent cependant expérimentales à plus d'un titre. Or Diên Biên Phu n'est qu'à une centaine de kilomètres de la Chine et à vingt-cinq du Laos ; les hommes du corps expéditionnaire français et leurs adversaires viêt-minh sont entremêlés et les tranchées des uns recoupent les boyaux des autres. Que les arrières viêt-minh, leurs voies de communications, leurs bases de ravitaillement et de regroupement – à peine localisées – soient les objectifs réels, c'est évident. Mais il convient aussi de penser qu'il y a toujours dans la jungle des maquis thaïs, sans oublier les colonnes de secours prêtes à intervenir en faveur du camp retranché... Politiquement, les données sont encore plus compliquées. Depuis qu'il est question de « Vautour », Français et Américains sont persuadés qu'un raid aérien classique mené en territoire vietnamien, si intense soit-il, n'aurait aucune conséquence sur les négociations de Genève, toutes les parties ayant leurs propres raisons d'aspirer à un cessez-le-feu. Les Chinois envisageraient-ils de répliquer que la dissuasion nucléaire américaine pourrait, à elle seule, freiner leurs élans belliqueux. Au contraire, le recours sans préalable à l'armement nucléaire risquerait de déclencher une guerre mondiale, bloc contre bloc… Pour autant, Georges Bidault n'a peut-être pas rêvé. Au plus fort de la tension née d'une crise internationale, une boutade peut jaillir pour détendre l'atmosphère : « Et si je vous donnais deux bombes atomiques… » N'ayant pas réussi à obtenir un accord pour un bombardement de type classique, Foster Dulles n'avait pourtant pas, au fond de sa poche, deux engins nucléaires immédiatement disponibles… L'affaire n'a certainement jamais été au-delà.

Le 25 avril, Eden est de retour à Londres. Une réunion ministérielle a lieu au 10, Downing Street. Eden explique qu'il est inutile de fournir une aide militaire aux Français. Elle serait inefficace puisqu'il est désormais acquis qu'une bonne partie de l'Indochine va tomber entre les mains des communistes. Il serait plus réaliste de s'employer à renforcer la position des Français à la Conférence de Genève. Ce que le gouvernement britannique décide… Jusqu'à l'appel de l'ambassadeur de France à Londres, René Massigli, surgissant avec des éléments nouveaux. Le Congrès donnerait son accord immédiat à l'intervention de l'aviation américaine dans les trois jours, si la Grande-Bretagne et les autres nations concernées signaient une déclaration d'intention pour bloquer l'expansion communiste dans le Sud-Est asiatique… L'humeur des Britanniques ne fait que s'accroître : voilà une nouvelle d'importance que Washington transmet à la France pour qu'elle la transmette à la Grande-Bretagne. Londres n'apprécie pas le procédé. Voilà un projet d'intervention militaire du dernier instant pour tenter de dégager Diên Biên Phu qui pourrait bien en réalité viser la Chine au risque d'engendrer une troisième guerre mondiale... Londres ne changera pas d'avis.

Peut-être convient-il de s'attarder un instant sur ce qu'en écrira dix ans plus tard le président Eisenhower :

« ... Des attaques aériennes pour soutenir Diên Biên Phu n'auraient pas été efficaces. En revanche, des interventions américaines dans les airs, pour le cas où les Viêts auraient utilisé des Mig dans le delta du fleuve Rouge l'auraient certainement été. Si les Chinois avaient adopté une politique de soutien aérien régulier pour le Viêt-minh, nous aurions assurément agi pour venir à bout de cette agression criante de l'extérieur. Nous nous serions trouvés dans la nécessité d'attaquer les aérodromes chinois et il en serait résulté le risque d'une guerre générale avec la Chine. En tout cas, je pense fermement que cette détermination de notre part, comme des Chinois, a eu un effet préventif décisif sur eux... »

Genève, le 26 avril : ouverture de la conférence

L'ouverture de la Conférence de Genève, le 26 avril 1954, est en fait l'aboutissement d'un long processus dont les prémices – complexes – sont à rechercher plusieurs mois en amont.

Les raisons que pouvait avoir la Chine de mettre un terme à ce conflit franco-vietnamien ne sont pas évidentes. Mao Tsé-toung affermit son empire sans être encore parfaitement assuré de ses arrières. La Corée pèse encore à sa façon. Le traité de Panmunjon qui a interrompu cette autre guerre le 23 juillet 1953, il y a neuf mois donc, n'est tout compte fait qu'un traité militaire mettant fin aux hostilités mais ne réglant aucun des problèmes politiques liés à ce conflit. Ce n'est certainement pas par hasard que Chou En-lai déclarait un mois après l'armistice qu'un tel accord pouvait servir de modèle aux autres conflits, puisque le principal affrontement entre des forces de l'Ouest et du monde communiste se situe à la frontière sud de la Chine, dans l'Indochine qui n'est déjà plus française, Paris ayant reconnu l'indépendance des trois Etats associés. A Pékin, une pause est peut-être nécessaire pour mener à bien d'autres tâches internes. Du côté soviétique, moins engagé que Pékin dans l'affaire indochinoise, il y a également des difficultés internes, politiques mais aussi économiques, à surmonter. Alors, si l'on pouvait signer un armistice en Indochine, pourquoi ne pas le faire, d'autant que si l'opinion française supporte mal cette guerre, les Etats-Unis paraissent prêts à prendre la relève.

Les étapes qui ont conduit les diplomates jusqu'à Genève sont connues : les ouvertures de Laniel vers Hô Chi Minh lors de son discours d'investiture en juin 1953, ouverture restée sans lendemain ; l'interview du même Hô Chi Minh du 26 novembre 1953 au journal suédois l'*Expressen*, également sans conséquence ; la Conférence des Bermudes en décembre 1953, puis celle de Berlin en janvier 1954. De cette dernière rencontre, rien ne débouche en apparence, si ce n'est l'essentiel : Washington accepte une autre rencontre avec la Chine cette fois, à Genève, à partir du 26 avril 1954 donc[9]. On y parlera de la Corée encore et de l'Indochine aussi. Cela explique la présence de tous les pays engagés dans le conflit de Corée – l'Afrique du Sud exceptée – puis des deux Indochine, celle de Hô Chi Minh représentée par Pham Van Dong et celle de Bao Dai représentée par Nguyen Quoc Dinh.

Le lendemain de l'ouverture officielle de la conférence, le 27 avril à 22 h 50, Georges Bidault télégraphie au Quai d'Orsay avec le timbre « très secret » :

« Pour répondre aux questions que me posent constamment mes collègues au sujet de la situation militaire en Indochine, il me semblerait utile de recevoir quotidiennement par le télégraphe un bulletin contenant les dernières informations reçues à Paris à cet égard... »

Enfermés dans la cuvette de Diên Biên Phu, les défenseurs du camp retranché se battent maintenant au corps à corps, parfois à l'arme blanche, s'étonnant presque que des volontaires se présentent encore à Hanoi pour les rejoindre dans leur enfer.

16

Des négociations pour les blessés
Camerone au Tonkin
Le dernier assaut de Giap

Lorsque s'ouvre la conférence de Genève, il est acquis que les Alliés ne se porteront pas à l'aide de la France et au secours de Diên Biên Phu. Les Américains ont paru souhaiter cette aide, sans trop vouloir forcer la main de leur opinion publique ou de la Grande-Bretagne. La Grande-Bretagne n'a pas voulu de cette aide sous le prétexte qu'elle pouvait desservir les intérêts occidentaux lors de la Conférence de Genève et, plus encore, ceux du Commonwealth. La France espérait beaucoup de ses amis, sans leur cacher que la défaite était imminente et que le pays n'attendait qu'un cessez-le-feu, le plus proche possible.

Le pays devait être décidément bien las, pour ne plus envisager une suite aux combats dont il s'était si bien désintéressé depuis neuf ans déjà ; jusqu'à cette bataille dont lui parvenaient de lointains échos, un chant funèbre et glorieux réveillant la mauvaise conscience des indifférents.

Hanoi : les volontaires de la dernière heure

Là-bas, si loin de la Métropole, il en va autrement. L'état-major de Hanoi voit surgir de plus en plus de volontaires pour sauter sur Diên Biên Phu. Un bataillon d'infanterie de la Légion, le 2/3ᵉ REI, dont aucun homme ne doit être « breveté », s'est intégralement porté volontaire, le 14 avril, pour sauter dans la cuvette. Les circonstances en décideront autrement : cette unité sera décimée dans une embuscade et d'ailleurs nul ne peut imaginer que Navarre ou Cogny auraient donné leur feu vert pour un tel saut groupé. Face à cet afflux de volontaires, il convient de reconnaître que le phénomène ne répond pas à une seule analyse, à un même désir de servir. Il est vrai que des hommes en convalescence ou affectés à la base arrière veulent rejoindre leur unité au combat ; qu'il y a un réel élan de fraternité ; que certains hommes ont peut-être honte d'avoir joué les planqués et qu'ils entendent le faire oublier de la plus belle des manières. Il y a aussi ceux qui veulent se racheter et, parmi eux, les condamnés du tribunal militaire ! Ils sont deux cents à s'être portés volontaires pour être parachutés – sans entraînement –, essentiellement des légionnaires et des tirailleurs. La réponse du GONO est claire : on n'en veut pas dans le camp retranché. En revanche, sur « Isabelle », le colonel Lalande en accepterait bien, mais seulement après qu'Hanoi aura fait un tri très sévère, en ne conservant que ceux ayant fait la preuve de leurs qualités de combattant.

Il arrive donc encore des renforts, parachutistes ou pas, mais tous largués depuis les Dakota, dont les pilotes trouvent l'artillerie viêt bien insistante. Parmi les nouveaux venus, il y a quelques cavaliers en provenance du 8ᵉ spahis ; c'est ainsi que le sous-lieutenant Mengelle, l'un des adjoints du capitaine Hervouet aux chars, retrouve son opérateur-radio, volontaire pour rejoindre les combattants. Les unités étant désormais sans frontières, les cavaliers iront jouer les tireurs de mortiers au 8e Choc, qui avait déjà prêté des hommes aux cavaliers et des sapeurs à la communauté. Il est vrai qu'il n'y a plus que quatre chars disponibles au PC central... Sauteront aussi une vingtaine de tirailleurs algériens, des vétérans, des « chibanis » dans le sabir de l'armée d'Afrique. Ils sont tous inaptes opérationnels, ils ont connu Monte Cassino, le Garigliano, Cao Bang...

Depuis la dernière semaine du mois d'avril, le pessimisme est certainement l'impression dominante à la citadelle d'Hanoi. Autour de Cogny, ses adjoints s'attendent au pire. Toutes les données concourent à la désespérance ambiante.

Ainsi, lorsque avril s'achève, le camp de Diên Biên Phu s'est singulièrement recroquevillé puisque ne tiennent plus que deux réduits. Le plus petit, perdu à six kilomètres vers le sud, c'est « Isabelle ». Le colonel Lalande ne peut plus rien pour ses camarades du réduit central, si ce n'est un appui feu avec ce qui lui reste d'artillerie utile. Ses légionnaires et ses tirailleurs, même appuyés par les derniers chars valides, ne pourront plus jamais venir en aide à l'autre réduit, celui du PC GONO. Le point central a pris l'apparence étriquée d'un cercle de un kilomètre trois cents de diamètre. Il est assiégé de tous côtés, incapable depuis le 23 avril de toute contre-offensive sérieuse. Sur cette maigre surface, ravagée par l'artillerie viêt, asphyxiée par les tranchées et les sapes ennemies, s'entassent les dernières unités en état de combattre, les divers postes de commandement dont celui, essentiel, qu'occupent Castries et ses adjoints immédiats. Sont également entreposés là les derniers stocks de vivres et des munitions de plus en plus rares, puis l'infirmerie où l'on ne sait plus où installer les derniers arrivés. Le docteur Grauwin, ne supportant plus la misère ambiante et la douleur au quotidien, paraît avoir des états d'âme. Vers la mi-avril, il a rendu une curieuse visite à Bigeard :

« Bruno, tu as le poids nécessaire pour faire cesser ces combats inutiles. Je suis débordé avec tous ces blessés… Il faut faire arrêter ce massacre.

— Docteur, continue à faire ton travail et nous le nôtre. Nous en sortirons peut-être. »

La morgue n'est plus qu'une vaste fosse commune où bientôt l'on ne pourra plus ajouter un cadavre aux centaines de corps déposés parce que enterrer un mort est au-dessus des forces des défenseurs… « Isabelle » et le PC GONO ont en commun d'être sous le feu direct de l'artillerie ennemie mais le réduit central est proportionnellement plus menacé : les bombardements y sont d'autant plus dangereux que tous les organes de commandement sont réunis en quelques dizaines de mètres, que la densité des défenseurs est extraordinairement élevée. De plus, ce réduit central est déjà entamé par les Viêts.

Les hommes, enfermés dans cet espace insuffisant, sont épuisés physiquement et nerveusement. La tension est extrême, le sommeil n'est plus qu'une suite de brefs assoupissements. S'alimenter ou boire tient du hasard ou du miracle. De l'autre côté des barbelés et des derniers champs de mines, les troupes viêt-minh sont relevées régulièrement. Seule une faible partie des unités engagées dans la bataille est au contact du camp retranché. Le gros de la troupe se repose ou s'entraîne dans les bases arrière réparties dans un rayon de dix kilomètres au-delà de la cuvette, sans craindre une aviation française déjà trop occupée à assurer la survie de Diên Biên Phu.

C'est précisément de cette aviation que Castries espère tout. Et tout, cela se résume désormais en trois mots : des hommes, des munitions, des vivres. Dans les soutes du camp, au cœur du réduit central, il subsiste, aux heures euphoriques, de quoi alimenter armes et canons pour trois jours au mieux. C'est dire l'importance de la météo. Une journée sans vol, sans parachutage, c'est la survie du camp qui est compromise. La situation ne peut améliorer les relations entre Navarre et Lauzin qui ne cessent de se dégrader. D'entrée, Lauzin a posé clairement les limites de son soutien : la mise en place de « Castor » puis l'assistance d'une base aéroterrestre dont la piste doit rester praticable. Au-delà, il ne pourrait plus grand-chose, il l'a toujours dit. Parce que Diên Biên Phu est à quatre cents kilomètres de Haiphong, la météo est toujours incertaine ; parce que le général Fay refuse tout renfort ; parce que « Atlante » a dévoré une partie de ses moyens. Déjà, à la mi-mars, alors que la piste du camp retranché était encore praticable, quelques messages acerbes de Navarre lui ont valu des réponses amères de Lauzin, lequel réprouvait le manque de confiance du « généchef », qui ne favorisait ni la cohésion entre les armées ni le rendement. Quant au colonel Nicot, il avait dit, dès cette époque, ce qu'il avait sur le cœur, le lieutenant-colonel Godard en avait eu des échos :

« Mon remplacement [...] étant susceptible de donner satisfaction au désir du commandant en chef d'améliorer le transport aérien militaire, je vous propose de me relever de mon commandement dès que les opérations actuelles en cours à Diên Biên Phu seront sorties de la période de crise... »

La perte de la piste d'atterrissage acheva de brouiller Navarre et Lauzin, celui-ci écrivant plus tard :

« Du jour où la piste de Diên Biên Phu fut neutralisée par l'ennemi, l'armée de l'air a assuré sa mission dans des conditions qui n'avaient plus aucun rapport avec celles initialement prévues. L'effort exceptionnel demandé le 13 mars par les FTNV pour quinze jours, s'est poursuivi cinquante-quatre jours avec des moyens qui n'étaient plus à l'échelle de cette nouvelle bataille et dans des conditions éminemment défavorables aux actions aériennes. »

Castries et son état-major tentent quotidiennement de faire le point des troupes dont ils disposent encore. Elles s'amenuisent aussi vite que s'efface l'espérance. Un des derniers points précis qui nous soient parvenus est celui daté du 24 avril. Encore est-il incomplet puisqu'il ne concerne que les parachutistes et l'infanterie ; rien pour l'artillerie par exemple, ni pour le génie ou les services. Sur « Epervier », le commandant Tourret a encore quatre cents hommes pour son 8e Choc, une compagnie du 5e BPVN aux ordres du capitaine Bizard, deux sections du BT 2 réduites à cinquante hommes et pour seule réserve une section du 5e BPVN. Sur « Eliane bas », le commandant Chenel doit tenir avec trois cent cinquante Thaïs de son BT2, une compagnie du 3/3e RTA comptant deux cents hommes, une compagnie du 6e BPC réduite à cent hommes et une autre compagnie du même bataillon en réserve. Sur « Eliane haut », le commandant Bréchignac est installé avec son 2/1e RCP à quatre cents hommes, deux compagnies du 5e BPVN rassemblant péniblement deux cents parachutistes, le 1/13e DBLE avec trois cent cinquante légionnaires et, en réserve, deux compagnies du 6e BPC avec deux cents parachutistes. Sur « Huguette », le commandant Guiraud commande un bataillon de marche du BEP soit six cents rescapés des 1er et 2e BEP désormais fusionnés, et une compagnie du 1/3e RTA à cent quarante tirailleurs. Le commandant Nicolas continue le combat avec les débris de son 1/4e RTM soit deux cent cinquante tirailleurs. « Claudine » et « Junon », sur la face sud du PC, sont respectivement confiés au commandant Clémençon avec les quatre cents légionnaires du 1/2e REI et au commandant Duluat avec une compagnie de Thaïs blancs réduite à cent cinquante hommes ainsi que les trente aviateurs devenus combattants de première ligne. Enfin, très loin vers le sud, totalement coupé du PC GONO, le colonel Lalande tient « Isabelle » avec les quatre cents légionnaires du 3/3ᵉ REI, les quatre cent quatre-vingt-dix tirailleurs du 2/1ᵉʳ RTA, trois cent soixante-dix Thaïs arrivés du BT 3 et cent quarante tirailleurs du 5/7ᵉ RTA survivants de « Gabrielle ».

Tout compte ayant sa part d'approximation, il apparaît cependant que les éléments combattants se réduisent à la fin avril à trois mille hommes pour le camp principal et mille trois cent trente sur « Isabelle ». Face à ceux que Giap persiste à appeler les « valets de l'impérialisme » ou les « fantoches », le Viêt-minh aurait en zone avancée cinquante et un mille combattants et trente mille dan-cong et coolies au service des grandes unités ou bien chargés de la protection des routes et utilisés comme main-d'œuvre. En zone arrière, il y aurait plus de trois mille cinq cents combattants, essentiellement de la division 304, et vingt mille dan-cong et coolies. Les derniers combats vont se jouer à un contre dix !

Le camp retranché a aussi de nouvelles raisons de s'inquiéter. Le Viêt-minh n'aurait-il pas reçu de Chine des armes nouvelles ? La question se pose, le 24 avril, après une forte inquiétude d'un aviateur survolant la cuvette. Le lieutenant-colonel Descaves, de la base aérienne de Gia Lam, volant à quatorze mille pieds, à trois kilomètres à l'est de Diên Biên Phu, est intrigué par une dizaine de lueurs vertes à environ trois kilomètres de lui. Quelques secondes puis elles disparaissent simultanément... La réponse est préoccupante : si les lueurs lui ont paru immobiles, c'est évidemment parce qu'elles venaient vers lui... certainement des roquettes sol-air... Le Viêt-minh, en tout cas, se tient prêt à passer à l'attaque ; les hommes du camp retranché, au contact de l'adversaire qui se cache à peine pour ses travaux de sape, ont remarqué que les bo-doï appartenaient souvent à des troupes fraîches, qu'ils étaient habillés de neuf et qu'ils portaient de plus en plus souvent, sur le visage, un masque aseptique...

Hanoi, 25 avril : où va-t-on ?

La guerre des chefs prend de l'ampleur le 25 avril. Cogny, persuadé que la résistance du camp retranché ne peut pas durer plus de deux ou trois semaines, aimerait savoir où Navarre entend aller :

« Je rejette absolument hypothèse simple augmentation valeur morale du sacrifice STOP Seul bénéfice honneur militaire défendu jusqu'au bout avec renforcement extrême limite à Diên Biên Phu risquerait d'être perdu dans démantèlement général qui suivra STOP Il faut ou bien assurer contrepartie concrète ou bien obtenir cessez-le-feu et dans l'un ou l'autre cas avant la chute de Diên Biên Phu »

La réponse de Navarre lui parvient dès le lendemain :

« Je ne partage pas votre point de vue et estime qu'aussi bien Honneur militaire qu'espoir même sans certitude justifie sacrifice supplémentaire STOP Or issue favorable peut être espérée du fait Conférence de Genève qui peut amener soit cessez-le-feu, soit intervention américaine en cas d'échec STOP Suis donc décidé à prolonger un maximum résistance Diên Biên Phu »

Navarre n'a aucune raison de préciser à Cogny qu'il envoie, ce même jour, à René Pleven une note qui restera secrète jusqu'au lendemain de la chute du camp retranché. La même tonalité certes, un certain cynisme en plus...

Comme s'il ne suffisait pas de l'avenir pour inquiéter Cogny, le présent lui réserve de mauvais tours. Ce qui s'est passé ce jour – ou la veille – dans le ciel de Diên Biên Phu perturbe le général :

« La nouvelle n'a pas d'importance réelle et il vaut mieux en parler le moins possible, comme tout ce qui peut être interprété comme un échec de l'aviation STOP cependant si correspondants de presse sont au courant dire qu'un pilote civil américain a été blessé au cours d'un ravitaillement de Diên Biên Phu. »

Il est parfaitement exact que le pilote américain d'un C-119, Paul Holden, a été grièvement blessé au bras, lors d'une mission au-dessus du camp retranché, là où les équipages américains sont censés ne jamais s'aventurer. Pourtant, sur quatorze C-119 en service à ce moment, onze sont pilotés par des Américains… Holden a pu rejoindre Cat Bi mais, lorsque les médecins français ont voulu l'amputer, il a demandé son transfert aux Philippines où le bras sera sauvé.

Pour ajouter à l'effervescence ambiante, voici René Pleven qui, ce même 25 avril, s'énerve aussi et télégraphie à Navarre à propos d'un article paru dans un quotidien parisien :

« *Le Monde* d'aujourd'hui annonce que le centre de résistance sud de Diên Biên Phu est pratiquement isolé de la défense centrale. Si cette information est inexacte, il serait bon que vos porte-parole la démentent. »

La nouvelle étant exacte, aucun des porte-parole du commandement ne s'exposera à la démentir. La seule question intéressante, à ce propos, serait d'ailleurs différente : comment le ministre de la Défense René Pleven peut-il ignorer, le 25 avril, la solitude de « Isabelle », effective depuis le 30 mars…

Saigon, 26 avril : inquiétudes pour les prisonniers

Le siège de Diên Biên Phu n'inquiète pas seulement les états-majors par les conséquences tactiques, stratégiques ou politiques qu'aura la chute du camp. Ce siège engendre des réflexions sur d'autres problèmes : le sort des prisonniers et des blessés.

Ils sont nombreux, les hommes du corps expéditionnaire, à être détenus dans les camps de prisonniers du Viêt-minh et dont on ne sait plus rien, ou très peu de chose. Cette absence d'information peut laisser supposer des conditions de détention suffisamment féroces pour que les prisonniers disparaissent. Tout ce qui a été tenté pour qu'ils puissent donner de leurs nouvelles, pour leur faire parvenir vivres et médicaments, a tourné à l'échec.

En ce mois d'avril 1954, réapparaît le professeur Huard. Il reste, par bien des côtés, suspect aux yeux des militaires. Qu'il soit considéré comme proche des Viêts n'est peut-être plus une raison de le tenir à l'écart… D'ailleurs, qui pourrait être utilement envoyé auprès d'eux sinon Huard ? D'autant qu'au problème des prisonniers risque de s'ajouter la tragédie des blessés.

Depuis une quinzaine de jours déjà, le commissaire général Dejean ne croit plus guère à l'efficacité du Comité international de la Croix-Rouge :

« Il ne semble pas que le CICR puisse être un intermédiaire efficace entre le commandement français et le commandement viêt-minh. Ce dernier n'a jamais répondu aux propositions directes qui lui ont été faites et qui étaient basées sur les principes de l'article 36 de la Convention de Genève.

« D'autre part étant donné les termes employés par le CICR, dans son message du 9 avril, qui nous met au même rang que le Viêt-minh, il semble dangereux de faire appel aux bons offices du CICR car cela équivau-

drait à reconnaître aux rebelles la qualité de belligérants. »

La réponse déçoit sans doute Dejean. Le ministère des
Etats associés ne voit pas d'inconvénient à accepter les
bons offices du CICR :

« Un échec éventuel du CICR dans ses demandes
auprès du Viêt-minh ne nous causerait certainement
aucun tort. On peut même penser qu'un tel échec pourrait servir notre cause auprès de la plupart des puissances étrangères... »

Quant à la « belligérance » du Viêt-minh, il est précisé
que c'est une notion très dépassée : « Nous-mêmes traitons les prisonniers viêts selon la Convention de Genève,
en belligérants donc... »

Le 26 avril, Maurice Dejean alerte encore les Etats
associés :

« Le Viêt-minh cherche visiblement à discréditer les
efforts de la Croix-Rouge française, qu'il accuse d'être un
organisme à la solde du commandement et des colonialistes français. »

Cette attitude du Viêt-minh est à la source d'un message que le professeur Huard vient d'adresser à Hô Chi
Minh, faisant appel à ses sentiments humanitaires et lui
exposant les tragiques conséquences que comporte pour
les familles l'absence de toutes nouvelles.

Le 28 avril, Dejean revient sur le problème, toujours à
l'intention du ministère des Etats associés :

« Je vous serais reconnaissant de me faire savoir
d'urgence si, en fonction des informations que vous pos-
séderiez sur la présence à Genève de représentants du
Viêt-minh, vous estimeriez souhaitable la venue dans
cette ville du professeur Huard.

« Dans l'affirmative, il serait indispensable que le professeur Huard n'ait avec notre délégation à la conférence
que les contacts les plus discrets afin de lui laisser la
plus grande liberté d'action. »

La réponse arrive à Saigon le même jour :

« En accord avec diplomatie, je ne pense pas qu'un séjour du professeur Huard à Genève puisse être actuellement utile.

« Je vous câblerai de nouveau à ce sujet si la présence de délégués viêt-minh et notamment de médecins de la Croix-Rouge viêt-minh cités dans votre télégramme confère au déplacement de M. Huard l'intérêt que vous me signalez. »

A Genève, Bidault lance un « appel solennel à la conscience du monde civilisé » pour les blessés de Diên Biên Phu dont il parle le 27 puis le 28 avril avec Molotov. Molotov ne voit, en termes diplomatiques, que des avantages à accepter ; il y va de l'image du monde communiste auprès de l'opinion. Toutefois, Molotov pense aussi que la France doit en parler directement avec la délégation viêt-minh arrivée à Genève sans être encore officiellement invitée. Bidault craint que le Soviétique ne lui force la main, alors qu'il ne veut pas, pour l'immédiat, d'un contact direct… Il faut encore persuader Bao Dai de l'utilité de cette démarche, ce qui sera fait dès le 30 avril. Le représentant du Viêt-minh, l'inévitable Pham Van Dong, a toutes les raisons de refuser. L'appel – indirect – est donc sans effet. Quant à la Croix-Rouge internationale, elle refuse de bouger : une trêve locale pour les blessés est en dehors du domaine où s'appliquent les conventions de la Croix-Rouge parce qu'elle eût été manifestement à l'avantage des assiégés…

Genève ne sera donc pas le lieu où souffle l'esprit humanitaire. La France a la fâcheuse impression que les diplomates du monde communiste lambinent, qu'ils n'espèrent que la chute de Diên Biên Phu pour l'exploiter immédiatement au mieux de leurs intérêts. Alors, qu'importe les blessés… Si Moscou a rapidement détourné le problème, si la France n'a pas voulu traiter directement avec le Viêt-minh, Pékin ajoute aux ater-moiements en refusant, le 6 mai, toute intervention. Ce qui conduit la délégation française à publier une très officielle mise au point :

« ... La délégation française confirme qu'après le refus du commandement viêt-minh de donner suite aux demandes du général de Castries pour l'évacuation des blessés de Diên Biên Phu, et après qu'à Genève le chef de la délégation soviétique se fut déclaré dans l'impossi-bilité d'intervenir directement à ce sujet, le contact a été pris, pour le même objet, avec la délégation chinoise. Cette tentative n'a reçu d'autre accueil, après un délai d'une vingtaine d'heures, que la suggestion de renvoyer cette question urgente et purement humanitaire aux dis-cussions d'ensemble de la conférence, la délégation chinoise déclarant que le problème faisait partie de la recherche de la paix en Indochine.

« L'ouverture de la conférence a été principalement retardée par des questions de procédure entretenues par les partenaires du Viêt-minh.

« Les dernières nouvelles de Diên Biên Phu viennent confirmer que, du côté communiste, on attendait le sort de la bataille pour laisser s'ouvrir la conférence et trou-ver hors d'objet de réponse la dramatique question des blessés de la place... »

Diên Biên Phu, sous la pluie

A partir du 25 avril, le temps devient exécrable dans la vallée de Diên Biên Phu. L'accalmie des derniers jours n'a été que tromperie. La pluie est là, les orages gron-dent, il n'y a d'éclaircie qu'en fin de journée. L'eau s'infiltre partout. Les tranchées sont des bourbiers, les abris à la limite de l'impraticable. Dans son PC, le géné-ral de Castries patauge dans quarante centimètres d'eau.

Grauwin s'embourbe dans la glaise et les pansements des blessés moisissent. Désormais, les hommes arriveront aux antennes chirurgicales avec des plaies boueuses et des risques accrus d'infection ou de gangrène. Dans les tranchées, les hommes s'enlisent doucement, parfois dans l'eau jusqu'à la taille. Des blessés meurent noyés. Sous leurs pas, les combattants devinent, par moments, la masse molle d'un cadavre qu'ils n'ont même plus la force d'enjamber. Il est très loin, le temps où les morts étaient enterrés avec les honneurs militaires, où l'on avait encore le temps d'assembler et de visser les planches des cercueils arrivés d'Hanoi, en même temps que les rations de tabac ou de « vinogel ». Il est loin, le temps où chaque corps avait droit à un linceul taillé dans la toile d'un parachute avant de glisser dans la fosse commune. Désormais, lorsqu'ils le peuvent, ses camarades recouvrent d'une couche de terre le soldat qui restera là où il a été tué. Dans quelques jours, personne ne pourra plus assurer aux morts ce dernier geste d'adieu qu'était une pelletée de glaise sur un être sans vie...

Sur « Isabelle », il y a comme des échos de tragédie grecque. Hors de lui parce que la 1re compagnie du 2/1er RTA, celle du capitaine Belhabiche, n'a pas réussi un dégagement demandé, le colonel Lalande parle tout simplement de la décimer : on fusillera à 18 heures – et après jugement – deux tirailleurs par section ! Un tribunal militaire est improvisé, le lieutenant Wieme sera l'avocat des « accusés », six officiers seront les juges et le procureur sera le lieutenant-colonel Leguette, du tribunal militaire d'Hanoi... Encore faudrait-il le parachuter, puisque bien évidemment il n'est pas dans la cuvette ! Peut-être parce que les esprits se calment, peut-être parce que le ridicule se glisse dans les rouages, ceux qui s'apprêtaient à jouer du Racine finissent par interpréter une scène de Labiche. Faute de juge, tout le monde repart au combat, ce qui vaut acquittement...

Cela se passe le jour où la Conférence de Genève s'enlise dans de laborieuses prémices pour savoir si le chinois sera ou ne sera pas accepté comme langue officielle. Une conférence s'englvant d'entrée, d'autant que les problèmes coréens sont transférés aux dimensions de la planète et tournent au procès des Etats-Unis et de la place qu'ils s'octroient dans le monde... La conférence décide le 30 avril de s'ajourner jusqu'au 5 mai !

La presse en accusation

Le 28 avril, c'est encore le moral des troupes qui inquiète le général de Castries. La presse française l'agace :

« Certains articles de presse sont catastrophiques pour le moral du combattant – en particulier un article du *Figaro* du 23. Demande que censure agisse. »

L'article, intitulé « Cent avions peuvent-ils encore sauver Diên Biên Phu ? » est signé de Max Olivier[1]. Il n'est d'ailleurs pas paru le 23 mais le 22 avril. On peut tenir pour certain qu'aucun combattant de Diên Biên Phu n'a eu un exemplaire de ce journal en main, et en serait-il parvenu quelques numéros dans le camp retranché que personne, assurément, n'aurait eu le loisir de le lire. Mais il se trouve que « Radio-Hirondelle », qu'écoute le corps expéditionnaire, a repris ledit article... Castries sait mieux que personne que les affirmations de Max Olivier sont exactes, qu'il faudrait au moins cette aide aérienne pour soulager le camp mais qu'elle ne semble pas devoir arriver un jour...

Max Olivier évoque, d'entrée, « les souffrances et les angoisses des douze ou quinze mille hommes qui composent le dernier carré de la plus dramatique des batailles de l'armée française ». Puis il en appelle à deux témoins, deux officiers qui sont, depuis des années déjà, de ses relations personnelles. Le premier est un capitaine resté anonyme comme l'a souhaité Max Olivier, évoquant le rôle d'un général qui ressemble à s'y méprendre à Fay. Le second n'est pas davantage cité, mais il rappelle étrangement une silhouette déjà entrevue, qui pourrait être celle de Cogny :

« ... Tu vois ma figure, m'a-t-il dit. J'en suis à ma dix-septième heure de vol aujourd'hui. Si je ne dors pas huit heures de suite maintenant, je suis sûr d'avoir un accident. Il y a quelques mois, un grand général de l'Air est venu de Paris. Il nous a dit qu'il était impossible d'envoyer des équipages et des avions en Indochine. Alors, on met les bouchées quadruples ou décuples. Parce que Diên Biên Phu n'est pas unique. Il y a plusieurs petits Diên Biên Phu en Indochine. Au Moyen-Laos, dont on ne parle jamais, sur les Hauts Plateaux.

— Crois-tu, lui dis-je, qu'une intervention aérienne massive sauverait les hommes de Diên Biên Phu ?

— Peut-être, me dit-il, cent avions de plus pourraient-ils changer la situation. Mais il n'en est pas question. Nous devons faire avec ce que nous avons.

« J'allai voir un général. Je le connais depuis longtemps.

— Que peut-on faire pour Diên Biên Phu ? lui demandai-je.

« Il ne répondit pas. Il déroula une carte du Delta tonkinois.

— Tenez, me dit-il. C'est celle que j'appelle la carte de la lèpre.

« En rouge étaient marquées les zones totalement contrôlées par le Viêt-minh, en rose celles que nous occupons le jour et qui sont communistes la nuit, en blanc celles où nous sommes maîtres.

« La carte était presque rouge et le général serrait les poings de colère.

— Mes bataillons sont partout sauf ici. J'en ai au Laos, encerclés. J'en ai en Annam, encerclés. J'ai les plus beaux à Diên Biên Phu, encerclés. Et ceux qui me restent, tous les jours ouvrent la route Hanoi-Haiphong. »

Dans leurs tranchées, devenues des bourbiers, les hommes du camp retranché ne savent certainement pas tout cela. Mais ils savent que le piège est refermé, verrouillé, que Giap et ses bo-doï guettent l'occasion la plus favorable pour déchirer leur proie. Ils ont consacré le mois d'avril à creuser des cheminement enterrés, à étouffer la base et réduire la zone des parachutages. La même parution du *Figaro*, dans une colonne voisine de l'article de Max Olivier, précise que les préparatifs de Giap pour le dernier assaut sont achevés depuis plus d'une semaine.

Camerone à Diên Biên Phu

Si l'on s'en tient aux messages échangés avec Hanoi, le 30 avril 1954 est un jour comme le camp retranché commence à trop en connaître. Castries est sobre dans sa détresse : « Aujourd'hui, je n'ai plus, dans le camp retranché de Diên Biên Phu, aucun char entièrement disponible. » Il n'y a plus de 1er BEP ni de 2e BEP, seulement un bataillon léger parachutiste de la Légion. Mais il y a aussi l'anniversaire de Camerone…

Chaque année depuis 1863, la Légion étrangère célèbre, le 30 avril, la bataille de Camerone où la compagnie du capitaine Danjou tint tête à des milliers de Mexicains en guerre contre l'empereur Maximilien que leur avait imposé Napoléon III. Une défaite disent certains, un sacrifice préfèrent les légionnaires. Dans la réalité, la mission qui leur avait été confiée a été

parfaitement remplie et le sacrifice des hommes du régiment étranger n'a pas été vain. Ils étaient là pour retenir
les Mexicains et laisser au convoi le temps de s'éloigner ;
les Mexicains ont été retenus et le convoi a poursuivi son
chemin. Les légionnaires de Diên Biên Phu connaissent
l'épisode – dont le récit va leur être lu solennellement,
comme chaque année en cette date anniversaire.
Aujourd'hui, ils peuvent avoir l'impression d'être dans la
même situation que leurs anciens. Ils sont venus pour
couper la route du Laos au Viêt-minh et retenir le corps
de bataille de Giap. Le Laos n'a pas été envahi, et sans
doute même pas menacé ; le corps de bataille encercle
Diên Biên Phu et les bo-doï crèvent de faim et de peur,
autant que la garnison du camp retranché.

Il ne faut pas rêver, pourtant. Pour cette célébration
de Camerone vont manquer les ingrédients habituels :
les troupes au garde-à-vous en grande tenue, la présentation de la relique du capitaine Danjou – sa main arti-
ficielle conservée dans une châsse de bois –, les chants
de la Légion et la nuit de fête, encore que le singulier
puisse être une erreur dans ce dernier cas. Une légende
tenace et homérique veut qu'un régiment de Légion ait
attendu le 32 ou le 33 avril pour que ses effectifs se
retrouvent au complet en état de marche…
Aujourd'hui, les hommes sont sur le qui-vive derrière
leurs sacs de sable, ne pouvant lever la tête sans
entendre miauler au-dessus d'eux une balle viêt. Au PC
de la 13e DBLE, discrètement et rapidement, officie le
légionnaire le plus ancien dans le grade le plus élevé,
le lieutenant-colonel Lemeunier. Impeccable dans son
uniforme, il lit le récit de la bataille du Mexique que
quelques haut-parleurs encore en état de marche diffu-
sent à travers le camp. Puis il remet l'insigne de caporal
d'honneur de la Légion au général de Castries et au colonel Langlais, celui de première classe à Geneviève de

Galard et au lieutenant-colonel Bigeard. Dans les unités, ou ce qu'il en reste, il n'y aura qu'un festin de riz réchauffé à la hâte, des petits pois en conserve, une distribution parcimonieuse de cigarettes, parfois un cigare pour les commandants de compagnie. Quant au vin, ce sera franchement pitoyable : une bouteille de sidi brahim par section, autrement dit rien. Pourtant, une jolie légende va naître de cette fête de Camerone pour laquelle on entonnera le « Boudin » mais où personne ne quittera son emplacement de combat. Une légende née de la privation des boissons alcoolisées participant habituellement – et largement – au folklore de la célébration.

Légende, parce qu'il existe plusieurs versions de la même affaire, qui ne sont d'ailleurs pas toutes datées du 30 avril ; légende qui n'a pourtant pu naître et embellir qu'à partir de données réelles encore qu'imprécises. Il semblerait donc que, au matin du 30 avril, des légionnaires aient repéré, entre leur tranchée et celle des Viêts, à une dizaine de mètres de là, une caisse parachutée durant la nuit. Qu'importe que la toile du parachute ait été blanche, comme l'ont vu certains, jaune ou orangée comme d'autres le croient ; qu'importe que la caisse ait été clairement identifiée comme contenant des vivres. Il a été immédiatement décidé qu'il s'agissait de « vinogel », cette sorte de gelée qui, additionnée de cinq volumes d'eau, prend les apparences et à l'occasion le goût du vin. Le vin virait au souvenir depuis des jours et le manque d'eau a parfois conduit les hommes de Diên Biên Phu à tartiner ladite gelée sur un morceau de pain rassis… Donc, se trouvaient entre les lignes des rations de « vinogel » qui ne pouvaient y rester un tel jour. Encore fallait-il aller les chercher… Là apparaissent encore des variantes de l'épopée. Pour les uns, deux ou trois légionnaires avaient décidé d'aller réduire au silence un fortin improvisé par les Viêts face à eux. Ils ont rampé, jeté des grenades par les meurtrières, détruit leur objectif et tué quelques adversaires. Au retour, ils ont récupéré cette caisse qui les intriguait depuis le petit matin et qu'il ne fallait surtout pas laisser aux autres. Un autre récit fait état des réticences d'un commandant de la 13e DBLE qui n'entend pas risquer un de ses légionnaires pour une caisse de « vinogel », même le jour de Camerone. Les légionnaires deviennent grognons ; l'un d'entre eux, plus réaliste, insiste. Il explique au commandant comment ils pourraient s'y prendre. Le patron écoute, ronchonne, reconnaît que la méthode retenue est certainement la seule possible. Et comme il tourne le dos en marmonnant nul ne sait quoi, il est décidé que le commandant est d'accord !

Ce soir-là, sur un des pitons de « Eliane 2 », la Légion a eu son « vinogel ». Nul ne sait pourtant si les PIM avaient réussi à se faufiler sous la mitraille pour apporter l'eau des citernes jusqu'aux bidons des légionnaires.

Vers une sortie en force ?

Tenter une sortie en force est aussi un axe de réflexion qui retrouve de son actualité et même une certaine urgence aux tout derniers jours d'avril. Une telle sortie ne trouve guère de partisans, encore que les raisons avancées pour écarter ce projet diffèrent les unes des autres. Elles relèvent du sens pratique ou bien de l'honneur militaire ou encore de la tactique. Elles n'ont en commun que de démontrer l'absurdité du projet.

Le colonel Bastiani, dans une note datée du 1er mai, tente de démontrer qu'une telle opération est impossible et inconcevable. Il faudrait rompre le dispositif d'encerclement, or les unités du GONO sont trop épuisées pour cela. Il faudrait faire sortir la garnison par petits éléments, ce ne serait qu'une fuite désordonnée, en pleine nuit, à travers la jungle, sans qu'ils puissent s'orienter pour rejoindre les zones de recueil alors que les Viêts auront verrouillé toutes les pistes. Impossible donc ! Inconcevable ensuite pour des raisons morales :

« … parce que l'on n'abandonne pas plus de mille blessés pour lesquels nous avons à plusieurs reprises sollicité l'aide de l'ennemi ; par les pertes effroyables que subiront les unités au cours de leur repli ; par le désarroi dans lequel on jettera les survivants à la recherche d'un point de recueil à plus de cent kilomètres. »

Bastiani conclut :

« La gloire acquise au GONO au cours des six semaines de combats sans merci sera définitivement ternie par une fuite honteuse et désordonnée.

« Le GONO peut encore tenir tant qu'il est ravitaillé. Or tant qu'il tient, il inflige des pertes au Viêt-minh et fixe son corps de bataille.

« Il est de l'intérêt général que cette situation se prolonge le plus longtemps possible.

« Le GONO doit continuer à résister jusqu'à l'extrême limite de ses forces.

« Tout commandement en Indochine, qui signerait un ordre de fuite se déshonorerait.

« Il faut savoir accepter la conséquence de ses actes. »

En d'autres termes, l'homme du 2ᵉ bureau, le lieutenant-colonel Levain, dit sensiblement la même chose. A ses yeux, le repli implique l'abandon des blessés, la rupture de l'encerclement, un échelon solide de recueil difficilement concevable.

Suit une réunion à Hanoi le 2 mai. Participent à cette séance de travail les officiers de l'EMIFT, le colonel de Crèvecœur et des officiers des FTL, le général Cogny et des officiers des FTNV. Il existe un procès-verbal manuscrit que rédige aussitôt le lieutenant-colonel Bastiani. Il note – en précisant bien que ce sont des citations – certaines phrases de Navarre. Celui-ci déclare ainsi qu'il n'estime pas devoir continuer la lutte à Diên Biên Phu. Cependant, comme un cessez-le-feu à Genève n'est pas exclu, il s'agit de tenir encore un certain temps et il décide en conséquence de parachuter un bataillon qu'il met à la disposition de Cogny. Le gouvernement ne voulant pas de capitulation et Navarre n'envisageant pas de laisser mourir le GONO, celui-ci envisage en revanche l'évasion de la garnison. Navarre imagine que l'opération pourrait être conduite en force ou en souplesse, les maquis réalisant un couloir de sécurité : « exécution possible dans deux ou trois jours ». Précisant toujours qu'il s'agit d'une citation, Bastiani ajoute : « Le général Navarre est décidé à abandonner les blessés avec les cadres sanitaires. Il est persuadé que les Viêt-minh les rendront, qu'ils auront un geste. En ce qui concerne le général de Castries, il est prêt à lui donner l'ordre de partir[2]. »

Cogny connaît l'avis de ses proches collaborateurs. Il lui faut donner son opinion à Navarre qui la lui réclame. Il rédige une note datée du 3 mai.

En réponse au projet que Navarre conçoit comme une opération visant à la récupération – partielle – de la garnison grâce à une sortie suivie d'un reflux et d'un recueil organisé – « Albatros » réapparaissant –, Cogny répond que l'opération sera très aléatoire, sans doute extrêmement coûteuse :

« Il est infiniment probable que seule une très faible fraction de la garnison pourra être récupérée. Une telle opération passe aussi par l'abandon des blessés :

« La décision d'abandonner les blessés sur place, qui relève d'un principe général posé par vous depuis longtemps et qui est de sauver l'essentiel, ne trouve donc dans cette récupération probable qu'une justification très imparfaite, voire tout à fait insuffisante. C'est grave. La décision doit être gouvernementale. »

Enfin, note Cogny, l'opération prendra vite le caractère d'une fuite désordonnée et sans doute honteuse dans beaucoup de ses aspects[3].

Dans sa réponse à Navarre, Cogny n'a oublié aucune des objections présentées par son état-major. Il y ajoute pourtant sa touche personnelle :

« La sortie classique n'est pas le seul moyen de soustraire le chef de la garnison au dilemme : capitulation (impensable) – anéantissement total. La garnison peut recevoir la mission de résister sur place jusqu'à l'épuisement de ses moyens et, devant l'imminence de la chute, un chef peut rendre leur liberté d'action aux commandants d'unités, avec un court délai de préparation. Les éléments les mieux trempés auront ainsi leurs chances d'échapper à l'étreinte et la récupération finale sera sans doute supérieure à celle qui peut être espérée de la sortie du type envisagé. »

Ainsi Cogny demande-t-il à Navarre de renoncer à l'opération « Albatros » sous la forme d'une sortie décidée *a priori*.

Navarre, tenant à son projet, retient comme direction la partie sud-sud-est de la cuvette vers Muong Nha et de là sur Muong Heup et Muong Ngoi où seront les éléments de recueil. Pour la sortie du camp retranché, il envisage une rupture de l'investissement sur deux points au minimum par des actions en force, avec appui de l'artillerie restant sur place et détruisant ses matériels. Après la sortie, il sera nécessaire d'évacuer par éclatement, aucun des éléments ne pouvant excéder le niveau de la compagnie.

Diên Biên Phu : tous au combat

Aux derniers jours d'avril, alors que tout le camp retranché attend le troisième assaut des Viêts, sans illusions désormais, des hommes qui se sentaient inutiles dans leurs tâches précédentes avaient décidé de venir en aide aux derniers combattants.

La prévôté de Diên Biên Phu est un détachement disparate aux ordres du maréchal des logis-chef Salaün[4]. Il a avec lui des gendarmes, des gendarmes de l'air et des hommes de la garde républicaine arrivés de Lai Chau. Que leur importe le vol de parachutes que l'on ne peut plus renvoyer vers Hanoi, la disparition d'un portefeuille ou d'une machine à écrire. Ils n'enquêtent même pas sur la disparition de leur Jeep, remplacée une nuit sans lune par sa sœur jumelle à bout de souffle... il leur est difficile d'inculper le chauffeur de Langlais ! Depuis des jours déjà, depuis la chute de « Gabrielle », les gendarmes se sont improvisés brancardiers puis infirmiers ou aides-soignants, cuisiniers. Grauwin est heureux de cette assistance, comme il l'est de l'aide que les filles des deux BMC apportent à ses infirmiers. Les Vietnamiennes qui étaient avec la Légion sur « Claudine », les Algériennes qui partageaient « Dominique » avec les tirailleurs, ont été repoussées vers le PC central. La violence des combats a déjà coûté la vie à quatre d'entre elles. Les onze survivantes apportent désormais d'autres soins et un peu d'espérance à ces mourants qui ignoraient parfois même leur présence dans le camp retranché. Comme Geneviève de Galard, qui ne connaîtra que bien plus tard leur existence.

Passe encore que Grauwin récupère les putains, mais Langlais s'emporte, le 26 avril, lorsqu'il découvre ses gendarmes employés au poste de secours. Il leur fait vertement savoir qu'ils ont autre chose à faire que jouer les infirmiers, il vient d'ailleurs d'en tomber du ciel. Grauwin, appréciant leur travail et leur dévouement, veut garder ses gendarmes ; il devrait pourtant savoir que Langlais, qu'il ait raison ou qu'il ait tort, ne cède jamais... Pour lui, les gendarmes doivent prioritairement s'occuper des parachutages. Qu'ils surveillent et repèrent l'arrivée des colis, qu'ils traquent les containers égarés sur le sol labouré, cabossé, déchiré. Désormais la zone de largage est si mince que le nombre des arrivées chez l'ennemi devient préoccupant. Alors, si, en plus, il y a des pertes, des vols, des paquets que l'on ne retrouve plus dans le chaos qu'est devenu le sol, des paquets qui s'égarent chez les rats capables des pires rapines… Jusqu'à la dernière heure, lorsqu'ils ne prendront pas leur tour de garde avec les Méos et les agents du GCMA, les gendarmes, étonnantes cibles pour les tireurs viêts, parcourront le terrain à la recherche des ultimes colis. Que la maréchaussée veille ne permettra pas de savoir combien de colis les habitants de Hanoi ont envoyés aux blessés, après l'appel lancé par le général de Castries dans la presse locale :

« Nos blessés ont besoin de jus de fruit et de lait concentré. Les dons des Vietnamiens et des Français d'Hanoi seront parachutés dans l'enceinte du camp retranché. »

L'assaut est proche, tous en sont convaincus. Les services des écoutes radio en sont moins certains. Ils ont capté des messages de l'état-major viêt laissant supposer que Giap pourrait être plus patient que prévu, surtout si le camp résiste. Le 27 avril, depuis Tuan Giao, part une commande de médicaments et matériels sanitaires devant couvrir les besoins de tout le mois de mai. Le 31 avril, toujours depuis Tuan Giao, suit une demande de riz, toujours pour l'ensemble du mois de mai.

Le camp est désormais noyé sous la pluie. Les tranchées et les abris sont inondés, les parapets s'effondrent. Des corps hâtivement enterrés, souvent recouverts d'une mince couche de terre, réapparaissent. L'air est empuanti, le moral en berne. Plus une minute de sommeil, rien à manger, rien à boire, rien pour se changer, se sécher un instant. Rien que le fracas des deux artilleries s'insultant. Il semble aux combattants que les Criquets se fassent plus rares au-dessus d'eux. Ce n'est pas une impression. Les Morane sont de moins en moins nombreux à être encore en état de voler et il leur faut, en plus du camp retranché, assister la colonne Crèvecœur.

Au-dessus de la vallée, lorsque les nuages se déchirent, apparaissent des taches de ciel bleu qu'encombrent les avions tentant d'aider la base. C'est un gigantesque embouteillage. Impossible, sans aucun doute, de faire plus. Il y a les avions qui bombardent et mitraillent. Il y a les transporteurs attendant leur tour d'approche qui s'effacent, reviennent pour un deuxième ou un troisième largage. Il y a les chasseurs escortant les ravitailleurs, prêts à attaquer la DCA. Et, la nuit, sautent des Dakota les derniers volontaires. Les plus chanceux viendront s'égratigner sur les barbelés des défenses, les autres dériveront vers les lignes viêts et un avenir incertain. Le 1er mai, l'aéronavale a, dans le ciel de Diên Biên Phu, sept Helldiver, huit Corsair, six Privateer ; l'armée de l'air aligne vingt-six Maraudeur et douze Bearcat...

Navarre, toujours à Saigon, adresse à Paris, à l'intention du ministère des Etats associés, un télégramme dont on ne sait trop s'il se veut rassurant ou bien inquiétant, les deux phrases de son texte allant chacune dans leur sens :

« L'effort viêt-minh semble à bout de souffle ou tout au moins aura besoin d'un répit sur l'ensemble des théâtres d'opération. Sauf à Diên Biên Phu où il continue sous une forme nouvelle à manifester une grande activité. »

Le général Gambiez a une suggestion à présenter à Navarre : si l'on piégeait certains des obus parachutés ? L'idée avait déjà été lancée. Elle rebondit parce que la zone possible pour les parachutage rétrécit effectivement d'heure en heure. Il serait bon de décourager les Viêts, prompts à récupérer les obus destinés au camp retranché. Gambiez propose que l'on largue délibérément hors de la DZ des munitions de 105 piégées :

« Ce piégage pourrait consister, par exemple, dans une modification de la fusée amenant l'explosion prématurée de l'obus soit dans le tube soit à proximité immédiate. »

Il suggère que l'on étudie un système similaire pour les obus de mortier de 120. Puis il ajoute :

« La DIRMAT précisera les mesures à prendre pour avertir les unités amies des lots qui deviendraient ainsi interdits d'emplois[5]. »

Le 29 avril, Giap estime le moment propice à son attaque finale.

Du côté viêt-minh, les derniers obstacles viennent d'être effacés. Les difficultés d'approvisionnement sont levées et le moral des troupes, un moment vacillant, a été redressé :

« La série des cours d'éducation politique de fin avril avaient aidé l'ensemble des combattants et des cadres à mieux saisir la situation, et à voir plus clairement comment la conjoncture politique et les conditions militaires rendaient infaillible le succès de notre campagne. Chacun se montrait plus résolu que jamais à accomplir jusqu'au bout la mission commune, et se tenait prêt à recevoir l'ordre de déclenchement d'une nouvelle offensive dans la certitude absolue de vaincre[6]... »

De même Giap estime-t-il extrêmement précaire la situation des troupes adverses, bien qu'elles occupent encore les deux tiers de la colline A1 et la moitié de la colline C1 – les « Eliane » donc. L'espace aérien du camp retranché s'est encore rétréci mais, note-t-il, les adversaires « continuent à pouvoir intercepter une partie du ravitaillement parachuté ». Alors, il donne ses dernières consignes :

« Nous assignons alors à nos troupes la tâche de s'emparer des hauteurs encore partiellement occupées par l'ennemi à l'est, d'anéantir un certain nombre de positions à l'ouest, de mettre hors de combat les nouvelles forces adverses, de faire progresser plus profondément encore nos lignes d'attaque et d'encerclement, de faire converger le feu de nos armes de tout calibre sur le centre, de contrôler l'espace aérien qui reste encore à l'ennemi, pour nous préparer à l'assaut général[7]. »

Le 1er mai, vers 19 h 30, les défenseurs du camp trouvent les Viêts bien nerveux ; ils multiplient les coups de main contre les positions françaises. Depuis les hauteurs des « Eliane », les observateurs observent les bo-doï qui, de toute évidence, se mettent en place pour un nouvel assaut. Bientôt commence le matraquage des positions françaises par l'artillerie viêt-minh...

Au-dessus de Diên Biên Phu tournent les Dakota qui vont, dans un instant, larguer les premiers éléments du 1er RCP où le commandant Souquet a cédé la place au capitaine de Bazin de Bezons, un seigneur respecté de tous, un des meilleurs connaisseurs du Tonkin dont il pratique les dialectes. Bazin arrive en loques, son treillis mis en pièces par les barbelés qui l'ont accueilli.

Le 1er mai, à 22 h 30, après une très longue préparation d'artillerie, Giap lance l'attaque générale.

17

L'agonie du camp retranché
Castries prisonnier
Une poignée d'évadés

Tous les cauchemars peuvent rôder au terme d'une bataille qui dure depuis près de cinquante jours, tous... Savoir que l'ennemi est prêt pour un assaut imminent, risquant d'être fatal pour le camp retranché... Savoir que rien ne peut plus empêcher cet assaut... Qu'aucun secours ne sera plus efficace... Que l'ombre de la captivité recouvre déjà les dernières espérances des survivants... Mais se battre encore, contenir les Viêts jusqu'à en mourir s'il le faut.

Ils ont tous aperçu les premiers parachutistes du 1/1er RCP du capitaine de Bazin de Bezons descendre vers la plaine dévastée, vers les feux de l'enfer qui tonnent au-dessous d'eux. Ils ont été heureux que des camarades les rejoignent à l'heure de l'agonie et déçus qu'ils arrivent trop tard pour être des sauveurs. Il y a toujours des anges pour accompagner l'apocalypse. Mais est-ce bien utile...

Le 2 mai, qui est un dimanche, n'est pas un jour à la gloire du Seigneur pour les aumôniers. Ils sont trop occupés à distribuer les derniers sacrements, à tenir la main d'un blessé qui ne veut pas mourir, à fermer les yeux de celui qui n'a pu attendre. Au plus profond du PC GONO où grondent les déflagrations de l'artillerie, des deux artilleries plutôt tant leurs objectifs sont proches les uns des autres désormais, l'état-major tente un point matinal. Hanoi sera informé par un télégramme expédié vers 8 h 30 que « Eliane 1 », « Dominique 3 », « Huguette 5 », « Isabelle 5 » ont été submergés par les vagues d'assaut viêt-minh. Elles semblent avoir également pour objectifs « Eliane 2 » et « Huguette 4 ». Les bo-doï ont vite faibli devant ces deux PA. Sur « Eliane 4 », cinq petites compagnies de parachutistes à bout de forces sont parvenues à contenir trois divisions viêt-minh, les 308, 312 et 316. Les parachutistes qui, comme les légionnaires, comme les tirailleurs ou les Thaïs, n'ont plus le temps de dormir, s'assoupissent là où ils se trouvent pour quelques instants, quelques minutes la chance aidant. Ils se battent à un contre dix, le ventre vide, la bouche sèche mais trempés jusqu'aux os, boueux, crasseux, espérant un tir d'artillerie ou une salve de mortiers pour que refluent les bo-doï prêts à ressurgir dès que les tubes ne cracheront plus leurs obus.

Ce 2 mai, vers 14 heures, dans son joli bureau de la rue Saint-Dominique, à Paris, ouvrant sur le calme d'un parc verdoyant, René Pleven convoque le général Salan :

« Devant la situation fournie par les derniers télégrammes, il n'y a plus de doute. Malgré la bravoure de nos hommes, la fin approche ! Que faire ?

— Donnez toute liberté de manœuvre à Castries pour qu'il se fraye un passage vers le Laos, confiant ses blessés à leurs médecins et à leurs infirmiers. C'est pénible, mais il vaut mieux sauver ce faisant une bonne partie de la garnison que de la voir tout entière prisonnière. Faites parachuter sur les pistes de repli du ravitaillement et des munitions. Crèvecœur qui connaît bien la région ira à leur secours. Les maquis méos aideront. Les légionnaires de "Isabelle" feront Cameron e s'il le faut pour aider la sortie de la garnison. »

Le lendemain, le secrétaire d'Etat Pierre de Chevigné écoute ce que Salan veut bien lui répéter mais il reste persuadé que l'on peut encore se battre dans le camp retranché. Alors Salan s'agace :

« Monsieur le Ministre, il pleut sur Diên Biên Phu ! Les tranchées vont peu à peu se remplir d'eau et nos hommes seront vite épuisés. On se bat mal avec de l'eau jusqu'au ventre. Donnez l'ordre de repli vers le Laos. »

— Mais il ne pleut pas à Diên Biên Phu. J'y suis allé. »

Là-bas, dans ce marécage où la boue s'infiltre dans les tranchées, dans les abris, dans les infirmeries, il faut tenir, encore tenir sans reculer sinon l'édifice entier, ou ce qu'il en reste, s'effondrera comme un château de cartes. Les pertes enregistrées le 2 mai dépassent les effectifs d'un bataillon. Un télégramme reçu à Hanoi laisse entrevoir le pire ; parce qu'à Diên Biên Phu l'espérance est morte désormais :

« Nos approvisionnements deviennent très bas – notamment en munitions d'infanterie. Le resserrement du Viêt-minh autour du camp retranché principal et "Isabelle" a fortement réduit la surface des DZ. De toute façon il fait un temps effroyable et il n'y a pas d'appui aérien. »

Les médecins de Diên Biên Phu constatent désormais des morts par épuisement, comme ces légionnaires apportant de l'eau et des munitions à leurs camarades et qui se sont endormis pour toujours sous les poids additionnés de leur fardeau et d'une immense lassitude. Le nouvel assaut se traduit par un afflux de blessés dans les infirmeries. Les conditions sanitaires deviennent hallucinantes, se souviendra le médecin-lieutenant Jacques Gindrey :

« Nous retrouvons le rythme de la fin mars : quatre jours et trois nuits sans repos. Nous sommes de véritables zombies, j'opère comme une mécanique, en état second, et Bacus, mon instrumentiste, à certains moments, me soutient pour que je ne m'écroule pas.

« Et bien sûr toujours la boue qui tombe à grosses gouttes sur la table d'opération, dans le ventre ou les plaies de nos opérés.

« Le calvaire des blessés ne s'arrête pas là : il faut les caser, et la boue est partout. Alors nous faisons creuser des alvéoles dans les parois des tranchées. Abris et tranchées s'écroulent les uns après les autres, sur les vivants et sur les morts[1]... »

Dans les antennes chirurgicales, la situation est partout la même ; un engorgement monstrueux, des chirurgiens à bout de force et des blessés espérant le geste qui les sauvera. Aux moribonds il ne reste qu'à offrir une injection de morphine. Les uns paraissent résignés, les autres dans leur délire appellent un proche. Certains demandent à être baptisés, mais les aumôniers ne peuvent plus arriver jusqu'à eux. Chez le médecin-lieutenant Hantz, les sept infirmiers préparent les futurs opérés ; l'infirmier réanimateur s'occupe de ceux que le chirurgien vient de traiter. Lui se prépare à la prochaine opération : en priorité les « thorax asphyxiques », les hémorragiques et les garrottés. Le groupe électrogène flanche, repart, le stérilisateur hésite. Ne surtout plus penser aux salles d'opération aseptisées, blanches, naturellement presque pimpantes. Ici la boue coule de partout. Les toiles blanches des parachutes tendues aux murs sont éclaboussées par les explosions si proches. L'anesthésie n'est que légère et l'opéré bouge. Pour les amputations de membres déchiquetés, l'équipe chirurgicale intervient sur le brancard même, l'anesthésiste et le chirurgien travaillant à genoux. Parfois il faut quitter un opéré en cours de travail pour aller au-devant d'un cas plus grave nécessitant un geste chirurgical d'extrême urgence. Pour se soutenir, ils n'ont qu'un peu de riz et une ration de bœuf assaisonné que prépare l'anesthésiste cuisinier. Un coup d'œil vers l'extérieur… C'est la nuit, ou le jour, une surprise, plus personne ne sait où l'on en est. Un légionnaire sentant la fin proche avoue qu'il est marié, sa femme habite Tübingen, il demande qu'on la prévienne. Le Damany harcèle Hanoi. Ils manquent de tout. Parfois sa commande est honorée dès la nuit suivante. Jamais les soins ne seront interrompus. Les chirurgiens se replient, se regroupent. Vidal de l'ACP 2 rejoint l'ACP 5 et il travaillera avec Hantz.

Le 4 mai, des hommes continuent d'arriver en renfort. Peu après minuit, depuis les Dakota, des parachutistes du 1er RCP ont encore basculé dans le vide. Parmi eux, il y a le capitaine Jean Pouget. Il a quitté le général Navarre et ses fonctions d'aide de camp dès le mois de décembre pour reprendre le combat. Il revient à Diên Biên Phu parce que son régiment y retourne et que, de toute façon, il aurait été trop malheureux ailleurs. Son départ pour le camp à l'agonie a été remarqué à Hanoi, il l'a raconté lui-même. Il était venu déjeuner, la veille, à la popote de l'EMIFT/avant, autrement dit avec les éléments de l'état-major de Saigon détachés à Hanoi. On y avait beaucoup parlé de la duplicité de Cogny, de la façon dont Navarre lui avait retiré sa confiance, de la chute inéluctable du camp retranché, de la résistance de Castries et de ses hommes qui avait dépassé toutes les espérances… Pouget, prétextant un rendez-vous, demande au général Bodet la permission de se retirer :

« Je vous en prie, mais revenez dîner avec nous ce soir.

— Impossible, je suis pris…

— Demain midi, alors…

— Demain midi, je déjeunerai à Diên Biên Phu… »

Bodet, hors de lui, quitte la table :

« Tout cela est tellement stupide, un peuple qui s'en fout, un gouvernement inconsistant, des généraux sans foi et ceux-là qui sautent chaque nuit, un par un, dans la gueule du monstre. Non c'est trop bête. »

Pouget n'a pas sauté ce soir-là, le lendemain seulement, avec une compagnie étrangement en sureffectif : vingt-cinq ou trente garçons s'étaient échappés des infirmeries, de l'hôpital et même, affirme Pouget, de la prison... Ils iront dès leur arrivée sur « Eliane 3 », avec pour seule consigne de se tenir prêts à reprendre « Eliane 2 »[2].

Avec les derniers éléments du 1er RCP sautent dans la nuit des individuels, tous volontaires. Le lieutenant Allaire voit arriver à ses côtés un lieutenant tombé du ciel ; il lui demande s'il n'est pas fou de venir se perdre dans ce guêpier. Le nouveau venu est censé rejoindre le PC, il s'enfonce dans la nuit et le fracas, il suit un boyau et disparaît. Jamais personne n'a revu l'inconnu, certainement porté disparu comme des dizaines d'autres garçons broyés par les obus viêts, écrasés au fond d'une tranchée effondrée. Partout, il y a des corps que l'on n'inhume plus, que l'on ne déplace plus, que l'on ne recouvre même plus d'une pelletée de terre que la pluie ou les déflagrations retourneraient dans quelques minutes. Alors, les survivants trébuchent sur les cadavres pourrissant sous leurs pieds, les assaillants piétinent les corps abandonnés des adversaires comme ceux d'autres bo-doï tombés lors de l'assaut précédent. Les blessés tentent de rejoindre un poste de secours dont ils ne savent même plus s'il existe encore. D'autres touchés la veille ou l'avant-veille repartent vers les tranchées, là où ils pourront se battre. L'un, qui n'a plus qu'un bras, alimentera le fusil-mitrailleur dont le tireur paraît avoir perdu une jambe. Les PIM imperturbables apportent les munitions et, au besoin, font le coup de feu.

Le 4 mai, sale journée pluvieuse, a aussi sa part d'inattendu. C'est le jour que choisit Castries pour quitter son PC et aller jusqu'à l'hôpital voisin. Le médecin-lieutenant Gindrey ne se souvient pas l'avoir vu en ces lieux depuis le 13 mars et la mort du colonel Gaucher. Une visite tardive certes, mais qui estompe ce qui a pu passer pour une certaine indifférence alors qu'il s'agissait plus probablement d'une répulsion envers la souffrance des autres. Castries ne passe pas, il s'attarde. Il va d'un blessé à l'autre, découvre qu'ils gisent parfois à même le sol, allongés sur une toile de parachute, parfois glissés dans une niche creusée dans les murs de terre, pressés les uns contre les autres, leurs pansements souillés de boue. Castries l'indifférent ne néglige pas un homme, n'oublie pas un recoin. Il n'est pas certain que l'un des deux médecins ou les infirmiers lui aient présenté l'hôte le plus insolite des lieux, dernier refuge d'un monde expirant, même pour le monde animal… Un cobra, qui ne savait plus où ramper, a trouvé là son refuge. Lové dans sa niche, il tient sagement compagnie au sergent-chef marocain Kabour qui assure la stérilisation du matériel. Castries parle aux uns, interroge les autres, réconforte les défaillants, annonce des décorations dont le lieutenant-colonel Trancart, désormais à son état-major, prend soigneusement note. Le temps passe, et Castries est toujours là avec ses blessés. La journée s'écoule, et Castries ne quitte pas l'infirmerie…

Au matin du 5 mai, Diên Biên Phu adresse à Hanoi deux télégrammes au bord du désespoir :

« Situation à 6 h STOP Harcèlement se poursuit STOP & FIN »

« Situation à 8 h inchangée STOP La pluie n'a pas cessé de tomber toute la nuit STOP 05.0830 STOP & FIN »

Un compte rendu plus complet partira dans la matinée du PC GONO, toujours pour Hanoi :

« ... Tous les approvisionnements et les matériels divers commencent donc à manquer.

« Il faut ajouter à cela les pluies continuelles qui occasionnent l'inondation des tranchées et l'éboulement des abris. La situation des blessés est en particulier de plus en plus tragique. Entassés, pour la plupart, dans des trous boueux sans hygiène, ils voient chaque jour leur martyre augmenter. »

L'état des blessés, dressé le 4 mai à 20 heures, est effectivement dramatique. Ils sont mille deux cent soixante-neuf au total, certainement plus si l'on tient compte des difficultés de transmission. Il y a quatre cent quatre-vingt-cinq « couchés » et sept cent quatre-vingt-quatre « assis ». Soit, en cinq jours, quatre-vingt-treize « couchés » et cent trente-huit « assis » de plus. Ce matin-là, le lieutenant Mengelle, qui a été blessé au tibia, passe aux environs du PC GONO, il sait qu'il peut espérer trouver là une poignée de riz chaud ; le cuistot du général de Castries en a toujours pour ceux qu'il aime bien. Il n'y a plus de cuisine, plus de riz, seulement parmi les débris la main du cuistot...

Dans la matinée du 5 mai, Pouget est parti sur « Eliane 3 », au pied des monts Chauve et Fictif. Ce n'est pas le bout du monde en théorie, quelques centaines de mètres à vol d'oiseau ; pourtant, c'est aller au diable. Il faut à Pouget et sa compagnie plus de cinq heures pour s'y traîner, embourbés jusqu'à la taille, englués dans un dédale de tranchées et de souterrains où ils s'égarent, essuyant en chemin les tirs de mortiers viêts ou une rafale tirée depuis le mont Chauve. Lorsqu'ils touchent au but, un message de Bigeard rattrape Pouget : qu'il laisse la place aux rescapés du 4e RTM et qu'il se porte avec sa compagnie sur « Eliane 2 », ce piton que Giap appelle « A 1 » et dont il ne parvient pas à s'emparer depuis le 30 mars. Les parachutistes vont y relever ce qui reste de la 13e DBLE. Les légionnaires paraissent ravis de la relève, ils s'éclipsent. Seul reste pour la nuit le commandant Coutant qui veut passer les consignes les plus complètes possible à Pouget. Il oubliera, du moins Pouget en est persuadé, de lui parler du travail des sapeurs viêts, exactement sous leurs pieds. Il est vrai que depuis deux jours personne n'entend plus ces mineurs des profondeurs creuser leur galerie…

Le 5 mai, portée par on ne sait trop quelle rumeur, une nouvelle caresse le camp retranché, redonnant un parfum d'espérance à cette atmosphère délétère. Il se dit que la colonne Crèvecœur n'est qu'à une cinquantaine de kilomètres de la vallée. Personne ne veut imaginer ce que représentent ces cinquante kilomètres à travers une jungle épaisse, entrecoupée de ravins, sillonnée de torrents, avec, surtout, les Viêts partout. Le lendemain, il est aussi question d'une percée depuis « Isabelle » d'où les légionnaires valides tenteraient de partir vers le Laos. Tous sont volontaires pour tenter la percée, tous même les blessés qui assurent pouvoir suivre, tous y compris cet homme amputé d'une jambe… Le sergent Kubiak serait le dernier à s'étonner depuis qu'il a vu, stoppant l'avancée des Viêts avec leur FM, deux hommes qui auraient dû être au plus profond de l'infirmerie : le tireur est touché au ventre, saignant à travers ses pansements, le chargeur est amputé d'un bras… Il faudrait pourtant, pour tenter une percée, abandonner ces blessés.

Le 6 mai au matin, on dresse le compte des parachutages de la nuit : quatre-vingt-quatorze hommes ont été largués en renfort. Ils ont voulu sauter et pourtant tous savent que la fin approche… Un télégramme du PC GONO fait le point pour Hanoi :

« Faute de munitions, nous avons dû restreindre l'activité de notre artillerie. L'artillerie, les mortiers et surtout les canons SR de l'adversaire nous ont causé des pertes augmentées du fait que les parois des tranchées et abris ont perdu toute solidité à la suite des pluies. »

Toujours le 6 mai, un C-119 décolle de Cat Bi vers 15 h 15 avec, à son bord, un équipage mixte. Aux commandes, deux Américains, James Mac Govern – le seul qui parle français – et Wallace Buford. Ils doivent ravitailler « Isabelle ». Touché par la DCA, l'appareil met le cap vers le sud, sort de la cuvette et prend la direction d'Hanoi, escorté de deux autres C-119. Mac Govern sait qu'il n'arrivera pas jusqu'au terrain. Il cherche à se poser, il lui faut une route, ou même une piste. Il croit trouver ce qu'il cherche vers Muong Het, à une soixantaine de kilomètres au sud de Son La. Il tente l'impossible. Il n'y aura que deux survivants, le 2e classe Moussa qui va mourir en captivité et le sous-lieutenant Arlaux, qui sera libéré le 13 octobre 1954, d'un camp du Nord-Laos où il était l'unique Européen. Les seuls Américains survolant la cuvette ce jour-là ? Sans doute ; encore qu'il soit difficile de le savoir, un voile discret ayant été jeté sur leur participation.

La nuit venant, au soir de ce 6 mai, à Hanoi la dernière compagnie du 1er BPC devant sauter sur Diên Biên Phu s'aligne derrière le capitaine Faussurier pour embarquer dans les Dakota. Lorsqu'ils arrivent au-dessus de la vallée, déjà debout dans les carlingues, prêts à basculer dans le vide, ils trouvent que leurs avions s'attardent bien longtemps… Ils sauront, plus tard, que Langlais et Bigeard ont longuement hésité. Pour que saute la compagnie Faussurier, il fallait renoncer un long moment à la lumière froide des lucioles. Et où tomberaient-ils, ces derniers renforts, ces ultimes sacrifiés ? Chez les Viêts, où se sont déjà perdus une vingtaine d'hommes la veille au soir ? Langlais a demandé aux Dakota de rejoindre Hanoi. Avec leurs passagers.

Pouget et ses hommes, découvrant l'horreur, peuvent ce 6 mai au soir se demander s'ils ne vivent pas la fin du monde. Vers 23 heures, le sol tremble sous leurs pieds, exhalant un long grondement. Un cratère s'ouvre au sommet de la colline et des petits hommes verts surgissent de cette brèche béante surplombant les parachutistes, attaqués de trois côtés. L'énorme charge de dynamite que les Viêts ont poussée sous la colline, au plus profond de leur sape, vient d'exploser.

Bien qu'il soit le plus souvent resté à son PC situé à une dizaine de kilomètres du champ de bataille, Giap a lui-même raconté cet épisode :

« Durant la dernière quinzaine, l'unité du commandant An à qui mission avait été donnée de faire sauter le dernier piton ennemi a travaillé sans trêve pour la mener à bien. Nuit après nuit, plongés dans l'infernale fournaise des abords du camp ennemi, nos combattants ont réussi à creuser une tranchée flanquant la clôture de barbelés de la position A 1, isolant ainsi le point d'appui tout entier du secteur central. Dans le même temps, les combattants du Génie, armés de pelles-bêches, de piochons, d'une ampoule d'eau distillée en guise de niveau d'eau et de trois bâtonnets d'encens comme pitons-mires, avaient réussi à percer, dans les entrailles obscures et dures comme pierre de la colline A 1, un tunnel de près de cinquante mètres de long, passant sous les fondements des blockhaus et portant contre les fondations de la galerie secrète ennemie une énorme charge d'explosif, véritable machine infernale s'il en fût.

« Dans la nuit du 6 mai, la troisième offensive reprit sur une formidable déflagration d'une tonne de dynamite ainsi enfouie sous le piton A 1. Aussitôt nos combattants se ruèrent à l'assaut sur trois faces, bondissant des tranchées creusées pour la circonstance[3]... »

Les trente ou quarante parachutistes encore capables de faire le coup de feu tiennent comme ils peuvent autour de Pouget. Celui-ci demande du renfort. Il l'espère jusqu'à l'instant où il entend à la radio un échange qui lui arrache ses dernières illusions ; la compagnie du lieutenant Le Cour Grandmaison se porte au secours du capitaine Clédic... Or il n'y a plus d'autres renforts possibles, il le sait. Pouget lance un ultime appel au PC GONO où l'ordre de repli lui est refusé. Qu'il se batte jusqu'au bout :

« Bien compris. Terminé pour moi. Si vous n'avez rien à ajouter, je détruis mon poste.

— Terminé pour moi aussi.

— Ne détruisez pas tout de suite votre poste radio, grésille une étrange voix venue d'un autre monde... Le président Hô Chi Minh vous offre le disque des partisans. Ecoutez... »

Et tandis que monte le *Chant des partisans*, Pouget tire trois balles de carabine sur son poste. Vers 5 heures du matin, il ne reste sur « Eliane 2 » qu'une poignée de parachutistes de la 3e compagnie du 1er BPC, avec quelques grenades encore. Au petit matin, Pouget est prisonnier.

Le lieutenant du BT 2, Guy de La Malène ne sait plus très bien où il en est. Depuis le 1er mai, des pitons changent sans cesse de main, des tranchées sont prises et reprises. Devant eux flottent des banderoles viêts invitant à la désertion les Thaïs et les Marocains qui se battent avec eux. Les mêmes slogans leur parviennent par haut-parleurs : qu'ils jettent leurs armes, qu'ils se rendent. La Malène n'a pas envie de sourire, ses hommes tombent les uns après les autres ; mais il sait par les écoutes radio que les bo-doï rechignent désormais à monter à l'assaut, que les officiers viêts déchantent, l'affaire devient bien trop rude... Ils tiennent pourtant la plupart des pitons, ils surplombent le centre du camp. Les Thaïs et les tirailleurs ont, un moment, reflué jusqu'aux positions sauvées fin mars par le lieutenant Brunbrouck et ses artilleurs. Deux des alvéoles de 105 évacués à la hâte sont aux mains des Viêts. A trente mètres de là, les deux autres alvéoles sont tenus par La Malène et ses Thaïs, toujours accompagnés des Marocains et renforcés par une cinquantaine d'Algériens du 7e RTA dont le lieutenant a stoppé la retraite, les contraignant à se battre. Ici et là, d'autres officiers devront menacer de leurs armes pour ramener à d'autres intentions les plus pressés de s'éclipser.

Relevés par les survivants du bataillon Bigeard, les Thaïs partent récupérer à une centaine de mètres en arrière, une ou deux heures de répit. La radio grésille. La Malène entend Bigeard appeler le commandant Chenel :

« Envoie La Malène en contre-attaque. »

Le lieutenant entre dans la conversation :

« C'est moi, je m'y attendais... »

Il prend une musette de grenades, donne ses ordres, se glisse dans la tranchée pour rejoindre le point d'appui. Ils enjambent des blessés, marchent sur des morts. La Malène est aussitôt touché au bras, sa deuxième blessure. Le médecin du bataillon le soigne hâtivement, enlève des éclats et, constatant que le bras est totalement paralysé, l'envoie vers l'arrière. Le sous-lieutenant Daussy prend le commandement de ce qu'il reste de la 5e compagnie. Lorsqu'il passe près de Bigeard, La Malène entend la voix de Bréchignac à la radio :

« Ils sont là, c'est fini. Je fais sauter le poste et le matériel. »

Blessé la veille, le sous-lieutenant Latanne est touché au genou : fracture ouverte et rotule éclatée. Le médecin-lieutenant Rouault s'occupe de lui. Rouault est le miraculé de Diên Biên Phu, un homme qui aborde une seconde vie bien qu'elle ne s'annonce pas des plus aisées... Alors que le 5ᵉ BPVN allait embarquer dans les Dakota, pour son retour dans la vallée, Ruiz l'infirmier était allé acheter un flacon de cognac à la popote des aviateurs. A son retour, ils enfilent leurs parachutes. Ruiz prend celui de Rouault, qui lui fait remarquer son erreur. Ruiz veut se dégager du harnais pour rendre son bien à Rouault. Ils n'ont plus le temps. Ça ira, dit le toubib. En sautant sur Diên Biên Phu, le parachute de Ruiz ne s'ouvre pas...

Au jour naissant, les Viêts sont sur le PA. L'un d'entre eux, un chiffon blanc attaché au canon de son arme, entre dans l'abri du 5ᵉ BPVN. En sortent Botella, Armandi, Rouault, d'autres encore. Ils disent que les blessés les plus graves sont à l'intérieur. Les Viêts les font sortir à leur tour. C'est difficile pour Latanne, plus encore pour son voisin qui a les deux omoplates fracturées. Latanne s'étonne qu'il fasse si beau. Le ciel est bleu, il n'y a pas la moindre brume. Un Viêt, dont il ne sait s'il est bo-doï ou commissaire politique, improvise à son intention une leçon de morale marxiste, la guerre injuste... l'impérialisme... le colonialisme... les criminels de guerre... Latanne préfère lui demander de l'eau. Sans doute déconcerté, le Viêt répond qu'il va en faire bouillir... Le sous-lieutenant le voit réapparaître avec une gamelle fumante. Si chaude qu'il se brûle les mains. Trop chaude pour être bue, mais il l'avale ; un bon litre d'une seule traite.

« Pas si vite, dit le Viêt, ça va vous faire mal. »

Ce qui va être douloureux, c'est la suite. Latanne ne peut marcher, mais il doit le faire. Alors, il va se traîner vers sa vie de captif.

Le 7 mai, dès 5 heures du matin, un télégramme « très secret » de Cogny est transmis directement à « Isabelle » :

« Il doit être entendu que je laisse à votre entière initiative le soin de décider de l'exécution d'"Albatros" STOP Me tenir au courant de vos intentions STOP M'adresser toute demande que vous jugerez utile STOP Si vous êtes sans liaison avec GONO vous passez directement sous mes ordres. Signé Cogny[4]. »

« Isabelle » n'aurait pas accusé réception du télégramme. Pourtant Lalande est encore, à ce moment, en contact avec Hanoi. « Albatros » n'est même plus une illusion ; les Viêts, qui tiennent leur victoire et redoutent depuis des semaines une évasion de la garnison, ont verrouillé les cheminements possibles.

Hanoi : un appel téléphonique de Cogny

Dans la matinée, une liaison téléphonique est établie entre Hanoi et le PC GONO. S'engage une longue, une étonnante conversation téléphonique entre Cogny et Castries ; une conversation qui a, elle aussi, son histoire. Elle a souvent été reproduite ; mais fractionnée ou tronçonnée, découpée et même franchement coupée puisque toutes les versions diffèrent plus ou moins, sans que les altérations en déforment franchement le sens.

Il est 10 heures environ, lorsque Cogny, depuis son bureau d'Hanoi, est mis en relation avec Castries. La liaison est mauvaise, perturbée par les grésillements de l'orage, pratiquement interrompue pendant quelques instants. Les deux hommes tentent un point précis des ressources encore disponibles dans le camp, autant que cela soit possible puisque les moyens de communication avec les PA se réduisent encore plus vite que le nombre des points de résistance, puisque les unités ne sont plus que de petits groupes de combat informes et que personne ne peut plus compter les blessés agonisant dans les tranchées, deux mille peut-être qui ne rejoindront aucune infirmerie, aucune antenne chirurgicale. Castries tente pourtant d'être le plus précis possible :

« Les points d'appui suivants sont tombés : "Eliane 2", "Eliane 4", "Eliane 10". Le 6e BPC, le 2/1er RCP et ce qui restait des tirailleurs marocains.

— Oui.

— En tout cas, il n'y a plus qu'à mettre une croix dessus.

— Oui.

— N'est-ce pas ? Il reste actuellement, mais très amoindris naturellement, car on a pris, on a fait des ponctions sur tout ce qu'il y avait sur la face ouest pour essayer de caler à l'est…

— Oui.

— Il reste à peu près deux compagnies de chacun, deux compagnies pour les deux BEP réunis…

— Oui.

— Trois compagnies du RTM mais qui ne valent rien du tout, n'est-ce pas, absolument rien, qui sont effondrées.

— Deux compagnies du 8e Choc…

— Oui.

— Trois compagnies du BT 2, mais c'est normal, car c'est toujours, c'est le RTM et le BT 2 auxquels il reste le plus de monde parce que ce sont eux qui ne se battent pas.

— Bien sûr.

— N'est-ce pas ? et au 1/2, au 1/2e REI il reste à peu près deux compagnies et à peu près deux compagnies au 1/13e. C'est, ce sont des compagnies à soixante-dix ou quatre-vingts.

— Oui, je comprends bien.

— Voilà, voilà, nous nous défendons pied à pied, nous nous défendons au maximum de nos possibilités.

— Allo… Allo…

— Allo, vous m'entendez mon général ?

— ... que le maximum de vos possibilités ?

— ... c'est d'arrêter l'ennemi sur la Nam Youn. N'est-ce pas ?

— Oui.

— Et encore faut-il que nous tenions la rive est, car sans cela nous n'aurons plus d'eau.

— Oui, bien sûr.

— N'est-ce pas ? Alors quoi, je vous propose d'essayer, je vais essayer de réussir ça, n'est-ce pas, je viens de prendre, de voir Langlais, nous sommes d'accord là-dessus. Et puis mon Dieu, eh bien, j'essaierai, j'essaierai encore, à la faveur des circonstances, de faire filer le maximum de moyens vers le sud.

— Bon, entendu. Ce serait de nuit, probablement ?

— Comment ?

— De nuit ?

— Oui, mon général, de nuit, bien sûr.

— C'est ça. Oui.

— Et je... j'ai besoin de votre accord pour le faire.

— D'accord mon vieux.

— Vous me donnez cet accord.

— Je vous donne cet accord.

— Enfin, moi je tiendrai, je tâcherai de tenir ici le plus longtemps possible, avec ce qui restera mon général...

— Oui d'accord mon vieux.

[...]

— Est-ce qu'au point de vue munitions, est-ce que vous... Il y a des choses à récupérer ?

— Des munitions ? C'est plus grave, nous n'en avons pas...

— Et il n'y a pas des choses que...

— Nous n'en avons pas, n'est-ce pas. Il y a bien encore quelques munitions de 105 mais...

— ... elles ne servent à rien ici.

— Oui.

— ... Pour le moment. Et les munitions, les munitions de 120...

— Oui.

— ... j'en ai, je dois avoir encore cent ou cent cinquante coups.

— Oui.

— Et qui sont un peu partout n'est-ce pas ?

— Oui, bien sûr.

— Qui sont un peu partout. On ne peut pas... qu'il est pratiquement impossible de ramasser. Evidemment plus on en enverra mieux ça vaudra, n'est-ce pas ?

— Oui.

— Nous tiendrons le plus longtemps possible.

— Je pense que le mieux c'est que l'aviation fasse le plus gros effort possible aujourd'hui.

— Il faut l'aviation, sans arrêt, sans arrêt.

[...] »

Cogny interroge alors Castries à propos de la sortie vers le sud, par « Isabelle » :

« De toute façon par "Isabelle". Et puis alors mon Dieu, je garderai ici, eh bien... les unités qui n'en veulent pas...

— C'est ça, oui.

— Les comment dirais-je ? évidemment les blessés, mais dont, dont beaucoup sont déjà aux mains de l'ennemi, parce qu'il y en avait dans les points d'appui, "Eliane 4" et que... "Eliane 10", des blessés...

— Bien sûr, oui.

— N'est-ce pas ? Et puis je garde tout ça sous mon commandement.

— Oui, mon vieux.

— Voilà.

— Au revoir mon vieux.

— Je peux encore vous téléphoner avant... avant la fin.

— Allez, au revoir, mon vieux Castries.

— Au revoir mon général.

— Au revoir mon vieux[5]. »

Cogny, avec sa prudence toute normande, prend bien soin, en fin de matinée, de confirmer par écrit les instructions données verbalement à Castries dans le courant de la matinée :

« Confirme autorisation verbale donnée ce jour 10 heures. Jouer "Albatros" à vos ordres pour camp retranché et "Isabelle" STOP Pour exécution vous référer au T.O. OI/OI du 4 mai STOP Vous demande me faire connaître vos intentions et appuis de feux aériens nécessaires STOP signé Cogny STOP & FIN »

Peu après midi, on sait à Hanoi que « Claudine 5 » et les « Eliane » 2, 4 et 10 sont tombés vers 9 h 45. Les tirailleurs se sont trouvés soudainement entourés de bodoï ; pour eux le combat s'achevait et ils laissaient la tambouille que le cuisinier achevait de préparer… « Eliane » 3, 11 et 12 tiennent toujours. Vers 16 heures, « Eliane 3 » tombe, le harcèlement se poursuit et le Viêtminh s'infiltre sur la face ouest.

Il n'y a plus de munitions pour les mortiers. Mais, en face, réapparaît une arme nouvelle, effrayante, dont les déflagrations avaient déjà été perçues la veille. Les Viêts usent des « orgues de Staline » ; redoutables par leur efficacité, terrifiantes pour les hommes placés sous leur feu, celui de six tubes lance-fusées crachant ensemble. Elles n'ont jamais été utilisées avant le 6 mai, bien que divers renseignements ne laissent aucun doute sur leur arrivée depuis plusieurs jours autour du camp. Leur dotation avait été estimée à quatre mille roquettes[6].

A 14 h 39, un message radio est lancé à l'intention de Hanoi :

« Pourrons-nous, oui ou non, avoir aujourd'hui parachutage munitions à basse altitude. Réponse urgente STOP & FIN »

La dernière liaison téléphonique entre Castries et Cogny n'est pas la suite de la précédente, elle n'intervient que vers 16 h 30. Castries s'entretient en premier lieu avec le général Bodet, le représentant du général Navarre à Hanoi :

« Vous avez fait ce que vous pouviez et même beaucoup plus. C'est un beau fait d'armes français.

— Bien mon général.

— Nous ne vous abandonnons pas. A Genève, il se passe quelque chose ; il y aura une issue d'ici quelques jours.

— Il aurait mieux valu qu'on tienne jusque-là.

— C'est ce que nous voulions, c'est ce que voulait le général Navarre. Ce n'est pas du tout votre faute. Vous avez été magnifiques ; en particulier la nuit dernière et ce matin, c'est parfait ce que vous avez fait.

— Bien mon général. On a fait ce que l'on pouvait.

— Qu'est-ce que vous comptez faire maintenant ?

— A 5 heures 30 [17 heures 30], je vais envoyer des parlementaires. Il faut soigner les blessés ; il y en a partout, on ne peut même plus les panser. Et puis alors, je vais prévenir que demain il y aura des avions à croix rouge. J'espère qu'ils laisseront faire.

— Oui, c'est ça… Voyons pour "Albatros" pas de possibilités ?

— "Isabelle" va essayer mon général.

— Parfait.

— Prévenez ma femme. Qu'elle ne s'en fasse pas, je reviendrai.

— Bien sûr. Nous ne vous abandonnons pas dans ce triste sort. Nous allons tout faire pour vous, les blessés et les survivants.

— On peut s'évader de chez les Viêts, avec un peu d'aide.

— Je vous passe René. Au revoir, Christian, mes vœux vous accompagnent… »

La conversation se poursuit alors entre Cogny et Castries :

« Dites-moi, mon vieux, il faut en finir maintenant bien sûr, mais pas sous forme de capitulation. Cela nous est interdit. Il ne faut pas lever le drapeau blanc. Il faut laisser le feu mourir de lui-même, mais ne capitulez pas. Cela abîmerait tout ce que vous avez fait de magnifique jusqu'à présent.

— Bien mon général. Seulement je voulais préserver les blessés.

— Oui, seulement j'ai un papier moi. Je n'ai pas le droit de vous autoriser à faire cette capitulation. Alors faites ça au mieux… Mais il ne faut pas que cela finisse par le drapeau blanc.

— Bien mon général.

— Allez au revoir mon vieux.

— Mon général, vous serez gentil de voir ma femme.

— Oui mon vieux. Allez, au revoir mon vieux[7]. »

Un message du 3e bureau de Hanoi est transmis à Navarre qui se trouve à Nha Trang. Il lui annonce que les points d'appui de l'Est seraient en train de tomber l'un après l'autre. Il lui précise que le général Cogny garde une liaison téléphonique avec le général de Castries avant de décider si « Albatros » serait tenté ou abandonné. Enfin, il fait état d'un message viêt intercepté par les services d'écoute :

« Nos projets actuels consistent à laisser un élément continuer l'encerclement et le combat à Diên Biên Phu et, en même temps, à préparer deux ou trois régiments mobiles prêts à faire face à toutes les circonstances. »

Castries demande à Seguins-Pazzis de prévenir toutes les unités que le combat cessera à 17 heures. Averti mais sceptique, le lieutenant Allaire estime qu'il ne cessera pas le combat sans un ordre écrit de Bigeard ; qu'un agent de liaison file donc jusqu'au PC… L'homme revient avec le papier griffonné, signé de l'ancien patron du 6e BPC. Alors le lieutenant Allaire comprend que tout est bien fini. Il plie soigneusement l'ordre, le glisse dans sa veste. Il le cachera, l'emportera en captivité et le garde toujours… Ailleurs, il y a du dépit, de la colère, de la rancœur. C'est Tourret, le patron du 8e Choc, qui vient annoncer à Grauwin et Gindrey que la sortie envisagée pour les combattants valides n'aura pas lieu et que le cessez-le-feu est pour 17 heures : « Surtout pas de drapeau blanc… » Gindrey note qu'il n'y en a pas eu et ajoute :

« Quant à mon beau colt tout neuf, il finira en pièces détachées dans un puisard.

« J'ai encore le temps d'opérer quelques blessés, le dernier sera le capitaine Le Boudec qui, pour sa quatrième blessure, a toutes les pièces d'un bouchon-allumeur de grenade dans un avant-bras.

« Quand il se réveille, je lui annonce la fin ; nous pleurons, oui, nous pleurons de rage, tous deux. »

Il faut briser les radios, rendre les armes inutilisables, faire exploser le peu qu'il reste de munitions, brûler l'essence, jeter dans la Nam Youn ou dans la boue les appareils de visée des mortiers et de l'artillerie. Les équipages de chars vident les carters d'huile et font tourner les moteurs à leur puissance maximum. Les hommes déchirent ce qu'il leur reste de souvenirs personnels, une lettre, une photo, ce qu'ils ont de plus précieux. Au PC GONO, ce sont les archives qui sont immolées. Langlais brûle son béret amarante. Bigeard enveloppe autour de sa cheville une carte de la région. Le capitaine Hervouet, qui a tenu à être déplâtré avant les derniers combats, n'a pas besoin d'un état détaillé de ses chars, il sait parfaitement où ils en sont. La veille, il n'en avait plus que six très partiellement disponibles : « Auerstaedt » et « Ratisbonne », puis « Posen » et « Ettlingen » pourtant bien endommagés l'un comme l'autre ; « Mulhouse » bazooké

le 31 mars était encore utilisable, enfin « Neumach »
pouvait rouler mais avec une tourelle endommagée.
« Smolensk » ne pouvait plus servir, ni « Bazeilles »
abandonné sur un « Eliane » ; « Douaumont » jouait les
blockhaus fixes à hauteur de « Huguette 3 », comme
« Conti » touché le 5 avril.

Le docteur Grauwin demande à ses infirmiers de
mettre au bras un brassard blanc sur lequel ils griffon-
nent une croix rouge au mercurochrome. Que Geneviève
de Galard ne le quitte plus d'un pas ; ils doivent tous rester groupés. Nul ne sait si les petites putains devenues
aides-soignantes ont eu droit à leur brassard ; les Vietnamiennes peuvent pourtant s'attendre au pire. Les
bo-doï arrivent par vagues, sur un PA, sur un autre, leur
masque de gaze sur le visage comme si l'odeur de cha-
rogne, de pourriture, l'atroce odeur de la mort les
incommodait.

Au-dessus d'eux rôdent encore des Dakota, certains
larguant les derniers chargements de vivres et de médicaments.

Giap veut Castries prisonnier

C'est vers 15 heures que Giap, toujours dans sa forêt,
a donné à ses troupes l'ordre d'attaquer « sans attendre
la nuit et de lancer un assaut général partant de l'est et
de l'ouest, tout droit sur le PC ennemi ». Devant la réaction de son propre état-major cédant à l'euphorie et donnant – écrira-t-il – le spectacle d'un jardin d'enfants,
Giap paraît craindre une certaine démobilisation de ses
troupes, qu'enivrerait la victoire. Il fait aussi diffuser un
ordre à l'ensemble des unités :

« La bataille n'est pas encore terminée. Que chacun
demeure à son poste de combat. Que pas un ennemi ne
s'échappe. Qu'on se serve du système des haut-parleurs

pour appeler les ennemis à se rendre et à les diriger là où il convient. Voici les mots d'ordre à leur intention : "Rendez-vous ! Vous serez bien traités. Sortez en bon ordre, le drapeau blanc à la main. Il est interdit de détruire les armes et les munitions. Ceux qui ont encore leur fusil doivent en pointer le canon vers le sol." »

La victoire, cette fois, est bien à portée de fusil. Les derniers PA cèdent les uns après les autres. Les bo-doï s'enfoncent profondément dans les lignes françaises, escaladent les monticules de terre recouvrant les abris, cherchent leurs adversaires au plus profond de leurs terriers. Ils sont partout, les bo-doï au masque de gaze, parfois en uniforme de parachutistes avec un casque américain, un cadeau de l'intendance française dont les colis se sont perdus au-delà des lignes. A 17 h 30, des bo-doï grimpent sur le toit du PC GONO et, triomphants, plantent le drapeau rouge à étoile jaune du Viêt-Minh ; une dizaine d'entre eux pénètrent au plus profond du PC de Castries. Il est là, immobile, avec son calot de spahis et son éternel foulard rouge autour du coup.

Giap s'inquiète auprès des commandants du secteur est – Do et Tan – du sort de son adversaire :

« Est-il exact qu'on a capturé Castries ?

— Nos hommes nous ont annoncé qu'ils l'ont fait prisonnier.

— Sur quoi vous basez-vous pour savoir que c'est bien lui ? » Comme Do et Tan n'ont effectivement aucune preuve, Giap insiste :

« Il faut s'emparer de Castries coûte que coûte. Ne pas laisser l'ennemi substituer quelqu'un d'autre en son lieu et place. Vérifiez ses papiers d'identité, ses insignes de grade et d'unité. Camarades vous êtes entièrement responsables de cette affaire. Avez-vous une photo de Castries ? »

Ni Do ni Tan n'ont un tel document. Giap, lui, en possède un, qu'il fait porter par Jeep à ses deux commandants. Après quoi il patiente, ou plutôt s'impatiente puisque, écrira-t-il, chaque minute lui paraît une éternité. Un appel de Tan le soulage : ils tiendraient Castries, ils ont vérifié ses papiers et sa signature. Ce n'est pas encore assez pour Giap :

« Avez-vous vu Castries de vos propres yeux ? Où se trouve-t-il en ce moment ?

— En ce moment, Castries est debout devant moi, camarade, en compagnie de tout l'état-major français de Diên Biên Phu. Il a toujours sa canne et son calot rouge[8]. »

A 17 h 30, la liaison radio avec Hanoi est définitivement coupée. Les défenseurs du camp achèvent la destruction du matériel. Des milliers de bo-doï exubérants rassemblent leurs prisonniers, les alignent et eux, épuisés, hagards, en un instant changent d'univers. Il vont devoir se mettre en rangs, suivre ceux qui sont désormais leurs geôliers.

A l'infirmerie centrale, où Grauwin et Gindrey opèrent encore, Geneviève de Galard entend le fracas des combats s'estomper. Un semblant de silence, lourd, inquiétant, s'installe. La couverture masquant l'entrée de l'infirmerie s'écarte. Entre un homme en uniforme kaki, coiffé d'un casque, sans le moindre insigne de grade. Il parle un français parfait. Aux blessés, il demande de rester sur place. Au personnel médical, de tous grades, de toutes fonctions, il ordonne de le suivre et de se joindre à une longue colonne de prisonniers en train de se former. Alors que des coups de feu sont encore échangés dans le lointain, que le ciel s'obscurcit des nuages noirâtres que dégagent les dépôts d'essence ou de vivres en feu, poussés par les bo-doï, les combattants de l'impossible se rassemblent. Ils sont tous épuisés, comme abrutis par le calme soudainement retrouvé. Les uns sont indemnes mais au bord de l'épuisement. D'autres clopinent comme ils le peuvent, blessés des derniers instants ou échappés de l'infirmerie à peine soignés.

Les plus curieux observent le curieux manège de l'armée de Giap. Des groupes se sont immédiatement emparés du terrain qui n'est plus qu'un vaste marécage et ils récupèrent tout ce qu'ils peuvent. Chaque équipe paraît hautement spécialisée. Ceux-là ne s'intéressent qu'aux voilures des parachutes, d'autres empilent les boîtes de conserves, certains cherchent les vêtements en distinguant entre les vestes et les ceinturons. Un grouillement de gueux.

Hantz, le chirurgien de l'ACP 5, opère encore lorsque les Viêts déboulent dans son poste de secours. Ils lui ordonnent d'abandonner le blessé allongé sur la table d'opération. Il connaît une première marche vers l'inconnu, avec d'autres prisonniers, avec beaucoup de blessés.

La procession des prisonniers emprunte la piste Pavie et s'enfonce vers le nord, en direction de Muong Pon où personne ne pouvait plus s'aventurer depuis des mois, en direction de Lai Chau aussi dont l'évacuation, en décembre, avait coûté si cher en hommes et en illusions. Ils marchent depuis peut-être un quart d'heure lorsque le cortège est arrêté. Les personnels médicaux sont invités à en sortir puis à faire demi-tour. Ils doivent retourner là d'où ils viennent. Vers leurs blessés... Gindrey est de ceux qui comprennent que ce retour n'a aucun sens, qu'ils ne seront pas autorisés à soigner leurs blessés. Il s'esquive discrètement, se roule dans une toile de parachute et, sur le toit de l'antenne chirurgicale, entouré d'hommes endormis à jamais, il part pour vingt-deux heures d'un profond sommeil. Ses camarades assistent au tri des blessés que les Viêts sortent des abris, souvent sans ménagement. Des PIM les lavent, les débarrassent des gangues de boue. Ils ont de l'eau à portée de main depuis que les tirs ont cessé : la station d'épuration ron-ronne doucement, intacte. Plus tard, des bo-doï entraî-neront le médecin-lieutenant Hantz : il devra procéder à d'ultimes opérations. Ce sont des Français prisonniers auxquels les Viêts ont imposé de déminer la piste d'avia-tion. Ils lui arrivent les membres arrachés avec des sem-blants de garrots en câble électrique obligeant à des amputations risquées avec du matériel et des médica-ments chinois complètement inconnus. Le matériel des antennes chirurgicales est déclaré « prise de guerre », donc inaccessible.

A l'infirmerie centrale, où s'agitent des médecins viêts et des infirmiers, des jeunes femmes dont les compé-tences ne dépassent pas celles d'une aide-soignante, un homme qui paraît être le chef ordonne de remonter à la surface tous les blessés entassés dans les catacombes de l'infirmerie. Les Français reçoivent l'aide des bo-doï pour le transport des blessés couchés. Les autres sont priés de suivre par leurs propres moyens et ils se traînent aussi vers la lumière, vers le jour qu'ils n'ont pas vu depuis des semaines parfois. Hantz voit encore remonter de leurs abris des blessés totalement privés de soins :

« ... avec des pansements horriblement souillés, des plâtres pourris où grouillent des asticots, des amputés sans béquilles, des plaies béantes sans pansement et des opérés de l'abdomen vomissant et réclamant un sédatif, tous décharnés mais néanmoins remplis d'espoir d'une libération prochaine et de soins dans un véritable lit d'hôpital[9]... »

Les voilures de parachute sont déployées, accrochées pour abriter les blessés. Geneviève de Galard, Grauwin et ses équipes reprennent espoir. Ils se trompent. Très vite, ils sont écartés par les médecins viêts qui ne sup-porteront auprès d'eux que Grauwin, appelé en renfort pour certains cas délicats mais qui ne pourra apporter que ses conseils, et Geneviève de Galard qui pourra offrir un peu de réconfort à ses malades. Les soins sont, en effet, limités au strict minimum : pansements à l'eau, la gaze au contact direct des plaies, aucun anesthésique. Bientôt commenceront les discussions sur le sort des blessés et les évacuations.

Dans le ciel, les avions devinant leur inutilité tournoient encore. Un peu comme le feraient des chiens de berger surveillant leurs troupeaux, espérant ramener les brebis égarées. Mais les loups sont déjà dans la place.

Un Dakota aux ordres du colonel Dussor survole encore la vallée :

« A partir de 21 h 40 une série d'explosions se sont succédé d'une façon continue. Explosions ne ressemblant nullement à coups de départ ou arrivée de projectiles mais à des dépôts que l'on fait sauter. Ces explosions étaient suivies d'incendies et ont duré jusqu'à minuit, heure à laquelle j'ai quitté la cuvette. N'ayant pas eu de contact radio avec la DZ, je n'ai déclenché aucune luciole, estimant qu'un éclairage aurait été plus nuisible qu'utile à nos unités qui pouvaient tenter une sortie. »

Le pilote a remarqué des tirs assez rares vers la DZ et autour de 22 heures une explosion de couleur verte. Sur la route qui mène à la cuvette et au nord de ce qui était « Gabrielle », d'autres aviateurs aperçoivent de nombreux phares de véhicules se dirigeant vers Diên Biên Phu.

Là-bas, à six kilomètres vers le sud, « Isabelle » est plus solitaire que jamais. Le colonel Lalande adresse, vers 22 h 50, un message à Hanoi :

« Sortie manquée. Ne puis plus communiquer avec vous. »

Ce sera le dernier message envoyé depuis « Isabelle ». Dès cet instant, les avions ne parviennent plus à établir le moindre contact radio. Les opérateurs restent pourtant à l'écoute sur le réseau des SCR 300 et tentent de garder la liaison. Ils croient y parvenir ; c'est une voix vietnamienne qui leur répond :

« Que voulez-vous monsieur ? »

Le 8 mai, à 8 heures du matin, un message viêt annonce la reddition de l'ensemble des éléments français et demande que l'on vérifie si Castries est bien prisonnier. Une préoccupation qui paraît tourner à l'obsession.

Les avions français survolent toujours la cuvette. La DCA ne tire plus, il n'y a plus aucune liaison radio. Les Dakota larguent treize tonnes de médicaments – vingt-trois tonnes selon d'autres sources – et une journée de vivres. L'un des observateurs remarque que les Viêts ignorent ces colis. Les aviateurs repèrent une dizaine de petites colonnes d'une cinquantaine d'hommes chacune. Il semble que ce soient des prisonniers encadrés marchant vers le nord. En fin d'après-midi, des hommes chargent sur des camions les tonnes de médicaments qui ont été largués le matin, avec une journée de ration pour les survivants.

Paris : Laniel devant les députés

A Paris, compte tenu du décalage horaire, c'est en fin d'après-midi, le 7 mai, que la nouvelle, encore officieuse, se diffuse dans les milieux politiques. A l'Assemblée nationale, où les opinions sont depuis longtemps partagées sur l'affaire indochinoise en général et sur l'utilité d'une base aéroterrestre à Diên Biên Phu en particulier, les députés se pressent dans les couloirs, bavardent par petits groupes dans le salon des Quatre Colonnes, s'interrogent puis se dirigent, nombreux, vers la salle des séances. L'ambiance est lourde ; personne n'oublie que la France est supposée fêter le lendemain l'anniversaire de la victoire qui a mis fin à la Seconde Guerre mondiale.

Joseph Laniel paraît tendu lorsqu'il monte à la tribune, où, le silence s'étant fait, il annonce la chute du camp retranché :

« Le gouvernement vient d'apprendre que le réduit central de Diên Biên Phu est tombé après vingt heures de violents combats... »

Interrompant les propos du président du Conseil, l'Assemblée tout entière se lève, à l'exception des députés communistes et de Louis Vallon, qui a appartenu au RPF du général de Gaulle.

« ... Le centre de résistance "Isabelle" tient toujours. L'adversaire a voulu, avant la Conférence de Genève, obtenir la chute de Diên Biên Phu. Il a cru pouvoir ainsi porter un coup décisif au moral de la France.

« A la volonté de paix française, il a répondu en sacrifiant des milliers d'hommes pour faire succomber sous le nombre les héros qui, depuis cinquante-cinq jours, font l'admiration du monde et qui resteront la gloire immortelle de Diên Biên Phu.

« La France aura la réaction virile d'une grande nation. Des dispositions sont en cours pour que la force du corps expéditionnaire ne s'en trouve pas amoindrie. La chute de Diên Biên Phu ne modifiera en rien la ligne de conduite de nos représentants à Genève.

« Tout règlement devra comprendre les clauses assurant la sauvegarde de nos troupes et la liberté des peuples dont nous protégeons l'indépendance.

« La France rappelle à ses alliés que depuis sept ans, elle a protégé un point névralgique du Sud-Est asiatique, qu'elle a défendu seule, en Indochine, les intérêts de tous.

« Elle s'associe également à l'angoisse des familles des combattants de Diên Biên Phu.

« L'héroïsme de nos soldats devrait inciter nos adversaires à prendre des mesures en faveur des blessés et des combattants. Ce serait la meilleure manière de rétablir un climat favorable à la paix. »

A cette déclaration répondent des demandes d'interpellation que Laniel doit accepter. Un débat sur l'Indochine est donc prévu pour le 11 mai... Cinq jours de sursis pour un gouvernement prêt à chuter, lui aussi. Le président de l'Assemblée, André Le Troquer, s'étant associé à cet hommage, la séance est suspendue pour une demi-heure en signe de deuil.

L'éditorial du *Figaro* que signe Pierre Brisson le lendemain matin est sévère pour les différents gouvernements qui ont conduit les affaires indochinoises :

« ... Les combattants de Diên Biên Phu sont morts parce que nous nous sommes mentis à nous-mêmes.

« Ils sont morts parce que nous n'avons pas su faire cette guerre, parce que nous n'avons su ni la vouloir ni la refuser, parce que nous n'avons su ni mesurer l'épreuve, ni en prévoir les conséquences, ni la situer dès l'abord sur un plan mondial. Il y a eu au cours de ces neuf années des occasions perdues pour négocier, comme il y a eu des occasions perdues pour la victoire. Elles l'ont été de la même façon. Elles l'ont été par faiblesse.

« Cédant au chantage communiste, nous avons engagé cette guerre honteusement. Les contingents embarqués sur les quais de banlieue entre chien et loup, les silences officiels, les minimisations du commandement, l'importance même de certains avantages consentis, tout dans la conduite des opérations semblait au début s'envelopper d'excuses.

« Lorsque l'irruption du maréchal de Lattre fit entrer le drame dans la conscience nationale, les moyens nécessaires pour vaincre dépassaient nos forces et là encore, évitant de l'admettre, nous nous sommes dupés nous-mêmes.

« La tactique de Moscou a été, en France, de pourrir la guerre, et en Asie, de fanatiser les foules contre nous.

« Aucune palinodie plus sinistre que les larmes versées par le PC sur le sang répandu par les armes que le communisme a mises dans les mains de nos ennemis... »

Paraît, ce même matin du 8 mai, un autre éditorial, d'une tout autre tonalité, celui que signe Jean Coin dans *L'Humanité* :

« Diên Biên Phu est tombé aux mains de l'armée démocratique vietnamienne. Sur la jungle brûlée de napalm s'est refait le silence qui ne sera plus jamais celui d'autrefois. Diên Biên Phu centre de la plus grande bataille de cette guerre en est le plus grand cimetière. La chute de la forteresse montre la folle prétention des plans de reconquête à l'heure où les peuples prennent en main la cause de leur indépendance.

« Elle sonne le glas du "plan Navarre", né après tant d'autres présentés comme des plans de victoire, par des campagnes de mensonge dont sont nés des fleuves de sang.

« Cette guerre injuste est une guerre vaine... »

Diên Biên Phu : ils ont choisi la liberté...

Si aucune évasion collective du camp retranché n'a pu être tentée, il apparaît très vite que des petits groupes ont réussi à prendre la fuite. Un télégramme du commissaire général Dejean au ministère des Etats associés, à Paris, le confirme :

« D'après des renseignements de source viêt-minh parvenus hier au général Cogny, quelques isolés, partis d'Isabelle, avaient réussi à échapper à l'encerclement[10]. »

Le commandement des troupes aéroportées en Indochine – le TAPI – se préoccupe aussi des évasions possibles et cela dès le 4 mai, avant même la chute du camp retranché. Outre les agents du GCMA, il n'y a qu'un seul moyen de repérer les évadés : l'observation aérienne. Il est prévu que des messages leur seront lestés, avec des croquis au 1/10 000e, indiquant leur position mais non pas leur destination par mesure de sécurité. Les appareils effectueront un piqué dans la direction à suivre, suivi de deux ou trois cercles au-dessus d'un point caractéristique ou d'un élément ami ; un fumigène rouge ou orange signalera une direction dangereuse.

Le GCMA du commandant Fournier s'en préoccupe également. Il signe, le 30 mai, une note ayant pour objet la recherche des prisonniers évadés[11]. Il considère que les observations aériennes doivent permettre de repérer « les prisonniers évadés dans la région où des évasions sont signalées et autour des itinéraires empruntés par les colonnes de prisonniers (RP 41 et RP 13, pistes de Muong Khoa et Muong Het) ». Il est prévu de larguer à l'intention de ces évadés des caisses de rations, des cartes au 100 000e et des boussoles puis un peu plus tard – si rien n'est repéré d'anormal dans leur environnement – des radios, des grenades OF et fumigènes, un jeu de panneaux-code et le lendemain – toujours si tout va bien – un armement léger avec munitions.

Certains combattants se sont donc éclipsés avant l'arrivée des Viêts sur leurs points d'appui ; d'autres sont parvenus à échapper à leurs gardiens en se perdant dans la brousse. La sortie prévue depuis « Isabelle » a bel et bien été tentée et même réussie par une infime partie des hommes qui ont cherché à échapper à la nasse.

Un décompte précis de ces évasions réussies est presque impossible ; parce que ce ne sont qu'une suite de cas particuliers, parce que les retours des évadés vont s'étaler sur plusieurs semaines et qu'ils ont été recueillis par des unités très différentes et parfois fort éloignées les unes des autres, notamment à Nam Bi, Hat Kip, Muong San, Nam Bac et Luang Prabang.

Selon un bulletin de renseignement des Forces terrestres du Laos, en date du 20 mai, outre deux sous-officiers et trois hommes du 3e bataillon thaï que les légionnaires du 4/3e REI ont récupérés, il y a eu deux tentatives marquantes. Les légionnaires sont sortis au début de la nuit mais sont tombés sur une très forte embuscade sur la Nam Noua ; les tirailleurs algériens ont tenté leur chance vers 22 heures mais ils ont été attaqués dès leur sortie du PA, le gros de la troupe refluant alors vers le centre de résistance et une partie disparaissant dans la nature. Les Thaïs avaient réussi à acheter une pirogue pour cinq cents piastres et avaient descendu la Nam Ou jusqu'à Hat Kip où le 3e REI les a récupérés.

Selon d'autres sources, il y aurait eu cent vingt ou cent cinquante tentatives, soit depuis « Isabelle » durant la nuit du 7 au 8 mai, soit durant les quarante-huit heures ayant suivi la chute du GONO, beaucoup plus rarement durant la longue marche vers les camps de détention.

Seraient ainsi partis de nuit depuis « Isabelle » quarante Thaïs et quatre Européens du BT 3 auxquels il faudra entre trois et cinq semaines pour rejoindre des postes amis vers Luang Prabang, parfois dans la Plaine des Jarres. Parmi les Européens figurent l'adjudant Cante, l'adjudant-chef Thomas – qui va très rapidement mourir d'épuisement –, les soldats Perrin et Martin, ainsi que le lieutenant Makowiak qui sera le seul officier à réussir. Lui avait préparé son évasion, son camarade Latanne en est certain. Latanne gisait blessé au fond d'un abri du 5e BPVN – le 6 ou le 7 –, lorsque Makowiak que les hasards des combats avaient conduit à cette unité s'est confié à lui : ne pas moisir ici... prendre le risque de fuir... Les artilleurs Delobel, Charrier et Nallet du 2/4ᵉ RAC partent ensemble. Nallet, à bout de forces, demande à ses camarades de l'abandonner. Plus tard, Delobel et Charrier sont recueillis par des villageois. Le sergent Delobel, trop faible, reste au village tandis que le brigadier Charrier continue seul. Il rejoint un poste français, et organise le sauvetage de son compagnon. Trois autres évadés seront repérés près de Muong Saï puis enlevés en hélicoptère.

Se sont également enfuis depuis « Isabelle » des cavaliers du détachement Préaud faisant équipe avec des légionnaires de la 11ᵉ compagnie du 3/3ᵉ REI. Après un kilomètre de marche, ils tombent dans une première embuscade. Parmi cette vague de fuyards, les réussites paraissent rares. Il y a celle de Menay qui est blessé au pied et s'est un moment caché sur la rive de la Nam Youn ; il réussit avec un adjudant-chef artilleur rencontré en chemin. Il y a Talmont qui, après s'être caché dans une batterie d'artillerie, partira plein ouest. Le lieutenant Préaud, parti avec des légionnaires, sera repris ; comme le sera le lieutenant Wieme.

Deux autres cavaliers, Ney et Willer, partent de Diên Biên Phu même, dans la nuit du 13 au 14 mai. Ils sont accompagnés du sergent-chef Alex et du légionnaire Kienitz des BEP. Ils perdent rapidement Alex – qui n'apprécie pas que ses camarades de fugue mettent en doute ses qualités de guide. Ils sont rejoints par une équipe du génie, le chef Ryback, les sergents Jouatel et Leroy et le sapeur Cable avec qui ils feront un temps route commune avant de se séparer. Vers la fin mai, le groupe toujours composé de Ney, Kienitz, Rybak et Willer se scinde ; les deux premiers, à bout de forces, laissent leurs équipiers marcher en direction de Muong Sai. Ils réussissent et organisent la récupération par hélicoptère de Ney et Kienitz. Curieusement, *Képi blanc* publiera, en juillet 1954, une version sensiblement différente – ou complémentaire – de la réussite de Kienitz, de la 1ʳᵉ compagnie du

1er BEP : il a échappé à ses geôliers le 10 mai. Repris, il fait deux autres tentatives avant de réussir. Il a une arme de récupération, avec laquelle il se bat contre une patrouille viêt et rejoint un poste français le 4 juin, chargé d'un fusil, d'un PM et d'un pistolet, ce qui, à quelques grenades près, est exactement l'armement du petit groupe de quatre...

L'adjudant Muller, les légionnaires Beer, Kastens et Muckert ont profité de la nuit pour se glisser hors du camp, le 7 mai au soir. Ils se sont faufilés dans la brousse, ils ont marché entre quinze et vingt-cinq jours avant de rejoindre un poste français[12].

A la date du 10 juin, l'état-major de Hanoi dira avoir enregistré cinquante évadés ayant rejoint des postes français, soit pour les Européens un officier – le lieutenant Makowiak –, onze sous-officiers et treize hommes de troupe, pour les Vietnamiens sept sous-officiers et dix-huit hommes. A cette date, tous les évadés n'ont pas encore rejoint un poste français.

Déjà, l'état-major regarde ailleurs, vers la vallée où les hommes du corps expéditionnaire sont désormais entre les mains des Viêts, indemnes, blessés ou mourants.

18

Les blessés récupérés
Navarre remercié
Ely commandant en chef, Salan adjoint

La défaite est là, inévitable, annoncée depuis des jours ; douloureuse pour ces combattants souffrant dans leur chair et dans leur âme ; poignante par ce qu'elle laisse poindre d'incertitude autour du sort de la garnison.

Brusquement, les préoccupations des responsables de l'un et l'autre camps changent de nature. Bulletins glorieux pour les vainqueurs, déclarations solennelles et derniers hommages pour les vaincus. Du côté français, le souci essentiel devient le sort des centaines de blessés qui ont un besoin urgent de soins pour survivre. Et il y a des milliers d'hommes qui viennent d'être faits prisonniers et pour lesquels le pire peut être redouté, compte tenu du silence qui étouffe depuis des mois, sinon des années, la détresse de leurs camarades déjà détenus par le Viêt-minh. Et il y aura bientôt les rumeurs flottant dans l'air de Diên Biên Phu, exactement comme ces drapeaux blancs que certains ont vus et d'autres pas...

Le premier à féliciter ses troupes est le président Hô Chi Minh. Il espérait tant cette victoire que Giap lui apporte au meilleur moment possible, alors que Genève s'apprête à ouvrir le dossier indochinois :

« Notre armée a libéré Diên Biên Phu. Le gouvernement et moi-même nous adressons nos chaleureuses félicitations aux cadres, combattants, dan-cong, jeunes d'avant-garde et compatriotes de la région pour la manière brillante dont ils se sont acquittés de leurs tâches.

« Notre victoire est éclatante, mais n'est pas encore définitive. Nous ne devons pas nous enorgueillir de nos succès, ni nous montrer subjectifs en sous-estimant l'ennemi. Nous menons avec détermination la résistance pour recouvrer l'indépendance, l'unité, la démocratie et la paix. Que ce soit par les armes ou la diplomatie, nous devons mener une lutte longue et âpre pour arriver à une victoire complète.

« Le gouvernement et moi-même décernerons des récompenses aux cadres et combattants, aux dan-cong, aux jeunes d'avant-garde et aux compatriotes de la région qui se sont distingués par des exploits exceptionnels.

« Bien affectueusement et avec toute notre détermination à vaincre.

le 8 mai 1954
Hô Chi Minh »

Le message qu'adresse le général Navarre à ses troupes est évidemment d'une autre tonalité. Il y a pourtant entre ces deux textes un point commun, un seul… Pas plus que Giap, Navarre ne croit le combat achevé. Dans cet ordre du jour n° 9, il écrit :

« … La chute du camp retranché n'a été possible que parce que l'ennemi, grâce à l'aide apportée par la Chine communiste, a pu brusquement maîtriser une forme de guerre moderne totalement nouvelle sur le théâtre des opérations d'Indochine.

« Les défenseurs de Diên Biên Phu, les combattants des forces aériennes et aéronavales ont inscrit dans l'Histoire une épopée qui s'ajoute aux pages les plus glorieuses de notre armée. Ils ont donné au corps expéditionnaire et à l'armée vietnamienne une nouvelle fierté et une nouvelle raison de se battre, car la lutte des peuples libres contre l'esclavage ne se termine pas aujourd'hui.

« Le combat continue. »

Le 8 mai, Navarre tient également une conférence de presse à Saigon. C'est l'occasion pour le général en chef de rappeler que le gouvernement avait approuvé ses choix, que le poids de la Chine a pesé lourd dans la bataille et que Diên Biên Phu constituait une forme de guerre entièrement nouvelle en Indochine... Ce qui donne naissance aux premières critiques ouvertes visant Navarre : ces constats sont parfaitement exacts, mais il n'a pas su prévoir, il n'a pas su contrer, il s'est dispersé...

Cogny tient lui aussi à se manifester. Ne s'étant jamais entendu avec Navarre, sachant que Navarre ne s'est jamais entendu avec Lauzin, le patron de l'aviation, Cogny s'immisce à sa façon dans un conflit qui a pesé lourd dans les difficultés du camp retranché :

« Au moment où l'héroïque garnison de Diên Biên Phu trouve une fin glorieuse, je tiens à vous dire l'admiration et la reconnaissance des forces terrestres du Nord-Vietnam pour les forces aériennes que vous avez menées au combat au cours de ces semaines historiques.

« Nous leur avons demandé l'impossible et elles l'ont réalisé.

« Bousculant toutes les normes établies et les règles de sécurité les mieux fondées, elles se sont jetées dans la bataille en acceptant tous les risques et en bravant tous les dangers. Comme ces unités d'élite accrochées aux positions qu'elles défendaient, elles ont lutté jusqu'au bout de leurs forces et payé à la gloire leur tribut de sacrifice.

« Je vous demande de bien vouloir transmettre cet hommage d'affectueuse camaraderie aux équipages de l'armée de l'air comme à ceux de l'aéronavale et à leurs chefs, qui ont participé à la bataille. Je n'oublie pas l'effort des "rampants" qui les ont soutenus nuit et jour pendant huit semaines.

« Diên Biên Phu sera inscrit grâce à vous, à ces aviateurs et à ces marins, dans les fastes des ailes françaises comme dans ceux de l'Armée[1]. »

Les habitants de Hanoi paraissent avoir voulu rendre un hommage aux morts de Diên Biên Phu qui se battaient autant pour le Tonkin que pour leur vallée, autant pour Hanoi ou Haiphong que pour leurs PA inondés. Une messe est dite à la cathédrale. Peut-être n'était-ce pas la meilleure idée puisque la cérémonie, certes improvisée, laisse transparaître un certain désintérêt... Max Clos a tenu à assister à l'office, lui qui avait approché tous les officiers perdus là-bas dans les touffeurs de la mousson, désormais sous le joug des bo-doï. Il s'étonne qu'il y ait tant de Tonkinois et si peu de Français, comme si Diên Biên Phu était tombé dans l'indifférence des colons bien à l'aise dans leurs villas, au long des avenues donnant parfois à Hanoi de faux airs d'Arcachon.

Le président René Coty reçoit, pour sa part, un message du président Eisenhower :

« L'héroïsme et la résistance de la vaillante garnison de Diên Biên Phu ont été une inspiration pour le monde libre tout entier. Leur esprit de sacrifice et la qualité de leur résistance ont été si grands que cette bataille restera à jamais un symbole de la détermination du monde libre à résister à l'agression dictatoriale, à maintenir son droit à disposer de son destin, et de sa volonté de servir la dignité humaine. La France a déjà subi des défaites temporaires dans le passé, mais elle a toujours fini par triompher et elle a gardé sa place parmi les nations dirigeantes du monde libre, lorsqu'il s'est agi de rendre plus fécondes les vies des hommes. Ceux qui ont combattu, ceux qui ont souffert ou qui sont tombés à Diên Biên Phu doivent savoir qu'aucun de leurs sacrifices n'a été vain ; que le monde libre restera fidèle aux causes pour lesquelles ils ont combattu avec tant de noblesse. »

Le drapeau blanc sur Diên Biên Phu ?

Très vite va sourdre ce qu'on peut appeler l'affaire du drapeau blanc. Ce n'est qu'une querelle subalterne, presque dérisoire, mais dont il sera question des années durant. Castries a-t-il, oui ou non, fait hisser le drapeau blanc avant de le retirer, lorsque Cogny lui a demandé d'éviter cette humiliation lors de leur dernière conversation téléphonique ?

Sur l'origine de cette rumeur, il existe une trace concrète qu'a laissée le commissaire général Dejean au détour d'un télégramme adressé le 9 mai à Paris, aux services des Etats associés :

« L'affirmation de Radio Vietnam (8 mai) selon laquelle le drapeau blanc aurait été hissé est sans fondement[2]. »

Fort peu de témoins ont affirmé avoir vu le drapeau blanc hissé sur le PC GONO. Il n'y en a même qu'un seul et unique côté français, le sergent Kubiak de la Légion étrangère, dont le récit a été publié – avec cette précision – par le journal de la Légion, *Képi blanc*. Il y a aussi un « témoin » de premier plan du côté Viêt-minh, Giap en personne, qui écrira :

« Vers 14 h 30, le Secteur Central ennemi, de l'autre côté de la Nam Youn, commença à se moucheter de taches claires ; les premiers drapeaux blancs faisaient leur apparition… »

Mais Giap n'était pas dans la vallée de Diên Biên Phu le 7 mai 1954...

Pour affirmer le contraire, il y a bien d'autres témoignages, notamment celui du médecin-lieutenant Gindrey. Il se souviendra que c'est Tourret, le patron du 8ᵉ Choc, qui les a prévenus, Grauwin et lui, que la sortie prévue n'aurait pas lieu. La décision venait d'être prise en commun par Castries, Langlais, Bigeard, Guiraud et lui-même. Surtout pas de drapeaux blancs, ajoute Tourret. Il n'y en aura pas, confirme Gindrey.

Comme souvent, la réalité peut se découvrir à mi-chemin des certitudes les plus affirmées et les plus contraires. Qu'il y ait eu des drapeaux blancs hissés çà et là, au-dessus des infirmeries, sur les ruines de quelques PA dont les hommes avaient perdu toute illusion, que des parlementaires de l'un ou l'autre camp en aient brandi, c'est vraisemblable et même certain, si l'on se réfère au commandant Nicolas se souvenant du Viêt avançant vers lui un tissu blanc accroché au canon de son fusil et lui demandant s'il comptait encore se battre, seul avec ses Marocains. Enfin, il y a le documentaire qui sera, quelques jours après la défaite, filmé par le cinéaste soviétique Roman Lazarevitch Karmen. Or, pour cette reconstitution, les Viêts n'ont pas demandé que figure le fameux drapeau blanc...

Le commandant du camp retranché, le général de Castries, n'a donc sûrement pas hissé de drapeau blanc. De toute façon, qui pouvait distinguer entre un drapeau blanc qui n'a certainement pas été agité et des centaines de toiles de parachute, flottant dans le vent de Diên Biên Phu, accrochées aux barbelés, aux antennes, comme ces mouchoirs que l'on agite à l'instant des adieux...

Diên Biên Phu : des blessés intransportables...

Sitôt le camp retranché investi se pose, du côté français, le problème des prisonniers blessés. Le commandement n'a qu'une idée, récupérer tous les hommes du corps expéditionnaire gisant dans les infirmeries du camp, quelle que soit leur nationalité. Il apparaît d'entrée que le Viêt-minh voit les choses autrement puisqu'il entend réserver un sort différent aux combattants selon leur origine raciale. Les Vietnamiens, de toute évidence, vont être l'objet de soins attentifs sans être pour autant bienveillants, au contraire.

Dès le 10 mai, le général Cogny – qui tient Navarre informé – prépare un texte destiné au Viêt-minh et s'adressant surtout à Giap. Daté du 11 mai, il est aussitôt radiodiffusé par Radio-Hirondelle. Dans ce message, après avoir remercié l'armée populaire vietnamienne pour s'être occupée activement des blessés français, Cogny avance des propositions concrètes :

« 1. Les délégués seraient très reconnaissants si l'évacuation des blessés pouvait se faire le plus vite possible dans les conditions prévues, c'est-à-dire :

a. une première tranche de 450 blessés dont 250 blessés graves. Il reste entendu que le haut commandement de l'Armée populaire vietnamienne se réserve, s'il le juge à propos et d'une manière unilatérale, la possibilité d'étudier la libération d'une autre tranche de blessés.

b. l'évacuation se fera entièrement par voie aérienne et uniquement par hélicoptère, Morane et Beaver, ceci en raison de l'état actuel de la piste.

c. pendant toute la durée de l'évacuation, toute activité aérienne autre que celle de l'évacuation sanitaire est suspendue dans un rayon de dix kilomètres autour de la cuvette de Diên Biên Phu. Toute activité aérienne serait également suspendue le long de la route 41 entre Son La et Diên Biên Phu passant par Tuan Gioa.

d. les délégués du haut commandement français remercient le haut commandement de l'Armée populaire vietnamienne de bien vouloir assurer la remise en état de la piste d'envol de Diên Biên Phu. Toutefois ils prennent l'impossible d'exclure (*sic*) tout accident dû au minage intensif du terrain et de ses abords immédiats.

« 2. Les délégués du haut commandement français demandent que les échanges de correspondance puissent avoir lieu entre les prisonniers, les blessés et leurs familles.

« 3. La même demande est formulée pour que des médicaments, des vivres et des vêtements puissent être apportés aux blessés et aux prisonniers par les avions arrivant à vide. »

Une émission de « La voix du Vietnam » captée le 11 mai entre 19 et 19 h 30 ressemble à s'y méprendre à une réponse positive :

« Le haut commandement des troupes populaires vietnamiennes autorise le commandement des troupes françaises du CEFEO à venir prendre ses grands blessés à Diên Biên Phu. Le haut commandement français pourra envoyer immédiatement ses délégués à Diên Biên Phu pour rencontrer les délégués de l'armée populaire vietnamienne et prendre connaissance des conditions et des dispositions matérielles de transfert de ses grands blessés hors de Diên Biên Phu.

« Le lieu de rencontre est fixé à Diên Biên Phu, au nord du terrain d'aviation. Les délégués français devront venir en hélicoptère portant très visiblement le signe de la Croix-Rouge. Le haut commandement français proposera la date et l'heure de la rencontre un jour à l'avance. »

Le 13 mai, réapparaît ainsi le professeur Huard. Il quitte Hanoi à bord d'un Dakota qui le conduit en fin de matinée à Luang Prabang. De là, un hélicoptère piloté par le lieutenant Rovella, avec pour copilote le sergent Dauce et un mécanicien, transporte vers les ruines du camp retranché le professeur Huard accompagné du médecin-colonel Pierre Allehaut, directeur du service de santé-air pour l'Extrême-Orient, du médecin-colonel Chippaux, expert chirurgical, ainsi qu'un officier des transports, le commandant Jacques Roger. Il a été demandé aux Vietnamiens de préparer une zone d'atterrissage, un carré de vingt mètres de côté débarrassé des toiles de parachute et autres objets pouvant être déplacés par le vent des pales. Que les représentants du Viêt-minh prennent garde à ces pales et qu'ils n'approchent pas de l'appareil avant leur arrêt complet. Il semblerait pourtant que la DZ ait été balisée à l'aide de voilures blanches et rouges. A la délégation, les Viêts posent une première question :

« Avez-vous des appareils photo et des armes... »

Le premier contact officiel a lieu à trois ou quatre cents mètres de là, sous une tente improvisée avec des toiles de parachute. Le dialogue peut paraître surréaliste : ce qui intéresse les Viêts c'est la lettre d'introduction officielle que sont censés apporter les Français ! Ceux-ci n'ont que des ordres de mission... Quelques instants après, une discussion encore plus absurde s'engage à propos de l'horaire de la délégation : elle a une heure d'avance ! Il est vrai que l'on ignore à Hanoi comme à Luang Prabang que le Viêt-minh a décidé de changer d'heure et s'est décalé de soixante minutes pour s'aligner sur les provinces chinoises voisines. Les Français doivent s'engager à respecter désormais l'heure locale... La discussion sur les ordres de mission nécessitant plus d'une heure de réflexion de la part des Vietnamiens, les pendules sont en quelque sorte remises à l'heure. Après quoi la conversation s'engage enfin entre le professeur Huard et un responsable du Viêt-minh, le colonel Khanh, que le sort des blessés ne passionne pas. Un tête-à-tête dont sont soigneusement écartés les autres membres de la délégation française...

Lorsque le professeur Huard rejoint ses compagnons, il leur résume ce qu'exigent les Viêts. Avec, parmi ces exigences, un point particulièrement délicat : la neutralisation de la RP 41 entre Son La et Diên Biên Phu en passant par Tuan Giao. L'officier des transports, le commandant Roger, sait ce que cela sous-entend comme déplacements de troupes, évacuations de matériels et menaces pour le Delta. Il ne peut ni ne veut engager le haut commandement. Il faut mettre ce paragraphe au conditionnel jusqu'à l'approbation – ou le refus – des grands chefs d'Hanoi. Les Français se demanderont aussi pourquoi le Viêt-minh écarte, sans discussion, toutes les propositions de parachutage de médicaments.

La délégation quitte la vallée vers 17 heures. Les militaires savent, de toute évidence, qu'aucun Dakota ne pourra, dans l'immédiat, se poser sur la piste hors d'usage, creusée de cratères d'où émergent des débris de ferrailles redoutables pour les pneus des avions. A 21 h 30, le professeur Huard est de retour à Hanoi où le général Cogny le reçoit immédiatement. Le général fait deux remarques. La première concerne la RP 41, qu'il n'entend pas neutraliser pour d'évidentes raisons stratégiques. La seconde est relative au sort des soldats vietnamiens puisque le texte n'évoque que les soldats du « corps expéditionnaire », ce qui pourrait exclure tous les combattants de l'armée vietnamienne, qui n'a jamais été pour le Viêt-minh que l'« armée fantoche ». Cogny et Navarre décident pourtant d'accepter la neutralisation de la RP 41.

Le lendemain 14 mai, le professeur Huard et une équipe médicale sont de retour à Diên Biên Phu, avec deux autres hélicoptères et un Beaver qui est accidenté à l'atterrissage. L'équipage de cet appareil, en attente d'une hélice neuve, est autorisé à passer la nuit sur place. Avec les pilotes reste le médecin-lieutenant Arrighi. Lorsque celui-ci voudra aller vers les blessés qu'il entrevoit à quelques centaines de mètres, il sera refoulé. Impossible de s'approcher d'eux. Pour les Viêts, Grauwin et Geneviève de Galard suffisent amplement ! A l'heure du retour, l'envol des hélicoptères est précédé d'une courte allocution d'un représentant de l'armée populaire du Vietnam : que les Français veuillent bien apprécier à sa juste valeur la clémence du haut commandement, le dévouement du service de santé…

Datée du 16 mai au soir, une fiche de renseignement des forces terrestres du Laos est diffusée avec pour source indiquée « personnel demeuré 48 heures à Diên Biên Phu ». Le doute est impossible, ce sont bien les observations qu'ont pu faire les membres de l'équipage du Beaver endommagé en heurtant un hélicoptère à l'atterrissage :

« Tous blessés sortis des abris et placés sous des parachutes déployés. Une centaine au sud de la piste. Personnel santé français entièrement isolé des blessés, sauf Geneviève de Galard. »

L'équipage a aussi remarqué que les Viêts ne soignent pas les blessés, mais qu'ils multiplient la propagande à leur intention, avec quelques stéréotypes : le commandement français se désintéresse de vous… il a demandé des renforts qui se feront tuer à leur tour… le transport par hélicoptère est trop cher pour être réalisé, vous ne valez pas le prix d'un hélicoptère… Des coolies – surtout des femmes – enterrent les morts au nord du camp, près de « Gabrielle ». Pour confirmer la source de cette fiche de renseignement, il y a les propos du médecin-lieutenant

Arrighi, ne divergeant que sur un point. Il précise que Grauwin peut, comme Geneviève de Galard, approcher les blessés. Le camp viêt est littéralement implanté sur le PC GONO. Il confirme qu'une centaine de coolies creusent des tombes vers « Gabrielle ». Lui aussi souligne l'impossibilité de prendre contact avec les blessés, qui subissent la propagande viêt. On leur annonce, entre autres choses, la chute de postes ou de villages qui ne sont jamais tombés. Arrighi et ceux qui l'accompagnent ont eu à supporter des questions innombrables sur les avions. Ils ont esquivé en expliquant que les pilotes des Beaver ignorent tout des gros appareils…

La première évacuation de onze blessés démontre surtout que le transfert par hélicoptère et monomoteur n'a aucun sens. Il faudrait des avions de transport du type Dakota et une remise en état de la piste. Les conditions météorologiques s'en mêlent aussi. L'appareil qui aurait dû revenir le 15 mai ne se pose à Diên Biên Phu que le 16. Il apparaît que dans les conditions présentes l'évacuation risque de devenir impossible. Les Français, se sentant joués, décident de rompre. La rupture des accords est annoncée le même jour par Radio-Hirondelle diffusant l'information à 0 h 2 puis à 6 h 32 : la neutralisation de la route 41 sera suspendue dès le 18 mai à 0 heure !

Cette dernière décision n'est pas un caprice né d'une déception. De toute évidence, les services spéciaux, qui étaient présents dans le camp retranché et qui ont conservé d'innombrables antennes à l'extérieur, savent que le Viêt-minh ne joue pas le jeu et que la route provinciale 41 n'est pas seulement utilisée pour des évacuations sanitaires. Les camions bâchés servent à bien d'autres transports, de troupes comme de matériels, que ceux-ci soit chinois d'origine ou récupérés dans les ruines de Diên Biên Phu. Il y a toujours, en perspective, la menace pesant sur le Delta. Une intervention de l'aviation est effectuée sur la route dans la journée du 18 mai, entre Diên Biên Phu et Tuan Giao, puis une autre sur une colline au nord de la vallée où, selon le Viêt-minh, avaient été installés des blessés français.

Ne perdant rien des conversations entre les divers échelons de l'armée de Giap, les services du SDECE comprennent que le Viêt-minh n'est surtout pas pressé de conclure un quelconque accord. La consigne est de ne pas répondre immédiatement. Il leur faut le temps de multiplier les déclarations critiques sur l'attitude des Français, « dans le but de démasquer cette bande devant l'opinion publique et éduquer nos combattants, nos troupes et notre population ».

Le haut commandement de l'Armée populaire ne réplique effectivement que le 22 mai, mais en bouscu-lant un peu la logique des événements et le calendrier. Il s'accorde ainsi l'initiative de la rupture du 17 mai. Le texte est signé du haut commandement de l'Armée populaire vietnamienne et il est daté du 22. Il explique que les récents bombardements « ont prouvé que les autorités militaires françaises en Indochine se désinté-ressaient du sort de leurs blessés et ne tenaient aucun compte de leur signature ».

Une porte reste cependant entrouverte. Les Français veulent bien revoir leur position, à quelques conditions près. En premier lieu que les Dakota puissent se poser à Diên Biên Phu, l'armée française étant prête à envoyer un détachement pour participer à la remise en état du terrain, dès l'instant où le Viêt-minh assure son libre retour la tâche achevée. En deuxième lieu, la route pro-vinciale 41 sera de nouveau neutralisée, mais sous la surveillance d'une commission mixte composée d'obser-vateurs de pays neutres. Enfin, les Vietnamiens du corps expéditionnaire seront traités de la même façon que les autres prisonniers ou blessés et rendus aux autorités françaises.

Au-delà des réponses dilatoires à propos des prisonniers vietnamiens, il est évident que le Viêt-minh ne veut pas entendre parler du moindre contrôle sur la RP 41. Là encore, les oreilles du SDECE enregistrent les intentions des Viêts : « S'ils [les Français] continuent à mitrailler et à détruire la route 41 nous aurons de nombreux prétextes pour l'attaquer. Nous continuerons à donner des explications aux blessés. »

Pourtant, paradoxalement, les évacuations sanitaires se poursuivent... Ce qui est curieux, c'est qu'à l'exception des 15, 16 et 17 mai, jours de mauvaise météo, des blessés seront quotidiennement rendus à la France, y compris pendant la rupture. Dix-neuf sont récupérés le 18 mai, soixante-dix-sept le lendemain, et encore cinquante-deux le surlendemain... Lorsqu'il apparaît que la piste ne sera pas remise en état et que les Dakota ne pourront venir enlever les blessés, d'autres dispositions sont prises par les Français. Sachant qu'un hélicoptère Sikorski ne peut enlever que six blessés couchés et trois assis, ou bien trois couchés et sept assis, qu'un monomoteur Beaver ne transporte que six couchés et trois assis ou bien trois couchés et sept assis, il est décidé de multiplier les rotations et de modifier leur itinéraire. Les blessés seront transporté à Nam Bac, à mi-chemin entre Diên Biên Phu et Luang Prabang et, de là, après une heure de repos, ils repartiront vers Hanoi à bord de Nordwyn et de Grumann Goose de la marine. Le rythme des évacuations ne cessera de s'accélérer à partir de ce moment : cent vingt-cinq le 22 mai, puis cent trente-cinq, cent quarante, cent cinquante et un, pour finir par cent quarante-neuf le 26 mai. Au total, les Viêts rendent huit cent cinquante-huit blessés – cinq cent quatre évacués par hélicoptère et trois cent cinquante-quatre par Beaver. Ces blessés représentent vingt et une nationalités, mais parmi eux figurent seulement quatre-vingt-quatre Vietnamiens et un seul Thaï blanc. Il se murmure déjà que les hommes du BT 2, Thaïs ou Méos, Nungs ou Thos, survivent enchaînés, un tendon d'Achille sectionné pour interdire toute tentative de fuite.

Pour les blessés rendus à la France, le choix des Viêts, décidant de l'ordre des évacuations, est étrange. Ils ne rendent guère que des hommes blessés au-dessous de la ceinture, sans tenir compte de l'état des hommes touchés au torse et souvent plus gravement atteints. Ceux-là non plus ne pourront pas marcher vers les camps de prisonniers, tout au moins pas très longtemps. Ils sont des condamnés à mort en sursis, un très bref sursis... Ceux que les Français peuvent évacuer n'ont pas reçu le moindre soin depuis le 8 mai. Outre un bref décrassage, les pansements n'ont pas été changés. Le médecin des troupes viêt-minh, Nguyen Thuc Mau, n'a de toute évidence aucun moyen de les soigner. Contrairement aux premières impressions des médecins français tenus à l'écart ou, comme le médecin-lieutenant Hantz, appelés à l'aide pour des interventions ponctuelles, la compétence des médecins viêts ne paraît pas avoir été en cause. La plupart d'entre eux sortent de la faculté d'Hanoi où ils ont tous, ou presque tous, été les élèves du professeur Huard. Geneviève de Galard, les ayant approchés de plus près et plus longtemps, reste persuadée que, pour l'immédiat, ils ont fait ce qu'ils pouvaient, sans matériels, sans pansements, sans médicaments. Dans les carlingues des avions, l'odeur est insupportable.

A chaque voyage, les équipages en attente entendent les mêmes ritournelles : la célèbre clémence de l'oncle Hô... les méfaits de l'impérialisme... Ces évacuations sanitaires par hélicoptère retiendront plus tard l'attention du professeur Huard :

« Il faut noter que la Convention de Genève (du 12 avril 1949) qui impose déjà des conditions difficilement réalisables pour les aéronefs à moteur ou à réaction ignore les hélicoptères de telle façon qu'elle aboutit à condamner leur emploi en temps de guerre. »

A Paris, les libérations de grands blessés paraissent poser des problèmes auxquels, de toute évidence, personne n'a songé sur place. Le 14 mai, après les premières restitutions, le ministère des Etats associés s'agite. Aucune liste nominative n'a été adressée à Paris :

« La présidence du Conseil, le ministère des Anciens Combattants et nous-mêmes sommes saisis de demandes incessantes et légitimes... »

Le retour de Geneviève de Galard

Le 24 mai, Geneviève de Galard embarque dans le Beaver du capitaine Vidal. Son arrivée à Luang Prabang la plonge dans un univers qu'elle ne pouvait soupçonner. Personne, dans le camp retranché, ne l'a jamais imaginée dans le rôle de l'« ange de Diên Biên Phu » et personne, bien évidemment, n'avait inventé une telle image d'Epinal. Elle était simplement Mademoiselle ou Geneviève... Or la voici, sans la moindre préparation, jetée en pâture au monde de l'information. Certes, elle avait reçu des offres sonnantes et trébuchantes, faramineuses même, pour rédiger des récits depuis le camp ; elle en avait souri. Désormais, les offres sont aussi nombreuses que fabuleuses. La première lui est faite dès qu'elle pose le pied à terre : des milliers de dollars en échange de l'exclusivité de ses mémoires. L'offre publique d'achat choque le colonel Taine, commandant les forces au Laos, qui s'adresse à l'Américain :

« Monsieur, il aurait été plus aimable d'accueillir Mlle de Galard avec des fleurs qu'avec un chèque[3]... »

Dans le Dakota qui la conduit à Hanoi, elle voyage avec le professeur Huard. Elle comprend alors le rôle que cet homme a joué dans leurs libérations. Elle l'a rencontré pour la première fois avant d'embarquer dans l'avion qui allait la conduire à Luang Prabang. Il s'est incliné devant la jeune femme, avant de murmurer « Huard », puis il est allé serrer la main de l'officier viêt qui lui remettait l'infirmière... A bord du Dakota, il est plus détendu et répond à ses questions. En fait, Huard souhaitait la libération de la jeune femme en se gardant bien de la réclamer expressément. Il savait qu'elle avait été décidée à Genève et qu'elle interviendrait à un moment jugé opportun pour le Viêt-minh – c'est-à-dire jugé utile à sa cause.

Pour Geneviève de Galard, le professeur Huard n'est pas exactement cet ami des Viêts qu'il est supposé être pour beaucoup. Elle n'oublie pas la lettre qu'il avait adressée, le 22 mai, à l'intention de Mme de Galard, rongée d'inquiétude à Paris. Cette missive était accompagnée d'un mot que Geneviève de Galard avait pu lui faire passer en le priant de le poster. Huard explique que la discrétion et la prudence sont indispensables, comme l'étaient les messages de Geneviève de Galard à l'intention de Hô Chi Minh, encore inconnus du public :

« Quelles que soient votre opinion et la mienne, il est indispensable de jouer le jeu qui nous est imposé. Nous ne voulons pas que la libération des centaines de prisonniers encore en suspens soit compromise[4]. »

Geneviève de Galard croit au patriotisme sincère du professeur Huard, suffisamment bon connaisseur de l'âme et des usages tonkinois pour avoir sans cesse recherché le compromis, usé de la prudence, de la lenteur même. Elle a certainement raison, si l'on en juge par l'attitude du professeur Huard, après les accords de Genève. Ecartant le souhait du général Ely, il refusera

de travailler sous le contrôle du Viêt-minh et choisira
l'exil, en décembre 1955[5].

Depuis son retour à Hanoi, il ne manque donc pas de
journaux prêts à acheter à la jeune femme un récit de ses
aventures. Le commandant Rousset, qui est le chef du
SPI, sait qu'il est impossible de le lui interdire. Il note toutefois qu'il « faudrait lui rappeler les règlements en
vigueur sur la publication d'écrits par les militaires en service ». De même pour les interviews, il serait bon non pas
de les lui interdire mais qu'elle les prépare avec un officier
– à désigner – et qu'elle les accorde en sa présence.

Le 26 mai, la restitution des grands blessés était achevée. Du moins le colonel viêt commandant le camp en
décidait-il ainsi. Il le fait aussitôt savoir au professeur
Huard. On sait pourtant, du côté français, que restent,
sur le site même de Diên Biên Phu, des prisonniers incapables de marcher ; certainement deux cents hommes,
ainsi que vingt-sept membres du personnel sanitaire.

Est-ce un refus définitif ? Est-ce une nouvelle ruse
viêt-minh ? Est-ce une façon de préparer d'autres négociations ? Tout se dit, tout se pense. Un journaliste
résume la situation. Il est suffisamment bien introduit
pour que ses propos puissent être considérés pour le
moins comme officieux. Or, dans *Le Monde* daté du
29 mai, Max Clos écrit :

« Malgré cette déception on a discerné dans l'attitude
du Viêt-minh des aspects encourageants. On a l'impression à Hanoi qu'il désire garder le contact, et la libération des blessés paraît aussi représenter pour lui un
moyen d'établir un dialogue direct avec la France. On
l'avait pressenti quand malgré la dénonciation de
l'accord du 13 mai et la reprise de nos bombardements
sur la RP 41, le Viêt-minh accepta la poursuite des évacuations. Un nouvel indice a été recueilli hier jeudi
quand les officiers ennemis déclarèrent au professeur

Huard que "de nombreux problèmes pourraient être résolus par des conversations directes entre nos deux pays sans intervention de puissances étrangères". On pense ici que le jeu du Viêt-minh consiste actuellement à amener peu à peu la France à traiter directement avec le gouvernement Hô Chi Minh sur des questions de plus en plus importantes en écartant du débat Bao Daï, la Chine et les Etats-Unis.

« Il est évident que dans l'éventualité de pareilles conversations, les douze mille hommes de troupe d'élite capturés à Diên Biên Phu constituent pour le Viêt-minh une carte maîtresse qu'il pourrait exploiter pour obtenir des contreparties importantes... »

Le 1ᵉʳ juin, le médecin-colonel Delorme va rechercher à Diên Biên Phu les vingt-sept membres du personnel sanitaire restés dans la cuvette avec les blessés. Parmi eux, le médecin-capitaine Le Damany, le médecin-lieutenant Pons, vingt-quatre infirmiers ainsi que le docteur Grauwin dont le sort attire un instant l'attention. Aurait-il donné des gages au Viêt-minh ? Tous ceux qui l'ont approché, y compris ceux qui ne l'apprécient guère et lui reprocheront de s'être trop mis en avant au détriment de ses confrères, reconnaîtront qu'il n'a jamais demandé aucune faveur pour lui, seulement et avec beaucoup d'insistance pour ses blessés. Comme il est douteux que le Viêt-minh sache qu'il avait espéré et réclamé une reddition du camp bien avant le 7 mai, il faut certainement chercher la raison de cette libération ailleurs. Une erreur tout simplement. Les Viêts ont peut-être voulu remercier à leur façon les médecins français des soins accordés à leurs blessés en libérant leur médecin-chef. Certes, ce n'était pas Grauwin mais le médecin-capitaine Le Damany... Grauwin, sous contrat CAFAO, avait par assimilation le grade de commandant et portait quatre galons, il ne pouvait donc être que le patron...

Des blessés de retour en Métropole

Le 2 juin, Saigon organise les premiers retours de blessés vers la Métropole ou l'Afrique du Nord. Ils sont habillés de neuf, ou de « pratiquement neuf ». Ils reçoivent une avance sur leur solde s'ils le désirent. Ils récupèrent leurs bagages personnels restés dans les bases arrière de leurs unités.

Pour six cents grands blessés de Diên Biên Phu et d'ailleurs, il est prévu une évacuation par l'aviation américaine. Cinq Globe-Master les ramèneront en France métropolitaine ou en Afrique française du Nord. Le Japon est d'accord pour que ces vols passent par chez lui, à la seule condition que ce soit le plus discrètement possible. Un détail inquiète le cabinet militaire de Navarre : la publicité que les Etats-Unis commencent à orchestrer autour de cette opération. Le capitaine Petit rédige alors une note pour faire savoir que la France n'est pas d'accord pour une telle exploitation de ses blessés :

« a. Les interviews seront effectuées aux seules escales, en présence du médecin français convoyeur qui désignera les hommes susceptibles d'être interrogés. Ce choix sera exclusif.

« b. Les vues photographiques, cinématographiques et éventuellement prises de vue de télévision seront de préférence des vues d'ensemble. »

Les évacués de l'US Air Force ne sont pas les seuls à être contraints au silence. Des règles du jeu presque identiques ont été précisées dès le 16 mai pour les blessés toujours présents au Vietnam :

« Cette interdiction passagère a seulement pour but d'éviter les interviews alors que les blessés ne sont pas en état physique et moral de répondre. »

Il est clairement indiqué que « la propagande viêt-minh a pu agir sur ces blessés déprimés à tous points de vue ».

Il est possible d'imaginer que l'état-major ne veut pas livrer aux journalistes des hommes mal remis de leurs blessures. Et il y a les milliers d'hommes capturés à Diên Biên Phu dont on ne sait rien encore. Il ne faudrait pas que des imprudences indisposent les Viêts. Une seule chose est certaine : la France a restitué au Viêt-minh deux cent quarante prisonniers le 16 juin, puis trois cent trente-cinq le lendemain. Il n'y a pas eu la moindre réciprocité...

Le Viêt-minh soigne son image

Les rumeurs allant bon train à Hanoi, certaines initiatives de Geneviève de Galard et du docteur Grauwin engendrent quelques aigreurs ici ou là. Oui, Grauwin a supplié le Viêt-minh de leur accorder un meilleur traitement, on sait que ce n'était pas pour lui mais pour ses blessés. Oui, Geneviève de Galard a adressé deux lettres à Hô Chi Minh, mais pensait-elle à l'anniversaire de l'oncle Hô ou à l'avenir de ses blessés ?

Elle n'a jamais caché avoir longtemps hésité avant d'écrire les lettres qui lui avaient été expressément réclamées par des dirigeants viêt-minh ; qu'elle avait pris tous les conseils possibles de l'équipe médicale et que tous lui avaient conseillé d'écrire, toujours dans l'intérêt des blessés dont il fallait obtenir l'évacuation. La première de ces lettres auxquelles le professeur Huard a déjà fait allusion, dans son message à Mme de Galard, évoque effectivement l'anniversaire de Hô Chi Minh :

« Monsieur le Président,

« A l'occasion du 19 mai, je veux vous remercier de votre attitude de clémence vis-à-vis des blessés de Diên Biên Phu que vous avez bien voulu libérer. Les vœux que je formule pour vous en ce jour de votre anniversaire sont des vœux de paix. Nous souhaitons tous que le plus tôt possible nos deux pays puissent échanger des relations d'amitié dans un monde dont la guerre serait bannie. Si j'ai le bonheur de rentrer dans mon pays, je m'efforcerai de créer parmi les jeunes qui m'entourent une atmosphère de plus grande compréhension entre nos deux peuples pour aider à ma manière à rétablir cette paix que nous souhaitons tous.

« Veuillez recevoir, Monsieur le Président, l'expression de ma très haute considération. »

Faut-il préciser que ce 19 mai, Geneviève de Galard était toujours à Diên Biên Phu, que les phrases sont imprégnées du jargon viêt-minh d'inspiration marxiste au point que cette lettre semble avoir été dictée à la signataire. Le jour anniversaire du clément président Hô, elle était d'ailleurs consignée sous sa tente, d'où elle avait aperçu un défilé en l'honneur du grand homme et de la victoire réunis, des bo-doï, des coolies, des femmes et des jeunes filles portant de grandes banderoles. La lettre suivante, sa libération étant acquise, n'est guère différente, si ce n'est un appel pour les blessés qui restent à Diên Biên Phu après son départ :

« Je viens d'apprendre la nouvelle de ma libération et je veux vous remercier de la clémence que vous avez eue à mon égard. Grâce à vous et aux femmes vietnamiennes qui vous ont adressé une demande en ma faveur, je retrouverai bientôt ma famille et ma patrie. Je souhaite de tout cœur que la paix revienne très vite au Vietnam pour que tous les hommes et les femmes de votre pays puissent bientôt passer une vie heureuse et paisible.

« Je vous suis très reconnaissante de votre bonté, mais ma joie qui est grande de rentrer bientôt chez moi sera très imparfaite si je pars seule, laissant derrière moi l'équipe du personnel sanitaire (médecins et infirmiers) avec qui j'ai travaillé sans relâche à soigner les blessés. Aussi, je viens vous demander de ne pas les oublier et je suis sûre que personne ne peut faire appel en vain à votre clémence. Je souhaite remercier le service de santé qui s'est dépensé pour améliorer le sort de nos blessés.

« Veuillez recevoir, Monsieur le Président, l'expression de ma très haute considération. »

La troisième lettre de Geneviève de Galard, adressée ce même 21 mai aux femmes vietnamiennes, est toujours du même style, avec les mêmes phrases et, comme la précédente, aurait pu lui être « inspirée ». Il est sûr qu'elle n'est même pas de sa main. Si Geneviève de Galard a rapidement appris que le Viêt-minh n'avait diffusé que des extraits de ses lettres à Hô Chi Minh, en dénaturant du même coup et le sens et l'esprit, cette troisième version lui a toujours échappé. Elle n'en connaissait même pas l'existence[6].

Une poignée de légionnaires, rendus par le Viêt-minh, achèvent à Oran leur périple aérien. Ils sont passés par les Philippines, le Japon, les Etats-Unis, les Açores et enfin La Sénia, d'où ils rejoignent à Bel-Abbès la maison mère de la Légion étrangère. Ceux-là ne se sont certainement pas laissé intoxiquer par la propagande de l'oncle Hô, ils racontent sans détour les combats et livrent leurs impressions personnelles.

Le légionnaire Schmid juge les combattants : « Ils ne valent pas les Européens, ils ont la force du nombre. » Le légionnaire Lara rejoint cet avis : « Ils ne craignent pas de sacrifier des hommes par milliers ; ils n'ont pas de soucis de fichiers… » Le légionnaire Dufour a un autre aperçu des choses : « Les trois quarts du temps, ils étaient "choumés" ; ils avançaient malgré les pertes. » C'est lui aussi qui, après cette allusion à l'ivresse des bodoï, apportera une précision sur les conditions de leur libération :

« Ils nous ont demandé d'écrire une lettre de remerciement après l'annonce de notre libération, tout en laissant entendre que c'était une condition. Après l'avoir écrite, nous avons été dirigés vers le terrain d'aviation[7]… »

L'état-major se méfie donc des lettres traînant dans les tiroirs du Viêt-minh, comme il redoute certains écarts de langage. Mme de Castries a-t-elle pris rang parmi ces personnes suspectées de pouvoir parler à tort et à travers ? Il est vrai qu'elle s'est déjà distinguée lorsque son mari attendait ses étoiles de général… La voici de retour à Paris, où elle a été priée de revenir, mais où elle donne des interviews, lance des appels et s'arroge le droit de parler au nom du général Cogny. Pour Navarre, c'en est trop. Le 27 mai, il le fait savoir à Cogny :

« Etant donné les risques de l'emploi abusif qui peut en être fait, vous demandons soit démentir, soit fixer nettement limites. »

D'autres arrivées sont discrètes, occultées, parce que le comportement des blessés ne correspond pas exactement à ce qui est attendu d'eux.

Les passagers de l'un des Globe-Master C-97 – avec le lieutenant Fleurot à bord – rejoignent Paris le 3 juillet vers 10 heures du matin, après des escales à Manille, Tokyo, Hawaii, San Francisco et Boston. L'arrivée à Orly restera, pour eux, un moment pittoresque… Le maréchal Juin vient les accueillir. Il a pour chacun une phrase aimable. Il s'attarde un peu plus avec les tirailleurs, algériens ou marocains, les rescapés de son armée d'Afrique. Les hommes aiment bien le vieux soldat qui trouve toujours un mot à leur dire, en arabe généralement. Les choses se compliquent à l'instant où ils croyaient enfin débarquer. Une nouvelle visite leur est annoncée, celle de Mme Mendès France, représentant le président du Conseil, son mari étant retenu ailleurs ! A la stupeur de l'équipage américain, les blessés se fâchent, jettent vers leur visiteuse des béquilles, des gilets de sauvetage. Tout un matériel hétéroclite vole à travers la carlingue. Les aviateurs protègent Mme Mendès France. Dans quelques minutes, sur la route vers Paris, il y aura une autre manifestation : les communistes sont venus insulter les grands blessés de Diên Biên Phu…

Aux mains des Viêts

Ils sont plusieurs centaines de blessés à ne pas avoir connu la clémence de l'oncle Hô ; des centaines d'hommes privés de soins et bien incapables de marcher avec leurs camarades vers les camps de prisonniers de la Haute Région.

Certains d'entre eux, blessés et prisonniers avant le mois de mai, ont été dès leur capture traînés à l'écart de la vallée, dans des hôpitaux de campagne qui n'ont d'hôpitaux que le nom. Ce sont plutôt des abris sommaires, de longues huttes protégeant tant bien que mal du soleil et de la pluie. Quant aux soins, ils sont inexistants. Très rapidement, les blessés réputés capables de marcher sont intégrés à des convois partant vers des lointains inconnus.

A partir du 8 mai, les blessés restent sur le champ de bataille, regroupés certes, mais seulement abrités par des toiles de parachute. C'est là que le tri est fait, selon les critères viêt-minh. Certains d'entre eux distingueront diverses périodes : ils auraient été correctement traités au départ, ce que confirme Geneviève de Galard. Ils l'auraient été beaucoup moins bien après l'arrivée des commissaires politiques, puis plus humainement quand réapparaîtra un médecin viêt… Leurs médecins de bataillon, qui sont souvent aussi des blessés, n'ont pas le droit de s'occuper d'eux.

La nouvelle mission de Navarre

Le 8 mai, Maurice Dejean répond à une lettre que Navarre lui a adressée le 1er mai. Le général en chef demandait au commissaire général son avis – sinon son arbitrage – à la suite de divergences avec Cogny :

« Après la chute de Diên Biên Phu et au moment où s'ouvrent les négociations de Genève, j'estime que notre ligne de conduite doit tenir un juste compte de deux sortes de préoccupations différentes :

« Nous devons d'un côté, pendant les prochaines semaines, céder le moins possible de terrain et conserver l'essentiel de nos positions actuelles :

a. pour nous permettre d'aborder les négociations avec le plus grand nombre d'atouts en main

b. pour conserver les bases indispensables à une continuité de la lutte avec des moyens renforcés ou à reprendre, le cas échéant, les hostilités avec le concours de nos alliés.

« D'un autre côté, il importe de renforcer le dispositif actuel dans les régions d'importance vitale sur lesquelles la menace ennemie peut s'aggraver considérablement dans les semaines ou le mois à venir, ce qui est en particulier le cas du Delta tonkinois[8]. »

Dans un autre paragraphe, Dejean précise sa pensée :

« Il est à craindre que la puissance dont vient de faire preuve l'armée viêt-minh et le succès relatif mais spectaculaire qu'elle vient d'enregistrer ne soient largement exploités par la propagande rebelle et qu'il en résulte un ébranlement du moral de l'armée vietnamienne. »

Le Comité de défense nationale, convoqué pour le 14 mai mais qui se prolonge le lendemain, donne ses instructions à Navarre pour la suite des événements, après un état des lieux approfondi.

Au cours de ces séances de travail, le général Ely rappelle que Navarre, en février lors de leur visite à Diên Biên Phu, les avait convaincus des possibilités de résistance de la base ; que toutes les personnalités et tous les chefs d'état-major qui les avaient précédés en Indochine avaient noté l'impression de puissance que leur donnait le camp retranché. Seul le chef d'état-major des forces aériennes, le général Fay, avait exprimé quelques inquiétudes pour la période des pluies et à propos de la distance séparant le Delta de la vallée. Le général O'Daniel lui-même s'était déclaré enthousiaste. Et, en plus, ajoute Ely, il était impossible de se retirer de la cuvette...

« Certes, poursuit-il, les combattants d'Indochine connaissaient la tactique de la marée humaine, mais jamais elle n'avait pris des proportions telles, si démesurées par rapport au but militaire et cela, encore une fois, pour des raisons politiques.

« Le général Navarre a mis cela sur le compte de la Conférence de Genève. C'est une opinion. La controverse parait vaine, car si le général Navarre peut dire que Genève l'a gêné dans la conduite des opérations, Monsieur Bidault peut dire que la chute de Diên Biên Phu le gêne dans ses négociations.

« Mais autre chose encore a provoqué notre échec, c'est l'augmentation, dans ces toutes dernières semaines, de l'aide chinoise qui a porté sur l'artillerie et surtout les munitions et sur la DCA. La présence de spécialistes et d'instructeurs chinois a au surplus donné à cette aide supplémentaire et massive le rendement maximum. Tout cela a, dans une certaine mesure, changé la forme de la guerre. »

Ces séances de travail ne débouchent pas toujours sur des décisions. Il en est une, en tout cas, qui est abordée, éludée, reprise, détournée puis oubliée : l'envoi du contingent en Indochine ! Non point pour y combattre, les jeunes appelés n'étant pas préparés à cela, mais pour soulager le corps expéditionnaire de certaines tâches tout en lui donnant le sentiment que la Nation ne l'oublie pas, ou ne l'oublie plus... Au terme de la séance de nuit du 15 mai, il est entendu que l'on pourra envisager l'envoi d'appelés ou de réservistes en Indochine, ce qui, en supposant la décision prise, demandera un délai de deux à trois mois.

Devant le Comité de défense nationale, René Pleven décide de lire une lettre, gardée secrète jusqu'à ce moment, que Navarre lui a adressée le 21 avril, deux semaines avant la chute du camp retranché :

« ... le fait que le camp retranché ait tenu pendant quarante jours maintenant rendra moins graves les conséquences morales de sa chute et en amoindrira sans doute les conséquences matérielles : la perte d'unités de valeur nous serait un coup sensible mais il est trop tard maintenant et les pertes adverses ont été trop lourdes pour que les divisions viêt-minh libérées envahissent le Nord-Laos ou rentrent dans le Delta avec des possibilités offensives sérieuses.

« La chute de Diên Biên Phu n'aurait donc plus de conséquences très graves maintenant que dans la mesure où la France et le Vietnam se laisseraient à cette occasion aller au découragement et à l'abandon.

« Ce qui est certain, c'est que les deux armées vont terminer la campagne au début ou au milieu de l'été – la date dépendra de celle de la clôture de la Conférence de Genève – dans un état de fatigue et d'usure tel qu'elles auront besoin d'une longue période pour se refaire et que si la guerre d'Indochine devait, la campagne prochaine, garder son caractère actuel, ce serait celle de ces deux armées qui se sera la première reconstituée et aurait repris ses qualités offensives qui, certainement, gagnerait.

« Mais ce n'est pas ainsi que se présentent maintenant les choses, car la Conférence de Genève a introduit dans la guerre un élément absolument nouveau.

« Elle rend très probablement impossible la reprise en octobre prochain d'une guerre du type de celle qui s'est déroulée en Indochine depuis huit ans. Ou Genève réussira et verra la conclusion d'une Paix sous une forme quelconque, ou Genève échouera et c'est dans une forme de guerre nouvelle que nous serons entraînés à peu près certainement... »

Il reste à annoncer au général Navarre qu'il va bientôt recevoir la visite du chef d'état-major général des armées, le général Ely, qui sera, pour l'occasion, accompagné des généraux Salan et Pélissier. Il convient également de lui adresser de nouvelles consignes dites « instructions personnelles et secrètes » :

« 1. Votre plan d'action dans la période actuelle doit avoir comme objectif principal primant toute autre considération la sauvegarde du corps expéditionnaire. Vous devrez à cet égard tenir compte des possibilités réelles de l'adversaire qui peuvent encore s'accroître en fonction de l'aide chinoise et en dépit de l'usure subie à Diên Biên Phu.

« 2. Votre plan devra tendre dans ses grandes lignes :

– à assainir la situation dans le Centre et le Sud indochinois, au sud du 18e parallèle (afin de préparer, si la situation l'impose dans l'avenir, une rétractation de la défense au sud de cette ligne). Au nord de cette ligne aucune considération d'ordre politique ne devra primer les considérations d'ordre militaire,

– à procéder dans le Delta tonkinois aux rétractations de votre dispositif que l'équilibre des forces avec le Viêtminh imposera, les forces amies de cette zone étant limitées au maximum compatible avec la sauvegarde du

corps expéditionnaire afin de ménager des réserves suffisantes en cas de menace sur le Centre-Annam. »

Un dernier paragraphe fait référence à la nécessaire
sauvegarde des Français et des familles des Vietnamiens
combattant dans les forces franco-vietnamiennes.

La mission d'information dirigée par le général Ely est
accueillie le 18 mai à Saigon par l'ambassadeur Dejean
et le général Navarre. Les conversations portent évidemment sur la rétractation des forces françaises vers le
Delta, que les deux hommes n'envisagent pas exactement de la même façon. Ely pense à protéger le corps
expéditionnaire et à conserver la liaison Hanoi-Haiphong.
Navarre songe à poursuivre l'application de son plan. Il
entend tenir ferme sur l'ensemble de ses positions pour
maintenir une carte de guerre aussi bonne que possible,
puis préparer pour l'automne les rétractations qui pourraient être nécessaires en cas d'échec à Genève. Navarre
a certainement d'autres idées en tête. Il confie à Ely que
son entente avec Dejean a toujours été parfaite, que leur
équipe était très unie et solidaire mais qu'il faut certainement envisager l'avenir autrement. Ely se souviendra
des explications de Navarre devant l'évolution du problème indochinois : étant donné le caractère interallié
qu'il pouvait prendre dans le domaine militaire, il convenait de réunir les pouvoirs civil et militaire entre les
mains d'un seul homme. Cela ne s'était fait qu'à une
seule époque, lorsque commandait le général de Lattre
de Tassigny. Navarre, de toute évidence, pense à lui
pour tenir le rôle et cela le plus rapidement possible,
vers le début de l'été…

Le lendemain, à Hanoi, Salan se fait remettre le premier bilan chiffré : quatorze mille quatre cent cinquante
hommes sont passés à Diên Biên Phu, mille cinq cents tués,
trois mille blessés, soit environ dix mille prisonniers[9].
Pélissier recueille les doléances des aviateurs : s'installer

dans une cuvette sans en tenir les hauteurs avait été une erreur grave. Salan, au silence de la rue, comprend que la ville a pris peur, que la population vietnamienne saisira la première occasion pour changer de camp. Il explique à Ely qu'il devient urgent de rétracter le dispositif et de protéger la route Hanoi-Haiphong, possibilités déjà évoquées lors du Comité de défense nationale, ce dont Ely est certain, il vient même de le rappeler à Navarre.

Les indiscrétions parisiennes

Dans l'avion du retour, le général Ely rédige un rapport que le colonel Brohon fait lire à Pélissier puis à Salan. Il n'y a jamais eu d'autre rapport que ce texte de la plume d'Ely, diront Ely et Salan, et surtout pas un autre document Ely-Salan que *L'Express* se serait procuré et aurait décidé de publier. Ce dernier est un autre texte qui – selon Salan – n'a aucune similitude avec le rapport Ely qui se terminait ainsi :

« De même que l'on ne change pas de cheval au milieu du gué, de même on ne change pas de commandant en chef dans la tourmente. »

Impossible de se référer à l'hebdomadaire *L'Express*, dont le numéro a été saisi. Il existe cependant toujours, en archives, un rapport du général Ely dont la conclusion est fort voisine des souvenirs de Raoul Salan, texte reprenant les remarques faites par la mission. Le général Ely retient ainsi que du côté Viêt-minh, c'est l'euphorie, que le succès est contagieux et que les attentistes rallient maintenant Hô Chi Minh. Chez les Vietnamiens, il distingue entre le désarroi des uns, essentiellement le monde dirigeant, et l'immense fatigue de la population qui en vient à regarder Hô Chi Minh comme un mieux. La situation politique, note-t-il, peut devenir grave : le

Viêt-minh peut agir contre Hanoi ou contre la route allant de Hanoi à Haiphong, avec aussi des risques d'attentats. Le rapport des forces leur est favorable : du côté du Viêt-minh cent bataillons pouvant attaquer le Delta, du côté du corps expéditionnaire soixante-treize bataillons, étalés, sans réserve, fatigués physiquement et moralement. Le rapport conclut ainsi :

« Reste la question du commandement. Elle peut se poser si l'on est en mesure de désigner, sans aucun délai, une personne susceptible, grâce à son prestige, de provoquer un choc psychologique. Il est évident que dans ce cas, l'organisation actuelle serait à reconsidérer.

« Hors ce cas, il ne semble pas qu'il soit souhaitable, malgré les divergences Navarre-Cogny, de changer sans risque de conséquences plus graves encore, les hommes au cours d'une phase aussi délicate des opérations.

« Si l'on s'en tenait à cette dernière solution, il conviendrait que le général Navarre soit clairement confirmé sous peine de compromettre dangereusement son autorité. »

A dire vrai, il est certain que Navarre a beaucoup insisté auprès de Ely pour obtenir la confirmation de son commandement. Sans doute sait-il qu'à Paris, les critiques percent déjà à propos de son action à Diên Biên Phu.

Quant aux indiscrétions de *L'Express*, outre une saisie du numéro, elles valent à l'hebdomadaire des perquisitions en règle pour connaître l'auteur ou les auteurs de la fuite. Le général Salan est soupçonné, sous le prétexte qu'il aurait été vu à proximité du journal, encore que le général Ely ait affirmé que ce texte ne ressemblait en rien aux notes qu'il avait fait lire à Salan et Pélissier et qui étaient le seul document écrit issu de leur inspection. Marc Jacquet ferait également un joli coupable, lui qui avait laissé publier le 27 février un texte très proche de ses idées, sinon franchement de sa main. L'enquête ne prouvera jamais la culpabilité de Salan, qui s'évertuera à démontrer qu'il n'y a d'ailleurs jamais eu de rapport Ely-Salan. Les recherches effectuées à *L'Express* blanchiront Jacquet de cette seconde indiscrétion mais l'accableront pour la première publication, celle de février. Une lettre de lui remerciant *L'Express* pour la publication du fameux document anonyme est l'ultime épisode de l'affaire : puisqu'il a laissé publier un document présenté en Conseil des ministres, mais dont les conclusions avaient été écartées ou refusées, il serait bon que le secrétaire d'Etat auprès des Etats associés remette sa démission[10] !

Son départ, annoncé depuis une semaine, est officiel le 28 mai ou le 31 mai. Une incertitude dont les raisons apparaissent à la lecture de sa lettre de démission :

« Au cours d'une perquisition faite au journal *L'Express*, une lettre a été découverte qui prouve que j'avais donné mon accord à la publication sous forme d'articles, d'opinions qui étaient les miennes au moment de cette publication. Je reconnais ce fait comme exact. L'article en question avait cependant fait l'objet, ultérieurement, d'une mise au point officielle publiée par mes soins.

« Aujourd'hui un autre article de *L'Express* sur l'Indochine laisse planer un doute sur la source des informations de ce journal. Je jure sur l'honneur qu'en aucune façon, elles ne peuvent venir de moi.

« Je vous donne toutefois ma démission pour le premier fait et seulement pour celui-ci.

« Vous avez bien voulu accepter de ne rendre cette démission publique qu'après que j'aurai essayé de découvrir les informateurs et les responsables du dernier article. Je vous en remercie profondément... »

Un remplaçant est aussitôt désigné. Raymond Schmittlein entre au gouvernement le 1er juin dans la matinée et en ressort le même jour en fin d'après-midi... Ses amis parlementaires du groupe des républicains sociaux – de stricte obédience gaulliste – ont, entre-temps, décidé qu'il ne pouvait participer au gouvernement. La majorité de Joseph Laniel paraît encore plus affaiblie. Un indépendant, Edouard Frédéric-Dupont, se dévoue. Il est nommé le 5 juin ministre chargé des Etats associés.

Navarre disparaît, Ely arrive

Le gouvernement français entend le général Ely, qu'accompagne Salan, faire le point de la situation, lors du Comité de défense nationale réuni le 25 mai. Parmi ses recommandations figure le renforcement du corps expéditionnaire avec la formation immédiate de trois divisions de marche et l'envoi d'éléments du contingent. A propos de Navarre, Ely est plus nuancé. Il aurait aimé que l'on ne change pas de cheval au milieu du gué... Mais depuis son départ pour Saigon, il doit reconnaître que la cote de Navarre est singulièrement tombée. Ely évolue donc, sans pour autant vouloir que Navarre soit évincé. Il suggère simplement que la réunion des pouvoirs civil et militaire nécessiterait certainement l'appel à une personnalité indiscutable. Il pense au maréchal Juin ou au général Koenig.

Bien que la traversée du gué ne soit pas achevée, le gouvernement décide de rechercher l'homme pouvant succéder à Navarre. Seul, derrière les murs de la citadelle de Hanoi, un homme a peut-être envie de sourire : le général Cogny, dont plus personne ne demande le rappel...

Le 27 mai, deux ministres du gouvernement Laniel, Edmond Barrachin et Edouard Corniglion-Molinier, se rendent au domicile de Juin, avenue Kléber : ils le prient d'accepter le poste de haut-commissaire en Indochine, avec tous les pouvoirs politiques et militaires. Ce serait

à la fois, lui expliquent-ils, le choc psychologique nécessaire pour rétablir la confiance du corps expéditionnaire
et la caution nécessaire pour que le Parlement accepte le
départ du contingent, qui deviendrait alors possible... La
réponse de Juin les décourage. Avant de choisir un
homme, leur explique-t-il, il conviendrait de définir une
politique et de fixer des objectifs. Après quoi, Juin
retombe dans le travers commun à bien des stratèges ou
politiques, la défense de l'Europe face à une éventuelle
menace soviétique. Si je quitte Fontainebleau, ajoute-
t-il, la France risque de perdre le commandement en
chef de Centre-Europe.

Le 28 mai, les conversations reprennent, au domicile
de Laniel cette fois, près de la place Victor-Hugo. Juin
oppose les mêmes raisons au président du Conseil. Avec
une variante : si Genève se solde par un échec, il pourrait
intervenir, soit en allant négocier directement avec Hô
Chi Minh, qu'il a connu en 1946, soit en prenant le
commandement d'éléments alliés engagés en Indochine,
puisqu'il serait certainement le seul chef français à être
agréé par les Alliés. Ce ne sont que des éventualités, Juin
en vérité n'a aucune envie de se charger du fardeau.

Quatre jours plus tard, le 2 juin, Laniel reçoit une
lettre de refus du maréchal qu'ornent deux considérations annexes.

D'une part, il s'étonne de cette confiance soudainement retrouvée, deux mois après avoir été écarté de ses
fonctions nationales pour cause d'hostilité sinon à la
CED du moins au traité l'organisant. D'autre part, il ne
se sent pas préparé à de hautes responsabilités asiatiques, et n'a de plus aucune équipe susceptible de
l'appuyer :

« S'il ne s'agit présentement que de désigner un chef
capable de faire face à la situation militaire créée en
Indochine et particulièrement au Tonkin par la chute de
Diên Biên Phu, je répondrai tout de suite que ce n'est

pas mon nom qui changera le sort de la bataille attendue car les dés en sont d'ores et déjà jetés. Ce serait vouloir, si par malheur nous la perdions, que la radio viêt fasse grand bruit autour d'une victoire remportée par Giap sur un maréchal de France, ce qui ne serait pas sans porter un coup encore plus sensible au prestige de nos armes. Si l'on tient absolument à changer de cheval au milieu du gué, il n'est que de trouver un bon général de corps d'armée – et il y en a – sans présomption mais de caractère, auquel on donnerait comme consigne de ne penser qu'à la sécurité du corps expéditionnaire.

« Si l'on entend aussi que ce militaire soit doublé d'un politique et qu'on veuille voir ces deux qualités réunies sur une même personne, je répondrai qu'il serait nécessaire, à tout le moins, que je fusse nettement orienté dès le départ sur les véritables desseins du gouvernement. Or je doute qu'il puisse dès à présent me les faire connaître d'une façon ferme et précise, étant gêné par les négociations en cours et partagé lui-même – ce n'est un mystère pour personne – entre deux tendances extrêmes : celle visant au raidissement et au maintien coûte que coûte de nos positions et celle, à mon avis plus sage, qui voudrait récupérer au plus vite des forces dangereusement aventurées dont le besoin se fait impérieusement sentir aujourd'hui en Europe et en Afrique du Nord... »

Le refus de Juin ne paraît pas prendre le gouvernement de court. Laniel, certainement préparé à cet échec, avance une solution de secours. C'est ainsi que dès le 3 juin, Pierre de Chevigné peut annoncer à Salan qu'il repart pour l'Indochine comme adjoint au nouveau commandant en chef, qui sera le général Valluy. Salan répond qu'il serait bon que Valluy, en poste à Washington, arrive avant lui à Saigon. Après quoi, Salan décide d'aller rendre compte à Ely. Or celui-ci l'accueille de surprenante façon :

« La plus grande tuile de ma carrière m'arrive ! C'est moi qui suis désigné comme responsable civil et militaire. Je vous en supplie ne m'abandonnez pas, venez avec moi. »

S'il était dit que Salan devait retourner en Indochine, il est étonnant que personne, au gouvernement, n'ait songé à prévenir Chevigné que Valluy n'était plus l'homme du moment... Quant au général Paul Ely, il se voit confier les doubles fonctions de commandant en chef et de haut-commissaire, exactement comme Jean de Lattre de Tassigny lorsqu'il s'agissait de reprendre l'intiative en Indochine...

Désormais, le temps compte. Dès le 5 juin, Salan prend contact avec le ministre de tutelle, Edouard Frédéric-Dupont, auquel il expose les conclusions tirées de son précédent voyage : la nécessaire rétractation autour du Delta, la protection de l'axe Hanoi-Haiphong et une implantation renforcée en Cochinchine pour sauver la présence française en Indochine.

Le 8 juin, Ely et Salan retrouvent Saigon. Comme, de toute évidence, Ely devra multiplier les déplacements, il signe une délégation de pouvoirs à l'intention de Salan :

« Le général de corps d'armée Salan assure, par intérim, les fonctions de commissaire général et commandant en chef en Indochine chaque fois que le général d'armée Ely est appelé à quitter les territoires des Etats associés.

« Il dirige les affaires militaires et conduit les opérations, et a autorité sur les commandants naval et aérien. »

Le 17 juin, Ely repart pour la France qu'agite une nouvelle crise ministérielle : l'équipe Laniel n'a pas survécu à la chute du camp retranché !

19

La longue marche
vers les camps de détention

Aux premiers jours de mai, dans cette Indochine malmenée que tout inquiète, la guerre comme la paix, le présent et plus encore l'avenir, l'ambiance est morose. Les craintes sont évidentes, pesantes. Dans les états-majors, où l'on s'aime de moins en moins, de nouvelles inquiétudes taraudent les responsables.

Il y a toujours, au plus profond de la jungle, craignant autant les tigres ou les serpents que les Viêts, une poignée de rescapés du siège dérivant vers on ne sait où. Certes, huit cent cinquante-huit blessés ont été récupérés ; mais il y a les autres, tous les autres, sérieusement touchés, que l'adversaire a voulu conserver, comme l'on s'empare d'un otage. Personne ne peut imaginer comment ils tiendront dans les camps de prisonniers ; des camps dont on ne sait pas grand-chose à Saigon ou à Hanoi, si ce n'est par les rares récits d'hommes libérés, bénéficiaires de la clémence de l'oncle Hô. Et ce qu'ils racontent est horrible, aux frontières de l'impensable. Qu'en est-il maintenant de la longue cohorte des prisonniers que vient d'avaler le système concentrationnaire du Viêt-minh ?

Il serait erroné d'imaginer que tous les prisonniers de Diên Biên Phu aient connu le même sort. Ils ont partagé

les épreuves, les souffrances, les privations, l'endoctrinement. Ils ont tous lutté, ils ont trop souvent succombé.
Ils n'ont pourtant pas connu exactement les mêmes
rigueurs, ni les mêmes conditions de détention.

La différence tient essentiellement à la date de leur
capture. De toute évidence, à partir du 7 mai, le Viêt-
minh est totalement débordé. Il supporte un phénomène
d'asphyxie pouvant rappeler celui qu'ont connu les
médecins et les infirmiers du camp retranché ; sauf que
jamais le corps expéditionnaire n'a considéré que la
mort d'un prisonnier viêt le débarrassait d'un fardeau.

Dès les premières semaines de la vie du camp, qui
était encore une base aéroterrestre admirée de tous, les
bo-doï ont capturé des hommes sortis en patrouille, placés en sonnette. Tous ces hommes leur arrivaient par
petits groupes, quatre, six ou huit à la fois, rarement
plus. A partir de l'offensive du 13 mars, ils ont fait plus
régulièrement des prisonniers ; par groupes importants
cette fois, souvent avec des blessés. Il est donc apparu
une deuxième façon de traiter les prisonniers. Puis il y a
eu la déferlante du 7 mai...

Le sergent Tardy est fait prisonnier le 31 janvier, alors
qu'il patrouillait à l'est du camp. Il se souvient d'un
régime qui n'était pas insupportable physiquement mais
qu'aggravait une intense période de lavage de cerveau.
Les cours politiques – obligatoires bien évidemment –
devaient faire d'eux d'autres hommes. Quelques semaines
plus tard, ses compagnons et lui quittent les lieux pour
une destination inconnue. Au moment du départ, le geôlier leur distribue à chacun dix jours de vivres et des
piastres Hô Chi Minh pour qu'ils achètent des légumes
ou du tabac. Ils sont surpris. Ils savent qu'il a servi dans
l'armée française comme officier. Ils en viennent à penser qu'il a rejoint les rangs du Viêt-minh contraint et
forcé, pour protéger son père mandarin. Tardy passera

par diverses prisons ; par le camp 113, après le départ de Boudarel, un des geôliers blancs au service de Hô Chi Minh, puis par le camp 115 que rejoindront d'autres prisonniers de Diên Biên Phu, ceux du 7 mai.

Le sort du lieutenant Sanselme fait figure d'intermédiaire. Capturé avec les tirailleurs de « Gabrielle », sérieusement blessé aux jambes et au poumon, il se retrouve dans un centre de triage caché dans les collines, quelque part au-dessus de Diên Biên Phu. Le premier contact avec les geôliers le dépasse. Lui, l'officier de renseignement, est bien incapable de répondre au flot de questions que lui pose un officier. Quelques coups n'y changent rien. Ce centre de triage et les méthodes employées correspondent aux pratiques du centre d'interrogatoire que vont découvrir d'autres prisonniers. Après deux journées passées à proximité du camp retranché, commence le 17 mars une lente procession des blessés vers un hypothétique hôpital de campagne. Ce seront, en réalité, cinquante-deux jours passés sur de mauvaises pistes. Sanselme est brancardé parce qu'il ne peut marcher ; il survit dans une demi-inconscience. Leur convoi hétéroclite suit d'autres convois plus ordonnés ou plus rigoureux, ceux des bo-doï faisant mouvement, sans doute après avoir été relevés... Prisonniers et blessés marchent les derniers, comme si l'odeur insupportable de leurs plaies indisposait les Viêts. Ils vont d'ailleurs si lentement qu'ils ne peuvent emboîter le pas aux convois qui les rejoignent, les dépassent et bientôt les oublient. Les consignes que donnent leurs gardiens sont formelles : qu'ils ne s'avisent surtout pas de regarder les blessés viêts... Ce qu'ils remarquent, en vérité, ce sont les théories de coolies, courant vers le front en portant des charges monumentales accrochées à leurs balanciers de bambou, parfois des pièces de mortier ou des obus. Un matin, ils ont la surprise de voir venir à eux, silencieux, effacés, deux vieillards leur apportant du thé, du riz chaud et quelques menus grains de viande de porc. A voix très basse, l'homme murmure :

« Moi ancien garde national, moi très content de la France, Viêt-minh pas bon. »

Il leur a semblé que ce couple que rongeaient les ans venait de leur offrir une bouffée de courage, une raison de tenir…

L'hôpital 128, où arrivent au début de mai les prisonniers de « Béatrice » et de « Gabrielle », avec le lieutenant Sanselme, est davantage un campement sommaire qu'un lieu de soins. Les infirmiers n'ont que du bleu de méthylène pour tout médicament. Les médecins viêts n'ont pas dû dépasser deux ou trois années d'études médicales. Il y a désormais, avec eux, trois médecins militaires français, prisonniers depuis des mois, le médecin-capitaine Georges Armstrong pris dans l'affaire de la RC 4, son homologue Jean Weber et le médecin-lieutenant Perron. Ils font ce qu'ils peuvent avec ce qu'ils ont, c'est-à-dire des tisanes, simples macérations d'herbes qu'ils vont cueillir, et une décoction de charbon de bois soulageant les dysenteries. Il arrive que parmi les gardiens, généralement ni méchants ni aimables mais complètement indifférents, certains soient plus bavards que d'autres ou portés vers les confidences. L'un d'eux demande à Sanselme à quelle unité il appartenait :

« Le 5/7e RTA.

— Ah, ils nous ont donné du mal, les tirailleurs du 5/7. Vous nous avez tué plus de deux mille hommes et nous avons eu quatre mille huit cents blessés. »

Sanselme avouera qu'il a appris ce bilan comme une bonne nouvelle ; les tirailleurs ne s'étaient vraiment pas laissé faire !

Le caporal Ortwin Preiss, de la Légion étrangère, a lui aussi connu le centre d'interrogatoire installé à proximité du champ de bataille. Il a été pris le 13 avril dans des conditions peu ordinaires. Veillant au bon retour d'une patrouille, il rencontre des Vietnamiens qui pourraient bien être du 5ᵉ BPVN, parlant parfaitement français. Ils sont à deux pas de la carcasse du C-119 carbonisé en bordure de la piste d'aviation. Derrière le squelette de l'aile, d'autres Viêts sont embusqués ! Les légionnaires sont désarmés. Mais comme d'autres avant eux, comme Tardy en janvier, personne ne songe à retirer les grenades attachées à leurs brêlages. Ils suivent les tranchées que continuent de creuser les bo-doï, leurs armes posées à côté d'eux. Ils marchent quelques centaines de mètres et doivent se glisser dans un trou de quatre-vingts centimètres sur un mètre cinquante dissimulé par une plaque de bambou tressé. Un long boyau puis deux pièces souterraines de vingt mètres carrés avec le téléphone et l'électricité ; une sorte de PC clandestin construit à proximité immédiate de « Dominique 1 », certainement avant que tombe le PA. Là, un premier interrogatoire dure une demi-heure : nom, grade, unité, mission... Le lendemain, Preiss découvre à quelques kilomètres du camp retranché le centre d'interrogatoire principal ; sans doute très proche du PC qu'occupe Giap, avec sa paillote et le long souterrain creusé dans la colline.

Preiss apprend que le Viêt-minh a besoin de germanophones. Il sera interprète. Il partagera la vie d'une unité, mais qu'il ne s'avise surtout pas de tenter une évasion... Mener une vie de bo-doï, c'est ne jamais avoir un instant de liberté. Quelques heures de repos certes, mais seulement pour s'alimenter ou pour les causeries idéologiques agrémentées de pensées de Lénine ou de maximes de Hô Chi Minh. Il se souvient d'avoir vu un Blanc se disant colonel du Viêt-minh, Berlinois d'origine et chargé de la propagande[1]. Celui-ci pense que le légionnaire peut le renseigner sur l'efficacité de cette propagande. Il doit tomber de haut : Preiss lui explique qu'à entendre les informations viêts, il est déjà mort deux fois dans des opérations où son unité a été totalement détruite...

Quel genre de renseignements le Viêt-minh voulait-il arracher à ses prisonniers ? Le général Jacques de Champeaux, qui s'est entretenu avec Ortwin Preiss, déclare que le but de ces interrogatoires était peu clair[2]. Le colonel qui menait le jeu et reportait sur un immense bac à sable les renseignements pratiques obtenus pouvait aussi bien interroger un prisonnier sur la volonté de combattre, la discipline ou la fatigue de ses camarades que sur les possibilités défensives de son PA, sur l'effet des armes des bo-doï que sur les conséquences de la propagande viêt-minh. Il reconnaît d'ailleurs que Preiss, non expert en matière de renseignement, n'a certainement pas pu apprécier la nature ou la valeur des renseignements que le colonel viêt tirait de tels entretiens. Preiss en tout cas est formel : Giap était suffisamment sûr de sa victoire pour que le commandement commence dès la nuit du 1er au 2 mai le démontage de son dispositif. Lui-même redevient un prisonnier comme les autres, soumis immédiatement au même lavage de cerveau. Le 6 mai, ils sont déjà loin de Diên Biên Phu. Au sein de leur groupe commence un tri, parce que les commissaires politiques préfèrent s'adresser à des populations homogènes, supposées plus propices à des tentatives de rééducation idéologique...

Capturé le 7 mai, aux premières heures de la matinée, l'adjudant Raymond Sourdeau rejoint un petit groupe que les Viêts éloignent aussitôt de la zone des combats. Il découvre l'adversaire et ses méthodes, puisque les bo-doï ne songent même plus à cacher leurs petites ruses qui ont tellement trompé les observateurs tant que le camp a eu des Criquets, puis quand l'aviation et l'aéronavale ont tenté d'y voir clair. Il voit ainsi les camions dont le camouflage de branches et de feuillage est sans cesse remanié, rajeuni pour qu'aucune branche défraîchie, aucune feuille jaunie ne fournisse le moindre indice. Il découvre qu'au premier ronflement d'un moteur d'avion, l'alerte est donnée et répercutée à une vitesse stupéfiante. Le bo-doï qui perçoit le bruit des moteurs tire un coup de feu en l'air ; devant lui, derrière lui, d'autres bo-doï tirent à leur tour et rien ne bouge plus. Durant cette marche, sans doute vers Tuan Giao puisqu'ils suivent une piste carrossable et marchent de jour, Sourdeau aperçoit une sorte d'hôpital de campagne, une immense tente sous laquelle sont abrités des douzaines de blessés, parfois aux allures de momies. Il est étonné par le silence pesant, le calme presque irréel du lieu puisque personne ne parle, ne bouge ; un monde figé de blessés alignés dont personne ne paraît s'occuper. Il poursuivra sa route des jours entiers, puis des nuits, sous une pluie qui ne voulait jamais cesser.

Les Viêts dépassés par le nombre des prisonniers

Le 7 mai, les Viêts sont face à l'affluence. Plus de dix mille hommes vont s'ajouter aux vingt-sept mille combattants faits prisonniers depuis le début de la guerre et, à de rares exceptions près, jamais libérés depuis…

Tous les récits donnent l'impression d'un immense désordre, une suite d'ordres et de contrordres, de marches et de contre-marches. Il apparaît aussi que le Viêt-minh a une connaissance certaine des personnels qu'il vient de faire prisonniers. Les premiers à s'en apercevoir sont les trois reporters du SPI s'apprêtant, eux aussi, à suivre les bo-doï devenus leurs gardiens. Ils savaient que leur aventure à Diên Biên Phu s'achèverait ainsi. Ils s'y sont préparés. Bigeard, quelques heures avant la fin du siège, avait donné ses consignes en présence des trois soldats d'images :

« Maintenant, c'est foutu, on n'a plus de munitions. On laisse tomber. Que toutes les armes soient sabotées, il ne faut pas qu'elles servent aux Viêts. »

Daniel Camus, Jean Péraud et Pierre Schoendoerffer n'ont pas d'armes, simplement leurs appareils de prise de vue. Ils les détruisent immédiatement. Puis ils décident de camoufler comme ils le peuvent les films qu'ils n'ont pas pu évacuer vers Hanoi. Avec du sparadrap, ils collent les petits paquets sur leurs mollets, leurs cuisses, leurs torses. Ils verront bien... Ils voient surtout que les Viêts connaissaient leur présence au camp :

« Vous êtes les journalistes ? Dites-vous bien, messieurs, que pour nous, vous êtes plus dangereux que les militaires. Vous représentez la propagande colonialiste. »

Il y a sans doute encore plus dangereux qu'eux. Les Viêts recherchent aussi les officiers de renseignement, ce qui peut se comprendre ; les officiers de transmission, ce qui paraît plus curieux si l'on ignore que chez Giap les officiers de renseignement avaient aussi en charge les transmissions ; enfin les aumôniers, ce qui devient surprenant à moins de considérer ces hommes de religion comme une variante des commissaires politiques sévissant dans l'autre camp. Ils étaient six à veiller sur les âmes du camp retranché ; cinq pour les catholiques, les pères Heinrich, Guerry, Trinquand, Stilhé et Guidon, et un pasteur, Pierre Tissot, bloqué sur « Isabelle » depuis la fin mars[3]. Leurs directions divergeront par la suite, les trois reporters ayant l'insigne faveur d'embarquer dans des camions ; une faveur réservée aux criminels de guerre patentés, c'est-à-dire aux officiers supérieurs, alors que le plus gradé des trois paraît être le caporal-chef Schoendoerffer.

Il faut aussi, au lendemain du 7 mai, rechercher des blessés oubliés, ou abandonnés. Lors des premiers tris, les Viêts avaient classé les hommes selon la gravité de

leurs blessures. Au-dessus de la ceinture, ils étaient supposés pouvoir marcher, même avec la poitrine enfoncée,
des vertèbres fracturées ou la mâchoire arrachée... Au-
dessous de la ceinture, les cas étaient plus discutables
mais une fracture de la jambe était réputée ne pas être
un handicap, il suffisait de vouloir marcher ; la douleur,
les bo-doï s'en moquent. Accompagné d'un gardien et de
ses lancinants « maulen » – plus vite, plus vite –, le sous-
lieutenant Latanne commence donc une marche improbable vers les collines du Nord. Marcher est un terme
impropre, il en est bien incapable. Le seul moyen de se
mouvoir dans son état, fort lentement d'ailleurs tandis
que le Viêt assène à chaque instant ses « maulen »
rageurs, c'est de s'asseoir sur les fesses, et de progresser
en s'appuyant sur les bras, en tournant le dos au chemin.
Le bo-doï paraît s'être lassé d'un tel prisonnier. Un avion
en rase-mottes jette la panique dans le semblant de cortège, c'est une bonne occasion pour le gardien de Latanne :
il l'abandonne ! Appuyé contre un arbre, le sous-lieutenant
attend, patiente, s'impatiente et comprend qu'il est tout
simplement oublié. Il est torse nu, son pantalon de
treillis a été découpé par le toubib du bataillon, le médecin-
lieutenant Rouault. Il ne lui reste qu'un semblant de
short, des pansements qui ont grand besoin d'être
refaits, des plaies suppurantes et une insupportable douleur. Le temps passe, éternel ; la soif le tenaille. Il voit
venir vers lui une cohorte de prisonniers qu'encadrent
des bo-doï hargneux. Ils n'ont pas le droit de jeter un
regard vers l'homme abandonné. Lui découvre les premiers symptômes d'une surprenante fraternité. Des mots
d'encouragement murmurés, des pâtes de fruit discrètement jetées, ces petites friandises reconstituantes préle-
vées dans les boîtes de ration. Il ne pourra pas les glisser
dans ses poches, Rouault les a coupées avec les jambes
du treillis. Il n'a pas faim, il va mourir de soif. Boire
tourne à l'obsession. Il y a des trous dans ses souvenirs

cent fois recomposés. Il sait qu'il a entendu un bruit d'eau cascadant ; il se souvient s'être traîné vers ce ru, puis quelqu'un a crié son nom… Lorsqu'il a repris connaissance, Rouault tentait de le réanimer… Il n'était qu'à quelques dizaines de mètres des autres, Rouault l'a vu basculer dans une flaque. Il allait s'y noyer. Les sentinelles ont pris leurs fusils, sans tirer. Ils sont quatre maintenant pour le porter, le commandant Botella qui a décidé qu'il ne resterait pas là, le lieutenant Armandi, Rouault le toubib et le sergent-chef Pierragi. Avec sa rotule éclatée, une fracture de la jambe, il hurle de douleur. Ils n'iront pas loin comme cela, ils le savent. Ils n'ont pu faire que cinq cents mètres… Les Viêts vont récupérer leur petit monde. Latanne achèvera son parcours porté dans une sorte de hamac, hurlant de douleur, puis dans un camion où ils sont jetés les uns sur les autres, entassés avant d'aller cahoter sur une mauvaise piste.

Parmi les gendarmes, un survivant fera un bref récit de leur marche à travers la jungle[4]. Rassemblés le 7 mai en fin de journée, ils reviennent presque aussitôt vers Diên Biên Phu sans savoir pourquoi. Ils quittent définitivement la cuvette le surlendemain pour une destination évidemment inconnue. Comme l'ensemble des prisonniers, ils découvrent les difficultés des longues marches de nuit. Ils se mettent en route vers 19 heures et s'arrêtent au milieu de la nuit après vingt-cinq à trente-cinq kilomètres parcourus sur de mauvaises pistes, sous la pluie, par une chaleur moite. L'un d'eux, qui ne pouvait déjà plus s'alimenter au camp, s'affaiblit dangereusement. Un soir, les Viêts décident de l'abandonner dans un village où il serait mort. D'autres sont atteints de maladies diverses, de celles qui laissent bien peu de chance à leurs victimes en un milieu naturellement hostile, avec des gardiens dont ils ne savent s'ils sont bêtes ou

méchants. Deux souffrent du béri-béri, quatre de dysenterie, un de furonculose.

Lentement, la vallée de Diên Biên Phu se vide de ses
prisonniers. Ils partent vers le nord et la forêt. Un cortège dont les hommes sont le plus souvent valides, bien
qu'épuisés, fait halte dans une clairière à peine aména-
gée. Certains d'entre eux, tel le lieutenant Allaire, attentifs au chemin parcouru parce que des idées d'évasion
trottent dans les têtes, estiment qu'ils sont à environ une
journée de marche de Diên Biên Phu. Les Viêts les laisseront là une bonne semaine, peut-être dans l'attente de
nouvelles instructions de leur état-major. Ne sachant
que faire de leurs prisonniers, ils commencent un travail
d'endoctrinement politique. Sans grand succès au dire
des soldats agents de l'impérialisme... Ils n'ont plus le
droit de s'appeler par leur grade, ils n'en ont plus ; ils
doivent se donner du « Monsieur ». Les obligations éga-
litaires ayant des limites, ils doivent pourtant désigner
des responsables au sein de chacun de leurs groupes :
un pour une « dizaine » puis un autre par « trentaine ».
Dans ce cortège, Jacques Allaire est à la tête d'une
« dizaine » et Jean Pouget veille sur une « trentaine ».
La colonne des capitaines, des lieutenants et des sous-
lieutenants commence sa longue marche. Ils ont déjà
leurs habitudes, un rassemblement une heure avant le
coucher du soleil, une fouille systématique des hommes
suivie d'un quart d'heure de répit avant de prendre la
route... Alors, chaque jour, ils ajoutent leur touche
personnelle au cérémonial qui paraît immuable. A
l'approche de la fouille, ils dissimulent dans la nature ce
qu'ils ont de plus précieux et qu'ils récupéreront à la
hâte avant le signal du départ. C'est aux environs du
20 mai, se souvient Allaire, que le rite trébuche. Ils sont
prêts pour le départ, ils ont récupéré leurs trésors
cachés, lorsque les bo-doï lancent de nouveaux ordres :

« Déshabillez-vous, sortez des rangs, laissez vos affaires sur place ! »

Et les voici, en troupeau, avançant leurs vêtements à la main, pour une nouvelle fouille infiniment plus minutieuse. Il faut tout livrer, montres, chevalières, médailles. Tout est étiqueté avec la description de l'objet et le nom du propriétaire ; tout est jeté dans un sac. Le chef de l'escorte peut alors tonner :

« Vous êtes des traîtres à la politique de clémence de l'oncle Hô. Nous vous traitons dans le respect des conventions de Genève, vous êtes nourris comme nos soldats, vous marchez comme nos soldats, malgré cela vous mentez. On a trouvé au cours de cette fouille un pistolet, des couteaux, des cartes, des boussoles, de l'argent… Un prisonnier ne doit rien avoir de tout cela. Aussi nous vous avons retiré vos montres, vos chevalières et vos médailles. Nous savons que vous êtes capables de monnayer tout cela pour vous évader. Mais vous ne pourrez pas vous évader, car nous allons maintenant prendre vos alliances… »

Jean Pouget, responsable d'une « trentaine », monte en ligne :

« Non, monsieur le chef de camp, vous ne pouvez nous prendre nos alliances !

— Pourquoi, monsieur Pouget, ne pourrions-nous pas prendre vos alliances ?

— Dans notre civilisation, monsieur, l'alliance n'a pas seulement une valeur vénale. C'est d'abord et surtout un symbole religieux. Une alliance ne se vend pas, pas plus qu'elle ne s'échange. Du jour de notre mariage à notre mort, elle ne quitte pas notre doigt. On meurt et on est enterré avec son alliance. C'est pourquoi, monsieur le chef de camp, je vous demande instamment, au nom de mes camarades, de nous laisser nos alliances. Personne ne s'en séparera pour monnayer son évasion.

— Je vais réunir mes adjoints, je vous donnerai ma réponse dans dix minutes. Restez sur place. »

La réponse viendra après un bon temps de réflexion :

« Sur intervention de votre camarade Pouget et en accord avec mes adjoints, je vous laisse vos alliances... Mais sachez bien une chose : nous n'avons qu'une piètre opinion de vous. Vous êtes des bourgeois, fils de bourgeois, de vils colonialistes, suppôts des impérialistes américains. Nous ne devons pas vous faire confiance, cependant, grâce à la politique de clémence de l'oncle Hô, vous pouvez conserver vos alliances. Si l'un de vous est surpris à vendre ou à échanger son alliance contre des bananes par exemple, pour s'évader, vous aurez perdu le peu de crédit qu'il vous reste auprès de la Vaillante et Victorieuse Armée Populaire du Nord Vietnam. »

Un autre groupe restera un long moment dans un pseudo-hôpital de campagne proche de Tuan Giao, tout au long de la saison des pluies, semble-t-il. Avec eux deux médecins, Jacques Gindrey et Henri Prémilieu. Ceux-ci ont dû, dans les premiers jours de leur détention, rechercher les blessés de Diên Biên Phu qui auraient pu rester sur place. Ils sont effectivement plusieurs à avoir été abandonnés sur le bord du chemin, des hommes qui n'ont pas été alimentés, ni soignés, pourrissants, mourants... Ceux qui ont ordre de les soigner n'ont aucun médicament, simplement un peu d'alcool de riz. Aux environs de Tuan Giao se trouvent alors des officiers, des légionnaires, des Français, des Nord-Africains, mais ils ne peuvent s'approcher des « fantoches ». Les Allemands paraissent plus vulnérables à l'amibiase et au paludisme. Ils s'éteignent les premiers, avant les Nord-Africains sous-alimentés depuis que les rations « M » se sont faites rares. Chez les Français, les cadres, qu'ils soient plus motivés ou préparés à l'épreuve par celles déjà endurées durant la Seconde Guerre mondiale, tiennent mieux que la troupe.

Pierre Accoce cite un des médecins, Prémilieu. Celui-ci ne doute guère de la volonté des Viêts :

« Eux mangent très bien et auraient pu améliorer l'ordinaire des prisonniers. Pour les médicaments, ils affirment qu'ils en manquent en Haute Région. Or nous les médecins, savons parfaitement qu'ils ont reçu le plus gros des parachutages sanitaires qui nous étaient destinés, notamment lors des dernières semaines de la bataille ; sans parler des largages qui ont suivi la chute du camp. Ils assurent pareillement qu'ils ont de bons hôpitaux en Moyenne Région et à la périphérie du Delta. Mais ils ne savent que répondre quand nous leur demandons pourquoi nous n'y allons pas. »

Guy de La Malène était au PC GONO lorsque les combats ont cessé. Il avait été blessé au bras peu avant la chute du camp. Il est passé par l'infirmerie, où personne ne savait plus où donner de la tête, il a été jusqu'au PC où il a vu surgir les bo-doï. Un infirmier viêt lui a demandé s'il souhaitait quelque chose. Peut-être par provocation, peut-être pour répondre à un désir très profond et jusqu'alors refoulé, il a demandé un café-crème… et on lui a apporté un café avec un peu de lait concentré. Resté sur place, il est de ceux, avec Le Damany, Grauwin et Geneviève de Galard, qui se battent pour un meilleur traitement des blessés. Il se souviendra avoir invoqué en vain les lois de la guerre que les armées de Giap ont toujours ignorées. Blessé au-dessus de la ceinture donc classé blessé léger selon les critères du Viêt-minh, il va traîner aux environs de l'infirmerie jusqu'au 17 ou 18 mai. De toute évidence, les Viêts ne savent que faire d'eux. Grauwin parvient à lui glisser un conseil :

« On ne peut rien pour toi. Arrange-toi pour ne pas perdre les asticots de ta plaie. Ils rongent les chairs mortes. Ils nettoient ta plaie. »

Aux blessés, qu'ont maintenant rejoints ceux de « Isabelle », les Viêts parlent toujours de ce fameux hôpital de l'arrière où ils sont supposés se rendre, à pied évidemment. La Malène et ses compagnons forment le dernier convoi à quitter Diên Biên Phu. Commence alors la première étape, une quinzaine de kilomètres, douloureux, sans fin, pour découvrir une clairière que traverse un ruisseau. Une simple clairière, sans une hutte, sans une case. Qu'ils se débrouillent comme ils l'entendent, il y a assez de branchages aux abords. Après quoi, les geôliers font des tris... les Maghrébins, les Africains, les légionnaires dont ils feront plusieurs contingents, selon leur nationalité. Côté Français de souche, comme il est dit en termes militaires, le tri consiste à séparer hommes de troupe, gradés, sous-officiers et officiers. Un détail intrigue le lieutenant de La Malène : il n'y a plus, avec eux, aucun Thaï, aucun Vietnamien, aucun Asiatique !

Un matin, ils passent par une cai-nha en bambou faisant fonction de magasin. On leur remet une ration de riz qu'ils vont glisser dans une sorte de boudin fait d'une manche de chemise ou de veste et qu'ils porteront autour du cou. Ils reçoivent aussi une ration de paddy, ce riz qui n'a pas été décortiqué. Il est temps de repartir pour nulle part, au prix de longues marches de nuit pour éviter – leur dit-on – les bombardements de l'aviation française.

Ils partent à quatre cents, ne marchent que la nuit, le plus souvent pieds nus. Ils tentent d'éviter les cailloux trop pointus, apprennent à poser le pied sur d'étroites chaussées de bambou faites de rondins perpendiculaires aux fossés. Jusqu'au petit matin, jusqu'au cérémonial quotidien de l'appel et du comptage qu'ils s'amusent encore à prolonger en jetant le désordre dans les additions des

bo-doï ; jusqu'à la cuisson de la portion de riz qu'ils surveillent attentivement. De petits foyers faits de brindilles
assemblées à la hâte sur lesquels ils posent, en guise de
casseroles, des boîtes de conserve sauvées du désastre ;
avec le risque permanent de voir les bo-doï renverser
tout cela et piétiner les chétifs foyers parce que l'un d'entre
eux aurait peut-être entendu le ronflement d'un avion
dans le lointain. Sales, barbus, loqueteux, émaciés, titubants, avec quelques centaines de calories quotidiennes
pour toute alimentation, ils marchent, traversent des
gués, escaladent des cols. C'est dans une telle ascension,
se traînant, allant parfois à quatre pattes, que Guy de La
Malène se dit qu'il aimerait, une autre fois, être fait prisonnier dans les rangs d'une armée pauvre, avec pour
geôliers les soldats d'une armée riche...

Le lieutenant de La Malène remarque à son tour de
surprenantes distinctions dans la résistance des hommes
face à l'épreuve. Les combattants ayant sûrement le
moins souffert du siège, les Sénégalais de « Isabelle »,
sont aussi les premiers à décliner. Puis, il constate que
les vieux briscards de vingt-cinq ou trente ans résistent
mieux que leurs cadets âgés de vingt ans. Comme il
s'aperçoit, grâce à la ségrégation voulue par les bo-doï,
que la communauté française est la plus solidaire. Il le
sait mieux que d'autres. Son boudin de riz, devenu
oreiller, lui est volé une nuit. Ses quatre équipiers – ils
sont obligatoirement par groupes de cinq – lui offrent,
pour survivre, une part de leur propre ration déjà bien
insuffisante.

Marcher donc, sans pouvoir s'arrêter ni même ralentir, avec des bo-doï chiens de garde. Marcher en découvrant que ce geste élémentaire n'a plus rien de naturel,
qu'il faut une énorme volonté pour mettre un pied
devant l'autre. Marcher en s'efforçant de penser à autre
chose, alors Guy de La Malène dévore un croissant imaginaire, cherche à fixer dans son esprit chaque minute

de cette odyssée à l'issue plus qu'incertaine. Il veut se souvenir de chaque paysage parce qu'ils sont terriblement beaux malgré tout ; ce sont, peut-être, les dernières belles images de sa vie.

L'épuisement aidant, les idées d'évasion s'estompent. Les officiers pourtant chercheront longtemps à faire un point géographique aussi précis que possible. Le lever du soleil, la marche des étoiles, une rivière, une piste traversée, un piton que l'on croit reconnaître... Tout cela sera utile pour tenter de déterminer une position, plus ou moins approximative. Cela se sait dans le convoi et les plus solides, ou les moins faibles, souvent des légionnaires, viennent aux renseignements. Ensuite, ils seront de moins en moins nombreux à rêver de fuite, voire de liberté. Une escadrille de chasseurs en reconnaissance leur apportera une énorme bouffée d'espérance. Les avions passent à basse altitude. Ils repèrent le cortège de quatre cents prisonniers, s'amenuisant déjà. Ils font demi-tour pour revenir battre des ailes au-dessus d'eux ; ce qui, pour tout guerrier ayant reçu un jour un appui aérien, signifie toujours la même chose : « Amis nous sommes là. » Un instant de joie, huit jours d'espérance, rien d'autre...

Marcher toujours ; marcher environ sept cents kilomètres en laissant en chemin quatre-vingts prisonniers hâtivement enterrés en bord de piste.

Des camions pour l'état-major

Il y a donc eu différents convois et des sorts particuliers pour cette marche vers les camps. Ainsi, le général de Castries a bénéficié d'un traitement hors du commun ; beaucoup de chemin pour lui aussi, mais en Jeep. Les colonels et commandants, comme les photographes dans un premier temps, ont voyagé en camion, des GMC américains pour les uns, des Molotova soviétiques pour les autres. Les capitaines et les lieutenants ont rejoint leur destination finale à pied, comme les sous-officiers et la troupe ; ce qui peut paraître pittoresque puisque tout rappel des grades antérieurs est sévèrement proscrit.

Bigeard fait équipe avec ses pairs. Il y a là Ducruix, envoyé par Hanoi pour remplacer Keller. Ducruix, qui n'a jamais exercé les fonctions de chef d'état-major du colonel de Castries, n'arrivera pas au terme de l'odyssée. Il y a aussi Seguins-Pazzis, que Castries avait préféré à Ducruix. Il y a Voinot qui s'occupait des parachutages et qui, un jour d'orage, a pris le verre de Langlais à travers la figure. Il y a également Vaillant, volontaire pour succéder à Piroth, Trancart, sans fonction bien définie depuis la chute de « Gabrielle » et des « Anne-Marie », Lemeunier, patron de la Légion en remplacement de Gaucher, et puis Langlais, Lalande, Bréchignac. Les commandants Guiraud, Tourret, Liesenfelt, Vadot, Nicolas, Chenel resteront ensemble et finiront tous dans le même camp que leurs supérieurs.

Bigeard garde de cette marche un souvenir très personnel. Ils suivent la RP 41 par Tuan Giao, Tuan Chau et Son La où ils sont mitraillés par les B-26. A Son La, les Viêts lui réservent une faveur particulière : il est enfermé seul dans une maison sans toit… celle où il habitait, il y a quelques mois, avec sa femme… Il est aussi un de ceux projetant une évasion. Il envisage de sauter du Molotova vers Ta Khoa, aux abords de la rivière Noire, et ensuite de descendre le fleuve. Une circonstance pourtant bien improbable compromet son projet : sensiblement au même moment, les reporters du SPI, Schoendoerffer, Camus et Péraud, ont eu la même idée !

Les trois reporters ont décidé de s'évader en sautant du véhicule qui ne roule qu'à petite allure. Péraud se glisse le premier hors du camion. A l'instant où les gardiens ne lui paraissent pas trop vigilants, il se laisse tomber à terre… Le deuxième à sauter est Schoendoerffer. Il se prend les pieds dans les branches camouflant le véhicule et l'une d'elles revient claquer la cabine du chauffeur. La halte est immédiate, suit le contrôle des prisonniers. Camus n'ayant pas bougé, il manque deux hommes qu'il faut immédiatement retrouver… Pierre Schoendoerffer est rattrapé, tabassé pour lui passer le goût de la liberté. Après quoi, lui et Camus sont fouillés et leurs pellicules découvertes :

« La fin du monde, dira Camus. Cinquante-sept jours de travail anéantis… »

Il reste bien les rouleaux que Péraud avait sur lui. Mais personne ne le reverra jamais. Personne ne pourra dire s'il a été repris, malmené et peut-être tué ; s'il a survécu seul dans la jungle jusqu'à ce que mort s'ensuive. Il y avait partout des partisans ou des paysans à la chasse aux primes que versait le Viêt-minh pour tout fuyard récupéré. Il y avait aussi des tigres à la chasse à l'homme[5]…

Sur le tournage d'un film…

Les convois, aux cheminements compliqués, se sont pourtant recoupés une fois. Le 18 juin, pour le tournage du film consacré aux derniers instants de la bataille.

Les Soviétiques se sont chargés de la réalisation du documentaire. Le metteur en scène, Roman Lazarevitch Karmen, et son équipe ne sont pas encore arrivés à Diên Biên Phu lorsque le camp retranché succombe. Les bombardements des routes et des pistes les ont retardés de trois ou quatre jours. Tout doit être reconstitué, aussi bien l'assaut final que la chute du camp. Tout peut être inventé, comme le défilé des vaincus qui n'a, bien sûr, jamais eu lieu… Un mois et demi après la chute du camp retranché, les prisonniers ne se retrouvent pas, ils s'aperçoivent. Allaire est heureux d'entrevoir les patrons qui tiennent leur rôle. Klotz se souvient que, comme sur le plus banal des plateaux de cinéma, il a fallu recommencer après la première prise. Ils ont donc défilé trois fois sur le même parcours, face aux mêmes cinéastes qui avaient pris soin de faire labourer le terrain. Le détail leur paraît étrange parce qu'ils doivent marcher tête baissée pour savoir où ils mettent les pieds. Il leur sera expliqué, par la suite, que ce détail n'avait rien d'innocent. Les officiers marchant en tête, le regard tourné vers le sol, cela suffisait pour que le cortège prenne des allures de procession expiatoire, comme si chacun marchait incliné sous le poids de ses péchés, celui d'être un soldat au service du capitalisme oppresseur du pauvre peuple vietnamien.

Sur un point précis, ils peuvent être moins amers : les cinéastes ont reproduit aussi fidèlement que possible les derniers instants du camp, notamment l'arrivée des premiers Viêts enfonçant le drapeau rouge à l'étoile jaune sur le PC de Castries. Seulement ce drapeau viêt-minh ; aucun drapeau blanc ! Les vainqueurs n'ont pas triché, ils savaient parfaitement que les Français n'avaient pas capitulé…

Blessé, Fleurot n'est pas du défilé. Avec quelques camarades guère plus fringants que lui, il n'est que spectateur. Il voit le char en tête du cortège :

« Le char approche, une épaisse fumée s'échappe, le moteur cafouille, le char sursaute. Il avance par à-coups puis s'immobilise. Le drapeau, celui de la division 308, et sa garde s'effondrent… Il s'ensuit un moment de pagaille et chez les blessés un intense moment de joie qu'il faut pourtant cacher. »

L'épisode, comme bien d'autres, a plusieurs versions. Un seul char pour les uns, deux pour les autres, le premier tirant le second. Le « Smolensk », boîte de vitesse cassée, peut encore rouler ; le « Mulhouse », qui n'a plus qu'un moteur au bord de l'agonie, sera tracté. Il s'est dit aussi que les cavaliers avaient été priés de rechercher dans les ruines du camp des pièces de rechange des chars, et qu'ils s'étaient surtout employés à ne pas en retrouver. Comme il s'est dit que le pilote d'occasion était un tirailleur marocain alors que le Viêt-minh avait en Chine des bo-doï s'entraînant au maniement des blindés[6].

Le tournage du pseudo-documentaire n'est pourtant qu'une courte récréation. La marche reprend pour tous.

La marche et la mort. La marche vers la mort quand les hommes sombrent, à bout de forces ; la marche et la mort quand un prisonnier tente de disparaître ou pire veut s'isoler un instant parce que la dysenterie l'y oblige mais que le garde-chiourme préfère tirer... Ils sont partis épuisés, malades, souvent blessés. Ils ont marché sans le moindre soin, sans autre nourriture que cette boule de riz qu'ils doivent faire cuire à l'étape. Marcher et porter ceux qui n'en peuvent plus, marcher sans savoir pourquoi et pour où. Marcher les pieds déchirés, après que les chaussures de toile ont cédé, parfois les pieds entourés d'un morceau de parachute, d'une chemise déchirée. Ils se demanderont pourquoi, lorsqu'un homme arrivait à bout de forces, il fallait l'abandonner au bord de la piste, avec une ration de riz pour trois jours, du riz qu'il ne pourrait jamais faire cuire...

Les dernières tentatives d'évasion

Bien qu'affaiblis, affamés, certains avancent toujours, poussés par un rêve d'évasion, fascinés par cette liberté qu'ils sont prêts à payer du prix de l'impossible. Le marin de Diên Biên Phu, le lieutenant de vaisseau Klotz, tente trois évasions. Il est repris chaque fois. La dernière tentative est certainement la plus élaborée. Il a demandé au médecin marchant avec eux combien de temps il pourrait tenir immergé dans la rivière Rouge, et le toubib a évalué sa résistance à quarante-huit heures sans difficulté. Il a deux complices aussi décidés que lui. Ils savent être à proximité du fleuve. S'ils peuvent le rejoindre, il leur suffira de suivre le courant, camouflés avec quelques branchages leur donnant les apparences de roseaux itinérants, et de se laisser glisser vers Viétri. Ils tentent de partir par une nuit sans lune. Privés de repères, ils s'égarent et sont repris. Plus tard, devenu amiral, Klotz estimera que sa capture a été la grande chance de sa vie. Il espérait rejoindre la garnison de Viétri, implantée au bord du fleuve ; il ne savait pas qu'elle s'était repliée et que les Viêts étaient installés là...

Repris comme ses deux compagnons d'évasion, il est bastonné et passe sa première nuit ligoté à un arbre. Par chance les Viêts n'ont pas retrouvé son coupe-coupe, caché dans sa combinaison de saut. Dans la nuit, il parvient à se détacher, à cacher l'engin sous la terre puis à remettre ses liens en place d'une manière très succincte. La suite tient de l'évidence : le marin est devenu un dangereux récidiviste, qui poursuivra sa route pieds nus, les mains attachées derrière le dos. Pieds nus, c'est rude les premiers temps puis une corne apparaît sur la plante du pied. Les mains, c'est infiniment plus fâcheux, pour l'équilibre d'abord, puis au petit matin lorsqu'il faut se protéger des nuées de moustiques... Dans le même équipage et dans le même groupe d'irréductibles, voyage le capitaine Jean Pouget. Il naît ainsi des amitiés que le temps n'écornera pas... Klotz notera simplement qu'il n'y avait chez les bo-doï les gardiennant aucune cruauté évidente, aucune volonté de les faire souffrir délibérément. Ils étaient indifférents au sort de leurs prisonniers. Peu leur importait qu'ils soient au bout de la fatigue, audelà de la souffrance ; ils devaient marcher, qu'ils marchent ! Au contraire des bo-doï, les commissaires politiques considéraient que plus les prisonniers souffraient, mieux c'était ; comme si la fatigue, la faim, l'affaiblissement les rendaient plus perméables à l'endoctrinement. Il est tout aussi évident que la nourriture ne manquait pas aux Viêts mais que les prisonniers étaient délibérément tenus à des rations de sous-alimentation auxquelles s'ajouteront toutes les maladies attrapées en chemin : paludisme, dysenterie, amibiase...

Les aviateurs marchant avec leurs camarades étant plus durement traités qu'eux, il était permis de se demander si les Viêts avaient des attentions particulières pour un marin, par ailleurs aviateur. Sa réponse est négative :

« Non, j'étais simplement une chose originale dans leur troupeau. »

De fait, Bernard Klotz rencontre un officier de renseignement viêt qui entend tout savoir sur la marine française, non pas pour un usage opérationnel ni pour s'emparer de secrets militaires n'ayant rien d'essentiel pour une armée sans marine, mais par curiosité historique. Klotz devine, derrière cette préoccupation, un reflet de vanité. Alors il lui décrit ce qu'il veut connaître. Il lui explique d'anciennes batailles navales, fait des croquis parfaitement fantaisistes de la conception et de l'équipement d'un porte-avions. Celui-là devait se sentir supérieur à ses congénères par ses connaissances toutes fraîches et sans intérêt. Une question, pourtant, déconcertera un instant Klotz. Faut-il répondre à son interlocuteur qui lui demande s'il y a des bases américaines en France et où elles sont implantées ? Après tout, elles sont suffisamment voyantes pour ne pas être secrètes, alors il en parle et reçoit en retour des bananes...

Il pense être arrivé au camp final – le camp n° 1 pour lui – vers le 20 juin. Mais il y a bien d'autres camps...

Les prisonniers, un atout viêt...

Toujours très proche de Cogny, toujours parfaitement renseigné par son état-major, le journaliste Max Clos publie, le 29 mai, dans *Le Monde* un article consacré aux prisonniers français, « carte maîtresse du jeu viêt-minh ». Il conclut sur une image désespérante de la situation de ces hommes :

« ... Sous les pluies battantes de la mousson, nu-pieds, sans vêtements de rechange, mal nourris et privés de médicaments, les prisonniers, en longues colonnes, marchent vers les camps de la Haute Région. Groupés selon les habitudes viêt-minh dans des camps distincts selon leur grade et leur race, ils vont être soumis à une forte propagande politique, appliquée selon des méthodes éprouvées qui ne manquent pas d'inquiéter le commandement français. Jusqu'à présent le Viêt-minh ne libérait jamais d'officiers avant deux ans au moins d'internement et les hommes de troupe avant un an. On espère que les négociations permettront cette fois d'obtenir une libération plus rapide, mais à quelles conditions ? »

Le jour où paraît l'article – étonnamment bien documenté – de Max Clos sur les blessés, Mme de Castries se distingue en lançant un appel en faveur des prisonniers et de tous ceux qui ont besoin de secours « même chez l'adversaire ». Mme de Castries, qui téléphonait chaque jour à son mari durant le siège, dit connaître l'état de fatigue physique, au bord de l'épuisement, de ces hommes qui désormais marchent à travers la jungle, sous la mousson, avec une poignée de riz par jour, de l'eau bouillie pour tout médicament, sans vêtements de rechange :

« ... Si cette situation se prolongeait – et notre incertitude actuelle sur le sort des prisonniers autorise toutes les suppositions –, les risques deviendraient immenses.

« En tant que femme de soldat, j'adresse de tout mon cœur un appel à la Croix-Rouge internationale, à l'Organisation mondiale de la santé et à tous les organismes dont la mission est strictement humanitaire.

« Même si un cessez-le-feu doit rapidement intervenir, ce que tout l'univers civilisé espère et réclame, il faut que les pays neutres, et particulièrement l'Inde, qui a entrepris en d'autres circonstances une action médiatrice, réunissent des volontaires parmi le personnel médical et sanitaire, fournissent le matériel nécessaire et organisent un ravitaillement en nourriture et en médicaments pour les prisonniers blessés et valides.

« Le souvenir des camps est encore dans toutes les mémoires. Il ne s'agit pas, cette fois, d'une volonté délibérée d'anéantissement, mais la situation est telle à l'heure où je vous parle qu'elle peut s'orienter vers le pire si rien n'est entrepris... »

Il y a trop de similitudes entre les deux textes, entre l'article de Max Clos et l'appel de Mme de Castries, pour ne pas imaginer une communauté de sources. Puis, au-delà de cette origine identique, une manière d'avertissement ou de mise en garde. Il y a un moment déjà que l'état-major a des vues précises sur les traitements qu'inflige le Viêt-minh à ses prisonniers, sur les privations qui conduisent à la mort, sur les brimades qui poussent vers la déchéance, sur les lavages de cerveau qui devraient conduire à l'endoctrinement au nom du marxisme triomphant...

Il reste à connaître le pire.

20

Genève
La sortie de Laniel
L'entrée de Mendès France
Accords signés

Tandis que les prisonniers s'enfoncent dans la jungle tonkinoise, pressés par les bo-doï ; tandis que se referme la très courte parenthèse qui a permis d'arracher huit cent cinquante-huit grands blessés aux griffes du Viêt-minh, l'intérêt se déplace de l'Indochine vers Genève et Paris.

Vers Genève où viennent enfin de s'engager les négociations portant sur l'avenir du Vietnam. Vers Paris où sonne, au sein du monde politique, l'heure des règlements de comptes, où une crise ministérielle va ajouter aux difficultés du moment et aux faiblesses congénitales de la IVᵉ République.

Genève : le poids de Moscou et de Pékin

Le camp retranché étant tombé, le 7 mai, entre les mains de Giap, il n'y a plus aucune raison pour que les diplomates russes et chinois continuent de faire perdre leur temps aux délégations occidentales. Tous les atouts étant regroupés entre les mains du bloc communiste, le moment est venu de négocier sérieusement.

Pratiquement, l'essentiel du mois d'avril avait été absorbé par des problèmes de procédure tels que le choix des langues autorisées. La Russie voulait imposer parmi celles-ci le chinois, ce qui sera accepté – avec l'appui français. Le coréen sera également agréé. Puis il avait fallu régler le problème de la « langue du jour », étant entendu qu'un orateur intervient dans sa langue, son discours étant ensuite traduit dans la langue du jour... Il y en aura jusqu'à quatre pour certaines séances – anglais, français, russe et chinois – auxquelles viendra à l'occasion s'ajouter le coréen. Il en avait été ainsi jusqu'à l'ouverture de la conférence, le 27 avril ; un dernier problème subsistant, celui de la présidence des séances plénières... Il était, à ce moment encore, question d'une présidence tournante, à quatre puis à dix-neuf, pour que l'on parvienne finalement à un accord donnant la présidence tournante aux seuls ministres des Affaires étrangères de Thaïlande, le prince Wan, d'URSS, Molotov, et de Grande-Bretagne, Anthony Eden. Comme il leur fallait encore gagner du temps, puisque les défenseurs de Diên Biên Phu ne se résignaient pas à la défaite, les pays marxistes avaient été ravis que les premiers jours de négociations effectives soient consacrés à l'éventuelle réunification de la Corée. Après quoi, le problème paraissant insoluble – il est toujours en suspens un demi-siècle plus tard –, la conférence avait décidé d'ajourner ses travaux jusqu'au 5 mai...

Les derniers jours d'avril ont aussi été marqués par de nombreux contacts entre Américains, Britanniques et Français, qui n'ont absolument pas les mêmes vues sur les positions à prendre. Celles-ci sont désormais connues : Washington conditionne son aide à une action commune des Occidentaux dans le Sud-Est asiatique. Londres refuse tout engagement prématuré et pense davantage à ses relations avec le Commonwealth qu'au sort de l'Indochine. Paris redoute à chaque instant d'apprendre l'effondrement de Diên Biên Phu et Georges Bidault avoue à ses partenaires, le 30 avril, au cours de l'après-midi, qu'il n'a plus guère qu'une carte en main, « tout au plus un deux de trèfle ou un trois de carreau ».

Le 1er mai, l'arrivée de Bedell-Smith, pour la délégation américaine, met quelques gouttes d'huile dans les rouages et Eden peut le soir même télégraphier à Londres :

« Après une digression sur les motifs de l'hostilité mutuelle qui règne actuellement entre les Etats-Unis et la Chine, en dépit des étroites relations qui ont existé dans le passé entre ces deux pays, la conversation revint à la situation en Indochine, et nous avons été soumis, à cause de notre attitude, à une attaque prolongée qui devenait par moments quelque peu véhémente. Seul M. Bedell-Smith paraissait avoir une certaine compréhension réelle des motifs qui nous avaient amenés à adopter notre position actuelle.

« M. Dulles commença en disant que la situation était très préoccupante. Dans le passé nous avons toujours été d'accord dans les conférences sur notre politique et, maintenant, nous sommes dans un désarroi total. Je lui ai dit que nous n'étions nullement en désaccord sur la Corée mais, qu'en ce qui concernait l'Indochine, j'ignorai simplement ce que l'on nous demandait de faire. S'il s'agissait d'une intervention de notre part avec des forces armées, je ne pourrais que répéter les motifs déjà exposés pour lesquels une telle action est impossible, mais que de toute manière je ne suis pas à même de déceler les mesures que l'on nous demande de prendre ni le résultat qu'on en attend. »

Le camp retranché ayant été conquis par le Viêt-minh, un autre problème surgit dans les couloirs de Genève :

Molotov veut une place à la table des négociations pour les représentants de Hô Chi Minh. Bidault et Eden se concertent :

« Il n'était pas possible de s'y opposer, écrira Eden, mais Bidault et moi étions d'avis qu'en acceptant cette suggestion, nous solliciterions le concours des communistes pour assurer l'évacuation des blessés de Diên Biên Phu. Molotov et Chou En-lai refusèrent de donner leur accord sur la base d'un marchandage officiel mais, plus tard, le 10 mai, après quelques entretiens en coulisse un arrangement put être réalisé. Lorsque la participation viêt-minh eut été acceptée, le délégué d'Hô Chi Minh se déclara prêt à autoriser l'évacuation des prisonniers grièvement blessés[1]... »

La conférence traîne pourtant jusqu'aux derniers jours de mai. Les Américains campent sur des positions intransigeantes. Les Britanniques jouent plus souplement, gardant le contact avec Molotov et Chou En-lai. Le délégué viêt-minh accepte qu'il y ait trois accords d'armistice et non plus un seul, dissociant donc le Cambodge et le Laos du Vietnam. Pourtant, aux environs du 15 juin, la rupture paraît inévitable. Le président Eisenhower vient de demander à son représentant Bedell-Smith de faire tout son possible pour mettre un terme rapide aux négociations. Il est persuadé que les communistes font simplement traîner les choses en longueur pour servir leurs desseins militaires.

Le 15 juin, Eden a des contacts avec Molotov. Celui-ci offre des concessions mineures mais suffisantes pour supposer que Moscou attache encore de l'importance à un accord. Le 16 juin, c'est Chou En-lai que rencontre Eden. Ensemble, ils évoquent la situation du Cambodge et du Laos. Le Chinois affirme que son pays reconnaîtrait les deux gouvernements royaux si les Etats-Unis n'installaient aucune base militaire dans ces deux pays :

« J'ai eu l'impression très nette qu'il souhaitait que l'affaire se réglât, écrira Eden, et en conséquence j'insistai très vivement auprès de M. Bidault afin qu'il s'entretienne avec lui afin de discuter de cette nouvelle offre... »

Eden ne s'est pas trompé, l'entretien Bidault-Chou Enlai a lieu le 17 juin et le dossier avance. Il y aura donc trois traités, l'un concernant le Vietnam, les autres intéressant le Cambodge et le Laos.

Il était temps : le 17 juin, Georges Bidault n'est plus ministre des Affaires étrangères...

L'attitude des négociateurs soviétiques et chinois, à Genève, a souvent déconcerté le clan occidental, devinant que Moscou comme Pékin attendaient la chute de Diên Biên Phu pour entrer dans le vif du sujet, en soutenant avec quelque mollesse les revendications du Viêtminh. Si Eden avait repéré ce manège incompréhensible, il faudra attendre une quinzaine d'années et la publication des mémoires de Krouchtchev pour percevoir les raisons des réticences chinoises et soviétiques à trop s'avancer. Tout tient, en réalité, à une confidence de Hô Chi Minh à Chou En-lai ; un aveu sans doute imprudent, à moins qu'il n'ait cru subtil de noircir le tableau pour apitoyer ses alliés.

C'est à Moscou, en tout cas, lors de réunions préparatoires à la Conférence de Genève, que Chou En-lai avait alerté Khrouchtchev. Celui-ci a raconté comment Chou En-lai l'avait entraîné à l'écart en le tirant par la manche afin de lui révéler les craintes de Hô[2] :

« Le camarade Hô Chi Minh m'a dit que la situation au Vietnam est désespérée, et que si nous n'obtenons pas un cessez-le-feu, les Vietnamiens ne pourront pas résister plus longtemps aux Français. En conséquence, ils ont décidé de battre en retraite jusqu'à la frontière chinoise, si cela devient nécessaire, et ils veulent que la Chine se tienne prête à envoyer des troupes au Vietnam, comme elle l'a déjà fait pour la Corée du Nord. Autrement dit, les Vietnamiens veulent que nous les aidions à chasser les Français. Or il nous est parfaitement impossible d'accéder à cette demande du camarade Hô Chi Minh. Nous avons perdu trop d'hommes en Corée, où la guerre nous a coûté très cher. Nous ne pouvons pas, dans la situation présente, nous lancer dans un nouveau conflit. »

Khrouchtchev écoute puis conseille à Chou En-lai de laisser croire à Hô Chi Minh que Pékin et Moscou sont toujours décidés à l'aider. Ainsi, dit-il, le Viêt-minh ne reculera pas et il redoublera d'énergie dans sa résistance contre les Français. Puis Diên Biên Phu est tombé…

Paris, 12 juin : Laniel renversé

Depuis la chute de Diên Biên Phu, depuis que Laniel a annoncé ce revers à la tribune de l'Assemblée nationale, la situation de son gouvernement est particulièrement fragile. Il a esquivé la discussion que les députés voulaient lui imposer le 8 mai ; il n'a obtenu qu'un sursis. Le 11 mai, Laniel tente encore d'échapper à un débat s'annonçant difficile en prétextant les négociations en cours à Genève et l'indispensable présence française. Il offre une sorte de lot de consolation aux députés : la constitution d'une « commission de coordination pour l'examen des problèmes intéressant les Etats associés d'Indochine ». L'offre ne paraît intéresser aucun des parlementaires. François Mitterrand l'écarte sévèrement :

« Avec d'autres, je ne demande pas, j'exige un débat parce qu'à partir de maintenant ce n'est plus à vous, pouvoir exécutif, mais à nous qu'il appartient de décider. »

Laniel pose donc la question de confiance qui est mise aux voix le 13 mai. Il échappe encore au pire, mais il n'a plus qu'une très courte majorité : deux voix seulement !

Le 1ᵉʳ juin, toujours sur le front parlementaire, se présente pour les opposants une nouvelle occasion de reprendre l'offensive contre le gouvernement Laniel. Ce ne sont que des escarmouches. Il y a si peu de députés en séance… Le congrès du parti communiste approche, pendant lequel le Parlement suspendra ses travaux, comme il le fait traditionnellement chaque fois qu'un parti présent au Palais-Bourbon réunit ses assises. Les événements ne paraissent pas imposer une dérogation à ce vieil usage… Les séances se traînent donc les 1ᵉʳ et 2 juin, puis l'on se renvoie à la semaine suivante. Le 8 juin, c'est la reprise du débat, toujours en demi-teinte, avec cependant une réaction de René Pleven qui aimerait bien savoir si ses adversaires lui reprochent son action en Indochine ou ses positions en faveur de la CED… L'éternel mélange des genres…

Les journées suivantes voient Georges Bidault défendre les choix du gouvernement et Pierre Mendès France les tailler en pièces.

Bidault, s'adressant autant aux députés qu'aux négociateurs de Genève, affirme ainsi :

« Toute manifestation d'impatience de notre part ne conduit l'autre camp qu'à faire traîner la négociation, non seulement dans le désir d'améliorer sa situation militaire mais encore dans l'espoir d'user nos nerfs ! Nos intentions sont simples et claires : elles ont inspiré, dans l'Assemblée précédente, le vote du Pacte atlantique devenu la charte et la protection du monde libre. C'est parce qu'elles vous inspirent également que, depuis 1951 et malgré l'acharnement d'une minorité dont l'action grandissante devrait être pour certains un encouragement à persévérer et non une tentation de défaillir, vous avez soutenu des gouvernements dont la politique étrangère n'a jamais varié. Le gouvernement a le devoir de tout faire pour que les négociations aboutissent, mais il doit aussi préparer les mesures à prendre en cas d'échec. Cela veut dire que nous devons assurer la sécurité du corps expéditionnaire... »

Parmi les adversaires déclarés de l'équipe en place, l'un est particulièrement pugnace : Pierre Mendès France, plus connu pour ses compétences économiques que pour ses lumières diplomatiques. Il est en tout cas le plus coriace des pourfendeurs de Georges Bidault. Celui-ci regrettait la fréquence quasi hebdomadaire des débats parlementaires consacrés à l'Indochine, celui-là réplique qu'il ne peut en être autrement :

« C'est la preuve que l'Assemblée n'a trouvé dans les deux premiers débats ni une réponse à ses angoisses profondes, ni une solution aux dramatiques difficultés qui nous assaillent, ni le sentiment de confiance dans le gouvernement qui, seul, aurait pu justifier l'octroi à ce dernier du délai nécessaire à l'accomplissement de sa politique. »

Mendès France s'en prend ensuite aux gouvernements qui, depuis sept ans, courent après une victoire totale, à Georges Bidault accusé de jouer à cache-cache avec l'adversaire alors que lui, Mendès France, a toujours prôné des négociations directes :

« Enfin, ce détour de Genève que vous avez voulu faire, quel parti en avez-vous tiré ? Ah ! messieurs, qui nous expliquera les zigzags, les manœuvres et les contre-manœuvres, les marches et les contre-marches de notre diplomatie à Berlin, depuis Berlin puis à Genève. »

L'orateur sent que l'Assemblée, partagée dans un premier temps, le suit plus facilement désormais. Il peut pousser son avantage, affirmer que la paix en Indochine ne résoudra pas tous les problèmes, qu'elle pourrait bien rendre plus pressants ceux qui apparaissent en Afrique du Nord, où se jouera, « n'en doutez pas, le prochain acte du drame que nous vivons ». Après quoi, il met en garde ses collègues contre « le divorce qui s'affirme entre le pays et le régime, surtout entre la jeunesse, c'est-à-dire l'avenir, et un régime qui ne lui ouvre aucun espoir ».

Laniel, tassé au banc du gouvernement, entouré de ses ministres, a désormais toutes les raisons de douter de la longévité de son cabinet et même de supposer que son successeur est déjà connu de tous. Mendès France bien évidemment... Alors Laniel tente l'intervention de la dernière chance :

« Il faut mettre un terme à ce débat à épisodes. Il faut que notre action se poursuive, non à Paris mais à Genève et en Indochine où se livre le même combat pour la paix. Il faut qu'un vote courageux apporte à nos négociateurs un regain d'autorité, à nos soldats un regain de courage ; que le monde – alliés et adversaires – sache que ni les considérations de personnes, ni les calculs d'intérêts politiques n'y auront eu part et que seuls ici commandent l'honneur et l'intérêt de la France... »

Après quelques péripéties annexes et un Conseil des ministres nocturne, avant une activité de couloirs et des entretiens à répétition du président Coty, Joseph Laniel pose la question de confiance le 11 juin, à 2 heures du matin. On votera le lendemain, un samedi. Comme c'était prévisible, le gouvernement Laniel est mis en minorité : 306 voix contre 293 ! Certes, constitutionnellement parlant, il n'est pas obligé de démissionner puisque l'opposition n'a pas obtenu la majorité absolue des suffrages. Mais comment pourrait-il continuer...

Le dimanche 13 juin, René Coty entame ses consultations, en se réservant le droit d'accepter ou de refuser la démission du gouvernement Laniel. Le soir même, il est entendu que le seul successeur possible au gouvernement déchu est celui qui l'a fait choir : Pierre Mendès France !

Joseph Laniel s'éloigne, amer. Il écrira plus tard :

« Le gouvernement avait obtenu 293 voix contre 306. Mais, dans les voix hostiles, il fallait compter les 100 voix communistes. C'est donc en définitive le parti communiste qui arbitre la politique française en cette circonstance où il s'agissait pourtant de la guerre contre le communisme. »

Le retrait de Laniel a une conséquence inattendue et seulement entrevue à l'époque : Eisenhower estime que désormais l'Amérique n'a plus rien à faire à Genève :

« Nous décidâmes qu'il était préférable pour les Etats-Unis de négliger temporairement la Conférence de Genève. C'en était fini de l'inaction où les puissances occidentales étaient réduites par les divisions créées au cours de cette conférence interminable. »

Paris, 18 juin, le gouvernement Mendès France

Pierre Mendès France a derrière lui un long passé politique. N'est-il pas depuis 1932 le député radical-socialiste de Louviers ? Spécialisé dans les affaires économiques, après ses études à la faculté de droit et aux Sciences politiques, il a été sous-secrétaire d'Etat au Trésor dans le second ministère de Léon Blum en 1938. En 1940, embarqué sur le *Massilia*, il a tenté de rejoindre l'Afrique du Nord pour reprendre la lutte, ce qui lui a valu d'être poursuivi pour désertion par le gouvernement de Vichy. Condamné, il s'est évadé et a repris effectivement le combat, comme aviateur dans une escadrille de bombardement. De Gaulle l'a appelé auprès de lui et il a siégé dans le gouvernement d'Alger puis dans le gouvernement provisoire de 1944. Il est entré rapidement en conflit avec René Pleven à propos de la politique économique qu'il convenait de mener dans la France libérée. D'un naturel intransigeant, Mendès

France a alors préféré démissionner. Depuis, il n'a appartenu à aucun gouvernement. Il a pu espérer, en 1953, accéder une première fois à la présidence du Conseil. Il a échoué parce que la rigueur de sa politique économique ne pouvait séduire une majorité parlementaire et parce qu'il entendait mettre fin à la guerre d'Indochine qu'il considérait sans espoir…

Le jeudi 17 juin, Pierre Mendès France, âgé maintenant de quarante-sept ans, se présente devant l'Assemblée nationale. Seul, puisqu'il ne formera son gouvernement que s'il obtient la confiance de l'Assemblée et tout laisse supposer, au terme des entretiens et des rencontres qui se sont multipliés en quatre jours, que ce vote est déjà acquis :

« Depuis plusieurs années déjà, une paix de compromis, une paix négociée avec l'adversaire me semblait commandée par les faits, tandis qu'elle commandait à son tour la remise en ordre de nos finances, le redressement de notre économie et son expansion. Car cette guerre plaçait sur notre pays un insupportable fardeau.

« Et voici qu'apparaît aujourd'hui une nouvelle et redoutable menace : si le conflit d'Indochine n'est pas réglé – et réglé très vite –, c'est le risque de la guerre, de la guerre internationale et peut-être atomique, qu'il faut envisager.

« C'est parce que je voulais une paix meilleure que je la voulais plus tôt, quand nous disposions de plus d'atouts. Mais maintenant encore, il y a des renoncements ou des abandons que la situation ne comporte pas. La France n'a pas à accepter et elle n'acceptera pas des conditions de règlement qui seraient incompatibles avec ses intérêts les plus vitaux. La France restera présente en Extrême-Orient. Ni nos alliés, ni nos adversaires ne doivent conserver le moindre doute sur le sens de notre détermination.

« Une négociation est engagée à Genève, en liaison avec nos alliés et avec les Etats associés. Le gouvernement que je constituerai, si vous en décidez ainsi, la poursuivra, animé par une volonté constante de paix, mais également décidé, pour sauvegarder nos intérêts et parvenir à une conclusion honorable, à faire sentir le poids des atouts que la France possède toujours : l'implantation de nos forces matérielles et morales dans des territoires étendus ; l'intérêt de nos alliés et leur appui ; et enfin la valeur et l'héroïsme de nos soldats qui sont l'élément essentiel sur lequel la France compte avant tout ; je le dis bien haut en leur rendant un hommage solennel par l'évocation de la gloire douloureuse de Diên Biên Phu et de tant de sacrifices consentis dans d'obscurs comme dans d'illustres combats.

« C'est pourquoi la sécurité du corps expéditionnaire ainsi que le maintien de sa force est un devoir impérieux auquel ni le gouvernement ni le Parlement ne failliront.

« C'est pourquoi aucune mesure ne sera négligée qui s'avérerait nécessaire à cette fin.

« C'est pourquoi enfin celui qui est devant vous, et dont le sentiment sur le problème de l'Indochine n'a pas varié, fait appel pour le soutenir à une majorité constituée par des hommes qui n'ont jamais directement ou indirectement épousé la cause de ceux qui nous combattent, d'hommes qui, en conséquence, peuvent revendiquer la confiance de nos soldats et négocier en toute indépendance avec l'adversaire.

« J'ai étudié le dossier longuement et avec gravité. J'ai consulté les experts militaires et diplomatiques les plus qualifiés. Ma conviction en a été confirmée qu'un règlement pacifique du conflit est possible.

« Il faut donc que le cessez-le-feu intervienne rapidement. Le gouvernement que je constituerai se fixera – et il fixera à nos adversaires – un délai de quatre semaines pour y parvenir. Nous sommes aujourd'hui le 17 juin. Je me présenterai devant vous avant le 20 juillet et je vous rendrai compte des résultats obtenus. Si aucune solution satisfaisante n'a pu aboutir à cette date, vous serez libérés du contrat qui nous aura liés et mon gouvernement remettra sa démission à M. le Président de la République.

« Il va de soi que, dans l'intervalle – je veux dire dès demain –, seront prises toutes les mesures militaires nécessaires aussi bien pour faire face aux besoins immédiats que pour mettre le gouvernement qui succéderait au mien en état de poursuivre le combat, si par malheur, il avait à le faire. Au cas où certaines de ces mesures exigeraient une décision parlementaire, elles vous seraient proposées.

« Mon objectif est donc la paix.

« Sur le plan international, c'est en toute clarté que la France recherchera la paix… »

Alors, comme prévu, le 18 juin, vers 2 heures du matin, l'Assemblée nationale suit Mendès France. Il obtient 419 suffrages contre 47 ; il y a 143 abstentions. Que les communistes lui aient apporté leurs 95 voix ne change rien au résultat ; le nouveau président du Conseil n'en avait pas besoin. Tout au plus faut-il retenir que les formations de la droite se sont divisées sur ce scrutin essentiel. Le lendemain, au milieu de l'après-midi, il apporte à l'Elysée la liste de ses ministres et secrétaires d'Etat[3].

Si l'on s'en tient au texte prononcé par Pierre Mendès France, il ne manque pas de points notables, peut-être escamotés par la longueur du propos. Ainsi les voix du parti communiste étaient-elles récusées par avance. Mendès France ne veut pas que le PC s'introduise dans sa majorité. Ainsi un autre gouvernement pourrait-il être conduit à reprendre le combat et les appelés du contingent pourraient-ils partir en Indochine – c'est cela, la

décision relevant d'un vote du Parlement. Ainsi – et surtout – il prend le pari de conclure un accord de paix
pour le 20 juillet.

C'est le point le plus curieux de son propos, le plus
mal compris aussi. Parce qu'il est rare de s'imposer
délibérément des échéances pour de telles négociations ; parce qu'il est étrange de procéder ainsi face à
un adversaire ayant une tout autre idée du temps, qui
ne compte guère à ses yeux. Il est vrai que ce qui fait
la force de Hô Chi Minh et de Giap, depuis des années,
échappe à un esprit occidental. Ils ont pu imposer leur
volonté à tout un peuple, le pousser à la guerre, au
sacrifice, sans avoir de comptes à rendre à personne. Ils
n'ont jamais eu, pour les freiner, une opinion publique
évoquant les morts par milliers, la pauvreté, la famine,
les ruines. Les hommes n'ont jamais compté dans un
combat où l'idéologie était aussi forte, sinon plus, que
les armes.

Il se trouvera des esprits plus malicieux, ou plus attentifs, pour entrevoir que le pari avait aussi des allures
d'avertissement, discret mais précis, à l'intention d'Hô
Chi Minh. A celui-ci de comprendre que le délai ainsi
fixé s'impose aux deux parties. Si un accord n'est pas
trouvé pour le 20 juillet, Mendès France démissionnera.
Et qui alors sera à Genève en face de la délégation du
Viêt-minh ? Et qui alors donnera ses ordres au corps
expéditionnaire, et quels ordres ? Nul ne peut le savoir.
Nul ne peut dire si la France cherchera à se désengager
ou se relancera plus avant dans la guerre, en faisant
appel au contingent, en demandant l'aide de ses alliés
occidentaux. Bref, que l'oncle Hô veuille bien comprendre
ce que Mendès France lui murmure. Une mise en garde,
qu'il ne peut crier sur les toits...

Genève, tête-à-tête franco-chinois

Dès le 18 juin, Washington décide qu'il devient urgent de rencontrer Mendès France. Bedell-Smith, chargé du contact, prend immédiatement l'avion pour Paris où il découvre un président du Conseil décidé à terminer promptement la guerre d'Indochine, mais en n'acceptant en aucun cas une paix qui serait une capitulation, même déguisée, devant le Viêt-minh. Le chef du gouvernement avertit l'émissaire américain qu'il compte rencontrer Chou En-lai, même si une telle entrevue peut engendrer un choc défavorable auprès de l'opinion américaine. Eisenhower écrira que Mendès France n'avait qu'une requête à présenter à Washington :

« Il souhaitait nous voir user de notre influence auprès du Premier ministre du Vietnam, Ngo Dinh Diem – récemment nommé par Bao Dai –, pour l'empêcher de faire obstruction sans nécessité à toute trêve honorable que les Français pourraient conclure avec le Viêt-minh. »

Pierre Mendès France prend contact dès le 23 juin, à Berne, avec Chou En-lai, qui a d'ailleurs fait le premier pas. Les deux hommes se rencontrent à l'ambassade de France à Berne et se parlent. Chou En-lai est aux anges : le voici prenant place parmi les grands de ce monde et secouant discrètement la tutelle de son mentor soviétique. Mendès France découvre que Pékin ne trouve rien à redire aux propositions françaises, que ce soit sur le Cambodge et le Laos, sur les problèmes militaires qui seront à régler avant les problèmes politiques, sur le partage du Vietnam déjà acquis ainsi que la signature de l'accord dans les trois semaines…

Dans le même temps, l'ambassadeur de France, Jean Chauvel, multiplie les contacts avec Phan Van Dong représentant le Viêt-minh.

Les premiers pas de la conférence seront pourtant incertains, se souvient l'historien vietnamien Luu Van Loi. Puisque Hô Chi Minh a un siège, puisque les royaumes du Cambodge et du Laos sont aussi conviés, pourquoi les rebelles khmers et le Pathet Lao, si proches du Viêt-minh, doivent-ils rester à l'écart, dans leurs hôtels ? Dong pose la question. L'Union soviétique lui oppose un refus catégorique et la Chine reste en retrait, n'estimant pas leur présence nécessaire. Il fallait que Moscou et Pékin tiennent à cette conférence pour refuser d'aider diplomatiquement ces alliés objectifs... Lorsque le Viêt-minh revient à la charge, les Occidentaux prennent le relais de Moscou et montrent qu'ils savent, eux aussi, ce que veut dire « niet ». Les Américains pratiquent toujours la politique de la chaise vide.

Mendès France, après ses contacts avec Chou En-lai, peut imaginer l'accord à portée de main. Toutefois, comme il vaut mieux prévoir l'imprévisible et garder quelques atouts en main, il décide que les appelés du contingent formeront les réserves de trois divisions susceptibles de partir vers l'Indochine si la conférence tournait à l'échec ou s'engluait dans d'interminables palabres. Mendès France, jouant du calendrier comme d'une arme à retardement, annonce aux députés français, le 7 juillet, que s'il échoue, son successeur risque de durcir les positions et de repartir en guerre avec des forces reconstituées ; propos s'adressant moins au Parlement qu'aux négociateurs adverses. Le président du Conseil avait raison d'être prudent puisqu'il apparaît rapidement que le Viêt-minh refuse ce que la Chine accepte. Si l'on en vient au partage du Vietnam, ce ne sera pas selon le tracé du 18e parallèle comme le souhaite la France mais à la hauteur du 13e parallèle, annonce le ministre adjoint à la Défense de Hanoi, Ta Quang Buu.

Washington, 25 juin : Churchill et Eden en visite

Churchill et Eden s'envolent le 24 juin pour les Etats-Unis. Les relations entre les deux pays ont souvent été meilleures, même si certaines exagérations de la presse ont ajouté à l'exaspération des uns et des autres, diront les intéressés. Churchill, d'entrée, tente de calmer le jeu en affirmant à Eisenhower qu'il est venu pour « discuter d'affaires de famille et pour être sûr qu'il n'y a pas de malentendu »...

Les Britanniques veulent persuader le gouvernement américain d'offrir au moins une possibilité à la France de parvenir à un règlement, à Genève, dans les prochaines semaines. Eden expliquera que cela sous-entendait qu'il ne fallait annoncer aucune réunion destinée à étudier et à proclamer une alliance anticommuniste dans le Sud-Est asiatique avant que la conférence ait pris fin :

« Nous devions dire nettement une fois de plus, que nous ne pouvions nous engager à aucune forme d'"action concertée" dans cette région avant que les résultats de Genève ne soient connus. »

A cette date, Dulles reconnaît qu'en dehors d'une intervention des forces terrestres, rien ne peut redresser la situation en Indochine. Il semble également prêt à admettre le partage du Vietnam, en remarquant toutefois que ce partage ne serait efficace que si l'on pouvait persuader les Français d'abandonner leur emprise sur l'économie vietnamienne. Sans ce renoncement, le régime non communiste serait vulnérable à une subversion de l'intérieur, ce que reconnaît d'ailleurs Eden. Après quoi les Britanniques tentent de convaincre Dulles de l'importance que peut représenter la participation américaine à la garantie d'un règlement indochinois. Dulles répond que l'octroi d'une telle garantie est peu probable. Il serait en effet difficile de persuader le

Congrès de garantir en fait la domination communiste sur le Nord-Vietnam.

Finalement, Britanniques et Américains décident d'informer Mendès France des conditions que leurs pays seraient en mesure d'accepter. Mendès France, lui, souhaite que les Etats-Unis reprennent leur place à Genève où, depuis la mi-juin, ils n'entretiennent plus qu'une mission d'observation.

Eisenhower n'y semble pas décidé ; il demande à Dulles de l'expliquer à Mendès France :

« Le 10 juillet, je priai Foster [Dulles] d'écrire un message à Mendès France afin de lui expliquer les raisons pour lesquelles nous préférions éviter toute participation diplomatique à une conférence dont nous serions peut-être amenés à désapprouver les résultats. Je lui dis d'envoyer à Eden une copie de ce message. Si les Anglais et les Français répondaient d'une manière suffisamment nette et ferme pour que nous fussions en mesure de les épauler, alors Foster ou Bedell repartirait pour Genève. Foster rédigea le message et m'en donna lecture vers six heures et demie du soir[4]... »

Finalement rassuré sur les intentions de la France, Eisenhower donne son feu vert au retour de Bedell-Smith à la conférence. Eden et Mendès France peuvent prendre l'avion pour Genève.

Genève : les accords en vue

Le 14 juillet, Moscou, Pékin et Hanoi se retrouvent face au front commun du camp occidental.

Dès lors les problèmes sont rapidement réglés. Pour ce qui est du partage, Bao Dai s'y résigne. Son Premier ministre Ngo Dinh Diem n'en veut pas. Etant l'homme des Etats-Unis, il ne peut toutefois aller contre ses protecteurs. Pour ce qui concerne la ligne de partage, le

Viêt-minh se veut intransigeant même s'il a déjà concédé un report de ses positions du 13ᵉ au 16ᵉ parallèle. La Chine lui impose de céder sur le 17ᵉ parallèle, traversant la presqu'île indochinoise au nord de Hué. Il ne reste donc qu'à déterminer la date des élections que le Viêt-minh souhaite dans les six mois. Ce sont encore Moscou et Pékin qui arrachent le délai de deux ans souhaité par la France et finalement retenu.

Il restait à connaître la position des Etats-Unis face à ces accords. Les Soviétiques voulaient que la conférence adopte une résolution et demandaient aux Etats-Unis de se joindre aux signataires. Eisenhower refuse comme prévu mais autorise Bedell-Smith à faire une déclaration prenant note des décisions de la conférence et précisant que les Etats-Unis ne feraient pas usage de la force pour les modifier...

Tout paraissait donc aller pour le mieux dans le meilleur des mondes ce 20 juillet en fin d'après-midi, exactement dans les délais souhaités par Pierre Mendès France. Tout, sauf que le Cambodge se laisse aller, une fois encore, à ses humeurs : les accords reviennent à priver le royaume de sa liberté d'alliance ! Il faut quelques heures encore pour convaincre le Khmer de service de céder, un délai qui rend nécessaire, un temps, d'arrêter les pendules du palais afin que le pari de Mendès France ne soit pas un pari perdu alors que tous les obstacles ont été successivement effacés.

Tout démontre que Chinois et Soviétiques avaient besoin de ce cessez-le-feu. Pour des considérations internes sans doute ; certainement par peur d'une internationalisation du conflit dont Washington avait discrètement agité la menace, donc d'une guerre que le bloc communiste n'était pas en état de supporter. Ainsi les accords de Genève donnent-ils satisfaction, avec beaucoup de nuances, aux cinq grandes nations concernées, mais en aucun cas aux dirigeants du Viêt-minh. Sans

doute est-ce même une des clés essentielles du refroidis-
sement qui va suivre entre Hanoi et Pékin. La plaie ne
cicatrisera pas aisément, ni rapidement. En 1993, subsis-
tait encore une certaine rancœur et des chatouillements
désagréables. Dans son histoire du Vietnam, Nguyen
Khac Vien l'écrit très clairement :

« Les principaux négociateurs étaient la France, le
Vietnam et la Chine. Les Etats-Unis étaient là surtout
pour saboter la Conférence. Comme les côtes et les ports
étaient bloqués par les forces impérialistes, le Vietnam
recevait une aide extérieure, exclusivement par le canal
de la Chine, d'où le rôle capital de cette puissance dans
le cours des pourparlers.

« Le gouvernement ayant refusé d'aider le peuple vietnamien pour combattre jusqu'à la libération du pays
tout entier, il fallut au gouvernement vietnamien accepter la solution proposée par Pékin, qui avait déjà l'accord
de la France. La France cherchait à faire la part du feu,
tout en sauvant une partie de son empire colonial en
Indochine. Pékin, de son côté, visait un double objectif :

– éviter un affrontement direct contre les Etats-Unis,
encore très agressifs vis-à-vis de la Chine ;

– maintenir le Vietnam hors de l'orbite impérialiste
mais en l'empêchant de devenir totalement indépendant ; un Vietnam faible sera totalement dépendant de
la Chine. »

Les premiers craquements dans la bonne entente
entre Hanoi et Pékin tiennent sans doute, pour une part,
à l'affaire de Diên Biên Phu et à la volonté de Giap de
renvoyer à plus tard l'offensive initialement prévue pour
le 25 janvier ; encore que la réaction chinoise à cet
ajournement ne soit pas connue. Mais, de toute évidence, c'est à Genève que les deux partenaires en viennent à la mésentente cordiale. Les conséquences seront
diverses. La République démocratique du Vietnam

oubliera l'aide du grand frère chinois dans sa lutte contre le corps expéditionnaire français. La Chine populaire négligera de s'engager dans la deuxième guerre d'Indochine, celle que Hô Chi Minh mènera contre les Américains. Puisque Hô Chi Minh sera discret, puisque Giap gommera pour un très long moment la présence chinoise à Diên Biên Phu, il appartiendra encore à Nguyen Khac Vien de nous renseigner très précisément sur ces divergences qui prendront de l'ampleur au cours de l'année 1955, lorsque Deng Xiao Ping, en juillet, conseillera la prudence aux Vietnamiens : « Utiliser les forces armées pour réunifier le pays conduirait à deux possibilités : soit la victoire, soit la perte du Nord même. »

Deux ans plus tard, les Chinois n'ont pas évolué : il faut s'en tenir au 17e parallèle. Ils recommandent aux Vietnamiens de « rester longtemps à l'affût avant de déclencher la lutte armée ».

« Ainsi, écrit Vien, tout en soutenant publiquement la thèse de la prééminence de la lutte armée, les dirigeants chinois cherchaient à dissuader le peuple vietnamien de mener cette lutte contre les Américains pour réunifier leur pays. Cette opposition à la lutte armée du peuple vietnamien aiguisait les contradictions idéologiques entre les deux parties dans les années 60. Le Parti communiste vietnamien cherchait à maintenir l'union avec tous les partis, surtout avec les partis soviétique et chinois, tout en s'opposant résolument aux manœuvres tendant à provoquer la division des forces révolutionnaires.

« En 1963, le parti vietnamien refusait de souscrire à la proposition chinoise de convocation d'une conférence des onze partis communistes essentiellement asiatiques, formant ainsi une nouvelle internationale qui passerait naturellement sous le leadership chinois. Deng Xiao Ping suggérait alors aux Vietnamiens de leur offrir une aide d'un milliard de yuans s'ils refusaient toute aide soviétique.

« En janvier 1965, Mao Tsé-toung déclarait au journaliste américain Edgar Snow : "les troupes chinoises ne franchiront pas leurs frontières pour aller se battre. Ceci est absolument clair, les Chinois ne combattront que lorsqu'ils seront attaqués par les Américains". En février 1965, les Américains pouvaient ainsi déclencher leur escalade. Et, à chaque rencontre, les dirigeants chinois ne cessaient de conseiller aux Vietnamiens d'éviter les grandes batailles pour s'en tenir à la guérilla. En juillet 1965, reniant les accords signés auparavant, le commandement chinois annonçait au commandement vietnamien que l'aviation chinoise ne saurait se porter au secours du Vietnam. La proposition vietnamienne pour que les pays socialistes fassent une déclaration commune contre l'agression américaine fut rejetée par Pékin, ainsi que deux propositions soviétiques pour assurer une coordination entre les trois pays, Union soviétique, Chine, Vietnam face à l'agression américaine. Une proposition du Parti communiste japonais dans le sens de la création d'un front international contre l'agression américaine fut également rejetée. Les transports d'armes soviétiques à travers la Chine subissaient de nombreux retards[5]. »

Genève a été plus qu'une échéance…

21 juillet : le cessez-le-feu

Pendant que les diplomates recherchent les conditions d'une paix satisfaisante pour toutes les parties, en Indochine il n'est même pas question d'un armistice ou d'une suspension d'armes. Giap grappille ce qu'il peut de terrain et de prestige, ajoute des succès à des victoires. Il étrille les Français lors du repli d'Ankhé, recommandé par Ely dès le 20 mai, repli qui attendait encore et sera réalisé dans les pires conditions sous le doux nom de « Eglantine ». Au contraire de Navarre négligeant certaines orientations, Cogny a sérieusement préparé le reflux vers le Delta : l'opération « Auvergne », déclenchée dès le 30 juin, prématurément parce que, de toute évidence, le Viêt-minh en connaît déjà les grandes lignes.

Et l'accord est conclu à Genève !

Mendès France tient le calendrier qu'il s'était imposé : un télégramme l'annonce à Saigon :

« L'accord sur la cessation des hostilités a été signé à Genève le 21 juillet à 4 heures locales et entrera en vigueur le 22 juillet à 24 heures locales.

« Les dates du cessez-le-feu seront les suivantes :

– Nord-Vietnam le 27 juillet, Centre-Vietnam le 1er août, Sud-Vietnam le 11 août à 8 heures locales ;

– Laos le 6 août et Cambodge le 7 août, à 7 heures locales... »

Pour l'essentiel, l'accord prévoit que le Cambodge et le Laos conservent leur intégrité nationale ; que le Vietnam sera partagé à la hauteur du 17e parallèle. Le Nord-Vietnam sera donc communiste et le Sud-Vietnam restera aux mains du régime que la France a soutenu. Les accords prévoient le libre transfert de tous ceux qui voudront passer d'une zone à l'autre. Dans la réalité, le courant ne sera pas à double sens. C'est vers le sud que s'organise l'exode. Le Viêt-minh ne parvient pas à l'enrayer puisqu'un million de personnes fuieront le régime que veut imposer Hô Chi Minh. Il est aussi entendu que les deux camps s'engagent à libérer les prisonniers – civils et militaires – qu'ils détiennent dans un délai de trente jours. Le calendrier du repli est précisé. Les forces françaises auront quatre-vingts jours pour évacuer le périmètre de Hanoi, cent jours pour celui de Haiduong et trois cents jours pour Haiphong. L'armée populaire du Vietnam aura entre quatre-vingts et trois cents jours pour quitter le Centre-Vietnam. Enfin, des élections sont prévues dans les deux ans.

Le 22 juillet, au lendemain de l'accord trouvé à Genève, Pierre Mendès France fait une déclaration devant l'Assemblée nationale. A l'initiative d'un parlementaire déposant une demande d'interpellation, cette déclaration sera suivie d'un débat. L'élu en question étant Raymond Valabrègue, membre du Parti radical, comme l'est le président du Conseil, il est aisé d'en conclure que Mendès France avait accepté, sinon souhaité, le principe d'un tel débat.

« Je ne me fais pas d'illusions et je voudrais que personne ne se fasse d'illusions sur le contenu des accords, déclare Mendès France, ce 22 juillet. Leur texte est parfois cruel, parce qu'ils consacrent des faits qui sont cruels... »

Le débat – qui se poursuivra le lendemain 23 juillet – permet à Pierre de Bénouville de dénoncer la faillite d'une politique sans toutefois en faire porter la responsabilité à Mendès France. Edouard Frédéric-Dupont annonce que les accords préparent l'abandon total du Vietnam en trois étapes. Enfin, Georges Bidault lance une de ces formules qu'il affectionne :

« Il n'est pas sûr que les pessimistes aient toujours raison, c'est votre chance. Il n'est pas sûr non plus qu'il suffise de gagner un pari pour avoir raison sur le fond, et c'est votre risque. »

Le président du Conseil, dans sa réponse, entend s'expliquer sur le délai qui a paru insensé à beaucoup, « ce qui fut appelé un pari, au sens péjoratif de ce mot » :

« Si dans les trente jours, dit-il, les hostilités ne cessaient pas, nos jeunes gens étaient obligés de partir, sans qu'il fût certain qu'avant leur arrivée notre corps expéditionnaire ne serait pas exposé aux plus graves dangers ;

telle est l'explication d'un délai qui a surpris l'opinion française et étrangère, explication que je ne pouvais donner publiquement sans révéler à l'adversaire la faiblesse de notre dispositif militaire... »

Ce départ du contingent, Mendès France aurait dû le demander au Parlement, il le savait, il le redoutait, il s'y serait résolu au risque d'être mis en minorité.

Le débat parlementaire se termine par le vote d'un ordre du jour présenté par le Parti radical et qui recueille 462 voix, 13 députés votant contre et 134 s'abstenant :

« L'Assemblée nationale adresse un hommage ému et reconnaissant à l'héroïsme des combattants de l'Union française et des Etats associés, enregistre avec satisfaction la cessation des hostilités en Indochine due, pour la plus grande part, à l'action décisive du président du Conseil, constatant que de cruels sacrifices étaient inévitables, affirme dans la douleur qu'elle en éprouve sa volonté de défendre, dans le cadre de l'Union française et des accords conclus, les Français et les populations indochinoises amies de la France, qui entend rester fidèle à l'œuvre émancipatrice qu'elle a constamment poursuivie, demande au gouvernement de continuer, dans l'accord nécessaire avec nos alliés, une politique de paix entre les peuples, approuvant ses déclarations et repoussant toute addition, passe à l'ordre du jour. »

Des questions sans réponse...

Militairement parlant, Pierre Mendès France avait-il raison d'expliquer son pari de juin par une faiblesse mettant le corps expéditionnaire au bord de la catastrophe ? Le débat a été engagé, sans jamais être vraiment tranché. Parce qu'il y a d'une part les chiffres, d'autre part les données humaines.

Si l'on s'en tient aux seuls chiffres, Diên Biên Phu n'est effectivement pas la débâcle absolue. C'est un échec évident sans être pourtant une catastrophe irrémédiable. On peut même soutenir que le camp retranché a tenu le rôle que lui avait assigné Navarre : le Laos n'a jamais été attaqué et le Delta tonkinois a été efficacement protégé bien que fortement gangrené de longue date par le Viêt-minh. Les effectifs perdus dans la cuvette, aussi cruel que soit leur destin, représentent moins de 5 % des forces du corps expéditionnaire. Mais le désastre tourne au drame si l'on veut bien considérer que ce sont les troupes d'élite qui ont été décimées dans la vallée : les parachutistes des 1er et 2e BEP, le 6e BPC, le 2/1er RCP et le 8e Choc, les légionnaires de la 13e DBLE, des 2e et 3e REI ; tous foudroyés dans la fournaise.

Il peut être tenu pour exact que l'aviation comme l'aéronavale sont en mai 1954 à bout de force, tant par les pertes enregistrées chez les pilotes que pour les appareils, tant par l'épuisement des équipages que par la fatigue du matériel[6]. Mais ces forces-là étaient du même coup soulagées de leur plus rude contrainte et, après le temps d'adaptation nécessaire, parfaitement aptes à reprendre leurs missions. Il convient d'ajouter que Giap a payé cher, très cher même, sa victoire sur le camp retranché. Les chiffres des pertes du Viêt-minh n'ont jamais été exactement connus, les estimations des services de renseignement font pourtant état de vingt-cinq mille hommes hors combat. Les derniers renforts arrivés à Diên Biên Phu n'étaient que de très jeunes recrues sans réelle formation et encore faut-il s'entendre sur le sens du mot recrue, l'enrôlement de force des bo-doï étant aussi fréquent que l'engagement volontaire. Aux pertes humaines, à la crise morale qui a été sensible durant le siège, s'ajoutent immédiatement des problèmes de logistique : Giap de toute évidence n'a plus les moyens de reprendre l'offensive avant des semaines...

Ainsi donc, le corps expéditionnaire n'était pas à la veille d'être rejeté à la mer ou exterminé dans la jungle, même si les trois armées des Etats associés n'étaient que des appoints accessoires et toujours fragiles.

Politiquement, ou humainement parlant, il en va tout autrement. Parce que les Français ne se sont jamais intéressés à cette guerre lointaine ; parce que leurs gouvernements ne savaient comment l'appréhender faute de savoir où ils comptaient aller ; parce que les trois Etats associés ont trop souvent paru ambigus, le Laos moins que ses voisins. La guerre d'Indochine est apparue à la fois comme une épreuve humaine, un fardeau financier, un anachronisme historique, une assistance sans retour. Il n'y a eu, en fin de compte, osmose entre l'opinion et son armée que dans l'épreuve tournant au drame. Il n'y a eu de sympathie de la Métropole pour les combattants des rizières et de la jungle qu'à l'approche du désastre. Il n'y a eu de reconnaissance de la Nation que dans le sacrifice inutile. Un temps pour le recueillement, un temps pour l'oubli, parce que le feu paraît éteint… Qu'importe si les cendres rougeoient encore, si les tisons sont prêts à s'embraser, ce ne sera plus l'affaire de la France. D'autres, qui étaient à Genève dans un camp ou dans l'autre, souffleront bientôt sur les braises pour que renaisse un foyer de discorde. L'Indochine, qui ne quittera plus le cœur des hommes du corps expéditionnaire, ne sera jamais le pays de la douceur de vivre…

Mais, à l'instant de ce bilan amer, les Français ne savent pas tout encore. Ils ne savent pas ce qu'ont enduré et endurent encore les prisonniers.

21

Les camps de la mort
Le retour des survivants

Lorsque sont signés les accords de Genève, prévoyant notamment les échanges de prisonniers, nul ne sait exactement où sont les combattants du corps expéditionnaire détenus par le Viêt-minh, ce qu'ils ont pu endurer sur le chemin de leur détention, ni même combien ils sont encore puisque la rigueur des camps va être dévoilée par les rares rescapés libérés, ceux qui bénéficieront de la célébration du 14 juillet…

Pour aller jusqu'à ces camps, la marche a été longue ; des centaines de kilomètres par des pistes sans nom, avec des allers et retours, des détours sans raison, des échappées vers les dépôts de riz. Ce sont toujours les marches de nuit et, à l'heure de la halte, les foyers improvisés pour cuire la boulette de riz, les feux qu'il faut cacher pour ne pas être repérés par les avions. Ce sont toujours les bivouacs sans toits et les vêtements en loques, détrempés, avec la pleurésie, les moustiques, les sangsues, la faim au ventre, l'espoir à l'abandon et le mépris des gardiens pour leur troupeau… C'est cela, la marche vers les bagnes de Hô Chi Minh. Des bagnes qui n'ont même pas besoin de clôture ou de gardiens ; où sévissent parfois, parmi les bourreaux, des commissaires politiques venus de France, passés à l'ennemi au nom de

l'idéologie qu'il faut, de force, faire accepter par les détenus. Les camps ou les bagnes sont divers, celui-ci pour
les légionnaires, celui-là pour les Maghrébins, d'autres
pour les métropolitains, pour les sous-officiers puis pour
les officiers subalternes ou supérieurs.

Le traitement infligé aux prisonniers ne variera guère
d'un camp à l'autre ; simplement leurs réactions seront
différentes et tiendront pour une bonne part à ce que les
Viêts ont voulu gommer : les différences d'origine
ethnique, sociale, la culture et les motivations aussi.

La situation géographique exacte d'une partie de ces
camps restera inconnue à jamais. Ils n'avaient souvent
pour toute appellation qu'un simple chiffre, le camp 45,
le camp 70, le camp 115... Parfois un prisonnier a
reconnu, ou cru reconnaître, un sommet, une rivière,
lointains souvenirs d'opérations antérieures, mais le
camp a ensuite été déplacé ou il a lui-même été transféré ailleurs. Ces camps-là, ce sont ceux des hommes de
troupe : légionnaires traités de mercenaires, de valets
de l'impérialisme ; Africains à qui les commissaires politiques parlent d'indépendance ; Maghrébins à qui les
mêmes bourreaux distillent les mêmes idées : secouez le
joug, révoltez-vous après votre libération, quand nous
vous aurons aidés à chasser le vieil homme qui vous
habite... La vie est dure dans ces camps-là parce que la
fraternité n'est pas forcément de règle, parce que
certains cèdent parfois à quelque bassesse pour un bol
de riz.

Cent libérés, en l'honneur du 14 juillet

Pour célébrer le 14 Juillet – une semaine avant les
accords de Genève –, le Viêt-minh fait savoir aux Français qu'il est prêt à libérer cent prisonniers du CEFEO à
la condition que cent bo-doï lui soient rendus. L'accord

se fait. Il est entendu que l'échange aura lieu à Viétri où les Viêts ont préparé un baraquement surmonté d'une aimable banderole : « Rapatriement et Paix. »

Nul ne saura selon quels critères ont été sélectionnés les hommes que le Viêt-minh rend à la France. Ils ne viennent pas tous du même camp, ils paraissent même représenter un échantillonnage assez large des divers bagnes en service en ce début d'été. Il n'y a parmi eux aucun officier. Quatre-vingt-dix hommes sont des Européens dont vingt-sept légionnaires étrangers ; dix sont des Vietnamiens qui ont dû se montrer dociles. De leurs témoignages naît aussitôt un sentiment d'horreur qui se répercute au-delà des océans puisque le *New York Times* a envoyé un reporter assister à l'arrivée de ces premiers libérés. Ce que voit Henry R. Liberman dépasse l'entendement. Alors que la France restitue une centaine de bo-doï qui ne paraissent jamais avoir connu la faim et qui sont dans une excellente forme physique, tous les hommes du corps expéditionnaire sont blessés et malades, avec d'évidents symptômes de la malaria, de la dysenterie, d'une complète malnutrition : « ... des sacs d'os vivants avec des plaies purulentes, les pieds enflés et les yeux inexpressifs. » Liberman transcrit soigneusement leurs récits dont la censure va couper deux mots ici, trois mots ailleurs, pour d'évidentes raisons. Ne reste-t-il pas des milliers d'autres prisonniers entre les mains de leurs bourreaux...

Gérard Vernand, un Français, explique qu'ils n'ont cessé de marcher depuis leur capture, il y a neuf semaines ; ils ne sont guère restés qu'une douzaine de jours au même endroit. Les blessés n'ont jamais été soignés : « Quand nous demandions des médicaments, dit-il, les officiers viêt-minh nous répondaient qu'ils n'en avaient pas, par la faute de l'aviation française qui bombardait les routes. » Un légionnaire allemand, Emil Eberle, estime avoir sans doute marché sept cents kilomètres, vers l'est puis vers le nord jusqu'au camp 77, et Robert Brice se souvient de leur état d'épuisement qui leur interdisait de marcher cinq cents mètres sans tomber. Ils sont partis de Diên Biên Phu à des moments différents mais il semble que chacun des groupes représentait entre trois et quatre cents prisonniers au départ. Les quelques mots censurés dans cet article ne cachent qu'à demi la réalité puisque Fernand Baur précise qu'il n'y a eu que cent dix survivants dans son groupe ; la soustraction est vite faite... Ils parlent aussi de leurs conditions de détention. Ils se demandent pourquoi les légionnaires allemands ont été exemptés un temps de la corvée de bois qui obligeait les prisonniers à marcher, à porter des fagots au-delà de leurs forces ; un privilège qui sera vite supprimé. Un jeune caporal parachutiste, Pierre Gayon, raconte aussi la propagande viêt qu'ils ont dû supporter ; des discours quotidiens dénonçant le combat des prisonniers pour le colonialisme français et l'impérialisme américain. Personne ne marchait, ajoute-t-il...

Henry R. Liberman remarque qu'au milieu du repas offert aux libérés – de la viande, des pommes de terre, du pain et de la bière – un soldat doit être évacué et soigné. Il souffre d'une pneumonie. Beaucoup d'entre eux, qui ne paraissent pas croire à leur délivrance, empochent des restes de pain par peur du lendemain.

Lorsqu'ils quittent Viétri, les populations, enrôlées pour la circonstance, scandent en chœur l'ultime slogan « Longue vie au président Hô Chi Minh ».

Sans doute est-ce dès ce moment que l'état-major de Cogny décide d'affecter des officiers issus des GCMA à l'accueil des prisonniers libérés. Ils vont les interroger, essayer de savoir où sont tous ces camps, ne serait-ce que pour tenter des parachutages de vivres et de médicaments ; comment sont traités leurs camarades, étudier les thèmes de la propagande viêt qui a tous les aspects d'une campagne d'endoctrinement. Tout ce qu'ils savent sur leurs geôliers ou ce que ceux-ci ont pu leur apprendre. Certains des gardiens étaient bavards à l'occasion, essentiellement par vantardise.

Des camps par dizaines

Il apparaît, dès les premières libérations, qu'il n'y a pas un camp de prisonniers en zone viêt mais certainement des dizaines. L'inventaire en sera à jamais impossible. Ce ne sont souvent que de vagues bivouacs où s'attardent geôliers et prisonniers. Ceux qui connaîtront une certaine permanence ne sont guère plus organisés. Ce sont de longues paillotes avec des bat-flanc en bambou, un aménagement sommaire pour la cuisine, une autre paillote baptisée infirmerie mais que les prisonniers évitent tant qu'il leur reste un semblant de forces ; ces infirmeries, ils les appellent surtout mouroirs. Parfois les paillotes ont été construites par d'autres bagnards, parfois ils la partagent avec une famille contrainte de les héberger et qui n'a qu'une hantise : que l'un des Blancs meure chez elle ; les dieux familiers lui tourneraient le dos... Nul ne saura donc avec précision combien de camps ont été affectés aux hommes de troupe et aux sous-officiers. Les uns parleront du camp 115 où ils sont passés avant d'être conduits au camp 113 de sinistre mémoire puisque l'un des survivants, Claude Baylé, a pu raconter les exactions d'un garde-chiourme français passé au service des Viêts, Georges Boudarel[1].

Dans le camp où se retrouve l'adjudant Raymond Sourdeau, l'un de ces auxiliaires du marxisme concentrationnaire vient quatre ou cinq fois imposer ses conférences aux sous-officiers regroupés là. Ses auditeurs n'ont pas oublié deux ou trois travers de leur idéologue. Il se faisait passer pour Belge mais ils l'ont soupçonné d'être français. Leur Belge, ou prétendu tel, avait une philosophie simple :

« Vous êtes des prisonniers de guerre, donc vous n'avez droit à rien… »

Intransigeant sur les principes, il semblait fort mal connaître le pays, puisque, à la saison sèche, alors que la soif dévorait les prisonniers, il osait leur expliquer que c'était la faute des aviateurs français :

« Ils ont bombardé et détruit tous les barrages… »

Eux se sont toujours demandé où l'on avait pu construire un seul barrage dans le Nord-Tonkin… Le Belge a dû les croire irrécupérables, il a cessé ses visites, les laissant face à leurs difficultés, à cette soif qui devenait obsession, cette faim jamais assouvie, outre les maladies, l'épuisement, les humeurs des uns, l'abandon des autres, les corvées de bois :

« Nous en venions à haïr les morts, dira Sourdeau, parce qu'ils nous fallait creuser leur tombe et que nous n'en avions plus la force. »

Du sort des gendarmes, on ne connaît que peu de chose. Il ne reste, dans les archives, que le bref rapport d'un survivant. Il apparaît que le 18 juin, ils ont eu quelques modestes raisons de reprendre espoir. Leur longue marche est achevée, ils sont arrivés à Vinh Loc, au camp 73. La nourriture s'améliore : avec l'éternelle poignée de riz, ils mangent un peu de liseron d'eau et quarante grammes de porc par jour. L'espoir n'est qu'une flambée d'illusions : « Cette période de transit entre marche et repos fut fatale à beaucoup… » Un premier gendarme meurt le 20 juin, sans avoir reçu le moindre soin de ses geôliers qui, dès le lendemain, font signer au maréchal des logis-chef X une déclaration attestant que son camarade avait été parfaitement soigné… Un gendarme meurt de dysenterie dans la nuit du 28 au 29 juin, un autre d'épuisement le 12 juillet, et celui qui souffrait de dysenterie depuis le départ du camp s'éteint le 1er août. Le 2 août disparaissent un garde républicain rongé par la furonculose puis un autre gendarme. Les survivants quittent ce camp le 2 août pour Thanh Hoa, plus tard pour Hanoi. Le rapport ne fait état que de leurs souffrances physiques mais à aucun moment d'une rééducation.

Pour les officiers, la liste des camps est plus précise parce que l'un d'entre eux s'efforcera de recomposer les effectifs du camp et la destination de chacun de ses camarades faits prisonniers, le 7 mai ou avant, lors d'accrochages ou de patrouilles[2]. Il y a le camp n° 1, celui où arriveront, un jour ou l'autre, tous les sous-lieutenants, lieutenants et capitaines capturés à Diên Biên Phu, presque tous les médecins aussi. Ils étaient supposés en état de marcher puisque la route s'est faite obligatoirement à pied. Un autre camp très particulier est le camp OS – comme officier supérieur – où séjourneront les commandants, les colonels et certainement, mais à l'écart, le général de Castries.

Ce ne sont pas les seuls lieux de détention. La longue marche vers les prisons définitives a souvent commencé, pour les blessés, par ce que les Viêts appelaient pompeusement « hôpital », en réalité un camp de transit – qui avait précédemment servi aux bo-doï – installé vers le kilomètre 17 de la route provinciale 41, à Muong Phan. Là ont dû s'attarder les blessés incapables d'aller plus loin avant d'y être contraints. Il y a le camp 42, où séjourneront Daniel Camus et Pierre Schoendoerffer ; le camp 70, où passent notamment le sous-lieutenant Pottier du 2/1er RCP, le sous-lieutenant Herraud du 6e BPC et le lieutenant Hurté qui était en charge de l'intendance du camp retranché ; les camps 121 et 126 où a été interné le capitaine Forie du BT2 ; l'hôpital 128, où nous retrouverons le capitaine Sanselme avec le lieutenant Dutel du 2/1er RCP. Puis il y a Cho Chu et Tuan Giao…

Cho Chu : pour les « criminels de guerre »…

Effectuant leurs tris, les Viêts ont parfois curieusement classé leurs prisonniers. Par exemple, le groupe déjà rencontré des officiers de renseignement, des officiers de transmission et des aumôniers. Ce sont, par définition, des « criminels de guerre », sans qu'ils sachent pourquoi. Ceux-ci arrivent relativement vite à destination. Ils sont dès le 26 mai à Cho Chu ; trois semaines de marche alors que leurs camarades traîneront souvent deux fois plus longtemps sur les pistes.

Cho Chu est un lieu étrange qu'en d'autres circonstances ils pourraient trouver beau. Une vallée cachée au fond d'un cirque profond et verdoyant. Un site sauvage en vérité où l'on accède par un unique chemin. La garde en est allégée d'autant. Sans doute est-ce parce qu'il est impossible de fuir cet enclos naturel que les Viêts ont situé là le « tribunal central militaire du Viêt-minh » et quelques autres camps s'ignorant les uns les autres.

Le groupe des prisonniers s'est renforcé depuis sa formation. Sont désormais intégrés des officiers des bataillons thaïs ou ayant commandé des supplétifs, ce qui relève certainement de la logique des « criminels de guerre ». Il y a aussi le lieutenant-colonel Trancart, sans doute plus comme patron de Lai Chau que pour son rôle à Diên Biên Phu ; le commandant Guérin et d'autres officiers d'aviation tels que le lieutenant Iteney, abattu au-dessus de la vallée, puisque les aviateurs sont exécrés des Viêts. Il semblerait que leur sort sans être enviable – ils sont supposés être condamnés à mort… – n'ait pas été plus rude que celui de leurs camarades en d'autres lieux. Ils paraissent notamment avoir totalement échappé aux séances d'endoctrinement. Etre considéré comme irrécupérable n'a pas que des inconvénients... Pourtant, les hommes de Cho Chu étaient bien des détenus hors du commun, puisqu'ils resteront là jusqu'au 30 août, comme si l'annonce du cessez-le-feu et de l'échange des prisonniers dans un délai de trente jours n'était pas parvenue au fond du cirque de Cho Chu !

Tuan Giao : le camp des grands blessés

Les blessés incapables de marcher sont restés un moment à Muong Phan, le bivouac du kilomètre 17, où ils n'ont bénéficié d'aucun soin. Il leur est souvent promis un transfert rapide vers un lieu qui les fait rêver : un hôpital de campagne moderne tout près de là, à Tuan Giao.

Contraints pour la plupart de marcher jusqu'à ce havre de paix, ou transportés en camion dans les pires conditions d'entassement et de brutalité, ils ne découvrent qu'une clairière et des paillotes. Les médecins qui les accompagnent encore, Gindrey et Prémilieu, constatent qu'il y a là encore moins de médicaments, moins de nourriture, mais bien davantage d'humidité. Au cœur du campement, trois paillotes disposées en U ; les deux constructions qui se font face et forment les ailes de l'ensemble abritent des légionnaires et des Vietnamiens ; entre les deux, la paillote des officiers, presque tous impotents. L'ensemble dessine une manière de place d'armes, où les commissaires politiques – les can-bo – dispensent leurs causeries idéologiques. Plus loin, d'autres paillotes, la cuisine et, à l'écart, les feuillées où parviennent rarement ceux que ronge la dysenterie, et partout des singes qui ne cessent de bondir et de se chamailler, des nuées de mouches qui virevoltent entre les feuillées, les cuisines et les paillotes... Allongés sur leur bat-flanc, incapables d'en bouger, les officiers rêvent à haute voix de l'évasion qu'ils tenteront le jour où ils pourront remarcher. Car ils sont tous, ou presque tous, atteints aux membres inférieurs, Trapp du 6e BPC, Bailly et Singland du 8e Choc, Mercier du 3e REI, Biré du 2e BEP, Latanne du 5e BPVN, Désiré du BT 3. Quelques-uns, touchés aux poumons, tel Planet du 3e REI, seraient incapables de marcher cent mètres. La frontière du Laos... la rivière Claire... Ils en parlent, ils additionnent les kilomètres, calculent les jours de marche. Les plus valides sont même volontaires pour les corvées de riz – les stocks sont toujours au diable –, considérées comme un excellent entraînement physique. Ils savent pourtant que la jungle est là qui les enserre, que les patrouilles grouillent aux environs et que les populations les vendent sans façon aux bo-doï.

Le 19 juin, les Viêts offrent à leurs prisonniers une occasion rarissime de se féliciter – comme disent les can-bo – de l'inépuisable clémence du président Hô Chi Minh : ils vont pouvoir écrire à leur famille ! Un morceau de mauvais papier, un crayon à bille qui passera de main en main... Ils plient leur feuille, ils écrivent sur le recto et la moitié du verso. Il s'agit surtout de ne pas inquiéter les parents et de ne pas intriguer les can-bo. Etre discret donc, paraître satisfait de son sort, au besoin vanter les mérites de la cuisine, le charme de l'endroit. Ils ne savent pas ce qu'il adviendra de ces messages, pas plus qu'ils ne savent ce que sont devenues les premières lettres écrites le 19 mai... Qu'importe. La suite prouvera que les lettres ont bien été acheminées. Celle que Pierre Latanne adresse à ses parents sera postée à Hanoi le 11 août, elle est arrivée en France le 14. Brièvement résumé, son parcours est étonnant : cinquante-trois jours pour les trois cent cinquante kilomètres séparant Tuan Giao de Hanoi, puis trois jours de Hanoi aux Pyrénées...

Dans cet hôpital de campagne, ou prétendu tel, les soins sont rares. Le capitaine Trapp considère un jour que sa jambe brisée est guérie. Il enlève l'attelle qui lui a été posée à Diên Biên Phu, va laver ses cicatrices à la rivière et décide qu'il est temps de passer à la réeducation. Un astucieux bricoleur fera de sa gouttière quelques cuillères dont tout le monde manquait. C'est deux mois après sa blessure que le pansement de Pierre Latanne est refait. Sa rotule éclatée, sa jambe brisée, ses plaies infectées sont dans un état effroyable, boursouflées. Les Viêts lui accordent encore, à l'occasion, de très rares piqûres de morphine. Ils ne le laissent pas en paix pour autant : pour les impotents, incapables d'aller assister aux causeries idéologiques, sont organisés des cours particuliers destinés à leur apprendre qu'ils ne sont que des bourgeois décadents ne méritant même pas de vivre. Un autre officier du 5e BPVN, Delobel, devient son aide-soignant personnel, son cuisinier, celui qui par ses attentions le tire vers la vie et l'empêche de s'isoler sur son bat-flanc, la tête cachée, les yeux fermés comme tous ceux qui espèrent sombrer dans un sommeil éternel.

Le 9 juillet, l'état de santé du lieutenant Latanne se dégrade encore, le médecin viêt le reconnaît :

« Votre état est grave. Votre jambe est entièrement infectée. Vous risquez la gangrène car vos chairs sont en très mauvais état. Je vais vous opérer demain. »

Ce sont des décisions qui vous gâchent une nuit. La suite n'est guère plus encourageante. Une table de bambou sur laquelle il est allongé, quatre infirmiers pour maîtriser bras et jambes, un cinquième à cheval sur le torse pour bloquer la tête, un bref jet de kélène pour quelques instants d'insensibilisation locale, et l'opération commence... Travail achevé, le chirurgien tend un éclat retrouvé dans la plaie : « Ça vous fera un souvenir de votre guerre impérialiste... »

Les soins suivants sont pour le 22 juillet. Ils sont trois, Planet, Le Boudec et Latanne. Les infirmiers sondent sans ménagement les poumons de Planet[3]. Ils paraissent avoir tous eu le même commentaire après l'intervention : « Putain que ça fait mal. »

Ils n'ont donc pas connu la célèbre clémence de l'oncle Hô pour la fête nationale française. Ils ont pourtant célébré la prise de la Bastille avec un somptueux cadeau de leurs geôliers : une bière de 33 centilitres à partager à trois et une discussion à thème : « Comment le 14 juillet fut-il accueilli par la population française ? Comment est-il perçu actuellement ? » Ils ont pourtant la tête ailleurs. Ils se demandent où partent ceux qui les quittent, ils s'inquiètent de l'hécatombe autour d'eux. Des hommes meurent chaque jour, et les raisons ne manquent pas ; l'absence presque totale de soins, la saleté, les mouches et les rats, toutes les vermines dévorant les plaies et les intestins, les privations et les travaux forcés pour aller chercher le bois des cuisines ou le riz des repas, l'humiliation quotidienne et le désespoir. Certains préfèrent s'allonger sur leur bat-flanc et se laisser dériver vers la mort qui les engloutit vite.

Vers le 20 juillet, ils entendront parler à Tuan Giao des négociations de Genève. Les can-bo leur en parlent parce que le dialogue tourne en leur faveur. A la fin du mois, ils apprennent que la paix est signée, qu'ils vont être transférés vers Tuyen Quang, au Nord-Tonkin, à environ cent vingt kilomètres de Hanoi. Là les attendent d'autres installations pour une remise en forme avant leur libération.

Le camp des officiers supérieurs

Le sort des commandants et des colonels est loin d'être enviable, mais ils paraissent avoir moins souffert que les officiers subalternes, moins que les sous-officiers et les hommes de troupe. Certes, il leur est arrivé de marcher eux aussi, mais l'essentiel du trajet vers le camp qu'ils ne parviendront pas à localiser avec exactitude – certainement au nord de Tuyên Quang – s'est effectué à bord de camions Molotova. Ils paraissent avoir été mieux nourris aussi : parfois une banane, à l'occasion un poulet pour douze. La ration de riz est de un kilo par jour pour les colonels arrivés les premiers ; elle est de huit cents grammes seulement pour les commandants qui les rejoignent un peu plus tard, selon l'éternel principe voulant qu'il faille diviser pour régner. Sur ce point les Viêts échoueront. Deux paillotes seulement dans ce camp ; les colonels dans l'une, les commandants dans l'autre.

Les officiers supérieurs s'étonnent de la disparition de Castries. Nul ne sait où il est passé, ni même ce qu'il est devenu. Ce qui soutient ces officiers supérieurs c'est leur rêve d'évasion. Ils y songent tous, ils s'y préparent physiquement. Déjà, pendant la longue marche, certains d'entre eux ont voulu prendre le large. Bigeard a raconté sa tentative sur le chemin du camp avec Bréchignac, Tourret et Voinot. Tourret, à bout de forces, ne peut courir que quelques centaines de mètres, avec les balles viêts miaulant au-dessus de sa tête. Les trois fuyards seront repris quarante-huit heures plus tard, aussitôt jugés par un « tribunal du peuple » et condamnés à mort. Il est vrai que Voinot s'est offert, devant leurs juges, un joli numéro de bravoure :

« Pourquoi vous êtes-vous évadé ?

— Pour poursuivre la lutte contre le communisme ! »

Leur vie est, elle aussi, rythmée par les corvées, les causeries des can-bo. Ils y ajoutent, quand ils le peuvent, poussés par l'indomptable Bigeard, des séances de culture physique, des bains dans la rivière. Parfois une surprise les arrache à la morosité du quotidien, comme la réapparition de Castries, un jour autorisé à venir manger son riz avec eux. Il ne doit donc pas être très loin... Les avis sont partagés sur cette visite annoncée. Ils n'ont pourtant pas le temps de tomber d'accord sur l'attitude à adopter. Castries surgit. Bigeard hurle « Garde à vous ! » et tous se lèvent dans un même élan :

« Repos, merci. Bonjour mes seigneurs... »

C'est ainsi que s'évanouit une certaine animosité[4].

Sans doute les officiers supérieurs ont-ils rejoint très tôt le camp OS puisqu'ils y sont déjà le 18 juin, lorsque leur vient l'ordre d'aller jouer les figurants pour le cinéaste soviétique Karmen. Si l'on en juge par la figuration réunie pour tourner ce pseudo-documentaire, à cette date l'ensemble des prisonniers de Diên Biên Phu séjournait ou évoluait dans un périmètre relativement restreint.

Le camp n° 1

Sans aucun doute est-ce le camp le plus connu. Il a fait l'objet de nombreux récits et les témoignages abondent ; au point d'avoir été longtemps considéré comme l'unique camp pour officiers. Il n'était pourtant que l'un parmi d'autres éparpillés dans cette région du Tonkin. Le camp n° 1 est installé à Lang Vai, à une soixantaine de kilomètres au nord de Tuyen Quang, à soixante-dix kilomètres à l'est-sud-est de Cho Chu. Il semble qu'ils aient presque tous été installés dans cette même région du Tonkin. En apparence, rien ne le distingue des autres lieux de détention. Tenter une évasion relève du désespoir ; supporter la rigueur des geôliers nécessite un courage de tous les instants. La rééducation idéologique est une des occupations constantes avec les corvées en tous genres. Comme partout les soins médicaux sont inexistants, la nourriture au-dessous du strict minimum.

Les officiers subalternes parviennent par différentes voies et à différents moments au camp n° 1. Ils arrivent par une piste conduisant vers le fond d'une vallée que traverse une rivière limpide, avec ici ou là un garde qui leur paraît bien débonnaire, à moins qu'il ne soit tout simplement superflu pour ces Blancs à bout de forces... A leur grand étonnement, ils retrouvent là des camarades prisonniers depuis des années. Tels les colonels Lepage et Charton, qui ont connu l'enfer de Cao Bang, détenus depuis quatre ans et longtemps gardés au secret. D'autres rescapés de Cao Bang, aussi, comme Jean-Jacques Beucler, un officier de tabors marocains, qui a accepté les redoutables fonctions de « secrétaire du comité de paix et de rapatriement » du camp, ce qui en fait une sorte de médiateur entre le commissaire politique et les détenus[5]. Avec eux, l'administrateur Moreau, capturé à Vinh le 19 décembre 1946, il y a huit ans déjà.

La bienvenue est souhaitée aux nouveaux arrivants par le geôlier en chef. Les anciens l'ont surnommé « Prosper », pour cause de mine patibulaire. En français, il leur explique qu'ils ont été indisciplinés en chemin... incorrects vis-à-vis de la population civile... qu'ils ont volé... qu'ils ont même tenté de violer une jeune fille sur le bord de la route... Mais qu'ils ne s'inquiètent pas, c'est du passé. Tout cela n'est que le fruit de l'éducation reçue dans le monde capitaliste, ils ne sont donc pas responsables. Qu'ils sachent que désormais leurs règles de vie seront simples et saines : être discipliné, veiller à sa santé, se rendre utile à la collectivité en travaillant de ses mains et avec son esprit, en luttant pour la paix. Le lieutenant Allaire n'a pas oublié la chute de cette harangue :

« Ici, nous vous apprendrons à discerner la vérité du mensonge et le bien du mal, nous extirperons de vos esprits ces marques de l'impérialisme américain et du colonialisme bourgeois… »

Les nouveaux venus découvrent que les Viêts ont tenté, ici comme ailleurs, d'effacer toute trace de hiérarchie et d'imposer un système strictement égalitaire. Les prisonniers, depuis des mois, jouent derrière leur dos une extraordinaire partie. La hiérarchie subsiste clandestinement et il est de bon ton d'aller se présenter réglementairement aux deux colonels, ce que fait aussitôt le lieutenant de La Malène. Les officiers se sont imposé des règles de vie très strictes. Outre le respect de la hiérarchie militaire, ils ont opté pour le vouvoiement. Ils respectent, pour leur alimentation, une hygiène rigoureuse avec passage quotidien dans la rivière puis destruction systématique par le feu, à intervalles réguliers, de tous les ustensiles de cuisine taillés dans le bambou, un bois facile à utiliser mais porteur de tous les virus possibles. Ils s'imposent une participation aux corvées collectives. Le choix en est court, d'ailleurs : ou bien aller tailler les branchages pour construire ou reconstruire leurs paillotes, ou bien aller chercher le riz qui est, évidemment, stocké dans des endroits aussi éloignés que possible du camp, ou enfin participer au ramassage du bois de chauffage pour la cuisine. Les anciens sont formels : en suivant ces règles impératives, un prisonnier arrivé à l'état de loque humaine, sans volonté ni espoir, redeviendra en six ou dix mois un officier-prisonnier des plus convenables. Plus tard, ils seront également certains que les règles qu'ils se sont imposées expliquent l'importance relative des survivants par rapport aux autres groupes de prisonniers.

Les installations du camp se révèlent rudimentaires. Les paillotes construites par les détenus sont insuffisantes. Ils vont partager les logements des habitants de la vallée, des Thos contraints de céder la moitié de leur cai-nha pour faire place à ces hôtes obligés, dont ne les sépare qu'une sorte de paravent en bambou tressé. Une vingtaine d'hommes doivent s'installer sur quarante mètres carrés. Tonkinois et prisonniers sont à l'étage, au-dessus du troupeau familial, canards, porcs et buffles pataugeant dans la boue et leurs excréments.

Les anciens apprennent vite aux nouveaux que « aller au buffle » est certainement la pire des sanctions pour un prisonnier ayant commis une faute contre la discipline des Viêts. Aller au buffle, c'est être attaché aux piliers d'une des cai-nha, dans la fange, avec les bêtes, et partager leur intimité des jours et des nuits. Les buffles du camp n° 1 paraissent, par chance, ignorer un usage bien établi, à savoir qu'un Blanc à l'odeur naturellement repoussante doit être obligatoirement agressé. Il est vrai que les Blancs désormais empestent suffisamment... Jean Pouget, dans un ouvrage de fiction bâti autour de son expérience personnelle au camp n° 1, laisse à l'un de ses personnages le soin d'évoquer cette sanction :

« Les buffles sont parqués sous les baraques, entre les pilotis. Comme ils affectionnent la boue, leur étable est un bourbier noir, putride, grouillant de vers et de parasites, environné de mouches et de moustiques. Le condamné "au buffle" est lié par les mains à un piquet ou un pilotis, dans l'enclos de la bête. Il a le choix entre se tenir accroupi ou se coucher dans la merde... Il vit là jour et nuit, seul. Il est interdit de lui rendre visite, de lui porter à boire ou à manger, de lui adresser la parole. Le buffle n'est pas méchant. S'il te lèche parfois le visage, c'est pour le goût de sel de ta sueur... On s'habitue très bien à l'odeur de la bouse, jamais à l'odeur de la fiente de canard... Il faut que tu saches que le canard, tant qu'il n'est pas accommodé aux navets ou à l'orange, est un animal immonde... Il pue... Il y a aussi les cochons, ces petits cochons galopeurs, particulièrement voraces et dangereux, perpétuellement affamés. Quand ils sont là autour de toi, le groin tendu juste à la limite de tes coups de pied, tu dois veiller sans un instant de relâche, car ils attendent ta défaillance pour te bouffer vivant en commençant par les couilles... Les rats attendent que tu sois mort et commencent par le nez[6]... »

Jour après jour, se maintient le rythme immuable des corvées, le bois... le riz... Les moins fringants que handicape une blessure ou que ronge la maladie se voient confier d'autres tâches. Ils sont vanniers, cuisiniers, tailleurs, coiffeurs. « Ce n'est pas tous les jours, notera Allaire, que l'on peut se faire couper les cheveux par un chef de bataillon, officier de la Légion d'honneur... » Ils sont dès 6 h 30 au rassemblement du matin et entament une longue journée de travail, avec quelques instants de pause, le temps de lire un exemplaire de *L'Humanité* datant d'une bonne douzaine de semaines ou bien des revues russes, chinoises, tchèques qui sont fournies, à l'occasion, dans leur traduction française. Plusieurs fois par semaine, la journée s'achève par une causerie politique ou d'information de « Prosper ». La partie politique n'a guère de succès, l'orateur paraît s'en rendre compte. Les informations sont autrement appréciées ; elles sont succinctes mais elles leur semblent intéressantes. Ils découvriront plus tard qu'elles étaient le plus souvent exactes. Ils savent ainsi que Laniel a cédé la place à Mendès France ; que celui-ci a décidé d'en finir pour le 20 juillet... Curieusement, l'espérance fleurit plus naturellement chez les prisonniers de Diên Biên Phu que chez ceux de Cao Bang.

C'est le même « Prosper » qui leur présentera à plusieurs reprises les manifestes contre la guerre, contre le gouvernement français, contre le haut commandement, pour la gloire de l'oncle Hô et de sa célèbre clémence. Ces manifestes ont toujours été des cas de conscience pour les officiers appelés à les signer. Devaient-ils apposer leur paraphe et donner l'impression qu'ils étaient sensibles à la propagande de leur commissaire politique ? Devaient-ils refuser au risque de voir le même commissaire leur rendre la vie plus difficile encore ? Devaient-ils accepter parce que, après tout, la signature arrachée sous la contrainte à un prisonnier n'a guère de valeur, ou devaient-ils refuser pour leur honneur d'officier ? D'autres éléments sont venus compliquer le jeu : ils pouvaient en signant sauver la vie des camarades les plus faibles... Si les manifestes étaient publiés, leurs familles auraient peut-être la chance d'apprendre leur survie...

Ils ont tout discuté, évalué, soupesé. Ils ont connu tous les problèmes de conscience possibles. Ils ont souvent attendu la décision du plus ancien dans le grade le plus élevé de leur environnement. Les uns ont répondu qu'il fallait signer sans hésiter ces chiffons sans la moindre valeur ; d'autres ont eu davantage d'états d'âme et ont cru bon de résister... Mais qu'importaient, en vérité, ces signatures volées...

L'autocritique est une autre des brimades, certainement moins rude physiquement mais plus pernicieuse intellectuellement. Les marxistes entendent, par cette manière d'exorcisme, chasser le vieil homme de son enveloppe charnelle et faire apparaître un être nouveau lavé de ses péchés, débarrassé de ses préjugés, dépouillé de son passé qui ne peut être qu'erreur et mensonge.

L'essentiel en cet été 1954, au camp n° 1 comme au camp 113, comme en bien d'autres lieux de détention, c'est de ne pas être affecté à l'infirmerie. C'est pourtant le lot de tout homme défaillant. Dès l'instant où il devient inapte aux corvées, qu'il ne peut plus quitter sa litière, un prisonnier est immédiatement transporté vers ce lieu écarté que le Viêt-minh appelle l'infirmerie et les détenus la morgue. Un mouroir en vérité, où les détenus à bout de forces viendront s'éteindre comme des chandelles, sur des bat-flanc sordides, macérant dans leurs excréments, sans autres soins qu'un peu d'eau bouillie et une poignée de riz qu'ils ne peuvent même plus avaler. Ils sont assistés, à l'occasion, par d'autres prisonniers trouvant dans ce double rôle d'aide-soignant et de croque-mort une situation enviable. Eux, au moins, mangent presque à leur faim, en ajoutant à leur pitance les rations des moribonds. Un semblant de tombe à creuser, trois pelletées de terre, puis la végétation très vite effacera les dernières traces d'une vie volée.

A proximité du camp n° 1, les officiers prisonniers repèrent assez rapidement un autre camp, sensiblement différent par son recrutement mais identique par ses structures et sa discipline : un camp de ralliés ! S'il leur fallait appeler les pensionnaires de ce camp par leur nom, ce seraient évidemment des déserteurs... Pour ceux-là, l'avenir paraît encore plus incertain qu'aux prisonniers. Ils peuvent se demander ce que le Viêt-minh fera d'eux au cas où des accords seraient signés à Genève, puis s'ils sont rendus aux Français ce que l'armée – et ses tribunaux – décideront pour eux. Alors, discrètement, lorsqu'elles se croisent aux abords du dépôt de riz, la corvée des ralliés se rapproche de la corvée des prisonniers, comme si elle cherchait à renouer des liens déchirés. Ce sont les ralliés qui apportent aux prisonniers le plus d'informations sur ce qui se discute à Genève, sur l'issue possible. Ils attendent tous le 21 juillet, les uns avec impatience, les autres dans l'inquiétude.

Au camp n° 1, il ne se passe rien, le 21 juillet… « Prosper » s'est évaporé !

Vers Tuyen Quang et la liberté

Les officiers prisonniers attendent le 30 juillet pour voir réapparaître leur geôlier qui leur paraît fort agité, presque exubérant. Il les rassemble aussitôt pour leur apprendre la signature des accords de Genève, l'échange des prisonniers dans un délai d'un mois et, pour eux, officiers français, une amélioration de leurs conditions de détention et la fin des pressions politiques… Il y a même, à leur grand étonnement, une distribution de courrier. Des lettres acheminées par la Croix-Rouge, qui se sont longuement entassées et qui, pour certaines, n'atteindront jamais leur destinataire resté dans la boue de Diên Biên Phu, abandonné quelque part sur les pistes du Tonkin ou inhumé là, au camp n° 1 où les hommes continuent de mourir, toujours de faim, de maladie, d'épuisement ou de désespoir.

Le 1er août, ils se mettent en marche pour la liberté. Des camions doivent les attendre sur la RC 8, à une soixantaine de kilomètres de là, pour les transporter ensuite à Viétri. Rejoindre la route, c'est environ trois jours de marche et après ce sera la fin des souffrances. La dernière brimade des Viêts est sévère. Au terme de la deuxième journée de marche, ils sont déroutés vers un ancien camp d'hommes de troupe, le camp n° 43, où l'on découvrira que sur quatre cents prisonniers, deux cent cinq sont morts en deux mois. Ils repartent le 15 août, non pas pour Viétri comme ils l'espéraient mais pour un autre camp également abandonné, également sordide, où avaient été entassés des tirailleurs algériens et marocains. La vie reprend comme avant ; ils doivent assumer les corvées, supporter un rationnement encore plus sévère et s'entendre dire que leur libération n'est peut-être pas pour un avenir proche. Le 30 août pourtant, ils repartent et traversent la rivière Claire ; le 1er septembre, ils sont à Tuyen Quang et le soir même à Viétri.

La fin de l'hôpital 128

A Tuan Giao, on ne paraît guère pressé de rendre aux Français des hommes qui sont encore, pour la plupart, de grands blessés. Ils n'en partent que le 8 août, embarquant dans des camions Molotova. Attendant le départ, ils regardent les bo-doï incendier les paillotes, détruisant toute la vermine du camp et du même coup toutes traces de celui-ci. Bien plus tard, des décennies ayant passé, d'anciens bagnards de Tuan Giao reviendront sur les lieux. Ils ne retrouveront rien de leur camp, aucune trace. Incapables de le situer exactement, ils se renseigneront. En vain. Personne ne connaît ou ne veut connaître l'existence passée d'un camp de la mort dans les environs.

C'est au soir du 18 juin, à l'hôpital 128, que le lieutenant Sanselme, toujours très affaibli par ses blessures, retrouve le capitaine Gendre. L'officier du 7e RTA n'est plus que l'ombre de lui-même, il ne se nourrit plus guère :

« Je ne crois plus à rien. »

Gendre s'éloigne. Sanselme, dans une crise de fureur qu'il ne contrôle plus, s'en prend à leurs geôliers, insulte Hô Chi Minh. Les médecins viêts interviennent, décident de le sanctionner. Les médecins français parlent d'une crise aiguë de paludisme aggravée de délire. L'officier ne se souvient de rien, en réalité. Il est pourtant décidé d'isoler ce récalcitrant dans une baraque à l'écart réservée aux fortes têtes. Il s'y retrouve seul avec le capitaine de Bazin de Bezons, grièvement blessé à la cuisse avant la chute du camp. La dignité et la volonté de l'homme l'impressionnent. Bazin reste souvent assis des heures entières, silencieux comme s'il cherchait la paix et l'espérance dans de lointaines pensées. A son tour, Sanselme décide de survivre. Il surmonte ses douleurs, se redresse et va, lui aussi, s'asseoir au-dehors de leur paillote.

Un jour imprécis de la fin juillet, alors qu'il n'y a plus d'hommes de troupe à l'hôpital 128, seulement des gradés et des officiers, il est officiellement question de leur départ. Les bo-doï leur parlent de la route vers Cao Bang... En réalité ils prendront une tout autre direction, pour revenir à leur point de départ qui n'est plus tout à fait le même, ni tout à fait un autre. Pendant leur absence, une immense mise en scène a été organisée pour leur prochaine libération. Il y a des tentes improvisées avec des toiles de parachute ornées de croix rouges. Il n'y a plus de gardiens mais des infirmiers avec le brassard de la Croix-Rouge. Les représentants de la commission d'armistice sont attendus !

Qu'ils soient indiens, polonais ou canadiens ne changera rien à leur comportement. Ils ignoreront totalement ceux qu'ils sont venus libérer. Lorsque le troisième hélicoptère décolle, le lieutenant Sanselme pleure dans les bras du médecin-lieutenant de la Légion qui les prend en charge. Dans l'appareil, un civil a pris place, qui n'a pas un mot, pas même un regard pour les fantômes qu'il accompagne. L'officier s'en étonne, demande au toubib qui il est :

« Le professeur Huard. »

A l'atterrissage, un grand infirmier noir s'approche des prisonniers, prend Sanselme sous son bras et l'emporte. Après un mois passé à l'hôpital Grall, et en dépit de quelques difficultés pour que lui soit délivré un nouveau passeport, puisqu'il est incapable d'aller le retirer seul, Sanselme embarque sur le *Pasteur*. En métropole, il faudra reprendre les soins, la rééducation, sans être assuré de pouvoir un jour remarcher[7].

Arriveront plus tard encore à Tuyen Quang les « criminels de guerre » de Cho Chu, qui n'ont quitté leur cirque calcaire que le 30 août. Les officiers supérieurs réapparaissant début septembre seulement. Ils sont maigres, ils ont le teint jaune, d'étranges lueurs dans le regard. Ils viennent de perdre Ducruix qui s'est éteint dans les bras de Bigeard à la veille de retrouver la liberté.

A Tuyen Quang, les installations d'accueil se révèlent moins sinistres que les précédentes. Le centre d'hébergement est installé sur l'ancien hippodrome de la ville, au pied de la citadelle. Les paillotes sont bien alignées, spacieuses. Une installation semblable existe à Tan Hoa où sont regroupés les détenus du Sud-Tonkin. Ils seront transférés à Sam Son, embarqués sur des péniches de débarquement, transbordés sur un bâtiment de guerre et de là, par la haute mer, acheminés jusqu'à Haiphong.

Le cérémonial ne diffère guère de Tuyen Quang à Tan Hoa, de Viétri à Sam Son. A tous, ou presque, le Viêtminh remet très administrativement les objets saisis lors de leur capture. Pour celui-ci une montre, pour celui-là une bague, ou plus précisément sa montre, sa bague... Ils retrouvent leurs portefeuilles et les billets de banque, leurs papiers d'identité. Certains diront que leurs piastres sont devenues des piastres Hô Chi Minh, que la montre n'était pas la leur ; ce ne sera pourtant pas une récrimination générale. En vérité, ils ne savent trop s'ils doivent s'étonner de cette honnêteté scrupuleuse ou d'une bureaucratie qui risque d'être fort pesante pour le futur Vietnam. Ils reçoivent parfois un curieux cadeau : un petit insigne métallique représentant la colombe de la paix dessinée par Picasso. Ils touchent de nouveaux vêtements : chemise et pantalon de toile, forte ceinture de toile à boucle métallique offerte par Pékin, un petit sac de toile pour les affaires de rechange et un chapeau en feuilles de latanier. Pour les chaussures, comme précédemment pour les objets personnels, les souvenirs divergent, à moins que les sandales de tennis, elles aussi arrivées de Chine, n'aient été en nombre insuffisant puisque certains se souviennent de nu-pieds bricolés dans de vieux pneus pour automobile. Ensuite, il faut payer le prix de tous ces cadeaux...

Une dernière fois, ils signent des manifestes anticolonialistes... Une dernière fois, ils écoutent les discours des insupportables can-bo... Puis, seule nouveauté, pittoresque au demeurant, sur un gros registre, ils doivent écrire une phrase à la gloire de l'oncle Hô, le remercier pour les bons traitements qui leur ont été accordés durant leur captivité. Il ne manquera pas une seule signature sur ces étranges livres d'or. On ne rate pas un hélicoptère ou une péniche de débarquement pour un graffiti au bas de trois lignes délirantes...

Mais l'on meurt encore aux portes de la liberté. Le capitaine Gendre est de ceux qui achèvent là leur détention, comme le lieutenant-colonel Ducruix, comme des dizaines d'autres.

L'horreur révélée

La suite des libérations va relever du cauchemar pour ceux qui accueillent ces épaves arrachées au rideau de bambou. Il n'y a rien à dire pour les hommes de Giap que la France rend au Viêt-minh ; ils ont connu le sort qu'un pays civilisé, signataire de la Convention de Genève, réserve à ses prisonniers. Il va en être tout autrement pour les hommes du corps expéditionnaire tombés entre les mains du Viêt-minh.

En théorie, les accords de Genève prévoyaient que cet échange serait achevé dans les trente jours suivant la signature, avant le 20 août donc. Or les libérations ont été plus lentes, difficiles, entrecoupées de suspensions. La raison en est presque inavouable pour le Viêt-minh, parfaitement conscient que le délabrement de l'état physique des premiers prisonniers libérés a eu des effets désastreux sur l'opinion internationale. Ce sont des fantômes qui surgissent du néant. Ils pèsent quarante kilos, parfois trente-cinq ; ils sont décharnés, usés, méconnaissables, avec tout le désespoir du monde dans le regard, habillés de bric et de broc, glissés dans des uniformes viêts qui ne sont jamais à leur taille. Il faut les aider à marcher, les porter... Alors le Viêt-minh décide de prendre son temps sous tous les prétextes possibles. Parce que des journalistes sont là... Parce que les eaux du fleuve Rouge sont trop hautes... Parce que leurs listes ne sont pas à jour, et le général Salan constate effectivement que manquent sur ces relevés bien des officiers qu'il connaît personnellement, à commencer par Bigeard. Derrière son rideau de bambou, le Viêt-minh triche comme il le peut, truque comme il l'entend. A ces hommes décharnés par une sous-alimentation permanente, il impose une suralimentation qui, loin de leur rendre une mine plus acceptable, ajoutera à une mortalité déjà dramatique. Il laisse aussi mourir, en brousse, loin des observateurs, les prisonniers jugés irrécupérables.

Lorsque les libérations reprennent, elles sont accompagnées par le plus absurde des cérémonials. Des infirmières tout de blanc vêtues accompagnent les soldats rendus à la liberté. Cette compagnie les étonne, puisqu'ils n'ont jamais vu durant leur captivité la moindre infirmière, très rarement un infirmier ou un médecin digne de ce nom. Il y a des orchestres aux violons grinçants et des chœurs entonnant un absurde « Ce n'est qu'un au revoir mes frères » ou « J'irai revoir ma Normandie ». Guy de La Malène se souvient de ce 2 septembre 1954 et son retour vers le monde libre. Comme tous ses compagnons de détention, il a dû passer devant un tas de vêtements pour y prendre sa tenue de sortie et un chapeau en feuilles de latanier. Il a laissé, en échange, sa veste de saut toujours tachée de sang, rigide de crasse et de boue, il a discrètement récupéré sa chevalière cachée dans le revers de son treillis, puis il a repris sa place dans le cortège bien organisé par les Viêts selon des critères qui leur sont propres : les plus faibles qui ne portent rien, les moyens transportant un ou deux jours de vivres et les costauds chargés de brancarder les plus faibles. Avec ses compagnons, il s'est avancé vers la liberté, la vie et le premier repas qui tuera les plus faibles.

Les médecins militaires chargés de les accueillir ne savent plus que faire. Ceux qui arrivent ont toutes, absolument toutes les maladies que l'on peut attraper en brousse par manque d'hygiène et faute d'une alimentation suffisante. A boire l'eau des rivières, ils ont contracté des lithiases, des coliques néphrétiques, des cystites ; à manger exclusivement du riz sans le moindre apport de sel, ils ont attrapé le béri-béri, souffert de diarrhées ou de météorisme. La vie en brousse leur a valu le paludisme, la leptospirose, le typhus des broussailles, d'autres maux encore qu'ils doivent au contact des excréments de buffle – tous, ou presque, ont été un jour ou l'autre envoyés « au buffle ». Ils ont des dysenteries, des ascaridioses qui les ont beaucoup inquiétés. L'ascaris, parasite de l'intestin, aime son confort et une température régulière ; lorsque les vers abandonnaient un prisonnier, par tous les orifices possibles, celui-ci savait que la vie, elle aussi, s'enfuyait de son corps.

Un infirmier s'est approché du fantôme de Guy de La Malène :

« Vous êtes de quel groupe ?

— Moi, je suis un costaud, je brancarde. »

Pour que l'infirmier accepte de le croire, il faut qu'il y ait entre lui et ses compagnons un brancard posé avec un malade allongé. L'infirmier regarde l'officier, il ne comprend plus rien : un costaud, ce serait donc un homme d'un mètre soixante-dix-huit, qui ne pèse plus que quarante-trois kilos !

Lorsque l'armée française et la Croix-Rouge pourront établir un premier bilan, l'horreur des camps viêts prendra toute sa dimension, celle d'une hécatombe : trente-neuf mille huit cent quatre-vingt-huit prisonniers du côté de l'Union française au cours du conflit pour seulement neuf mille neuf cent trente-quatre libérés. Parce que les prisonniers, selon leur rang ou leurs origines, n'ont pas été traités de la même façon, une répartition s'impose, éloquente elle aussi. Chez les Français de souche – pour conserver une appellation que l'armée perpétuera – les pertes durant la détention ont atteint 59,98 % ; pour les légionnaires européens elles s'élèvent à 54 % ; à 49 % chez les Maghrébins ; à 54 % chez les Africains. Les Vietnamiens, eux, ont frôlé l'extermination : sur quatorze mille soixante hommes capturés alors qu'ils servaient dans les unités de l'armée française, il n'en reviendra que huit cent soixante ; sur les neuf mille quatre cent quatre prisonniers des forces vietnamiennes que Giap n'appellera jamais autrement que les « fantoches », ils seront seulement cent cinquante-sept à retrouver la liberté. Le taux global de la mortalité chez les prisonniers est donc de 69,04 %. C'est effectivement pire que Buchenwald où il a pourtant atteint 37 %. Encore ce chiffre n'est-il qu'approximatif, puisqu'il ne prend pas en compte les prisonniers libérés qui vont mourir dans les jours ou les semaines suivant leur libération[8].

Il y a aussi ceux qui ne reviendront jamais… Le capitaine Gendre, dont Sanselme apprend qu'il s'est laissé mourir avant son arrivée à Viétri… le lieutenant-colonel

Ducruix... le commandant Kah... le capitaine Yves Hervouet, mort d'épuisement durant la longue marche. Lorsqu'il apprend la mort de son ancien aide de camp, Juin s'effondre en pleurs. Le lieutenant par assimilation Pennamec'h ne rêvera plus d'un joli bureau de poste dans sa Bretagne natale... Et des dizaines d'officiers, des centaines de sous-officiers, des milliers de soldats... Il en manque aussi, dont les Français savent qu'ils ne sont pas morts mais toujours détenus secrètement. Parmi eux se trouve Pham Van Phu, le petit lieutenant du 5ᵉ BPVN, celui qui a fait chanter *La Marseillaise* à ses parachutistes montant à l'assaut. Il faudra de longs mois de tractations pour l'arracher aux communistes. Ils le rendront à la France en 1956 seulement. Il reprendra le combat dans l'armée nationale du Sud-Vietnam. Il fera un bon général. Mais à l'approche de la défaite, voyant réapparaître l'ombre des camps viêts, il leur préférera le suicide lorsque les bo-doï seront aux portes de Saigon.

Puis il y a celles dont on ne parlait jamais, dont on parlera si peu, les petites putains des BMC. Elles étaient quinze, onze ont été capturées à Diên Biên Phu. Les Algériennes ont été libérées, tout au moins celles qui ont survécu au siège puis à la longue marche et à la détention. Les Vietnamiennes ont disparu, toutes et pour toujours. Un historien, Alain Sanders, rencontrant des années plus tard le docteur Grauwin, lui demande s'il a connu le sort des prostituées du BMC de la Légion, les Vietnamiennes donc, dont personne n'a plus entendu parler. Il publie le récit de Grauwin dans le journal *Présent* daté du 12 mars 1992 :

« Ces filles étaient des soldats. De vrais soldats. Elles se sont conduites de façon remarquable. Tous mes blessés, tous mes amputés, mes opérés du ventre étaient à l'abri dans des trous souterrains. Et il fallait qu'ils pissent, qu'ils fassent leurs besoins, qu'ils fassent un peu de toilette. Ce sont ces femmes, ces prostituées transformées en "anges de miséricorde" qui m'ont aidé à les aider, qui ont permis à nos blessés de supporter leurs misères. Elles les ont fait manger, boire, espérer contre toute espérance... »

De la suite, de leur agonie, il n'y a plus de témoins directs, simplement le récit que Grauwin a recueilli plus tard, parce qu'un commissaire politique, dans un camp, a parlé de ces femmes à un prisonnier :

« Pourquoi un commando de femmes contre nous ?

— Il n'y avait pas de tel commando.

— Si, elles nous ont tiré dessus... »

Ainsi donc, les putains des BMC, infirmières au plus fort de la tragédie, auraient-elles aussi pris les armes lorsqu'elles n'ont plus eu d'espérance à offrir. Grauwin sait qu'elles ont été rossées, tabassées, affamées. Elles n'ont cessé de crier à leurs bourreaux qu'elles étaient françaises qu'à l'instant où elles ont reçu, l'une après l'autre, une balle dans la nuque...

Pourquoi un tel acharnement des geôliers contre leurs prisonniers, diminués ou blessés ? Pourquoi une telle mortalité en si peu de temps ?

Comme il est difficile d'accepter l'idée d'une telle barbarie pour conditionner idéologiquement les prisonniers – tout au moins après la longue marche qui aurait pu être le début d'un conditionnement préalable à une rééducation politique –, l'idée paraît devoir être écartée. Sauf à accepter la possibilité que les can-bo aient sombré collectivement dans une sorte de démence meurtrière, il ne reste donc que trois possibilités. Ou bien, les gardiens étaient incapables d'évaluer l'état de délabrement physique de leurs prisonniers ; ce qui pourrait être une explication pour un camp, pour deux à la rigueur, mais un tel aveuglement s'imagine mal étendu à l'ensemble des camps. Ou bien encore, le Viêt-minh s'est trouvé dans l'incapacité de gérer ces milliers d'hommes, alors que ses propres blessés restaient sans soins et que les problèmes de ravitaillement se perpétuaient. Ou bien enfin, a réellement existé la volonté de détruire physiquement les prisonniers.

A ces questions, personne n'a pu avancer une réponse indiscutable. Il est à redouter que la vérité soit, comme souvent, une affaire de nuances : certainement une association des privations, de l'incompétence, de l'indifférence, de la hargne et de la haine. Cela peut créer une hécatombe.

Une enquête de la Sécurité militaire

Rien n'est simple pour ces rapatriements, car ce sont des hommes diminués qui vont voguer vers la liberté. Or, les autorités savent que les prisonniers libérés sont psychiquement fragiles. La situation était telle que, dans d'autres circonstances, le colonel Bastiani avait signé dès le 6 décembre 1953, au nom du général Cogny, une note très précise :

« Les prisonniers libérés se présentent à nous, lors de leur récupération, épuisés physiquement et moralement déphasés [...]. Il faut lui [le prisonnier libéré] donner l'impression qu'il reprend tout simplement, dans la grande famille militaire, une place qui lui a été gardée et qui demeure la sienne. »

Des libérés du mois d'août 1952 avaient déjà expliqué avoir été très bien reçus par les postes avancés, mais pour être ensuite pratiquement séquestrés. Le 19 novembre 1953, le médecin-capitaine Pedoussant, récemment libéré, protestait contre la suspicion du corps médical de l'hôpital Lanessan à l'encontre des libérés et de leur mentalité. Ils auraient été contaminés par les communistes ! Leur problème est commun. Il tient aux engagements qu'ils sont supposés avoir pris envers les Viêts.

« Vous pensez que si vous tenez vos engagements d'autres seront libérés », écrira le médecin-capitaine Noirot à son compagnon de détention Pedoussant. Noirot a ainsi dit aux Viêts que, libéré, il quitterait l'armée pour devenir médecin d'usine et faire la propagande du parti communiste ! Il n'a jamais quitté l'armée…

Depuis que le Viêt-minh faisait des prisonniers, depuis qu'il avait relâché quelques malades ou de rares convertis – ou faisant semblant de l'être – les services de la Sécurité militaire se préoccupaient, eux aussi, des conséquences d'une rééducation idéologique sur les prisonniers de l'Union française. Il ne fallait pas que revenus à la liberté, les bagnards d'Hô Chi Minh deviennent des agents conscients ou inconscients du marxisme. Les lavages de cerveau laissent parfois des traces…

Alors, pour déceler les déviations idéologiques, la Sécurité militaire prépare un questionnaire auquel devra répondre chaque prisonnier libéré. Certains s'en amusent, d'autres s'en agacent. Bien peu en parlent aujourd'hui, peut-être simplement parce que, dans leur immense fatigue, ils n'ont qu'entrevu le plus saugrenu des interrogatoires.

Pourtant, tous les libérés doivent répondre à un questionnaire très précis et fort curieux :

– Conditions de votre capture

– Transferts successifs et conditions de votre libération

– Vos conditions de vie matérielle

– Propagande subie

– Conditions et tenue morale des prisonniers

– Interrogatoires subis

– Que connaissez-vous des services spéciaux viêt-minh ?

– Avez-vous été l'objet de propositions des services spéciaux viêt-minh ?

– Avez-vous connaissance que des prisonniers aient coopéré (noms) ?

Et ainsi de suite jusqu'au vingt et unième point intitulé « divers », pour le cas où quelque chose aurait été oublié[9] !

La réapparition des ralliés

Parallèlement à la libération des prisonniers du corps expéditionnaire, d'autres rapatriements sont organisés. La libération des prisonniers du Viêt-minh qui étaient entre les mains des Français aurait dû s'effectuer sans difficulté ; celles-ci surgiront à propos de bo-doï que réclame le Viêt-minh mais qui se sont enfuis des convois du retour pour échapper au régime communiste.

C'est au Sud que se règle le transfert des unités du Viêt-minh que le cessez-le-feu a laissées en deçà du 17e parallèle. Aux premiers jours d'octobre 1954, un jeune lieutenant de l'infanterie coloniale, Guy Simon, appartient à l'une des trois commissions d'armistice chargées de cette tâche, la sous-commission dite « de la forêt vierge »... Ils sont cinq de chaque côté, avec pour la France un colonel, un officier de marine puisque les bo-doï sont rapatriés par mer, un officier du train pour les acheminer jusqu'à la côte, un interprète et un homme réputé connaître le terrain, le lieutenant Simon donc. L'essentiel des discussions porte sur le nombre des départs quotidiens, sur le lieu d'embarquement dans les camions, sur le chemin à suivre jusqu'à l'embarquement. C'est long, fastidieux, mais sans autres difficultés que celles créées par le Viêt-minh. Les bo-doï se présentent par unités, en ordre parfait, et prennent le chemin de la République démocratique du Vietnam. La surprise est pour le dernier jour. Les délégués du Nord ont encore des hommes à embarquer : les déserteurs de l'armée

française, les « soldats blancs » de Hô Chi Minh ! Ceux-
là – quelques dizaines – n'ont pas forcément belle allure.
Devant la délégation française, certains se veulent arro-
gants, d'autres paraissent gênés, parfois honteux. Simon
les regarde et comprend à qui il a affaire. Il se doute
qu'ils ont suivi une inclination idéologique. L'armée, aux
premiers temps de la guerre d'Indochine, s'était méfiée
des officiers d'origine FTP passés de la Résistance dans
l'armée régulière lors de la campagne de la Libération,
puis elle avait cherché à les écarter. A ces officiers, le
parti communiste avait effectivement demandé d'accepter leur mutation pour l'Indochine, ils pourraient être
utiles. Ils se sont dévoilés trop vite, ou bien ils ont oublié
leur engagement partisan, ils ont en tout cas été très peu
nombreux à déserter. Le PC les a remplacés par des
engagés qui ont plus fréquemment rallié le Viêt-minh,
sans y tenir les rôles qu'ils avaient pu espérer. Il n'est pas
sûr que leur guerre d'Indochine ait été une suite de lendemains qui chantent.

Dans cet étrange cortège suivent les légionnaires.
Comme on ne s'engage pas sous le képi blanc par idéologie, mais plus souvent pour oublier ou se faire oublier,
il faut bien accepter que nombre de ces déserteurs aient
cédé à une défaillance du moral ou à une réprimande
plus ou moins justifiée d'un sous-officier ou d'un officier.
Il en était de même pour les tirailleurs maghrébins,
encore que les services de la propagande viêt-minh aient
davantage travaillé ces hommes… Que l'on se souvienne
des tracts jetés sur les tranchées de Diên Biên Phu, des
haut-parleurs les invitant, en arabe, à la désertion. Ces
hommes ont connu, après leur passage chez les Viêts,
des sorts incertains mais en aucun cas glorieux. L'oncle
Hô, de toute évidence, n'a jamais eu confiance en de tels
renégats. Il s'est servi de quelques-uns pour leurs compétences intellectuelles, pas comme conseillers militaires,
si ce n'est deux ou trois légionnaires d'Allemagne de

l'Est. Encore Giap ne leur a-t-il accordé que quelques postes de moniteurs ou d'instructeurs. Militaires français et maghrébins ont été plutôt moins bien traités, réduits à des tâches subalternes, plus souvent garde-chiourmes ou coolies qu'instructeurs, jamais combattants des premières lignes. Le lieutenant Simon les regarde embarquer dans les camions[10].

Ce que Simon ignore, en voyant défiler ces parias, c'est le sort qui les guette dans la toute nouvelle République démocratique du Vietnam. Les légionnaires originaires d'Europe de l'Est seront souvent rapatriés, les Maghrébins aussi : supposés endoctrinés, Algériens et Marocains peuvent être utiles ailleurs au communisme international ou aux luttes contre le colonialisme. Les Français, eux, resteront, espéreront, s'aigriront. Ils recevront parfois un petit lopin de terre, parfois un modeste emploi dans une industrie longtemps inexistante ou sur des chantiers de travaux publics. Ils rentreront dès que les députés communistes auront, une dizaine d'années plus tard, fait adopter par le Parlement un texte d'amnistie. Ils tenteront de se faire oublier, espérant que femme et enfants s'accommoderont d'horizons inconnus, d'un climat étrange, de voisins méfiants et de situations médiocres. Seul un certain Georges Boudarel ressurgira dans l'actualité, en 1991 : universitaire spécialiste de la culture indochinoise, il avait occulté son passé de commissaire politique dans un camp de prisonniers, un passé que ses anciens détenus lui ont publiquement rappelé à l'occasion d'un colloque organisé au Sénat, le 13 février 1991.

22

Questions sur une défaite
Le rapport Catroux
L'adieu à l'Indochine

La libération des prisonniers achevée, les accords de Genève passant peu à peu dans les faits, les relations entre Paris et Saigon se dégradent davantage encore. La Métropole, elle, se hâte de retrouver sa morne indifférence. Diên Biên Phu ne l'a réveillée qu'un temps ; une courte ivresse née d'un mélange d'espérance, de gloriole, d'admiration vite dissipée par les réalités d'un combat perdu. Le monde politique a d'autres soucis désormais. Pierre Mendès France doit se hâter de revenir vers d'autres dossiers, tout aussi périlleux pour l'avenir de son gouvernement. Quant aux chefs militaires, l'heure approche où ils vont tenter de désigner parmi eux les plus coupables pour s'efforcer de tirer leur képi du feu.

Dans l'immédiat, l'armée tente de comprendre comment elle a pu être battue par cette masse de gueux aux pieds nus. Alors se multiplient les rapports en tous genres, les enquêtes, les bilans. Une multitude d'études qui, après coup, offrent d'autres images d'une guerre que la France a supportée sans jamais l'assumer, en courant après une victoire totale sans s'en donner les moyens, sans percevoir quelle pouvait être la tâche d'une armée traditionnelle dans une guerre révolutionnaire. Il est vrai que la France n'avait jamais connu, jusque-là, un conflit d'une telle nature.

Les premiers travaux, menés à Saigon au lendemain même de la chute de Diên Biên Phu, ne sont évidemment que des tentatives de bilans chiffrés, froids comme un livre de comptes, glacials comme des statistiques mais où apparaît en filigrane toute l'horreur des cinquante-cinq jours de siège.

Une des premières notes retrouvées dans les archives a été rédigée par le 2e bureau de Saigon. Elle est datée du 18 mai[1]. C'est une approximation des forces que Giap a employées pour faire tomber le camp retranché. Certainement vingt-neuf bataillons des divisions 308, 312, 304, 316 et la division lourde 351. Une première estimation pour les combattants viêts mis hors combat est avancée : entre dix-huit et vingt mille hommes dont une moitié seraient morts. Les effectifs de ces unités ont été reconstitués dans la semaine suivant la prise du camp retranché, au détriment de la qualité des combattants ; mais elles sont cependant susceptibles de menacer le Delta.

Dès le 21 mai, ce même 2e bureau de l'état-major inter-armes et des forces terrestres, l'EMIFT, revient sur l'aide que la Chine a pu apporter aux combattants viêt-minh. Il apparaît ainsi que le parc automobile fourni au Viêt-minh, qui était de six cents véhicules à la fin de l'été 1953, était monté à mille cinq cents en mai 1954. Figure également dans cette note un tableau comparatif des aides accordées par la Chine pour les quatre premiers mois de l'année 1953 et pour la même période de 1954 :

- munitions : 600 et 1 200 tonnes
- essence : 750 et 2 400 tonnes
- matériel : 200 et 1 800 tonnes
- véhicules : 139 et 600.

Le rapport mensuel de l'EMIFT en date du 4 juin, concernant donc le mois de mai et la période entourant la chute du camp, commence par un strict rappel des événements :

« Attaqué pour la troisième fois dans la nuit du 6 au 7 mai, le réduit central de Diên Biên Phu a succombé le 7 mai, à 17 heures 30. La garnison d'Isabelle isolée tombe à son tour le 8 mai à 1 heure 30, après une tentative de sortie infructueuse. »

Après quoi sont évaluées ainsi les pertes françaises :

– 13 bataillons ;
– 2 groupes de 105 ;
– 1 groupe de 155 ;
– 1 escadron de 10 chars M 24 ;
– 650 volontaires parachutés individuellement au cours de la bataille.

Pour ce qui est du Viêt-minh, il est fait état d'une perte estimée à dix-huit mille hommes dont sept mille tués, soit sensiblement les chiffres donnés depuis un mois par le 2e bureau – d'autres sources font état de trente-deux mille hommes hors de combat. Le rapport ajoute une précision inquiétante pour l'avenir :

« On peut estimer que, à partir du 15 juin, l'ennemi pourra intervenir contre le Delta avec une infanterie comptant de 80 à 100 bataillons et des moyens lourds qui nous sont connus. »

Toujours à Saigon, toujours au 2e bureau, mais le 16 juin cette fois, le patron des services de renseignement, le lieutenant-colonel Guibaud, fait une synthèse des armes dont disposaient les Viêts, inventaire qui sera complété deux semaines plus tard[2]. Pour cela ont été entendus pratiquement tous les blessés déjà rendus par le Viêt-minh. A lire ce rapport, il apparaît que Giap a dû éprouver de sérieux problèmes d'approvisionnement en munitions. Rien que pour les fusils, les bo-doï utilisaient six modèles de nationalités différentes – fusils du type Mauser, Mas 36 français, Garant américain, japonais modèle Arisaka – mais surtout de calibres différents, auxquels il faut ajouter la carabine US. Les armes équipées de visée infrarouge paraissent être celles prises à Diên Biên Phu, sans certitude toutefois… Pour les pistolets-mitrailleurs, il y avait aussi bien des Mat 49 françaises que la Thompson américaine ou sa copie chinoise, la Chpaguine soviétique ou sa copie également chinoise. Il en était de même pour les fusils-mitrailleurs puisque, outre le FM 24-29 souvent pris au corps expéditionnaire, il y a le Brem britannique, des modèles tchèques, japonais et russes. Les prisonniers ont vu quelques 57 sans recul, certainement pris au corps expéditionnaire, et d'autres SR de 75 mm non identifiés mais de plus en plus nombreux en fin de combat. Personne ne paraît avoir aperçu la moindre installation radar ni de missiles sol-air, l'unique témoignage étant celui – interprété – d'un aviateur. Quant aux « orgues de Staline », elles n'ont été utilisées qu'à partir du 6 mai ; jamais avant, bien que divers renseignements n'aient laissé aucun doute sur leur arrivée depuis plusieurs jours autour du camp. Leur dotation en munitions avait été estimée à quatre mille roquettes. Les témoignages font état de l'important matériel de propagande transporté autour de Diên Biên Phu : haut-parleurs mais aussi caméras et appareils photographiques.

La présence d'armes françaises dans les unités du Viêt-minh n'est évidemment pas une surprise. Lors d'embuscades ou d'accrochages, lors de la prise de postes isolés, à l'occasion de désertions aussi, les Viêts ont récupéré des armes françaises, comme le corps expéditionnnaire a pris des armes aux bo-doï jusqu'au fond des tranchées du camp retranché. Le Viêt-minh a bénéficié d'autres sources d'approvisionnement que ces récupérations de circonstance ; des sources inquiétantes, d'ailleurs. Ainsi, après le repli de Cao Bang et la disparition des colonnes Charton et Lepage, en octobre 1950, les Français prisonniers des Viêts marchent déjà vers des camps de prisonniers. Un ancien des services de renseignement de Cao Bang découvre une arme nouvelle accrochée à l'épaule de son gardien et la curiosité l'emporte, comme en témoigne le dialogue reconstitué par René Mary dans son ouvrage *Les Bagnards d'Hô Chi Minh* :

« Qu'est-ce que c'est ?

— C'est français.

— Non, pas français... C'est russe ?

— Non, non, français, dit le Viêt.

« Tenant son arme d'une main, il nous montre les inscriptions gravées dans le métal et nous lisons : "MAT Modèle 49".

— Mais MAT, dit François, ça veut dire Manufacture d'armes de Tulle[3]... »

Les combattants du corps expéditionnaire ne l'avaient encore jamais vu[4].

De multiples armes étrangères sont donc en service dans les divisions viêt-minh. En revanche les combattants étrangers ne paraissent pas avoir été nombreux, si l'on excepte les spécialistes chinois affectés aux états-majors ou servant leurs propres matériels, essentiellement de l'artillerie. Les interrogatoires des hommes revenus de Diên Biên Phu ne sont guère précis si l'on se réfère à une autre note du 16 juin signée du général Navarre :

« Les blessés évacués parlent de Noirs et d'Arabes dans les rangs viêts, d'Européens aussi qui, moins nombreux, avaient un commandement militaire ou politique, notamment des Allemands. L'un d'eux aurait été un cadre important (un état-major d'une douzaine d'hommes, des gardes du corps, quatre Jeep). Des Allemands de

RDA auraient effectué une partie de leur temps de service dans l'armée viêt-minh[5]... »

Apparaissent aussi les traces concrètes de l'assistance chinoise. Pékin met cinq camps d'entraînement à la disposition du Viêt-minh. Les trois premières bases paraissent fort classiques, les deux dernières sont plus inquiétantes. Les chefs de section sont formés à Tran Qoc Tuan, les cadres subalternes à Kun Ming, les spécialistes en armes lourdes, les cadres politiques et le personnel d'état-major sortent de Kai Nyen, dans le Yunnan. Mais à Wu Ming, ce sont des équipages de blindés qui sont formés et à Nan Ning – outre les fantassins et les sapeurs – il y a des cours pour les futurs pilotes d'avion. La Chine et le Viêt-minh voient loin, lorsqu'ils regardent ensemble dans la même direction...

Chacun traquant les erreurs qui ont pu être commises, la Légion étrangère consacre une étude aux défenses mises en place pour la base aéroterrestre. Une note, rédigée à Bel-Abbès le 28 juin 1954, analyse les trois erreurs qu'il conviendrait de ne pas reproduire dans d'éventuelles circonstances analogues. En premier lieu, la note insiste sur la mauvaise qualité des abris qui, sauf de rares exceptions, n'ont pas tenu sous les coups de l'artillerie adverse, et la raison en est clairement donnée : le manque de matériaux de construction ! Deuxième erreur, les tranchées étaient trop étroites pour permettre l'utilisation des brancards ; un outil, précise la note, que l'on utilise nonchalamment dans l'armée française, et donc un point à revoir dans l'instruction. Enfin, il y a eu déficience dans la conception même des tranchées : elles ont pu être prises en enfilade par des mitrailleuses, alors que le règlement prescrit des « tranchées brisées ».

C'est vers la mi-juin que s'ajoute un problème directement lié à la détention des combattants français : le Viêt-minh ne détient pas seulement des militaires mais aussi des civils. Un bilan dressé à Saigon, daté du 16 juin fait état de l'existence de quatre cent trente-trois otages civils, soit quatre cent sept Français et vingt-six étrangers. Pour les Français, les services de Maurice Dejean donnent deux cent cinquante-deux hommes, cent onze femmes et quarante-quatre enfants certainement prisonniers ; puis sept femmes chez les étrangers. Si l'on en croit la note, tous seraient vivants puisqu'il est ajouté que cent vingt-huit autres personnes – soit soixante-trois hommes, cinquante-deux femmes et treize enfants – portées disparues sont peut-être détenues par le Viêt-minh. De tous ces civils, aucun document accessible ne parlera plus...

Les désertions

Le chapitre toujours délicat des désertions ne pouvait être esquivé après Diên Biên Phu, d'autant que l'agence Chine nouvelle diffusait, depuis le 8 mai, des chiffres sans grand rapport avec la réalité...

La première difficulté d'appréciation tient à l'existence des déserteurs de l'intérieur que sont les « rats de la Nam Youn ». Il y avait certes, dans leurs terriers creusés dans les berges de la rivière, des hommes qui ne voulaient plus combattre, des êtres qui avaient psychiquement capitulé. Il y avait aussi ceux que l'état-major avait écartés et jetés là, les Vietnamiens dont Botella avait été prié de se débarrasser au 5e BPVN, des tirailleurs du 3/3e RTA ou du 1/4e RTM, ou les Thaïs que Langlais ne pouvait plus supporter, tous ceux qui avaient été désarmés de force et qui n'avaient pas voulu devenir des PIM. Ceux-là n'étaient plus des combattants sans être pour autant des déserteurs. Ils connaîtront d'ailleurs le même sort que leurs camarades faits prisonniers par les Viêts, les mêmes camps, les mêmes épreuves. Ainsi suivront dans la longue marche, le plus discrètement possible, les plus pitoyables des prisonniers ; avec parmi eux des représentants des unités d'élite, les seules pour lesquelles Langlais ait eu quelque considération.

Restent ceux qui se sont perdus dans la nature à l'occasion d'une patrouille, qui ont disparu une nuit sans lune et dont on ne saura jamais s'ils ont été capturés, tués, ou s'ils ont délibérément choisi d'aller aider l'adversaire. Même chez les Thaïs, qui ont fourni le plus gros des fuyards, il conviendrait de distinguer entre ceux qui ont filé avec armes et bagages et ceux qui sont partis en laissant fusil et paquetage pour s'éclipser vêtus de leur seul pantalon. Les hommes qui sont bel et bien passés à l'ennemi semblent rares. Une note rédigée à Saigon le 9 avril, avant l'offensive finale, dresse un état des désertions entre le 13 mars, date de l'offensive contre « Béatrice », et le 9 avril, lendemain des combats pour les Cinq Collines[6]. La liste est courte : outre les Thaïs du BT 3, deux légionnaires de la 3/13e DBLE sont portés déserteurs le 17 mars et douze autres le 3 avril, qui appartenaient à la même unité et au 1/2e REI. D'autres bilans font état de seize légionnaires et de cinq tirailleurs nord-africains. Ce qui, pour une garnison de l'importance de Diên Biên Phu, est dérisoire, même pour qui voudrait inclure parmi les désertions une bonne part des disparitions.

Le coût d'une bataille

Le 27 septembre 1954, le 4e bureau du commandant en chef des Forces terrestres navales et aériennes en Indochine – qui est désormais le général Ely – achève un travail étrange, certainement nécessaire : l'évaluation du coût des opérations de Diên Biên Phu. Et le total, qui est d'ailleurs approximatif, est ahurissant.

Sont d'abord décomptés les matériels et approvisionnements mis en œuvre et perdus par l'armée de terre. L'ensemble de ces dépenses donne un total de 12 899 279 000 francs, que les comptables préfèrent arrondir à 12 900 000 000 francs. Ce premier bilan est naturellement incomplet. Il convient d'y ajouter l'estimation du coût des transports aériens entre le 20 novembre 1953 et le 7 mai 1954 ; comptes qui ont aussi été réalisés et joints en annexe à l'inventaire précédent, soit 2 280 000 000,00 francs, portant la facture à 15 180 000 000,00 francs[7].

Enfin, il doit être entendu – comme l'indique ce document – que « cette évaluation approximative ne tient pas compte du fait qu'une partie non négligeable des matériels perdus (60 à 70 %) provenait de l'aide US » ; ce qui revient à dire que 30 à 40 % seulement étaient à la charge du budget français.

Il manque pourtant deux éléments à ces factures : le coût des interventions aériennes, qu'elles soient le fait de l'aviation ou de l'aéronavale, et les pertes en appareils, pour assister les combattants. Aucune estimation du prix des bombardements, mitraillages, éclairage par lucioles, observations et autres reconnaissances. Nulle part n'apparaît le coût des avions perdus. Le chiffre qui paraît approcher le plus la réalité donne soixante-deux appareils perdus, dont quarante-huit abattus en vol et quatorze détruits au sol. Encore conviendrait-il d'ajouter les frais de remise en état de tous les appareils touchés au-dessus de la vallée...

Si l'on s'en tient aux dépenses militaires inscrites dans le budget de la Nation, au budget de la Défense nationale, le coût de la guerre, pour la France, a donc été :

1946	108 milliards
1947	117,3
1948	130
1949	169,5
1950	241,2
1951	292,6
1952	449
1953	440.

soit 1 947,6 milliards avant la dernière année de combat, celle de Diên Biên Phu, de « Atlante » et des opérations de rétractation...

Les années budgétaires américaines étant découpées d'une autre façon, les aides des Etats-Unis représentent pour la période de deux années allant de juillet 1952 à juillet 1954 un engagement financier de 561 milliards de francs et une participation matérielle de 514 milliards.

Mendès France renversé

A l'été, Pierre Mendès France a déjà la tête ailleurs, comme les Français. La situation économique réclame des efforts et des décisions. La querelle sur la CED, qui n'a cessé de déteindre sur les événements en cours, doit être réglée au plus vite. Les événements n'évoluent guère favorablement en Tunisie comme au Maroc.

Pour la CED tout est réglé, si l'on peut dire, le 30 août 1954 : par 319 voix contre 264, l'Assemblée nationale refuse de ratifier le traité ! Le dossier sera repris à l'automne sur d'autres bases, la Grande-Bretagne et la France travaillant à des accords qui permettront de réarmer l'Allemagne de l'Ouest et de l'admettre dans l'Alliance atlantique, sous la réserve d'un certain nombre de contrôles et de limitations.

L'Afrique du Nord paraît vouloir s'embraser à son tour.

L'Algérie va connaître, le 1er novembre 1954, sa « Toussaint sanglante », une série d'attentats que l'Histoire retiendra comme le début des « événements ». Vu depuis la Métropole, ce 1er novembre est essentiellement marqué par le meurtre d'un vieux bachaga, ami de la France, et d'un jeune instituteur dont la femme, institutrice elle aussi, ne survivra que pour un très long calvaire. Les époux Monnerot étaient pourtant tout à leur joie d'aller enseigner dans ce pays qu'ils découvraient et qu'ils étaient déjà sûrs d'aimer. En vérité, il n'y a pas eu que ces meurtres, au petit matin, dans les Aurès, entre Biskra et Arris ; il y a eu une bonne trentaine d'explosions entre l'Oranais, l'Algérois et le Constantinois. Beaucoup trop pour que ces attentats relèvent du seul hasard. Le réveil est douloureux pour ceux qui se réjouissaient du calme algérien, alors que la Tunisie et le Maroc sont depuis des mois en perpétuelle effervescence. Ainsi, le brasier à peine éteint en Indochine repart en Algérie. Le gouvernement réagit très vite. Des suspects sont arrêtés, seize compagnies de CRS envoyées sur place et des paroles définitives lancées :

« Qu'on n'attende de nous aucun ménagement à l'égard de la sédition, aucun compromis avec elle, annonce Pierre Mendès France. On ne transige pas quand il s'agit de défendre la paix intérieure de la Nation et l'intégrité de la République. »

En Tunisie, où le terrorisme a fait une centaine de morts depuis le mois de mars, Pierre Mendès France relance la marche vers l'indépendance. Bourguiba, détenu à l'île de Groix, est transféré aux environs de Montargis, ce qui détend l'atmosphère. Puis Mendès France annonce sa venue à Tunis, en compagnie du maréchal Juin. Il vient expliquer au bey les réformes

qu'il a l'intention de promouvoir. Un calme relatif réapparaît, mais les négociations s'éternisent. Au Maroc, où
les attentats se multiplient, où le contre-terrorisme
répond au terrorisme, il devient évident que rien ne sera
possible avant le retour du sultan que la France a
déposé, mais, comme la restauration du futur Mohammed V n'est pas d'actualité, la situation reste bloquée...
C'est au printemps 1956 que la Tunisie et le Maroc accé-
deront à leur pleine indépendance. Et ce ne sera pas
l'œuvre de Pierre Mendès France.

Son gouvernement, qui donne l'impression de ne plus
trop savoir quel cap prendre, est renversé le 6 février
1955 au lever du jour, précisément à propos des difficultés en Afrique du Nord. Les contrecoups d'une paix manquée en Indochine n'y sont cependant pas étrangers. Ses
opposants ont trop souvent l'impression que les accords
de Genève ne sont qu'un chiffon de papier que seule la
France respecte.

Le débat qui va conduire au départ de Pierre Mendès
France tourne essentiellement autour des affaires
d'Afrique du Nord, avec un orateur menant l'assaut :
René Mayer, le député inamovible de Constantine :

« Je vois le monde tel qu'il est ; il est dur ; la France y
est peu comprise ; elle doit se défendre. Je donne
l'alarme aux Français, y compris les Français musul-
mans, dont les libertés républicaines disparaîtraient
rapidement si la France s'effaçait.

« Il ne s'agit pas de dire toujours "non", ni de prétendre tout régler par la force, mais de donner à tous le
sentiment que nous sommes animés d'une volonté de
progrès dans l'association, mais aussi d'une volonté
d'opposition intransigeante à tout ce qui peut nous
conduire à la sécession ou à l'exode des Français d'origine européenne. Avec les contradictions que j'ai signalées et toutes les erreurs psychologiques dont je crains
qu'elles n'aient été commises, le gouvernement peut-il

encore donner à nos concitoyens d'Algérie le sentiment qu'il est animé de cette double volonté… »

René Mayer, qui a sonné l'hallali, entraîne les derniers hésitants :

« Si vous nous demandez une fois de plus la confiance, je serai au regret de ne pouvoir vous renouveler la mienne, pour une raison qui ne s'applique pas seulement au sujet dont nous parlons, mais qui touche à l'ensemble de votre politique, en particulier dans le domaine international. Je ne sais pas où vous allez et je ne puis croire qu'une politique de mouvement ne puisse trouver un moyen terme entre l'immobilisme et l'aventure…

— J'ai mené en Afrique du Nord, répond le président du Conseil, une politique à laquelle seule une autre politique peut être substituée, celle que je crois néfaste aux intérêts du pays. Ou bien c'est la politique d'entente, ou bien c'est la politique de répression et de force, avec toutes ses horribles conséquences… »

Au terme du scrutin, la confiance est refusée : 319 voix contre. Il y a 273 voix pour le gouvernement et 27 abstentions.

La sortie de Pierre Mendès France choque les députés. Contre tous les usages, oubliant la tradition, il remonte à la tribune et tente de répondre à ceux qui viennent de le renverser. « Ce qui a été fait pendant ces sept ou huit mois… ce qui a été mis en marche dans ce pays… ne s'arrêtera pas… » Le propos est haché, face au chahut, aux hurlements, Mendès France doit s'interrompre, reprendre, laisser passer le tumulte renaissant dès qu'il tente de parler. Il est obligé de quitter la tribune, s'éloignant sous les huées des élus de la droite, du MRP et des communistes. Chez les socialistes et les radicaux, les uns applaudissent le vaincu, d'autres paraissent indifférents à son sort.

Pierre Mendès France, qui a mis fin au conflit indochinois, est donc prié de retourner dans ses foyers parce que vient de naître la rébellion algérienne. Il ne réapparaîtra plus qu'une seule fois dans un gouvernement. Ministre d'Etat dans le gouvernement que Guy Mollet préside à partir de janvier 1956, il en démissionne au mois de mai pour cause, précisément, de désaccord avec la politique algérienne.

La fin d'un empire

La présence française en Indochine s'effiloche, les accrocs s'ajoutent aux déchirures, les blessures aux rancœurs. Au Nord, faute de garanties suffisantes, les entreprises françaises se replient. Au Sud, Diem, bien que soutenu par les Américains, paraît déjà fragile. Il ne peut prétendre exercer son autorité que sur Saigon et ses environs immédiats. Partout ailleurs, le Viêt-minh continue de tisser secrètement sa toile.

Apparaissent encore des tensions entre les hommes, comme celles qui laisseront pour toujours des traces amères entre Navarre et Cogny, entre les fidèles de l'un et les soutiens de l'autre. Salan aussi est aigri. Il s'est toujours demandé pourquoi, à la fin du mois de septembre 1954, Ely lui avait retiré la moitié de sa délégation de pouvoir. Il garde seulement les affaires militaires ; c'est-à-dire rien, si ce n'est la tâche d'amener les trois couleurs là où la France se retire. Les affaires civiles sont confiées à l'ambassadeur Daridan. Salan a émis une hypothèse. Face au Viêt-minh, il s'est montré intransigeant, respectant à la lettre les accords de Genève, mais sans rien céder, alors qu'Ely aurait été naturellement plus souple. Devant la lenteur du Viêt-minh à libérer les prisonniers, Salan avait, par exemple, annoncé au général viêt Tan Tien Dung qu'il demandait au gouvernement français la rupture des accords... Certains diront qu'il n'est peut-être pas assez resté à l'écart de la politique saigonnaise et qu'il aurait pu pousser les adversaires de Diem à tenter de le renverser. S'estimant désavoué par Ely, Salan fait parvenir sa démission à son ministre de tutelle, Emmanuel Temple, qui lui promet aussitôt un nouveau commandement en Europe.

Avant de rentrer en Métropole, en octobre 1954, il appartient à Salan de retourner à Hanoi, d'y procéder à la passation des pouvoirs entre la France et le Viêt-minh, de fermer les cimetières français, de participer aux brèves cérémonies d'adieux. Contraint et forcé, il se forge là une image qui n'aurait pas dû être la sienne. Il se fait la fâcheuse réputation d'être l'un des bradeurs de l'empire. L'étiquette va lui coller à la peau jusqu'aux derniers jours de la IVe République. Sans cette dernière mission, le « mandarin » n'aurait certainement pas été la victime désignée, en janvier 1957 à Alger, de l'« attentat du bazooka », organisé par des partisans de l'Algérie française, convaincus qu'il allait, après l'évacuation de l'Indochine, participer à l'abandon de l'Algérie. Le nom de Cogny a été avancé parmi les promoteurs possibles de cet attentat qui a coûté la vie au commandant Rodier, l'un des collaborateurs de Salan. Cogny est sorti blanchi de cette affaire.

En Indochine, la France avait trois cents jours pour quitter le Nord ; elle tient ses engagements. Les derniers jours de la présence française ont le goût amer des défaites, des abandons, des humiliations. Il faut supporter la commission internationale mise en place par les accords de Genève : des Canadiens, des Indiens et des Polonais. Des premiers, il y a peu à dire si ce n'est qu'ils appliquent de la façon la plus rigide les textes signés, sans la moindre sympathie pour la puissance colonisatrice.

Les Polonais appartiennent au même monde totalitaire que l'oncle Hô, ils sont passés par le même moule marxiste, ils n'ont aucune raison de cacher leur inclination. Quant aux Indiens, ils sont trop fiers de leur très jeune indépendance pour cacher leur sympathie envers le Viêt-minh, et de plus ne sont-ils pas en train d'arracher à la France ses comptoirs des Indes auxquels elle était sentimentalement attachée ? Cinq comptoirs dont les écoliers égrenaient les noms sans pouvoir arriver au bout de la liste, comme il manque toujours le sixième ou le septième des nains de Blanche-Neige... Chandernagor... Pondichéry... Mahé... Karikal... Yanaon... Les Français subissent.

Les derniers temps de la présence française dans la péninsule indochinoise sont tragiques, parfois honteux. Il a été décidé à Genève que les populations auraient la liberté de choisir le Sud ou le Nord, d'aller de l'un à l'autre au gré de leur volonté. Cela, ce sont des accords que l'on paraphe, sans trop en soupçonner les conséquences ou en espérant que le pire n'est jamais à craindre. Or c'est le pire qui surgit au Vietnam lorsque les conditions de la paix sont connues. Les unités vietnamiennes, celles que Giap appelle les « fantoches », rejoignent le Sud, comme leurs compatriotes incorporés dans les unités régulières françaises. La Légion étrangère, « jaunie » comme toutes les unités du corps expéditionnaire et qui avait entraîné ses compagnies vietnamiennes dans l'enfer de Diên Biên Phu, doit les démobiliser. Les « bérets blancs » s'éloignent vers l'inconnu dont chacun pressent qu'il sera cruel. Puis il faut abandonner, dans leurs montagnes, les tribus fidèles, Thaïs, Nungs ou Méos. Il faut expliquer aux populations catholiques que leur salut passe par l'exil loin de leurs villages, de leurs églises, vers le Sud qu'ils ne connaissent pas et où rien ne les attend.

Personne ne songe un seul instant à aller du Sud vers le Nord. C'est une formidable débâcle qui entraîne les gens du Nord vers le Sud désormais synonyme de liberté. L'exode commence pour des centaines de milliers de personnes, à la grande hargne du Viêt-minh. La clémence de l'oncle Hô a ses limites, cette fuite colossale ressemble trop à un désaveu ; il lui faut l'enrayer. La France, elle, est submergée par cet afflux de réfugiés et surtout désireuse d'éviter tout incident qui remettrait en cause les accords signés. Alors, la France devient lâche ! Les officiers reçoivent l'ordre d'abandonner ceux qu'ils avaient engagés comme supplétifs et qu'ils avaient donc compromis ; ceux qu'ils avaient convaincus de la présence éternelle de la France, qui serait toujours là pour les protéger ; ceux dont ils partageaient la vie depuis des années, au plus profond de la brousse, dans les petits villages à trois pas des rizières. En haut lieu, les décideurs qui n'ont jamais partagé un bol de riz avec des paysans, n'ont jamais pataugé dans une rizière avec des partisans, n'ont jamais vu le sourire d'un gosse sortant de la cagna du toubib. Depuis leurs bureaux où tournent de lourds ventilateurs accrochés au plafond, les hommes de l'arrière décident donc autrement : qu'ils restent là où ils sont, ces hommes, ces femmes, ces enfants, ces guerriers qui voudraient suivre les militaires contraints de les abandonner. Qu'ils ne grimpent surtout pas dans les camions s'éloignant dans des nuages de poussière, dissimulant aussi bien le désespoir des uns que la honte des autres. Qu'ils n'embarquent pas sur les bateaux larguant les amarres, qu'on laisse dériver les barques ou les sampans. La France est lasse de ces histoires indochinoises… Et puis, est-il bien vrai, cet exode, existent-elles réellement, ces scènes déchirantes, ce supposé attachement à la France ? Partagé entre la honte et la rage, Max Clos, toujours envoyé spécial du *Monde*, décrit cet enfer dans un article ; son reportage paraît invraisemblable, il n'est

pas publié. Clos envoie un complément au papier : sa
démission !

La mort dans l'âme, la nausée au bord des lèvres, la
honte au front, les officiers obéissent. C'est leur métier
d'obéir, n'est-ce pas... Ils obéissent mais ils n'oublieront
pas les lâchetés du monde politique qui les éclaboussent
au passage. Le moment venu, sur d'autres rivages, ils
démontreront qu'ils n'ont rien oublié de l'humiliation
qui leur est imposée en cette année 1954, et qu'ils n'ont
pas pardonné. Leurs témoignages abondent de cette
nausée qui les a tous saisis. Il suffit d'en relire un seul.
Il est signé Hélie Denoix de Saint Marc :

« Les gens disaient : "C'est la décolonisation. Cela se
fait partout. Tout a duré trop longtemps." Comment leur
expliquer ce qu'a pu être l'armement d'un village ? Une
retraite honteuse sans avoir pu prévenir les gens ? Ce
qu'avait pu être la fascination d'un pays dont nous
connaissions les moindres pistes, avions habité les
masures les plus misérables, dont nous avions côtoyé
les fils ? Tout cela était un autre univers. Nous avions
l'impression d'un pouvoir politique qui n'avait rien su
assumer. Les différentes options qui avaient été prises
s'étaient soldées par des égorgements, par des assassi-
nats. C'était un gâchis épouvantable. »

C'est un bataillon de la Légion, le 2/5e REI, le régiment de tradition du Tonkin, qui est le dernier à quitter
Hanoi. Le 10 octobre 1954, il s'engage, à pied, sur le
pont Doumer construit dès 1883, aux premiers temps de
la présence française. Un jeune capitaine, Michel Besineau, ferme la marche, en serre-file. Lorsqu'il entre sur
le pont, déchiré, il observe discrètement la foule massée
de chaque côté de la chaussée. Il ne rencontre aucun
regard hostile. Lorsque Besineau se retourne une dernière fois, les bo-doï casqués, armés, suivent les Français, à cent mètres très exactement. Le capitaine se dit
un instant que tout est possible, qu'ils peuvent tirer. Ce

ne serait qu'un accroc de plus au cessez-le-feu, lesquels n'ont pas manqué ces dernières semaines. Il ne se passe rien.

Vient le jour où il faut abandonner le Nord-Vietnam. Les derniers départs donc. Ce sera alors au tour de la 13e DBLE, ou ce qu'il en reste, d'embarquer sur une plage du Tonkin, à bord d'un cargo pratiquant habituellement le cabotage le long de la côte. Besineau, devenu l'aide de camp de Cogny, est encore là, avec son général. Il y a quelque chose d'étonnant, de presque dérisoire, dans ce départ : l'ordre strict dans lequel se passe la montée à bord. Chaque légionnaire a son ticket numéroté et embarque à l'appel de son chiffre, comme cela se faisait encore à l'époque pour les autobus parisiens. Le général Cogny a le numéro 350, il quittera la terre tonkinoise le dernier de tous, comme il l'a voulu.

La France pouvait rester au Sud, dès l'instant où les dirigeants de Saigon acceptaient sa présence. Très vite ceux-ci vont démontrer qu'ils ne souhaitent pas cette permanence, qu'ils la supportent mal. D'ailleurs les Américains savent faire les yeux doux aux gens du Sud. Le dollar est puissant et le gouvernement Diem y est sensible, même si celui-ci se préoccupe, pour l'immédiat, d'éliminer l'empereur Bao Dai. Le principal intéressé n'est même pas là pour sauver son trône, Washington s'opposant, depuis les accords de Genève, à son retour en Indochine.

Pour aider les Vietnamiens à plébisciter Diem, Eisenhower a promis, dès octobre 1954, que l'aide des Etats-Unis serait généreuse et un slogan s'est discrètement imposé : « sans Diem, pas de dollars ». Auprès de l'armée vietnamienne, les conseillers américains remplacent les instructeurs français ; auprès des politiques vietnamiens, les diplomates américains se glissent sans discrétion, tellement sûrs que la place des Français leur revient de droit. Et voici, de jour en jour, les Vietnamiens plus distants envers les Français.

Le 23 octobre 1955, Diem organise une parodie d'élection, pour que les Vietnamiens choisissent entre lui-même et Bao Dai. Il a imaginé un système que n'aurait même pas osé Hô Chi Minh et qui ne donne pas dans la finesse. Chaque électeur reçoit deux bulletins, l'un au nom de Diem qu'il faut glisser dans l'urne, l'autre au nom de Bao Dai qu'il faut remettre au policier de garde à l'extérieur. Chaque électeur ayant glissé son bulletin dans l'urne reçoit un badge qu'il devra porter toute la journée. Tout électeur sans badge doit immédiatement repasser dans un bureau de vote… Diem obtiendra ainsi 5 721 735 voix pour 5 828 907 votants ! Les Américains, qui attendaient leur heure avec impatience, sont en place, soutenant la dictature de Diem, sans deviner que le Viêt-minh a discrètement laissé au sud du 17e parallèle ses cadres politiques, une infrastructure militaire et la volonté d'achever au détriment des Américains ce qu'il a commencé d'arracher malgré les Français.

Paris, décembre 1955 : le rapport Catroux

Les histoires, qu'elles soient tristes, nostalgiques ou joyeuses, n'ont jamais de fin. Il n'y a que dans les contes que les héros vivent heureux et ont beaucoup d'enfants. Ainsi, quelques mois après la défaite, les accords de Genève étant signés sinon respectés, les ministres concernés appelés à d'autres fonctions – qu'ils aient appartenu aux gouvernements Laniel ou Mendès France –, les militaires incriminés ne sachant s'ils allaient rentrer en grâce ou devoir faire leurs adieux aux armes, il est décidé qu'une commission d'enquête militaire recherchera les erreurs, les fautes et plus encore les coupables.

La commission, que préside le général d'armée Catroux, est créée le 31 mars 1955. Elle commence ses travaux le 21 avril. Assisté des généraux Vallin et Magnan, de l'amiral Lemonnier et du contrôleur général Le Beau, le général Catroux préside vingt-deux séances de travail. Ces réunions permettent d'entendre les généraux Navarre, Lauzin, Cogny, de Castries, Dechaux, Bodet, l'amiral Auboyneau, les colonels Lalande et Langlais, le lieutenant-colonel Brunet. Sont également auditionnés Maurice Dejean et Marc Jacquet. Les colonels de Crèvecœur et Nicot répondent à un questionnaire et les membres de la commission d'enquête épluchent les rapports qui avaient déjà été demandés à Navarre, Cogny, Castries, Ely, Blanc et Fay.

Les auditions ne sont que ce qu'elles pouvaient être, chacun venant présenter sa vérité, qui n'est pas nécessairement celle du précédent ou du suivant. Il y a, dans les réponses à la commission, beaucoup d'oublis, de périphrases, d'arrière-pensées, de contre-vérités. Chacun tire de sa poche quelques pièces d'une vérité qu'il serait vain de vouloir assembler. Le travail de la commission sera de trier entre ces fausses confidences et d'en dégager une approche de la vérité, et plus encore des responsabilités.

Le 3 décembre 1955, le général Catroux peut adresser au ministre de la Défense, qui est désormais le général Koenig, un rapport complet présenté à son destinataire comme « un document très secret et strictement destiné à l'information personnelle et exclusive de M. le Ministre de la Défense nationale » :

« Partant de cette base, elle [la commission] s'est senti le devoir de s'exprimer sans réticence, de ne rien celer des vices d'organisation et des fautes commises et de se prononcer sans ambiguïté tant sur les institutions que sur les hommes. Ceci veut dire que, dans son esprit, le rapport qu'elle a établi ne devrait pas et ne pouvait pas être publié dans les termes où il a été rédigé. »

Le vœu des commissaires est respecté. Aussitôt remis à son unique destinataire, le rapport de la commission Catroux disparaît, et cela pour plus de treize ans. Il faut attendre la publication du livre de Georgette Elgey, *La République des contradictions*, aux premiers jours de 1969, pour en découvrir l'essentiel...

Lorsque le document refait surface, c'est pour confirmer ce que les esprits curieux subodoraient. Il n'y a pas eu un mais plusieurs responsables de la tragédie. Il n'y a pas eu une faute déterminante mais une accumulation d'erreurs. Il n'y a pas eu une défaillance du commandement mais trop de légèretés, d'inconséquences tant civiles que militaires[8].

La commission constate, par exemple, que le plan Navarre a été accepté tel quel, en juillet 1953, par le comité des chefs d'état-major puis par le Comité de défense nationale, « réserve faite de certaines amputations apportées aux demandes d'effectifs et de moyens, suppléments présentés comme indispensables par le commandant en chef ». Or, ce plan Navarre, la commission lui trouve deux défauts de taille : une lacune et une indécision.

A propos de la lacune, la commission écrit : « Il [Navarre] omet de compter parmi les facteurs capables de bouleverser l'économie et la prévision du plan certaines initiatives de l'ennemi, notamment celles qui le contraindraient à subir la bataille générale prématurément. »

Ce qui revient clairement à dire que Navarre a sous-estimé l'adversaire.

Pour ce qui est de l'indécision, elle tient à l'attitude de Navarre face au refus opposé à ses demandes de renforts. La commission estime qu'il aurait dû « ou bien s'incliner et réviser son plan, ou bien se déclarer hors d'état d'assurer avec des moyens réduits la mission dont il avait la charge et demander au gouvernement de l'en libérer ».

Catroux et ses commissaires n'entendent pourtant pas accabler Navarre, surtout pas lui faire grief d'avoir mis la main sur Diên Biên Phu :

« Dès le moment où [il a été] laissé sans instruction par le gouvernement quant au problème qui se posait à lui comme un cas de conscience : celui de la défense du Laos, il s'est tenu pour obligé, du fait des traités, de couvrir le royaume associé. »

S'il est exact que le gouvernement, à l'occasion de la réunion du Comité de défense nationale, l'a laissé sans directive précise, il a – l'excuse est retenue – reçu une approbation indiscutable pour ses projets de défense du Laos quand, sur place, il les a présentés à Maurice Dejean et Marc Jacquet :

« Le contraire serait impensable, a répondu Dejean.

— La prise de la capitale du Laos aurait sur l'opinion française les effets les plus graves et les plus fâcheux », a ajouté Jacquet.

Ce n'est pourtant pas une absolution que la commission accorde à Navarre. Elle trouve même qu'il a fait quelques sérieuses erreurs d'appréciation par la suite, la base aéroterrestre de Diên Biên Phu étant devenue une réalité :

« Il n'a pas saisi en temps voulu que les virtualités tactiques qu'il attribuait à la base de Diên Biên Phu, valables en face d'une quinzaine de bataillons ennemis dépourvus d'artillerie, perdraient de leur efficacité en présence du gros des forces vietnamiennes équipées de moyens puissants. »

Il s'est donc fait des illusions, note le rapport, sur la valeur du camp de Diên Biên Phu en tant que couverture éloignée de Luang Prabang comme sur la possibilité de manœuvre offerte à nos troupes ; il s'est trompé sur la puissance défensive que la configuration du terrain conférait à une base aéroportée établie à Diên Biên Phu. Si les commissaires le jugent excusable pour la période allant jusqu'au 20 novembre, ils deviennent plus réservés au-delà du 3 décembre, puisqu'il connaît désormais les mouvements de l'ennemi et que les reconnaissances de terrain autour de la base auraient dû le convaincre :

– qu'un camp retranché en ce lieu n'obturerait en aucune façon les accès du Laos à un ennemi aussi fluide et léger que le Viêt-minh ;

– que la jungle et la forêt entourant Diên Biên Phu favorisaient les manœuvres de l'adversaire ;

– que la protection du terrain d'aviation exigeait un développement du périmètre défensif excédant à la fois ses effectifs et le potentiel aérien nécessaire à leur desserte ;

– que la position de Diên Biên Phu, à quatre cents kilomètres du littoral, à trois cents kilomètres des bases aériennes et à proximité de la frontière chinoise, était défavorable pour affronter le corps de bataille viêt-minh.

Ainsi, il aurait dû renoncer sinon le 3 décembre du moins vers le 10 du même mois. Il était libre de le faire, la directive du Comité de défense nationale datée du 13 novembre l'invitant à ajuster ses plans à ses moyens :

« Il a laissé passer l'heure où il pouvait dérober à l'ennemi la garnison de Diên Biên Phu parce que d'une part il a tardé à évaluer exactement les capacités logistiques du Viêt-minh qui lui ont permis de rassembler son corps de bataille autour du camp retranché, et parce que, d'autre part, il n'a pas suffisamment perçu les avantages que la nature de la région offrait à l'adversaire et les obstacles qu'elle opposait à nos propres forces. »

Cette possibilité d'échapper au piège mérite une parenthèse. Certes, Giap écrit son récit de la batailfle bien après l'événement et les diverses éditions évoluent au gré des circonstances de la politique vietnamienne. Pourtant, comment ne pas citer ce qu'il écrit à propos de l'abandon possible de la cuvette :

« L'évacuation de Diên Biên Phu par voie aérienne a été également projetée. Une évacuation précoce n'aurait peut-être amené que des pertes partielles ; mais à partir de la fin décembre, quand nos troupes ont été déjà rassemblées en force autour de la cuvette, avec mission de coller aux lignes ennemies, une évacuation n'aurait pas manqué d'occasionner des pertes sévères. »

Est-ce la faute du seul général Navarre ? La commission ne le pense pas. Cogny et le gouvernement ont leur part de responsabilité, estime-t-elle :

« Navarre à qui manque l'expérience directe et personnelle de la guerre de la jungle indochinoise, n'a pas trouvé en le général Cogny le conseiller capable de l'avertir des dangers qu'elle recelait [...].

« Le choix d'un commandant en chef par le gouvernement doit se porter, lorsqu'il s'agit d'un territoire d'outre-mer en état de crise, sur un officier général déjà suffisamment familiarisé avec les conditions spécifiques auxquelles les opérations sont soumises. »

En revanche, deux autres points sont portés au débit de Navarre : sa dispersion dans l'action, son aviation insuffisante.

L'aréopage que préside Catroux constate que Navarre est passé par trois phases successives d'espoir puis d'incertitude – il a accepté la bataille avec confiance, puis il en a redouté l'issue, avant de subir l'épreuve sans pouvoir en modifier le cours – sans qu'il soit évident qu'il ait tout fait, durant la deuxième période, pour emporter la décision. La commission considère que dès la mi-janvier le salut de la garnison reposait sur la mise en œuvre d'actions extérieures de diversion ou de dégagement, ce qui nécessitait une concentration des moyens au profit du GONO. Or, que fait Navarre entre le 1er janvier et le 10 mars ? Non seulement il ne tente aucune opération de ce genre mais, tout au contraire, il lance l'opération « Atlante » au centre de l'Indochine et une opération au Laos face à la 308e division viêt-minh ! Et lorsqu'une aide en provenance du Laos se met en place, il est trop tard ; « elle n'aurait vraisemblablement pas pu vaincre les difficultés de la jungle et rompre le blocus ». De même, écrit le rapport Catroux : « L'intervention d'une aviation très puissante, martelant jour après jour les positions ennemies, eût pu sauver cette base aventurée. Mais cette aviation, le commandant en chef ne l'avait pas. »

La conclusion se veut nuancée : ses juges accordent à Navarre de « larges circonstances atténuantes » et notent que « la responsabilité de la mauvaise issue de la campagne ne doit pas reposer sur ses seules épaules ».

La commission sera moins tendre avec Cogny.

Il est vrai que le patron du Tonkin n'a pas ménagé son chef. Non seulement il a mis en cause la stratégie Navarre, et singulièrement sa conception de la bataille du Nord-Ouest – évoquant la dispersion des forces et le rétrécissement de la bataille aux dimensions d'un combat singulier –, mais il a demandé à la commission de bien vouloir lui donner acte du « désaccord » intervenu entre eux. Ce que la commission a refusé... Elle a même donné ses raisons au seul destinataire du texte :

« Ces critiques avaient été le plus souvent présentées à un moment où elles étaient entachées d'inefficacité et sous une forme (voie de presse) qui les rendait inadmissibles. »

Les enquêteurs se posent même la question de sa responsabilité dans la chute de « Gabrielle » et à un moindre degré de « Béatrice » et de « Anne-Marie », qui allait priver le GONO de sa piste d'atterrissage :

« Dès ce moment, la chute du camp retranché a pu être considérée comme inévitable à plus ou moins long terme, à moins qu'une action extrêmement puissante, d'ailleurs fort délicate à monter et à conduire, intervînt pour le dégagement. »

Or, poursuit le rapport, c'est à Cogny – responsable de la préparation de la bataille – qu'il appartenait de préciser à Castries cette donnée essentielle et de lui prescrire d'en faire le point de départ de l'organisation du camp retranché. Cogny n'aurait donc pas dû accepter que Castries affecte à des missions de défense statique la majeure partie de ses unités destinées à la contre-attaque. De plus, ajoute-t-il, Cogny a partagé avec les artilleurs la grave erreur d'avoir sous-estimé « les possibilités offertes par le terrain à l'ennemi, pour installer et dissimuler un système d'artillerie et de DCA efficace et très peu vulnérable, et pour avoir cru à notre supériorité de feu ».

Il n'empêche, note la commission, que Cogny n'avait pas vraiment les moyens de conduire la bataille puisqu'il n'avait pas en propre les réserves capables de renforcer le GONO et de tenter de le dégager. Mais il aurait dû imposer à Castries de faire tous les efforts pour reprendre les centres de résistance du Nord-Est.

Pour ce qui est du général de Castries – qui n'est encore, en l'occurrence, pour la commission que le colonel de Castries –, les reproches sont modérés. Il est évident qu'il n'a pas résolu de façon efficace le problème de base qui lui était posé, celui de la protection réelle de la bande d'atterrissage, mais il avait été insuffisamment orienté par Cogny :

« Devant la commission, le général Cogny a certes couvert le colonel de Castries et pris son erreur à son propre compte. Sans doute en le faisant avait-il le juste sentiment que lui-même, faute d'avoir suffisamment guidé et contrôlé le commandant du GONO, en portait la responsabilité. Il demeure qu'un sens tactique plus averti et un esprit d'initiative plus prononcé eussent conduit le colonel de Castries à réparer les omissions du général Cogny et à bâtir son dispositif de défense en fonction des facteurs qui le commandaient. »

Pour l'essentiel, le général de Castries se voit donc accorder les circonstances atténuantes. De même est-il absous d'un autre reproche, la résistance insuffisante des fortifications et des abris aux coups de l'artillerie viêt-minh ; car tout le matériel, bois excepté, venait d'Hanoi et les hommes sur place délaissaient leurs travaux de sapeurs pour des opérations de reconnaissance et de contact. Ces circonstances atténuantes lui sont pourtant refusées pour une autre erreur : s'être privé de la libre et prompte disposition de ses unités de réserve qu'il a affectées, en majeure partie, à des missions de défense statique.

Un autre point de l'histoire de Diên Biên Phu retient l'attention de la commission Catroux : l'effacement ou l'abdication de Castries au profit de Langlais :

« Ce dernier terme [l'abdication], péjoratif, est certainement excessif car le commandant du GONO n'a pas manqué de se tenir en liaison avec le colonel Langlais et de contrôler son action qu'il a, d'ailleurs, toujours couverte. Il a également accompli son devoir envers le GONO en intervenant auprès de Cogny pour que fussent fournis au camp retranché les moyens de durer. Mais il est clair que ces formes d'action échappaient aux combattants qui, ne le voyant en personne que rarement, ont été inclinés à porter sur lui ce jugement défavorable. [...] La vérité est que le général de Castries a commis une erreur de commandement en passant au colonel Langlais la responsabilité de la position centrale qu'il eût dû garder dans ses propres mains... »

Mais alors pourquoi Castries à ce poste ? Et qui l'a choisi ? La réponse de la commission d'enquête écarte la responsabilité de Navarre, qui avait connu Castries en d'autres temps :

« Cogny avait fait choix de lui en raison de ses qualités d'audace et de dynamisme, pour une mission très différente de celle, qu'en fait, il a dû remplir, mission de défensive nettement agressive pour laquelle, a dit le général Cogny, il fallait un "cavalier de montagne". On ne peut qu'être surpris de ce que, lorsqu'il s'est agi non plus de manœuvres d'attaque et de harcèlement, mais de subir un siège, le commandement responsable n'ait pas fait appel à un chef plus familiarisé avec la technique d'organisations et d'opérations que la situation requérait. Tout ceci doit être compté au général de Castries, de même que doivent être placées, en regard de ses erreurs, les difficultés considérables auxquelles il a dû faire face. »

Quant au gouvernement, la commission d'enquête ne l'épargne point. Il avait pour objectif d'imposer à l'ennemi la conviction qu'il ne pourrait obtenir une décision par les armes. Mais Navarre ne l'a su que six mois après sa nomination, la décision du Comité de défense nationale du 13 novembre 1953 ne lui étant communiquée que bien trop tard. Pour la défense du Laos, il n'a eu ni instructions ni directives. Pour son plan, il a dû se contenter d'une approbation tacite, sans en recevoir les moyens...

Alors, que faire de Navarre et de Cogny ? La commission se pose aussi ces questions et ses réponses apparaissent dans la sixième partie du rapport secret.

Pour Navarre, compte tenu des circonstances atténuantes déjà accordées et de son temps de punition – il a été relevé de ses fonctions dès juin 1954 et nous sommes en décembre 1955 –, la commission suggère qu'il est temps d'en finir. Que Navarre reprenne sa place dans l'armée ! Un mois plus tard, cette suggestion est entendue. En janvier 1956, il est nommé membre titulaire du Conseil supérieur de la guerre, désigné pour un an. Mais, dès novembre 1956, il est, sur sa demande, rayé des rôles de l'armée d'active. A cinquante-huit ans, il va connaître une autre vie dans les milieux industriels.

Quant à Cogny, il devrait encore connaître une période de purgatoire :

« On peut conclure que, bien que doué de qualités brillantes, il lui manque encore l'expérience d'une formation militaire complète capable de le rendre apte aux commandements supérieurs. Il serait normal que le général Cogny, avant que puisse lui être confié le commandement d'un échelon plus élevé, reçoive le commandement d'une division où il aurait l'occasion d'aller au fond des problèmes tactiques. »

Ce ne sera pas exactement le cas. Dès avril 1956, il est – brièvement – gouverneur militaire de Metz, commandant la 6ᵉ région militaire. Deux mois plus tard, il est commandant supérieur interarmées des troupes françaises au Maroc ; époque à laquelle il est supposé être mêlé à l'attentat du bazooka contre Salan. Il achève sa carrière en 1959, comme commandant en chef en Afrique centrale. Cogny trouvera la mort le 11 septembre 1968 dans l'accident d'une Caravelle d'Air France de la ligne Ajaccio-Nice, l'appareil explosant en vol au-dessus de la Méditerranée, pas très loin de la base d'essai des fusées de l'île du Levant.

Quant au général de La Croix de Castries, il deviendra, en avril 1955, adjoint au général commandant la 5ᵉ DB, puis il commandera, un an plus tard, les éléments FFA de la 5ᵉ DB. Maintenu en activité de service dans la 1ʳᵉ section du cadre de l'Etat-Major général en 1958, il sera placé sur sa demande en position de disponibilité en avril 1959, à cinquante-sept ans.

Les autres officiers supérieurs ayant combattu à Diên Biên Phu connaîtront des fortunes diverses que leur imposeront d'autres événements.

Le duel des généraux

De toute évidence, Navarre et Cogny n'étaient pas de caractère à bien s'entendre, peut-être même pas à coopérer.

Les divergences humaines sont évidentes depuis le premier jour, avec Navarre distant, introverti, parfois glacial, avec Cogny extraverti, séduisant, attaché à son image, à sa « réclame » comme l'écrira plus tard Navarre. Les mêmes travers se retrouvent lorsque l'on en vient aux activités militaires de l'un comme de l'autre. Navarre toujours secret, décidant d'offensives sans trop se préoccuper des réserves des uns et des autres puis s'accrochant à son idée quel que soit le déroulement de l'événement ; Cogny laissant parler ses collaborateurs, approuvant leurs idées sans pour autant en devenir réellement le défenseur, donnant l'impression d'une perpétuelle indécision. Cet attelage n'avait guère de chances de fonctionner. L'illusion a tenu quelques semaines au plus, tant qu'il y a eu un espoir de l'emporter, donc de lauriers à partager ou à revendiquer dans leur entier. Après quoi, l'air aigre de la défaite soufflant sur Diên Biên Phu, il ne pouvait plus s'agir de partager les responsabilités de l'échec, il fallait que l'un fasse porter le képi à l'autre.

Il a été aisé de reconstituer la dégradation des rapports entre les deux généraux en charge de la bataille. S'il fallait chercher, après les signes avant-coureurs déjà énoncés, les premières traces d'une cassure irrémédiable dans leurs rapports, on les trouverait dans la lettre que Navarre adressait dès le 6 janvier 1954 au ministre de la Défense René Pleven :

« C'est le général Cogny qui, de sa propre initiative et sans m'en référer, a fait évacuer sans combat Lai Chau devant la simple menace créée par l'arrivée à quelques étapes des avant-gardes du corps de bataille viêt-minh. »

Il est vrai que dès novembre 1953, dès l'occupation de Diên Biên Phu, les deux généraux ne visaient pas le même objectif. Navarre souhaitait une base aéroterrestre, Cogny voulait un point d'ancrage pour des activités politico-militaires. Les divergences tactiques ont immédiatement suivi. Le 25 novembre, Cogny a cru avoir l'accord de Navarre pour attaquer au nord du Delta les forces viêts en marche vers la Haute Région ; le 28, un feu rouge bloquait son action, non conforme à la stratégie de Navarre. Après, les malentendus ne cessent de s'enchaîner.

Ce sera, en fin de compte, par voie de presse que les deux généraux poursuivront leur querelle. Un premier article de Henri Navarre, publié le 20 janvier 1955 dans l'hebdomadaire *Jours de France*, généralement plus futile, met le feu aux poudres. Une simple escarmouche avant le recours, bien plus tard, à l'artillerie lourde.

Navarre n'a pas fini de s'expliquer, ou plus précisément d'accuser. La parution, en 1959, du livre du général Catroux, *Deux actes du drame indochinois*, est une de ces occasions. Les lettres ouvertes se succèdent, d'une parution du *Figaro* à l'autre. Le livre, il est vrai, s'inspire sérieusement du rapport que Catroux a rédigé pour le gouvernement, mais dont aucune ligne n'a encore transpiré.

A l'automne 1963, la publication du livre que Jules Roy consacre à la bataille de Diên Biên Phu est un des prétextes pour relancer la polémique. L'hebdomadaire

L'Express publie de larges extraits de l'ouvrage dont la parution coïncide avec le dixième anniversaire de l'opération « Castor ». Vent debout, le général Navarre – mal traité il est vrai – tient à répondre. Cogny, souvent épargné, enchaîne…

Navarre, s'il vise directement Jules Roy, touche Cogny par ricochet :

« L'incompétence de M. Jules Roy en matière stratégique est telle qu'elle a fait de lui le jouet de certains de ses interlocuteurs qui avaient avantage à déformer la vérité et à lui faire prendre des vessies pour des lanternes.

« L'un d'eux notamment, qui a joué sous mes ordres un rôle prépondérant dans toute l'affaire de Diên Biên Phu, et qui, seul de mes grands subordonnés, n'a pas été complètement à la hauteur de sa tâche, avait, à partir du moment où il apparut évident que la bataille pourrait mal tourner, forgé de toutes pièces une thèse destinée à tirer son épingle du jeu, thèse qu'il avait cherché par tous les moyens à répandre dans les milieux politiques, où beaucoup ne pouvaient que l'accueillir avec faveur, car ils y trouvaient leur compte.

« C'est cette thèse – parfaitement connue de moi depuis son origine mais revue et augmentée – que M. Jules Roy reprend maintenant à peu près intégralement, au point qu'à la lecture de certaines pages, je me suis demandé si elles étaient de lui ou s'il les avait écrites sous la dictée[9]… »

René Cogny ne pouvait que répliquer. Il le fait en reprenant ses arguments habituels : Diên Biên Phu ne devait pas être un camp retranché mais un amarrage pour des opérations politico-militaires ; Navarre l'a empêché de mener des actions sur les arrières viêts, actions qui auraient soulagé les défenseurs du camp retranché ; Navarre l'a empêché de créer le satellite autour de la base qui aurait distrait une partie du corps de bataille de Giap ; Navarre a maintenu « Atlante » qui a réduit les moyens indispensables au camp retranché. Après quoi, Cogny offre son image de Navarre :

« Ce général climatisé me glace. Inversement, j'imagine que l'ambiance de toril du Tonkin lui déplaît. Nous sommes tous par tradition un peu fracassants, avec toutefois des clins d'œil complices, une nuance d'humour qu'il ne saisit pas. Peut-être notre comportement avive-t-il chez lui quelques blessures secrètes du cœur ? Quant au cerveau, il me déconcerte comme une machine électronique à laquelle je n'arrive pas à faire absorber les informations de base, et qui déduit, impavide, à partir de je ne sais quoi[10]... »

Pour les vingt-cinq ans de Diên Biên Phu, en mai 1979 donc, Navarre publie de nouveaux articles dans *Le Figaro*. Cogny, décédé depuis onze ans maintenant, est épargné. Les cibles sont ailleurs. Le premier article est titré « Les politiciens m'ont trahi », le second « Les moyens m'ont été refusés ». Il s'agit tout simplement de démontrer qu'en négociant à Berlin puis à Genève, c'est le gouvernement qui a fait perdre à Navarre la bataille de Diên Biên Phu :

« A la Conférence de Berlin, nous demandâmes, on l'a vu, la réunion de la Conférence de Genève, où serait discutée la question de la paix en Indochine. Cette décision, qui était en contradiction absolue avec le déroulement de mon plan, fut prise en dehors de moi et sans qu'en aient été le moins du monde étudiées les répercussions sur la situation militaire. Or celles-ci allaient être décisives.

« En effet, le gouvernement viêt-minh qui jusque-là avait toujours évité de s'engager dans des actions trop coûteuses risquant de compromettre pour lui la suite de la guerre, pouvait maintenant s'engager à fond sans considération des pertes. Et la Chine, qui avait toujours refusé de lui accorder une aide trop massive susceptible de l'entraîner dans des complications internationales, pouvait maintenant le faire sans danger. Quant à l'URSS, elle apportait tout son concours à la campagne de démoralisation qui s'exerçait sur la France.

« Une malencontreuse décision politique avait donc créé toutes les conditions de notre défaite militaire. »

Peut-être, à cet instant, le général Navarre a-t-il oublié les consignes de René Mayer lorsqu'il lui avait confié l'Indochine. Qu'il recherche les conditions d'une sortie honorable… Peut-être est-il loin, le temps où le gouvernement Laniel lui faisait savoir qu'il convenait d'adapter ses ambitions à ses moyens. Peut-être ne se souvient-il plus du point essentiel de son plan présenté en Conseil de défense :

« … Pendant la campagne 1953-1954, contenir l'adversaire en évitant d'affronter son corps de bataille, c'est-à-dire observer une attitude strictement défensive… »

Navarre, il est vrai, se sent seul, bien seul. Avec les souvenirs amers d'un échec qui sera le plus marquant de sa carrière achevée…

Giap contesté chez lui

Si cela pouvait consoler Navarre, il faudrait lui expliquer que les généraux vainqueurs ne sont parfois pas mieux récompensés que leurs homologues défaits. Au Vietnam du Nord aussi, on va longtemps s'interroger sur la façon dont ont été menés certains combats. Giap, parfois héros national, parfois écarté, à l'occasion oublié puis réhabilité comme il est normal dans tout régime dictatorial, devra répondre, une dizaine d'années après l'événement, à des questions précises sur l'usure humaine engendrée par ses offensives contre Diên Biên Phu. Il s'en trouve trace dans une revue paraissant à

Hanoi et intitulée *Etudes vietnamiennes*. Dans sa troisième livraison de 1965, sous-titrée « Contribution à l'histoire de Diên Biên Phu », la question est très clairement posée à Giap :

« On lit souvent dans les publications occidentales que le commandement de l'armée populaire, sans se soucier des pertes, lance ses troupes à l'assaut des positions fortifiées par vagues successives jusqu'à submerger l'ennemi. Le fanatisme des troupes permettrait cette tactique. Que faut-il en penser ?

— Il faut bien que les armées vaincues trouvent une raison à leur défaite. Mais il y a aussi chez ces auteurs une profonde incompréhension de ce qu'est un soldat révolutionnaire. Un soldat révolutionnaire a une conscience politique élevée, une conscience nationale, une conscience de classe à un haut niveau. Nous avons mis du temps à former, à aiguiser cette conscience politique, et pour le commandement de l'Armée populaire, un soldat est d'abord un militant, un frère de combat. C'est pourquoi nous veillons à éviter le plus possible de pertes inutiles. Un soldat tué c'est un camarade qui tombe et non un quelconque homme de troupe. Cependant nous éduquons nos hommes dans l'idée qu'aucune conquête révolutionnaire ne saurait s'accomplir sans sacrifice, que penser que les impérialistes et autres réactionnaires acceptent de leur plein gré qu'on les dépouille de leurs privilèges est pure illusion. Dans la bataille de Diên Biên Phu, comme dans toutes les autres campagnes, nous avons poussé nos préparatifs au maximum, nous nous étions assuré une suprématie absolue en effectifs et en puissance de feu chaque fois que nous nous lancions à l'attaque, et les pertes de nos troupes avaient toujours été relativement faibles. Etaient sévèrement sanctionnés les cadres qui lançaient leurs hommes dans des opérations aventureuses. Mais chaque fois qu'il le fallait, il se trouvait toujours des combattants prêts à sacrifier leur vie pour la patrie, pour les intérêts supérieurs de la révolution. Ce que les autres appellent fanatisme est en réalité l'héroïsme révolutionnaire d'une armée au service du peuple. »

Il faudra toujours, décidément, que des curieux se penchent sur les faits et gestes des responsables, civils ou militaires.

Epilogue

Les pages se tournent rapidement, lorsque l'intrigue n'intéresse plus. Bien décidés à oublier le drame indochinois aussi vite qu'il sera possible, les Français, avec l'été 1955, retournent à leurs habitudes.

L'armée est plus nostalgique, tout au moins les hommes ayant appartenu aux unités engagées au Vietnam. L'Extrême-Orient et ses risques extrêmes n'ont pas, en effet, attiré tous les militaires de carrière. Il fallait bien se reposer des années de guerre européennes, de préférence en occupant le territoire de l'ennemi vaincu. Les autres, que n'intéressaient pas les lauriers déjà coupés et qui ont choisi de servir en Indochine, ont souvent aimé ce pays. Ils se sont attachés à sa civilisation, à ses coutumes, à ses populations, à ses paysages. Ils ont souvent succombé à ses charmes. Ils appellent cela, entre eux, leur « mal jaune ». La défaite consommée, se sont ajoutées à la nostalgie des aigreurs qu'ils ne parviendront pas à soigner. Aigreur envers le pouvoir politique qui les a envoyés au massacre, sans savoir lui-même où il comptait aller. Aigreur envers les chefs qui ont accepté des ordres inacceptables, les contraignant à abandonner leurs camarades d'armes vietnamiens et leurs familles, les villages fidèles, les minorités catholiques. Remords de n'avoir rien pu dire, rien pu faire.

Lorsque, après une permission, après une convalescence, parfois une longue rééducation, ils reprennent leur place dans les rangs, ils savent ce qui les attend. La guerre encore, une guerre qui n'ose porter son nom. Les voici face aux événements d'Algérie. Ils y participeront tous ou presque tous, les anciens de Diên Biên Phu. Officiers, sous-officiers, parachutistes, légionnaires, tirailleurs algériens et même un commando vietnamien... Il ne manquera guère, on le sait, que le trio des généraux : Navarre, Cogny et Castries. Pour certains – le 1er RCP, les 6e BPC et 1er BEP devenus régiments –, il y aura une palinodie supplémentaire. Ceux-là seront lancés dans l'affaire de Suez où, une fois de plus, les dirigeants politiques et les alliés américains seront loin de se couvrir de gloire.

Dans le cœur des futurs combattants, les héros de Diên Biên Phu ont une place de choix. Tant de vaillance pour rien, cela mérite réflexion et attachement. Le geste que les cadets accordent à leurs aînés n'est pas toujours compris. Et pourquoi d'ailleurs la promotion de Saint-Cyr 1953-1955 prend-elle le nom de Diên Biên Phu ? C'est dérisoire, insolite, ce n'est qu'une défaite que ces jeunes saluent comme une victoire... Tout cela est vrai, pour qui passe hâtivement. Tout est faux si l'on veut bien observer que ladite promotion s'appelle en réalité « Ceux de Diên Biên Phu ». Six lettres pour remettre les choses d'aplomb. Ils méritaient bien cela, les anciens de Saint-Cyr lancés dans cette fournaise où s'est consumé le meilleur de l'armée française. Certes, il n'y avait pas dans la cuvette maudite que des officiers ayant coiffé le casoar. Il y avait des milliers de soldats, des centaines de sous-officiers et, sur près de cinq cents officiers, seule une grosse moitié avait connu les landes de Coëtquidan. Le plus curieux, c'est que ni Castries, ni Bigeard, Botella,

Pégot, Garandeau et quelques autres n'étaient saint-cyriens[1].

La France n'a jamais eu une réelle envie de rendre hommage aux combattants de la vallée infernale. Certes, il existe à Fréjus une nécropole où sont honorés les hommes tombés en Indochine, dont les corps ont été rapatriés quand cela était possible. Mais rien pour Diên Biên Phu. Rien, sauf un monument qu'un ancien légionnaire a construit de ses mains en bordure du champ de bataille ; avec l'indifférence hostile puis distante des autorités de la République démocratique du Vietnam.

Rolf Rodez est un ancien sergent du 3/3e REI fait prisonnier à Diên Biên Phu. Revenu sur les lieux en mars 1992, il découvre un très modeste monument : une dalle de béton fissurée, entourée d'un mur de briquettes aux trois quarts effondré, à quelques centaines de mètres du PC de Castries. Il décide de restaurer les lieux et de faire mieux, si possible. Il revient en avril 1994, apportant les outils et la peinture qu'il sait ne pouvoir trouver sur place. Il n'obtient le feu vert d'Hanoi qu'après un mois d'attente et d'interminables palabres. Il voyait un obélisque de six mètres cinquante, on ne lui concède que trois mètres cinquante. Il inaugure son monument le 26 juin 1994. Il est le seul Européen présent. Il ne sait trop que répondre aux habitants de la vallée lui demandant pourquoi la France n'est pas représentée. Il a la surprise, quelques jours plus tard, de voir surgir radio, télévision, photographes et journalistes qui lui cachent un instant le général Bigeard en quête de la vieille dalle… En 1995, il monte un mur d'enceinte, pose la grille de fer forgé apportée de France et prévoit des bacs pour les vingt-trois arbres qui attendront au musée voisin…

Il est si facile de vouloir oublier.

Les lavages de cerveau des camps viêts ont-ils troublé les légionnaires et les tirailleurs ? Nul ne pouvant fouiller au fond des âmes, il est impossible de répondre. Certains ont décidé de quitter l'armée française à leur retour d'Indochine. Peut-être lorsqu'ils sont arrivés en fin de contrat ; rarement par désertion. Celles-ci ne semblent pas avoir pris une ampleur inhabituelle, lors du retour au pays pour les tirailleurs, à la maison mère de Bel-Abbès pour les légionnaires.

Les tirailleurs algériens auraient dû être les plus fragilisés. Ils ont tenu. Jusqu'au jour de l'indépendance, des régiments de tirailleurs algériens ont été engagés contre le FLN. Tout au long de la guerre, ils ont fort bien combattu. Des harkas ont été longtemps recrutées, certainement trop longtemps. Jusqu'aux derniers mois de l'administration française, il y a eu de jeunes appelés de souche musulmane pour répondre à l'appel sous les drapeaux. Parmi les tirailleurs, sans discrimination de grade, certains sont effectivement partis rejoindre les katibas de l'ALN. Mais quelle pouvait être l'influence des can-bo dans ce départ ? Il est plus vraisemblable que ces hommes ont subi des pressions directes, ou que leurs familles ont été menacées, ou qu'ils ont choisi la sécurité durant les derniers mois de la présence française. Qu'ils soient passés par les camps du Viêt-minh n'y aura pas changé grand-chose. Les anciens d'Indochine choisissant tardivement de rejoindre les fellaghas, alors que l'indépendance est un fait acquis, peuvent répondre à une tout autre motivation : l'Indochine, très précisément ! Les bérets blancs de la Légion abandonnés, les hommes des bataillons « jaunis » abandonnés, les maquisards des GCMA abandonnés… Et si cela allait recommencer…

Ils n'ont pas été les seuls à y penser quand l'Algérie française s'est lézardée puis effondrée. Leurs camarades européens ont retrouvé leurs remords, leurs aigreurs jamais guéries. Ils ont participé à leur façon aux événements de mai 1958, parce que la IVe République ne méritait plus que la pichenette qui allait la renverser. Ils ont suivi le général de Gaulle, comme l'on suit le Sauveur. La suite est connue. Le 1er REP héritier du 1er BEP est le fer de lance du putsch d'avril 1961 !

L'armée est brisée. Pour ceux qui jouèrent les premiers rôles à Diên Biên Phu ou aux environs, les destins divergent parce que les hommes réagissent naturellement selon leur tempérament. Les souvenirs et les regrets communs n'engendrent pas nécessairement des attitudes communes. Certains choisissent la légalité : Bigeard, Seguins-Pazzis, Lalande, Tourret... D'autres se retrouvent pour des années en prison : Salan, Nicot... Quelques-uns, qui n'ont pas songé à cacher leurs sympathies, n'auront que des peines de principe mais assorties de l'obligation de quitter l'armée, tels Botella ou Bréchignac. Parmi les lieutenants et les capitaines, ils seront des centaines à démissionner.

Eisenhower, retraite prise, se penche au début des années soixante sur la rédaction de ses mémoires. Il y dira sans détour pourquoi il n'a voulu sauver ni Diên Biên Phu ni l'Indochine française :

« La plus forte de toutes les raisons qui motivèrent le refus des Etats-Unis de répondre favorablement aux appels des Français fut notre tradition anticolonialiste [...].

« Notre opposition profonde au colonialisme nous a souvent valu des difficultés avec nos amis de l'Europe occidentale, dont le passé colonialiste est en grande partie contraire au nôtre.

« Mais les titres qu'ont les Etats-Unis à se dire la plus puissante des nations anticoloniales représentent un avantage d'une valeur inestimable dans le monde libre. Il fait que nos conseils sont reçus avec plus de confiance que ceux d'autres nations. Notre position prédominante en tire un avantage capital dans un monde où la majorité des nations ont subi à un moment donné le joug du colonialisme. Jamais à travers notre longue quête, parfois décevante, des moyens effectifs de vaincre le communisme en Indochine, nous n'avons perdu de vue l'importance de la position morale de l'Amérique. »

Cette vision de la France coloniale peut surprendre. Elle est passablement surannée. Ses successeurs lui emboîteront le pas, au plus fort de l'affaire algérienne. Ils évolueront certes, mais pas dans le jugement porté à l'égard des vieilles nations au passé colonial. Ils s'emploieront, consciemment ou non, en Indochine puis au Moyen-Orient, à donner une autre image des Etats-Unis. Celle-là même que le général Ely avait entrevue à Washington en 1954. Une nation allant de l'avant, sûre de son bon droit, bardée de certitudes, n'entendant plus ou ne voulant plus entendre les conseils ou les avis de ses vieux alliés. C'est pour cela qu'à la guerre française d'Indochine succède la guerre américaine du Vietnam.

Les Etats-Unis laissent Diem éliminer Bao Dai puis instaurer sa dictature qu'ils soutiennent financièrement. En 1960, les hommes de Hô Chi Minh restés ou infiltrés au Sud créent le Viêt-cong, une succursale du Viêt-minh. En 1961, le président Kennedy augmente le nombre des « conseillers » détachés à Saigon. En 1964, l'aviation américaine commence les bombardements intensifs du Vietnam du Nord. L'année suivante, il y a déjà soixante-quinze mille soldats américains engagés au Vietnam ; ils seront cinq cent trente mille en 1968. La France, faut-il le rappeler, n'a jamais engagé plus de quatre cent cinquante mille hommes, y compris les Vietnamiens des unités « jaunies »... Après l'offensive du Têt, en janvier 1968, le président Johnson engage des négociations qui ont lieu à Paris. Il décide de mettre fin aux bombardements dès le mois d'octobre. L'année suivante, nouveau président, nouvelle politique : Nixon reprend les bombardements et pratique le blocus des ports du Nord-Vietnam avant de décider un désengagement militaire. Mort en 1969, Hô Chi Minh n'assistera pas aux dernières conquêtes de son régime. Malgré un cessez-le-feu en 1973, les combats se prolongent, les Américains poursuivant leur désengagement progressif. Au printemps 1975, les forces du Nord lancent l'assaut final contre le Sud. Saigon tombe en avril.

Les Etats-Unis n'ont pas su protéger le Sud du communisme... Ressurgissent les scènes insoutenables de l'exil ; recommencent les fuites sur des jonques, des sampans, sur des barcasses, de ceux qui, cette fois, s'appellent des « boat-people ».

Désormais le Vietnam n'est plus qu'un. Le Nord s'est emparé du Sud. Les Tonkinois tiennent la Cochinchine. Les trois Ky sont réunifiés, certainement pas comme l'avaient souhaité le général Leclerc et l'amiral Thierry d'Argenlieu.

Naît une République démocratique du Vietnam, déjà épuisée par trente ans de guerre, exsangue, ruinée. Un Vietnam pourtant arrogant, toujours distant à l'égard de Pékin, plus proche de Moscou. Un Vietnam ne supportant pas que les Khmers rouges imposent leur férule sur le Cambodge où ils pratiquent une dictature encore plus sanglante que celle de Hô Chi Minh. Plus menaçante aussi, du moins la République démocratique du Vietnam fait-elle semblant de le croire. Et les anciens combattants de l'anticolonialisme deviennent des envahisseurs conquérants. Les Viêt-cong entrent au Cambodge pour éliminer les Khmers rouges, oubliant que ceux-ci ont l'appui de la Chine. Pékin, en février 1979, le rappelle à Hanoi en forçant la frontière séparant le Tonkin du Yunnan... Les Viêt-cong resteront dix années à Phnom Penh. Pékin et Hanoi ne se rapprocheront qu'en 1989, l'année de la chute du mur de Berlin.

Les conquêtes ou les intrusions chez les voisins ayant longtemps davantage importé à ces régimes que le développement économique et le bien-être des peuples, le Vietnam reste – et il l'est encore – dans le peloton de queue des pays les plus pauvres du monde[2].

Certes, les relations diplomatiques sont renouées, aussi bien avec la France qu'avec les Etats-Unis ; certes, les échanges commerciaux se multiplient et les entreprises étrangères ne se désintéressent plus du Vietnam ; certes, le tourisme permet à la presqu'île indochinoise de renouer avec le monde libre. Certes, les guerres s'oublient. Sauf pour les survivants dont elles continuent à hanter la mémoire.

ANNEXES

1

Le gouvernement René Mayer
(8 janvier 1953-21 mai 1953)

Président du Conseil	René Mayer (rad.)
Vice-président du Conseil	Henri Queuille (rad.)
Ministre d'Etat chargé de la Réforme administrative	Edouard Bonnefous (UDSR)
Ministre d'Etat chargé de la Révision constitutionnelle	Paul Coste-Floret (MRP)
Ministre chargé des Relations avec les Etats associés	Jean Letourneau (MRP)
Garde des Sceaux	Léon Martinaud-Deplat (rad.)
Affaires étrangères	Georges Bidault (MRP)
Finances	Maurice Bourgès-Maunoury (rad.)
Budget	Jean Moreau (ind.)
Affaires économiques	Robert Buron (MRP)
Intérieur	Charles Brune (rad.)
Défense nationale	René Pleven (UDSR)
Education nationale	André Marie (rad.)
Travaux publics, Transports et Tourisme	André Morice (rad.)
Industrie	Jean-Marie Louvel (MRP)
Commerce	Paul Ribeyre (ind.)

Travail	Paul Bacon (MRP)
Reconstruction	Pierre Courant (ind.)
France d'outre-mer	Louis Jacquinot (ind.)
Santé publique et Population	André Boutemy (pays.)
Agriculture	Camille Laurens (pays.)
Anciens Combattants	Louis Bergasse (ARS)
PTT	Roger Duchet (ind.)

Secrétaires d'Etat

Présidence du Conseil	Félix Gaillard (rad.)
Présidence du Conseil	Joannès Dupraz (MRP)
Présidence du Conseil, chargé de l'information	Emile Hugues (rad.)
Guerre	Pierre de Chevigné (MRP)
Air	Pierre Montel (ind.)
Marine	Jacques Gavini (ind.)
Affaires étrangères	Maurice Schumann (MRP)
Intérieur	André Colin (MRP)
Beaux-Arts	André Cornu (rad.)
Enseignement technique, Jeunesse et Sports	Jean Masson (rad.)
Marine marchande	Jules Ramarony (pays.)
Agriculture	Guy Petit (pays.)
France d'outre-mer	Henri Caillavet (rad.)
Santé publique	Pierre Couinaud (ARS)

2

Le gouvernement Joseph Laniel
(26 juin 1953-12 juin 1954)

Président du Conseil	Joseph Laniel (ind.)
Vice-présidents du Conseil	Paul Reynaud (ind.)
	Henri Queuille (rad.)
	Pierre-Henri Teitgen (MRP)
Ministre délégué au Conseil de l'Europe	François Mitterrand (UDSR)
Ministre d'Etat, chargé de la réforme constitutionnelle	Edmond Barrachin (ARS)
Ministre d'Etat	Edouard Comiglion-Molinier (URAS)
Garde des Sceaux	Paul Ribeyre (pays.)
Affaires étrangères	Georges Bidault (MRP)
Intérieur	Léon Martinaud-Deplat (rad.)
Défense nationale et Forces armées	René Pleven (UDSR)
Finances et Affaires économiques	Edgar Faure (rad.)
Education nationale	André Marie (rad.)
Travaux publics, Transports et Tourisme	Jacques Chastellain (ind.)
Industrie et Commerce	Jean-Marie Louvel (MRP)
Agriculture	Roger Houdet (sénateur, ind.)

France d'outre-mer	Louis Jacquinot (ind.)
Travail et Sécurité sociale	Paul Bacon (MRP)
Reconstruction et Logement	Maurice Lemaire (URAS)
Anciens Combattants	André Mutter (pays.)
Santé publique et Population	Paul Coste-Floret (MRP)
PTT	Pierre Ferri (URAS)

Secrétaires d'Etat[*]

Présidence du Conseil	Pierre July (ARS)
Présidence du Conseil, chargé de l'information	Emile Hugues (rad.)
Présidence du Conseil, chargé des Etats associés	Marc Jacquet (URAS)
Affaires étrangères	Maurice Schumann (MRP)
Intérieur	Edouard Thibault (MRP)
Forces armées (guerre)	Pierre de Chevigné (MRP)
Forces armées (marine)	Jacques Gafini (rép. ind.)
Forces armées (air)	Louis Christiaens (rép. ind.)
Budget	Henri Ulver (URAS)
Affaires économiques	Bernard Lafay (rad.)
Education nationale (beaux-arts)	André Cornu (RGR)
Travaux publics (aviation civile)	Paul Devinat (rad.)
Marine marchande	Jules Ramarony (ind. pays.)
Commerce	Raymond Boisdé (ARS)
Agriculture	Philippe Olmi (ind. pas.)
France d'outre-mer	François Schleiter (rép. ind.)

---

[*] Liste publiée au *JO* du 2 juillet.

3

Le gouvernement Mendès France[*]
(18 juin 1954-6 février 1955)

Président du Conseil	Pierre Mendès France (rad.)
Justice	Emile Hugues (rad.)
Défense nationale	Général Koenig (rép. soc.)
Intérieur	François Mitterrand (UDSR)
Finances	Edgar Faure (rad.)
Education nationale	René Berthoin (sénateur, RGR)
Travaux publics et Communications	Jacques Chaban-Delmas (rép. soc.)
Industrie et Commerce	Maurice Bourgès-Maunoury (rad.)
Agriculture	Roger Houdet (sénateur, ind.)
Travail	Eugène Claudius-Petit (UDSR)
Etats associés	Guy La Chambre (ind.)
France d'outre-mer	Robert Buron (MRP)

---

[*] Ce cabinet Mendès France connaîtra plusieurs remaniements. Parmi les changements enregistrés, deux concernent la Défense nationale. Le général Koenig en est le ministre dès la formation du cabinet, en juin 1954, et le restera jusqu'en septembre 1954. Il cède ensuite la place à Emmanuel Temple, qui occupe ces fonctions de septembre 1954 à janvier 1955. Vient ensuite Jacques Chevallier, de janvier 1955 à la chute du cabinet le mois suivant. Koenig retrouvera son portefeuille en février 1955, dans le gouvernement Edgar Faure.

Reconstruction	Maurice Lemaire (rép. soc.)
Santé publique	Louis Aujoulat (ind.)
Anciens Combattants	Emmanuel Temple (ind.)
Affaires tunisiennes et marocaines	Christian Fouchet (rép. soc.)

Secrétaires d'Etat

Présidence du Conseil	André Bettencourt (ind.)
	Jean Masson (rad.)
Affaires étrangères	Guérin de Beaumont (ind.)
Forces armées (guerre)	Jacques Chevallier (app. ind.)
Forces armées (marine)	André Monteil (MRP)
Forces armées (air)	Diomède Catroux (rép. soc.)
Budget	Henri Ulver (rép. soc.)
Territoires d'outre-mer	Roger Duveau (UDSR)
Affaires économiques	Henri Caillavet (rad.)
PTT	André Bardon (ARS)
Agriculture	Jean Raffarin (pays.)
Recherche scientifique et Progrès technique	Henri Longchambon (sénateur RGR)
Enseignement technique	Joseph Lanet (UDSR)

4

Petit lexique

ACM	Antenne chirurgicale mobile
ACP	Antenne chirurgicale parachutiste
ALN	Armée de libération nationale (Algérie)
BPC	Bataillon de parachutistes coloniaux
BEP	Bataillon étranger parachutiste
BMC	Bordel militaire de campagne
BT	Bataillon thaï
CAFAEO	Corps auxiliaire des Forces armées d'Extrême-Orient
CEFEO	Corps expéditionnaire français d'Extrême-Orient
CEML	Compagnie étrangère de mortiers lourds
CIAA	Comité de liaison pour l'aide américaine
CMMLE	Compagnie mixte de mortiers de la Légion étrangère
COMIGAL	Commissaire général de France en Indochine
CREBLE	Compagnie de réparation d'engins blindés de la Légion étrangère
CRMA	Comité de réception du matériel américain
CRMLE	Compagnie de réparation du matériel de la Légion étrangère
DB	Division blindée

DBLE	Demi-brigade de Légion étrangère
DIC	Division d'infanterie coloniale
DLO	Détachement de liaison et d'observation
DZ	Dropping zone, ou zone de saut, ou zone de parachutage
EMCFA	Etat-major combiné des Forces armées
EMFTNV	Etat-major des forces terrestres du Nord-Vietnam
EMIFT	Etat-major interarmées et des forces terrestres
FLN	Front de libération nationale (Algérie)
FTL	Forces terrestres du Laos
FTNV	Forces terrestres du Nord-Vietnam
GAACEO	Groupe d'artillerie antiaérienne coloniale d'Extrême-Orient
GAOA	Groupement d'aviation d'observation d'artillerie
GAP	Groupement aéroporté
GATAC	Groupe aérien tactique
GCMA	Groupement des commandos mixtes aéroportés
GMI	Groupe mobile d'intervention (à partir du 1er décembre 1953, autre appellation des GCMA dont les maquis n'avaient pas vocation à être aéroportés)
GMPT	Groupement mobile de partisans thaïs
GONO	Groupement opérationnel du Nord-Ouest
IPSA	Infirmières-pilotes secouristes de l'air ou infirmières-parachutistes de l'air
MAAG	Military Assistance Advisory Group
ORSA	Officier de réserve en situation d'activité
PCIA	Poste de coordination des activités aériennes
PIM	Personnel interné militaire, ou prisonnier interné militaire
RAC	Régiment d'artillerie coloniale
RCC	Régiment de chasseurs à cheval (blindés)

REI	Régiment étranger d'infanterie
RICM	Régiment d'infanterie coloniale du Maroc, désormais régiment d'infanterie et de chars de marine
RP	Route provinciale
RTA	Régiment de tirailleurs algériens
RTM	Régiment de tirailleurs marocains
SDECE	Service de documentation extérieure et de contre-espionnage (devenu la DGSE)
SPI	Service Presse Information
TAPI	Troupes aéroportées d'Indochine
TDKQ	« Tieu Doan Khinh Quan » ou bataillons légers vietnamiens
ZONO	Zone opérationnelle du Nord-Ouest (elle cédera la place au GONO)

5

Le plan Navarre

Cette version du « plan Navarre » est celle rédigée à la main par le général et lui ayant servi de trame lors de son exposé du 24 juillet 1953, devant le Comité de défense nationale. Elle a été publiée par Jean Pouget, dans son livre *Nous étions à Diên Biên Phu* (Presses de la Cité, 1964), auquel nous l'avons empruntée. Ce texte est également celui qui a été enregistré au secrétariat permanent de la Défense nationale. Pour Jean Pouget, c'est le seul texte donnant à la fois l'esprit et la lettre du « plan Navarre ».

« Document distribué donne grandes lignes situation ennemie et la nôtre. N'y reviens pas.

Résumerai seulement points essentiels.

Ennemi[1] dispose d'un corps de bataille dont l'effectif est d'environ 7 divisions, à base infanterie mais très bien armées et dotées mobilité tactique remarquable. Faut ajouter un certain nombre régiments non endivisionnés de même qualité. Effectif corps de bataille peut donc atteindre 8 à 9 divisions.

Ce corps de bataille n'a jamais été plus fort :

– Troupe aguerrie ;

– Armement amélioré par aide chinoise ;

– Frais (non usé par campagne printemps) ;

– Remis instruction depuis fin mai.

Peut, partir août-septembre-octobre, entamer grandes opérations : Delta, Nord-Laos, Centre-Indochine (ou 2 ou 3 la fois). Sera aidé par éléments régionaux et populaires agissant dans nos lignes et cherchant par guérilla à immobiliser maximum de nos forces.

– *Delta* (60 000 combattants intérieurs).

– *Nord-Laos et pays Thaï* (contrôle tout le pays à l'exception environs postes que nous tenons).

– *Centre Indochinois* (situation du Centre Vietnam ; situation des plateaux, situation Mékong).

Donc V.M. peut nous porter coup très dur à partir octobre. Bataille durera jusqu'à fin mai (saison pluies) avec interruptions et reprises.

Nos propres forces :

Défaut principal : n'avons pas de corps de bataille à opposer à celui ennemi. A part 6 GM (de Lattre) que j'ai trouvé entièrement dispersés (pour faire face offensive Laos) et 8 bataillons paras (excellents), il n'y a qu'unités de secteur implantées avec quelques réserves locales qui tiennent et protègent innombrables points et zones sensibles que nous devons garder. C'est notre grande faiblesse.

Je m'emploie à reconstituer réserves à tous les échelons. Aurai 1er septembre 25 bataillons en réserve générale. Ai imposé à commandants territoires réserves à tous les échelons (zones, secteurs, sous-secteurs). C'est très difficile : transformation profonde nos habitudes et organisation.

Comporte risques (certains points dépourvus, troupes à réhabituer mouvement jour et nuit).

Pose problèmes tous ordres (y compris finances, par exemple : le remplacement de plusieurs petits postes par gros poste capable de rayonner). Cependant indispensable car, autrement, n'en sortirons pas. Indispensable :

– Pour reconstituer réserves ;

– Pour détruire chez troupe moral assiégé qui existe trop ;

– Pour créer climat agressivité jour et nuit et rendre à troupes sentiment supériorité sur adversaire sans lequel pas de succès possible.

Donc décidé à pousser à fond dans ce sens et ai fixé date 1er septembre pour réalisation première série. Résultats nécessaires pour engager bataille d'automne. Prélèverai réserves sur territoires non intéressants pour bataille afin faire face à offensive viet-minh avec au moins 40 bataillons mobiles.

Serai alors à 40 contre 60 ou 65, compte tenu des troupes des secteurs attaqués, compte livrer bataille à peu près à égalité quantitativement

Qualitativement :

– Ennemi aura avantage *mobilité tactique* due à sa fluidité. Chercherai compenser par allégement maximum des troupes pour lequel ai donné ordres. Aurai par contre avantage *puissance* due à l'artillerie, blindés et surtout appui feux aviation ;

– Aurai également avantage mobilité stratégique (due à possibilité déplacement par mer, par air et par parachutage) qui est atout essentiel qu'utiliserai au maximum.

De toute façon, aurai à livrer d'octobre à juin bataille dure dans conditions difficiles pouvant comporter revers importants.

Compte cependant contenir ennemi en utilisant systématiquement attitude offensive :

– Opérations préventives ayant pour but désorganiser bases départ ennemies ;

– En cours bataille, actions offensives sur flancs et arrières.

Voici ce qu'envisage dans les trois hypothèses prévues :

Hypothèse Delta : pense tenir grâce à bétons, jeu de réserve (bon réseau routier) et appui aérien (bon en tout temps).

Hypothèse Centre-Indochine : pense arrêter ennemi à hauteur porte Annam et l'attaquer sur arrière Paksane, Plaine des Jarres, Phu Nho Quan, Thanh-Hoa, débarquement à Vinh).

Hypothèse Nord-Laos : la plus ennuyeuse.

– Nord-Laos uniquement objectif politique ;

– Peu d'intérêt militaire *dans l'immédiat ;*

– Difficile à défendre autrement que par méthode hérissons (très dispendieux).

Je risque donc, pour défendre objectif politique, de perdre liberté d'action et être en difficulté ailleurs.

Nécessité par conséquent décision du gouvernement.

1° Possibilité détourner Viet-minh d'agir contre Laos par action diplomatique ;

2° En cas attaque viet-minh en force, m'autoriser à ne pas m'engager à fond pour défendre Laos (troupes laotiennes que je cherche à augmenter et minimum troupes UF[2]).

Décision indispensable pour bataille octobre.

Cette bataille octobre-juin, même si est conduite sans échecs graves, même si était un succès, ne sera que stratégiquement défensive ; ne peut donc mener qu'à situations pas exploitées offensivement ; Viet-minh nous attaquera de nouveau en juin 1954 et n'en sortirons pas !

– Ce n'est que par offensive que possibilité battre ennemi ou tout au moins réaliser carte de guerre assez favorable pour le convaincre ne gagnera pas et intérêt à négocier.

– Or, pour reprendre offensive contre C. de B.[3] viet-minh dois disposer C. de B. au moins égal en nombre et plus puissant. Ce C. de B. doit être constitué dès octobre 1954 afin qu'à cette date ce soit nous qui attaquions et non Viet-minh.

– Comment le constituer ?

Ne pouvons accroître considérablement notre corps expéditionnaire, c'est-à-dire effort *français*.

Donc un seul moyen : création armées associées puissantes et en premier lieu armée vietnamienne.

D'où plan mis en œuvre depuis février dernier et prévoyant accroissement considérable de ces armées.

– Ce plan a été établi par mon prédécesseur et étalé jusqu'à 1955. Voudrais l'accélérer (réalisation maximum possible avant octobre 1954) tout en l'allégeant des choses inutiles pour guerre actuelle.

Ceci nécessite – soit dit en passant – qu'on nous donne contrôle plus direct sur constitution armées associées.

Mais si j'attends pour commencer offensive que les armées associées puissent y participer pleinement ne pourrai rien faire important avant juin 1954. Pourrai tout au plus tenir. De plus, n'ai pas avantage à employer unités associées de nouvelle formation pour C. de B. Mieux vaut employer unités actuelles plus solides que désimplanterai de secteurs faciles et remplacerai par unités nouvelles. Enfin, avant commencer offensives à fond sur C. de B. viet-minh, nécessité nettoyer nos arrières de grosses taches dissidentes – ce qui me permettra ainsi récupérer des troupes.

Ai donc – entre maintenant et octobre 54 – tout un programme à réaliser pour que sois en mesure de prendre offensive en octobre 54.

– Mise sur pied nouvelles unités associées ;

– Leur engagement dans secteurs secondaires pour les aguerrir et dégager forces valables ;

– Pacification définitive un certain nombre de régions pour assainir arrières et récupérer autres troupes ;

– Avec cet ensemble de troupes récupérées, constituer un C. de B. capable, en octobre 54, de commencer contre le Viet-minh les grandes opérations offensives seules capables de battre ou nous mettre en situation négocier dans bonnes conditions ;

– C'est à cet ensemble de besoins que correspond plan que je propose et qui comprend deux parties :

1° Une première partie – la plus importante du point de vue financier – qui résulte automatiquement du plan établi avant mon arrivée pour accroissement armées associées et mise sur pied C. de B., plan présenté à Washington au printemps dernier par M. Letourneau.

Cette partie avait été établie et chiffrée avant mon arrivée et l'ai admise telle quelle, le temps m'ayant manqué pour la réviser. Elle comprend :

– d'une part un accroissement des effectifs en officiers et sous-officiers français et en hommes de troupes français, nord-africains et africains ;

– d'autre part un accroissement des crédits.

Ne méconnais nullement la charge que cela impose mais si je n'ai pas les effectifs et crédits demandés, constitution armées associées et mise sur pied C. de B. seront remises en question.

Je demande donc ces effectifs et ces crédits mais je m'engage à revoir cette partie de mon plan – ce que je n'ai pas eu le temps de faire – et j'attends de cette révision, ainsi que de certaines mesures qu'ai donné ordre d'étudier, des économies substantielles qui pourront venir en réduction des crédits actuellement demandés.

2° Une deuxième partie du plan résulte des modifications que j'ai apportées au plan de mon prédécesseur pour en renforcer l'efficacité et surtout pour l'accélérer. Estime, en effet, que plan tel que conçu par mon prédécesseur ne donnait aucune possibilité offensive réelle avant octobre 55. Or d'ici là, situation peut se transformer en se dégradant et c'est un an de guerre à subir – avec toutes conséquences sur plan moral, finances, incidences sur défense Europe, etc.

Ai estimé qu'avec effort supplémentaire limité, on peut gagner un an. C'est pourquoi ai demandé renforts temporaires.

Appelle ce renfort « temporaire » parce que son but n'est pas d'augmenter définitivement le C. de B. mais de me donner le moyen de prendre plus tôt l'offensive.

Ce renfort sera, quand le C. de B. aura été constitué :

– soit rendu à la Métropole ;

– soit incorporé dans le C. de B. et dans ce cas ses effectifs viendront en déduction du C. de B. C'est donc bien un renfort temporaire.

Je considère ce renfort comme capital car peut changer profondément le cours des événements.

En effet, si j'en dispose, pourrai réaliser dès début 54 série opérations qui assainiront Sud et Centre-Indochine, permettant récupération forces importantes et permettant la constitution dès l'été 54 du C. de B. Sa présence sera de plus, une garantie que n'aurai pas revers grave dans bataille défensive octobre-juin.

Si n'en dispose pas, il est à redouter qu'après une bataille difficile je ne me trouve en juin 54 dans situation analogue à situation actuelle. Certes, j'aurai en plus de maintenir l'atout représenté par accroissement armée vietnamienne, mais n'ayant pu procéder aux opérations de pacification qui doivent me libérer des unités supplémentaires, mon C. de B. serait insuffisant pour me permettre prendre offensive en octobre 54.

Attache donc une grande importance à action de ce renfort et également à son envoi en temps voulu, c'est-à-dire au plus tard au 1er décembre 53.

Plus tard, il serait beaucoup moins efficace. Je rappelle qu'il doit être composé d'unités constituées.

Si plan adopté, devrions nous trouver dans l'été 54 devant situation beaucoup plus favorable qu'en ce moment.

En effet, aurons augmenté nos effectifs actuels de près de cent bataillons associés de valeur médiocre au début du fait formation rapide et peu d'expérience de leurs cadres, mais qui auront été progressivement rodés dans des opérations de pacification.

Certains d'entre eux – les premiers formés – pourront entrer dans composition C. de B. Les autres tiendront secteurs calmes libérant troupes meilleure qualité.

Pacifications larges régions Sud et Centre-Vietnam nous auront également procuré disponibilités. Pourrons alors, pendant saison des pluies, de juin à octobre 54, procéder à un vaste remaniement du dispositif articulant les forces.

– D'une part, en forces territoriales tenant pays et le débarrassant progressivement des guérillas viet-minh ;

– D'autre part, en un C. de B. que mettrons à l'instruction pendant l'été en vue grandes opérations offensives à entreprendre en octobre.

Le Viet-minh, lui – sauf aide chinoise importante en hommes, ce qui transformerait évidemment le problème et le poserait sous angle international nouveau – semble avoir à peu près atteint le plafond de ses effectifs.

Se rendra compte alors, peut-être, que ne peut plus gagner et aurons donc réalisé situation permettant soit de traiter, soit passer à phase offensive de conduite de la guerre.

Cette phase offensive, dans mon esprit, conforterait elle-même deux temps :

Le premier consisterait à occuper définitivement dès octobre 54 Thanh-Hoa et Vinh et priver ainsi ennemi des derniers réservoirs importants où puiser riz et surtout hommes. Ces actions suffiraient peut-être à l'amener à composition.

Second temps à exécuter si négociations sans résultat serait mise hors de combat C. de B. viet-minh par opération débouchant Delta, destinée à le détruire et à rejeter débris en Haute Région.

Si ce résultat obtenu, permettrait de rapatrier corps expéditionnaire à partir de mi-1956.

La réalisation du plan que je propose suppose, en dehors des moyens matériels que j'ai demandés, la réalisation de certaines conditions de caractère politique.

La première est qu'Etats associés – et en particulier le Vietnam – soient réellement « mis dans la guerre ».

Or, cette condition ne peut être remplie – j'en ai absolue conviction – que si ces Etats ont le sentiment qu'ils se battent pour buts nationaux et si ce sentiment est partagé par masse de la population et en particulier par éléments nationalistes – aussi bien ceux qui combattent actuellement dans rangs Viet-minh que ceux qui sont dans notre camp et pratiquent l'attentisme.

Mais ce sentiment ne sera sans doute pas un aiguillon suffisant pour amener les dirigeants des Etats associés à mettre résolument leurs peuples dans la guerre. Il faut aussi, je crois, qu'ils sentent qu'ils jouent leur existence et que, s'ils manquent l'occasion que nous leur offrons, ils ne la retrouveront pas.

C'est pourquoi l'idée qui a été émise de leur dire nettement que notre effort sera de durée limitée me semble excellente. La même déclaration faite aux Américains les inciterait peut-être à nous aider davantage. Ces déclarations devraient cependant être discrètes car le Viet-minh pourrait y puiser lui aussi, des sentiments d'espoir.

– Une autre condition nécessaire du succès est la définition nette de nos buts de guerre.

Indispensable que cadres français du corps expéditionnaire (sur qui tout repose – il ne faut pas l'oublier) sachent exactement pourquoi il se battent. Nécessaire pour que se battent bien. Or, ne se battent bien que si sont sûrs se battre pour intérêts nationaux.

Assurance libération et indépendance Etats associés n'est pas un but suffisant pour les Français qui ne sont pas certains que cette indépendance des Etats associés sera assortie de leur maintien dans une Union française, qui ne soit pas une duperie – en d'autres termes que la France ne se bat pour un roi de Prusse qui s'appellerait Bao Dai.

Si cadres français avaient ce sentiment – en particulier ceux très nombreux, qui servent dans les rangs des armées associées et ont déjà à y faire preuve d'une abnégation peu commune – il se créerait entre eux et ces armées un malentendu qui serait grandement préjudiciable à la cohésion morale des forces d'Indochine.

Suis donc convaincu succès dépend pour large part des définitions nettes et hautement proclamées de ce que seront rapports de la France et des Etats associés dans l'UF future.

Si négociations qui vont s'ouvrir aboutissent à solutions telles que les Etats associés conservent leur attitude actuelle de revendication permanente et continuent à en prendre prétextes pour ne se battre que mollement ou si nos cadres français avaient le sentiment que la France n'a plus d'intérêts réels à défendre en Indochine, il ne pourrait y avoir, dans l'ensemble des forces que je commande là-bas cette cohésion morale et cette volonté de vaincre qui est une des conditions essentielles du succès.

Me résumerai en disant que la situation militaire en Indochine, actuellement défavorable, peut être redressée dans un délai d'un an environ et qu'à ce moment (été 54) nous pouvons nous trouver en mesure :

– Soit de négocier dans des conditions convenables, c'est-à-dire nous permettant de retirer progressivement nos forces, tout en assurant le maintien en Extrême-Orient des positions françaises satisfaisantes, non seulement dans le domaine économique mais dans les domaines politique et militaire, sans lesquels il n'y a pas d'UF digne de ce nom ;

– Soit d'entamer de grandes opérations visant à mettre hors de combat le Viet-minh si les négociations envisagées ci-dessus ne sont pas possibles ou n'aboutissent pas.

En conclusion, je demande au gouvernement – s'il approuve les grandes lignes du plan que je propose – de me donner les moyens matériels et de me placer dans les conditions politiques nécessaires à la réalisation de ce plan.

Les moyens matériels sont :

– Le renfort temporaire que j'ai demandé et qui doit m'être fourni *en temps voulu*. C'est ma demande n° 1 ;

– Les moyens nécessaires à la mise sur pied du C. de B. et au développement des armées associées – étant entendu que je réaliserai à ce point de vue le maximum d'économies.

Les conditions politiques sont :

– La mise dans la guerre des Etats associés ;

– La nette définition des buts de guerre français en Indochine ;

– Enfin, je le rappelle, la définition de l'attitude que je dois prendre en cas d'attaque du Laos.

Si les moyens suffisants ne m'étaient pas donnés, ou si les conditions politiques nécessaires n'étaient pas remplies, le plan que j'ai proposé devrait être reconsidéré entièrement.

Il est à craindre qu'alors nous nous trouvions ramenés à la poursuite d'une guerre sans grand espoir, à ce qu'on a appelé justement « la guerre pourrie ».

Il n'y aurait pas, alors, de solution autre que politique et je ne crois pas, pour ma part, à la possibilité d'une solution politique convenable sans un rétablissement militaire préalable. »

6

Les unités présentes à Diên Biên Phu

INFANTERIE

1ᵉʳ BPC (parachutistes coloniaux)	(cdt Souquet)
20 XI 53 au 16 XII 53	(cap. de Bazin
2 V 54 au 7 V 54	de Bezons)
2/1ᵉʳ RCP (chasseurs parachutistes)	(cdt Bréchignac)
20 XI 53 au 10 XII 53	(cdt Bréchignac)
1 IV 54 au 7 V 54	
5ᵉ BPVN (parachutistes vietnamiens)	(cdt Leclerc puis
22 XI 53 au 25 I 54	cap. Bouvery)
14 III 54 au 7 V 54	(cap. Botella)
6ᵉ BPC (parachutistes coloniaux)	
20 XI 53 au 11 XII 53	(cdt Bigeard)
16 III 54 au 7 V 54	(cdt Bigeard puis
	cap. Thomas)
8ᵉ BPC (parachutistes de choc)	(cap. Tourret)
21 XI 53 au 7 V 54	
1ᵉʳ BEP (parachutistes Légion)	(cdt Guiraud)*
21 XI 53 au 7 V 54	

---

* Les survivants des 1ᵉʳ et 2ᵉ BEP fusionnent le 25 IV 54 en un « bataillon de marche des BEP ».

2ᵉ BEP (parachutistes Légion)	(cdt Liesenfelt)*
9 IV 54 au 7 V 54	
1/2ᵉ REI (infanterie Légion)	(cdt Clémençon)
fin XII 53 au 7 V 54	
3/3ᵉ REI (infanterie Légion)	(chef de bat. Grand
2 I 54 au 7 V 54	d'Esnon)
1/13ᵉ DBLE (infanterie Légion)	(cdt Brinon)**
6 XII 53 au 7 V 54	
3/13ᵉ DBLE (infanterie Légion)	(cdt Pégot)
2/1ᵉ RTA (tirailleurs algériens)	(cdt Jeancenelle)
4 XII 53 au 7 V 54	
3/3ᵉ RTA (tirailleurs algériens)	(cap. Garandeau)
XII 53 au 7 V 54	
5/7ᵉ RTA (tirailleurs algériens)	(cdt de Mecquenem)
XX 53 au 7 V 54	
1/4ᵉ RTM (tirailleurs marocains)	(cdt Nicolas)
2 I 54 au 7 V 54	
2ᵉ tabor (troupe marocaine)	(cdt Borie puis
25 XI 53 au 10 I 54	cdt Mirabeau)
BT 2 (2ᵉ bataillon thaï)	(cdt Chenel)
? au 7 V 54	
BT 3 (3ᵉ bataillon thaï)	(cdt Archambault
28 XI 53 au 7 V 54	puis Thimonnier)
Cie Thaïs blancs	(cdt Duluat)
8 XII 53 au 7 V 54	
Groupement thaï	(lieut. Wieme)
1 XII 53 au 7 V 54	
GMPT (groupement mobile de partisans thaïs)	
XI et XII 53 au 7 V 54	
GCMA (groupement des commandos	(cap. Hebert et
mixtes aéroportés)	lieut. Deloste)
301ᵉ BVN (bataillon vietnamien)	(sous-lieut.
7 XII 53 au 11 I 54	Déo Van Dan)

---

* Les survivants des 1ᵉʳ et 2ᵉ BEP fusionnent le 25 IV 54 en un « bataillon de marche des BEP ».

** Le lieutenant-colonel Gaucher (tué le 13 III 54) était le commandant des deux bataillons de la 13ᵉ DBLE et du secteur centre. Le lieutenant-colonel Lemeunier lui succède.

ARTILLERIE

2/4e RAC (artillerie coloniale)	(cdt Hourcabie puis
26 XII 53 au 7 V 54	Lassurguère et Knecht)
11e batt. 4/4e RAC	
(artillerie coloniale)	
28 XII 53 au 7 V 54	(cap. Déal)
3/10e RAC (artillerie coloniale)*	
6 au 12 XII 53	(cdt Alliou)
GM 35e RALP (artillerie légère	
parachutiste)*	
20 XI 53 au 27 XII 53	(cdt Millot)
1er GAACEO (artillerie	
antiaérienne coloniale)	(lieut. Redon)
BAAL (batterie artillerie	
autonome du Laos)	
XI et XII 53 au 17 I 54	(cap. Ladous)
1er CEPML (cie étrangère parachutiste de mortiers lourds)	
III 54 au 7 V 54	
1er CMMLLE	
(cie mixte de mortiers lourds de la Légion étrangère)	
30 III 54 au 7 V 54	
2e CMMLLE (cie mixte de mortiers	
lourds de la Légion étrangère)	
XII 53 au 7 V 54	(cdt Fetter)
21e GAOA (avions	
d'observation d'artillerie)	
XI et XII 53 au 8 V 54	(lieut. Asselineau)
23e GAOA (avions d'observation d'artillerie)	

ARME BLINDÉE & CAVALERIE

Détachements du 1er RCC et du RICM	
XII 53 au 7 V 54	(cap. Hervouet)

---

* Avec ensuite des éléments détachés comme DLO.

** Avec ensuite des éléments détachés comme DLO.

GÉNIE

31ᵉ BG (bataillon du génie)   (cdt Sudrat)
          20 XI 53 au 7 V 54
17 CPG   (cdt Charlet)
          20 XI 53 au 8 XII 53

SERVICES

Santé   (médecin-cap. Le Damany)
Munitions   (sous-lieut. Léonard)
5ᵉ CRMLE (cie de réparation de matériel lourd de la Légion
   étrangère)
                    (lieut. Jourdonneau)
Intendance   (lieut. Vigié et Hurté)
Prévôté   (maréchal des logis-chef Salaün)
Cinéma-presse   (Schoendoerffer, Lebon, Martinoff,
                    Péraud, Camus et Thibaud)
Aumônerie   (père Heinrich, aumônier principal)
Bureau postal militaire   (lieut. Pennamec'h)

AVIATION

Outre les équipages – armée de l'air et aéronavale – ayant effectué des missions de parachutage, de bombardement ou de ravitaillement sur Diên Biên Phu ainsi que les convoyeuses de l'air qui prenaient en charge les blessés évacués, le camp retranché disposait d'un état-major air, pour diriger et coordonner les vols et les atterrissages. Cet état-major était dirigé par le cdt Guérin. Une équipe était affectée à l'entretien des appareils basés au camp ; ils y sont restés après le repli ou la destruction de ces avions. Outre le personnel dit « rampant », étaient au camp le 7 mai dix-sept aviateurs qui avaient été abattus ou qui n'avaient pu redécoller. Tous ces aviateurs ont composé une section de combat qui a rejoint le 1ᵉʳ BEP.

MARINE

Représentée par le lieutenant de vaisseau Bernard Klotz, abattu le 23 avril, et l'infirmier Segalen, à l'antenne chirurgicale de « Isabelle ».

7

Les appareils de l'aviation et de l'aéronavale[*]

Ces notices concernent les appareils qui seront, jusqu'à la mi-mars 1954, stationnés sur le terrain de la base aéroterrestre ou qui apparaîtront le plus souvent dans le ciel de Diên Biên Phu, tant pour les missions de transport, de parachutage que pour les appuis feu.

Bearcat, ou Grumman F8F Bearcat
Avion de chasse embarqué de fabrication américaine, mis en service à la fin de la Seconde Guerre mondiale. Vitesse maximum 680 km/h. Armement : 4 mitrailleuses de 20, ou 4 mitrailleuses de 12,7 et 2 bombes de 450 kg.

Beaver, ou De Haviland Canada L-20/U-6A Beaver
Avion canadien de liaison et transport, considéré comme le camion de l'air dans le Grand Nord canadien. Peut transporter 8 passagers ou 900 kg de fret avec un rayon d'action de 1 200 km.

C-119, ou Fairchild C-119 Flying Boxcar
Avion de transport bimoteur de fabrication américaine. Equipé de portes arrière pouvant être ouvertes en vol pour le largage d'hommes ou de matériels. Charge utile : 75 parachutistes ou 10 tonnes de fret. Rayon d'action : 3 500 km. Utilisé en Corée et en Indochine, jusqu'aux années 70.

---

[*] Dossier établi par le commandant de bord Mick Greene.

Corsair, ou Chance Vought F4U Corsair
Avion de chasse embarqué de fabrication américaine, en service à partir de 1942 (fin de fabrication 1952). Le Corsair a notamment équipé l'US Navy, la Royal Navy, la Royal New Zeland Air Force et l'aéronavale française. Vitesse maximum 680 km/h. Armement : 6 mitrailleuses 12,7.

Dakota, ou Douglas C-47 Skytrain Dakota, ou DC-3
Bimoteur conçu dans les années 30, pour le transport des passagers. Adapté à l'usage militaire durant la Seconde Guerre mondiale. Utilisé pour les transports de troupes, le fret ou le parachutage. Possibilité d'embarquer 30 passagers ou 4 tonnes de fret ; avec un rayon d'action de 3 400 km et une vitesse de croisière de 330 km/h.

Hellcat, ou Grumman F6F Hellcat
Chasseur-bombardier embarqué, mis en service en 1942 contre les forces japonaises du Pacifique. Equipé d'un moteur de 2 000 CV volant à 620 km/h maximum. Armé de 6 mitrailleuses de 12,7, de 6 roquettes ou de 2 bombes de 450 kg.

Helldiver, ou Curtiss SB2C Helldiver
Bombardier en piqué de fabrication américaine, utilisé à partir de 1943 dans le Pacifique contre les Japonais. En service, après la Seconde Guerre mondiale, dans les armées de l'air française, italienne, grecque, portugaise et thaï. Vitesse maximum 480 km/h. Rayon d'action 1 800 km. Armement : 2 mitrailleuses de 20 et 2 de 7,62, jusqu'à 900 kg de bombes.

Marauder, ou Martin B-26 Maraudeur
Bombardier bimoteur de fabrication américaine. Equipé de 2 moteurs de 2 000 CV et volant à une vitesse maximale de 460 km/h. Servi par un équipage de 7 personnes, il était armé de mitrailleuses de 12,7 et transportait 1 800 kilos de bombes.

Morane, ou Morane-Saulnier MS 500 « Criquet »
Appellation française de l'avion de liaison et d'observation allemand Fieseler Fi 156 Storch – ou « Stork » – utilisé dès le début

de la Seconde Guerre mondiale. Atterrissage et décollage remarquablement courts. Emportant habituellement un pilote et un observateur, il pouvait transporter 4 passagers ou une civière. Vitesse maximale 180 km/h, rayon d'action 390 km.

Privateer, ou Consolidated PB4Y-2 Privateer

Bombardier américain, en service vers la fin de la Seconde Guerre mondiale ; utilisé ensuite par les gardes-côtes américains et plusieurs forces aériennes occidentales. Quadrimoteur évoluant à 385 km/h, avec un rayon d'action de 4 500 km, servi par 5 hommes d'équipage, il était armé de 12 mitrailleuses de 12,7.

Siebel, ou Siebel SL 204/NC 701

Appareil bimoteur de liaison et de transport léger, mis en service en 1942 par l'armée de l'air allemande. Volant à 360 km/h, avec un rayon d'action de 1 400 km, avec un équipage de 2 pilotes, il pouvait transporter 8 passagers ou 1 500 kg de fret.

8

Les visiteurs de Diên Biên Phu

Une liste, supposée complète, des visiteurs officiellement passés à Diên Biên Phu avant que l'offensive viêt-minh de mars n'isole le camp retranché, figure dans les archives du SHAT (carton 10 H 1178). Elle est donnée à titre indicatif, sachant par exemple que le général Cogny était à Diên Biên Phu dans la journée du 12 mars.

24 novembre	général Spear, attaché militaire de la Grande-Bretagne à Saigon
29 "	les généraux Cogny et Navarre accompagnés du général Trapnell, chef du MAAG (Military Assistance Advisory Group)
4 décembre	général Trapnell
11 "	général Dechaux, commandant le Gatac-Nord
12 "	généraux Cogny et Bodet, accompagnés du colonel de Crèvecœur… et de Graham Greene
18 "	sir Stewart, conseiller des Affaires étrangères de G-B
19 "	Trapnell (avec ses adjoints colonel Kofahl, lieutenants-colonels Kellet et Setliffe)
22 "	général Nguyen Van Thunt
24 "	généraux Navarre et Cogny avec leurs états-majors

29 "	généraux Cogny, Bodet et Lauzin (cdt les FAEO) et Pennacchioni (insp. gén. de l'artillerie en Indochine) avec leurs experts
3 janvier	les généraux Navarre, Cogny et Dejean
14 "	général Trapnell
15 "	général Cogny
22 "	général Navarre
26 "	Marc Jacquet et Maurice Dejean, le général Blanc (chef d'état-major de l'armée de terre)
1er février	Alain Griotteray, chef de cabinet de Marc Jacquet
10 février	sir Charles Loewen, commandant en chef des forces britanniques en Extrême-Orient
19 "	les ministres Pleven et Pierre de Chevigné avec le général Ely
2 mars	général O'Daniel, commandant les forces terrestres américaines du Pacifique
6 "	Malcolm Mac Donald, commissaire général britannique pour le Sud-Est asiatique

De plus, trois officiers américains ont séjourné plusieurs semaines dans le camp retranché de Diên Biên Phu, qu'ils ont définitivement quitté au mois de mars. Il s'agit du capitaine aviateur Robert M. Lloyd – chargé d'observer les effets de la DCA du Viêt-minh sur les avions du pont aérien –, ainsi que des lieutenants-colonels John M. Wohner et Richard F. Hill.

9

Le coût de la bataille

Le 4e bureau du commandant en chef des Forces terrestres navales et aériennes en Indochine, le général Ely, fait en septembre 1954 le bilan du coût des opérations de Diên Biên Phu.

Il est procédé, dans un premier temps, à un décompte des matériels et approvisionnements mis en œuvre et perdus par l'armée de terre :

1. transmissions   580 600 000 francs[4]

2. véhicules   408 000 000

3. armement
   - armement organique
     armement de secteur
     armement parachuté   769 875 000
   - équipement correspondant   20 550 000
   - ingrédients pour armes   582 000

4. matériel optique
   - matériel organique des unités,   75 580 000
     matériel parachuté

5. munitions
   - munitions d'infanterie et d'artillerie   5 518 792 000

6. génie
   - matériaux transportés (ronces,   772 400 000
     bois, etc.)
   - outillage organique des unités   225 000 000

7. intendance
  • matériels divers (tentes, etc.)   975 000 000
  • alimentation (rations conditionnées,
    rations de secours parachutées
    en sus de la ration normale)   5 000 000
    matériel intendance   45 000 000[5]
8. matériel de parachutage
  • grandes et petites voilures
    parachutes à personnel   2 991 000 000
  • plateaux de parachutage, colliers
    pour munitions, cordes, etc.   69 000 000
9. essences
  • matériel d'exploitation et carburant   120 000 000
10. service de santé
  • médicaments, matériels organiques
    des unités et antennes   192 900 000
                      Total :   12 899 279 000[6]
                      arrondi à :   12 900 000 000

Ce premier bilan est naturellement incomplet. Il convient d'y ajouter l'estimation du coût des transports aériens entre le 20 novembre 1953 et le 7 mai 1954 ; comptes qui ont aussi été réalisés et joints en annexe de l'inventaire précédent :
  • Transport et posé de 27 000 hommes (transport aller)
  • Transport et posé de 10 000 hommes (transport retour)
  • Transport et parachutage de 4 300 hommes
  • Transport et posé de 15 200 tonnes de matériels et approvisionnements (transport aller)
  • Transport et posé de 800 tonnes de matériels et approvisionnements (transport retour)
  • Transport et posé de 185 véhicules ou remorques et dix chars
  • Transport et parachutage de 6 400 tonnes de matériels et approvisionnements
Coût approximatif de ces transports : 2 280 000 000,00 francs
Après quoi, il faut ajouter au premier total arrondi le coût approximatif du transport aérien, pour la mise en place et pour la logistique, soit

$$12\ 900\ 000\ 000$$
$$+\ \ 2\ 280\ 000\ 000$$
$$=\ 15\ 180\ 000\ 000$$

Le document récapitulant les principales dépenses de l'armée de terre, conservé au SHAT de Vincennes sous la référence 10 H 1177, est établi sur la base des recherches effectuées par les divers services concernés. Quelques-unes de ces précisions sont à retenir :

Munitions

Ces dépenses, pour 5 518 791 536 francs, qu'il conviendrait de majorer de 25 % pour prendre en compte le transport, soit 6 898 484 420,00 francs (que le comptable suggère d'arrondir à 6 898 500 000), ont représenté 7 200 tonnes, posées ou parachutées, dont 2 615 tonnes d'obus de 105 et 960 tonnes d'obus de 120.

Il a été consommé durant le siège 13 430 375 cartouches de 7 mm, à 43 francs pièce, et 5 984 368 cartouches de 9 mm à 27 francs pièce.

Parachutes

Entre le 20 novembre et le 13 mars, les parachutes ont été récupérés et retournés à Hanoi ; soit 2 943 grandes voilures et 23 415 petites voilures.

A partir du 14 mars, les parachutes ont été perdus, soit :

820 grandes voilures
65 000 petites voilures
4 300 parachutes à personnel.

Les grandes voilures sont estimées à 800 000 francs, les petites à 23 000 et les parachutes personnels à 200 000 francs.

Armes

Un pistolet-mitrailleur coûtait	20 500 francs
un fusil-mitrailleur	105 000 francs
un mortier de 60 mm	291 200 francs
un mortier de 81 mm	523 000 francs
un mortier de 120 mm	2 144 600 francs

| un canon de 105 | 5 413 800 francs |
| un canon de 155 | 10 372 930 francs |

Alimentation

ont été consommés durant le siège :

riz	791 tonnes (à 40 000 francs la tonne)
viande congelée désossée	195 tonnes (à 300 000 francs la tonne)
vin ordinaire	2 260 hectolitres (5 000 francs l'hectolitre)
vinogel	321 hectolitres (10 000 francs l'hectolitre)
rations conditionnées	628 194
rations de survie	22 760
conserves de viande	119 tonnes (410 000 francs la tonne)
” de légume	65 tonnes (118 000 francs la tonne)
” de poisson	25 tonnes (370 000 francs la tonne)
” de charcuterie	13 tonnes (350 000 francs la tonne)
légumes et fruits frais	875 tonnes (170 000 francs la tonne)
légumes secs	43 tonnes (76 000 francs la tonne)
	soit 657 226 340 francs

Parc automobile

48 Jeep	(798 100 francs l'unité)
25 Dodge 4 × 4	(896 400 francs l'unité)
2 ambulances	(1 816 000 l'unité)
1 porte-bombes	(986 000)
1 citerne-essence	(3 147 000)

18 Dodge 6 × 6
36 GMC

10 chars
9 remorques-citernes à eau
40 remorques diverses
46 tonnes de pièces de rechange

Notes

1. Le général Navarre
commandant en chef en Indochine
La chute du gouvernement Mayer

1. La liste complète du cabinet de René Mayer est donnée en annexe.

2. Bo-doï : soldats des unités régulières du Viêt-minh.

3. Seront désignés de Pereyra au Laos, Risterucci au Cambodge et Gautier au Vietnam.

4. Vincent Auriol, *Journal du septennat*, tome VII, Armand Colin, 1971.

5. Souvent les militaires donnaient une délégation de solde à leur famille restée en France, qui la percevait donc directement en francs. Eux-mêmes ne percevaient que le minimum qui leur était nécessaire sur place, en piastres donc.

6. Cité par Jean Pouget in *Nous étions à Diên Biên Phu*, Presses de la Cité, 1969.

7. La version de ce texte conservé au Service historique de l'Armée de terre – remontant certainement aux premières semaines du séjour indochinois du général Navarre – n'est pas datée.

2. Laniel pour des négociations
Le plan Navarre
Les Vietnamiens ambigus

1. Vincent Auriol, *Journal du septennat, op. cit.*

2. Le ministre britannique Anthony Eden était absent. Malade, il était remplacé par le marquis de Salisbury, chargé de l'intérim.

3. SHAT, carton 10 H 1586.

4. Un lecteur en quête de précision peut transformer les francs (anciens) de 1950 en euros, en leur appliquant le coefficient 0,02308 (source INSEE).

5. Ce document, révélé par Jean Pouget dans son livre *Nous étions à Diên Biên Phu, op. cit.*, est donné en annexe.

6. Pour l'armée de terre, le général Navarre avait demandé douze bataillons d'infanterie, un groupe d'artillerie parachutable, un bataillon du génie, sept cent cinquante officiers et deux mille cinq cent cinquante sous-officiers. Il a obtenu – au titre de l'avance sur l'année à venir – huit bataillons d'infanterie, trois cent vingt officiers et deux cents sous-officiers. Il souhaitait également pour l'armée de l'air un groupe de transport de Dakota, des B-26 ; enfin pour la marine des moyens de transport et de débarquement, un porte-avions et du personnel.

7. Vincent Auriol, *Journal du septennat, op. cit.*

8. Dans le rapport que le général Navarre rédigera le 29 octobre 1954 sur son commandement en Indochine.

9. In *Le Drame indochinois, de Diên Biên Phu au pari de Genève*, Plon, 1957, p. 19 à 21.

10. Outre les crédits supplémentaires annoncés, les Etats-Unis prêtent aussi à la France le porte-avions *Bois-Belleau*.

3. Objectif Diên Biên Phu

1. Giap a raconté la campagne de Diên Biên Phu dans divers ouvrages. L'auteur s'est le plus souvent référé aux cinquième et sixième éditions de *Diên Biên Phu*, aux Editions en langues étrangères d'Hanoi. Il s'agit d'un témoignage tardif, profondément remanié d'une édition à l'autre.

2. Les articles de *L'Express* paraissent les 24 et 31 octobre et 7 novembre 1953.

3. Le Viêt-minh avait divisé le Vietnam en « régions militaires », ou Lien Khu. La Ve, dont il est ici question, comprenait une partie de la Cochinchine, du nord de Saigon jusqu'à Tourane.

4. Cité par Patrick-Charles Renaud, in *Aviateurs en Indochine*, Editions Jacques Grancher, 2003.

5. Le 15 novembre selon d'autres sources, notamment P.-Ch. Renaud.

6. Archives Ely, carton 37, dossier 210 41.

7. Henri Navarre, *Le Temps des vérités*, Plon, 1979.

8. Auguste Pavie avait été sergent-fourrier de l'infanterie coloniale avant de quitter l'armée en 1865. Fixé au Tonkin, il devient à la fois explorateur, diplomate et commerçant.

9. Archivée sous le n° 6025-FTNV-2.

10. Archivé sous le n° 6144-FTNV-2.

11. SHAT. 10 H 1168.

12. Trois bases aériennes seront utilisées pour l'assistance de Diên Biên Phu : Gia Lam et Bach Mai, les terrains d'aviation d'Hanoi, et Cat Bi le terrain d'Haiphong. Les types d'avions utilisés sont présentés en annexe 5.

4. Les parachutistes à Diên Biên Phu
Navarre accepte la bataille

1. DLO, pour détachement de liaison et d'observation : des officiers d'artillerie détachés auprès des fantassins pour demander et guider les tirs d'appui.

2. Les témoignages de Jacques Allaire cités dans ce livre sont tirés de son ouvrage de souvenirs encore inédit, ou sont le fruit de conversations avec l'auteur lors de la préparation d'un précédent ouvrage consacré à la bataille d'Alger (Perrin, 1995), puis pour celui-ci.

3. La liste complète des unités qui seront, à un moment ou à un autre, engagées à Diên Biên Phu figure en annexe.

4. L'auteur a préféré conserver aux GCMA, tout au long de cet ouvrage, leur ancienne appellation, plutôt que l'appellation GMI, souvent oubliée depuis.

5. Le Pathet Lao est le mouvement d'opposition au roi du Laos, très proche du Viêt-minh.

6. Giap : « Comment a été gagnée la bataille de Diên Biên Phu », in *Etudes vietnamiennes*, 1965.

7. SHAT, n° 4071/T/FTNV.

8. SHAT, 422/FTNV/Gené/TS.

9. Ces appareils apparaissent, dans les récits et les témoignages, sous trois noms différents : Flying box car, Fairchild-Packet ou C-119. L'auteur a choisi, très arbitrairement, de s'en tenir uniquement à cette dernière appellation.

10. Outre les appareils militaires français ou assimilés, des compagnies civiles participeront au ravitaillement de Diên Biên Phu : COSARA (Cie saigonnaise de ravitaillement), CLCT (Cie laotienne de commerce et de transport), Aigle-Azur, Air Indochine, Air Outre-mer, Air Vietnam (filiale d'Air France), Autrex.

11. SHAT, n° 6386-FTNV-2.

12. Une liste des principaux visiteurs passant par Diên Biên Phu figure en annexe.

13. D'après les *Mémoires* du marquis de Souches (éditions Cosnac et Pontal) et du marquis de Dangeau (éditions Soulié et Dussieux).

14. FTEO pour Forces terrestres d'Extrême-Orient ; ZONO pour Zone opérationnelle du Nord-Ouest ; EMZONO pour Etat-major de la zone opérationnelle du Nord-Ouest.

5. Après « Castor », « Pollux »
Un repli dramatique
Une sortie risquée vers le Laos

1. Cai-nha est le terme annamite pour désigner une maison ou une case. Il se transcrit également en caï-gna ou caghna. Il a été francisé en cagna, avec une légère altération du sens, une cagna désignant le plus souvent un abri sommaire généralement souterrain. Les Thaïs habitent donc les cai-nha... et le colonel de Castries une cagna...

2. Le 5ᵉ BPVN est souvent appelé « le baouan » ou plus exactement « le ba wan », surnom qui se voulait quelque peu désobligeant encore que le sens exact en soit incertain ; peut-être « veilleur de nuit », peut-être « bataillon chinoisé »... L'auteur a préféré laisser au bataillon son appellation de 5ᵉ BPVN.

3. L'auteur s'est référé, pour l'essentiel de l'opération « Pollux », aux archives de Réginald Wieme, conservées au SHAT de Vincennes (dépôts personnels) et au musée des troupes de marine à Fréjus, aux livres de Bernard Cabiro (*Sous le béret vert*) et de Pierre Sergent (*Non, je ne regrette rien*), ainsi qu'à un rapport du capitaine Botella.

4. Le sous-lieutenant Béal a été, ensuite, évacué sur l'hôpital Lanessan, à Hanoï.

5. Le sergent-chef Grimaud, porté disparu, rejoindra le camp quelques jours plus tard. Il avait survécu caché parmi les cadavres, puis il avait marché seul à travers la forêt avant de se mêler à des éléments viêts jusqu'aux abords du camp.

6. Pierre Sergent, *Non, je ne regrette rien*, Fayard, 1972.

7. Nguyen Van Hinh est un officier de l'armée française issu de l'Ecole de l'air, créateur des bataillons TDKQ et général de l'armée de Bao Dai. Il est le fils de Nguyen Van Tam, un moment Premier ministre à Saigon.

8. SHAT, n° 739/FTNV.

9. Interview de Brigitte Friang par Patrice Gélinet, pour Radio-France (Cassettes « La guerre d'Indochine »).

10. Cité par Jean Pouget in *Nous étions à Diên Biên Phu, op. cit.*

11. Cité par Henri de Brancion in *Diên Biên Phu. Artilleurs dans la fournaise*, Presses de la Cité, 1993.

6. Le camp s'organise
Giap se prépare à l'attaque

1. SHAT, note n° 1052/EMIFT/3.

2. Le texte est très partiellement reproduit dans le livre de Henri Navarre *Agonie de l'Indochine*, Plon, 1956, p. 208. Une version intégrale figure dans les archives Juin conservées au SHAT.

3. En septembre-octobre 1951, le repli de la garnison de Cao Bang tourne au désastre. Les colonnes des colonels Lepage et Charton, qui devaient s'aider, sont littéralement massacrées autour de la RC 4.

4. Giap, in *Diên Biên Phu* (5e édition), *op. cit.* Nguyen Chu Thant est le responsable politique des armées, le can-bo en chef ; Van Tien Dung le commandant de la division 320.

5. Dan-cong, ou zan cong : ce sont des volontaires travaillant pour le front, généralement employés aux transports et aux routes, alors que les coolies étaient réquisitionnés.

6. Dans les notes de Jules Roy, conservées à Vézelay, il apparaît que le chargement annoncé pour ces bicyclettes – entre trois cent cinquante et cinq cents kilos selon les sources – l'a un moment fait douter de l'usage des bicyclettes. L'auteur avait eu exactement la même réaction, une telle charge étant invraisemblable tant pour la résistance des cadres que pour l'effort physique nécessaire pour maintenir l'équilibre et pousser semblable équipage. Des témoignages ramenant le fardeau à une centaine de kilos ont rendu l'affaire crédible.

7. Giap, in *Diên Biên Phu* (5ᵉ édition), *op. cit.*

8. Edgar Faure, *Mémoires*, I, Plon, 1982.

7. La vie à Diên Biên Phu
Giap est prêt
L'attaque reportée

1. Il s'agit de ces plans-reliefs que les militaires appellent « boîte à sable ». SHAT, n° 52/FTNV/2ᵉbur.

2. SHAT, n° 205/FTNV/2ᵉ bur.

3. SHAT, n° 295/FTNV/2ᵉ bur.

4. SHAT, n° 330/FTNV/2ᵉ bur.

5. Document conservé au SHAT (carton 10 H 1161). Les mots soulignés le sont dans le texte.

6. SHAT, n° 29/FNTV/2ᵉ bur.

7. SHAT, n° 330/FTNV/2ᵉ bur.

8. SHAT, n° 320/FTNV/2ᵉ bur.

9. SHAT, n° 372/TNV/2ᵉ bur.

8. Pourquoi Giap a repoussé son attaque
L'artillerie viêt se dévoile
Le piège se referme

1. Claude Baylé, *Prisonnier au camp 113*, Perrin, 1991.

2. Note n° 686 EMIFT/3EC/S de juillet 1954.

3. Entre Muong Thant et Hong Cum : lire entre le PC de Castries et « Isabelle ». Très logiquement, la terminologie du

Viêt-minh ne correspond pas à celle des Français. Les premiers ont souvent conservé le nom du hameau où les Français se sont installés en adoptant, eux, un nom de code, presque toujours des prénoms féminins. Him Lan est « Béatrice » ; Ban Kéo est « Anne-Marie » ; Hong Cum est « Isabelle » et Muong Thant l'ancien village de Diên Biên Phu. Le cas de « Gabrielle » est différent : ce centre installé sur une colline que le corps expéditionnaire appelait le « torpilleur » est désigné par les Viêts par « Doc Lap », ce qui peut aussi bien se traduire par indépendance que par solitude.

4. SHAT, n° 167/Gono/2.

5. SHAT, n° 1448/FTNV/2.

6. Cité par Henri de Brancion, in *Diên Biên Phu, artilleurs dans la fournaise, op. cit.*

9. Le gouvernement préoccupé
« C'est pour demain, 17 heures ! »

1. Une liste des principaux visiteurs venus à Diên Biên Phu avant la mi-mars 1954 est donnée en annexe, rappelons-le.

2. SHAT, archives privées du général Ely.

3. SHAT, n° 783/FTNV/2e bur.

4. SHAT, n° 110 et 214 : GONO/2e bur.

5. Il y a, à ce moment, autour de Diên Biên Phu :

– au nord : la division 312 (avec un régiment au contact et deux en réserve) soit 12 600 hommes et 4 800 coolies ;

– au nord-ouest : le régiment 57 (de la division 304) ;

– au sud-ouest, sud et sud-est : la division 316 (moins deux bataillons) soit 11 500 hommes et 4 800 coolies ;

– au nord-est, la division 308 qui revient de la vallée de la Nam Hou, 12 600 hommes et 4 800 coolies (les régiments ont un effectif variant entre 2 300 et 3 300 hommes).

6. L'interzone V s'étend sensiblement de Nha Trang jusqu'à Tourane.

7. Note référencée n° 1028-FTNV/2e bur.

8. SHAT, n° 336/FTNV/4.

9. Giap, *Etudes vietnamiennes* n° 3, *op. cit.*

10. L'offensive du 13 mars
« Béatrice » puis « Gabrielle » perdus
Le suicide du colonel Piroth

1. Ce texte figure dans la 4e édition de *Diên Biên Phu*, le livre de Giap.

2. Le GAP 2 était celui que commandait Langlais, il était à ce moment composé du 1er BEP et du 8e Choc.

3. Il existe, comme souvent, quelques variantes dans les récits. C'est très certainement sur « Eliane » que le 5e BPVN passe la nuit du 14 au 15 mars, et non sur « Dominique » où il s'installera le 16 mars.

4. Le lieutenant Gaven sera tué le 30 mars.

5. L'ex-lieutenant Ty sera tué dès le 17 mars.

6. SHAT, carton 10 H 1171.

7. *Ibid.*

11. Retour de Bigeard
La défection des Thaïs
Le putsch des paras

1. Dépôt Fleurot aux archives des troupes coloniales de Fréjus, cote 18 H 188.

2. Les désertions au BT 3 interviennent essentiellement entre le 15 et le 17 mars, avec une seconde crise en avril. La 9e et la 11e compagnies n'ont pas connu de défections.

	10e	12e	CCB	Total
nuit 15-16/3		90		90
nuit 16-17/3	40		20	60
17/3 (après-midi)	10		5	15
7 avril		35		35
				totaux
	50	125	25 =	**200**

3. Il existe curieusement plusieurs versions de cet ordre du jour. Est reproduite ici celle figurant dans les archives du SHAT.

4. Marcel Bigeard, *Pour une parcelle de gloire*, Plon, 1975.

5. Pierre Langlais, *Diên Biên Phu*, France-Empire, 1963.

6. Parmi les derniers blessés évacués figurent une quinzaine de PIM, soit une dizaine le 19 mars, puis trois le 20, deux encore les 22 et 25 mars.

12. Le général Ely à Washington
Bigeard bouscule les Viêts

1. SHAT, Archives Ely, carton 1 K 233, dossier 210 11.

2. Bruno : l'indicatif radio habituel du commandant Marcel Bigeard, un surnom qu'emploient tous ses proches. L'auteur ne l'utilise que pour des citations.

3. Patrick-Charles Renaud, *Aviateurs en Indochine* (n° 1433 FTNV/2), *op. cit.*

4. SHAT, n° 1433/FTNV/2e bur.

5. Dans son livre *Le Drame indochinois*, Joseph Laniel donne le 4 avril pour date de retour du général Ely. Sans doute confond-il avec la seconde réunion, suivant le retour du colonel Brohon de Saigon.

6. Ou bien ces détails que Paris juge inquiétants, parce qu'ils risquent de dévoiler certaines sources d'information, ont été gommés dans le texte que diffusera le Département d'État, ou bien ils étaient franchement anodins et inclus dans la citation ci-dessus.

13. La bataille des Cinq Collines
Brunbrouck sauve le camp
Malaise chez les Viêts

1. Pierre Langlais, *Diên Biên Phu, op. cit.*, p. 80.

2. Le récit du combat de Brunbrouck et de ses artilleurs africains tient essentiellement aux témoignages de son adjoint Louis Baysset et du docteur Gindrey publiés dans le bulletin de la promotion de Saint-Cyr « Général Frère ».

3. SHAT, carton 10 H 1177.

4. SHAT, n° 1504/FTNV/2e bur.

5. SHAT, n° 1519/FTNV/2e bur.

6. SHAT, n° 148/cab.

7. Les mots soulignés ou en capitales le sont dans le texte.

8. SHAT, n° 1522/FTNV/2ᵉ bur.

9. Robert Genty, in *Ultimes secours pour Diên Biên Phu*, L'Harmattan, 1994.

10. Saint-cyrien, le lieutenant Terzian appartient à la promotion 1946-1948, « Général Leclerc », dont onze anciens se battent à Diên Biên Phu : Berlon, Garin, Gatumel, Gayou, Glasser, Legrand, Lunet de La Malène, Memain, Michel-Lévy, Pagès et Ragot.

11. Les appellations du Viêt-minh, pour les points d'appui, n'étant pas ceux dont usent les Français, il faut transcrire ainsi les données de Giap pour les Cinq Collines :

Dominique 1 = E1 ; Dominique 2 = D1, Dominique 5 = D2, l'ex-Dominique 5 = D3 ; Eliane 1 = C1 ; Eliane 4 = C2 ; Eliane 2 = A1, et Eliane 3 = A3.

Eliane 2 (ou A1) est à 600 mètres à vol d'oiseau du PC. Les autres « Eliane » (C1 et C2) sont à environ deux cents mètres.

12. Général Vo Nguyen Giap, *Diên Biên Phu*, 5ᵉ édition, 1994. Les termes soulignés le sont dans le texte.

14. Un éclat de Juin
La reprise de « Eliane 1 »
Opération « Condor »

1. Cité par Bernard Pujo, in *Juin maréchal de France*, Albin Michel, 1988.

2. Certains témoins de la scène citeront volontiers un futur ministre du général de Gaulle parmi ceux qui « bousculèrent » Pleven…

3. Le lieutenant Pham Van Phu sera nommé capitaine après l'assaut du 11 avril.

4. Cité par le professeur Huard, dans une communication à l'Académie de médecine.

5. Souligné dans le texte.

6. Giap, *Etudes vietnamiennes* n° 3, *op. cit.*

7. SHAT, n° 178/FNTV/géné.

15. La guerre des chefs
Une pluie de galons
Echec d'une contre-offensive pour « Huguette 1 »

1. Archives Ely, n° 0067 CEMGFA/Cab.

2. N° 635/EMIFT/3.0/SC du 17 avril 54.

3. A noter qu'en 1955, le MAAG cherchera à récupérer son matériel.

4. La « guerre des boutons » résume une certaine rivalité entre cavaliers et fantassins, entre fantassins métropolitains et fantassins de la coloniale, entre gens de la « régulière » et légionnaires, chaque arme ayant ses couleurs et ses boutons métalliques marqués à ses armes...

5. Cette promotion exceptionnelle concerne également la nomination au grade de capitaine des lieutenants Brandon, Fetter, Bach, Broucke, Picard, Desmons, Antoine Botella, Bailly, Bourges, Luciani, Nicod, Lepage, Le Boudec, Spaetch, Legrand et Foucras. Le médecin-lieutenant Le Nepvou de Carfort passe capitaine. Est nommé lieutenant le sous-lieutenant Robin. Deviennent sous-lieutenants les adjudants-chefs Burgat, Charvillon, Sibe, Boullier, Desmoulins et Jullian ainsi que les adjudants Herraud et Henrot. Le camp sera tombé lorsque seront annoncées les promotions de l'armée de l'air, le commandant Guérin devenant lieutenant-colonel et l'adjudant-chef Barbier sous-lieutenant.

6. SHAT, n° 132/EMIFT.

7. Télégramme d'Anthony Eden à son ambassadeur à Washington, cité par Geoffroy Warner, in *Diên Biên Phu*, La Manufacture.

8. Journal de Shuckburgh, cité par Geoffroy Warner, in *Diên Biên Phu, op. cit.*

9. La Grande-Bretagne est alors le seul Etat occidental à avoir reconnu la Chine communiste, dès janvier 1950.

16. Des négociations pour les blessés
Camerone au Tonkin
Le dernier assaut de Giap

1. Le journaliste signant Max Olivier est à l'époque à l'Agence France-Presse. Lorsqu'il intégrera la rédaction du *Figaro*, il deviendra Max Olivier-Lacamp.

2. SHAT, carton 10 H 1174.

3. SHAT, note n° 10 384/FNTV/3-TS.

4. La consultation des archives de la gendarmerie nationale s'accompagnant de l'interdiction de citer le moindre nom, l'auteur a respecté l'engagement pris. Les rares noms cités dans cet ouvrage proviennent d'autres sources.

5. SHAT, n° 412 EMIFT/3/EG/S.

6. Général Giap, *Quelques souvenirs de Diên Biên Phu*.

7. Général Giap, *Diên Biên Phu*, 5ᵉ édition.

17. L'agonie du camp retranché
Castries prisonnier
Une poignée d'évadés

1. Les souvenirs du docteur Gindrey, pour la première semaine de mai puis pour la détention, sont extraits de son article publié dans le bulletin n° 98 de l'Amicale de santé navale et d'outre-mer.

2. Jean Pouget, *Nous étions à Diên Biên Phu, op. cit.*

3. Général Giap, *Quelques souvenirs de Diên Biên Phu, op. cit.*

4. SHAT, Télégramme n° 10.397.

5. Pour cette communication téléphonique, l'auteur s'est référé aux sources habituelles : Bernard Fall, Jules Roy, et aux différentes copies sonores existantes de l'enregistrement.

6. Comme très souvent pour le récit de ces combats, il existe des variantes dans le temps. Pour les uns, il est entendu que les « orgues de Staline » ne sont apparues que le 7 mai, pour les autres elles étaient en service dès le 6 mai. Un entrefilet paru dans *Le Figaro* du 8 mai, titré « Hanoi le 7 mai », annonce l'apparition de ces engins dès la veille. Ce qui paraît le plus exact.

7. La transcription de ces deux dernières conversations téléphoniques de Castries, avec le général Bodet puis avec le général Cogny, est celle que Jean Pouget donne dans *Nous étions à Diên Biên Phu*, assurément la transcription qui a été puisée à la meilleure source.

8. Général Giap, *Quelques souvenirs de Diên Biên Phu, op. cit.*

9. L'auteur s'est référé notamment aux souvenirs que le médecin-lieutenant Hantz a publiés dans le n° 120 de *Debout les paras*, la publication de l'Union nationale des parachutistes.

10. SHAT, n° 31129 à 31155 du 9 mai.

11. SHAT, n° 798/D.7

12. Parmi les sources concernant les évasions figurent notamment *Képi blanc*, les livres de Henri de Brancion (*Artilleurs dans la fournaise*) et André Mengelle (*Des chars et des hommes*), ainsi que les archives Legoubé déposées au SHAT.

18. Les blessés récupérés
Navarre remercié
Ely commandant en chef, Salan adjoint

1. Message adressé au général Dechaux, n° 361/FTNV/cab.

2. SHAT, télégrammes n° 31129 à 31155.

3. Les mémoires de Geneviève de Galard, *Une femme à Diên Biên Phu*, ne paraîtront que cinquante ans plus tard, en septembre 2003, aux éditions Les Arènes.

4. Cité par Geneviève de Galard dans son livre de souvenirs.

5. Pierre Huard sera ensuite professeur de médecine à Rennes, puis recteur de l'université d'Abidjan. Retiré en France, il trouvera la mort dans un accident de la route en 1983, à quatre-vingt-deux ans.

6. Lors d'une conversation avec l'auteur, en octobre 2003, elle lui a dit ne jamais avoir écrit cette lettre, ni même en avoir entendu parler. La lettre avait été publiée, avec les deux autres, dans *Le Figaro* du 7 juin 1954.

7. *Képi blanc* de juillet 1954.

8. Les mots soulignés le sont dans le texte.

9. Une première estimation du nombre des prisonniers est faite le 20 juin par le 1er bureau des FTNV. Par référence aux effectifs que transmettait encore le GONO le 5 mai, il y aurait eu dans le

camp 7 720 réguliers, 438 supplétifs, 1 444 blessés à évacuer et 531 non « triés », soit 10 133 hommes. Après enquête auprès des bases arrière et des services, le chiffre est porté à 11 426 hommes, dont sont retranchés les 858 rapatriés sanitaires et les 26 membres des services de santé, soit 10 542 prisonniers. L'armée de l'air annonce de son côté 47 personnes présentes à Diên Biên Phu le 7 mai, dont une convoyeuse IPSA. Les comptes de la marine sont plus brefs : un pilote et un infirmier.

10. L'appellation « affaire des fuites » est utilisée à plusieurs reprises dans les dernières années de la IVᵉ République. La première de ces affaires concernait la publication du plan Navarre par Roger Stéphane, la deuxième le rapport Ely. Une troisième surviendra en octobre 1954, sous le gouvernement de Pierre Mendès France. Les fuites concerneront les débats du Comité de défense nationale du 10 septembre, avec à l'ordre du jour la défense occidentale face à une invasion venant de l'Est.

19. La longue marche
vers les camps de détention

1. Certainement Erwin Borchers, dit « Chien Si » pour « le combattant », un Allemand antinazi, engagé dans la Légion en 1939, déserteur en Indochine, chargé de la propagande du Viêt-minh auprès du CEFEO, plus tard journaliste en RDA à Radio-Berlin international (Cf. *Les Soldats blancs d'Hô Chi Minh*, par Jacques Doyon).

2. *Revue historique des Armées*, 1989, n° 4.

3. Le père Emile Barrand n'a été présent à Diên Biên Phu qu'un très court moment autour de Noël.

4. L'anonymat, on le sait, est de règle pour l'utilisation des archives de la gendarmerie nationale.

5. Daniel Camus, aujourd'hui décédé, a fait une longue carrière de reporter-photographe à *Paris Match*. Pierre Schoendoerffer devenu réalisateur de films est notamment l'auteur de la *317ᵉ section*, du *Crabe-Tambour*, de *Diên Biên Phu*. Il est également romancier. Il est membre de l'Institut.

6. Le général Mengelle pense que le premier char, le « Smolensk », était bien le tracteur ; il n'est d'ailleurs plus à Diên Biên Phu. Le « Mulhouse » était le tracté. Celui-ci est revenu à

Diên Biên Phu et resté entre les « Huguette » 1 et 2 où le général Préaud l'a retrouvé en 1995.

20. Genève
La sortie de Laniel
L'entrée de Mendès France
Accords signés

1. Anthony Eden, *Mémoires*, tome 2 (1947-1957), Plon, 1963.

2. Khrouchtchev, *Souvenirs*, p. 457.

3. La liste des membres du gouvernement Mendès France est donnée en annexe.

4. Mémoires de Eisenhower, *Mes années à la Maison-Blanche*, tome 1, Laffont, 1963.

5. Nguyen Khac Vien, *Vietnam, une longue histoire*, éditions The Gioi, Hanoi, 1993.

6. Soixante-quatorze aviateurs ont été tués ou ont disparu au-dessus de Diên Biên Phu pour l'armée de l'air, vingt-quatre pour la marine et deux Américains.

21. Les camps de la mort
Le retour des survivants

1. Claude Baylé, *Prisonnier au camp 113, op. cit.*

2. Jean-Marie Juteau, lieutenant au 25e RALP, DLO à Diên Biên Phu et prisonnier au camp n° 1, fera ensuite un long travail de bénédictin, en reconstituant l'organigramme du GONO et les effectifs des officiers présents, puis leur lieu de détention. L'auteur lui est redevable de bien des détails de ce chapitre.

3. Planet, capitaine au 1er REP, sera tué le 19 avril 1960 en Algérie, aux environs de Djijelli.

4. Marcel Bigeard, *Pour une parcelle de gloire*, Plon, 1975.

5. J.-J. Beucler sera plus tard député de la Haute-Saône puis secrétaire d'Etat aux Anciens Combattants auprès de Raymond Barre. Il sera de ceux qui démasqueront Boudarel.

6. Jean Pouget, *Le Manifeste du camp n° I*, Fayard, 1969.

7. Sanselme remarchera. Il fera campagne en Algérie, au 6e tirailleurs, avec pour chef de corps un certain colonel de

Mecquenem, pour camarade le lieutenant Latanne, ancien du 5ᵉ BPVN, et avec le sergent-chef Rouzic devenu adjudant...

8. L'étude la plus complète et la plus précise est celle de Robert Bonnafous, *Les Prisonniers de guerre...*, Université Paul-Valéry, Montpellier III, 1985.

9. Conservé aux archives de la Légion étrangère, à Aubagne (carton rouge DBP 49).

10. Devenu capitaine, Guy Simon commandera en Algérie le « commando d'Extrême-Orient », composé de Vietnamiens qui avaient servi sous ses ordres en Cochinchine et qui ont choisi l'exil.

22. Questions sur une défaite
Le rapport Catroux
L'adieu à l'Indochine

1. SHAT, n° 324/F/EMIFT/2/TS.

2. SHAT, n° 1892/EMIFT/2/S, et n° 2284/EMIFT/2ᵉ bur.

3. René Mary, *Les Bagnards d'Hô Chi Minh*, Albin Michel, 1986.

4. Les MAT 49 n'équiperont certaines unités qu'à partir des événements d'Algérie. Le 6ᵉ bataillon de tirailleurs algériens, où se retrouveront en 1960 le colonel de Mecquenem et les lieutenants Latanne et Sanselme, ne les a reçus en remplacement des Thompson US qu'à la fin 1957.

5. SHAT, n° 1892 EMFT/2/S.

6. SHAT, n° 000439 EMIFT/BP/4/EC.

7. Les chiffres complémentaires sont donnés en annexe.

8. L'auteur, pour le rapport Catroux, ne s'est référé qu'au texte original conservé au Service historique de l'Armée de terre (Archives Catroux, I K 232).

9. *L'Express*, 14 novembre 1963.

10. *L'Express*, 21 novembre et 6 décembre 1963.

Épilogue

1. La plus ancienne promotion de Saint-Cyr représentée – brièvement, il est vrai – était celle de 1922-1924, « Metz et Strasbourg », avec le général Gilles. Les deux plus forts contin-

gents étaient fournis par la 1948-1950, « Général Frère », avec cinquante-deux officiers, et la 1949-1951, « Garigliano », avec quarante-neuf officiers. Ces promotions ont respective-ment perdu, à Diên Biên Phu, douze et quatorze lieutenants.

2. Le produit national brut par habitant était, en 2001, de 2 070 dollars au Vietnam. Ce PNB par habitant était, cette même année, en moyenne de 3 390 dollars pour les pays de l'Asie du Sud-Est, de 34 280 dollars aux Etats-Unis et de 24 080 en France (source *Quid 2004*).

Annexes

1. Les passages en italique le sont dans le texte d'origine.

2. UF ou Union française.

3. C. de B. ou Corps de bataille.

4. Pour obtenir 1 euro, multiplier 1 franc 1954 par 0,01797.

5. Ligne ajoutée à la main à l'encre rouge (SHAT, carton 10 H 1177).

6. Après une vérification contredisant cette addition, l'auteur arrive à un total de 12 769 279 000 francs.

Principales sources consultées

SOURCES IMPRIMÉES

ACCOCE, Pierre, *Médecins à Diên Biên Phu*, Presses de la Cité, 1992.

AURIOL, Vincent, *Journal du septennat*, Armand Colin, 1971.

ARTAUD, Denise, et KAPLAN, Laurence (sous la direction de), *Diên Biên Phu*, coll. « L'Histoire partagée », La Manufacture, 1989.

BAIL, René, *Dernier baroud à Diên Biên Phu*, Grancher, 1990.

BAYLÉ, Claude, *Prisonnier au camp 113*, Perrin, 1991.

BERTIN, Marc, *Packet sur Diên Biên Phu*, chez l'auteur, 1991.

BIGEARD, Marcel, *Pour une parcelle de gloire*, Plon, 1975.

BONNAFOUS, Robert, *Les Prisonniers de guerre du corps expéditionnaire français en Extrême-Orient dans les camps viêt-minh, 1945-1954*, Université Paul-Valéry, Montpellier III, 1985.

BORNERT, Lucien, *Diên Biên Phu, citadelle de la gloire*, Nouvelles Presses mondiales, 1954.

BRANCION, Henri de, *Diên Biên Phu. Artilleurs dans la fournaise*, Presses de la Cité, 1993.

BRINCOURT, Christian, et LEBLANC, Michel, *Les Reporters*, Robert Laffont, 1970.

BRUGE, Roger, *Les Hommes de Diên Biên Phu*, Perrin, 1999.

CABIRO, Bernard, *Sous le béret vert*, Plon, 1988.

CATROUX, général Georges, *Deux actes du drame indochinois. Hanoi : juin 40. Diên Biên Phu : mars-mai 1954*, Plon, 1959.

CHARUEL, Marc, *L'Affaire Boudarel*, Editions du Rocher, 1991.

DESPUECH, Jacques, *Le Trafic des piastres*, Editions des Deux Rives, 1953.

EDEN, Anthony, *Mémoires*, tome 2 (1947-1957), Plon, 1963.

EISENHOWER, président Dwight, *Mes années à la Maison-Blanche*, tome 1, Laffont, 1963.

ELY, général Paul, *L'Indochine dans la tourmente*, Plon, 1964.

FALL, Bernard, *Diên Biên Phu, un coin d'enfer*, Robert Laffont, 1968.

FAURE, Edgar, *Mémoires*, I, Plon, 1982.

FRANCHINI, Philippe, *Les Guerres d'Indochine*, Pygmalion-Gérard Watelet, 1988.

GALARD, Geneviève de, *Une femme à Diên Biên Phu*, Editions des Arènes, 2003.

GENTY, Robert, *Ultimes secours pour Diên Biên Phu*, L'Harmattan, 1994.

GIAP, Vo Nguyen, *Diên Biên Phu*, Editions en langues étrangères, Hanoi 1959.

GODARD, colonel Yves, *Les Paras dans la ville*, Arthème Fayard, 1972.

GRAS, général Yves, *Histoire de la guerre d'Indochine*, Denoël, 1992.

HÔ CHI MINH, *De la Révolution*, Plon, 1968.

JUTEAU, Jean-Marie, *Quand les canons se taisent*, LELO, 1994.

KHROUCHTCHEV, Nikita, *Souvenirs*, Robert Laffont, 1971.

LANIEL, Joseph, *Le Drame indochinois, de Diên Biên Phu au pari de Genève*, Plon, 1957.

LANGLAIS, colonel Pierre, *Diên Biên Phu*, France-Empire, 1963.

Luu VAN LOI, *1954-1995, 50 ans de diplomatie vietnamienne*, Editions The Gioi, Hanoi, 2002.

MARI, René, *Les Bagnards d'Hô Chi Minh*, Albin Michel, 1986.

MENGELLE, André, *Diên Biên Phu. Des chars et des hommes*, Lavauzelle, 1996.

NAVARRE, général Henri, *Agonie de l'Indochine*, Plon, 1956.

NAVARRE, général Henri, *Le Temps des vérités*, Plon, 1979.

NGUYEN KHAC VIEN, *Vietnam, une longue histoire*, Editions The Gioi, Hanoi, 1993.

PAILLAT, Claude, *Dossiers secrets de l'Indochine*, Presses de la Cité, 1964.

POUGET, Jean, *Nous étions à Diên Biên Phu*, Presses de la Cité, 1969.

Pujo, Bernard, *Juin, maréchal de France*, Albin Michel, 1988.

Renaud, Patrick-Charles, *Aviateurs en Indochine. Diên Biên Phu nov. 52-juin 54*, Editions Jacques Grancher, 2003.

Roy, Jules, *La Bataille de Diên Biên Phu*, Julliard, 1963.

Ruscio, Alain, *Les Communistes français et la guerre d'Indochine*, L'Harmattan, 1985.

Sainteny, Jean, *Histoire d'une paix manquée*, Fayard, 1967.

Salan, général Raoul, *Mémoires*, tome 2, Presses de la Cité, 1971.

Sergent, Pierre, *Non, je ne regrette rien*, Fayard, 1972.

Van Geirt, *La Piste Hô Chi Minh*, Le Cercle du nouveau livre/Tallandier, 1971.

ainsi que les tomes 1953, 1954 et 1955 de *L'Année politique*.

DOCUMENTS SONORES

Patrice Gélinet : « La guerre d'Indochine ». Cassettes Radio France/France Culture.

Disques SERP : « La guerre d'Indochine (1945-1955) ». Production Jean-Marie Le Pen, textes de Jean-Claude Jaure et Yann Hervé.

REVUES ET JOURNAUX

Les collections des quotidiens et magazines :
Le Figaro, Figaro Magazine
L'Express
L'Humanité
Le Monde
France Observateur
New York Times
New York Herald Tribune

Képi blanc, publication de la Légion étrangère
Vie et bonté, revue de la Croix-Rouge française
Debout les paras, organe de l'Union nationale des parachutistes
La Charte, organe de la Fédération nationale André-Maginot
Etudes vietnamiennes : « Contribution à l'histoire de Diên Biên Phu », numéro spécial n° 3, Hanoi, mars 1965

- Archives du Service historique de l'armée de terre (SHAT-Vincennes) : cartons

10 H 1157	(organisation-effectifs)
10 H 1158-1159	(pertes)
10 H 1160	(2ᵉ bureau)
10 H 1161	(la bataille)
10 H 1162	(organisation viêt)
10 H 1163	(personnels ralliés)
10 H 1164	(correspondance générale)
10 H 1165	(TO)
10 H 1166 et 1168	(BQ renseignements)
10 H 1169	(commission d'enquête)
10 H 1170	(artillerie défensive)
10 H 1171 et 1173	(directives-instructions)
10 H 1174	(opérations aides-secours)
10 H 1175	(opérations aides-secours)
10 H 1176	(soutien logistique)
10 H 1177	(poste, transmissions)
10 H 1178	(études diverses)

10 H 2014 et 2015, 2326,

ainsi que les fonds privés des généraux Catroux (1 K 232), Juin (1 K 238), Ely (1 K 233), et de Réginald Wième de Ruddere (T 1107), et les dépôts Fantinel (T 1155) et Legoubé (T 1218)

- Service historique de l'armée de l'air : « Regards sur l'aviation militaire française en Indochine 1940-1954 »
- Service historique de la gendarmerie nationale
- Service historique de la Légion étrangère, à Aubagne : cartons rouges DBP 48 / 49 ; journaux de marche
- Musée de l'Artillerie à Draguignan
- Musée des Troupes d'outre-mer de Fréjus (pour les dossiers 18 H 93, 18 H 133, 18 H 188 et la collection de « l'Ancre d'or »)

Les archives privées de Jules Roy, conservées à la Maison Jules-Roy de Vézelay ; la communication à l'Académie de médecine des professeurs Huard, Allehaut et Chippaux (octobre 1954) ; les articles des docteurs Gindrey et Hantz ; le rapport du capitaine André Botella, les récits de Jean Armandi ; les organigrammes établis par Jean-Marie Juteau.

Remerciements

Que soient chaleureusement remerciés ceux qui, depuis des années, me témoignent amitié et confiance :

Jacques ALLAIRE

Guy LUNET de LA MALÈNE

et Max CLOS †

Ceux qui, connus en d'autres temps et d'autres circonstances, ont encore été sollicités :

Pierre LATANNE

Jean POUGET

ainsi que

Michel BESINEAU

Guy SIMON

Edouard TERZIAN

Ceux qui, étant passés par Diên Biên Phu, ont accepté de revenir sur ce passé douloureux :

Mme Geneviève de GALARD-TERRAUBE

le colonel COURDESSES

l'amiral Bernard KLOTZ

le colonel SANSELME

Raymond SOURDEAU

Pierre TARDY

Paul-Jacques TRUFFAUT

Réginald WIÈME DE RUDDERE

Avec une pensée particulière pour l'adjudant-chef ROUZIC et l'adjudant NEGGAZ qui, il y a bien longtemps, m'ont fait découvrir ce qu'avait été Diên Biên Phu.

Que soient également remerciés tout spécialement les auteurs qui, s'étant attachés à des aspects particuliers de cette bataille de Diên Biên Phu, ont été des guides précieux pour l'auteur : Pierre ACCOCE pour le service de santé, Henri de BRANCION pour l'artillerie, pour les chars André MENGELLE qui fut, durant le siège, l'un des adjoints du capitaine Hervouet, Patrick-Charles RENAUD pour l'aviation et Marc BERTIN qui nous a apporté son témoignage d'un pilote de Packet C-119. Puis ceux qui ont laissé des récits inédits, rapports ou organigrammes, que l'auteur a pu consulter, tels André BOTELLA, Jean ARMANDI, Jean-Marie JUTEAU.

Ce livre aurait été impossible ou très incomplet sans

Madame Michèle ALLIOT-MARIE, ministre de la Défense

Lieutenant-colonel Gilles AUBAGNAC, conservateur du musée de l'Artillerie, à Draguignan

David BERMAN

Général de BIRE, président des anciens de Diên Biên Phu

Véronique BRACHET et le service de presse Air France

Christian BRINCOURT

Lieutenant Valérie CANIART, directeur du CHETOM, à Fréjus

Lieutenant-colonel CHAMPEAUX, conservateur du musée des Troupes de marine, à Fréjus

Michel CHANTEUX, de l'association des Anciens de Diên Biên Phu

Le service archives-documentation de la CROIX-ROUGE française

Dominique DEVRED

Joseph-Yves GELY

Mike GREENE

Philippe GUÉRIN

Bernard GUERRA, pour les archives de la presse américaine

Mme Tatiana JULES-ROY

Gilles LAMBERT

Jacques LAUNERE-OHANESSIAN

Gilles LEROUX

Mme Marguerite-Marie LE ROY, du Centre de Ressources et d'Information, à l'ambassade des Etats-Unis, à Paris.

Patrick MORANCY

Mme NGUYET DO THI MINH, des services culturels de l'ambassade de France, à Hanoi

La Bibliothèque régionale de Nha Trang (République démocratique du Vietnam)

Patrick Ollier

Philippe Orliange, conseiller au service de coopération et d'action culturelle de l'ambassade de France au Vietnam

Le lieutenant-colonel Peron, du service information de la Légion étrangère

M. Pierse, de l'association des Anciens de Diên Biên Phu

Mme Sophie Richardot, conservatrice de la Maison Jules-Roy à Vézelay

Mme Catherine Scob

Général Senant, du service historique de l'Armée de terre

Général Guy Simon

M. Son, attaché culturel à l'ambassade de la République démocratique du Vietnam, à Paris

Michel Tauriac

Jacques Theumann

Lionel Valtat

Enfin, que soient particulièrement remerciés Xavier de Bartillat et Laurent Theis pour leur confiance, sans laquelle ce livre n'existerait pas, et Michèle Pellissier pour ses longs mois de patience.

Index[*]

---

[*] Pour les officiers cités, les grades retenus sont ceux qu'ils détiennent lorsqu'ils apparaissent dans ce livre.

CARTES

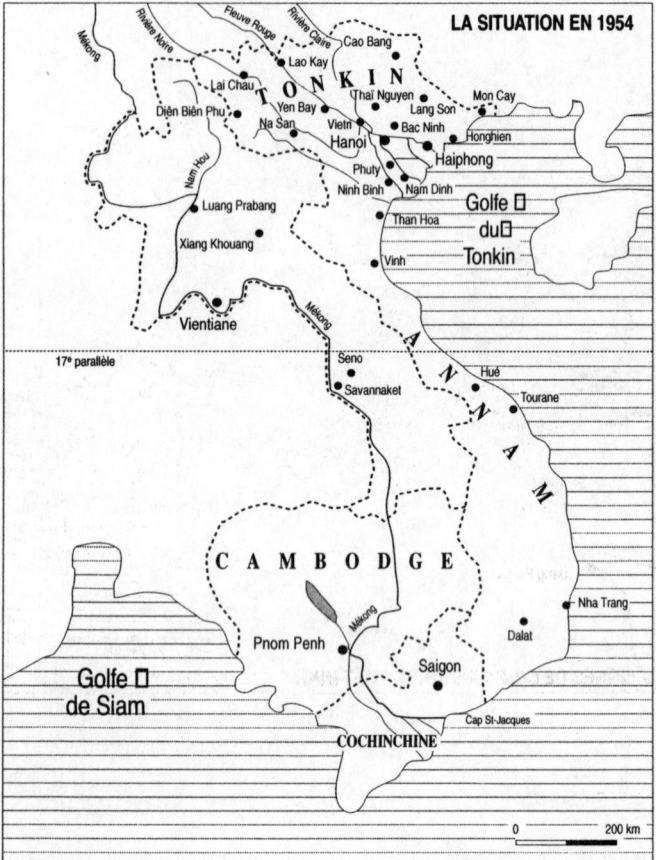

LA SITUATION EN 1954

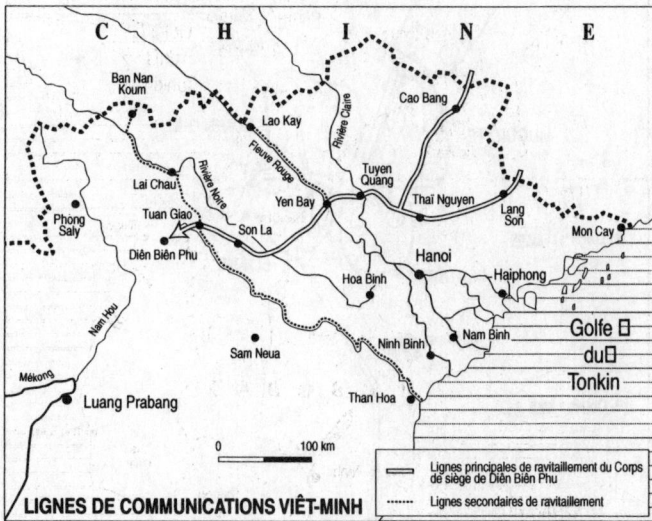

LIGNES DE COMMUNICATIONS VIÊT-MINH

C H I N E

Ban Nan Koum
Lao Kay
Cao Bang
Rivière Claire
Fleuve Rouge
Lai Chau
Tuyen Quang
Yen Bay
Thaï Nguyen
Lang Son
Phong Saly
Tuan Giao
Son La
Diên Biên Phu
Rivière Noire
Hanoi
Mon Cay
Haiphong
Hoa Binh
Nam Hou
Nam Binh
Golfe du Tonkin
Sam Neua
Ninh Binh
Mékong
Than Hoa
Luang Prabang

0   100 km

Lignes principales de ravitaillement du Corps de siège de Diên Biên Phu

Lignes secondaires de ravitaillement

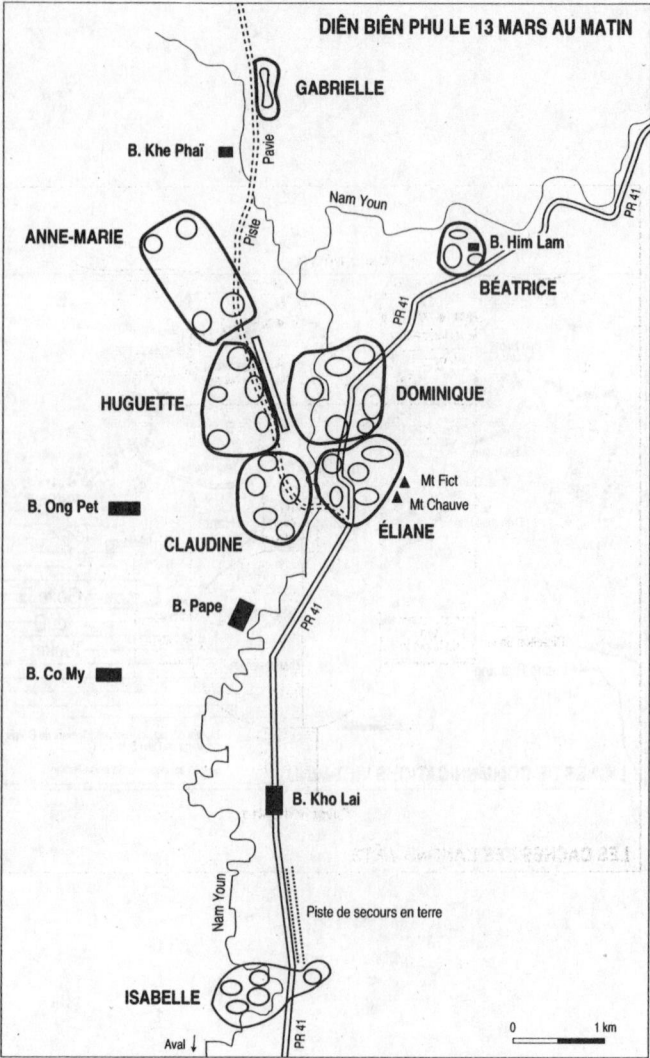

DIÊN BIÊN PHU LE 13 MARS AU MATIN

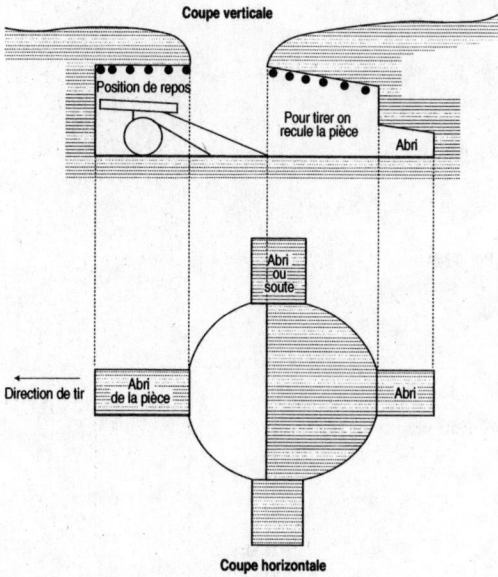

Coupe verticale

Position de repos

Pour tirer on recule la pièce

Abri

Abri
ou
soute

Direction de tir

Abri
de la pièce

Abri

Coupe horizontale

LES CACHES DES CANONS VIÊTS

Table

TABLE 863

Pour en savoir plus
sur les Éditions Perrin
vous pouvez consulter notre site Internet

www.editions-perrin.fr
et nous suivre sur les réseaux sociaux

Editions Perrin

@EditionsPerrin

@editionsperrin

Pour plus d'information :

#lisez !
engagé !
www.lisez.com
Imprimé sur du papier issu de forêts gérées durablement.

Achevé d'imprimer en mars 2024 en Espagne par Liberdúplex